KB252631

近世日記文의 性格研究

尹 元 鎬 著

國學資料院

自 序

    언제부터인가 日記体隨筆・紀行体隨筆・書簡体隨筆 등의 表記를 우리는 자주 대하게 되었으며 최근에는 이야기隨筆이라는 광고도 신문에서 본 것 같다. 이와 같은 현상은 体制나 性向을 제시함으로서 특이한 취향을 나타내려는 의도가 아닌가 한다. 隨筆의 형식이 開放形이라는 입장에서 본다면, 이와 같은 複合性은 이왕의 劇詩나 評詩처럼 하나의 문학양식이나 慣性으로의 安着을 기대해봄직도 하다.

    그런데 自照性이 짙은 것으로 보여지는 日記・紀行・書簡・隨筆 등의 相互關連性을 해명해 보려는 것이 나의 宿願이었다. 나아가 이는 詩는 노래하는 글・小說은 이야기하는 글・戲曲은 놀이하는 글・批評은 따지는 글이라는 식으로 隨筆도 무엇무엇하는 글이라는 쉬운 우리의 生活語를 찾아내는 계기가 될 지도 모르는 것이었다. 그래서 우선 記에 가장 가깝다고 생각되는 日記의 本領을 살피기로 하였다.

    이 작업을 위해서 선택된 텍스트는 陰崖・亂中・靑白・延平・癸丑・東溟 등 6편의 日記이다. 이와 같은 선택은 문예성에서 보아 비교적 上代에 속하는 것들이기 때문이다. 靑白・延平의 두 日記는 記錄爲主이고 亂中日記는 人間性도 짙이는 記錄이다. 陰崖日記는 記錄性과 文藝性의 조화를 보여주고 東溟日記는 산뜻한 文藝日記라고 하겠다. 그러나 記錄性도 만만치 않다. 癸丑日記는 創作性이 加味된 日記로 보여진다. 말하자면 記錄性이 짙은 日記에서 文藝性이 짙은 日記로의 推移를 보게 된다. 이 考究를 통하여 한편으로는 情緒의 導出相을 亂中日記에서 짚어 볼 수 있었고, 癸丑日記에서는 그 位相을 밝히는 試圖가 있었다.

    살펴진 本領에서는 日記의 獨創性이 짚이므로 해서 日記文學의 成立을 그것도 한글日記를 말할 수 있으리라는 것이다. 그리고 日記의 領域이 밝혀지므로 해서 그만큼 隨筆의 領域도 좁아질 것 같다.

일 러 두 기

이 책의 특성이나 체제를 아래와 같이 밝혀 읽는 이에게 도움이 되고자 한다.

 1. 각 작품의 취향을 알리기 위하여 논문 서두에 해설을 두고 시대적 배경 등도 이에 반영시켰다.
 2. 이 논문은 종적인 관계보다는 횡적인 유대에 더 유념하였다.
 3. 작품의 이해를 돕기 위하여 원문을 풍부히 인용하였으며, 필요에 따라서는 재인용한 경우도 있다.
 4. 학설이나 실록 등을 인용하는데 있어서 지극히 오래되어 상식적이 되어 있는 경우에는 그 출처 밝히는 것을 생략하였다.
 5. 모든 고유명사는 漢字 발음을 따르고 索引도 이에 준했다.
 6. 이상에서 밝히지 않은 것은 관례를 따랐다.

目 次

제1장 序論

고전(古典) 속의 일기(日記)를 살피면서 생각된 것은 일기문(日記文)의 정체성 (正體性)에 관한 것이었다. 일기가 막연하게 「기(記)」라는 위치에 머물러온 지는 오래다. 그래서 실용·비실용을 가리지 않고 광범하게 쓰여져 왔다. 문예면에 있어서도 양식(樣式)의 구분이 서지 않는 하나의 범칭(汎稱)으로 사용된 것 같기 도 하다. 말하자면 과도기적 양식이었는지도 모른다. 그 위상이 밝혀져야 할 것 같다. 그래서 일기의 정체를 파악하기 위해서는 그 성격이 짚어져야 한다. 이제 일기문이 지니고 있는 실용성 외에 문예성과의 관계로 좁혀서 일기문만의 성 격을 집약해 보기로 한다. 말하자면 일기문만의 특성이 있다면 어떤 것인가를 살핀다는 것이다. 이를 위해서 6편의 일기를 골랐다. 이는 광해조(光海朝)를 전 후해서 영조조(英祖朝)에 걸쳐 나온 기술들이지만 여기에는 우리 일기문의 제 상(諸相)이 들어 있었기 때문이다. 독자성(獨自性)이 파악되면 문학으로서의 위 상도 뚜렷해질 것으로 생각된다.

제2장 日記의 槪念

우리에게 일기의 개념을 먼저 밝혀준 것은 중국이었던 것 같다.

古有左右史 以記言動 簡策之文 未有先於日記者也(曾文正公手書日記序).

"예전에 좌사(左史) 우사(右史)가 있어 왕의 언행을 기록하였으니 서간문(書簡文)이라도 일기보다 앞선 것은 없다"라는 말은 모든 문장의 원천은 일기문이라는 것으로, 말하자면 그날의 기록을 의미하는 것으로 보인다. 일기(日記)하려고 하는 것은 인간의 본능이며 이 본능은 사람이 진실을 존중해서 이를 영원히 잊지 않으려는 거의 무의식적인 행동인 것이다. 상고(上古)시대의 사람들이 어떤 모양의 상형(象形)을 바위돌에 새겨서 각종 사상(事象)에 대한 실(事實 또는 實質)을 후세에 전하려고 했다면 이런 것은 모두 일기라고 할 수 있는 것이겠다.

일기란 말하자면 문자(文字)가 나오기 이전에 이미 그 싹이 텄다고 보아야 할 것 같다. 어디다 새끼줄을 묶어놓았다 하더라도 그것이 의도적인 것이었다고 하면 이는 일기(日記)한 것이 되는 것이고 어떤 종류의 표식(標識)을 돌이나 나무나 대쪽에 새겨놓았어도 이를 일기랄 수가 있는 것이다. 「사(史)」자가 사(射)의 수(數)를 취(取)하는 산목(算木)을 그릇에 담아 그것을 손으로 바치고 있는 형상이라고 한다면 문자 이전의 사(史)란 이와 같은 일종의 표식이었을 것이다.

그래서 일기라는 용어는 중국에서 먼저 씌어진 것으로 보인다. 이 용어의 출전(出典)은 대개 유향(劉向)의 「신서(新序)」에서 찾고 있다. 일기라고 똑 떨어지는 낱말을 쓰지는 않았으나 그 용어의 생성을 상징하는 구절을 볼 수 있기 때문이 아닌가 한다.

昔者 周舍事趙簡子 立趙簡子之門 三日三夜 簡子使人出問之 曰 夫子將何以令我 周舍曰 願爲諤諤之臣 墨筆操牘 司君之過而書之 日有記也 月有效也 歲有得也(新序).

　　"예전에 주사(周舍)가 조간자(趙簡子)에게 벼슬하게 됨에 사흘간을 그 문
에 서서 기다렸다. 그래서 간자가 사람을 보내 선생은 나에게서 무슨 일을
하고자 하는가를 묻게 하매 주사는 곧은 말 하는 신하가 되어서 문서나 편
지 등을 다루며 또 임군의 잘잘못이 있으면 이를 살펴서 기록하는 일을 하
고자 합니다. 그러면 나날이 기록함이 있고 다달이 본받음이 있고 해마다
얻는 바가 있을 것입니다."라고 말했다.

　　'일유기야(日有記也)'라는 말은 날마다 기록하는 바가 있음을 말하는 것으로,
말하자면 일기를 말하는 것이겠다. 왕 옆에서 늘 기거(起居)를 보면서 그의 언
행을 기록하는 것이 '일유기야' 즉 일기였다. 왜 기록하느냐 하면 군주수덕(君
主修德)의 자료를 제공하는 것을 주안으로 삼았었기 때문에 그 사명을 다하는
것이었다. 따라서 일기를 기록하는 신하는 그 사실을 말하는 것을 두려워하지
않는 '악악지신(諤諤之臣)'이라야 했다. 설사 왕이라 해도 비(非)를 미화하여 정
(正)이라고 하는 것 같은 것은 악악지신에 의해서 쓰여지는 일기에서는 절대로
허락될 수 없었다고 하겠다. 이렇게 쓰여진 일록(日錄)은 왕 옆에서 늘 기거(起
居)를 보면서 그의 언행을 기록했기 때문에 이를 「기거주(起居注)」라 했고 기록
하는 악악지신을 사관(史官)이라 했다. 이처럼 일기는 사(史)와 밀접한 연관이
있으므로 사(史)의 원형을 살펴봄으로써 일기의 이해를 돕고자 한다.
　　사(史)의 기원에 대해서는 황제(黃帝) 때 창힐(倉頡) 저송(沮誦) 등 두 사람의
사관이 있었다 하나 그 근거가 확실치 않은 듯하며 장자(莊子)「대종사(大宗師)」
편에 이 저송(沮誦)과 비슷한 이름이 보인다. 즉 고사(古事)의 전래(傳來)를 장황
하게 풀어보인 다음에 기록된 대목을 보면

　　　　南伯子葵曰 子獨惡乎聞之. 曰聞諸副墨之子. 副墨之子聞 諸洛誦之孫 洛誦之
　　　孫 聞之瞻明 瞻明聞之聶許……(大宗師).
　　　　"남백자규가 물었다. 당신은 어디서 도(道)를 들었소. 부묵(서적 ; 書籍)의
　　　아들에게서 들었소. 부묵의 아들은 낙송(반복통독 : 反復通讀)의 손자에게
　　　서 듣고 낙송의 손자는 첨명에게서 듣고 첨명은 섭허에게서 듣고……"

라고 했다. 저송(沮誦)이나 낙송(洛誦)이나 모두 송(誦)을 이름으로 하고 있는 것
으로 보여진다. 창힐(倉頡), 저송(沮誦)이 실제 인물인가, 그래서 황제(黃帝) 때 쓰
여진 사(史)가 있었는가의 여부는 불확실하나 은허발굴 출투품 준에 구갑수골문

자(龜甲獸骨文字)로 「사(史)」자(字)가 있는 것으로 미루어 은대(殷代)에는 필록(筆錄)에 의한 사(史)가 존재한 것이 틀림없는 것 같다. 그러면 이 갑골문자에 나타난 「사(史)」자(字)는 무엇을 뜻하는 것일까? 이 문자의 원의(原義)를 살펴본다.

이미 잘 알려진 바와 같이 사(史)라는 자(字)는 상형문자로서 ㅂ과 ㅋ의 합자(合字)이다. ㅂ는 상대(上代) 중국왕조에서 존숭(尊崇)하던 五禮 중 하나인 사례(射禮) 때 籌刺(주자)의 그릇에 산목(算木)을 넣어놓은 형상인 ㅂ를 간략화한 것이고 ㅋ는 손의 형상이다. 즉 사(史)라는 자(字)는 화살의 수를 계산하는 그릇을 손에 쥔 형상을 나타내는 문자이다. 즉 사(史)의 직무(職務)는 사례(射禮)할 때 명중한 화살의 수를 확실히 세어서 기록하는 일에서 비롯된다.

이 기록한다는 것 즉 그 날에 일어난 중요한 일을 일기(日記) 하려는 것으로 이는 인간의 본능이라고 하겠다. 이 본능은 인간이 진실을 존중해서 이를 영망(永忘)하지 않으려는 작위를 가져오게 한다는 것이다. 위의 사례(射禮)에서 명중한 시수(矢數)를 기록한다는 것은 중요한 진실을 망각하지 않으려는 본능적인 발로라고도 볼 수 있다. 여기에 우리는 일기의 원천이 상징되어 있음을 알게 된다. 나아가 이 사(史) 자(字)에서 부상(浮上)되는 두 가지 현상 즉 기록물과 기록인을 쉽사리 파악할 수가 있겠다. 기록물은 곧 일기로서 서적을 이루게 되니 역사서(歷史書)가 되겠고 기록인은 관리(官吏)를 말함이니 곧 사관(史官)이 되겠다.

이처럼 「사(史)」라는 자(字)는 나라의 중요한 일을 확실히 기록한다는 것을 의미한다는 것을 알 수 있으며 주이후(周以后)로는 역대왕조에 직제상으로 사관(史官)이라는 제도를 두어서 군주의 언행을 기록한 사실은 사적(史籍)이 보여주는 대로다. 이 흐름을 잠시 약술한다면 주(周)왕조에서는 좌우양사(左右兩史)가 있어서 좌사(左史)가 사(事)를 기록하고 우사(右史)는 언(言)을 기록했다. 즉 좌우양사관(左右兩史官)이 있어서 군주의 행사(行事)와 선언(宣言) 곧 군주의 언행이 기록된 것이다. 한(漢)왕조 때는 궁중에 기거(起居)라 칭하는 관(官)이 마련되어서 역대 제왕의 기거언행을 매일 주기(注記)했다. 그렇게 주기한 것을 기거주(起居注)라 했으니 이 기거주가 말하자면 제왕의 일상을 사관이 기록한 일기에 지나지 않는다. 그런데 이때는 군주는 곧 국가였으므로 국가의 중요한 일상을 일지(日誌)한 것도 되는 것이다. 그 후 역대 왕조에서도 명칭상 약간의 변모는 있었지만 기거주는 속치(續置)되어 왔다고 보여진다. 사실(史實)의 기록인 사관의 기록이 일기로 간주(看做)될 수 있음은 기거주의 성질상 당연한 것이라고 보여진다.

이와 곁들여서 중국에서는 학문연구의 실적도 일기로 취급하고 있는 것으로 보인다. 예를 들면 공자(孔子)의 춘추(春秋)나 오경(五經)은 공자가 기록한 일기로 보고 있다. 공자는 인멸(湮滅)해 가는 고대문헌을 모두 탐색(探索)해서 이를 정리하고 기록했다. 이로 인해서 「秘書微文 無所不定」(論衡)이라 해서 혼란(混亂)하고 산질(散佚)되고 그래서 머지 않아 그 실(實)을 잃어가는 문헌을 후세에 남을 수 있게 한 공자의 학자적 업적을 왕충(王充)은 일기라고 부른 것이다. 이는 아마도 형식보다는 실(實)을 존숭(尊崇)한다는 전래의 관념에 근거한 것이 아닐까 한다. 「日實也」(說文)라는 말이 있다. 즉 태양의 정(精)은 성실충만(盛實充滿)하여 결(缺)함이 없음을 뜻하는 것이다. 이런 태양에 의해서 생성되는 인간의 일상도 공허해서는 안되며 정당한 언행심사(言行心思)로써 충실해져야 하고 학자는 연구로써 그의 본분을 충실시키며 왕자(王者)도 기거(起居)로써 그의 본분을 충실케 했다. 이런 충실의 자국을 기록한 것이 곧 일기라고 하는 사상(思想)이 고래(古來)로부터 은연중에 있어왔던 것으로 생각된다. 여기서 자연스럽게 얻어지는 귀결은 「일기는 실기(實記)」라는 개념이겠다.

이와 같은 개념은 시간이 흐름에 따라 그 폭을 넓혀간 것으로 보여진다. 즉 사물을 기술하는 경지를 넘어서 정념(情念)을 기술하는 데까지 이르른 것으로 보여진다. 이 사물의 기술은 자료의 기록이라는 형태로 남게 되었고 정념의 기술은 문학의 영역으로 든 것이겠다. 문학의 영역에서는 이와 같은 현상을 일기(日記), 기행(紀行)에서 볼 수 있으며 심한 경우는 소설에까지도 미쳐 있는 것으로 보여진다. 여기에서는 일기에만 주목하고자 한다. 즉 기록으로서의 일기가 문학으로서의 일기로 승화되는 양상을 살펴보려고 한다. 그래서 이 「實」의 위상이 어떤 모양으로 존재하는가를 보게 되겠다.

제3장 韓國 日記의 始發

'日記는 實錄也'라는 입장에서 본다면 우리 일기의 시발은 역시 사실(史實)을 기록하는 데서 찾아야 할 것 같다. 사실(史實)의 기록은 말할 것도 없이 사관(史官)의 손에 의해 궁중에서 쓰여졌다고 하겠는데 이제 그런 기록을 살펴보기로 한다.

> 신지비사(神志秘詞)라 해서 신지(神志)는 단군(檀君)의 사관(史官)으로서 문자(文字)와 사서(史書)를 지었다 하나 사서는 전하지 않고 비사(秘詞) 몇 구(句)만이 전한다.
>
> (高麗史 券122 列傳 第 35 方技條)

> 신지는 應製詩(權擥)에서 '檀君史官'이라 한 者다. 그러나……
>
> (朝鮮上古史·申采浩)

이상의 기록을 인정한다고 하면 단군에게 이미 사관이 날마다 사실(史實)을 기록하여 사서(史書)를 남긴 것이 된다. 그 사관의 이름이 신지였다고 한다. 그러나 단군 자체를 전설적 인물로 취급하는 입장에서 본다면 신지라는 인물은 역시 신화(神話) 속의 존재가 되므로 앞으로 더 고정(考訂)을 기다려야 되겠다. 정사(正史)의 기록은 삼국시대에 와서야 그 모습을 드러낸다.

> …… 詔大學博士李文眞 約古史 爲新集五卷 國初始用文字 時有記事一百卷 名曰留記 至是刪修……
>
> (三國史記 卷20 高句麗本紀 第八 嬰陽王條)
>
> 왕은 대학박사(大學博士) 이문진(李文眞)으로 하여금 고사(古史)를 간략히 정리하여 신집오권(新集五卷)을 만들었다. 국초(國初)에 문자를 시용(始用)할 때부터 어떤 사람이 記事百卷을 만들어 이름하기를 「유기(留記)」라 하여 왔는데 이 때에 이르러 사서(史書)를 산수(刪修)하였다.

유기(留記)는 질서(迭書)라 하나 이때가 서기(西紀) 600년 경이다. 고사(古史)라는 용어에서 이미 사서(史書)는 있었던 것이고 또 기사(記事)라는 용어에서 유기 (留記)도 사서(史書)였음이 쉽게 짐작된다. 또 국초에 시용문자(始用文字) 했으니 고구려가 시작될 때 이미 사서(史書)는 기술된 것으로 보여진다.

그리고 고구려는 중국과 인접해서인지 각종 서적을 많이 익힌 것으로 보인다.

> …… 俗愛書籍 至於衡門 厮養之家 各於街衢 造大屋 謂之扃堂 子弟未婚之前 晝夜於此 讀書習射 其書有五經乃 史記 漢書 三國志 …… 春秋 玉篇 字統 字林 又有文選 尤愛重之.
>
> (舊唐書 卷 199 列傳 149 高麗)
>
> 책을 즐겨 읽는 풍습이 있어서 살림이 넉넉치 못해 사는 집은 허름해도, 그 거리에는 큰 집을 지어 이를 견당(扃堂)이라 했다. 자제들이 미혼 때는 여기서 주야로 책을 읽고 활쏘기를 익혔다. 그들이 읽는 책에는 오경(五經) 과 사기(史記), 한서(漢書), 삼국지(三國志) …… 춘추(春秋), 옥편(玉篇), 자통 (字統), 자림(字林) 등이 있었다. 또한 문선(文選)이 있었는데 이를 가장 애 지중지했다.

오경(五經), 사기(史記), 한서(漢書), 삼국지(三國志), 문선(文選) 등이 읽혀진 것 으로 보아 고구려인들이 접한 한문화의 윤곽과 양상이 잘 알려진다. 이럴 정도 의 수준을 지니고 환경을 갖추었다고 하면 사서(史書)는 충분히 편찬되었을 것 이다.

> …… 六年秋七月 伊湌 異斯夫奏曰 "國史者記 君臣之善惡 示褒貶於萬代 不 有修撰 後代何觀" 王深然之 命 大阿湌 居柒夫等 廣集文士 俾之修撰
>
> (三國史記 卷四 新羅本紀 第四 眞興王條)
>
> 7월에 이찬(伊湌) 이사부(異斯夫)는 왕에게 아뢰기를 「국사(國史)라는 것 은 군신의 선악을 기록하여 잘하고 못한 일을 만대(萬代)에 보이는 것이온 데 사기(史記)를 수찬(修撰)하여 놓지 아니하오면 후대에 무엇으로서 사실 (史實)을 볼 수 있겠습니까」하니 왕은 그렇다 하고 대아찬(大阿湌) 거칠부 (居柒夫) 등에게 명하여 널리 문사들을 모아 국사(國史)를 수찬(修撰)하였다.

신라는 진흥왕(眞興王) 때 역사를 만든 것이지만 이 기록에서 우리는 당시의 국사관(國史觀)이 뚜렷함을 알게 된다. 즉 역사란 후세의 본(本)이 되기 위해서 기록한다는 것이다. 여기서 또 한번 우리는 유향(劉向)이 「…… 日有記也 月有効

也 歲有得也」(新序) 라는 구절을 상기(想起)하게 된다.

　　　……古記云「百濟開國已來 未有以文字記事 至是 得 博士高興 始有書記」
然高興未嘗顯於他書 不知其何許人也
　　　　　　　　　　　(三國史記 卷二十四 百濟本紀 第五近肖古王條)
　　고기(古記)에 말하기를 「백제는 개국 이래로 아직 문자로써 기사(記事)한
것이 없었는데 이 때에 이르러 박사 고흥이 처음으로 서기(百濟書記)를 만
들었다. 그러나 고흥은 다른 책에 그의 내력이 나타나 있지 않으므로 그가
어떤 사람인지를 알지 못한다.」

　　서기(書記)는 질서(迭書)라 하지만 기사(記事)라는 용어로 보아 사서(史書)임을
알 수 있겠다.

　　삼국은 각기 시간적으로는 선후(先後)가 있으나 사서(史書)를 갖췄던 것으로
봐서 이런 사서(史書)의 저본(底本)이랄 수 있는 사초(史抄)가 일기(日記)되었을
것으로 짐작된다.

　　특히 중국과의 빈번한 왕래는 사신(使臣) 상고(商賈) 유학생 등을 주축으로 끊
이지 않아 그 문화의 영향을 무시할 수 없었으니 여러 가지 제도면에서도 주목
되는 바가 있다. 최치원(崔致遠)의

　　　…… 東西台之極位 揚歷無遺 左右史之直言 裁成有類……
　　　　　　　　　　　　　　(桂苑筆耕 卷七 史舘蕭遘 相公)

　　「…… 동서대의 지극한 자리도 드날리고 겪어서 빠짐이 없고 좌우사의 곧은
말도 재결하여 이룸이 종류가 있사와 ……」는 중국에서의 형편을 논한 것이지
만 좌사우사(左史右史)의 존재가 뚜렷해 보인다.

　　이러한 여건들이 갖춰졌기 때문인지 김부식(金富軾)은 삼국사기를 쓴 다음
임금에게 올린 진삼국사표(進三國史表)에

　　　…… 臣金富軾言 古之列國 亦各置史官 以記時事 故孟子曰 晋之乘 楚之檮杌
　　魯之春秋一也 惟此海三國 歷年長久 宜其事實 著在方策　乃命老臣 俾之編集
　　……
　　신 김부식은 말씀을 올리나이다. 옛날에 列國(중국)에서도 또한 각각 史

官을 두고 그 시대의 사실을 기록하였던 까닭으로 맹자는 말하기를 "진나
라의 사승(史乘)이나 楚나라의 도올(檮杌)(史記)이나 노나라의 춘추[史記]가
모두 한 가지다"라고 하였습니다. 생각하오면 해동[우리나라] 삼국(신라·
고구려·백제)도 그 역년(歷年)이 장구하여 마땅히 그 사실을 책으로 지을
방책이 있어야 되겠으므로 노신(老臣)에게 이를 편집하도록 명령하신 것이
오나……

이라 한 것으로 보아 사관(史官)의 인식이 뚜렷하며 중국의 사례(史例)를 풍부히
인용하고 있다. 사실 고려의 직관(職官)에는 기거주(起居注) 기거랑(起居郎)이라
는 사관(史官)의 위치가 직제(職制)로서 존재했었다.

　실록(實錄)이라는 용어를 명사(名詞)로 사용한 것을 또한 계원필경(桂苑筆耕)
에서 보게 된다.

> 　　……　而秦國歆賢　由余不棄　謹成實錄　敢期殊庸　……
> 　　　　　　　　　(桂苑筆耕　卷六十六　西川-羅城國記條)
> 　　…… 진나라에서 어진 사람을 모아들일 때에 유여(由余) 같은 사람도 버
> 리지 아니하였기에 삼가 실지의 기록을 이루어 감히 특수한 공적을 기록하
> 였습니다.

> 　　……　各陳讚咏之詞　能展縱橫之作　筆皆實錄　機不虛張　……
> 　　　　　　　　　(桂苑筆耕　卷十九　謝周繁秀才以小山集見示書條)
> 　　…… 각각 칭찬하는 글을 지어서 종횡의 작법을 잘 전개하였으니 쓴 것
> 은 다 실록이요 기틀도 헛되이 벌리지 아니하였습니다.

　여기의 실록은 선술(先述)한 바 수차의 기사(記事)와 같은 성질의 용어라고 보
여진다. 김부식의

> 　　……　此皆傳聞懸說　非實錄也
> 　　　　　　(三國史記　卷三十四　雜志　第三　地理一)

　"이것은 모두 떠도는 말로서 사실의 기록이 아닐 것이다"에서도 '실록'은 '사
실을 기록한 것'이라 풀이해도 역시 기사(記事)임에는 틀림없겠다.

　삼국시대에 이미 국사(國史)를 기술하였으므로 여조(麗朝)에 들어서는 선술

(先述)한 바와 같이 사관(史官)이 궁중에 자리잡고 왕의 기거(起居)를 주기(注記)했을 뿐 아니라 직제화된 위치에서 왕조의 실록은 구색을 갖추어간 것은 말할 것도 없다. 그런데 고유명사화된 일기의 등장을 다음에서 대하게 된다.

> …… 至壬辰歲移御次 內官悤遽中 忘不收儉 至丙申四月 御願堂神孝寺釋蘊光 請致敬佛牙 聞干上 勅令內臣 遍檢宮中 無得也 時栢台侍御史 崔冲命 薛伸 急徵干諸謁者房 皆未知所措 內臣金承老奏曰 壬辰年移御時紫門日記推看 從之記云 入內侍大府卿 李白全受佛牙函之 召李詰之 對曰 請歸家更尋私記 到家檢看 得左番謁者金瑞龍 佛牙函 准受記 來呈 ……
>
> (三國遺事 卷三 前後所將舍利)

임진년에 강화로 천도할 때에 내관이 총망중에 불아(佛牙)를 잊고 챙기지 못하였다. 병신년 4월에 이르러 왕이 원당(願堂)인 신효사(神孝寺)에 행어(幸御)하였을 때 중 온광(蘊光)이 불아(佛牙)에 치경(致敬)하기를 청하여 왕에게 아뢰니 왕은 내신을 시켜 궁중을 두루 찾아보았으나 발견치 못하였다. 이때 백대(栢臺) 시어사(侍御史) 최충(崔冲)이 설신(薛伸)을 명하여 급히 여러 알자(謁者)의 방을 수색케 하였던 바 다 어찌할 바를 몰랐다. 내신(內臣) 김승로(金承老)가 아뢰기를 임진년 이어시(移御時)의 자문일기(紫門日記)를 조사케 하라 하여 그 말대로 조사하였더니 일기에는 입내시(入內侍) 대부경(大府卿) 이백전(李白全)이 불아함(佛牙函)을 받았다고 씌어 있었다. 이(李)를 불러 힐문(詰問)하니 대답하기를 집에 가서 자기의 일기를 찾아보겠노라 하고 집에 가서 조사해 보다가 좌번(左番) 알자(謁者) 김서룡(金瑞龍)의 불아함(佛牙函) 준수기(准受記)를 발견하여 가지고 와서 바치었다.

몽고의 침공으로 강화도로 천도하였을 때 고종(高宗)이 丙申年(高宗 23년·1236년) 4월에 원당(願堂)인 신효사(神孝寺)에 행어(幸御)했다가 불아함(佛牙函)을 찾게 되어 이 일기를 참조하게 된 것이다.

여기에 자문일기(紫門日記)란 궐내일기(闕內日記)로서 공일기(公日記)임은 틀림없다.

내신(內臣) 김승로의 입에서 "자문일기를 추간(推看)하소서"라는 말이 즉석에서 나온 것으로 보아 궐내의 이 일기는 공식화되고 사무화된 지 이미 오래라는 느낌을 받게 된다. 또 사기(私記)란 이백전(李白全)이 불아함(佛牙函)의 추궁을 받자 곧 자기의 사기(私記)를 떠올려 "請歸家更尋私記"라 아뢰었고 곧 이어서 김서룡(金瑞龍)이 불아함을 받았다는 기록을 찾아와 제시한 것으로 보아서 이

백전은 사기(私記)를 가까이 두고 늘 기록하고 있었고 그 내용을 잘 알고 있었음을 쉽게 알 수 있다. 공인(公人)의 신분으로서 내신(內臣) 앞에서 "請歸家更尋私記"라 할 수 있을 정도로 이 사기(私記)는 보편화되었던 것으로 보여진다. 그리고 즉각 그 기록을 찾아냈다는 것으로 보아 일부인(日附印)이 꼭 찍혔었는지는 몰라도 쉽게 사건을 찾아낼 수 있는 구색이 갖춰졌던 것이며 또 종이 쪽지에 간략히 적어둔 메모 정도가 아니라는 것도 아울러 생각할 때 이 사기(私記)는 이미 보편화된 가기(家記)일 가능성이 높다고 보여진다. 임진년 강화도 이어(移御)라면 1232년으로서 약 5년 전의 일이며 또 이런 난중에도 5년 전의 기록을 보관하고 있었다는 점에서도 더욱 그러하다. 그래서 이 사기(私記)는 이백전 자신이 쓴 그 가문(家門)의 일기일 가능성이 짙다고 하겠으니, 공일기(公日記)가 풀지 못한 문제를 사일기(私日記)가 시원히 밝히고 있다. 고종 23년 병신 4월이면 서기 1236년에 해당되는 바 이미 이때 우리는 궁중에서 쓰여진 공일기인 자문일기(紫門日記)와 이미 보편화된 사일기(私日記)인 가기류(家記類)의 존재를 인정해도 무방하리라 생각된다.

아무튼 이때 사일기(私日記)를 가졌다는 것은 아직 가문 위주이기는 하지만 우리 일기가 공적인 성격을 벗어나 사적인 안목을 지니게 되었으며 또 일기의 영역이 그만큼 넓어졌고 개성의 각성과 문학으로의 탈태(奪胎)가 구상화됐으리라는 것을 생각할 때 적지 않은 의의가 있다 할 것이다.

또 하나 알려지는 것은 사일기(私日記)이지만 그 내용에는 공적인 국사(國事)가 기술되어 있었다는 것으로서 그것도 중대 관심사였던 것으로 보여진다. 아마도 후손들을 위한 것이었음을 짐작케 한다.

李磾家記云 眞興大王妃 思刀諡曰 白㟱夫人 ……
(三國遺事 卷二 後百濟 甄萱條)
이비가기(李磾家記)에 의하면 진흥대왕(眞興大王)의 비(妃) 사도(思刀)의 시호(諡號)는 백승부인(白㟱夫人)이니 …….

李磾家記云 萱有九子 ……
(仝上)
이비가기(李磾家記)에는 훤(萱)에게 구자(九子)가 있으니 ……

여기에는 이비가기(李磾家記)라는 용어가 두 차례 나타난다. 견훤(甄萱)의 가

계(家系)와 생활의 개요(概要)가 보인다. 70년(867년~936년) 생애의 행태(行態)가 일목요연하며 이때 이미 가기(家記)가 쓰여겼음을 알게 한다.

이처럼 우리의 일기는 나라의 공일기(公日記)로 시작하여 차츰 사대부의 대가(大家)에서 그를 본딴 일기가 가문(家門) 단위로 쓰여진 것으로 보여진다. 내용은 개인의 심정을 다루기보다는 조정(朝廷)과 가문의 대소사(大小事) 위주로 기술되었으니 이것이 당시 사회의 추세를 파악하는 중요한 자료가 되었던 것이다.

Arthur Ponsonby에 의하면 영국 일기의 시발은 회계를 하는 세심한 습관에서 싹튼 것 같다는 것이다. 이러한 습관은 생존과도 연결되는 기본교양으로서 가정교육의 한 항목일 수도 있는 것이다. 일상생활의 필요에 의해서 금전출납의 형식으로 시작된 것으로 보인다. 이 출납의 기록이 상세하면 할수록 그들 생활의 단면이 돋보인다는 것은 추측하기 어렵지 않다. 다음은 그 기재사항이 폭을 넓혀서 금전의 수입지출만이 아니고 물건의 구매 알선 등에 대한 간단한 기록이 덧붙여지기 시작했다. 여기서는 생산자나 중개인과의 연관성을 놓칠 수가 없겠다. 금전출납이라는 단순한 수수(收受)관계에서 물자의 교환·교류로 나아가 대인관계에까지 기록 영역이 확대되어 감을 보게 된다. 이러한 출납의 기록이 날마다의 일로 되풀이됨에 따라 곧 일상생활의 일부로 자리잡게 된다. 여기까지는 사생활 중심의 기록이라 하겠으나 다음 단계에서는 공공(公共)의 사건들을 기록하게 되고 정치상의 여러 사실들도 기록화해 있다. 물론 공공사건이나 정치상의 여러 사실들의 기록은 사생활에 직접적인 관계는 없다 해도 관심을 끈 사실이었음을 짐작케 한다. 17세기가 되면 종교상의 수행(修行)을 위해 일기를 쓰고 자기 내성(內省)의 자료로 삼았다고 하는, 말하자면 종교적 훈련의 목적으로 일기를 쓰게 하는 습관이 매우 보편화되어 있었다고 한다.

이상의 기술에서 영국 일기의 시발(始發)은 극히 사적인 실생활과 밀착되어서 기술되었음을 보여준다. 그것이 점점 공공사항의 기술로 폭을 넓혀갔으나 그 시점은 철저히 주관적이었음을 알 수 있다. 사적인 실생활의 기술로부터 비롯된 일기는 우리나라에도 많이 있다. 연대(年代)는 내려오지만 근자에 발굴된 것을 조선일보는 다음과 같이 보도하고 있다.

全南求礼 柳濟陽의 3代(1890~1940)에 걸친 전가일기(田家日記)이다.

(1994. 7월 6일자 보도)

우리나라는 일기라는 용어보다 일록(日錄)이라는 용어가 앞섰던 것 같다. 즉 '南行月日記(李奎報)'에 "……目爲日錄"이 그것으로서 "……日錄으로 하여"로 풀이된다. 이것은 이규보가 1199년 6월(32세 때) 완산사록(完山司錄) 겸 서기(書記)라는 신분으로 그해 9월 전주(全州)에 부임했다가 돌아갈 때까지 1년 4개월간에 걸쳐서 관할하는 각지를 돌아보고 살피면서 굳이 필요하거나 혹은 감흥이 이는 것들 중에서 곧 작품화하기 어려운 것은 각각 메모해 두었다가 다시 회상해 (1201년 3월) 정리해서 써낸 기행문(紀行文)이다. 그런데 이 기행문에는 일록에 대한 그의 견해가 다양하게 나타난다. 이제 잠시 이를 살피기로 한다.

予 嘗欲遊踐四方 凡吾馬足之所到 若有異聞異見 則詩以拾文以採以 爲後日之觀 其意何哉 假得老以之脚衰腰僂 所處不過房櫳之內 所見不出袵席之間 則取吾手集 觀昔少壯時 奔馳步驟遊賞之跡 赫赫若前日事 尙足以舒暢其幽鬱也.

내가 일찍이 사방을 두루 다녀 무릇 내 말굽이 이르는 곳에서 만일 색다른 소문이나 특이한 볼거리가 있으면 곧 시(詩)로써 거두고 문(文)으로써 채집하여 후일의 볼거리로 만들고자 하였으니 그 뜻이 무엇이었던가. 가령 내가 제법 늙어 다리가 힘없고 허리가 굽어 거처하는 곳이 방안에 지나지 못하고 보는 것이 자리 사이에 지나지 않게 된다면 내가 손수 모은 것을 가져다가 옛날 젊었을 때 분주히 뛰어다니며 구경하며 즐기던 자취를 본다면 지난 일이 또렷이 바로 어젯일 같아서 족히 울적한 회포를 풀 수 있겠기 때문이다.

여기에는 후일의 볼거리를 위해서 이사이문(異事異聞)을 시문(詩文)으로 채집했는데 이 볼거리는 몸이 노쇠하여 문밖 출입이 어려울 때 읽어보면 울적한 마음을 풀 수 있으리라는 내용이 적혀 있다. 이것은 서두(序頭)에 나오는 대목이다.

然列郡風土山川形勝 有所可記而 倉卒不能形于歌詠 則草草書于短牋片簡 目爲日錄 雜用方言俗語也.

그러나 열군(列郡) 풍토(風土)와 산천(山川)의 형승(形勝)으로 기록할 만한 것이 있되 즉석에서 노래하여 읊을 수 없는 것은 간략히 단전편간에 써 두어 일록(日錄)으로 하여 방언(方言)과 속어(俗語)를 섞어 썼다.

여기에는 즉석에서 노래로 읊어지지 않는 것은 간단히 메모하여 그날의 기록으로 보고 방언(方言)과 속어(俗語)를 섞어 썼다는 내용이 적혀 있다. '일록'은 그날의 기록으로서 이는 간략한 메모이고 방언과 속어를 섞어 쓴 것이었다. 문장으로 가려내기 위해서 그 당시의 심정과 분위기를 되살릴 수 있는 기틀이 적혀 있는 것이라고 생각된다. 잊어서는 안될 중요한 것, 그런데 방언과 속어를 섞어 써서 작자(作者)가 아니면 알아보기 어려운 것이 일록이었다고 하겠다.

이제까지 두 개의 예문을 인용하였다. 전자에서는 기행문의 목적과 표현 양식과 소재가 보이고, 후자에서는 일록의 정체(正體)는 비망(備忘)이나 소재(素材) 정도라는 것이다. 말하자면 자기만의 글이다.

이 기행문의 말미는 「辛酉三月日志」로 되어 있다. 「志」란 곧 기(記)로서 신유(辛酉) 삼월(三月)에 기술(記述)했다는 것이다. 여기의 '일지'는 일기(日記)라는 고정관념을 나타낸 것은 아닌 것이다. 여러 날을 여행하면서 쓸 만한 것이 있을 때 붓을 든 것이기 때문에 「月日」은 「때」로 이해되어야 할 것 같다.

> …… 及庚申季冬 入洛閑居 始出而見之 莽莽焉不可讀之 其所自爲而 反自笑也 盡取而焚弃之 拾一二可讀者姑次而記之云 ……
> 경신년 늦겨울에 이르러 서울에 돌아와 한가히 있을 때 비로소 그것들을 내어서 읽어보니 적은 것이 너무 간략하여 알아볼 수 없고 제가 한 것인데도 도리어 우습기로 다 꺼내어 불살라 버리고 그중에서 한 두 가지 읽을 만한 것을 주어서 그나마 차례로 적어본다.

앞에서 본 바와 같이 방언과 속어를 현장에서 섞어 쓴 일록을 서울에 돌아와 한가할 때 꺼내보니 알아볼 수 없는 것이 많아 거의 태워 버리고 알아볼 수 있는 것 한 두 개를 차례대로 기술했다는 것이다. 그러니까 날마다 쓰는 일기는 아니었다는 것이다. 기록이라는 뜻이고 이 경우는 작품(기행문)을 말하는 것 같다.

> …… 凡所歷 無可記則不載 ……
> 무릇 내가 다녀 본 곳에 기록할 만한 것이 없으면 적지 않았다.

이것은 기록할 만한 가치가 있다고 생각되는 것, 말하자면 상세하게 기억해 둘 만한 것이거나 지극히 감흥이 이는 것을 골라서 기술했다는 것이다. 이는 기계적으로 혹은 관행적으로 적은 글이 아니고 즐길 만한 가치가 있고 남길 만한 비중이 있다고 생각되는 한도 내에서 이 순행기(巡行記)를 기술했다고 하는 그 기본 태도를 나타내는 말이다. 말하자면 이 일록이 그날의 기록이지 날마다 쓰는 일기는 아니었다는 것이겠다.

이제까지 보아온 일록에 대한 그의 견해는 시(詩)가 될 수 없는 이문이사(異聞異事)로서 그중 중요한 것들을 방언과 속어를 섞어 메모로 적은 것이고, 나아가 기행문의 소재를 모은 것 정도였다고 하겠다.

그러나 날마다 쓰는 일기의 개념이 아닌 일록이었지만 이규보는 이를 「目爲日錄」에서 보는 것처럼 하나의 낱말로 사용하였다. 이는 시가 될 수 없는 이문이사(異聞異事)로 방언과 속어를 섞어 쓴 산문(散文)이었으니 곧 그날의 기록인 일록은 일기라고 보아도 무방한 것이겠다.

제4장 日記와 日記文學

　일기문학은 일기라고 불리워지는 대단히 광범한 기록 중에서 나타난 작품으로서 비유한다면 무연한 초원에 피어난 화초 같은 것이라 하겠다. 이를 이해하고 감상하려면 먼저 일기 전반에 대한 지식이 앞서야 한다.

　문학에는 노래하는 문학·말하는(지껄이는) 문학·기술하는 문학 등을 생각할 수 있으나 일기문학은 가장 후자(後者)에 해당된다고 하겠다. 이 3자(者)에는 심정을 표현한다고 하는 공통점도 있으나 차이점도 있으니 전(前) 2자(者)는 일시적으로 생성된 생각을 나타내기 위해 나온 것이고 기술하는 문학은 기존의 생각이나 일시적으로 일어난 생각이라 해도 이를 길이길이 이 세상에 남기려는 소원도 겸해서 쓰여진 것이다. 기술하는 마음이란 인간의 본능같은 것으로 이런 행위는 인간의 생존과 더불어 있어온 것으로 보여지지만 그러나 문자 이전의 간단한 기호에 의한 '표기(表記)'는 아직 문학일 수는 없었다.

　기록하는 문학 곧 일기문학의 발생은 문자로 말미암는다. 말하고 노래하는 문학의 원형은 문자 이전부터 있어왔고 문자가 출현한 다음 문자를 방편으로 삼음으로써 비로소 본격문학으로 성립된 것으로 보여진다. 그런데 일기문학은 문자가 나타남으로써 처음 생길 수 있었고 철두철미 문자에 의존하는 문학이다. 초원에 피어난 화초처럼 사실을 기록하는 것으로부터 시작된 일기와 일기문학의 차이를 그래서 다음과 같이 파악할 수 있을 것 같다. 즉 사실에만 충실하게 되면 기록문일 수밖에 없다. 따라서 일기문에서 사실에만 충실한 글을 '일기'라 하고 사실을 근거로 하지만 그 사실을 초월한 창조적 의의를 지니는 것을 일기문학으로 볼 수 있겠다는 것이다. 그러나 이렇게 똑 떨어지게 구분된 작품은 그리 흔하지 않은 것 같다.

　창조적 의의를 지닌다는 것은 결과적으로 아름다움을 자아내어 문예성을 띤다는 것을 의미한다. 그래서 일기와 일기문학의 공통점은 사실을 말한다는 것이고 차이점은 문예성의 유무(有無)라는 말이 된다. 그러면 이제 여기에 나타난

'사실'의 정체를 짚어보기로 한다.

　사실(事實) ― 일반적으로 사실이라 할 때에는 외적 사실과 내적 사실로 나누는 것이 보통이다. 전자는 외부적인 사실을 말하는 것으로 그 사실의 여러 가지 사상(事象)에 관련된 자들의 입장에서는 누구도 인정하지 않을 수 없는 객관적인 사상(事象)을 말하는 것이다. 이는 증인의 존재를 짚어냄으로써 사실성을 증명할 수가 있다. 그러나 후자는 그리 간단하게 증명되지 않는다. 심적(心的) 사실이라 부르기도 하는 이 사실의 기록은 독자들의 경험에 비춰서 해석하고 그것에 의해서 그 사실성을 증명할 수밖에 없다. 개성을 지닌 인간의 심적 기록이 공통성이나 보편성을 지녀서 사람에게 감동을 준다는 것은 주지된 사실이다. 문학이라는 문예는 외적 사실보다 내적 사실이 중요하고 그 내적 사실이 독자의 추체험(追體驗)이나 경험을 통해서 감명을 받는다. 따라서 일기와 일기문학이 공통으로 지니고 있는 사실성의 차이는 외적 사실과 내적 사실이라는 것인데 거기에는 말하자면 전자에서는 외적 사실에, 후자에서는 내적 사실에 초점이 맞춰진다는 큰 차이가 있다고 말할 수 있겠다.

　일기문학은 일기의 성격을 거의 함유하고 있다. 다만 눈에 띈 사실을 정확하게 그날로 단장(斷章)에 담아냈느냐의 차이인 것이다. 이것은 곧 기록적인 표현에서 정서적인 체험을 도출하는 것으로서 문예성은 이 과정에서 생겨나는 것이겠다.

제5장 作品硏究

　이제부터 작품을 다루어 보기로 한다. 여기서는 전형적인 일기로부터 특수한 상황을 다룬 일기까지를 포함해 일기의 영역을 관견(管見)하였다. 그래서 일기의 실용성에서 그 문예성까지를 살폈다. 아울러 일기문학의 특성을 추출(抽出)해 그 정체성을 확실히 하였다.

　작품으로서는 다음 6편의 일기를 골랐다. 「음애일기」(李耔), 「난중일기」(李舜臣), 「청백일기」(申翊星), 「연평일」기(申翊星), 「계축일기」(內人들), 「동명일기」(宜寧南氏)가 그것이다.

　「음애일기」는 전형적인 사대부의 일기로서 그의 일상성이 오롯이 담겨져 있다. 자손들을 의식하고 쓴 것이지만 그의 심정은 남김없이 드러나고 면면히 이어진다. 거의가 정중(廷中) 생활에서의 견문이요 느낌이지만 그 굴곡은 예사롭지가 않다. 어느 누구의 눈치를 본다든가 거리낌 등은 전혀 없이 그의 필경(筆耕)은 자유롭고 예리하다. 당시 지도층의 비판 속에는 왕도 포함되어 나오고 기강의 해이·무질서의 표본으로는 군부(軍部)가 도마에 오르고 역사의식으로는 노산군(魯山君)의 장례와 중종반정지사(中宗反正之事)가 개괄(槪括)돼 나온다. 따라서 그의 심정은 구석구석 스며들지 않은 데가 없어 보인다. 이런 의미에서 본 일기는 문예성이 짙은 일기로 봄직하다.

　「난중일기」는 전형적인 무부(武夫)의 일기로서 임진(壬辰)년부터 무술(戊戌)년까지의 일상이 기술돼 있다. 거의 의무적으로 쓴 일지(日誌)이지만 그의 남다른 인간성이 남김없이 배어나 행간에 가득히 고여난다. 거의가 싸움터에서의 전투상(戰鬪相)·진중(陣中)의 생활상으로서 솔직·담백·직선적이다. 기록 위주의 글이지만 배어나는 인간성 때문에 정서의 발산과정을 볼 수 있었다. 이와 같은 소박한 과정과 단락들이 본 일기가 기록에만 머물 수 없는 문예로의 징검다리 역할을 하고 있는 것으로 보여진다. 따라서 그의 인간성을 비중있게 다루지 않을 수 없었으며 나아가 그의 상(像)까지 도출하기에 이르렀다. 그러므로

「난중일기」는 문예성을 부정하기 어려운 기록문이 아닐 수 없겠다.

「청백일기」와 「연평일기」는 동일인의 서술이다. 전자가 인목대비의 폐위상(廢位相)에 초점을 맞춘 것이라면 「연평일기」는 인목대비의 복위상(復位相)을 아우른 인조반정지사(仁祖反正之事)에 초점을 맞춘 것이라고 할 수 있다. 따라서 여기서는 폐복위상에 앞장섰던 인물이 부각돼 나오니 곧 이이첨(李爾瞻)과 이귀(李貴)이다. 이 양(兩) 일기에는 작자의 심정보다는 상기(上記)한 사건과 두 인물의 표출에 더 필력을 집중시켰다. 이것은 객관적인 집필자세가 더 우세했음을 보여주는 것이다. 따라서 이 양 일기는 대비의 폐복위(廢復位)라는 사실에 초점을 맞춘 기록 위주의 일기라고 보여진다. 만일 이를 사관(史官)이 썼다면 사초(史草)로서의 기능을 충분히 발휘했을 것이겠다. 작자 신익성은 사대부의 반열에 오른 사람이지만 이 당시에는 야인(野人)의 신세였던 것이다. 우리의 일기는 대체로 「음애일기」와 같은 일상성의 일기와 청백·연평일기와 같은 사건일기가 대종(大宗)을 이룬다고 볼 수 있다.

「계축일기」도 사건일기라고 하겠다. 그러나 일반적인 사건일기와 다른 점은 이야기성이 가미됐다는 점이다. 이 이야기성 때문에 소설이다 아니다로 지금까지도 논란중이다. 필자는 이를 '이야기일기'로 본다. 그림의 기능으로 일기를 표현하면 그림일기가 된다. 그림일기가 성립된다면 노래일기도 가능하고 이야기일기도 가능하게 된다고 하겠다. 이를 이야기일기로 보는 중대한 요소는 역사적인 사실을 이야기적인 수법으로 일부를 그렸다는 것이다. 기록에 머물 수밖에 없는 일기를 문예라는 영역으로 끌어들이는 시도였던 것 같다. 이와 같은 위상의 변화가 여성의 손에 의해서 이루어질 만큼 당대의 산문정신(散文精神)은 무르녹았던 것으로 보여진다.

「동명일기」는 1박2일의 해맞이 여행기(旅行記)이다. 1차에는 구름에 가려 실패하고 2차에 성공한 여장부의 글이다. 기행성(紀行性)이 두드러져 보이지만 일기성(日記性)도 갖춰진 기행일기로서 사대부가의 안방마님다운 여유가 넘친다. 역사의식을 깔고 답답한 심정을 한껏 풀어내는 문향(文香)이 짙다.

이상 6편 일기의 면모를 보면 선조 후반부터 영조대에 이르는 근세조선의 2세기간의 작품으로서 작자는 남녀가 참여해 있고, 내용은 일상생활에서 전쟁·폐비사·반정사(反正事)·출궁(黜宮)과 유폐(幽閉)·기행 등에까지 미쳤으며, 제

제에서는 일회성 표상(表象)이 주류를 이룬다. 서술양상은 기록에서 묘사에 이르는 다양성을 지닌다. 비록 6편이라는 소수(少數)이지만 우리 일기의 전모(全貌)를 보는 것 같다.

다음으로 서술양상을 다음과 같은 관점에서 살피기로 한다.

서술법으로는 대체로 기록과 묘사(描寫)에 국한된다고 보여지고 서술유형으로는 다음의 다섯 가지로 마무리될 것 같다.

1. 약서(略敍)… 대상을 객관적인 입장에서 다룬다. 특성의 단순화·핵심만을 짚는다. 간이요(簡而要)가 그것으로 문체는 개성적이기보다는 기술적(記述的)이다.
2. 상서(詳敍)… 특성의 정밀한 파악을 통해 생동감 넘치는 장면을 담아낸다. 조사(措辭)·문체·문장에 개성의 반영을 본다. 정서에 오롯이 젖어드는 것이다.
3. 서묘(敍描)… 정서에 흠뻑 젖어드는 정도를 넘어서 정서를 향유화(享有化)하는 경지를 말한다. 그래서 자조성(自照性)도 인다. 이는 곧 문학적인 형상화(形象化)와 이어진다. 그래서 새로운 세계에 미도(味到)하게 된다.
4. 촌묘(寸描)… 기술 위주의 글에서 즉흥적으로 의식이 방출될 때 나타나는 현상 같다. 단적(端的)인 표현이지만 충심(衷心)을 꿰뚫는다.
5. 음영(吟咏)… 정서를 오롯이 담아낸다. 산문(散文) 속에 들어있으므로 해서 오히려 분위기를 돋구며 묘사(描寫)의 기능을 보강한다. 일기 속에 점재(點在)하는 시(詩)의 위상이다. 음영(吟咏)도 묘사의 한 양식으로 본 것이다.

그리고 서술의도는 일기문 자체가 단순한 기술이기 때문에 큰 의도(意圖)가 없는 경우가 많으며 서술효과도 본격적인 창작의 경우에서라야 짚이는 것이 있을 것이다.

이상과 같이 서술양상을 다루는데 있어 약서(略敍)는 거의가 단순한 기술(記述)에 그치는 것이므로 이는 생략하기로 한다.

I. 陰崖日記

1. 해설

본 일기는 총 41개 항(項)으로 1509년(中宗 4년) 9월부터 1530년 12월까지 작자가 견문한 바 조정의 요인(要人)이나 포의(布衣)들의 행적과 일사(逸事)들을 적었다. 그밖에 왜구(倭寇)들과의 교섭실사(交涉實事)와 중종반정지사(中宗反正之事)들이 보인다. 대부분이 소재 그대로의 기술(記述)이라고 볼 수 있으나, 부지불식간에 자기의 의사와 감정이 나타난다. 말하자면 단순(單純)한 기사(記事)가 대부분으로 보이지만 그 기사 말미에 감정이 돋보여서 그 무미건조(無味乾燥)한 기사를 엷은 물감으로 채색한 것 같은 것이 적잖이 보인다는 것이다. 그리고 작자의 심정을 나타내는 시(詩) 한 수가 37번째로 자리하고 말항(末項) 후반에는 자기의 신력(身歷)과 낙향(落鄕)의 계기가 된 조효직(趙孝直)과의 관계, 그리고 당시의 심정과 기록하는 이유를 적고 있다. 이 말항은 본 일기의 본문이라고 보기 어려운 면이 있다 하겠다. 왜냐하면 병자년(丙子年) 12월 25일 기사후 만 13년만의 기록이기 때문으로 아마도 본 일기를 마감하려는 의도에서 마무리된 것으로 보인다. 여기의 일부 내용이 그의 「自撰」 속에 나타나 있음에서도 알 수 있는 일이다.

따라서 본 일기는 당시 사대부가에서 쓰여진 사일기(私日記)로 보이지만 거기에서 취급된 내용은 자기 개인이나 가문의 일은 거의 찾아보기 어렵다. 말하자면 그의 주요 관심사는 정치정세였고 또 그런 사실을 자손들에게 남기고 싶었던 것이고 예외로 자작시(自作詩) 1편에서 그의 심정을 엿볼 수 있을 뿐이다. 따라서 본 일기는 현직에 있을 때 기술하던 것을 음애(陰崖)로 낙향(落鄕)해서 마감한 것이 아닌가 한다.

여기서는 사대부의 일상이 담긴 평상(平常) 일기는 어떤 양상인가에 초점을 맞췄으며 텍스트는 『국역대동야승Ⅱ』에 실린 「음애일기」다.

2. 작자

이 자(李 耔) … 한산(閑山) 사람으로 성종(成宗) 11년(1480)에 나서 중종(中宗) 28년(1533)에 졸(卒)하다. 연산군(燕山君) 10년(1504)에 장원급제한 후 벼슬이 좌참찬(左參贊)에 이르다. 기묘사화(己卯士禍)에 관련되어 음성(陰城) 음애(陰崖)로 퇴거하였다. 자(字)는 차야(次野), 호(號)는 음애(陰崖).

3. 동기

본 일기 41항에서 이 일기를 쓰게 된 연유가 간접적으로나마 밝혀질 수 있을 것 같다. 병자년(丙子年)에 1일분의 기록을 남긴 지 실로 13년만의 집필로써 이 일기를 마감하는 대목이다. 병자년에 기록한 이 1일분의 일기 39항은 당시의 우승지(右承旨) 신 상(申 鏛)이 영월(寧越)에 있는 단종능(端宗陵)에 제사지내고 돌아와 보고한 내용을 듣고 기술한 것으로 보인다. 권세에 밀려 한 때 의(義)는 가리워지고 불의(不義)가 성(盛)하는 것 같지만 시간이 흐르면 끝내 의는 드러나고야 만다는 것이 그의 견해인 것으로 보인다. 다음의 40항은 단종의 모(母) 소능(昭陵)이 단종을 출생하다가 난산으로 7일만에 죽었다는 기록으로 이미 22·23항에서 소능(昭陵)·현능(顯陵)에 언급한 바 있다. 말항(末項)인 41항에는 소능을 현덕왕후(顯德王后)로 복위했다는 22·23항의 기록내용을 또다시 되풀이하고 있다. 이를 보면 의·불의를 다룬 단종·단종의 모(母)에 관한 기록이 4차에 이르고 있어 작자는 본 일기에서 상당한 비중을 두고 의·불의를 다룬 것으로 보여진다. 이 기술에 뒤이어서 자신의 벼슬살이에 언급하다가 낙향하게 된 연유를 다음과 같이 기술하고 있다.

> 馴致不測之禍
> 세상일이 점점 변하여 마침내 불측한 화(禍)를 일으켰는데.

곧 기묘사화에 연루된 것이다. 그래서 귀양살이 간 선비들도 있고 그리고 그의 절친한 친구 조효직(趙孝直)은 왕명을 받고 죽었다. 그런데 이를 몹시 슬퍼

하면서 취한 그의 태도는 다음과 같다.

>……아, 사람의 죽음에 어찌 말할 것이 없으리오. 슬프다. 옳고 그른 것
>은 비록 한 때에 혼동될는지 모르나 정상은 마침내 후일에 드러날 것이니
>구태여 말할 것이랴……

로서 39항과 같은 필치를 보이고 있다. 조공(趙公)과 나는 생사를 같이 할 처지
였는데 그는 죽었고 나는 살아있으나 그러나 살아있다고 해서 생각마저 달라
진 것은 아니고 그의 길이 곧 나의 길인 것으로 생각한다는 것이다. 그래서 우
리가 나눈 정과 생각은 "유명(幽明)을 저버리지 않는다는 것을" 자손들이 알지
못할까 두려워 이 글을 쓴다는 것이다. 유명을 달리해도 우리의 정과 생각은
한결같은 것으로서 조공(趙公)과 같은 길을 가는 내 글이 지금은 분명치 않지만
시간이 흐르면 39항에서 본 것처럼 조공의 죽음도 의·불의가 드러날 것을 확
신하고 있는 것이고 나아가 이제까지 많은 사람들에 대한 잘잘못과 조정에 대
해 여러 가지로 못마땅함을 지적해온 40항에 달하는 이 일기도 39항에서 보는
것처럼 그 의와 불의가 드러날 것이라는 것이겠다. 그래서 조공과 같은 마음에
서 이 일기를 썼다는 것은 옳은 것을 강조하기 위함이었다는 것으로 보여진다.
의가 살아나는 사대부, 불의가 맥 못추는 조정이기를 바라는 마음에서 이 글을
쓰게 되었다는 것이겠다. 그리고 끝에 다음과 같은 구절이 붙어 있다. 「……乘
醉信筆書之」가 그것으로 「승취」는 '취함을 타고', '취한 김에'로 풀이되어 결국
'심정대로', '마음 닿는대로'라고 짚는다. 즉 어떤 전제나 부담없이 생각된 대로
느껴진 대로 썼다는 것이겠다. 이는 곧 가장 자연스러운 자기 나름대로의 표현
이라는 뜻이겠다. 이것이 비록 일기지만 작자의 솔직한 심정이 다루어진 것으
로 보인다.

4. 체제

본 일기는 중종(中宗) 4년 기사윤(己巳閏) 9월(1509)부터 중종 25년 경인(庚寅)
12월 31일(1530)까지 21년간에 걸쳐 기술되었다. 그러나 상고(喪故) 등으로 기술

되지 않은 면이 더 많아 이를 추출(抽出)해 본다. 알아보기 쉽게 하기 위해서
일록(日錄)된 기간을 들어보기로 한다.

己巳年(1509)	윤9월~12월 4개월간 기록	29세
庚午年(1510)	1월~ 5월 5개월간 기록	30세
庚午年 6월~12월 · 辛未年 · 壬申年 · 癸酉年 1월~3월		缺
癸酉年(1513)	4월~12월 9개월간 기록	33세
甲戌年(1514)	1월~ 3월 3개월간 기록	34세
甲戌年 4월~12월 · 乙亥年		缺
丙子年 1월 1일~12월 24일 · 丙子年 12월 26일~31일		缺
丙子年(1516)	12월 25일 1일분 기록	36세
丁丑年~丁丑年	13년간	缺
庚寅年	1월 1일~12월 30일	缺
庚寅年(1530)	12월 31일 1일분 기록	51세

기사년부터 21년간에 걸쳤으나 실제 기술한 월수(月數)는 21개월에 불과하고
그것도 매일 기술된 것이 아니라 중요한 사항만 적은 것으로 보인다. 13년만에
쓴 말항(末項)은 타계 전 3년의 기술로서 전체를 마무리한 것으로 보여진다.
 구성은 시간의 흐름에 따라 중요한 사실을 기술했을 뿐 별다른 구조는 보이
지 않는다. 다만 총 41개항 중에서 18항, 39항, 40항 그리고 41항의 서두(書頭)에
서 과거를 회상하는 형식으로 된 시간의 역류가 보이나 스토리 형성에까지는
이르지 못한다. 그래서 일기의 형식상의 특징인 차서성(次序性)은 뚜렷하다고
하겠다. 또한 5개항은 월일이 빠졌고 그중에는 날짜는 없고 달수만 적힌 것과
여러 달치를 한 항에 묶어 쓴 것도 보인다. 일차(日次)에 따르면서도 필요한 때
는 날짜까지 밝히고 있다.
 내용상으로는 서로 무관한 단장(斷章)들이 시간의 흐름을 따라 이어진 이른
바 정리된 하루의 이야기를 담은 말하자면 기사체(記事體)의 연속으로서 곧 일
차지기(日次之記)이다. 역사적 사실도 적잖게 다뤄졌으나 모두가 적실(的實)하
다. 기상이변과 같은 단순한 사실의 기술 이외에는 거의가 심정토로로 마무리

되어 있다. 장단(長短)의 차이는 있으나 사뭇 절실하다. 그래서 문장도 주관적인 서술이 대부분이지만 '나'라는 표기는 41항에 이르러서야 나타난다. 창작이 아니고 기록이기 때문에 내용의 통일성은 없으며 따라서 하나의 주제를 지향하는 구성은 짚이지 않는다. 오직 사실을 기록한데서 나타나는 기록성과 기록하면서 체험한 정서가 하나의 의식에까지 도달하게 할 뿐이다. 그날의 일을 그날에 정리하여 끝내는 것을 당일성(當日性)이라 부른다. 따라서 대체로 내용은 단출하고 형상은 짧게 잡히기 일쑤다. 내용이 개성에 따르는 것이므로 그 모습은 천태만상일 뿐 짚이는 것은 오직 짧게 끊어진 모양, 곧 단상(斷相) 뿐이라는 것이다. 말하자면 1회성 표상(表象)이다. 내용의 전개가 아닌 이와 같은 1회성 표상의 되놓임이 곧 일기문인 것이다. 그래서 본 일기의 체제는 단상의 되놓임 곧 단첩상(斷疊相)이라고 부를 수 있겠다.

5. 서술양상

본 일기의 서술법으로는 기록과 묘사로 보이고 서술유형으로는 약서(略敍) · 상서(詳敍) · 서묘(敍描) · 음영(吟咏)의 네 가지로 보여진다. 이중에 약서는 제외하고 상서부터 보기로 한다.

1) 상서(詳敍)

사태의 정황을 분석하듯이 자세하게 풀어나간다.

10월 일에 특진관(特進官) 이우(李堣)가 조지서(趙之瑞)의 아내 정씨(鄭氏)의 절개를 아뢰었다. 정씨(鄭氏)는 충의백(忠義伯) 정몽주(鄭夢周)의 증손으로 대대로 산음(山陰) 땅에 살았는데, 조지서가 아내를 잃고 후취(後娶)했다. 연산조(燕山朝) 때, 조지서가 동궁(東宮) 때부터 항상 풍자(諷刺)하고 비유하기를 간절히 해서 그의 병통을 깊이 찔렀으므로 연산(燕山)이 매양 꺼리고 미워하더니, 갑자년 여름에 정성근(鄭誠謹)과 함께 일시에 붙들렸는데, 조지서는 스스로 면하기 어려울 것을 알고 술을 들어 정씨와 결별(訣別)하기를, "나의 이번 길은 반드시 집에 돌아오지 못할 것 같은데, 할아버지와 아버지의 신주(神主)를 어찌 한단 말이오" 하였다. 정씨는 울면서 말하기를, "마땅히 죽음을 무릅쓰고 스스로 보존할 뿐이지오" 했다. 조공(趙公)이 과연 죽음을 당하자 그 집이 몰수당하여 정씨는 돌아갈 곳이 없게 되니, 그 아버지가 말하기를, "집이 이미 패했는데 어찌 친정으로 돌아와 살지 않는가"하였으나, 정씨는 의리로써 거절하기를, "죽은 사람이 나에게 시할아버지와 시아버지의 신주(神主)를 부탁하옵기로 저는 죽음으로 허락했아온데 어찌 중간에 저바리겠읍니까. 또 망인(亡人)의 첩이 따로 집이 있사오니 <그 곳으로>갈 것입니다." 하고, 드디어 신주를 안고 그 집으로 가서 조석으로 곡읍(哭泣)하고 제사지냈다. 만일 중사(中使)가 근처에 이르렀다는 말을 들으면 곧 신주(神主)를 안고 집 뒤 대숲에 엎드려 혹 수일씩 보내기도 하면서 3년을 마치었다. 반정(反正)이 된 후에 드디어 다시 그 집을 복(復)하여 제사를 받들기를 평상시와 같이 하니 온 고을이 <모두> 칭찬했다. 우(堣)가 이 때 진주목사(晋州牧使)가 되었는데, 여러 향당(鄕黨)의 이민(吏民)들에게 물어보니 모두 말하기를, "그렇다" 하였다. 그리하여, 일찌기 위에 아뢰어서 그 문에 정려(旌閭)한 일이 있었다. 충의백(忠義伯)의 후손으로써 백부(伯符 : 조지서의 자)에 짝하여 곧게 죽고, 두 마음이 없이 부도(婦道)를 온전히 하였으니, 비록 선대의 좋고 나쁜 데에 얽매이지 않는다고 말하나, 근원이 맑은 물과 모양이 단정한 그림자가 어찌 관계할 바가 없으리요.

(p.134, 15행~p.135, 16행)

따뜻한 마음으로 찬찬히 기술했기 때문에 작자의 온유한 성품이 짚이고 역경에서 목숨을 걸고 신주(神主)를 모시는 묘사의 구체성에서 정씨(鄭氏)의 절의(節義)가 돋보인다.

서술의도는 찬찬한 필치로 소임을 다한 부도찬(婦道讚)에 있다 하겠고 서술효과는 거의선양(擧義宣揚)으로 보이고 간접적으로는 반정(反正)으로 인해 가리워진 부도(婦道)를 발굴하여 정려문(旌閭門)까지 세우게 한 인조조(仁祖朝)의 정책을 돋보이게 하는 민심 수습에 있는 것으로 보여진다.

2) 서묘(敍描)

문예성이 짙게 배인 서술이다.

나는 불행히 일찍 과거에 합격하여 폐조(廢朝)를 섬거 권면하여 벼슬하다가 편히 쉬기 위하여 나가서 문소(聞韶)원이 되었더니, 하늘의 해가 거듭

밝아져서(중종의 반정한 것을 말함) 낡은 정치를 개혁하자 맨 먼저 시종(侍從)으로 부르시니, 소외되었던 종적이 미치광이와 소경처럼 함부로 떠들었건만 여러번 상감의 권장하심을 입어 <조정에> 출입한지 10년이 되었다. 감격하게 은혜를 받아 높고 좋은 벼슬에 뛰어 오르니 당시 동배(同輩)들은 눈을 흘겼었다. 스스로 보기에 부족하므로 몸으로 은혜 갚을 길을 생각하였으니 위선 학문이 없어 의거할 곳이 없으며, 성질이 또 소탈하고 완고한 데다가 겸해서 졸지에 일어난 몸이고 보니 사람들이 믿지 않으므로 어진 이를 밀어주고 선비를 좋아하는데 처리할 방법이 없었다. 세상일이 점점 변하여 마침내 불측한 화를 일으켰는데, 특별히 임금의 은혜를 얻어 고향에 돌아와 죄를 기다리고 있었다. 일시의 선비들은 역시 모두 벼슬이 떨어져 귀양갔으며, 조효직(趙孝直)공은 임금의 명령을 받고 죽었으니, 아, 사람의 죽음에 어찌 말할 것이 없으리요. 슬프다. 옳고 그른 것은 비록 한 때에 혼동될는지 모르나, 정상은 마침내 후일에 드러날 것이니 구태여 말할 것이랴. 나같은 자는 신하가 되어 잘한 일 없이 죄와 혼란이 얽히어 쌓였고, 비방과 꾸지람이 만 가지나 있는데도 오히려 입을 열어 먹을 것을 기다리고 사람을 향하여 말하고 웃으니 어찌 완연(宛然)한 하나의 추한 물건이 아니겠는가. 나는 조공(趙公)과 더불어 가장 친하였고 서로 알았으니 죽고 사는 것을 같이 할 것이었는데 이제 거의 죽게 된지라, 내 자손들이 우리의 교정(交情)이 유명(幽冥)을 저버리지 않은 것을 알지 못할까 두려워하여 경인(庚寅) 제석(除夕)에 취함을 타서 붓 가는 대로 쓰노라.

(p.171, 12행~p.172, 6행)

본 항은 본 일기의 말항으로서 그 후반에 해당한다. 본 항의 내용을 보면 전반은 소능(昭陵)을 열고 현덕왕후를 복위시킨 그 당위성과 만장(挽章)으로 채워졌고, 후반은 자아의 성찰과 고우(故友)인 조효직(趙孝直)과의 변함없는 우정을 자손들이 기억해 주기를 바라는 마음 곧 본 일기의 집필 동기가 피력되어 있다. 전체적으로 보아 나라에 대한 적성(赤誠)이 드러나 보이지만 특히 후반은 생의 황혼을 맞이한 하나의 인간으로서의 고해성사로서 당당했던 사대부의 위엄은 간 곳이 없다. 속인(俗人)의 입에서는 나오기 어려운 소박하고 진솔한 울림이 가슴을 파고드는 눈물 어린 회상(回想)이다. 일기를 마감하는 뜻에서 든 것으로 보이는 붓끝이 바야흐로 생을 접는 듯한 느낌으로 꽉찬 글을 쏟아 놓았다. 그래서 여기의 '나'는 돋보이는 것 같다. 회오(悔悟)의 경지에 몰입된 이 형상은 하나의 소품으로 봄직하다. 서술의도는 후손들의 관심을 끄는 데 있는 것 같고 서술효과는 작자 자신의 감정을 마무리하는 데 있는 것으로 보여진다.

3) 음영(吟咏)

본 일기에는 노래가 두 수(首) 들어있다. 하나는 소능(昭陵)을 추복(追復)할 때 교리(校理) 이모(李某)가 지은 만장(挽章)이고, 또 하나는 작자 자신의 회오(悔悟)의 심정을 다룬 것이다. 여기서는 만장(挽章)을 보기로 한다.

> 扶日升黃道 乘雲事異宜
> 理當歸有極 天合照無私
> 宗社開新慶 乾坤定舊儀
> 微臣陪素仗 和淚寫哀詞

> 해를 붙들어 황도(黃道)에 올라 구름을 타매 일이 이상하고 마땅하도다
> 이치는 의당 매듭을 짓고 하늘은 비치는데 사사로움이 없네
> 종사에서는 새로운 경사 열리고 건곤에서는 옛의식 제자리 찾았으니
> 적은 신하 소장을 모시고 눈물 머금어 슬픈 마음 적어보네

이것은 파묘(破墓)됐던 소능(昭陵)이 반세기만에 제자리로 다시 돌아와 현능(顯陵) 곁에 모셔 복장(復葬)하며 지은 노래이다. 기뻐함보다는 숙연(肅然)함이 더 짙게 느껴진다. 이 애사(哀詞)는 산문 속에 들어 있어서 이장하는 장면의 마지막을 장식하고 있다. 그래서 천리(天理)의 공도(公道)가 엄연함을 힘차게 짚어내고 있는 것이다. 이로 말미암아 복장(復葬)의 의의가 뚜렷해졌다고 하겠다. 산문의 기(氣)를 돋구는 기능을 감당했다고 하겠다. 산문의 일부로서 이 음영을 취급한 것이다.

서술대상은 복장(復葬)이고 서술의도[음영]는 조의(弔意)를 표하는데 있으며 서술효과로는 천하의 공도(公道)인 의기(義氣)의 선양(宣揚)을 보았다고 하겠다.

본 일기의 서술대상은 정중(廷中)생활에 마주하게 된 견문사(見聞事)로서 크게 보아 의로운 대상과 의롭지 못한 대상으로 나누어진다. 전자는 말할 것도 없이 찬양되고 후자는 비판을 받는다. 이 찬양과 비판은 거의가 상서(詳叙)로 이루어진다. 그의 상서는 앞의 예문에서 본 것처럼 찬양이나 비판을 막론하고 서술이 구체적이고 진솔해서 묘사의 느낌을 받게 한다. 그래서 정황이 안전(眼前)에서 떠돌게 한다는 착각에 이른다. 41항 중 거의가 이 상서에 속한다고 할 때 이와 같은 구체성과 진솔성은 본 일기 서술의 주도적인 취향이 된다고 할

수 있겠다.

6. 내용

  서로 연결된 하나의 스토리가 아니고 거의가 별개의 내용이다. 담겨진 사항을 보면 청렴한 선비나 열녀의 소개·부패한 관원과 비겁한 생의 영위·잘못된 역사적 사실의 지적이나 인물군 등이 보인다. 기상이변과 같은 단순한 사실의 서술이 있는가 하면 중종 반정의 실상 같은 대사건의 면모도 요약되어 나온다. 또한 기록하면서 깨달은 바도 있고 특히 자조적(自照的)인 시(詩)에서 그의 인간상도 드러나고 있다.

  이는 벼슬이 좌참찬(左參贊)에 이른 사대부의 기술로서 중종의 반정 직후에 조정의 양상과 인물들이 짙인다. 기상이변을 다룬 3개항 이외 38개항에는 작자의 감흥이 다채롭다. 안타까움·한탄·의구심·분노·증오가 보이는가 하면 흡족함·흐뭇함·흔쾌함에 이르기까지 극에서 극을 달리고 있다. 이것은 단순한 사실의 기술에서 다양한 감성적 체험을 하는 것으로서 이 체험을 통해 정서가 도출된다고 하겠다. 기술의 대상은 주로 인물과 정책을 집행하는 조정의 처사(處事)에 집중되었고 사실(史實)과 자기자신에 관한 것도 약간 보인다. 그는 이 대상들을 긍정과 부정의 두 가지 시각으로 보고 있으며 긍정·부정의 기준은 유교적인 도덕률인 듯하고 그가 다룬 내용을 개괄하면 다음과 같다.

        긍정적 인물
        부정적 인물
        긍정적 처사
        부정적 처사
        사실의 기술
        성찰의 기술
        비판의 기술
        기상의 기술
        기타

이제 그 실상을 보기로 한다.

1) 인물들

(1) 긍정적으로 본 인물들

5의 1)에서 본 정씨(鄭氏)와 같은 절부(節婦), 아래의 이세영(李世英)과 같은 청검(淸儉)의 사람, 곧게 죽고 두 마음을 품지 않는 이른바 의인(義人)을 찬양하고 있다.

> 5월에 개성유수(開城留守) 이세영(李世英)이 졸(卒)했다. 세영은 몸가짐을 맑고 검소하게 해서 세상을 따라 오르내리지 않았다. 국가의 법에 도승지(都承旨)는 인사(人事)의 행정(行政)에 참여하였기 때문에 관계하고 청하는 일이 많았다. 세영이 승지가 되자 홀로 팔짱을 끼고 잠자코 있어 아무 말도 하지 않았다. 정조당상(政曹堂上)이 자기 마음대로 하는 것을 혐의하여 말하기를, "영공(令公)은 어찌하여 한 마디도 말하지 않는가" 하니, 공은 말하기를, "보새(寶璽)를 받들고 임금의 명령을 출납(出納)하는 것이 승지의 책임이니, 그 어질고 어질지 못한 사람을 쓰고 내보내는 것은 각각 그 재주대로 하는 것은 유사(有司)가 있을 따름입니다"하니, 동렬(同列)들이 부끄러워하여 사례하였다. 안윤덕(安潤德)이 공(公)의 뒤를 이어 승지가 되자 한 달이 못되어 그 인아와 옛사람들을 벼슬시켜 거의 다하게 하니, 당시 사람들의 공의 개결함을 중히 여겼다. 이 때 바야흐로 공보(公輔 : 정승)로 기약했으나 불행히 일찍 죽으니 조야(朝野)가 애석히 여겼다.
>
> (p.153, 10행~p.154, 2행)

이것으로 보아 당시 사회는 절조(節操)가 메말랐으며 조정은 부정부패가 만연되어 있었음을 짐작케 한다. 이런 와중에서도 이에 물들지 않고 꿋꿋이 살아낸 장한 사람이다. 감격하고 경의를 표하고 있다. 작자의 흐뭇해하는 심정이 짚인다고 하겠다.

(2) 부정적으로 본 인물들

김 전(金 銓)과 같은 무절조(無節操)·유순정(柳順汀)과 같은 부정(不正)을 은근히 두둔하고 현실을 왜곡해 상계(上啓)하고 사정(私情)에 이끌려 공의(公議)를 쫓지 않는 이른바 방자 무식한 불의를 안타까워하고 또 분노하고 있다.

　　대사헌(大司憲) 김전(金銓)이 <자기> 아버지의 병으로 사면(辭免)했다. 이보다 먼저 대간(臺諫)이 내수사(內需司)의 장리(長利)와 기신(忌辰)의 재사(齋事)로 여러 달 합문 밖에 엎드려 소(疏)를 올렸고, 시종(侍從)과 대신(大臣)들도 역시 모두 떠들어서 거의 허락을 받게 되었는데, 그를 파직시켜 버린 것은 비록 말이 사실에 부합되지 않는다고 빙자한 것이나 실상은 그 의논을 막으려는 데서 나온 것이다. 또 대간의 말을 이미 받아들이지 않고 딴 일을 빙자해서 파직시키니, 식자(識者)들은 모두 성조(聖朝)를 위해서 애석히 여겼다. 전(銓)이 대신 헌장(憲長)이 되고, 권민수(權敏手)가 집의(執意)가 되니, 사람들은 모두 기필코 천청(天聽)을 깨우쳐서 큰 일을 마칠 것을 바랐다. 두 사람은 이론(異論)을 제창하기를, "역조(歷朝)의 내려오던 폐단으로 하여 거취(去就)를 걸고 다툴 것이 없다"하고, <의논>을 정지시키고 아무 말도 하지 않으니 사람들이 비루하게 여겼다. 무릇 장리(長利)란 백성과 더불어 이익을 다투는 것이고, 기신(忌辰)은 조상을 욕뵈고 국조(國朝)를 더럽히는 것이다. 고려(高麗) 때로부터 내려오는 옛법을 지금에 이르기까지 없애지 못했던 것이다. 책임있게 말하는 자가 성명(聖明)한 조정을 당하여서 없애기를 청하고, 성상(聖上)께서도 반드시 좇게 되었는데, 두 사람의 입에 막혀 버렸으니 애석한 일이다. 두 사람은 본래 선비들이 추중(推重)하던 바로 연산(燕山)에게 거의 죽을 뻔 하기를 두어번이나 했었다. 어찌 세상의 험한 것을 치르고서 그 본래의 절조를 굽혔단 말인가.

(p.136, 1행～20행)

　　임금이 경연(經筵)에 거동하자 대사헌(大司憲) 박열(朴說), 대사간(大司諫) 성세정(成世貞)이 나와 아뢰기를, "박영문(朴永文)은 육경(六卿)에 적합하지 못하다 하옵는데 더우기 전하가 거절하시고, 유세웅(柳世雄)이 포도장(捕盜將)으로서 도적을 잡은 것은 응당 해야 할 일인데 특별히 가자(加資)를 주시니, 모두 조정의 벼슬을 업신여기고 명기(名器)를 더럽히는 것입니다. 마땅히 급히 갈게 하시옵소서"했으나, 임금이 승낙하지 않았다. 좌의정(左議政) 유순정(柳順汀)이 나와 아뢰기를, "근래에 도둑이 일어나 방비할 수가 없어 온데, 세웅(世雄)이 <이것을> 능히 잡아 다스렸아오니, 벼슬이 비록 중하오나 공도 또한 크옵니다"하고 또 아뢰기를, "경기(京畿)의 도둑 굴혈(窟穴)로서는 인천(仁川)과 장단(長湍)이 가장 심하오니, 사람을 쓰는 데는 마땅히 무인(武人)을 써야 할 것입니다"하였다. 대체 세웅(世雄)을 벼슬 승진시키는 데 차서 없이 하였건만 가만히 두둔하였고, 도둑을 잡는 방법은 활과 칼을 갖는데 있지 않는데도 반드시 무사(武士)를 써야 한다 하니, 순정(順汀)은

문사(文士) 출신이지만 말달리고 활쏘기를 잘하는 자가 변방에 많이 있다하
여, 이끌어 쓰는 사람이 모두 옛날 부하 속관들이었으니, 그 공의(公議)를
좇지 않고 감히 마음대로 방자히 굴어 무식함이 이와 같은 것이 많았다.

(p.137, 7행~24행)

절조(節操)를 헌신짝같이 여기는 사대부·오만불손·안하무인격의 정승들
이것이 당시 사회의 분위기요 조정의 실상이다. 이것으로 보아 백성들은 얼마
나 의(義)에 주리고 목말라했는가를 미루어 알게 한다. 작자는 그래서 조정의
인의(仁義)를 외면하고 기강이 서지 못했으며 사정(私情)에 이끌리는 사람들을
딱하게 여기고 불안해한다.

2) 조정의 처사(處事)들

(1) 긍정적으로 본 조정의 처사들

세조(世祖)가 낮잠을 자다가 가위눌리는 꿈을 꾸고 불길하다 하여 소능(昭陵)
을 폐하였다. 인정상으로나 사람의 도리에서 보나 있을 수 없는 일이었다. 그런
데 이번에 조정에서 합의되어 소능(昭陵)의 억울함을 풀어주고 도리를 다한 것
은 참으로 잘한 일이다.

> 17일에 소릉(昭陵) 옛 무덤을 팠다. 소릉이 폐한 것은 전 역사에는 다만
> 기록하기를, "후의 한어머니[后母] 소생 아우 권자신(權自愼)이 성삼문(成三
> 間) 등과 함께 노산(魯山)을 회복할 것을 꾀하다가 베임을 당했으니. 후(后)
> 도 마땅히 연좌되어 폐해야 할 것이므로 정부에 청하여서 폐하여 서인(庶
> 人)을 삼았다" 하였을 뿐, 그 시말(始末)을 자세히 기록하지 않았다. 소릉은
> 현릉(顯陵)이 동궁(東宮)으로 있을 때의 배위로서 덕(德)과 행동이 겸하여
> 지극해서 크게 영릉(英陵)의 사랑을 받았고, 나이 24세에 노산을 낳다가 난
> 산(難産)으로 인하여 병이 많더니, 달을 넘기지 못하고 세상을 떠났다. 광묘
> (光廟)가 즉위하니, 노산은 영월(寧越)로 피해 나갔다가 4년이 지난 병자년
> 에 옛 신하 성삼문(成三間), 박팽년(朴彭年), 이개(李塏) 등이 함께 <노산을>
> 회복하기를 꾀하다가 이루지 못하고 죽었으니, <그들과> 더불어 꾀한 자는
> 모두 일시의 명망(名望)있는 사람들이었다. 자신이 이 계획에 참여한 것과
> 소릉이 자신에 연좌되어 폐함을 당한 것은 모두 자세히 알 수는 없다. 정축
> 년에 광묘가 일찌기 금중(禁中)에서 대낮에 가위눌리는[魘] 괴상한 일이 있

다 하여 즉시 명하여 소릉을 폐하게 했다. 그 때 사신(使臣)이 먼저 석실(石室)을 뻐개고 관(棺)을 끌어내려 했으나 무거워서 능히 움직일 수가 없었다. 군민(軍民)이 해괴히 여겨 곧 글을 지어 제사지냈더니, 관이 비로소 나왔다. 3,4일 동안 밖에 내버려두었다가 명하여 백성의 예로 거두어 장사지내게 했다. 능(陵)을 파기 전 수일에 밤중에 부인의 우는 소리가 능 안에서 나기를, "장차 내집을 무너뜨리려 하니 내 어디 가서 의지한단 말이냐"하는, 소리가 마을 백성들에게까지 들리더니 얼마 안되어 변이 일어났다. 비록 언덕에 옮겨 묻었으나, 자못 영이(靈異)한 것을 나타내서 마을 백성들이 그 옛능 자리의 나무나 흙을 범하는 자가 있으면 문득 풍우(風雨)가 일어 서로 경계하고 가까이 가지 못했다. 부로(父老)들이 그 시말(始末)을 눈으로 보고 자세히 말하는 자가 있었다. 지금에 이르러 추복(追復)한 것은 하늘이 경유(警諭)함을 보였고, 조정 의논과 임금의 결단이 합치되어 50여 년의 귀신과 사람의 원통함을 풀게 되었으니, 종사(宗社)의 큰 다행이었다. 그러나 다만 옮겨 묻기를 창졸간에 하였고, 수축하고 성묘함이 오랫동안 없어서 법물(法物:관)을 얻어 보지 못할까 염려하였더니, 이 때에 이르러 능을 파니 안팎 관(棺)이 모두 형체가 있고 염습(斂襲)한 것이 완전해서 관을 바꿔 쓰는데는 다만 법의(法衣:왕후의 정식 의복)로 그 빈 데를 메꿀 뿐이었으니, 아, 어찌 하늘이 아니겠는가.

(p.155, 7행~p.156, 10행)

18일에 홍문관(弘文館)에서 소(疏)를 올렸으니, 대개 그럭저럭 머뭇거리고 간하는 것을 즐겨하며, 착한 것을 좇지 않고 대신으로 하여금 사사로운 마음을 품고 옮겨 나가서 공도(公道)를 어기기 좋아한다는 것이었다. 임금이 교서(敎書)를 내리기를, "깊이 시국(時局)의 병통을 맞췄도다. 대신에게 말하라"했다. 또 명하여 그 소를 궁중에 들이라 했으니 <이것은> 교리(校理) 이항(李沆)이 지은 것이었다.

(p.141, 13행~18행)

이것으로 보아 세조의 폭거(暴擧)가 얼마나 심했으며 당시 조정의 무도(無道)가 헤아리기 어려웠음을 잘 나타내 보인다. 잘못된 것을 바로잡는 것, 억울하게 곤위(坤位)에서 밀려났다가 제자리를 찾는 것, 이를 혼령(魂靈)일 망정 정위(正位)라 한다. 이 정위를 속세에서뿐 아니라 자연도 호응하는 것으로 보이고 하늘도 가납(嘉納)하는 듯하다 하여 작자는 이를 하늘의 뜻으로 받아들인다. '嗚呼豈非天也'가 그것이다. 또한 목숨을 건 직언(直言)을 격찬한 왕의 처사에 역시 흡족한 심정을 지닌 것이라 하겠으니 의(義)가 섰기 때문이다.

(2) 부정적으로 본 조정의 처사들

기득권에 연연하는 수구세력의 완고함·편한 것만 좇고 나라의 장래를 내다
보지 못하는 신진(新進)들의 천려(淺慮)·청렴지사(淸廉之士)를 눈의 가시처럼
여기는 불의 등을 보고 분노한다. 부실한 처리에 익숙해진 조정의 불성실·하
의상달(下意上達)을 가로막는 사대부들·구휼시책(救恤施策)의 미흡·불효자·
패륜아(悖倫兒) 유 진(柳 軫)의 면형(免刑) 등 사정(私情)에 얽매이고 해이된 기강
을 통탄한다.

> 처음 의논할 때에는 매양 공론(公論)에 막혔다가 대간이 강하게 다투는
> 날에 이르러서는 도리어 대간을 폐직(廢職)한다는 말만 가지고 청하였으
> 니, 대개 전조(前朝)의 대신(大臣)들은 자기들의 형적(形跡)으로써 혐의를
> 삼아 구차스레이 시의(時議)를 좇고, 신진(新進)들은 당장 편안한 것만 좇기
> 를 힘쓰고, 부귀에 뜻을 두고 모두 거만하고, 뽐내어 겉으로는 좋으나, 참
> 된 마음으로 국가에 보답하려는 실상이 없었다. 한번 소원(疎遠)한 사람이
> 있어 시국(時局)을 근심하고 분연히 자기 몸을 돌아다보지 않는 자가 있으
> 면, 무리가 화의 근본이 된다고 꾸짖어서 성조(聖朝)로 하여금 청명(淸明)한
> 다스림이 없게 하고, 진신(搢紳)으로 하여금 범의 꼬리를 밟는 것 같은 위
> 태로움이 있게 하니, 식자(識者)들은 시국을 위하여 애석히 여겼다.
>
> (p.141, 3행~13행)

> 계유년 4월에 임금은 일찍이 정사를 논하는데, 이론이 많고 선비들의 습
> 관이 점점 쇠퇴해 가는 것을 근심하여 친히 나가 정사를 보아 인물을 상확
> (商確)하고자 하여, 해조(該曹)로 하여금 인물을 비평하여 모든 관리의 자리
> 를 채우게 하고 재추(宰樞)의 의논을 거두게 했다. 재추는 의논하기를, "대
> 신의 진퇴는 마땅히 무리의 의논을 거두어서 상감의 마음으로 결정을 할
> 것이나 천미(賤微)한 관리까지 어찌 반드시 친히 임금의 근심을 끼치겠습
> 니까"하였다. 이에 정사는 오직 영의정(領議政)과 정광필(鄭光弼) 및 신(臣)
> 모(某)에게 승지(承旨) 특지(特旨)를 내려 결정했고, 그 나머지는 모두 고사
> 에 의해서 망(望)을 올려 승낙을 받았다. 임금의 뜻도 역시 친히 하관(下官)
> 을 들어 쓰려는 것이 아니라. 상의하는 사이에 그 인물의 고하(高下)를 근
> 심하고 또 아랫사람의 바라는 정을 실현시키려 함이었는데, 대신들이 이에
> 심상하게 의논을 올리니 물의(物議)가 그르게 여겼다.
>
> (p.154, 2행~14행)

> 7월에 큰 비가 내려 서울 평지에 물 깊이가 두어 자나 되었고, 냇가에

가까운 인가는 많이 떠내려가고 파묻혔으며, 오래된 돌다리는 곳곳이 무너
지고 도성(都城) 밖의 사람들이 많이 빠져 죽었다. 사방이 모두 수해를 입
어 산이 무너지고 성이 허물어져서 사람들이 치어 상한 것을 이루다 기록
할 수 없었다. 임금이 즉위한 이래로 해마다 가물고 흉년이 들어 백성들이
생업을 즐기지 못하니, 임금이 비록 성심껏 사랑하여 어루만져준대도 관리
들이 나쁜 정치에 젖어 삼가하지 않고, 알지 못하여 구차히 문서에만 의지
하여 백방으로 침범해서 임금의 뜻이 조정에 전달되지 못하고, 조정의 영
이 사방에 행해지지 않은 채 시끄러이 문서대로만 해서 자질구레한 것만을
일삼으니, 식자(識者)들은 국체(國體)가 엄하지 못한 것과 기강(紀綱)이 서
지 못한 것을 깊이 한탄했다.

(p.157, 24행~p.158, 6행)

　9월에 대궐 안에 배꽃[梨花]이 만발했다. 유진(柳軫)의 전 가족을 변방으
로 옮기도록 결정했다. 진(軫)이 늙은 어미를 구박해 내쫓고 아우 방(房)을
죽였으니, 법에 있어서는 마땅히 죽여야 할 것인데도, 다만 불효와 부제는
본래 정해진 법이 없다하여 의금부(義禁府)에서는 부모를 욕했다는 죄만을
의논하고, 조정 의논도 역시 이 법으로만 죄를 정하자고 말하니 이에 임금
이 명하여 온 집을 변방으로 옮기라 했다. 오직 간원(諫院)에서 고집하여
불가하다고 말하니, 임금은 또 시종(侍從)에게 명하여 모여서 의논하게 했
다. 이 의논에서는 마땅히 죽여야 한다고 했으나 임금이 특별히 용서했다.
그러나 조정에서는 임금이 살리는 것을 좋아한다고 하여 아름다움으로 들
리었지만, 형정(刑政)을 베푸는 것이 불효보다 큰 것이 없고, 당장 베푸는
은혜가 마침내 큰 인의(仁義)를 해치는 것은 생각하지 않았다. 중흥한 이래
로부터 형법(刑法)이 행해지지 않고, 간사한 신하가 나라를 그릇쳐서 어둡
거나 요망하거나를 일체 묻지 않고 도리어 벼슬과 봉급을 높여주고, 의례
껏 공신(功臣)의 칭호를 더해 주며, <이것을 받은 사람도> 또 만족해해서
제 스스로 뜻을 얻은 것처럼 여기고 다시 꺼리거나 어려워함이 없었다. 그
렇기 때문에 일시의 풍속이 완고하게 부끄러움 없이 오직 <자기의> 이익
만 취하고, 기강(紀綱)은 돌아다보지 아니하여 예의를 범하고 어지러운 짓
을 하는 자도 <그것이> 악한 일인 줄을 알지 못했으므로 진(軫)이 죽음을
면했으니 몹시 가슴아픈 일이로다.

(p.159, 14행~p.160, 4행)

　임금의 귀를 막고 눈을 가리는 일에 익숙해진 조정의 분위기 · 임금의 충정
(衷情)을 무시하는 조정의 관행(慣行) · 무지와 부정으로 정책을 집행하는 조정
의 안일함과 누습(陋習)에 젖은 풍토 · 불효와 살인자를 다스릴 줄 모르는 형법

(刑法)과 영합(迎合)에만 눈이 어두운 조정 등에서 누구를 위한 조정인지, 조정
은 무엇하는 곳인지를 의심케 한다. 그래서 작자는 분노하고 한탄을 거듭하는
것이다. 부정과 불의에 대한 감정의 대결상이 보인다.

3) 사실(史實)의 기술

이미 주지되어 있는 사실을 추려보면 다음과 같다.

(1) 중종반정지사(中宗反正之事)

성희안(成希顔)과 박원종(朴元宗)의 모의(謀議)로부터 시작하여 박원종의 진두
지휘로 성사되기까지의 과정과 그 후속조치가 개괄되었다. 여기서 작자의 소감
은 두 가지로 나타난다. 하나는 진두지휘하는 박원종의 모습을 보고서 또 하나
는 반정사(反正事)에 대한 것이다.

> 병인년 9월 2일에 연산이 장단(長湍) 석벽(石壁)에서 놀고자 하여 호종
> (扈從)하는 재상은 다만 구종(口從) 한사람만 데리고 가기를 허락했다. 공
> (公) 등은 약속하기를 이날 문을 닫고 한 쪽으로 막고 한 쪽으로는 지켜서
> 진저(晋邸)를 추대하기로 계획이 이미 다 이루어졌었는데, 연산(燕山)이 명
> 하여 이 놀이를 중지시키었으나 장사(將士)들은 떨쳐 일어날 것을 생각하
> 여 계획한 일이 이미 폭로되었으니, 형세가 그대로 말 수가 없었다. 공(公)
> 등은 의논하기를 초하루 밤중에 장사(將士)들을 훈련원(訓練院)에 모이게
> 하고 사람을 나누어, 변수(邊修) 최한홍(崔漢洪)으로 하여금 내성(內城) 동
> 쪽을 지키게 하고, 심형(沈亨)과 장정(張珽)은 내성 서쪽을 지키게 하였는
> 데, 창졸간에 군대가 없으므로 역부(役夫)들을 몰아다가 지키게 했다. 공
> (公)과 성(成), 유(柳) 양공(兩公)은 바로 광화문(光化門) 앞 수백보 지점에
> 나가서 말을 세워 진을 이루고, 공이 부채를 휘둘러 지휘하는데 용지(容止)
> 가 신인(神人)과 같았다.

(p.149, 21행~p.150, 6행)

그는 하늘의 뜻을 대행(代行)하는 사람으로 받아드리는 것 같다. 늠연(凜然)함
과 엄숙함마저 깃들인 느낌이다.

> 대개 폐주한 일은 처음 창산(昌山)이 계획하고 공(公)의 손으로 이루어져

서 위태로운 것을 편안히 하였고, 화가 변하여 복이 되었으니, 실로 동방
(東方) 만세(萬世)의 사업이었다.

(p.152, 19행~21행)

정의가 이렇게 실현되었음을 치하하고 있다. 「東方万世之業」 곧 우리나라의
길이 빛날 위대한 업적이라는 것이다. 새 역사의 창조이다. 화를 변하여 복으로
만든 그 위력(偉力)에 감격하고 놀라워하는 것이다.

(2) 소능(昭陵)의 복장(復葬)과 복위(復位)

대개 후일에 실록(實錄)을 편찬하는 자들은 모두 아첨하던 자들이었고,
계병일록(癸丙日錄)도 자못 이 같은 것이 많다. 혹은 말하기를, "노산의 묘
(墓)는 충의(忠義)가 있는 무리들이 비밀히 법물(法物 : 시체)을 빼다가 옮겨
장사지낸 것이라"하나, 역시 잘못 전하는 말이다. 다만 고을 사람들이 지금
에 이르기까지 애통해 하고 제물을 차려 제사지내며, 심지어 길흉(吉凶)이
나 화복(禍福)을 당해서도 모두 여기 나가서 제사지내서, 비록 부녀라도 오
히려 분명히 전해 내려온다. 정인지(鄭麟趾)같은 간사한 적신(賊臣)들에게
격동되어 우리 임금으로 하여금 마치지 못하게 했으니, 아마 옛날부터 충
절(忠節)의 선비란 반드시 대대로 녹을 받는 귀한 집안에서 나는 것은 아니
로다.

(p.169, 26행~p.170, 9행)

계유년(癸酉年) 4월 17일에 복장(復葬)이 되었으니 실로 50여 년만의 일이다.
그리고 5월 6일에 현덕왕후로서 태묘(太廟)에 모시었으니 귀신과 사람의 원통
함을 완전히 푼 것이다. 작자는 이 추복(追復)을 종사(宗社)의 대행(大幸)이라고
짚었다. 얼룩진 역사가 바로 잡혔으니 역시 기릴 일이다. 이에 곁들여 당시에
왕[世祖]을 보필한 정인지(鄭麟趾)를 간적배(奸賊輩)로 후일에 실록편찬자(實錄
編纂者)들을 종소자(從謏者)로 지목(指目)하였다. 흔쾌(欣快)와 진노(震怒)가 꼬리
를 물고 있다.

(3) 조효직(趙孝直)

일시의 선비들은 역시 모두 벼슬이 떨어져 귀양갔으며, 조효직(趙孝直)
공은 임금의 명령을 받고 죽었으니, 아, 사람의 죽음에 어찌 말할 것이 없
으리요. 슬프다. 옳고 그른 것은 비록 한 때에 혼동되는지 모르나, 정상은

마침내 후일에 드러날 것이니 구태여 말할 것이랴.

(p.171, 23행~27행)

계유사화(癸酉士禍) 때 사사(賜死)된 작자의 둘도 없는 친구이다. 작자도 같이
연루된 것이나 자기만 살아남아 계속 부담을 안고 있다. 이에 대한 입장을 밝히
는 것을 자제(自制)하고 있으니 의(義)는 언젠가는 드러난다는 소신에서이다. 그
리고 유명(幽明)을 달리했다고 해서 달라질 수 없는 우리 두 사람의 우정임을
자손들에게까지 강조하고 있다.

사실(史實)의 기술에서 왕성한 역사의식과 의기(義氣)에 접하고 있다.

4) 성찰(省察)의 기술(記述)

후안무치(厚顔無恥)하고 무지무능(無知無能)한 자아를 꼬집고 있다.

나는 불행히 일찍 과거에 합격하여 폐조(廢朝)를 섬겨 권면하여 벼슬하
다가 편히 쉬기 위하여 나가서 문소(聞韶)원이 되었더니, 하늘의 해가 거듭
밝아져서(중종의 반정한 것을 말함) 낡은 정치를 개혁하자 맨 먼저 시종(侍
從)으로 부르시니, 소외되었던 종적이 미치광이와 소경처럼 함부로 떠들었
건만 여러 번 상감의 권장하심을 입어 <조정에> 출입한 지 10년이 되었다.
감격하게 은혜를 받아 높고 좋은 벼슬에 뛰어 오르니 당시 동배(同輩)들은
눈을 흘겼었다. 스스로 보기에 부족하므로 몸으로 은혜 갚을 길을 생각하
였으니 위선 학문이 없어 의거할 곳이 없으며, 성질이 또 소탈하고 완고한
데다가 겸해서 졸지에 일어난 몸이고 보니 사람들이 믿지 않으므로 어진
이를 밀어주고 선비를 좋아하는데 처리할 방법이 없었다. 세상일이 점점
변하여 마침내 불측한 화를 일으켰는데, 특별히 임금의 은혜를 얻어 고향
에 돌아와 죄를 기다리고 있었다.

(p.171, 12행~23행)

스스로 돌아보아도 마땅치 않은 자신의 처신이었음을 숨기지 않는다. 정성을
다했지만 후회막급이고 자책이 앞선다. 송구한 마음 견디기 어렵다.

5) 왕에 대한 비판

그의 예안(銳眼)은 왕이라고 해서 비켜가지 않았다. 연산(燕山)을 더럽고 음난하고 또 포악하다고 생각하여 그래서 그의 밑을 떠나 있었던 것이다. 이제 중종의 왕으로서의 위상이 흔들리는 것을 의아해하고 솔직하게 지적한다.

> 금년에는 광대(儺人) 구경을 하고 불놀이 구경을 하는 것이니, 다시 쓸 데 없는 비용으로 놀이하는 제구를 극진하게 하는 것이 마땅하지 않다 하여 대간(臺諫)과 시종(侍從)이 모두 행하지 말기를 청했으나 모두 다 조종조(祖宗朝)의 고사이니 갑자기 폐지하는 것이 마땅하지 않다고 대답했다. 정부에서는 15일이 마침 월식(月食)할 때이니 안팎이 반성해서 재앙을 구제하고 다시 장난감을 만드는 것이 마땅하지 않다고 했다. 임금은 농사짓는 것은 반드시 15일 날 보지 않아도 좋으며 비록 다음 날에 보아도 해로울 게 없다 하였다. 대간과 시종이 여러 번 그 옳지 않음을 아뢰니, 임금이 이르기를, "농사짓는 것이 장난 구경하는 것만 못하니 이제부터는 마땅히 1년 중 행사를 정지시키지 말라" 하고, 억지로 말하고 변명하기를, "반드시 장난을 구경하려 하여 온 나라가 다툰대도 받아들이지 않으리라" 하니, 대소 관리들이 모두 이상히 여겼다.
>
> (p.165, 22행~p.166, 5행)

정월 보름날 궐내에서 행하는 농희(農戲)는 풍년 들기를 빌고 농사에 힘을 쓰자는 것이 근본 취지였는데 이것이 점점 흥미 위주가 되고 경쟁심을 돋궈서 과다한 비용까지 들게 되었다. 본말이 전도된 이 행사를 조정에서는 바로 잡고자 했으나 임금이 반대하고 나선 것이다. "농사짓는 것이 장난 구경하는 것만 못하니……" 는 곧 왕의 망발이 아닐 수 없다. 그래서 "대소 관리가 이상히 여겼다" 했으니 말하자면 궤도이탈을 지적한 것이다.

> 도승지(都承旨) 이사균(李思均)은 본래 일을 과장하고 허탄해서 예의를 익히지 못했더니 이날 잔을 들고 꽃을 받들어 올리는데 혼미(昏迷)해서 절차를 잃었다. 노영손(盧永孫)은 본래 천한 병졸로서 고변(告變)한 것으로 출세해서 지위가 정2품에 이르니 남들이 비웃었다. 그러나 임금이 편벽되이 소중하게 대접하므로 종재(宗宰)들이 잔을 올릴 적에는 반드시 참예했었다. 이 날 영손이 다섯째 잔을 올리자 종척(宗戚)과 훈구(勳舊)들은 모두 참

> 예하지 않으니 뜰 가운데 있던 사람들이 바라다보고 탄식함을 마지않았다.
>
> (p.166, 9행~16행)

도승지 이사균(李思均)과 노영손(盧永孫)은 한가지로 작자의 성에 차지 않는 사람들이다. 여기에는 비웃음과 탄식이 나타나 있다. 비웃음은 노영손을 향한 것이고 탄식은 이와같이 함량미달의 노영손을 편애하는 왕을 향한 것이다. 이 탄성(嘆聲)의 의미를 왕은 외면하고 있었던 것이다. 말하자면 왕의 편벽된 인사(人事)를 지적한 것으로 보여진다. 왕의 궤도이탈과 편애(偏愛)가 도마에 오른 것이다.

이제까지 본 일기의 내용을 보았다. 1)의 (1)항에서는 절의(節義)의 찬양을 보았고 1)의 (2)항에서는 무절조(無節操)에 대한 실망을 낳았다. 2)의 (1)항에서는 떨치고 일어선 의기(義氣)에 감격했고, 2)의 (2)항에서는 부정(不正)에 젖고 해이해진 기강에 분노와 탄식을 금하지 못한다. 3)항에서는 감격과 흔쾌 그리고 굵직한 사랑이 역사로서 꼬리를 잇는다. 4)항에서는 진솔한 인품이 돋보이고 5)항에서는 냉엄(冷嚴)한 이성(理性)이 번뜩인다. 이처럼 다양한 성향을 지니고 있는 중에서도 돋보이는 것은 2)의 (2)항, 곧 불의를 그대로 넘기지 못한다는 사실이다. 이 불의와의 대결 중 가장 주목되는 것은 조정의 처사에 대한 부정적인 시각이다. 그 처사를 긍정적으로 본 것(2개항)보다 4배 이상(8개항)을 부정적으로 보고 있다. 그의 벼슬이 시종(侍從)이었고 또 간원(諫院)에 있었으므로 모든 처사의 내용을 구체적으로 파악하고 있다. 한마디로 조정은 부정(不淨)의 늪에 빠져있다고 보는 것이 작자의 안목인 것 같다. 더욱이 이 현상은 중종이 반정을 이룩한 직후의 조정의 실상(實相)이라는 것이다. 반정으로 인해 정국(政局)이 말끔히 쇄신(刷新)된 것이 아니라는 인상이 짙은 것이다. 결과적으로 이는 반정사(反正事)가 단순한 정권의 이동에 불과하다는 뜻이 된다고 하겠다. 이와 같은 결과를 지적하는 기술도 보인다.

> 공(公)은 거칠고 사나우며 근거가 없어 비록 충의(忠義)에 격동된 바 있어 공이 마침내 이루어진 일이지만 일하는 것에 있어서는 마땅함을 잃었다. 옛날의 은혜로써 적신(賊臣) 유자광을 용납했다가 후일의 화를 싹트게

했으며, 자질구레한 인아(姻婭)들에게까지도 모두 철권(鐵券)을 주었다. 뇌물의 많고 적은 것으로 공로의 상하를 매겨 연거속구(連車續狗)의 기롱이 있어 지금까지 병통으로 여긴다. 공(公)은 공을 이룬 뒤로부터 겸손하고 삼가 공을 차지하지 않는다는 실지가 없어 장의동(藏義洞)에 집을 지었는데, 장려(壯麗)한 것을 극진히 하여 이목(耳目)의 욕심을 다하고자 했다.

(p.152, 23행~p.153, 5행)

2월에 명하여 반정한 날에 입직(入直)한 승지(承旨) 윤장(尹璋), 조계형(曹繼衡), 이우(李堣) 등의 공권(功券)을 추삭(追削)하게 했다. 정국공신(靖國功臣)은 대개 모두 인아(姻婭)로서 권균(權鈞)은 문밖에 가서 누웠었고, 강혼(姜渾)과 유순(柳洵)은 조복(朝服)을 입고 대궐로 나가다가 군문(軍門)에 잡혔으니 모두 공신의 명부에 실렸었다. 이 세 사람은 폐주(廢主)가 곤궁한 것을 보고 몸을 던져 목숨을 부탁했던 자들로서 도리어 속이고 꾀어내서 달아났던 것으로 세론의 비웃는 바가 되었다.

(p.166, 26행~p.167, 5행)

박원종은 반정의 원훈(元勳)이다. 그럼에도 불구하고 비판의 대상이 되어있다. 후에 뉘우쳤다고는 하나 부패의 뿌리는 깊은 것으로 보여진다. 그래서 드디어 중종의 책망이 있었고 공권(功券)의 추삭(追削)을 보게 되었다. 정국공신(靖國功臣)·공권(功券) 등은 비웃음의 대상이 되어 있는 것이다. 이런 것은 일신(一身)의 안보(安保)뿐 아니라 재물(財物)과도 직결되어 있었기 때문에 더욱 그러했다. 그래서 당시 조정의 이와같은 부정(不淨)의 생리(生理)는 하나의 병소(病巢)로서 파악되었음 직하다. 이와같은 현상을 그는 계속해서 집어낸다. 그중의 하나가 국가의 간성인 군대에서이고 적과 마주한 싸움터에서이다. 그래서 국가의 안위까지 연결시키고 있다. 이제 그 일단(一端)을 보기로 한다.

6) 군(軍)에 대한 비판

4월에 태백(太白)이 낮에 나타났었고, 4일에는 왜놈이 처음 와서 삼포(三浦)를 침입하였는데, 왜놈들이 우리와 더불어 섞여 살면서 번지기 시작한 지 오래 되니, 우리 나라의 군비가 없는 것을 엿보고 교만한 것이 습관이 되었다. 평시의 진장(鎭將)은 조금만 그 뜻을 거슬리면 반드시 마당에서 고약한 말로 욕을 하며 심지어는 칼날을 목에 대기까지 했다. 진장이 된 자는 또한 용렬하고 비루한 자가 많아서 이 굴욕을 엄호(掩護)하면서 구차이 세

월을 보내니, 사람마다 헤아리지 못할 근심이 조석간에 일어날 것을 알았
다. <그러나> 조정 의논은 항상 화[怡愉]한 것을 주장하여 변장(邊將)을 가
려서 진정시키고자 하나, 천거해서 쓴 사람은 모두 신진(新進)의 일 좋아하
는 사람뿐이었다. 부산포첨사(釜山浦僉使) 이우증(李友曾)은 본래 노둔하고
겁 많고 공연히 일을 과장해서 왜인을 어거하는 데 절제가 없고, 토목(土木)
의 역사를 한결같이 위엄으로 누르려 하며 혹은 새끼로 왜인의 머리를 묶어
나무 끝에 매달고 활을 당겨 그 새끼를 쏘니, 사람들이 모두 독을 품고 겉으
로만 무서워했다. 절도사(節度使) 유계종(柳戒宗)은 역시 추하고 비루한 무
부(武夫)로서 <이것을> 달려가 아뢰게 하여 과장하고 칭찬하니, 조정에서는
의복을 하사해서 권장했고, 여러 진(鎭)에서는 다투어 사나운 것을 숭상했
다. 좌도수사(左道水使) 이종의(李宗義)도 또한 공을 세우고자 하여 바다에
서 물고기를 잡는 왜인 10여 명을 목베이니, 원수를 사고 전쟁을 일으키는
일이 이 두 사람의 일로 시작되었다. 이보다 하루 앞서 왜인의 배가 많이
해변을 범하므로 포구 사람들이 정찰해서 보고하니 이우증은 꾸짖어 보내
고 글을 여러 진에 보낼 뿐 역시 아무런 방비가 없었다. 4일 새벽에 적이
군사를 나누어 제포(薺浦)와 부산포(釜山浦) 양진(兩鎭)을 공격하였으나 모
두 성을 지키지 않다가 적이 장막 아래에 이르러서야 주장(主將)이 비로소
이를 깨달았다. 제포첨사(薺浦僉使) 김세균(金世鈞)은 기어서 성을 넘다가
적에게 잡혔는데 가두어 두고 죽이지 않았다. 이우증은 스스로 자기 몸을
풀로 싸고 방 안에 숨어 있었는데, 적이 찾아내다가 드디어 난도질하여 죽
였고, 이우증의 형 이우안(李友顔)도 함께 해를 입었으며, 두 성의 노소(老
少)와 진군(鎭軍)도 모두 잡혀 죽었다. 드디어 진군하여 웅천(熊川)·동래(東
萊)를 포위하니, 대개 적의 무리는 수천 명에 지나지 않건만 군사가 많다고
말했고, 장정(長程)이란 자가 수령(首領)이었다. 행군(行軍)하고 진(陣)치는
것이 자못 기율(紀律)이 있고, 가끔 유병(遊兵)을 내어 촌가를 불태워 연기
와 불꽃이 하늘을 찌르니, 승평(昇平)한 지 오래되어 백성들이 전쟁을 보지
못하던 터이라 이민(吏民)들은 얼굴빛이 없이 도망하여 숨어서 뒤질까 두려
워했다. 우도절도사(右道節度使) 김석철(金錫哲)이 군사를 거느리고 웅천(熊
川)을 구원하려 했으나 모인 군사가 겨우 수백 명밖에 되지 않으므로 스스
로 적은 것으로 많은 것을 대적하지 못한다 했으나, 실상은 두려워하고 겁
내어 능히 전진하지 못하고서 여러 번 적에게 패한 바 있어 물러가서 창원
(昌原) 지방을 보존했다. 7일에 웅천현감(熊川縣監) 한륜(韓倫)이 성을 버리
고 달아나니 드디어 함락되었다. 웅천은 남면의 거진[南面巨鎭]이요. 또 왜
사(倭使)의 왕래하는 것을 관리하여 공억(供億 : 어려운 사람에게 물건을 주
어 안심시킴)과 반(盤 : 노자)을 구하게 되어 부고(府庫)에 쌓인 것이 딴 고을
보다 다섯 갑절이나 되었었는데 일조에 모두 적의 소유가 되었다. 동래를
포위한 자는 군사도 적고 형세가 외로웠으므로 현령(縣令) 윤인복(尹仁復)

은 <약한 군사는> 추려 버리고 버티었다. 한륜(韓倫)은 포위당하자 수족이 떨려 어찌할 줄을 모르고 오직 성을 돌면서 장사(將士)들에게 경계하여 쏘지 말라 하였다. 사랑하는 첩이 있으므로 적이 물러가는 것을 엿보고 문을 열고 나가려하자 성중이 요동하여 모두 말하기를, "주장(主將)이 도망했다" 하여, 이 까닭에 성이 속히 함락되었다. 적이 들어와 마음대로 약탈해서 부고를 텅 비워 없애고 혹은 고을 사람들을 협박하여 그 노획품을 배 위에 옮겨다 놓고 날마다 술마시고 놀면서 다시 준비하지 않았다. 김석철은 본래 광대[俳優]로 불량한 자인데, 권세 있는 사람을 섬겨서 남방(南方)을 전제(專制)함을 얻었으므로 난리에 임하자 방법이 없어 군사를 잃고 땅의 경계를 좁혀 날마다 사람을 보내서 조정에 고급(告急)할 뿐이었다. 일이 창졸간에 일어났으므로 조정에서도 역시 이길 계획이 없고, 조당(朝堂)에서 회의하여 재상들은 화의(和議)를 정해서 전쟁을 늦추려하니 이에 전(前) 절도사(節度使) 황형(黃衡)과 유담년(柳聃年)을 명해서 경상좌우도(慶尙左右道)를 통솔하도록 하고, 금군(禁軍) 백여 명을 나누어 주어서 가게 했다. 황형은 본래 욕심이 많고 혹독하였으므로 벼슬을 잃고 집에 있더니, 명을 받고 문에 나가자 곧 팔을 휘저으며 큰 소리로 말하기를, "나 같은 사람은 가문 날의 나막신 같아서, 비를 만나면 문득 신게 되는 것이다" 하였다. 금군(禁軍)이 그를 따라 전쟁에 나가면서 대낮에도 남의 인마(人馬)를 약탈하니, 서울에 있는 악한 소년들도 이때를 타서 마음대로 겁략(劫略)했으나 유사(有司)가 능히 금지하지 못했다. 식자(識者)들이 말하기를, "장수는 교만하고 군사들은 기율이 없으니 어떻게 적을 막는단 말인가" 하였다. 또 참지(參知) 안윤덕(安潤德)에게 명하여 먼저 자헌(資憲)의 가자(加資)를 더하고 가서 경상도(慶尙道)를 체찰(體察)하라 하였다. 안윤덕은 떠벌리고 겁이 있어 본래 장수의 재목이 아니어서, 명을 듣자 경황히 지체하고 떠나지 않아 먼저 간 군사의 승패를 기다리다가 10일이 지나서야 비로소 떠났다. 또 좌의정(左議政) 유순정(柳順汀)으로 도원수(都元帥)를 삼아 군사의 일을 오로지 다스리게 하니, 유순정은 또 가기를 꺼려하여 임금 앞에서 아뢰기를, "우의정(右議政) 성희안(成希顔)이 꾀를 좋아하고 결단하기를 잘하니 가히 큰일을 맡길 만합니다" 하였다. 성희안은 또 아뢰기를, "유순정이 군사의 일을 밝게 익혔으니, 그 위에 나갈 사람이 없습니다" 했다. <이에> 임금도 그의 일을 당해서 구차히 편안하려는 것을 비루하게 여겨 특히 유순정을 명하여 가도록 했다. 황형(黃衡)·유담년 등이 적을 파하였으니, 왜군은 우리의 방비함이 없는 것을 업신여겨 높은 데 올라서 진을 치고 부고(府庫)의 곡식을 모두 운반해 놓고 돌아가려 하므로, 형(衡) 등이 세 도(道)에 나누어 협공하고 수군(水軍)으로 하여금 적의 배를 포위하게 했다. 적은 본래 급해서 능히 오래 배기지 못하는 터인데, 우리의 수군(水軍)이 바다에 가득히 오는 것을 보고 마음이 움직여 능히 머무르지 못하고, 드디어 산골짜기로 도망해서 그 배를 보존하려 했다. 형(衡) 등은 이긴 기세로 진격하여 죽이고 사로잡은 것이 심히 많았다. <적들은> 이에 다투어 배에 오르려다가 빠져 죽고 또 창황하게 배에 오르니, 배가 능히 사람을 다 태우지 못하고 엎어지는 것도 또한 많았다. 안윤덕(安潤德)은 이때 밀양(密陽)에 물러와 있으면서 우리 군사가 이겼다는 소식을 듣고 크게 기뻐하여 자기의 공을 조정에 보고하여 장황하게 공을 나타내는 말이 많으니 듣는 자가 크게 웃었다. 그의 막료(幕僚) 김한사(金漢思)라는 자는 어깨를 치켜올리면서 말하기를, "적을 평정하여 큰 공이 있는데 겨우 이 정옥(頂玉) 하나를 얻게 되니 마음이 실로 쾌하지 못하도다" 하고, 또 박영문(朴永文)에게 옷을 구하면서 말하기를, "조석으로 또 이 옷을 입으라" 하였는데, 조정에서 마침내 공을 의논할 적에 김한사에게는 다만 산계(散階)를 주니, 당시 사람들이 말하기를, "김공(金公)이 옷을 얻어다가 딴 사람에게 주었다" 하였다.

(p.145, 7행~p.148, 15행)

이것은 4월 4일 왜구가 삼포(三浦)·제포(薺浦)·부산진(釜山鎭)에 침입하여 웅천성(熊川城)까지 함락시켰을 때의 기술이다. 이때 작자의 눈에 비친 우리 장병(將兵)들의 대응상(對應相), 행동거지는 다음과 같다.

진장(鎭將)… "평시의 진장은 조금만 그의 뜻을 거슬리면 반드시 마당에서 고약한 말로 욕을 하며 심지어는 칼날을 목에 대기까지 하였다"

"진장이 된 자는 또한 용렬하고 비루한 자가 많아서 이 굴욕을 엄호하면서 구차히 세월을 보내니……"

포악하면서도 배알을 다 빼버린 진장의 모습이다.

이우증(李友曾) 부산진첨사(釜山鎭僉使)… "본래 노둔하고 겁많고 공연히 일을 과장해서 왜인을 어거하는데 절제가 없고 토목(土木)의 역사(役事)를 한결같이 위엄으로 누르려 하며 혹은 새끼로 왜인의 머리를 묶어 나무 끝에 매달고 활을 당겨 그 새끼를 쏘니 사람들이 모두 독을 품고 겉으로만 무서워했다.

"…스스로 자기 몸을 풀로 싸고 방안에 숨어있었는데 적이 찾아내다가 드디어 난도질하여 죽였고"

슬기롭지 못하고 실(實)이 없으며 겁이 많으면서 사람들에게 악감정(惡感情)을 샀다가 보복당하는 모습이다.

유계종(柳戒宗) 절도사(節度使)… "추하고 비루한 무부(武夫)로서 이것을 달려가 아뢰게 하여 과장하고 칭찬하니 조정에서는 의복을 하사해서 권장했고 여러 진(鎭)에서는 다투어 사나운 것을 숭상했다”

실(實)이 없는 모습을 보여준다. 그리고 이에 장단을 맞추는 조정의 모습이다.

이종의(李宗義) 좌도수사(左道水使)… “공을 세우고자 하여 바다에서 물고기를 잡는 왜인 10여 명을 목베니 원수를 사고 전쟁을 일으키는 일이 이 두 사람의 일로 시작되었다”

잔인하고 실(實)이 없이 악감정을 사서 원수를 만들고 이우증(李友曾)과 더불어 전쟁의 꼬투리를 만든 자로 보았다.

김세균(金世鈞) 제포첨사(薺浦僉使)… “성을 지키지 않다가 점령 당하고 기어서 성을 넘다가 적에게 붙잡혔는데 가두어두고 죽이지 않았다”

비겁한 모습을 보여준다.

김석철(金錫哲) 우도절도사(右道節度使)… “적은 장졸(將卒)로 많은 적을 대적 못한다 했으나 실상은 두려워하고 겁내어 전진하지 못하고 여러 번 적에게 패한 바 있어 창원으로 물러나 있었다. 본래 광대로서 불량한 자인데 권세있는 사람을 섬겨서 남방(南方)을 전제(專制)함을 얻었으므로 난리에 임하자 방법이 없어 군사를 잃고 땅의 경계를 좁혀 날마다 사람을 보내서 조정에 고급(告急)할 뿐이었다.”

무능·무책·비겁한 모습을 보인다.

한윤(韓倫) 웅천현감(熊川縣監)… “포위 당하자 수족이 떨려 어찌할 줄 모르고 성을 돌며 장졸들에게 경계하여 쏘지 말라 하다가 적이 물러가는 것을 엿보아 애첩(愛妾)과 더불어 성을 나가려다가 주장(主將)이 도망했다고 성중이 요동하는 바람에 성이 속히 함락했다. 성을 버리고 달아나니 드디어 함락되고 부고(府庫)에 쌓인 것이 모두 적의 소유가 되었다”

비루한 구명도생(救命圖生)의 모습이다.

황형(黃衡) 절도사(節度使)… “본래 욕심이 많고 혹독했으므로 벼슬을 잃고 집에 있더니 명을 받고 문에 나아가자 곧 팔을 휘두르며 큰소리로 말하기를 ‘나같은 사람은 가문 날에 나막신 같아서 비를 만나면 문득 신게 되는 것이다’ 하였다. 금군(禁軍)이 그를 따라 전쟁에 나아가면서 남의 인마(人馬)를 약탈하니 서울에 있는 악한 소년들도 이때를 타서 마음대로 겁략했으나 유사(有司)가 능히 금하지 못하다"

풍을 치고 교만하며 군기(軍紀)가 문란한 모습이다.

"형(衡) 등이 세 도(道)에 나누어 협공하고, 수군(水軍)으로 하여금 적의 배를 포위하게 하여 이긴 기세로 진격하여 죽이고 사로잡은 것이 심히 많았다"

수군(水軍)과 합쳐 용감하게 싸워 이긴 것이다.

안윤덕(安潤德) 참지(參知) … "떠벌리고 겁이 있어 본래 장수의 재목이 아니어서 명을 듣자 경황히 지체하고 떠나지 않아 먼저 간 군사의 승패를 기다리다가 10일이 지나서야 비로소 떠났다. 밀양에 머물러 있으면서 우리 군사가 이겼다는 소식을 듣고 크게 기뻐하여 자기의 공을 조정에 보고하여 장황하게 공을 나타내는 말이 많으니 듣는 자가 크게 웃었다"

비겁·몰염치한 모습이다.

유순정(柳順汀) 좌의정(左議政)과 성희안(成希顔) 우의정(右議政) … "유순정으로 도원수(都元師)를 삼아 군무(軍務)를 전담케 하니 유순정은 가기를 꺼려하여 임금 앞에서 아뢰기를 '우의정 성희안이 꾀를 좋아하고 결단하기를 잘하니 가히 큰 일을 맡길 만합니다' 하였다. 성희안은 또 아뢰기를 '유순정이 군사의 일을 밝게 익혔으니 그 위에 나갈 사람이 없습니다' 했다"

구차스럽고 비루하게 구안(求安)하려는 모습이다. 왕명을 피하는 정승들의 거조(擧措)는 주목되는 일이다.

김한사(金漢思); 안윤덕(安潤德)의 막료(幕僚) … "어깨를 치켜 올리면서 떠벌리기를 「적을 평정하여 큰 공이 있는데 겨우 이 정옥(頂玉) 하나를 얻게 되니 마음이 실로 쾌하지 못하도다」하고 또 박영문(朴永文)에게 옷을 구하면서 말하기를 「조석으로 또 이 옷을 입으라」 하였는데……"

과대망발(誇大妄發)의 모습이다.

중복된 바도 있지만 이상에서 싸움에 임하는 장수(將師)들의 여러 가지 양상을 비교적 자세하게 보았다.

○ 포악하고 배알을 다 빼버린 비루한 모습
○ 슬기롭지 못하고 실(實)이 없으며 겁이 많으면서 떠벌리고 주책이 없어 사

　　람들의 감정을 뒤집어 놓는 모습
　○ 경박하고 씨알머리가 없는 모습
　○ 잔인하고 실(實)이 없이 악감정을 사서 원수를 만드는 모습
　○ 비루한 모습
　○ 무능·무책·비겁한 모습
　○ 비겁하게 구명도생(求命圖生)하는 모습
　○ 풍을 치고 교만한 모습
　○ 비겁·몰염치한 모습
　○ 구안(求安)하려고 왕명도 피하려 드는 기강(紀綱)의 해이(解弛)된 모습
　○ 과대망발(誇大妄發)의 모습

이와 같은 양상에서 알려지는 것은 장병(將兵)이 된 인간자체가 실(實)이 없다는 것이다. 배알이 다 빠져버린 여물지 못한 사람이라고 하겠다. 그래서 겁이 많고 무능·무책이며 슬기롭지 못한 것은 물론 약자에게는 잔인하여 무고한 사람들을 죽이고 강자에게는 아유(阿諛)를 일삼고 도생(圖生)하려니 비루해지고 구차스럽게 되는 것이다. 이 싸움은 결과적으로는 이긴 전쟁이었다. 그랬는데도 불구하고 작자의 눈에 비친 실상은 얼빠진 비겁한 군상의 일색이다. 풍을 치고 교만하게 보이던 황형(黃衡)과 유담년(柳聃年)이 오히려 수군(水軍)과 합쳐 공을 세우고 있고 여타는 모두 비루하기 그지없는 존재들이다. 이런 중에서 작자가 특히 짚어내고 있는 것은 부하들의 공을 자기의 공인 양 과대포장해서 조정에 보고하고 포상(褒賞)을 바라는 것이었다. 그런 경우를 앞의 안윤덕(安潤德)과 김한사(金漢思)에게서 보아왔다. 싸움터에서는 멀리 떨어져 있었으면서 부하들의 공을 자기의 공으로 삼는 소위 탈공(奪功)을 하는 몰염치한 행위를 작자는 못마땅해 한 것이다. 이것은 이른바 체찰사(體察使)로서는 취할 수 없는 당당하지 못한 행동이었다. 도원수(都元師)나 체찰사(體察使)나 첨사(僉使)나 현감(縣監)이나 중앙과 지방을 막론하고 비겁한 장병들로 그득했던 것이니 참으로 한심한 조정의 모습이요 군(軍)의 실상(實相)이 아닐 수 없었다.

　　송질(宋軼)·정광필(鄭光弼)·이사균(李思均) 등은 스스로 자기들이 적을

치는데 힘이 있었다 하여 얼굴에 나타내어 서로 하례해서 무릇 조정의 은
사(恩赦) 같은 일도 모두 찬성했다.

(p.163, 1행~3행)

이것은 의정부(議政府)의 종인 정막개(鄭莫介)가 공신(功臣)인 박영문(朴永文)
과 신윤무(辛允武)가 난(亂)을 꾸민다고 고변(告變)하여 양인(兩人)은 처단(處斷)
되고 막개를 포상(褒賞)하였다. 영문의 집을 막개에게 주고 당상상호군(堂上上
護軍)을 제수하고 은대(銀帶)와 의장(儀章)과 안마(鞍馬)를 하사(下賜)한 일이 있
었다. 이때 막개의 공에 편승하여 가선(嘉善)에 오르고 상(賞)을 받은 사람 송질(
宋軼)과 정광필(鄭光弼)·이사균(李思鈞) 등을 작자가 꼬집는 대목이다. 아무런
상관도 없었으면서 하사(下賜)되는 상을 받는 뻔뻔스러움을 작자는 놓치지 않
고 있는 것이다.

   2월에 명하여 반정한 날에 입직(入直)한 승지(承旨) 윤장(尹璋)·조계형
(曹繼衡)·이우(李堣) 등의 공권(功券)을 추삭(追削)하게 했다. 정국공신(靖
國功臣)은 대개 모두 인아(姻婭)로서 권균(權鈞)은 문밖에 가서 누웠었고,
강혼(姜渾)과 유순(柳洵)은 조복(朝服)을 입고 대궐로 나가다가 군문(軍門)
에 잡혔으나 모두 공신의 명부에 실렸었다. 이 세 사람은 폐주(廢主)가 곤
궁한 것을 보고 몸을 던져 목숨을 부탁했던 자들로서 도리어 속이고 꾀어
내서 달아났던 것으로 세론의 비웃는 바가 되었다. 이 때에 이르러 임금이
절의(節義)로써 신하들을 책망하고 정부 육조(六曹)에 명하여 수의(收議)하
게 했다. 유순은 기절(氣節)은 적지만 옳고 그른 것은 아는 사람인지라 혼
자 아뢰기를, "신(臣)은 반정하던 날의 수상(首相)으로서 변을 듣고 창황해
서 어찌 할 줄을 알지 못했사온데, 또한 공신의 명부에 참예해서 후세(後
世)에 부끄럼이 있는지라, 신은 세 사람과 실상 형적(形迹)이 같사오므로
감히 의논을 아뢰지 못하나이다" 하니, 듣는 자들이 옳게 여겼다. 송질(宋
軼)은 폐주에게 사랑을 받아 벼슬이 종일품(從一品)에 이르렀더니, 반정하
던 날에 분주하게 서둘러서 공신의 명부에 참예했다. 이 날 의논을 아뢰는
데 혼자 아뢰기를, "인신(人臣)이 절개를 잃으면 죄가 만번 죽어도 마땅할
것이오니 마땅히 법으로써 일을 처리해야 하옵니다" 했다. 또 아뢰기를,
"신이 폐조(廢朝)에 대해서도 역시 삼강(三綱)을 읽고 오직 주상(主上) 받드
는 것만 알고 폐주가 있는 것은 알지 못했습니다" 했으니, 그의 완고하게
부끄럼이 없는 것이 이와 같은 것이 많았다.

(p.166, 26행~p.167, 18행)

이것은 정국공신(靖國功臣) 중에서 공신일 수 없는 사람을 다시 골라내는 대목이다. 여기서 주목되는 구절이 있다. "……임금이 절의(節義)로서 신하들을 책망하고……" 그 불의를 책망한 것이다. 그런데 이 꾸중은 임금에게 한한 것이 아니고 작자도 공감하고 있다는 것이다. 말하자면 임금의 책망이라 했지만 이것이 작자의 마음이기도 한 것이다. 그래서 그 필치는 지치(知恥)하는 유순(柳洵)을 긍정적으로 보았고 부끄러움을 모르는 송질(宋軼)에 대해서는 가편(加鞭)의 필설(筆舌)을 놓지 않았던 것이니 곧 책망이겠다. 여기서도 그의 관찰은 세밀하고 차분하다. 말라있는 의기(義氣)·저차원의 행태·뿌리 깊은 병소(病巢)를 가감없이 짚어내는 그의 형안(炯眼)이 놀랍다. 불의와의 대결은 이렇게 치열했다.

이제까지 요인들의 행적<1)항>을 보아왔고 치정(治政)의 내양(內樣)<2)항>도 살폈다. 다음으로는 사실(史實)<3)항>을 짚어보았으며 계속하여 자아의 심정토로<4)항> 그리고 상(上)을 향한 비판의 소리<5)항>도 들었다. 그중에서 가장 그를 괴롭힌 것은 불의와 비겁(卑怯)이었다. 그래서 다시 한번 <6)>항으로 군인사회(軍人社會)를 파헤쳐 이를 확인하였다. 그리고 본 일기에는 노래가 두 수(首) 보인다. 하나는 소능(昭陵)을 추복(追復)할 때 교리(校理) 이모(李某)가 지은 만사(挽詞)요 또 하나는 작자의 심정을 읊은 노래로서 7항이 그것이다. 이제 다시 한번 이 음영(吟咏)을 보기로 한다.

7. 음영(吟咏)

그는 자작시(自作詩)를 남기고 있다. 산문(散文) 속에 들어있는 노래이기 때문에 신선한 맛을 우선 풍긴다. 지루함과 답답함과 무기력에서 일단은 벗어나게 하고 분위기를 바꾼다. 파격적인 내용이기 때문에 더욱 그렇게 다가선다.

竊錄明庭面有紅　　況尙居諫補天工
愚公妄作移山計　　夸父難成逐日功
俗子終能墮國政　　微誠安得徹宸聰
如今始決歸田策　　悔不從前學老農

밝은 조정에 가만히 기록되어 얼굴 붉어지네
하물며 간(諫)하는 자리에 있어 임금의 일 도움이랴
우공(愚公)은 망녕되이 산 옮길 계교를 냈고
과부(夸父)는 해 쫓는 공을 이루지 못했네
못난 이 몸 마침내 나라 정치 그르쳤으니
적은 정성 어찌 상감의 뜻 채울 수 있었으랴
이제야 겨우 전원에서 살 계교를 세웠으니
새삼 뉘우치노라 배우지 못한 농삿일을

(p.167, 37항)

이것은 그의 귀거래사(歸去來辭)라고 보여진다. 그런데 여기에는 자책(自責)과 외람됨과 무능·속죄(贖罪)의 염(念)이 오롯이 담겨진 곧 자성(自省)의 노래이다. 자아(自我)를 보는 눈이 확실하다. 이제까지는 타인들의 잘못을 많이 지적해왔지만 마침내 자신도 별 것 아닌 존재라는 것을 짚어내고 있는 것이다. 탈공(奪功)하는 사람·남의 공(功)에 편승하는 사람들과 별로 다를 것이 없다는 심정이 첫 구절에 잘 나타나 있다. 자기도 정국공신(靖國功臣)에 들어있는 것이 부끄럽다는 것이다. 연산조(燕山朝)의 난정(亂政)이 보기 싫어서 문소(聞韶)로 물러나 있다가 반정 후에 제일 먼저 부르심을 받아 10년간이나 임금을 보좌했다고는 하지만 역시 자신은 폐조(廢朝)에서 벼슬한 사람이고 또한 반정사(反正事)에도 일조하지 못한 몸이라는 것이다. 이렇게 남이 세운 공에 편승한 것이나 다름없는 신분으로서 이제껏 탈공이니 하면서 큰소리 쳐온 것 그리고 공신록(功臣錄)에까지 오른 것이 부끄럽다는 것이다. 그런데 이와 같은 부끄러움을 기록이 아닌 노래로 불러 후손들에게까지 보게 한 데에는 성찰(省察)을 넘어선 한가닥 자조(自嘲)하는 마음이 드러난 것이 아닌가 한다. 10년이라는 세월을 두고 많은 사람들의 오류(誤謬)를 지적해온 것을 생각할 때 얼마나 무지몽매한 일을 해왔는가 얼마나 우스운 일을 해왔는가를 뼈저리게 느낀 나머지 그 부끄러운 감정을 노래로 읊어낸 것이 아닐까 하는 것이다. 50평생을 걸어온 생의 궤적(軌跡)이 이렇게 겸양(謙讓) 아닌 가책(苛責)으로 다가와 마침내 자조(自嘲)하는 경지에 들게 된 것으로 보인다.

이제까지 그의 심정은 평안치 못한 고비를 지내왔다. 요인(要人)들의 행적과 치정(治政)의 내막을 보고는 한심스러운 마음을 금할 수 없었다. 전장(戰場)에서는 부하의 공(功)을 빼앗는 비겁한 모습을 보고 마땅치 않게 생각했다. 반정 후에 남의 공에 편승한 사대부들을 보고는 책망하는 심정이 불일 듯하였다. 그런데 이제 나이 들어서 자신이 걸어온 자취를 보니 등에 식은 땀이 흐르는 것이다. 미안하고 송구하고 허탈에 빠져든다. 한심스러움·마땅치 않음·책망 등은 자신의 시선이 외향(外向)했을 때 얻어진 결과이지만 이 쓰라림은 내향(內向)하는 시각에서 얻어진 것이다. 이제까지와는 전혀 차원이 다른 심정의 표현을 본다.

8. 심정(心情)의 흐름

10년에 걸친 그의 심정은 명랑·쾌활·득의연(得意然)했던 경우보다는 어둡고 불만스러움으로 채워져 있는 것 같다. 이제 이 흐름을 연도별로 짚어본다.

己巳年 … 기구(耆旧)를 파직시킨 조정의 조처가 석연치 않음을 의아해 한다. 정씨(鄭氏)의 절개·이집(李緝)의 청검(淸儉)을 찬양한다. 김전(金銓)을 파직시킨 조정의 처사·김전(金銓)의 훼절(毀節)·대설(大雪)로 인한 인마(人馬)의 동사(凍死) 모두가 애석하다. 절의 경첩(經帖)을 가져가는 등 선비들의 광태(狂態)로 성청(聖聽)을 번거롭게 하는 것을 근심하다. 여론을 무시하고 사정(私情)에 치우친 유순정(柳順汀)의 처사에 분노한다. 의아함·애석함·근심과 분노 속에 절개와 청검의 찬양을 짚었으니 한모금 청량수(淸凉水) 같다.

庚午年 … 나라보다 일신(一身)의 영화만을 앞세우는 정승들을 안타까워한다. 기로(耆老)나 신진(新進)이나 자리보전 때문에 청렴지사를 화근으로 몰아부치니 한심스럽다. 병소(病巢)를 찌른 이항(李沆)의 상소(上疏)에 만족한다. 무책임한 유인귀(柳仁貴)의 뻔뻔스러움에 분격한다. 근후(謹厚)한 김우신(金友臣)의 인품에 흐뭇해 한다. 단중(端重)한 몸가짐과 거취(去就)를 분명히 하는 정승들의 행태는 바람직하다. 간언(諫言)할 줄 모르는 정승은 비겁하다. 군대의 부패를 한탄하다. 중종반정을 찬양하다. 이세영(李世英)의 청렴(淸簾)을 찬양하다. 나라보다 영화를 앞세워 그 자리보존에 급급한 관원을 볼 때 한심스러우나 그런 와중에

서 왕을 감동케 하는 상소(上疏)에 위안을 받는다. 책임질 줄 모르고 뻔뻔스럽기까지 한 관원이 있으나 겸손한 행태로 복을 받는 사람도 있다. 맺고 끊는 듯한 행태는 신뢰감을 주나 간(諫)할 줄 모르는 정승은 쓰레기 같다. 군대의 부패는 한탄스러우나 반정지사(反正之事)는 하늘의 뜻이다. 그리고 이세영(李世英) 같은 청렴지사는 찬양해 마지 않는다. 안타까움·한심스러움과 흐뭇함·분노와 치하·흡족함과 불만·한탄과 찬양 등 희로애오(喜怒愛惡)의 교착(交錯)이 뚜렷하다. 그러나 분위기는 어둡다.

癸酉年 … 하의상달(下意上達)을 막는 정승들은 부정(不正)하다. 공의(公議)를 무시한 인재천거는 망녕된 일이다. 소능(昭陵)의 추복(追復)은 잘한 일이다. 현덕왕후로 태묘(太廟)에 모신 것도 잘한 일이다. 조정의 구휼(救恤)이 부실(不實)한 것은 안쓰럽다. 우스개소리를 좋아하는 사회 풍조에 놀아나는 조정은 딱하다. 나라에 기강이 서지 못했음을 한탄하다. 성희안(成希顔) 등 반정의 원훈(元勳)들이 물욕(物慾)에 젖었음을 한탄하다. 실(實)이 없는 사회풍조를 딱하게 여긴다. 법조문에 얽매어 패륜(悖倫)을 외면하는 조정에 분노하고 대사(大事)보다 소사(小事)에 매달림을 놀리다. 즉 본말전도(本末顚倒)에 분노한다. 기강이 서지 않고 형벌이 엄하지 않음을 한탄하다. 종놈의 밀고(密告) 한 마디에 극형(極刑)을 정하고 이에 연관되었다는 주장에 끌려 다니는 조정의 무소신(無所信)을 안타까워한다. 일신의 안보(安保)를 위한 대세(大勢)의 이용을 애석해하다. 구설(口舌)의 공(功)을 우대하는 천려(淺慮)를 안타까워하다. 농희(農戲)에 집착하는 왕의 처사를 의아해하다. 이상의 전부 16개항 중 2개항은 밝게 보았으나 나머지 14개항에 대해서는 비판적이다. 비판의 대상은 개인과 조정과 사회이나 개인은 조정에 근무하는 핵심인물들이요 사회는 조정에 영향을 끼치는 환경이므로 결국 조정에 대한 비판이 된다. 이처럼 계유년은 흐뭇함보다는 애석함·한탄·불안·딱함·분노와 조롱·안타까움·민망함 등으로 거의 차있다. 명암(明暗)의 교착으로 보기는 어려운 상황이다. 반정이 있은 지 6년이 되는 해로써 참신한 분위기는 사라지고 안일(安逸)에 빠진 조정의 모습을 보여주는 것 같다.

甲戌年 … 왕의 편벽된 인사(人事)를 민망해한다. 공권(功券)을 추삭(追削) 당하

는 부끄러움을 모르는 자에게 분노한다. 작자 자신도 같은 부류임을 깨닫는다. 눈치를 보며 합소(合疏)하는 줏대없는 양사(兩司)를 안타까워한다. 민망하고 분하고 그러나 일방 부끄럽고 또 안타깝다. 조정의 옳지 않은 이와 같은 분위기에 휩쓸려버린 자아를 뉘우친다. 외향일변도(外向一辺倒)의 시각이 내향하여 성찰의 눈을 뜬 것이다.

丙子年 … 우승지(右承旨) 신상(申鏛)이 노산군(魯山君)을 제사지내고 돌아와 보고하는 바를 듣고 새삼 그 당시를 회고한다. 따라서 서술상으로는 시간의 역류가 되며 다음 항도 마찬가지이다. 의기(義氣)에 사는 민초들을 보며 정인지(鄭麟趾)를 적신(賊臣)으로 여겨 분노하고 그때 실록편찬자들의 기술을 곡필(曲筆)로 보아 증오한다. 그리고 난산(難産)으로 7일만에 타계한 소능(昭陵)을 애석해한다. 즉 분노·증오와 애석함이다.

庚寅年 … 이 대목은 13년만의 기술로 단 하루 뿐으로 아마도 본 일기를 마감하는 심정에서 쓰여진 것 같다. 현덕왕후의 추복(追復)은 잘한 일. 나는 추물(醜物)임·자손을 향한 귀띔 등이 보인다. 즉 겸허와 부끄러움·염려 등이다.

이상에서 본대로 그의 심정은 무겁고 어둡게 무늬지고 있다. 기사년(己巳年)에는 의아함·애석함·근심과 분노 속에 한모금 청량수 같은 뿌듯함을 보여준다. 경오년(庚午年)에는 안타까움·한심스러움과 흐뭇함·분노와 치하·불만과 흡족함·한탄과 찬양 등 희로(喜怒)와 애오(愛惡)가 쌍등(双燈)처럼 벌어져 있다. 그러나 분위기는 무겁다. 계유년(癸酉年)은 흔쾌함보다는 애석함·한탄·불안·딱함·분노와 조롱·안타까움·민망함 등으로 차있다. 흑암상(黑暗相)이라고 보아 좋을 듯하다. 갑술년(甲戌年)에는 민망함과 분함과 안타까움 속에 한가닥 성찰이 짚인다. 병자년(丙子年)에는 증오와 애석함 곁으로 흐르는 의기(義氣)를 본다. 경인년(庚寅年)은 겸허·부끄러움·염려 등으로 얼룩진다. 기사년(己巳年)은 어두운 심정이 우세하게 자리잡은 것 같고 경오년(庚午年)은 그 명암이 교착(交錯)된 해였으며 계유년(癸酉年)은 어두운 심정으로 채워진 느낌이다. 갑술년(甲戌年)은 어두움 속에 한 줄기 서광이 비친 해였고 병자년(丙子年)은 어두움 속에서 그 빛의 근원을 확인한 해였다. 13년만에 맞이한 경인년(庚寅年)은 그가 머리를 숙인 해였다. 해탈의 경지에 이르러 너그러운 심정으로 변한 것이다. 기사년(己巳年)부터 병자년(丙子年)까지는 우세한 어두운 심정 속에 밝은 심정은 겨우 그 명맥을 유지한 정도였다. 불의와 겨룬 평생이었다고 봄직하다. 그런데 이 명암의 심정은 현실에 참여했을 때의 의기(義氣)의 산물이다. 이제 한 걸음 물러서고 보니 부끄러움뿐 죄송하기 그지없는 것이다. 미안하고 송구한 심정뿐이다.

9. 기록성과 자조성(自照性)

본 일기는 일일기(日日記)이기보다는 중요한 사실이 있을 때만 기술한 것으로 보아 실기(實記)의 점철(點綴)이라 하겠으니 총 41개항 중 38개항에는 농담(濃淡)의 차는 있지만 대체로 소감이 이어진다. 그래서 작자의 심정이 드러나고 때로는 작자의 상(像)까지 짚이기도 한다. 따라서 이 두 가지 성격은 본 일기의 양면을 형성하고 있으며 나아가 이는 일기문 연구에는 언제나 그 대상에 오르는 것이라고 하겠다. 그러면 본 일기에는 기록성과 자조성이 어떻게 나타나 있는가를 보기로 한다.

1) 기록성

(1) 정확치 못한 기록은 그 가치가 반감된다고 보아야 한다. 그래서 기록에는 월, 일이 빠지지 않는다. 본 일기는 연월일이 밝혀진 것이 15개요 두 개항을 제외한 나머지 24개항은 년월이 뚜렷하다. 여기에 작자의 기록의식이 보인다.

(2) 「내용」의 3)에서 본 것처럼 사실(史實)을 많이 다루고 있다. 역사적 사건이기 때문에 역사적 인물과 장소 등이 그대로 등장한다. 그리고 작은 사건이나 사실이라 하더라도 거의가 작자가 몸담았던 정중지사(廷中之事)이다. 말하자면 작자의 체험한 사실들이다. 또한 그는 '乘醉信筆書之'라고 말미에 기술한 것으로 보아 꾸민 글이 아니다. 꾸미지 않았다는 것은 독자를 의식하고 있지 않은

것으로 일기는 본래 자기만의 글인 것이다. 그러니까 조형(造型)할 필요가 없는 글이고 체험한 사실을 그대로 다룬 것으로 보여진다. 말하자면 즉실성(卽實性)이 살아있다는 것이다. 그 사실(事實)대로 쓴다는 것은 역시 기록에서 중시되는 대목이다.

(3) 본 일기는 매일 적은 일일기(日日記)는 아니고 중요한 사단(事端)이 생겼을 때 기술한 것 같다. 이때에는 전술(前述)한 바 <1)항>와 같이 월일이 밝혀져 있으며 나아가 그날 일어난 일을 적고 있다.

> ……10월 4일 밤에 번개와 천둥이 크게 치면서 큰 비가 오고 또 바람이 불었다. 지난 달에는 꽃이 다시 피었고 이번에는 또 번개가 치니 식자들은 기강이 없어지고 형벌이 나타나지 않을 징조라 하였다. 14일 밤에 크게 번개와 천둥이 치고 또 비가 오니 명하여 천참(泉站)에서 사냥할 것을 정지하게 했다…….
>
> (p.160, 27행~p.161, 4행)

또박또박 날짜를 밝히고 있다. 이것은 기상이변이라고 보겠는데 작자는 여기에 어떤 의미를 부여하고 있는 것 같다. 이처럼 그날 일을 그날에 정리한 것을 즉시성 또는 당일성이라 한다. 여러 날 묵혔다가 나중에 정리하듯 기술된 일기가 없지 않으나 여기서는 기록된 순서로 보아 대체로 사건이 터졌을 때 곧 집필된 것 같다. 또하나의 예로 본 일기에서 가장 길다고 생각되는 중종반정지사(中宗反正之事)를 들 수 있겠다. 이는 반정을 일으키게 된 원인부터 시작하여 동지규합·거사·피의 숙청·진저(晋邸)의 추대·궁인들의 이반(離反)·마무리·아쉬움 등으로 끝났으나 이런 과정에서도 '병인년 9월 2일에 연산(燕山)이 장단(長湍)의 석벽(石壁)에서 놀고자 하여……', '공(公) 등은 약속하기를 이날 문을 닫고 한쪽으로는 막고 한쪽으로는 지켜서……', '공(公) 등은 의논하기를 초하로 밤중에 장사들을 훈련원에 모이게 하고……', '평명(平明)이 되자 백관(百官)들이 모두 모였으나……', '한낮이나 되어 경복궁에 들어가니……', '날이 어둡기 전에 백관의 반열(班列)을 정하고……', '이때에 이르러 교서(敎書)를 초하는데……' 등과 같이 사태의 진전을 시시각각 기술하고 있다. 이와 같은 밀도있는 서술이기에 생동감마저 느껴지고 묵혀두었다가 쓴 글이 아님을 알게 한다. 말하자면 사태가 마무리되자 붓을 든 것이 아닌가 한다. 하루에 끝난 것이 아니지만 그 발미(發尾)가 짚이는 데서 즉시성 또는 당일성을 보는 것이다. 이처럼 본 일기는 역사적인 사실을 체험한 대로 그때그때 정리한 것으로 보아 즉실성과 당일성을 짚을 수 있는 것으로 보여진다.

(4) 과거의 잘잘못을 가려내어 오늘의 생활을 풍성하게 하는 것이 바람직한 일이듯이 미래를 생각하여 오늘의 생활을 가다듬는 것도 향기로운 일이 아닐 수 없다. 이처럼 과거와 현재·미래를 하나의 유기체로 보고 조율하는 슬기야말로 우리의 생활을 보다 보람있게 만들고 건전하게 하는 생활의 자세일 것이다. 이와 같은 역사의식은 본 일기의 도처에서 쉽게 짚인다.

> 우(瑀)가 이 때 진주목사(晉州牧使)가 되었는데, 여러 향당(鄕黨)의 이민(吏民)들에게 물어 보니 모두 말하기를, "그렇다" 하였다. 그리하여, 일찍이 위에 아뢰어서 그 문에 정려(旌閭)한 일이 있었다. 충의백(忠義伯)의 후손으로써 백부(伯符 : 조지서의 자)에 짝하여 곧게 죽고, 두 마음이 없이 부도(婦道)를 온전히 하였으니, 비록 선대의 좋고 나쁜 데에 매이지 않는다고 말하나, 근원이 맑은 물과 모양이 단정한 그림자가 어찌 관계할 바가 없으리요.
>
> (p.135, 10행~16행)

이는 절부(節婦) 정씨(鄭氏)의 부도(婦道)가 그 가문의 훌륭한 전통의 영향을 받지 않았다고 말할 수 없다는 것이다. 정몽주(鄭夢周)의 가계(家系)이었기에 절개를 지킬 수 있었고 정려문(旌閭門)도 설 수 있었던 것이다.

> 옛날의 은혜로써 적신(賊臣) 유자광을 용납했다가 후일의 화를 싹트게 했으며, 자질구레한 인아(姻婭)들에게까지도 모두 철권(鐵券)을 주었다. 뇌물의 많고 적은 것으로 공로의 상하를 매겨 연거속구(連車續拘)의 기롱이 있어 지금까지 병통으로 여긴다.
>
> (p.152, 25행~p.153, 3행)

여기에는 두 가지 잘못이 지적되어 있다. 하나는 유자광(柳子光)의 등용은 잘못된 것으로서 "후일의 화를 싹트게" 했다고 하였고 또 하나는 반정원훈(反正元勳)인 박원종(朴元宗)의 잘못으로서 곧 뇌물의 다과(多寡)로서 공로의 상하를 매긴 것을 가리킨 것이다. 지금도 정승으로 있는 박원종의 이 잘못은 현실로 실감되어 전항(前項) 유자광의 경우와 연계되어 후일을 미루어 생각게 한다.

> 희안이 일찍이 평양 기생을 매우 사랑하더니, 그 기생이 머리털을 풀고 발을 벗은 채 남의 집에 도망해 숨었다가 뒤에 형조(刑曹)에 잡히니, 사람들이 말하기를, "성공(成公)의 밝음으로 족히 한 계집의 정상(情狀)을 볼 수 있을 터인데, 지나치게 반해서 죽는 날에 이르러서도 역시 이 기생을 자기 아들에게 부탁했으니, 아, 괴상한 일이로다" 하였다.
>
> (p.158, 25행～p.159, 1행)

성희안(成希顔)에 대한 비판이다. 영의정(領議政)쯤 되었으면 한 계집의 정상(情狀)을 살필 수 있었을 텐데 그렇지 못하여 그 누(累)가 자식에게까지 미쳤음을 탄식하고 있다. 미래가 현재와 이렇게 밀접한 연관이 있음을 드러내 보인 것이니 미래를 위해 잘못 파종(把種)된 현재를 꼬집은 것이다.

이와 같이 정확성·즉실성(卽實性)·전승의식(傳承意識)·역사의식 등은 본 일기에 있어 기록의 사명을 다하게 하는 요인들이고 기능(機能)이라고 말할 수 있을 것 같다. 곧 서술면(敍述面)과 의식면(意識面)에서 기술성(記述性)은 구체적으로 파악되었다고 하겠다. 여기에 사용된 문체는 그가 지적한 대로 신필(信筆) 곧 그 여건에 알맞는 자유스러운 필치이겠다.

2) 자조성(自照性)

주관적 시점에 섰을 때 의식적이든 무의식적이든 무리없이 나타나는 것이 이 성격인 것 같다.

(1) 정승들은 모두 태평성대를 구가하는데 작자만이 위기감에 젖는다.

> 근년 이래로 임금이 정신을 가다듬고 정치를 하여서 재상에게 희망을 두었으나, 모두 용렬하고 완고해서 그럭저럭 세월만 보냈다. 그 중에도 송질과 홍숙은 임금이 소중히 여기던 터인데 뜻을 어김이 날로 심했고, 윤순 같은 사람은 적은 사람으로 웃음을 받았으나 오히려 육경(六卿)의 자리에

> 오르니 공론(公論)이 들끓었다. 그러나 조정의 재상들이 모두 이런 따위가
> 많았으니 이를 다시 구별하려면 화단(禍端)이 생길까 두려웠었다.
>
> (p.168, 26행~p.169, 5행)

화근(禍根)이 잉태되었다고 보는 작자 나름의 해석에서 두려움은 생겨나고
있는 것이다. 그의 주관은 확고한 것 같다.

(2) 왕도 비판되고 있다. 일기가 자기만의 글이라 해도 당시로서는 쉬운 일이
아니다. 아마도 무심결에 나왔는지도 모른다.

> 노영손(盧永孫)은 본래 천한 병졸로서 고변(告變)한 것으로 출세해서 지
> 위가 정2품에 이르니 남들이 비웃었다. 그러나 임금이 편벽되이 소중하게
> 대접하므로 종재(宗宰)들이 잔을 올릴 적에는 반드시 참예했었다.
>
> (p.166, 11행~14행)

왕의 처사를 편벽되다고 했으니 이는 그 궤도이탈을 지적한 것이다. 무의식
중에 나온 말이라 해도 그의 주관은 뚜렷한 것 같다. 무의식(無意識)의 의식(意
識) 이것도 하나의 자의식(自意識)임은 말할 것도 없겠다.

(3) 상술한 '음영' 항에서 그의 뉘우치는 절절한 심정을 보아왔다. 정의감에
불타올라서 종횡무진으로 세상을 비판하고 의욕 하나만으로 돌진하던 젊었던
시절을 돌이켜 보면서 그 철없었음을 부끄러워한다. "밝은 조정에 가만히 기록
되어 얼굴 붉어지네. 하물며 간(諫)하는 자리에 있어 임금의 일 도움이랴……"
라는 구절에는 그의 나상(裸像)이 드러난다. 미숙해서 미흡(未洽)한 보좌(補佐)였
음에도 임금의 사랑을 독차지했었음을 송구해 할 뿐 아니라 공신(功臣)도 못되
면서 공신록(功臣錄)에 올라 공신 노릇을 한 자신이 밉고 또 창피한 것이다.
"……가만히 기록되어 얼굴 붉어지네" 라는 이 표현에는 보이지 않는 날카로운
비수가 살을 저미는 아픔이 스며있는 것이다. 그는 이렇게 소리없이 울고 있는
것이다. 울고 있는 자신을 뚜렷하게 여기서는 의식하고 있는 것이다. 울고 있는
자신을 보고 있는 또 하나의 자아, 이는 늠연(凜然)함조차 느껴지는 자의식의
발로라고 할 수 있겠다.

(4) 39항에서 작자는 정인지(鄭麟趾)와 그 당시의 실록편찬자들을 증오하고
있다.

> 이 때 군(郡)의 수리(首吏) 엄흥도(嚴興道)란 자가 가서 곡하고 관(棺)을
> 가지고 가서 염습(殮襲)했는데, 그 관은 곧 관노(官奴)가 만든 것으로 화재
> 가 무서워서 고을의 옥에 갖다 두었던 것을 갖다가 쓴 것이었다. 혹 다른
> 이론(異論)이 있을까 두려워하여 즉시 이 곳에 장사지낸 것이라 한다. 사기
> (史記)에, "노산이 물러가서 영월에 있다가 금성(錦城)이 패했단 말을 듣고
> 자진(自盡)했다" 하였으니 이것은 당시 여우같은 무리들이 권세에 아첨하
> 느라고 <지어서> 한 말이었다. 대개 후일에 실록(實錄)을 편찬하는 자들은
> 모두 당시에 아첨하던 자들이었고, 계병일록(癸丙日錄)도 자못 이같은 것이
> 많다. 혹은 말하기를, "노산의 묘(墓)는 충의(忠義)가 있는 무리들이 비밀히
> 법물(法物 : 시체)을 빼다가 옮겨 장사지낸 것이라" 하나, 역시 잘못 전하는
> 말이다. 다만 고을 사람들이 지금에 이르기까지 애통해 하고 제물을 차려
> 제사지내며, 심지어 길흉(吉凶)이나 화복(禍福)을 당해서도 모두 여기 나가
> 서 제사지내서, 비록 부녀라도 오히려 분명히 전해 내려온다. 정인지(鄭麟
> 趾) 같은 간사한 적신(賊臣)들에게 격동되어 우리 임금으로 하여금 마치지
> 못하게 했으니, 아마 옛날부터 충절(忠節)의 선비란 반드시 대대로 녹을 받
> 는 귀한 집안에서 나는 것은 아니로다.

(p.169, 20행~p.170, 9행)

거침없는 지적이요 뿌리를 당장에 뽑아내는 필치이다. "……모두 당시에 아
첨하던 자들이었고", "……간사한 적신(賊臣)들에게 격동되어"라는 표현에는
서슬퍼런 단죄(斷罪)가 스며있다. 역사적인 심판이다. '아유자(阿諛者)', '적신(賊
臣)'이라는 낙인에는 설명이 필요없는 직서(直敍)라고 하겠으니 이와 같은 서술
형은 주관의 단적인 표출이겠다.

(5) 41항에 이르러 비로소 '나'라는 표현이 보인다. 이는 1인칭 문체의 표현이
다. "나는 불행히 일찍 과거에 합격하여……", "내가 유종룡(柳從龍)에게 준 편
지가 있다", "나 같은 자는 신하가 되어", "나는 조공(趙公)과 더불어……" 등은
직접적인 '나'의 표출이다.

어느 항보다도 주체성이 짙게 풍겨난다.

그리고 여기에는 "스스로 보기에 부족하므로"와 "……어찌 완연한 추물(醜

物)이 아니겠는가"라는 표현이 있다. 이는 '부족한 나', '추물인 나'라는 뜻으로 강하게 자신을 비하하고 있는 것이다. 그러므로 해서 자아의 상(像)이 뚜렷이 떠오른다. '나'가 단적인 표현이라면 이 양자(兩者)는 구상적(具象的)인 표현이다. 회오(悔悟)의 정(情)을 머금었기에 보다 호소력이 강한 상징적인 '나'라고 할 수 있겠다.

(6) 서정시(抒情詩)가 가장 주관적인 작품이라면 산문(散文)에 있어서는 감탄이 그런 자리에 있는 것이 아닐까 한다. 자기도 모르게 어느 틈엔가 지르게 된 탄성(嘆聲) 같은 것 말이다.

       p.156, 3행~10행(이것은 6의 2)의 (1)항에 보인다.)

이것은 소능(昭陵)을 복장(復葬)할 때의 실상(實相)이다. 이때 가장 염려된 것은 50여 년만의 추복(追復)이기 때문에 시신(屍身)이 온전할까 하는 불안이었던 것 같다. 그러나 그 법물(法物)은 거의 온전한 상태로 남아있었다. 이것은 그리 흔한 일은 아닌 것이다. 여기에 나온 것이 "아, 어찌 하늘이 아니겠는가"라는 탄성이었다. 한 맺힌 시신이었기에 삭지 않고 그대로 남아 있었던 것이 아닌가 라는 것이 당시의 민심(民心)이라고 할 수 있겠다. 인륜상 도저히 있을 수 없는 일을 광묘조(光廟朝) 때 저질렀고 조정은 그대로 방치해 왔던 것이다. 이제 그 한이 풀리게 됐고 역사는 바로 잡히게 되었다. 이것을 맞이하려 그렇게 버텨왔던 것으로서 시신이 소실(消失)되었을까봐 조마조마해 하던 민심 그중에서도 작자의 불안했던 마음을 단숨에 털어 버린 것이 이 탄성이었다. 이는 실로 감격이고 경탄(驚嘆)이며 나아가 의(義)가 다시 살아난다는 쾌재의 염(念)도 들어있는 것으로 보인다. 이 탄성을 지름으로 해서 불의와 맞서 있는 작자의 모습은 보다 선명해졌다.

이상과 같이 공포·비판·회오·증오·슬픔·감탄에 젖은 자아(自我)를 보여준다. 뿐만 아니라 앞에서 절부찬(節婦讚)·부패한 사대부를 보고서의 분노·무사안일에 빠진 조정대신들에 대한 허망·직언지사(直言之事)에 대한 희열·반정지사(反正之事)에서 느끼는 의협·무이(無二)의 벗 조효직에 대한 의리·부실한 군인을 보고서의 탄식 등을 보여 주었다. 더욱이 자신을 성찰하는 노래에서는 그의 심적인 나상(裸像)이 드러난다. 이와 같이 그의 심정은 개인과 집단과 조정과 사회·나라를 위해서 파동치다가 끝내 자아성찰에서 멈춘다. 혹은 높게 낮게 때로는 깊게 얕게 앞에서 또는 뒤로 돌면서 그의 의식은 숨차게 달렸던 것이다. 이제 그의 기력(氣力)은 다한 것 같다. 이처럼 그는 온힘을 다해서 나라를 사랑했고 의롭게 살았으며 역량을 발휘하여 그 자국을 남겼다. 이렇게 이룩된 일기이기에 단순한 기록에 머물러지지 않는다. 그의 혼이 살아있기에 광채가 있고 생동감이 인다. 이와 같은 점에서 본 일기는 아름답고 값지며 나아가 문예성을 지닌다고 하겠다.

이제까지 보아온 기록성과 자조성은 본 일기의 성격적인 양면을 나타내는 것이지만, 그런 중에서도 한층 더 일기성(日記性)을 드러내는 이른바 당일성(當日性)과 즉실성(卽實性)을 볼 수 있었다고 하겠다.

10. 행적(行跡)

그가 겪은 후반생은 그야말로 만화경(萬華鏡) 속의 행로였다. 절조를 지키는 자와 지키지 못하는 자가 있고 공의(公議)를 쫓는 자와 독단적으로 처리하는 자도 있고 기강을 세우려는 자와 허무는 자도 보이고 바른 말 하는 자와 이를 방해하는 자 등이 나와 사회에 어두운 장막을 드리운다. 왜구는 교만하고 성품이 급해 지구력이 없어 보이고 우리 군사는 조정의 무관심으로 부랑화 됐다. 중종반정으로 재생의 기회를 얻어 환희와 찬양을 마지않으며 한때는 박원종(朴元宗)을 신인(神人)같이 우러른다. 반세기만에 추복(追復)되는 소능(昭陵)을 보고 역사의 바로잡힘으로 알아 흐뭇해하며 감격에 젖는다. 의기(義氣)에 굶주렸던 사회, 새삼스럽게 대인(大人)을 만나기 어려운 현실임을 절감하고 농사가 농희(農戲)를 구경하는 것만 못하다는 왕의 망발도 겪는다. 부끄러움을 아는 자보다는 모르는 자들이 더 기승을 부리고 그중의 아첨꾼들의 붓대는 끝내 일부 실록과 일록에 허위를 실어놓는다. 이를 들춰내지 않을 수 없는 그의 심정은 허탈하다. 그러나 시각을 자아로 돌려볼 때 부끄럽고 몸둘 바를 모른다.

중종반정으로 시작된 그의 후반생은 정중(廷中)의 음지와 양지를 다 돌면서

항심(恒心)을 지니지 못하는 일상을 겪는다. 일편단심으로 살아내야 하는 생인
데도 불구하고 여건과 환경에 맞추느라 임기응변으로 대처하지 않을 수 없었
던 변·불변의 생활을 돌이켜본다. 이것이 자신이 걸어온 발자취였음을 인정하
지 않을 수 없는 데에 새삼 얼굴이 붉어진다. 인생의 황혼길에 서서 비로소 진
솔한 자아의 모습을 드러내어 보인 것이다.

11. 결

자손들이 조공(趙公)과의 돈독한 그의 아비의 우정관계를 알아주기를 바라는
마음에서 그리고 의(義)는 언젠가는 드러난다는 소신에서 붓을 들었다고 생각
된다.

어떠한 선입감도 없는 기록이므로 창작적인 경향은 없다. 시간의 역류현상이
보이나 회상일 뿐 스토리 형성에는 이르지 않는다. 그래서 차서적(次序的)인 구
성과 단첩상(斷疊相)이라는 형상을 이룬다. 본 일기의 내용은 그의 후반생이 담
겨져 있으니

① 정중(廷中)의 생활상이 자세하게 기술되었으며

② 특히 조정의 문란상(紊亂相)이 짙이고

③ 불의와 맞서 나라를 근심하는 작자의 애틋한 심정이 돋보인다.

④ 나아가 은퇴 후의 달관한 심경은 인상적이었음을 보여준다고 하겠다.

이와 같은 내용이 당일성과 즉실성을 띄어 기록으로서의 면모를 세웠고 나
아가 자신의 심중을 남김없이 극명하게 조명함으로써 항심을 지니고 살기가
얼마나 어려운가를 보여주었다. 즉 변·불변의 원리가 뚜렷하게 드러난다. 이
것이 한 사대부 이자(李耔)가 걸어온 길이었다. 이와 같은 자조성(自照性)은 그
래서 기록 이상의 문예성을 지니는 것으로 보여진다.

자신의 신상이나 가문의 일보다는 조정이나 사회의 추세(趨勢)에 더 관심을
표명하고 심정을 솔직히 털어놓은 것으로, 이와 같은 일기를 당시에는 가승(家
乘)·가기(家記)라고 부른 것 같다.

Ⅱ. 亂中日記

1. 해설

이제부터 다루려고 하는 「난중일기」(亂中日記)는 이순신(李舜臣)의 해전(海戰)을 포함한 임진왜란(壬辰倭亂) 7년간에 걸친 군무일지(軍務日誌)다. 싸움터의 기록이기 때문에 진중생활(陣中生活)의 전모가 드러나는 것은 물론 국정(國政)·군정(軍政)·군사(軍事) 관계와 장졸(將卒)의 내왕(來往)과 보고(報告)·군기(軍紀)의 확립·부하의 상벌(賞罰)·서신왕래 등에서 전쟁분위기는 한껏 고조되어 있다. 어떤 긴급사태가 벌어지거나 전투 후에는 반드시 그 진상이 자세히 파악되고 그것을 처리한 과정·대비와 전망 그리고 간간이 소감(所感) 등이 진솔(眞率) 간략하게 표기된다. 장황(長遑)한 설명이나 묘사, 사정의 우여곡절 등은 보기 어려운 그야말로 사실로 하여금 말하게 한다는 기록정신이 일관하고 있다. 처음부터 일관된 주제나 통일된 구성을 염두에 둘 필요가 없는 사실성 위주의 실기(實記)다. 과장이나 강조, 분식(粉飾)이나 허구(虛構) 등은 전혀 나타나지 않는 진지(眞摯)한 집필이다. 위에 올릴 장계(狀啓)를 작성하였다가도 필요에 따라 이를 고쳐 쓰게 되면 그 수정(修正)한 사실까지도 기록하는 데서 그 진지함은 나타난다.

연월일의 명기(明記)는 물론 간지(干支)까지도 빠뜨리지 않았으며(마지막 10일간은 제외) 날씨의 변화 예측까지도 하고 있다. 이는 전투와도 관계되는 것이지만 둔전(屯田)을 경영하던 입장에서 볼 때 농사와도 밀접한 연관이 있었던 것이다. 1592년(宣祖 25년) 1월부터 1598년 11월 17일까지 7개년에 걸친 일기가 시간적인 역류현상은 거의 보이지 않고 차서적(次序的)으로 기록되어 있기 때문에 별다른 구상 없이 시간의 흐름에 따라서 자연적으로 구성은 이루어진 것이다.

1597년 8월 5일부터 10월 8일까지는 중복 기록되어 있다. 다시 손댄 것으로 보이나 여타부분은 그때그때 정리한 것으로 보인다.

조선조 정조(正祖) 때 이충무공 전서(全書)를 편찬하였다. 이때 공(公)의 친필 초고 7책 205장과 장계(狀啓) 등 그리고 최후 10일간의 일기가 실렸는 바 본래 이 초고에는 특별한 이름이 적혀있지 않았던 것을 전서(全書) 편찬과정에서 이

7년간의 해전 부분을 난중일기라 부른 것으로 보여진다. 그런데 다음과 같은
사항은 주목되는 부분이다.

　① 친필 초고와 전서(全書)에 수록되어 있는 그것과를 비교해 보면 상당한 차
　　이가 난다는 것.

　② 전서(全書)에 수록되어 있는 난중일기에는 실려 있는데 정작 공(公)의 친필
　　초고에는 그 부분이 보이지 않는다는 것, 예를 들면

　　　㉠ 임진년(壬辰年) 정월 초 1일부터 4월 22일까지의 부분

　　　㉡ 을미년(乙未年) 1년 동안의 부분

　　　㉢ 무술년(戊戌年) 10월 초 8일부터 12일까지의 부분들이다.

　이것은 전서(全書) 편찬 과정에서 생긴 일로 보여진다. 이 대목은 이은상(李殷
相)씨가 「난중일기 해설」(玄岩社 刊)에서 지적한 것이다. 여기서는 전쟁일기의 양
상을 살피는데 초점을 맞췄으며, 텍스트는 『현암신서 34』 「난중일기」를 취했다.

　이 논문에는 본문인용의 예가 2차, 심한 것은 3차까지도 있다. 이런 것은 그
내용이 지극히 정적(情的)이거나 이성적(理性的)인 경우이다. 싸움터의 일기인
데다 짧은 전투담이 대부분이고, 이런 경우는 드물기 때문에 여러 면에서 인용
되었기 때문이다.

2. 작자

　이순신은 서울에서 1545년(仁祖 元年)에 태어나 1598년(宣祖 31年)에 왜군과
고금도(古今島)에서 전투 중 유탄(流彈)에 맞아 전사한 명장. 자(字)는 여해(汝諧),
본관은 덕수(德水).

　1579년(선조 9년) 식년무과(式年武科)에 병과(丙科)로 급제, 미관말직(微官末
職)을 지내다가 1591년 유성룡(柳成龍)의 천거로 전라좌도 수군절도사(全羅左道
水軍節度使)에 승진, 좌수영(左水營 ; 麗水)에 부임하여 1년 동안을 두고 온갖 방
비에 주력하여 전쟁 하루 전인 임진년 4월 12일에 거북선을 완성했다. 다음날
임진왜란이 일어나자 옥포(玉浦)에서 적선 30여 척을 격파한 것을 필두로 사천
(泗川)·당포(唐浦)·한산도(閑山島)·안골포(安骨浦)·부산(釜山)·웅천(熊川)의

대승첩(大勝捷)이 모두 이 거북선의 위력의 과시였다. 삼도수군통제사(三道水軍統制使)가 되어 내원(來援)한 명(明)나라 수군을 맞이하여 장문포(長門浦)에서 다시 적의 수군을 격파, 남해안 일대의 적군을 소탕함은 물론 서해안으로 진출하려는 적을 막고 보급을 끊어 왜군 작전에 큰 타격을 주었다. 전쟁이 멈칫해지자 훈련강화 · 군비확충 · 난민구제 · 산업장려 등에 힘쓰다가 1597년 적이 재침할 때 원균(元筠)의 모함으로 서울로 압송되어 사형을 받게 되었으나 정탁(鄭琢)의 구원으로 다시 백의종군하다. 이순신을 모함한 원균은 자기가 통제사(統制使)가 되어 재침(再侵)한 왜군과 싸우다 참패하니 이것이 정유재란(丁酉再亂) 때이다. 다시 통제사가 된 이순신은 겨우 남아있는 13척의 함선과 빈약한 병력을 거느리고 우수영(右水營)에서 133척의 적과 대결 31척을 부수고 또 철수하는 적선 500여 척이 노량(露梁)에 집결하자 명나라 제독 진인(陳璘)의 수군과 연합, 적을 기습하여 혼전 중 전사하게 된다. 글에도 능하여 난중일기 외에 시조와 한시를 남기다. 1604년 宣武功臣 1등이 되고 풍덕부원군(豊德府院君)에 추봉(追封) 좌의정에 추증(追贈), 1613년(광해군 5년)에 영의정이 더해지다. 장지(葬地)는 아산(牙山)의 어라산(於羅山)이다.

3. 구성

여기에는 서문이나 결어 같은 것이 보이지 않는다. 따라서 집필의 동기나 목적 및 그 자세 등을 알아내기가 쉽지 않다. 스토리가 아니고 하루하루로 끝낸 일기이기 때문에 내용의 통일 같은 것은 볼 수 없고 주제의식 같은 것도 뚜렷하지 않을 뿐 아니라 가끔 나타나는 회상(回想)으로 인해서 생기는 시간의 역류 등도 문제가 되지 않는다. 그리고 클라이막스 같은 것이 보이지 않는 것은 본 일기가 하나의 작품으로 창작되지 않았음을 아울러 짐작케 하는 표증인 것 같다. 다만 그날 일어난 일들을 차례대로 그날 정리해서 끝냈다는 데서 완결된 하루가 차서적(次序的)으로 구성되었음을 알게 한다. 작자가 살아있었으면 본 일기는 계속되었을 것이다.

1598년 11월 17일로 끝난 것은 곧 그의 전사를 의미하는 것이며 본 일기가 창작이 아님을 다시 한번 나타내는 증거이기도 하다. 말하자면 의도적인 구성은 아니라는 것으로 보여진다는 것이다. 본 일기에는 또 한 몇 달씩 기록되지 않은 부분이 중간에 나타난다. 이것은 신병(身病)이나 전투 또는 입옥(入獄) 등 작자가 유고(有故)했을 경우로 짐작되어 7년간의 일기의 전모를 오롯이 대할 수 없는 아쉬움이 있다. 그러나 본 일기가 전쟁이라는 특수한 상황에서의 일록(日錄)이므로 크나큰 전원적(全圓的)인 분위기는 어느 정도 추정할 수가 있어 다행으로 생각이 된다.

　이상과 같이 본 일기는 전지(戰地)에서의 일상이 기술된 단순한 일록으로 볼 수 있어 그 짜임새는 특별한 배려(配慮)가 없는 차서적(次序的)인 구성이라고 할 수 있겠다.

4. 형태

　매일 매일의 일기는 지극히 간략하며 거의가 사무적인 기록으로 보여진다. 거기에는 전장의 하루가 정리되어 있으며 다음날로의 이월(移越) 같은 것은 없다. 말하자면 완결된 하루다. 따라서 이와 같이 깨끗이 정리된 하루의 생활을 하나의 사실로 볼 수 있다면 하루를 단위로 한 이런 일기의 형태는 객관적인 기사체(記事体) 같은 것으로 볼 수 있을 것 같다. 내용상으로 연결이 없기 때문에 형식상으로도 이어지지 않는다는 것으로서 곧 1회성 표상(表象)이다. 그런데 일기는 잘 알려진 바와 같이 1일이나 3일 또는 5일 정도의 짧은 기간으로서는 별반 큰 의미를 지니지 못하는 것이다. 장기간 계속되는 데서 일기는 가치를 발휘하는 것이다. 이것이 일기의 속성이며 운명이기도 한 것 같다. 따라서 일기는 끊어지면서 그런 것들이 다시 되놓여지는 형상을 지니게 된다. 그래서 본 일기는 7년간의 중첩(重疊)을 이루고 있다고 보여지는 것이다. 이처럼 기록을 위주로 하는 일기에서는 객관적인 사실이 전개가 아닌 독립된 내용을 가지고 따라서 다양한 형상으로 시간의 흐름을 따라 이어진다. 단위별로는 1회성 표상인 단상(斷相)이 일기문으로서는 단첩상(斷疊相)이 본 일기의 형태인 것 같다. 그러나 마감된 하루가 이어지는 데서 흐르는 심정마저 끊어지지는 않을 것이

다. 생활이 계속되는 한 거기에는 심혼(心魂)의 흐름이 있고 분위기도 조성되며
작자의 음영(陰影)마저 짚을 수 있는 것이고 우리는 쓰다만 이 난중일기에서 충
무공(忠武公)의 절규를 들을 수 있는 데서 더욱 그렇다고 하겠다.

5. 서술양상

본 일기는 왕성한 기록정신 하에서 기술되었기 때문에 묘사로 볼 수 있는 대
목은 손꼽을 정도이고 그 중에서도 문예물로 볼 수 있는 것은 극히 희소하다.
서술법을 들어보면 기록과 묘사로서 간지(干支)·월일·기후·실사보고 등으
로 정확을 기하는 의미의 서술투(敍述套)를 보인다. 서술유형으로는 약서(略敍)
와 상서(詳敍)와 서묘(敍描)와 촌묘(寸描) 및 음영(吟詠)으로 보이나 약서는 당연
히 생략된다.

1) 상서(詳敍)

거의가 체험을 별로 가꾸지 않은 채 서술한다. 여기서는 모당(母堂)의 부음(訃
音)에 접한 대목을 보기로 한다.

> (계유) 맑음. 일찍 아침을 먹고 어머님을 마중하려고 바닷가로 가는 길에
> 홍찰방(洪察訪) 집에 잠깐 들러 이야기하는 동안 울이 종 애수(愛壽)를 들여
> 보내 「아직 배 오는 소식이 없다」고 했다. 또 들으니, 황천상(黃天祥)이 술
> 병을 들고 흥백(興伯)의 집에 왔다 하므로 홍(洪)과 작별하고 흥백의 집에
> 이르렀더니, 조금 있다가 종 순화(順花)가 배에서 와서 어머님의 부고를 전
> 한다. 뛰쳐 나가 뛰며 궁그니 하늘의 해조차 캄캄하다. 곧 해암(蟹岩 : 아산
> 군 인주면 해암리)으로 달려가니 배가 벌써 와 있었다. 길에서 바라보는,
> 가슴이 미어지는 슬픔이야 이루 다 어찌 적으랴(뒷날 대강 적었다).
>
> (p.309, 2행~11행)

묘사로 볼 수 없을 정도로 직설적이다. 그런 중에서도 "……뛰며 궁그니",
"미어지는 가슴" 등 몇 구절 안 되는 표현이지만 직접묘사 이상으로 독자의 심
금을 울리는 것은 과상뇌지 않은 진솔함과 그의 딱한 처지가 뒷받침된 것이 아

닌가 한다. 「追錄草草」라는 기술이 있는 것으로 보아 당일은 경황이 없어 일기를 쓰지 못했던 것으로 보인다. 그래서 후일 추기(追記)한 것이겠는데 이와 같이 어느 정도 안정을 찾은 후의 기술인데도 불구하고 묘사다운 묘사가 보이지 않는 것은 요란을 피우지 않는 그의 성품의 탓이 아닌가 한다. 말하자면 이와 같은 단중(端重)한 필치는 그의 진솔한 심상(心象)의 반영일 것 같다. 따라서 서술의도가 있다면 기사성(記事性)이라 하겠고 서술효과라면 기사가 지니는 신빙성이겠다.

나아가 본 일기 내에서 상서(詳敍)의 서술양상을 분석해 보고자 한다. 그런데 서술유형은 서술대상에 따라 나뉘어질 것이다. 본 일기는 창작이 아니기 때문에 의도성은 충분하지 않으나 그 빈도로 보아 전개된 양상을 살피기로 하면 인물·서사의 묘사가 되겠다.

(1) 인물묘사

등장하는 인물로는 왕으로부터 조정의 요인(要人)·많은 장병·모당(母堂)·종들에 이르기까지 다양하지만 작자의 신경을 곤두세우는 일련의 사람들이 있었다. 전투에 여념이 없는 작자를 괴롭히는 사람이란 다름 아닌 떡 먹듯이 불의를 자행하는 소위 지도층의 인사들이었다. 요직에 있으면서 저지르는 조그마한 실수·사정(私情)·무관심·범법(犯法)·나쁜 관행(慣行) 등이 결과적으로는 국력의 낭비로 연결되어 말단에 이르러서는 적지 않은 영향을 끼치게 되었던 것이다. 작자는 전투를 거듭하면서 이와 같은 실정을 파악하게 된 것으로서 그중 두드러지는 인물로는 좌의정 김응남(金應男), 암행어사 유몽인(柳夢仁), 순변사(巡邊使) 이일(李鎰) 그리고 현장에서는 원균(元筠)이다. 여기서는 작자를 많이 괴롭힌 원균을 다루기로 한다. 작자는 여러 가지로 원균을 호칭하고 있다. 그런데 그 호칭이 시간이 흐름에 따라 존칭(尊稱)에서 비칭(卑稱)으로 옮겨간다. 이 호칭의 이동을 하나의 묘사로 보고자 한다.

처음에는 공적인 직함을 부르다가 평중(平仲)이라는 그의 자(字)를 붙여 부름으로써 존칭을 벗어나기 시작하여 원수사(元水使)라는 평칭(平稱)에 도달한다. 다시 하향(下向)하여 이름이 불리워지고 끝내 원공(元公)을 거쳐 성(姓)만 부르게 된다. 이는 평하칭(平下稱)이라 하겠고 나아가 비칭(卑稱)인 원흉(元凶)·흉인

호칭표(號稱表)

연도	호칭	사단(事端)
壬辰·宣祖 25	嶺南右水使·右水使 慶南右水使	정상적인 직함을 부른 것이다.
癸巳·宣祖 26	右水使 元平仲·元令公 元水使·그 대장	珍島 指揮船不救로 不信이 싹틈. 狀啓를 고약하게 꾸밈
甲午·宣祖 27	慶尙水伯	
乙未·宣祖 28	慶尙水使 元筠· 元公	이름이 처음 나타남. "申助防將來話 多傳元公之兇悖 可愕可愕"
丙申·宣祖 29	元凶 元	"……因聞元凶受杖四十……" "與元相見 向夜話"
丁酉·宣祖 30	兇人·兇公 統制使元	"……多言兇人所爲……" "……多言兇公之事……" "元師狀啓內 統制使元也 不懲進前……"

(兇人)·흉공(兇公)에 이른다. 통제사가 된 후에도 원(元)이라는 성(姓)만 달아 부름으로써 하대(下待)의 뜻이 포함된다. 이는 원균의 본성을 드러나게 하는 묘사의 기능을 다한 것이 되었다. 이와 같은 서술은 원균에 대한 인식의 전환을 보여주는 것으로서 이는 당시 일선 지휘관의 저질성(低質性)을 나타내고 나아가 중앙 조정에는 주석지신(柱石之臣)을 찾기 힘든 상황을 지적하는 결과가 되었다고 하겠다. 이처럼 원균을 가까이 할 수 없는 사람의 자리에 세움으로써 작자는 혐오(嫌惡)하는 정도를 지나 불의인(不義人)의 상징화를 이루어냈다고 할 수 있을 것 같다.

(2) 서사(敍事)

싸움터인지라 수시로 터지는 것이 전투이다. 전투는 역동적인 상황의 묘출(描出)을 가져온다. 한바탕 끝난 전투의 서술은 한 사태의 서사가 된다. 대소(大小)를 막론하고 전투는 승패가 가려진다. 따라서 연속적인 전개가 아니라 일회성으로 마무리된다. 그러나 일기이기 때문에 서사과정은 시간적인 순서를 따라 배열된다. 본 일기의 서사는 보고적(報告的)인 것과 일화적(逸話的)인 양자의 서술형태를 지닌다. 여기서는 이 양자의 중간쯤으로 생각되는 패퇴담(敗退談)을 보기로 한다.

　　저녁 때 영암 송진면(靈岩 松進面) 사는 사삿집 종 세남(世男)이 서생포
(西生浦 : 울산시 서생리)로부터 알몸으로 왔기에 그 까닭을 물으니, 「7월
초4일 전 병사의 우후가 타고 있던 배의 격군이 되어 초 5일에 칠친량(漆川
梁 : 통영군 장목면)에 이르러 자고 초6일 옥포(玉浦 : 거제군 이운면 옥포
리)로 들어갔다가 초7일 새벽에 말고지(末串)를 거쳐 다대포(多大浦 : 동래
군 사하면 다대리)에 이르러 왜선 8척이 정박하고 있음을 보고 여러 배들
이 바로 돌격했더니, 왜인은 남김없이 뭍으로 올라가고 빈 배만 걸려 있어
우리 수군들은 그것을 끌어내어 불지르고, 그 길로 부산 절영도(絶影島) 바
깥 바다로 향하다가 마침 적선 천여 척이 대마도로부터 건너오는데, 서로
싸우려 했더니 왜선은 흩어져 회피하므로 끝내 잡아 초멸할 수도 없었고,
세남이 탄 배와 다른 배 6척은 배를 제어하지 못하고 서생포 앞바다에까지
표류하여 뭍으로 오르려고 하자 거의 다 살육을 당하고 세남만은 혼자서
수풀 속으로 들어가 기어서 목숨을 살려 간신히 여기까지 왔다는 것이었
다. 듣고 나니 참으로 놀랄 일이다. 우리나라의 힘 미더운 것은 오직 수군
뿐인데, 수군이 이러하니 다시 더 바라볼 것이 없다. 거듭거듭 생각할수록
분한 가슴이 찢어지는 것만 같다. 또 선장 이엽(李曄)이 적에게 포박되었다
하니 더욱 통분하다. 손응남(孫應男)이 집에 돌아갔다.

(p.342, 8행~p.343, 5행)

　　칠천량(漆川梁) 전투의 일단으로 보이는 소(小) 전투를 겪은 구명도생사(救命
圖生事)라고 하겠다. 묘사다운 묘사를 보기 어렵고 사건의 구체성도 미약한 것
같으며 다소간 긴장감이 유발되지만 극적인 데까지는 이르지 못한다. 묘사답지
는 않으나 그에 해당되는 대목을 짚는다면 "…… 여러 배들이 바로 돌격했더
니……", "…… 서로 싸우려 했더니 ……", "뭍으로 오르려 하자 ……", "수풀 속
으로 들어가 기어서" 정도가 아닐까 한다. 이 사태는 「도전(挑戰)」, 「도전(挑戰)」,
「표류(漂流)」, 「도주(逃走)」의 네 가지 단락을 지닌다. 그러나 문식(文飾)은 물론
구성력이 발휘된 것 같지 않다. 그러나 주목되는 것은 우리 수군의 신뢰감의
추락을 뼈저리게 아파하는 것, 나아가 국면의 전환을 빠뜨리지 않고 진술한 것
으로 보아 기록으로 볼 때에는 비교적 자세하게 서술되었다고 하겠다. 여기서
도 서술의도를 짚는다면 기사성(記事性)에 있다 하겠고 나아가 사태의 전말을
파악하는 효과가 있었다 하겠다.

　　이상과 같은 서술유형을 가려본 것은 서묘에는 아직 미흡하기 그지없으나
문예성에 접근된 서술로서 그 가능성을 짚어본 것에 지나지 않는다.

2) 서묘(敍描)

여기에서는 일편단심의 발양(發揚)하는 과정, 그 승화상(昇化相)을 들고자 한다. 승화(昇化)라는 것은 창작적인 구의(構意)없이 그날 하루를 정리한 일기문이지만 거기에는 정서를 오롯이 향유하거나 부닥친 상황에 몰입되는 과정에서 사실성(寫實性)을 넘어서 문학적인 형상화에 한 걸음 들어섰다고 보여지는 것을 말한다. 말하자면 기록이라는 체험을 통하여 도출된 정서가 진솔한 경지를 맛보게 하는 분위기를 형성한 것이겠다.

　　(갑진) 맑음. 이른 아침에 특별 정찰부대가 보고하기를 「적선이 수효를 알 수 없도록 많이 명량(鳴梁)으로 해서 곧장 우리가 진치고 있는 곳을 향해 들어온다」고 하였다. 곧 여러 배에 명령하여 닻을 올려 바다로 나가니 적선 1백 30여 척이 우리 배들을 에워쌌다. 여러 장수들은 적은 군사로 많은 적을 대적하는 것이라 스스로 낙심하고 모두 회피할 꾀만 내는데 우수사 김억추가 탄 배는 벌써 2마장 밖에 나가 있었다. 나는 노를 바삐 저어 앞으로 돌진하며 지자(地字), 현자(玄字) 등 각종 총통을 마구 쏘니 탄환은 폭풍우같이 쏟아지고 군관들이 배 위에 총총히 들어서서 화살을 빗발처럼 쏘니 적의 무리가 감히 대들지 못하고 나왔다 물러갔다 하였다. 그러나 여러 겹으로 둘러싸여서 형세가 어찌될지 알 수 없어 온 배에 있는 사람들이 서로 돌아다보며 얼굴빛이 질렸다. 나는 조용히 타이르되, 「적선이 비록 많다 해도 우리 배를 바로 침범치 못할 것이니 조금도 마음을 동하지 말고 다시 힘을 다해서 적을 쏘아라」하고 여러 장수의 배들을 돌아보니 먼바다에 물러가 있는데, 배를 돌려 군령을 내리자 해도 적들이 더 대어들 것이라 나가도 돌아서도 못할 형편이 되었다. 호각을 불어 중군에게 군령을 내리는 기(旗)를 세우라고 하고, 또 초요기(招搖旗)를 세웠더니 중군장(中軍將) 미조항 첨사(彌助項 僉使) 김응함(金應諴)의 배가 차츰 내 배 가까이 왔으며, 거제 현령(巨濟 縣令) 안위(安衛)의 배가 그보다 먼저 왔다. 나는 배 위에 서서 친히 안위를 불러 「안위야, 군법에 죽고 싶으냐, 네가 군법에 죽고 싶으냐? 도망간다고 어디 가서 살 것이냐」하니 안위도 황급히 적선 속으로 돌입했다. 또 김응함을 불러 「너는 중군(中軍)으로서 멀리 피하고 대장을 구원하지 않으니 죄를 어찌 면할 것이냐? 당장 처형할 것이로되 적세가 급하므로 우선 공을 세우게 한다」하였다. 그래서 두 배가 적진을 향해 앞서 나가자 적장이 탄 배가 그 휘하의 배 2척에 지령하여 일시에 안위의 배에 개미 붙듯하여 서로 먼저 올라가려 하니 안위와 그 배에 탄 사람들이 죽을 힘을 나해서 혹은 모난 몽둥이로, 혹은 긴 장으로, 또 혹 수마석(水磨石) 덩

어리로 무수히 치고 막다가 배 위의 사람이 기진맥진하므로, 나는 뱃머리를 돌려 바로 쫓아 들어가서 빗발치듯 마구 쏘아댔다. 적선 3척이 거진 다 엎어지고 자빠졌을 때 녹도 만호(鹿島 萬戶) 송여종(宋汝悰)과 평산포 대장(平山浦 代將) 정응두(鄭應斗)의 배가 뒤쫓아와서 합력해 쏘아 죽여 적은 한 놈도 몸을 움직이지 못했다. 투항한 왜인 준사(俊沙)는 안골(安骨) 있는 적진으로부터 항복해 온 자인데, 내 배 위에 있다가 바다에 빠져 있는 적을 굽어보더니 그림 무늬 놓은 붉은 비단 옷을 입은 자가 바로 안골 있던 적장 마다시(馬多時 : 내도통총─來島通總인가?)라고 말했다. 내가 무상(無上: 물 긷는 군사) 김돌손(金乭孫)을 시켜 갈구리로 낚아 올린 즉 준사(俊沙)가 좋아 날뛰면서, 「그래 마다시다」하고 말하므로 곧 명령하여 토막토막 자르게 하니 적의 기운이 크게 꺾였다. 우리 배들은 적이 다시 범하지 못할 것을 알고 일제히 북을 울리고 함성을 지르면서 쫓아 들어가 지자(地字), 현자(玄字) 대포를 쏘니 그 소리가 산천을 뒤흔들었고, 화살을 빗발처럼 쏘아 적선 31척을 깨뜨리자 적선이 퇴각하고 다시는 우리 수군에 가까이 오지 못하였다. 싸움하던 바다에서 그대로 정박하고 싶었으나 물결도 몹시 험하고 바람도 역풍이라 형세 또한 위태롭고 외로워 당사도(唐笥島 : 무안군 암태면─岩泰面)로 옮겨가서 밤을 지냈다. 이번 일은 참으로 천행이었다.

(p.369, 8행~p.371, 14행)

정유년(1597) 9월 16일의 기술(記述)은 이렇게 응전상(應戰相)으로 가득 채워졌다. 숨가쁘게 적진 속을 휘젓고 다닌 지휘선의 활약이 돋보인다. 안위(安衛) · 김응함(金應諴)에게 작자가 직접 명령하는 대목 · 두려움을 떨쳐버린 장병들의 악전고투하는 대목 그 중에도 무기가 떨어지자 닥치는 대로 나무토막 · 쇠갈고리 · 돌멩이까지 들어 왜병을 내려치는 장면, 적장인 마다시(馬多時)의 시신을 확인하고 끌어올려 토막내는 상황 등 혈투(血鬪)하는 모습이 손에 잡힐 듯 파악되어 생동감마저 인다. "이번 일은 참으로 천행이었다(此實天幸)" 이것이 그의 마지막 한 마디이다. 이렇게 힘든 싸움이었고 실력 이상으로 싸워 이긴 것이다. 죽기로 싸워서 이겨낸 안도감이 서린 한 마디이다. 전투의 핵심이며 지휘관으로서 상황서술에 몰입되어 다시 한번 정서의 향유를 실감한다. 그날의 전투를 정리하는 기술이지만 이미 서묘(敍描)의 경지에 들어선 것으로 보여진다.

또 하나의 용례로 '말자(末子) 면(葂)의 전사 통지를 받고 통곡하는 대목'은 7. 전투속의 윤상(倫常) 항의 <5) 애(愛)>에 나와 있다.

3) 촌묘(寸描)

본 일기는 하루의 일을 그날로 정리한 일지(日誌)라고 보여진다. 그래서 당일성(當日性)이 남김없이 부각되어 있다. 따라서 표현이 짧고 순발적이며 단면성(斷面性)이 짙다. 촌묘(寸描)를 운위(云謂)하게 된 연유가 여기에 있다. 촌묘(寸描)의 대상(對象)은 명랑한 것보다는 싸움터인지라 슬프고 노엽고 어두운 것이 월등히 많다. 그 주된 것을 살펴보면 전투·사망·개인·부패·전쟁에 부대(附帶)된 사물 등으로 볼 수 있겠다. 이제 그 실상(實相)을 보기로 한다.

(1) 전투

수군(水軍)은 제 몫을 다해내고 있었지만, 육군(陸軍)은 계속 밀리고 있었다. 그래서 여러 고을이 계속 함락되는 소식에 접하고 작자는 안절부절 못한다. 즉,

> 聞來通入骨髓 不能描語.
> 이 소식이야말로 뼈 속들이 저려서 말을 못하겠다.

이는 속이 바작바작 타 들어가는 모습을 잡은 것이다. 이 묘사는 다음과 같은 기술 끝에 진술되었다.

> 남해가 또 와서 광양·순천이 벌써 결딴났다고 전하므로 광양(어영담)·순천(권준)과 송희립·김득룡·정사립들을 내어보냈고 이설은 어제 먼저 보냈다.
>
> (癸丑 7月 9日)

이 전투에 관한 기술을 보면, 이와 같이 패전의 경우에는 마음 아파하고 잠못 들어 하지만 승전의 경우에는 크게 자랑하거나 자만(自慢)하는 경우는 별로 볼 수가 없다. 수군의 경우 최대 격전이었던 우수영해전(右水營海戰)에서 불과 13척으로 133척이나 되는 적의 선단(船團)을 무찔러 31척을 격파하고 적장을 위시 무수한 적군을 도륙하여 도망치게 한 대승(大勝)을 거두었는데도 그가 남긴 한마디는 "참으로 천행(天幸)이었다"뿐인 데서도 그 신중함은 알려진다. 패전소식은 그의 삶을 에는 아픔이었다.

(2) 사망

전시(戰時)인지라 사망은 다반사로 여겨지게 되었지만, 그래도 인명(人命)이
낙엽처럼 스러져 가는데 대해서 허망을 느끼게 된다.

> 然何時事 若是其酷也.
> 어찌 세상 일이 이다지도 차가운고.

피난살이하던 아주머니의 사망이 다 세상사 뜻대로 되지 않는 답답한 마음
그 매정함을 잡은 것이다. 이 묘사는 다음과 같은 기술 끝에 진술되었다.

> 윤봉사에게서 관동 아주머니가 양주 천천으로 피난갔다가 거기서 세상
> 을 떠났다는 말을 듣고 울음이 터져나옴을 참지 못하였다.
>
> (癸丑 5月 16日)

하나 더 보기로 한다.

> 三年眼前便信者 一夕死去可慘慘.
> 3년이나 눈 앞에 두고 부리던 자라 하루 저녁에 죽어간 것이 참혹하구나.

서로 믿고 의지하며 살던 처지인데 단숨에 쓸어버린 그 매몰참에 인생무상
(人生無常)을 넘어 처절함에 말을 잃는다. 이 묘사는 다음과 같은 기술 끝에 진
술되었다.

> 밤 10시쯤 급창 금산과 그 처자 3명이 아울러 유행병으로 죽었다.
>
> (甲午 6月 5日)

전쟁으로 인해서 비전투원인 민간인들도 제 명대로 살지 못하고 애무하게
죽어가는 것에 대해 비탄에 젖는 것이다.

(3) 개인

이는 거의가 군인으로서 그 중에는 상관도 있고 동료도 있고 부하도 있다.
같은 군인간에도 보이지 않는 마음의 장벽이 있다. 작자에게는 많은 경쟁자가

있었던 것 같다. 그래서 언제나 긴장해 있어야 했다.

>若古忌功如是 何恨焉.
>예로부터 남의 공(功)을 시기하는 것이 이같은 것이니 무엇을 한탄하랴.

　분노보다는 연민의 정이 더 앞서는 듯하다. 이 묘사는 다음과 같은 기술 끝에
진술되었다.

>　원균(元筠)의 군관 전윤(田允)이 보러 왔다. 전(田)이 말하기를 수군을 지
>창으로 붙들어 왔다고 하며 원수(元帥)가 방해하려 한다고 했다.
>
>(甲午 1月 18日)

　이는 상관의 경우이다. 하나 더 보기로 한다.

>若有心膽 則必自處矣.
>만일 쓸개 있는 자라면 반드시 자결이라도 할 일이다.

　이는 왕(王)의 책망하는 유서(諭書)를 받은 경상우수사(慶尙右水使) 김응서(金
應瑞)를 두고 한 말이다. 긍지도 없고 비겁하지 않느냐라는 것이다. 배알 없는
동료를 그대로 보기가 민망했던 것이다. 이는 왕의 유서(諭書) 다음에 진술된
말이나 유서(諭書)는 길어서 생략한다.

　경쟁자로서의 대표격(代表格)은 말할 것도 없이 원균(元均)이다. 그래서 본 일
기에도 원균(元均)에 관한 기사가 가장 많이 나타난다. 원균(元均)은 작자를 누
르고 끝내 삼도통제사(三道統制使)에 올랐으나, 칠천량(漆川梁)전투에서 수군(水
軍)이 괴멸당하고 자신도 전사한다. 경쟁자를 많이 가졌던 작자는 그래서 더 피
곤했고 스트레스를 더 많이 받아야 했으며 전투에도 영향을 끼쳤던 것이다.

(4) 부패

　조정 사대부들의 부패는 지방 행정의 무력화(無力化)를 가져오지만, 특히 전
시에는 전쟁에까지 영향을 끼치곤 했다. 그래서 일선(一線) 지휘관으로서는 분
노하지 않을 수 없었던 것이다.

可謂朝廷有人乎.
이러고서야 조정에 사람이 있다고 하겠는가.

아침이슬 같은 국운(國運)인데 나라에는 주석지신(柱石之臣)이 없음을 한탄하던 작자였다. 통한의 마음을 잡은 것이다. 이 묘사는 다음과 같은 기술하에 진술된 것이다.

여러 장수들을 불러서 대책을 토의하였다. 우수사 김억추는 겨우 만호(萬戶)에나 맞을까 대장재목은 못되는 인물인데 좌의정 김응남이 서로 정다운 사이라고 해서 억지로 임명해 보냈다.
(丁酉Ⅱ 9月 8日)

분노를 넘어 통한하고 있는 것이다. 하나 더 보기로 한다.

此所謂一脈金錢返魂者也.
이야말로 돈만 있으면 죽은 사람의 넋을 찾아온다는 것인가.

나라의 구석구석이 썩지 않은 데가 없는 양상을 잡은 것이다. 이 묘사는 다음과 같은 기술 끝에 진술되었다.

과천좌수 안홍제들이 이상궁에게 말과 20살 짜리 계집종을 바치고 놓여 나갔다고 하였다. 안은 본시 죽을 죄도 아닌데, 여러 번 맞아 거의 죽게 되었다가 물건을 바치고서 석방되었다는 것이다. 안팎이 모두 바치는 물건의 다소로 죄의 경중을 결정한다니 이러다가는 결말이 어떻게 될지 모르겠다.
(丁酉Ⅰ 5月 21日)

부패란 어느 시대이건 창궐하는 것이라고 치부해 버릴 수도 있으나, 적군의 토족(土足)이 나라 안팎을 휘젓고 다니는 이 마당에 기강을 바로 잡기는커녕 앞장서서 무덤을 파고 있는 것이다.
국력(國力)의 소모(消耗)로밖에 보여지지 않는 이와 같은 사정(私情)과 부패가 적과 마주 서 있는 일선(一線) 지휘관의 눈에는 소름이 끼치는 일로밖에 보여지지 않았던 것이다.

(5) 부대사물(附帶事物)

전쟁을 치르는데는 많은 부수적(附隨的)인 일들이 생긴다. 군량(軍糧), 무기(武器), 공문우편(公文郵便), 민란(民亂), 명령(命令) 등 다양하다. 이를 살핌으로써 전황(戰況)이나 국내 사정이 파악된다. 적군의 진격으로 국내치안이 차츰 문란해졌다. 충청도에 대적(大賊)이 출현한 것이다.

> 外寇未滅 內賊如是 極可駭駭.
> 바깥 도둑을 못 없앤 이 때 안 도둑이 일어나니 참으로 가슴아프다.

외환(外患)에다 내우(內憂)가 겹친 것이다. 외적(外賊)을 막고 있는 군인으로서의 안타까운 마음을 잡은 것이다. 이 묘사는 다음과 같은 기술 끝에 진술되었다.

> 충청도 홍산에서 큰 도둑들이 일어나 홍산원인 윤영현이 붙잡히고 서천
> 군수 박진국도 끌려갔다고 한다.
> (丙申 7月 17日)

이것은 민정(民情)의 경우이다. 하나 더 보기로 하자.

> 宋漢連來言 捉魚貿軍糧云.
> 송한련이 와서 말하되 "고기를 잡아 군량을 산다"고 했다.

군(軍)의 내정(內情)과 간난(艱難)을 잡은 것이다. 군(軍)은 전투 이외에 농사도 짓고 고기도 잡아야 했다. 이는 다음과 같은 기술 다음에 진술되었다.

> 아침에 대청으로 나가 공무를 보았다. 거제·무안·평산포·회령포와
> 허정은도 왔다.
> (乙未 2月 19日)

이는 군량(軍糧)의 문제이다. 대비(對備)없는 힘겨운 전쟁이었음을 알게 한다. 을미(乙未)·병신년(丙申年)이면 임란발발(壬亂勃發) 4, 5년쯤 되는 시기이다. 농사를 짓지 못하여 생산이 끊겼으며, 따라서 경제는 파탄되었다 그 위에 언제

끝날지 모르는 전쟁이었다. 그래서 작자는 뜸 밑에 움크리고 앉아 괴로워하는 날이 늘어만 갔던 것이다.

이상에서 다섯 가지로 나누어 촌묘의 양상을 보았다. 「전투」에서 보여 준 노심초사(勞心焦思), 「사망」에서 보여준 허망(虛妄), 「개인」에서 보여준 한탄, 「부패」에서 보여준 공포, 「부대사물」에서 보여준 안타까움 등은 한 마디로 말해서 모두가 극한적이라고 할 수 있어 여유가 없다. 이런 묘사는 본일기(本日記)의 어두움을 부각시키는데 일조(一助)를 하고 있는 것으로 보여진다. 이와 같은 성향은 나라와 백성을 끔찍이 생각하고 아끼는 데서 나온 진정의 우러남이었음은 말할 것도 없겠다.

이제까지는 1일 단위로 서술을 짚어보았지만 다음에는 1일 단위가 전후해 있어서 하나의 분위기를 형성하고 고개를 끄덕이게 하는 경우를 보고자 한다.

> 12일　(병자) 맑음. 종일 노를 빨리 저어 밤 10시쯤에 어머님 앞에 이르렀다. 백발이 부수수한 채 나를 보고 놀라 일어나시는데, 기운이 흐려져 아침저녁을 보전하시기 어렵다. 눈물을 머금고 서로 붙들고 앉아 밤이 새도록 위로하여 그 마음을 풀어드렸다.
>
> 13일　(정축) 맑음. 모시고 옆에 앉아 아침 진지 상을 드리니 대단히 즐거워하시는 빛이었다. 늦게 하직 인사를 드리고 본영(여수)으로 돌아왔다. 오후 6시쯤에 작은 배를 타고 밤새 노를 재촉하였다.
>
> (p.292, 16행~22행)

이는 2일간의 기술이다. 이제까지와 같이 1일씩으로 나누지 않고 하나로 묶은 것은 그렇게 될 경우 뚜렷한 사건이 성립되는 것 같기 때문이다. 나아가 하나의 소품으로도 볼 수 있을 것 같다. 이제 이를 하나의 작품으로 본다면 먼저 모자(母子)간에 얽힌 정의 온기(溫氣)라는 주제를 잡을 수 있다. 이어서 시간의 흐름에 따라 진행된 이야기의 구성과 전쟁이라는 배경·소담한 필치·조금은 어설픈 분위기·싱싱한 소재 등등 그렇게 똑 떨어지는 것은 아니지만 성립요건은 갖춰질 듯하다. 따라서 양상은 구체적인 서술묘사 곧 서묘라고 짚는다. 그런데 이를 1일 단위의 원상(原狀)대로 놓고 볼 때는 사건이 성립되지 않아서 주제가 파악되지 않는다. 다만 앞부분에서는 송구스럽다는 단편적인 심정이, 뒷부분에서는 겨우 안심했다는 심정이 잡힐 뿐이다.

종일 노를 저어서 밤 늦게야 어머님 앞에 이르러 부스스한 채 놀라 일어
나시는 모습을 뵙고 안쓰러운 마음 가눌 길이 없었다. 기력이 흐려져 아침
저녁을 보존하시기 어려운 어머님을 밤이 이슥하도록 옆에 앉아 겹겹이 쌓
인 한(恨)을 풀어드렸다. 모시고 앉아 아침 진지상을 드리니 그렇게 즐거워
하시는 것을 보고 조금은 마음이 놓였다. 늦게 하직인사를 드리고 작은 배
에 올라 밤새 노를 저었다.

라는 이 장면은 심산궁곡에 핀 한 떨기 백합이 행인의 발걸음을 멈추게 하듯
살벌한 싸움터에 은은하게 풍겨나는 인생의 향기인 것 같다. 그래서 메마르고
삭막해진 심정들을 한 가닥 정화시키는 듯하다. 전쟁 중이어서 어머니를 모시
지 못하는 아들의 안타까운 심정이 바닥에 홍건히 고여있는 글이다. 여기에 작
자의 심정이 남김없이 드러난다. 곧 자조성(自照性)이다. 이 순(純)한 심정 곧 정
겨움에 독자들은 공감하는 것이다.

이 기술은 병신(丙申) 윤(閏) 8월 12, 13 양일간의 일기이다. 읽어내려 가다 우
연히 발견된 것이다. 1일 단위의 기술이 연속되어 있어서 소품(小品)의 기능을
발휘하는 경우로 봄직하다.

거의 비슷한 경우를 하나 더 보기로 한다.

11일   (경인) 흐리되 비는 오지 아니했다. 아침에 어머님을 뵈옵기 위해
배를 타고 바람을 따라 바로 고음내(告音川)에 대었다. 남의길, 윤
사행(尹士行), 조카 분(芬)과 함께 갔었다. 어머님께 가니 아직 주
무시고 계시어 일어나지 않으셨다. 웅성대는 바람에 놀라 깨셨는
데, 기운이 아주 가물가물해 앞이 얼마 남지 않으신 듯하니 다만
애닲은 눈물을 흘릴 뿐이다. 그러나 말씀하시는 데에 착오는 없
으셨다. 적을 토벌할 일이 급하여 오래 머무르지 못했다. 이날 밤
손수약(孫守約)의 아내가 죽었다는 기별을 받았다.
12일   (신묘) 맑음. 아침을 먹은 뒤에 어머님께 하직을 고하니, 「잘 가거
라, 나라의 치욕을 크게 씻어라」하고 두 번 세 번 타이르시며 조
금도 이별하는 것으로 탄식하지는 아니하셨다. 선창에 돌아와서
는 몸이 불편한 것 같아 바로 뒷방으로 들어갔다.
                                        (p.102, 18행~p.103, 7행)

이것은 갑오(甲午) 1월 11, 12 양일간의 일기이다. 2일분을 합치고 보면 '어머

니의 격려'라는 주제가 떠오르지만 이를 나누고 보면 앞부분에서는 '애달픔'이라는 심정의 단편이 그리고 뒷부분에서는 '든든한 마음'이라는 사념(思念)의 단편이 짚일 뿐이다.

「아침에 어머님을 뵈오려 배에 올라 바람을 따라 고음내에 대었다. 주무시다가 웅성대는 소리에 깨어나셨는데 기운이 아주 가물가물해 앞이 얼마 남지 않은 듯하여 눈물이 앞을 가렸다. 그러나 말씀하시는데 착오는 없으셨다. 아침을 먹은 뒤에 하직을 고하니 조금도 탄식하는 빛을 보이지 않으시고 "잘 가거라, 나라의 치욕을 크게 씻어라"라고 두 번 세 번 부탁하듯이 타이르시고 보내주셨다. 선창에 돌아와서는 몸이 불편해 뒷방으로 들어갔다」라는 이 장면에서 돋보이는 것이 있다. 곧 도착해서 뵈올 때는 민망한 마음이 앞섰지만 떠나올 때는 뜻밖에도 찬찬한 어조로 거듭 국욕(國辱)을 씻으라는 어머니의 늠연한 모습에 오히려 마음이 든든해져 고무된 느낌이라고 하겠다. 그래서 '어머니의 격려'라는 주제를 짚을 수 있으리라는 것이다. 용장(勇將)의 뒤에는 이와 같은 어머니가 계셨던 것이다. 80 노모(老母)였지만 조금도 슬픈 빛을 띠지 않고 아들의 등을 쓰다듬어 보냈던 것이니 어머니의 이 곧은 숨결이 그 아들의 혼(魂)불이 되어 대마도(對馬島)를 노려보며 적선(敵船)을 부숴댔고 천여 척이 넘는 적의 대선단(大船團)을 남해(南海)에 묶어놓아 한 척도 북상(北上)을 못하게 했던 것이다.

송구한 마음으로 왔다가 흐뭇한 가슴을 안고 가볍게 돌아서 가는 그의 걸음걸이가 독자에게도 한가지로 흐뭇하게 느껴지는 것은 과장하지 않고 있는 그대로를 남김없이 풀어낸 데 있지 않을까 한다. 진정을 담은 소박한 기술(記述), 그래서 이 양상은 서묘적(敍描的)이라고 할 수 있겠다. 따라서 이 양일간의 일기도 소품으로서의 기능을 하고 있는 것으로 보여진다고 하겠다.

이 두 가지 경우에서 다음과 같은 점이 지적될 수 있겠다.

① 정서와 사념의 단편들이 어울려서 하나의 온전한 심정이 될 수 있다는 것.

② 월(月)과 월이, 년(年)과 년이 이어져서 새로운 장면의 출현도 가능하리라는 것.

③ 이와 같은 경우는 우연한 결과라는 것.

이상과 같은 글을 이름하여 근모기(覲母記)라고 불러본다.

4) 음영(吟詠)

다음은 창작시 한 편을 보기로 한다. 이는 의식적으로 생각을 가다듬어 음영 (吟詠)의 경지에 든 것이다. 그에게는 이만한 역량이 있었던 것이다.

14일   (계미) 맑음. 늦게 나가 공무를 보았다. 우수사와 경상 수사가 함 께 와서 작별하는 술잔을 같이 나누고 밤이 깊어 헤어졌다. 선 수 사와 작별하며 준 시 절귀 한 절,

北去同勤苦   북쪽에 갔을 때도 같이 일하고
南來共死生   남에 와 죽고 삶을 같이 하더니
一杯今夜月   오늘 밤 이 달 아래 잔을 나누면
明日別離情   내일은 우리 서로 떠나겠구려.

(p.220, 16행~p.221, 2행)

이것은 마음먹고 지은 증시(贈詩)이다. 회자정리(會者定離)의 천리(天理)를 짚어 군직생활의 덧없는 정을 노래하고 있다. 북쪽에서 한때 같이 일했었고 헤어졌다가 여기 남쪽에서 다시 만나서 목숨을 걸고 같이 나라를 지킨 한 몸 같은 사이였는데 이제 또다시 헤어지게 되었으니 서운한 마음이 어찌 없을까마는 또다시 만날 수 있으리라는 막연한 기대가 음영화(陰影化) 되어있다. 회자정리가 인생의 행로이니 이것으로 위로를 받자는 뜻이겠다. 주제는 서운함, 양상은 음영적(吟詠的)이라고 하겠다. 일기의 끝에 붙여진 노래이다.

그리고 온 국민이 애송하는 한산도가(閑山島歌)는 본 일기에서는 보이지 않는다. 단지 을미(乙未) 8월 15일에 "……이날 밤 으스름 달빛이 다락을 비치는데 잠을 들지 못하고 시(詩)를 읊어 긴 밤을 새웠다(……是夜微月照樓 寢不能寐 嘯咏永夜)"와 병신(丙申) 5월 17일에 "다락에 기대어 혼자 읊조렸다(獨吟倚樓)"라는 기술이 보일 뿐이다.

이상에서 본 일기의 서술양상을 상서와 서묘 그리고 촌묘와 음영으로 보았다. 상서의 서술양상은 인물과 서사의 묘사로 압축되는 바 인물로는 불의를 상징하는 전형(典型)으로 원균을 들었고 특히 그 저질성을 짚었다. 서사로는 칠천량(漆川梁) 전투에 참여했던 세남(世男)의 구명도생(救命圖生)을 보았다. 본 일기에서 볼 때 기록물치고는 살이 많이 붙은 서술이다. 문예물의 경시까지는 아직

멀다 하겠으나 그 가능성을 짚어보았다. 서묘에서는 전투기와 근모기, 나아가 음영에서는 이별시를 보았는 바 어느 것이나 문예성을 지녔다고 하겠다. 촌묘는 노심초사·허망·한탄·공포·안타까움 등 전장의 어두운 분위기를 부각시키는데 한 몫을 하고 있다. 짧으나 문예성은 짙다. 그러나 작품에까지는 이르지 못한다. 그리고 일(日)과 일, 월(月)과 월, 년(年)과 년이 이어짐으로써 넓고 새로운 장면이 출현될 수 잇는 가능성을 보았다는 것이다.

그러면 이제까지 보아온 안목으로 본 일기에 나타난 문예물을 추리면 다음과 같이 될 것 같다.

① 贈 宣水使短詩　　　　乙未 9월 14일자 일기문(p.220)
② 末子葂의 戰死 통지를 받고 통곡　丁酉Ⅱ 10월 14일자 일기문(p.377)
③ 右水營海戰記　　　　丁酉Ⅱ 9월 16일자 일기문(p.369, 370, 371)
④ 觀母記 Ⅰ　　　　　　甲午 1월 11, 12일자 일기문(p.102, 103)
⑤ 觀母記 Ⅱ　　　　　　丙申 閏 8월 12, 13일자 일기문(p.292)

①은 단시(短詩)이거니와 ②③④⑤는 각기 하나의 소품으로 볼 수 있겠다는 것이다. 전술한 바와 같이 여기에는 하나의 사건이나 사태가 형성되어 작자의 처지와 심상이 구체적으로 짚였던 것이다. 그러나 여타의 기술에서는 그런 것이 파악되지 않는다. 본 일기는 전체가 1616항으로 그중 360개항에서 정서의 도출을 본다. 이처럼 360개에 가까운 정서가 노출되지만 후술(後述)하는 것처럼 그 표출이 적시적(摘示的)이고 단편적이어서 구체성을 결한다. 이는 기사(記事)라고 하는 막강한 기록성 때문에 정서가 주제성을 형성하지 못하고 사실 곧 소재(素材)의 장식에 그치고 만 느낌이다. 작자의 집필태도가 주관성을 견지하고 있음에도 불구하고 문예성은 성립되지 못한다. 그런 중에서도 ②③④⑤는 억센 기록성을 뚫고 올라선 정서의 꽃이라고 할 만하며 촌묘는 그런 분위기를 돋구어내었다.

작자는 일과를 정리한데 불과하지만 정서를 마음껏 향유했던 것이다. 문예물의 자연스런 출현으로 본 일기의 문학성의 일단이 엿보인다고 하겠다. 이런 서술을 소품체(小品体)로, ①은 노래체로 볼 수 있겠다.

6. 내용

임진왜란은 7년간에 걸쳤으므로 이를 연도별로 요약해 본다.

임진년(壬辰年) / 선조 25년 / 1592년

임진년초는 알뜰한 진중생활이다. 게으른 부하를 보면 걱정이 되고 부지런한 부하를 보면 기뻐하게 된다. 유성룡(柳成龍)이 보내준 병서(兵書)에 흥미를 느끼고 산화(山花) 구경 등 망중한의 일면도 보인다. 그런가 하면 안목이 어두운 순찰사(巡察使)의 거취를 한탄하기도 하고, 통역들의 경솔한 행동에 분노하게도 되고, 대마도주(對馬島主)의 편지에 간사함을 느낀다. 또한 장병들의 조련(操練)은 물론 이미 완성된 거북선의 시포(試砲)를 거듭한다. 그런 중에서도 어머니가 무고하시다니 다행으로 여긴다. 4월 15일 저녁 왜선출현의 통첩을 받고는 즉시 장계와 공문을 사방에 띄운다. 왜란의 발발(勃發)인 것이다. 5월 1일 출동, 일부 영장(營將)들 이탈 있으나 전장병(全將兵)이 분노하며 바다로 나가 진(陣)을 친다. 5월 29일 서천 앞 바다에서 접전, 적선 13척 대파(大破). 작자도 부상. 6월 2일 당포(唐浦) 앞 바다에서 접전, 30여 척 격파. 사기충천. 6월 7일 율포(栗浦) 앞 바다에서 접전 3척 전포 적수 36급(級) 드디어 바다에 적선 보이지 않게 된다. 그러나 육지의 부산진 동래·울산·양산 등이 함락되고 왜병의 거침없는 북진(北進)에 안타까움을 금치 못한다.

일기가 빠진 부분은 다음과 같다.

4월 23일~30일

5월 5일~28일

6월 11일~8월 23일

8월 29일~12월 30일

계사년(癸巳年) / 선조 26년 / 1593년

2월 18일 웅천포(熊川浦) 접전 적선 대파 동(仝) 22일 웅천 앞 바다 전투 적군 섬멸. 이때 진도(珍島) 지휘선(指揮船) 포위 당해 위급했으나 원균의 장병들 외면하고 구하지 않으니 이것이 원균과 틈이 생긴 시초인 듯하다. 3월 6일 웅천 앞 바다에서 접전, 적 다수 사살되고 나머지는 육지로 도망하다 임금님의 초라한 피난 소식에 서글픔 느끼고 명군(明軍)의 행패와 왜군의 분탕질에 통분한다. 왜선은 바다에서 왜병은 육지에서 서로 호응하며 기세 올리니 또한 분하기 그지없다. 그리고 각지에서 전사한 장수들의 명단 보고는 비통에 잠긴다. 각도(各道)의 군사는 5,000명도 안되고 군량도 바닥 났다는 소식에 맥이 빠지고 이억기의 수군장비가 너무 구식인데 놀란다. 또한 명장(明將) 이여송(李如松)이 문책 당했다니 나라가 걱정된다. 뜸밑에 앉아 고민하는 때가 많아진다. 도원수(都元師)와 순찰사들의 현지 실정 불찰(不察)에 허망함 느끼고 명(明)에 보낸 풍신수길(豊臣秀吉)의 글 읽고 분노에 젖는다. 꿈의 형적이 있어서 출진(出陣)을 지시하고 조총(鳥統) 제작(製作)하여 상부에 견본으로 보낸다.

새로 만든 배는 진수(進水)시키고 원균으로 인해 계속 고민한다. 어머니께 죄송한 마음 그지없고 아들의 병으로 민망스럽다.

일기가 빠진 부분은 다음과 같다.

1월 1일~30일

3월 23일~4월 30일

9월 16일~12월 31일

갑오년(甲午年) / 선조 27년 / 1594년

군량(軍糧)·군복(軍服) 등 부족한 가운데서도 1월 24일 300여의 적을 토벌했다는 소식 듣고 흐뭇함을 느낀다. 3월 4일 진해에서 6척, 장도(獐島)에서 2척, 소소강(召所江)에서 17척, 동(仝) 6일 당항포(唐項浦)에서 21척 등 도합 46척의 적선을 불태웠다. 9월 29일 장문포(場門浦)에서 2척을 화공(火攻) 적병은 뭍으로 도망치다. 이와 같은 해전에서 거북선의 활약은 눈부신 바 있다. 의병과의 합동작전에는 실망했으나 따로 조직한 수군의 유격대(遊擊隊)는 적잖은 성과를 올리고 있었다. 적선 100여 척이 일본을 떠나 부산으로 오고 있는데 명(明)의 도사부(都司府)에서는 전투 중지하라는 패문을 돌리고 있고 심유격(沈遊擊)은 강화(講和)하자는 왜놈의 꾀에 속아 오가는 것을 보고 또한 분통을 터뜨린다. 실정에 어두운 밀지·전술(戰術) 모르는 상관의 명령을 받을 때는 한숨이 절로 나오고 영의정과 병판(兵判) 그리고 원수(元師) 등의 분노 섞인 편지를 받고 보면 거의가 원균의 무고(誣告) 때문인 것을 알게 되어 탄식을 금하지 못한다. 악행을 덮어주고 칭양하는 장계를 올린 암행어사 유몽인(柳夢仁)은 나라를 생각하기보다는 앞가림에 급급한 간신에 불과하다고 생각한다.

보내온 군선(軍船)이 너무 적어서 전투가 여의치 않을 때, 서로 잡아먹는다는 민생문제에 부딪칠 때는 성루(城樓)에 올라 적금(笛琴) 소리를 들으며 답답한 마음을 가라앉힌다. 나라를 배반하는 호남방백(湖南方伯)들을 보면 불덩어리가 가슴을 치밀어 오르지만 한편 바다에 늘어선 우리 전선(戰船)을 볼라치면 한번 해볼 만하다는 마음으로 돌아서곤 한다. 더욱이 "나라의 욕을 크게 씻어라"라고 두 번 세 번 타이르시는 어머니의 말씀에 다부진 마음을 더하게 된다.

일기가 빠진 부분은 다음과 같다.

2월 23일~27일

11월 29일~12월 30일

을미년(乙未年) / 선조28년 / 1595년

소서행장(小西行長)이 일본으로부터 와서 화친(和親)을 결정했다는 공문(公文)이 원수(元師)에게서 오는가 하면 명사(明使)는 부산으로 향했다는 소식도 있다. 해상에서 왜선은 우리 배를 보면 피하여 우리는 행선(行船)이 자유롭다. 포로 17명, 부역자 230명, 배 22척도 돌아오고 적과의 접전은 없다. 그러나 일방(一方)에서는 적이 퇴거할 기미를 보이지 않는다는 정보이고 11월 2일 왜선 2척이 해북도(海北島)에 이르러 불을 지르고 달아났다는 보고가 있으며 부산에 설진(設陣)하기 위해 풍신수길이 일본을 떠났다는 소식도 있다. 이와 같은 정보의 혼란 속에 전선(前線)은 휘말려 있었지만 중앙에서는 적의 소굴을 치라는 유서(諭書)가 계속 내려오고 경상우사(慶尙右使)를 책망하는 유서(諭書)도 내려왔다. 암행어사는 오포구(五浦口) 시찰과 전선(戰船)을 점고하며 계속 독전(督戰)한다. 명인(明人) 중의 왕씨(王氏)들이 기병(起兵) 했다는 소식에 기특함 느끼고 화친을 마음대로 주창한 김응서(金應瑞)의 이름이 대간(台諫)들의 입에 오르내린다고 한다. 이런 와중에 무공훈장을 받아 송구하기 그지없다. 그런데 군인들에게 식량을 적게 준다고 무고 당하니 참으로 놀랍다. 이처럼 전투가 소강상태이다 보니 자연 영내에서는 생일잔치가 벌어지고 금적(琴笛) 소리 울려나고 군사들에게 말미를 주게도 된다.

송별연에서 증시(贈詩)도 하게 되고 노모 생각에 잠 못 이룰 때가 많다. 분위기가 해이해졌음인가 전선에 불이나 적잖은 피해를 보았으며 충청수사(忠淸水使)의 배에서도 발화(發火)되어 수사(水使)가 익사하고 격군(格軍) 140명이 소사(燒死)하다니 놀랍다. 사태가 이럴수록 진중의 규율은 엄연해야 했다. 모병(募兵) 불이행(不履行)·전선 불제작(不製作)한 영장(營將)들 처벌하고 수색대와 정보망을 계속 가동하며 야간기습에도 대비한다. 둔전(屯田) 경영은 물론 장병훈련을 철저히 하고 전선의 손질과 막사신축(幕舍新築)·조선독려(造船督勵)·군량준비(軍糧準備)로 어획고(漁獲高)를 올린다. 말썽 부리는 항왜(降倭)는 처형하고 군령(軍令) 어긴 자는 처벌하며 음식은 장병이 같이 나눈다. 그래서 절량(絶糧)에도 무계책(無計策)이라는 소리가 나오지 않게 한다.

일기가 빠진 부분은 다음과 같다.

12월 21일~30일

병신년(丙申年) / 선조 29년 / 1596년

항왜(降倭)들의 반역행위가 증가하는 추세이고, 왜선 출현이 빈번하여 경계를 강화하고 혹 나포 추방한다. 풍신수길의 사망소식 있으며 수상한 항왜(降倭)는 처형하다. 청정(淸正)이 돌아왔다는 소식과 군량 500석이 준비 완료되었다는 보고 받고 정보망은 계속 가동시키며 일방 목수(木手)에게 조선술(造船術)을 교육한다. 체찰사(體察使)와 나누어 전선(前線) 시찰한 결과 쑥대밭 된 곳 많았으며 부역면제(賦役免除)가 필요했다. 순찰 계속하며 민폐의 근절을 다짐하고 선병사(宣兵使)의 병 위중함이 걱정된다. 삼도장수(三道將師)들을 위한 잔치에서 여인의 가야금 소리를 듣는다. 음주와 수렵과 씨름과 잔치, 놀이가 빈번해지고 이에 비례하여 처벌도 빈번하며 원균도 곤장 맞았고 창고, 우수사 사무처, 전선(戰船)에 불이 나서 애석하기 그지없다. 충청도에 큰 도적이 일어나 홍주(鴻州) 등 세 고을이 포위되고 홍산(鴻山)원이 붙잡히고 서천(舒川) 군수가 끌려갔다고 한다. 외도(外盜) 극성인데 내도(內盜) 창궐하니 비통하기 그지없으며 이어 전라감사 파면(罷免) 소식을 접하다. 잠시 우리 역사책 읽어보고 개탄불금(慨嘆不禁) 온갖 정회(情懷)로 밤새 읊조리다. 둔전(屯田)의 경영상태(經營狀態) 보고는 체찰사 희색(喜色)이 만면하다. 난중(亂中)에 현장에서 초시(初試) 시행(施行)하였고 영장(營將)과 아들들에게 치사훈련(馳射訓練) 시켰으며 본영(本營)에서 모(母)의 수연(壽宴) 베푸니 참으로 다행이다.

일기가 빠진 부분은 다음과 같다.

12월 21일~30일

졍유년(丁酉年) Ⅰ~Ⅱ / 선조 30년 / 1597년

옥문 나서니 남행(南行) 재촉 받다. 고향에 이르러 울적한 마음으로 사당(祠堂)에 울며 절하다. 모부음(母訃音)에 접하고 미어지는 슬픔을 가누지 못한다. 빈소(殯所)에 종일 곡하고 남행길 오르니 나 같은 신세(身勢) 또 있을까 싶지 않다. 만나는 사람마다 조문 당하고 이어 중구여일(衆口如一)로 원균의 흉행(兇行) 말하다. 뇌물의 다과(多寡)로 죄과(罪過) 결정되다니 또한 한심하다. 적의 공세 시작 곧 정유재란(丁酉再亂)이다. 화친(和親)으로 분주했던 명(明)의 심유격(沈遊擊)이 체포되어 가니 결국 왜의 꾀에 속은 것이다. 전선(戰線) 시찰 나서 계속 민폐(民弊) 단속하다. 원수(元師)는 중앙과 줄을 대고 있는 원균 지휘를 포기한다고 하다. 7월 16일 칠천량(漆川梁) 접전에서 우리 수군(원균 인솔) 대타격 입다. 작자(作者)는 겸삼도통제사(兼三道統制使) 되어 괴멸(壞滅)된 수군 수습(收拾)하니 겨우 13척이었다. 8월 28일 덤벼드는 적선 8척 맞받아 치니 도망하다. 9월 7일 어란(於蘭) 앞바다서 접전 적선(敵船) 도망하다. 동(仝) 16일 우수영에서 133척의 대선단(大船団)과 접전 31척 대파, 적장사살(敵將射殺) 적 후퇴의 성과 거두다. 면(葂)의 전사 통지에 이어서 아산(牙山)집이 적의 분탕질로 잿더미 됐다는 소식 받는다. 군공마련기(軍功磨練記) 보고 모두 승진의 기쁨 맛본다. 명군(明軍) 수로(水路)로 온다는 소식과 더불어 도원수유지(都元師有旨)로 감개가 무량하다. 당시 백성들의 여론을 보면 ① "원균의 살점이라도 뜯어먹고 싶을 정도로 밉다", ② "병사(兵使)의 하는 짓 보면 패망이 뻔하다"는 두 가지로 요약되는 것으로 보인다. 목불인견(目不忍見)의 피난민 물결을 잊을 수 없으며 유공장수(有功將師)들 시상하고 군량 900석 준비되었다는 보고 오다. 종사관(從事官) 황여일(黃汝一)은 임진년 토적사(討敵事)를 감명깊게 이야기한다. 모(母) 영연(靈筵) 안녕하시다니 다행이다.

일기가 빠진 부분은 다음과 같다.

1월 1일~3월 30일

무술년(戊戌年) / 선조31년 / 1598년

9월 20일 유도(柚島) 접전 명(明)의 수륙군(水陸軍)과 우리의 수륙군이 합동으로 진격하니 적의 기세 꺾이다. 우리 육군은 병기부실(兵器不實)로 공격이 여의치 않다. 명(明) 수군(水軍)의 전선(戰船) 100여 척 보강하다. 10월 2일 우리 수군 앞장서서 공격하여 적 대량살상하다. 10월 3일 야간전투에 맹위 떨친 명 수군도 20여 척이 파손되다. 10월 4일도 종일 접전 적선(敵船) 도주하고 만다. 그런데 유제독(柳提督)은 달아날 기세였다. 11월 9일 적의 퇴로(退路) 끊기 위해 명 수군과 좌수영 앞바다에 포진하였고, 동(仝) 13일 장도(獐島)에 나타난 왜선 1척 한산도 앞까지 추격하니 배 버리고 육지로 도망 선박과 군량 노획하다. 왜장(倭將) 명군(明軍) 쪽으로 왕래하며 화친교섭(和親交涉) 하다.

본 일기는 11월 17일로 끝나고 있다.

일기가 빠진 부분은 다음과 같다.

1월 5일~9월 14일

10월 13일~11월 7일

이제까지 임진년·계사년·갑오년·을미년·병자년·정유년·무술년 등 7년간에 걸쳐 기술(記述)된 전투상(戰鬪相)을 보았다. 임진년 초는 안온(安穩)한 영중생활(營中生活)이었다. 그런데 4월 15일 왜선의 출현으로 국방의 허를 찔린다. 서둘러 전선(戰船)에 올라 5월 29일 사천(泗川), 6월 2일 당포(唐浦), 6월 5일 당항포(唐項浦), 6월 7일 율포(栗浦) 등 4차에 걸친 해전에서 대승(大勝)을 거둔다. 그러나 육지에서는 부산진을 위시하여 대읍(大邑)들이 계속 함락되었다. 뜻밖에 급습을 당했으나 수군은 선전(善戰)했고 육군은 그렇지 못한 안타까운 임진년이었다.

계사년은 전투로 밝는다. 2월 18일·동(仝) 22일·3월 6일 세 차례에 걸쳐 웅천포(熊川浦)에서는 접전이 벌어져 대승(大勝)을 거두지만 쫓긴 왜군은 뭍으로 올라 기세를 올린다. 육군은 계속 밀리고 왜군의 분탕질은 심한데 응원 온 명군(明軍)은 머뭇거리기만 하고 행패(行悖)가 심하여 명장(明將) 이여송(李如松)이

문책되니 걱정이다. 각도(各道)의 군사는 5,000명도 안되고 군량이 바닥났으며 도착하는 수군의 장비들은 너무 구식이다. 임금님의 피란 소식에 서글픔 느끼고 전사자 명단을 보면 비통하기 그지없으며 현지실정에 어두운 도원수·순찰사 등을 대할 때는 안타깝다. 그리고 원균 때문에 신경 쓰이고 노모가 걱정이다. 수군은 그런 대로 적군과 맞서 나가지만 육군은 명군(明軍)과 더불어 무력(無力)했다. 조정은 전시체제(戰時體制)로의 전환이 쉽지 않은 모양이라 하겠으니 버거운 전쟁에 휘말린 계사년이었다.

갑오년은 연초에도 싸움은 이어진다. 1월 24일 300여의 적을 토벌했다는 소식, 그리고 3월 4일 진해에서, 장도(獐島)에서, 소소강(召所江)에서 동(仝) 6일 당항포에서 9월 29일 장문포(場門浦)에서 도합 48척의 적선을 격파했다. 의병과의 합동작전에는 실망했으나 수군의 유격대는 성과를 올렸다. 적선 100여 척이 부산으로 진격해오고 있는데 명(明)의 도사부(都司府)에서는 전투중지의 패문(牌文)을 돌리고 있으니 분통이 터지고 실정에 어두운 밀지(密旨)나 전술 모르는 상관의 명을 받을 때는 한심하다. 원균의 무고(誣告)·암행어사의 속임수·나라를 배반하는 방백(方伯)들 볼 때 불덩어리가 치밀어 오르지만 금적(琴笛) 소리로 마음을 달랜다. 더욱이 나라의 욕을 크게 씻으라는 어머니의 격려이시다. 밖으로는 왜적과 싸워야 했고 안으로는 혼란과 불의와 불신을 맞이해야 하는 갑오년이었다.

을미년은 화친설(和親說)로 해가 뜬다. 명사(明使)가 부산으로 향했고 포로와 부역자, 그리고 32척의 배가 돌아오고 왜선은 우리 배를 피하고 접전은 없다. 이런 상황은 한쪽으로 왜적이 물러갈 기미를 보이지 않으며 11월 2일에는 해북도(海北島) 가까이서 불을 질렀다는 정보는 가리워진 채 정전(停戰)의 분위기가 형성된다. 더욱이 화친이 결정되었다는 원수(元師)의 공문 때문이었는지 영내(營內)에서는 생일잔치에 요란한 금적성(琴笛聲) 그리고 군사들에게 말미가 주어진다. 이런 분위기가 군기의 해이를 불러온 듯 전선(戰船)에 불이 나고 격군(格軍)이 소사(燒死)하고 충청수사(忠淸水使)는 익사하고 있다. 그러나 조정의 태도는 엄연했다. 적의 소굴을 치라는 유서를 내려보내고 암행어사로 하여금 전선병기(戰船兵器)를 점고(点考)케 하고 독전(督戰)을 거듭한다. 작자도 화친이 속임수임을 일찍이 간파하고 군령을 엄히 하고 조련(操練)을 계속하며 전쟁의 대비를 천

저히 한다. 화친으로 들뜬 전선(前線)의 분위기를 다잡는 을미년이었다.

병신년에는 화친설의 기세는 꺾이고 명사(明使)들에게서는 내분이 있는 것 같다. 전쟁이 소강상태에 든지라 영내에서는 음주와 수렵과 씨름과 잔치·놀이가 빈번해졌으며 따라서 처벌도 잦아지다. 쑥대밭이 된 여러 고을·각지에 발호(跋扈)하는 도적떼 그야말로 외도(外盜) 극성인데 내도(內盜) 창궐하니 비통하다. 그러나 조정의 격퇴의지와 일선의 대비태세는 한결같고 모처럼 어머니의 수연(壽宴) 베풀다. 화친설은 꼬리를 내렸으나 안팎으로 이중고를 겪는 나라의 실정이 그대로 드러난 병신년이었다.

정유년은 다난한 해이다. 4월에 옥문을 나서 백의종군한다. 고향에 이르니 이어 어머니의 부음에 접한다. 장례도 치르지 못하고 남행(南行)하다. 원균의 흉행(兇行)과 뇌물시비는 여전하다. 적은 다시 공격해 오고 심유격(沈遊擊)은 체포되어 가다. 7월 16일 우리 수군(원균 인솔)은 칠천량 접전에서 대타격을 입고 원균은 전사(戰死)한다. 작자는 겸(兼) 삼도통제사 되었고, 13척의 전선(戰船)을 수습하여 8월 28일 덤벼드는 적선 맞받아치고 9월 7일 어란(於蘭) 앞 바다에서 동(仝) 16일 우수영에서 대승(大勝)을 거둔다. 면(葂)의 전사, 아산집 적의 분탕질로 잿더미 된 소식 오다. 명군(明軍) 온다는 소식과 군공마련기(軍功磨練記) 보고 기뻐하다. 옥살이와 어머니의 타계, 우리 수군의 괴멸과 원균의 전사, 위세당당한 적과의 버거운 대전(對戰), 아들의 전사(戰死)와 고향집의 소진(燒盡) 등 그야말로 알몸으로 대적(大敵)을 막아서는 정유년이었다.

무술년으로 전투는 이어졌다. 9월 20일 유도(柚島) 접전·명(明)의 수륙군과 합동작전으로 기세 오르다. 10월 2, 3, 4일 계속 주야로 싸워 대승(大勝)하다. 단 육군은 밀리다. 11월 9, 13, 17일 적선 추격했으나 모두 도주하다. 왜장 명군과 화친교섭하다. 명군과 합동작전으로 유리했으나 화친이 진행된 무술년이었다.

임진년은 뜻밖의 급습을 당해서 수군은 선전했으나 육군은 그렇지 못했고 계사년은 전시체제로의 전환이 쉽지 않아 버거운 전쟁에 휘말리게 되었고 갑오년은 밖으로는 왜적과 싸워야 했고 안으로는 혼란과 불의, 그리고 불신을 막아야 했다.

을미년은 화친으로 들뜬 분위기를 다잡기에 바빴고, 병신년은 외적(外敵)과 내도(內盜)에 시달리는 나라의 고충(苦衷)이 드러난 해였다.

정유년은 알몸으로 대적(大敵)을 막아섰어야 했고, 무술년은 명군(明軍)과의 합동으로 전세 유리했으나 화친교섭이 진행되었다.

이상에서 볼 때 국가의 입장에서는 외적(外敵)과 내적(內賊)에 시달린 것이 곧 임진왜란이라고 할 수 있겠으나, 작자의 입장에서는 하나의 심우(心憂)가 더 있었다 하겠다. 즉 주적(主敵)으로는 말할 것도 없이 왜적이 되겠으며 이만 못지 않은 비중을 가진 종적(從敵)이 있었다고 하겠으니 곧 사회의 부조리, 말하자면 불의와 불신 등이었다. 그리고 마음에 부담이 된 노모와 병약한 아내와 아들의 전사였다. 작자는 주적(主敵)과 종적(從敵)과 싸워야 했고 심우(心憂)라는 부담을 짊어져야 했다.

7. 전투 속의 윤상(倫常)

본 일기는 싸움터의 하루하루가 정리된 기록이다. 전쟁 분위기가 생생하고 전투의 실상이 역력하며 군인정신과 그 기강이 서릿발같다. 작자는 싸웠다. 싸우다 부상을 당하고 그리고도 싸우다가 끝내 몸을 바쳤다. 그런데 싸움의 대상은 왜적만이 아니었던 것으로 보인다. 나라 안에도 있었고 마음속에도 있었다. 힘겨웠던 싸움의 내막을 알기 위해 그가 실천한 덕목을 추려본다. 곧 충(忠)과 의(義)와 신(信)은 당면한 적을 향한 것이었고 효(孝)와 애(愛)는 그가 넘어야 할 힘든 고비였다.

1) 충(忠)

그는 나라를 위해 왜적과 맞서 싸웠다. 왜적은 당면한 최대의 적이었고 이 싸움은 국운이 걸려 있었다. 자신의 목숨을 바쳤음은 물론 어머니의 죽음을 몰아오고 막내아들의 목숨까지 앗아간 싸움이었다. 이제 그 싸움에 임하는 모습을 보기로 한다.

18일 (정미) 아침엔 흐렸다. 이른 아침 동헌에 나가 공무 보았다. 순찰
   사의 공문이 왔는데 「발포권관(鉢浦權管)은 이미 파직되어 갔으

니 가장(假將 : 임시 대리)을 곧 정해 보내라」했기로 나대용(羅大用 : 공의 군관)을 그날로 정해 보냈다. 오후 2시께 영남 우수사의 공문이 왔는데, 「동래(東萊)도 함락되었고 양산(梁山 : 조영규－趙英珪), 울산(蔚山 : 이언함－李彦諴)의 두 원도 조방장(助防將)으로서 입성했다가 모두 패했다」고 하였다. 통분함을 이루 다 말할 수 없었다. 병사(兵使 : 경상 좌병사 이각－李珏)와 수사(水使 : 경상 수사 박홍－朴泓)들이 군사를 이끌고 동래 뒤쪽까지 이르렀다가 그만 즉시 회군했다고 하니 더욱더 원통했다. 저녁에 순천(順天) 군사 거느린 병방(兵房)이 석보창(石堡倉 : 여천군 쌍봉면 봉계리 석창)에 머무르고 있으면서 군사들을 거느리고 오지 않으므로 잡아다 가뒀다.

(p.32, 5행～17행)

그의 통분하는 모습이다. 제대로 싸워보지도 못하고 여러 성(城)이 함락되고 싸움에서 밀리고 아까운 인재가 죽고 뜻밖의 패퇴에 분통을 터뜨린다. 견고한 방비도 없는 데다 기습을 당한 조선 군대는 일방적으로 밀리기만 한다. 4월 16일 오후 10시께 "크나큰 부산진이 벌써 함락되었다"는 경남우수사(慶南右水使)의 공문을 받고 원통함을 이기지 못한 지 이틀만의 일이다. 동래, 울산, 양산이라면 동해안에서 내륙으로 치닫기 시작하는 대목이다. 병사(兵使)와 수사(水使)가 거느린 군사가 동래 뒤쪽에까지 이르렀다가 회군(回軍)했다 했으니 몹시 아쉽고 분하기 그지없는 것이다. 양산(梁山)으로 들어오기 전에 일대 접전을 벌여서 막지 못한 것이 아쉬운 것이다. 본 일기에서 보아 초전(初戰)임에도 제대로 겨루어 보지 못한 패퇴(敗退)에 대해서 통분(痛憤)을 느끼는 것은 이 대목에서 처음으로 나타나는 것 같다.

초9일 (신유) 맑음. 남해가 또 와서 광양, 순천이 벌써 결단났다고 전하므로, 광양(이영담), 순천(권준)과 송희립(宋希立), 김득룡(金得龍), 정사립(鄭思立)들을 내어 보냈고 이설(李渫)은 어제 먼저 보냈다. 이 소식이야말로 뼈속들이 저려서 말을 못하겠다. 우수사와 경상 수사와 함께 일을 의논하였다. 이날 밤, 바다에 달은 밝고 티끌 하나 일지 않아 물과 하늘이 한 빛인 속에 서늘한 바람이 불어오는데 홀로 뱃전에 앉았으니 온갖 근심이 가슴을 치민다. 밤중 새로 1시쯤에 본영 탐후선(探候船)이 들어와서 적의 소식을 전하는데, 그것은 「왜적들이 아니고, 영남 피난민들이 왜적처럼 차리고

광양으로 들어가 여염집들을 분탕하는 것이었다」고 하니 우선
다행한 생각을 이길 길 없다. 진주 소문도 역시 빈말이라고 한다.
그러나 진주 일은 그럴 리가 만무하다. 닭이 벌써 울었다.

(p.82, 14행~p.83, 3행)

패퇴했다는 소식은 그의 골수(骨髓)를 찌르고 있다. 얼마나 아파하는지 짐작
되고도 남는다. 싸움의 일선에 선 지휘관으로서 쑥대밭으로 화(化)해 가는 국토
를 보며 치를 떨지 않을 수 없는 것이다. 그래도 진주성(晋州城)에만은 기대를
버리지 않고 있는 모습이다.

25일　(갑신) 맑음. 다시 명령하여 무씨를 뿌리게 했다. 아침 식전에 황
　　　종사관(여일)이 보러 와서 수전(水戰)에 대한 일을 많이 말하였다.
　　　또 원수가 오늘내일 진중으로 돌아올 것이라고 하였다. 군사 문
　　　제를 토론하다가 늦게야 돌아갔다. 저녁에 종 경이 한산서 돌아
　　　왔는데, 보성 군수 안홍국(安弘國)이 탄환에 맞아 죽었다는 소식
　　　을 듣고 놀라 슬픔을 이기지 못했다. 적 한 놈도 잡지 못하고 먼
　　　저 두 장수를 잃어버리니 통탄함을 어찌 말하랴. 거제(巨濟)가 사
　　　람을 시켜 미역을 실어 보냈다.

(p.333, 21행~p.334, 5행)

한 사람이라도 아쉬운 터인데 두 장수를 잃은 아픔을 보인다. "적 한 놈도
잡지 못하고"에 충천(衝天)하는 적개심(敵愾心)이 돋보이나 의외로 받은 충격은
큰 것 같다.

그러나 "이날 낮에 이희남(李喜男)을 시켜 칼을 갈게 했는데 아주 잘 들어 적
장(敵將)의 맨 대가리를 벨 만했다"(p.342, 5행~6행)에서 보아 그의 기개는 적을
삼키고도 남는다.

알몸으로 왔기에 그 까닭을 물으니, 「7월 초4일 전 병사의 우후가 타고
있던 배의 격군이 되어 초5일에 칠천량(漆川梁: 통영군 장목면)에 이르러
자고 초6일 옥포(玉浦: 거제군 이운면 옥포리)로 들어갔다가 초7일 새벽에
말고지(末串)를 거쳐 다대포(多大浦: 동래군 사하면 다대리)에 이르러 왜선
8척이 정박하고 있음을 보고 여러 배들이 바로 돌격했더니, 왜인은 남김없
이 뭍으로 올라가고 빈배만 걸려 있어 우리 수군들은 그것을 끌어내어 불

지르고, 그 길로 부산 절영도(絶影島) 바깥 바다로 향하다가 마침 적선 천
여 척이 대마도로부터 건너오는데, 서로 싸우려 했더니 왜선은 흩어져 회
피하므로 끝내 잡아 초멸할 수도 없었고, 세남이 탄 배와 다른 배 6척은
배를 제어하지 못하고 서생포 앞 바다에까지 표류하여 뭍으로 오르려고 하
자 거의 다 살육을 당하고 세남만은 혼자서 수풀 속으로 들어가 기어서 목
숨을 살려 간신히 여기까지 왔다」는 것이었다. 듣고 나니 참으로 놀랄 일
이다. 우리 나라의 힘 미더운 것은 오직 수군뿐인데, 수군이 이러하니 다시
더 바라볼 것이 없다. 거듭거듭 생각할수록 분한 가슴이 찢어지는 것만 같
다. 또 선장 이엽(李曄)이 적에게 포박되었다 하니 더욱 통분하다. 손응남
(孫應男)이 집에 돌아갔다.

(p.342, 10행∼p.343, 4행)

이제까지 보아온 전투에서의 패퇴는 거의가 육전(陸戰)에서였다. 그러나 이
번 경우는 자기와 같은 수군이 당한 일이었다. 조선(操船)의 미숙이라는 어처구
니없는 실수요 무능이요 추태였지만 작자로 볼 때는 이는 수군의 자존심에 먹
칠을 가하는 정도가 아닌 실로 조선수군의 허점을 드러낸 것이었다. 육지는 왜
적의 유린으로 국왕이 평양으로 몽진(蒙塵)하였고, 끝내 명군(明軍)의 후원을 받
게 되었지만 그래도 수군(水軍)만은 꿋꿋이 왜군의 침범을 막아내고 있었던 것
이다. 난중에서도 온 나라의 신뢰를 받고 있는 수군이었고 국운의 한 가닥을
메고 있는 수군이었는데 그와 같은 허술함을 내비쳤다는 것은 참으로 놀랍고
안타까운 일이었다. 여물지 못하고 굼뜨고 씩씩하지 못한 수하군관(手下軍官)들
의 엉거주춤한 행동을 분해하고 가슴이 찢어지는 아픔을 그는 견디지 못하는
것이다. 이와 같이 작자는 전투를 통해서도 통분함을 이기지 못하며 나라를 걱
정하고 있다.

다음은 그가 참여한 실전(實戰)을 통해 그의 임전상(臨戰相)을 보기로 한다.

초2일　맑음. 삼도 순변사(三道巡邊使 : 이일—李鎰)와 우수사[원균—元筠]
　　　의 공문이 왔다. 송한련(宋漢連 : 공의 군관)이 남해로부터 돌아와
　　　하는 말이, 「남해 원[南海倅 : 기효근—奇孝謹]과 미조항 첨사(彌助
　　　項僉使 : 김승룡—金勝龍)와 상주포(尙州浦), 곡포(曲浦), 평산포 만
　　　호(平山浦萬戶 : 김축—金軸)들이 왜적의 소문을 듣고는 벌써 도망
　　　해 버렸고 무기 등 온갖 물자도 죄다 흩어 버려 남은 것이 없더라」
　　　고 했다. 참으로 경악할 일이다. 오정 때 배를 타고 바다로 나가

> 진을 치고 여러 장수들과 함께 약속하니 모두 즐거이 나갈 뜻을
> 품는데, 낙안(樂安 : 군수 신호-申浩)은 회피하려는 뜻을 가진 듯
> 한 것이 탄식스러웠다. 그러나 군법이 있는데 설사 물러나 피하
> 려 한들 될 일인가. 저녁에 방답의 첩입선(疊入船) 3척이 앞 바다
> 에 닿았다. 비변사(備邊司)의 명령이 내려왔다. 창평 현령(昌平縣
> 令)이 부임하였다는 공식 서한을 바쳤다. 이날 밤 군호(軍號)는 용
> 호(龍虎)라 하고 복병은 산수(山水)라 했다.
>
> (p.34, 6행~p.35, 2행)

전장에 나선 군인의 자약(自若)한 모습이다. 임전무퇴(臨戰無退)로 적의 격파
(擊破)만이 있을 뿐 장부(壯夫)의 행보(行步)는 용의주도하다.

> 29일 (무술) 맑음. 우수사(전라 우수사 이억기)가 오지 않으므로 혼자
> 여러 장수들을 거느리고 새벽에 떠나 곧장 노량(露梁 : 남해군 설
> 천면 노량리)에 이르러, 미리 만날 약속한 곳에서 경상 우수사와
> 만났다. 왜적이 있는 곳을 물으니 적은 지금 사천 선창(泗川船倉
> : 사천군 읍남면 선진리)에 있다고 하였다. 그래서 바로 거기 가
> 보니 왜인들은 벌써 상륙해서 산 위에 진을 치고 배는 그 산밑에
> 벌여 놓았는데 항전하는 태세가 아주 튼튼했다. 나는 모든 장수
> 들을 독전하며, 일제히 달려들어 화살을 빗발치듯 퍼붓고 각종
> 총통(銃筒)을 바람 우뢰같이 쏘아 보내니 적들은 두려워 물러나
> 는데, 화살에 맞은 자가 몇 백 명인지 알 수 없고 왜적의 머리도
> 많이 베었다. 군관 나대용(羅大用)이 탄환에 맞았으며 나도 왼편
> 어깨 위에 탄환을 맞아 등으로 뚫고 나갔으나 중상에는 이르지
> 않았다. 활군과 격군 중 탄환 맞은 사람이 또한 많았다. 적선 13척
> 을 불태우고 물러 나왔다.
>
> (p.36, 5행~18행)

선조 25년(1592년) 5월 29일 노량해전(露梁海戰)의 한 토막이다. 항전(抗戰)한
태세가 아주 견고한 적진을 뚫고 들어가 종횡무진으로 무찔렀던 것이다. "모든
장수들을 독전하여 일제히 달려들어"에서 장병이 일체가 되어 열악한 무기를
가지고도 적병을 도륙(屠戮)했다. 뒤돌아봄이 없이 진격만이 있었던 이 전투에
서 작자는 일차로 탄환을 맞고 있다. "어깨 위에 탄환을 맞아 등으로 뚫고 나갔
으나 중상에는 이르지 않았다"고 했으나 신명(身名)을 도(賭)한 싸움이요 조선

으로 볼 때는 왜선의 북상을 막은 교두보적(橋頭堡的) 용장(勇將)의 부상이었다.

6월 1일은 쉬고 2일은 대접전(大接戰) 3, 4일은 쉬고 5일의 격전(激戰) 6일은 쉬고 7일의 추격전에 해상에서 일단(一旦)은 적선(敵船)의 그림자도 볼 수 없게 된다. 이제 그 실황(實況)을 본다.

초2일　(경사) 맑음. 아침에 떠나 바로 당포(唐浦 : 통영군 산양면 미륵도 당포) 앞 선창에 이르니 적선 20여 척이 벌여 정박했으므로 둘러싸고 서로 싸움을 시작했다. 그 중의 큰 배 1척은 크기가 우리 나라 판옥선 만한데, 배 위에는 누각을 꾸며서 높이가 두 길이나 됨직했다. 그 누각 위에는 왜장이 우뚝 앉아서 끄떡도 아니했다. 편전(片箭)과 크고 작은 승자 총통[大中勝字銃筒]을 비 퍼붓듯 마구 쏘아 왜장이 화살에 맞아 떨어지자 모든 왜적이 한꺼번에 놀라 흩어졌다. 우리편의 여러 장병들이 일제히 모여들어 쏘아대니 화살에 맞아 거꾸러지는 자가 얼마인지 알 수 없었다. 남김없이 모조리 섬멸시켰다. 조금 뒤에 큰 왜선 20여 척이 부산으로부터 바다에 깔려 들어오다가 우리 군사들을 바라보고는 도망쳐서 개도(介島 : 楸島－통영군 산양면)로 물러갔다.

(p.37, 2행~14행)

초5일　(계묘) 아침에 떠나서 고성 당항포(唐項浦 : 고성군 회화면 당항리)에 이르니 왜의 큰 배 1척이 크기는 판옥선 만한데, 배 위에는 누각이 우뚝하고 명색 적장이 그 위에 앉아 있었다. 그리고 중간배가 12척이요 작은 배가 20여 척이었는데, 한꺼번에 무찔러 깨뜨리면서 비오듯 화살을 쏘아붙이니 화살에 맞아 죽은 자가 얼마인지 알 수 없었다. 왜장 머리는 7개를 베었고 남은 놈들은 육지로 올라가 달아났지만 그 수효는 얼마 되지 아니했다. 우리 군사의 기세가 크게 떨쳤다.

(p.38, 1행~8행)

초7일　(을사) 맑음. 아침에 떠나 영등(永登 : 거제도 장목면 구영리) 앞 바다에 이르러 적선이 율포(栗浦 : 장목면 대금리)에 있다는 말을 듣고 복병선(伏兵船)을 시켜 가 보게 했더니 적선 5척이 우리 군사 오는 것을 먼저 알고 남쪽 한 바다로 달아났다. 우리 여러 배들이 일제히 뒤를 쫓아 사도 첨사 김완(蛇渡僉使金浣)이 한 척을 온통 잡고 우후(虞侯 : 이몽구)도 1척을 온통 잡았으며, 녹도 만호 정운(鄭運)도 1척을 온통 잡았다. 그리고 왜적의 머리는 합하여 모두 36개였다.

(p.38, 10행~17행)

이 해전에서 격파된 적선(敵船)만 50여 척이며 도륙(屠戮)된 적병은 부지기수니 수군의 기세는 떨쳐 올랐다. 지금의 안목으로 볼 때 작자의 부상(負傷)은 당연히 후송(後送)감이었지만 미동(微動)도 하지 않고 참전, 지휘간(指揮桿)을 휘두르고 있다. "살고자 하면 죽고 죽고자 하면 산다"는 그의 독전훈(督戰訓)은 입술 끝에 머물지 않고 몸소 실천하는 자신에의 다짐이기도 했다.

16일   (갑진) 맑음. 이른 아침에 특별 정찰 부대가 보고하기를 「적선이 수효를 알 수 없도록 많이 명량(鳴梁)으로 해서 곧장 우리가 진치고 있는 곳을 향해 들어온다」고 하였다. 곧 여러 배에 명령하여 닻을 올려 바다로 나가니 적선 1백 30여 척이 우리 배들을 에워쌌다. 여러 장수들은 적은 군사로 많은 적을 대적하는 것이라 스스로 낙심하고 모두 회피할 꾀만 내는데 우수사 김억추가 탄 배는 벌써 2마장 밖에 나가 있었다. 나는 노를 바삐 저어 앞으로 돌진하며 지자(地字), 현자(玄字) 등 각종 총통을 마구 쏘니 탄환은 폭풍우같이 쏟아지고 군관들이 배 위에 총총히 들어서서 화살을 빗발처럼 쏘니 적의 무리가 감히 대들지 못하고 나왔다 물러갔다 하였다. 그러나 여러 겹으로 둘러싸여서 형세가 어찌될지 알 수 없어 온 배에 있는 사람들이 서로 돌아다보며 얼굴빛이 질렸다. 나는 조용히 타이르되, 「적선이 비록 많다 해도 우리 배를 바로 침범치 못할 것이니 조금도 마음을 동하지 말고 다시 힘을 다해서 적을 쏘아라」하고 여러 장수의 배들을 돌아보니 먼 바다에 물러가 있는데, 배를 돌려 군령을 내리자 해도 적들이 더 대어들 것이라 나가도 돌아서도 못할 형편이 되었다. 호각을 불어 중군에게 군령을 내리는 기(旗)를 세우라고 하고, 또 초요기(招搖飢)를 세웠더니 중군장(中軍將) 미조항 첨사(彌助項僉使) 김응함(金應諴)의 배가 차츰 내 배 가까이 왔으며, 거제 현령(巨濟縣令) 안위(安衛)의 배가 그보다 먼저 왔다. 나는 배 위에 서서 친히 안위를 불러 「안위야, 군법에 죽고 싶으냐, 네가 군법에 죽고 싶으냐? 도망간다고 어디 가서 살 것이냐」하니 안위도 황급히 적선 속으로 돌입했다. 또 김응함을 불러 「너는 중군(中軍)으로서 멀리 피하고 대장을 구원하지 않으니 죄를 어찌 면할 것이냐? 당장 처형할 것이로되 적세가 급하므로 우선 공을 세우게 한다」하였다. 그래서

두 배가 적진을 향해 앞서 나가자 적장이 탄 배가 그 휘하의 배
2척에 지령하여 일시에 안위의 배에 개미 붙듯 하여 서로 먼저
올라가려 하니 안위와 그 배에 탄 사람들이 죽을 힘을 다해서 혹
은 모난 몽둥이로, 혹은 긴 창으로, 또 혹 수마석(水磨石) 덩어리
로 무수히 치고 막다가 배 위의 사람이 기진맥진하므로, 나는 뱃
머리를 돌려 바로 쫓아 들어가서 빗발치듯 마구 쏘아댔다. 적선
3척이 거진 다 엎어지고 자빠졌을 때 녹도 만호(鹿島 萬戶) 송여
종(宋汝悰)과 평산포 대장(平山浦 代將) 정응두(鄭應斗)의 배가 뒤
쫓아와서 합력해 쏘아 죽여 적은 한 놈도 몸을 움직이지 못했다.
투항한 왜인 준사(俊沙)는 안골(安骨) 있는 적진으로부터 항복해
온 자인데, 내 배 위에 있다가 바다에 빠져 있는 적을 굽어보더니
그림 무늬 놓은 붉은 비단 옷을 입은 자가 바로 안골 있던 적장
마다시(馬多時 : 내도통총-來島通總인가?)라고 말했다. 내가 무상
(無上 : 물긷는 군사) 김돌손(金乭孫)을 시켜 갈구리로 낚아 올린
즉 준사(俊沙)가 좋아 날뛰면서, 「그래 마다시다」하고 말하므로
곧 명령하여 토막토막 자르게 하니 적의 기운이 크게 꺾였다. 우
리 배들은 적이 다시 범하지 못할 것을 알고 일제히 북을 울리고
함성을 지르면서 쫓아 들어가 지자(地字), 현자(玄字) 대포를 쏘니
그 소리가 산천을 뒤흔들었고, 화살을 빗발처럼 쏘아 적선 31척
을 깨뜨리자 적선이 퇴각하고 다시는 우리 수군에 가까이 오지
못하였다. 싸움하던 바다에서 그대로 정박하고 싶었으나 물결도
몹시 험하고 바람도 역풍이라 형세 또한 위태롭고 외로워 당사도
(唐笥島 : 무안군 암태면-岩泰面)로 옮겨가서 밤을 지냈다. 이번
일은 참으로 천행이었다.

(p.369, 8행~p.371, 14행)

선조 30년(1597) 9월 16일 우수영 전투기(戰鬪記)다. 출옥하고 나서 원균이 거
느린 조선 수군은 참패를 거듭해 선박(船舶)은 물론 원균을 위시, 많은 장수(將
師)들도 전사하고 있었다. 모친의 장례도 치르지 못하고 달려온 작자가 끌어 모
은 전선(戰船)은 불과 13척, 이 적은 배를 가지고 10배가 넘는 적선(敵船)과 조우
(遭遇)하게 된 것이다. 그는 바로 전날 일기에 다음과 같이 적고 있다. "조수를
타고 여러 장수들을 거느리고 진(陣)을 우수영 앞 바다로 옮겼다. 그것은 벽파
정(碧波亭) 위에 명량(鳴梁)이 있는데 수효 적은 수군으로 명량을 등지고 진(陣)
을 칠 수가 없기 때문이었다". 이것은 병력과 사기와 지형과 조수 등을 감안(勘

案)한 배진(配陣)이었다. 소병력(小兵力)으로 대병력(大兵力)을 격파하는 최선의 군략(軍略)을 세웠으며 전투에서도 몸소 앞장을 서서 육탄전이나 다름없는 공세를 벌였다. 대병력일 때는 적절한 거리에서 지휘가 필요하지만 소병력일 때는 선두에 서서 싸우며 독전(督戰)하는 것이다. 그는 이중 삼중으로 포위되면서도 기가 꺾이지 않았다. 꿈에 나타난 신인(神人)의 지시를 따른 것일까. 악전고투 끝에 적장(敵將)을 꺾고 31척의 적선(敵船)을 격침(擊沈)시키는 대승(大勝)을 거둔다. 만반의 준비를 다하고 달려든 왜의 수군의 예봉(銳鋒)을 꺾은 것이다. 옥고(獄苦)를 치른 몸이요, 모친의 장례도 치르지 못한 몸이었지만 누란(累卵)의 위기에 처한 나라를 구하려 신명(身命)을 바친 백의종군에서 얻어진 전과(戰果)였다. 그는 용장(勇將)이요 지장(智將)일 뿐 아니라 매월 초하루 보름날이면 빠짐없이 망궐례(望闕禮)를 드리는 충(忠)의 화신(化身)이기도 했다.

다음 명량해전에서 작자는 전사하나 본 일기는 그전에 곧 선조 31년(1598) 11월 17일에 끝난다.

그는 나라보다 앞서는 것은 없었던 것으로 보인다. 효(孝)도 애(愛)도 나라가 있고 나서 비로소 치를 수 있는 덕목이었다.

그는 몸바쳐 싸우면서도 전쟁에 필요한 대비를 게을리 하지 않았다. 전투가 시작되고 보니 평상시에는 잘 눈에 띄지 않던 여러 가지 허점이 드러나기 시작했다. 정신적인 무장은 물론 현실적으로 전쟁준비가 허술했다. 군량(軍糧)·군복(軍服)·군기(軍器)·전선(戰船)·시약(矢藥)·격군(格軍)·사수(射手) 등 긴급을 요하는 것들이었다. 그래서 그는 우선 정신적인 해이를 막기 위하여 수시로 장수들을 불러 활쏘기를 힘쓰고 나아가 사병들의 조련(操練)을 독려하였다.

> 30일   (정유) 비, 비. 늦게 갰다. 나가서 군관들이 활 쏘는 것을 보았다.
> 천성 만호(天城萬戶 : 윤홍년－尹弘年), 여도(呂島 : 김인영－金仁英), 적량(赤梁 : 고여우－高汝友)들이 와 보고 갔다. 이날 저녁때 청주(淸州) 희남(喜男)의 종 4명과 준복(俊福)이 들어왔다.
>
> (p.243, 20행~23행)

또한 나무를 찍어다가 계속하여 전선(戰船)을 만들고 둔전을 서둘러서 군량을 보탰으며 무기의 잔손질과 더불어 왜총(倭銃)보다 성능이 좋은 조총(鳥銃)을 만들었다.

> 초6일 (계묘) 흐림. 새벽에 목수 10명을 거제로 보내어 배 만드는 기술
> 을 가르치게 했다.
>
> (p.245, 14행~15행)

이것은 전선(戰船) 만드는 기술을 가리키는 것이다.

> 저녁때 군량에 대한 장부를 만들고 홍양 둔전에서 추수한 벼 3백 52석을
> 받아들였다.
>
> (p.246, 8행~9행)

이것은 둔전에서 걷어들인 곡식이다.

> 송한련(宋漢連)들이 말하기를 청어 천여 두름을 잡아서 널었는데, 내가
> 간 동안 잡은 것이 모두 1천 8백 여 두름이나 된다고 했다.
>
> (p.236, 14행~16행)

이것도 좋은 군량인 것이다.

> 14일 (을축) 종일 비가 오고 큰바람이 불었다. 홀로 뜸 아래 앉았으니
> 생각이 천만 갈래였다. 순천이 돌아왔다. 쇠로 만든 총통은 전쟁
> 에서 가장 긴요한 것이건만, 우리나라 사람들은 그 만드는 법을
> 알지 못하더니, 이제 온갖 연구를 거듭하여 조총(鳥銃)을 만들어
> 내었는데, 왜총보다 더 잘 되어 명나라 사람들이 진중에 와서 시
> 험으로 놓아 보고서는 좋다고 칭찬하지 않는 이가 없다. 이미 그
> 묘법을 알았으니 도내(道內)에 같은 모양으로 많이 만들어내는
> 것이 좋겠기로 순찰사, 병사에게 견본을 보내고 또 공문을 돌리
> 도록 했다.
>
> (p.97, 13행~21행)

조총을 만들고 있다.

이처럼 작자는 무비(無備)·무책(無策)을 통감하여 국토방위에 힘썼으니 싸움
터의 대비가 물샐 틈이 없었다. 그런데 주지된 바와 같이 적선출현(敵船出現)

하루 전에 그는 거북선을 완성하고 있으니 군인은 나라를 지킨다는 간성(干城)
의 상비(常備)정신을 보여준다 하겠다. 그는 이처럼 용의주도했고 용감했으며
나라 위해 몸을 불살랐던 것이다.

2) 의(義)

전시(戰時)인지라 모든 생활 규범이 허물어지고 인심이 흉흉해지기 쉬운 계
제여서 패륜은 도처에서 목격되었다. 왜병의 복장을 하고 민가(民家)에 방화(放
火)하고 약탈하는 일, 하졸(下卒)의 처를 겁탈하는 상관(上官), 동료를 모해(謀害)
하는 장계(狀啓) 등 각양각색이었지만 작자와 가장 가까운 곳에서 우리 어부들
의 목을 쳐서 왜적의 머리라고 상부에 보고하고 바치는 일이 일어나고 있었다.

> 28일 (계축) 맑고 바람도 없었다. 새벽에 떠나 가덕(加德)에 이르니, 웅
> 천의 적은 오무라져서 나와 항전할 생각도 못내는 것이었다. 우
> 리 배가 바로 김해강(金海江) 아래쪽 독사리목[禿沙伊項 : 김해군
> 제산면]으로 향하였는데, 우부장이 변고를 알리므로 여러 배들이
> 돛을 달고 급히 가서 작은 섬을 에워싸고 보니, 경상 수사(원균)
> 의 군관과 가덕 첨사의 사후선(伺候船) 등 아울러 2척이 섬에서
> 들락날락하면서 태도조차 수상하므로 묶어서 원 수사에게 보냈
> 더니, 수사가 크게 성을 내는 것은 그 본의가 군관을 보내 고기
> 잡는 사람들의 머리를 베어 오자는 데에 있었던 때문이었다. 초
> 저녁에 아들 염(苒)이 왔다. 사화랑(沙火郎)에서 잤다.
>
>   (p.52, 7행~17행)

> 28일 (경진) 맑음. 아침에 체찰사에게 가는 편지를 썼다. 경상 우수사
> (원균)와 충청 수사(정걸)와 본도 우수사(이억기)가 함께 와서 약
> 속하였다. 원 수사의 음흉하고 간흉한 것은 형편이 없다. 정여흥
> (鄭汝興)이 공문과 편지를 가지고 체찰사(體察使)에게로 갔다. 순
> 천, 광양이 보러 왔다가 곧 돌아갔다. 사도(蛇渡) 첨사(김완)가 복
> 병했을 때 잡은 포작(鮑作 : 보자기) 10명이 왜복을 바꿔 입고하는
> 짓이 꼼꼼스럽다 하므로 자세히 추궁했더니, 어떤 근거가 있는
> 듯한데 경상 수사가 시킨 것이라고 했다. 그래서 족장(足掌)을 10
> 여 대씩 때려서 놓아주었다.
>
>   (p.87, 17행~p.88, 5행)

　그는 이와 같은 일을 그대로 보아 넘길 수 없었다. 이러한 불의와의 싸움도 큰 짐이요 고통이었으니 그 근원은 원균이었던 것으로 보인다.

　원균은 경상우수사(慶尙右水使)였고, 작자는 전라우수사(全羅右水使)였다. 왜군 침입에 대한 정보는 원균이 빠를 수밖에 없었고 이를 전해 받은 작자는 곧 접전에 대비하는 운명공동체였다. 그래서 초전(初戰)에는 합동작전으로 상당한 성과를 올렸다. 그런데 양인간에 문제가 불거져 나온 것은 2월 22일 웅천 해전에서였으니 그 상황을 일기에서 보기로 한다.

22일　(정미) 새벽에 구름이 끼더니 동풍이 크게 불었다. 그러나 적을 치는 일이 급하므로 출발하여 사화랑(沙火郎 : 창원군 웅천면)에 이르러 바람 멎기를 기다렸다. 바람이 조금 자는 듯하므로 다시 재촉하여 웅천에 이르러 두 승장(僧將 : 삼혜－三惠와 의능－義能)과 성 의병(成義兵 : 성응지－成應祉)을 제포(齊浦)로 보내어 곧 상륙할 것처럼 하고 우도(右道) 여러 장수의 배 중에서 변변하지 못한 것을 골라 동쪽으로 보내어 역시 상륙할 것처럼 꾸미게 했더니, 왜적들이 갈팡질팡하는 것이었다. 이때를 틈타서 전선을 합하여 바로 찌르니 적들은 세력이 나뉘고 약해져서 거의 섬멸을 당하게 되었는데, 발포(鉢浦) 2호선과 가리포(加里浦) 2호선이 명령도 안 했는데 제멋대로 돌입하였다가 그만 얕은 곳에 걸려서 적들에게 습격을 당하게 된 것은 통분하여 가슴이 찢어질 것만 같다. 얼마 뒤에 진도 지휘선이 또 적에게 포위되어 하마터면 구할 수 없게 되었는데, 우후가 바로 들어가 구원해 냈다. 경상도의 좌위장(左衛將)과 우부장(右部將)은 보고도 못 본 체하며 끝내 돌아서서 구원해 내지 않았으니, 그 괘씸함은 말할 수 없다. 참으로 통분 통분했다. 이 때문에 경상도 수사에게 질문도 하였거니와 한심한 일이었다. 오늘의 통분한 것을 무슨 말로 다하랴. 모두 경상도 수사(원균) 때문이다. 돛을 달고 소진포(蘇秦浦)로 돌아와 잤다. 아산에서 뇌(蕾)와 분(芬)의 편지가 웅천 진중으로 왔다. 어머님의 편지도 왔다.

(p.50, 8행～p.51, 6행)

　원균 때문에 그 수하인 좌위장(左衛將)과 우부장(右部將)은 작자의 수하인 진도지휘관(珍島指揮官)이 적에 포위되어 결단날 지경에 이르렀는데도 못 본 체하며 돌아서 버렸다는 것이다. 합동작전이기 때문에 이들은 우군(友軍)인데도 불구하고 구해내지 않은 것이다. 이는 바로 군법(軍法)의 시행대상(施行對象)이 된다. 이에 작자는 분개하여 원균에게 항의한 것으로 보이나 그 이상은 힘이 미치지 않는 것이었다. 끝내 원균의 내심을 꿰뚫어 본 작자의 지적이 보인다.

> 30일　(신해) 맑음. 원 수사가 또 와서 영등(永登 : 거제군 장목면 구수리)으로 가자고 독촉한다. 참으로 음흉하다. 그가 거느린 25척의 배는 모두 내보내고, 다만 7, 8척을 가지고 이런 말을 하니, 그 마음 쓰고 행사함이 모두 이따위다.
>
> (p.94, 18행~21행)

여기에 비로소 그 흉계의 일단을 짚어낸다. 즉 원균은 자기가 거느린 전선(戰船)은 빼돌리고 작자의 수하전선(手下戰船)을 주력(主力)으로 해서 영등(永登)에 있는 왜적을 토벌하자는 것이다. 말하자면 작자의 병력의 소모를 꾀하는 동시에 공(功)도 얻어보자는 심리가 엿보인다 하겠다. 적을 치러 가자고 독촉하면서도 자기 병력은 빼돌리는 행태가 작자에게는 흉계로 잡힌 것이다. 이처럼 원균과의 거리는 점점 벌어져 갔던 것으로 보인다. 그는 불의와 싸우느라 모해(謀害)도 당하고 옥살이도 하게 되었던 것이다.

3) 신(信)

싸움터에서도 그는 속아야 했고 배신당해야 했고 실망과 낙담을 거듭해야 했다. 전투에 있어서 우군간(友軍間)의 약속이라는 것은 승패와 관련되는 것이 대부분이다. 그런데 작자는 우군과의 합동작전에서 그런 약속이 지켜지지 않아서 낭패를 당한 경우가 한 두 번이 아니었다.

> 오후에 우수사(이억기) 배에 갔더니 충청 영공도 왔다. 경상 수사는 복병을 일제히 내어 보내서 복병 시키기로 약속해 놓고 슬며시 혼자 먼저 보냈다고 한다. 해괴한 일이다.
>
> (p.91, 8행~11행)

해괴한 일이라고 한 것은 작전상 도저히 있을 수 없는 일이라는 것이다. 이러한 상식 밖의 일 때문에 큰 차질이 빚어질 수도 있는 것이다.

　작자는 그러한 장수 하나를 본보기로 지목하였으니 경상수사(慶尙水使) 배설(裵楔)이다.

22일　(신축) 맑음. 아침에 배설(裵楔 : 경상 우수사)이 보러 와서 원균이 패망한 일을 많이 말하였다.

(p.345, 5행~6행)

17일　(을해) 맑음. 이른 새벽에 길을 떠나 백사정(白沙汀)에 이르러 말을 쉬고 군영 구미(軍營仇未 : 강진군 고군면)에 이르니 경내가 벌써 무인지경이 되어 버렸다. 수사(水使) 배설(裵楔)이 탈 배를 보내지 않았다. 장흥(長興) 사람이 많은 군량을 훔쳐내서 딴 데로 가져갔기 때문에 붙들어다가 곤장을 때렸다. 날이 벌써 저물어서 그대로 머물러 잤다. 배설이 약속을 어기는 것이 괘씸했다.

(p.362, 22행~p.363, 5행)

25일　(계미) 맑음. 그대로 머물고 있었다. 아침을 먹을 때, 당포(唐浦)의 어부가 피난민의 소 두 마리를 훔쳐다가 잡아먹으려 해서 적이 왔다고 거짓말을 외쳤다. 나는 이미 그런 줄 알고 배를 굳게 매고 까딱하지 않으며 그자들을 잡아오게 했더니 과연 예상한 그대로였다. 이렇게 해서 군대는 안정시켰으나 배설(裵楔)은 벌써 도망쳐 버렸다. 거짓말을 한 두 사람은 목을 잘라 효시했다.

(p.364, 6행~12행)

27일　(을유) 맑음. 그대로 머물렀다. 배설(裵楔)이 보러 왔는데 황겁해 하는 빛이 많았다. 내가 불쑥 말하기를, 「수사는 어디로 피해 갔던 것 아니냐」고 하였다.

(p.364, 17행~19행)

30일　(무자) 맑음. 그대로 벽파진에서 머물고 있으면서 정찰병들을 각지로 나누어 보냈다. 늦게 배설은 적이 장차 많이 올 것을 염려해서 도망하려고도 했으나 관하의 여러 장수들이 찾기도 하고 또 나도 그 속내를 잘 알지마는 드러나지 않은 것을 먼저 발표하는 것은 장수로서 하는 방법이 아니므로 참고 있을 즈음 배설이 제 종을 시켜 소지(所志)를 냈는데, 병세가 위중하여 조리를 하겠다고 하였다. 그래서 육지로 올라가서 조리하라고 처결해 주었더니 배설은 우수영에서 육지로 올라갔다.

(p.365, 4행~11행)

초2일 (경인) 맑음. 배설(裵楔)이 도망쳤다.

(p.365, 15행~20행)

※배설(裵楔)─정유년 8월 30일에 충무공에게 병을 치료하겠노라고 청하
여 승낙을 받고 우수영(해남군 문내면)으로 와서는 그 길로 9월
2일에 도망치고 말았다. 그의 한산섬 패전 죄 때문에 잡으려 했으
나 숨어 있어 전혀 잡히지 않다가 전쟁이 끝난 다음 해인 기해(己
亥─1599) 3월 6일에 권 도원수(權都元帥)가 선산 땅에서 잡아 서
울로 올려 보내어 사형에 처했다.

　동료를 속이고 상관을 속이고 왕을 속이고 나라를 속이고도 살아날 줄 알았
던 도망자, 부패·무능·비겁·배반의 전형이라고 하겠다. 군령(軍令)이 엄하게
내린 것은 당연하다 하겠다.

　또한 전투에 참전했던 명군(明軍)이 세불리(勢不利)해지면 도망쳐 버리는 것
을 볼 때도 허망함을 느끼지 않을 수 없었다. 더욱이 현지 실정을 모르고 내리
는 상부의 명령 등은 미덥지 못한 것은 물론이고 작전에도 영향을 미칠 뿐 아
니라 장병들의 사기를 떨구는 결과를 가져오고도 있었다.

초8일 (정묘) 맑음. 아침에 정상명(鄭詳溟)을 보내어 황 종사관에게 안부
를 물었다. 늦게 이덕필(李德弼)과 심준(沈俊)이 보러 왔고, 원이
그 아우와 함께 보러 왔고, 원수를 마중 가는 사람들도 10여 명이
나 보러 왔었다. 점심 후에 원수가 진에 이르므로 나도 가 보았다.
종사관이 원수 앞에 있었고, 원수와 함께 한참 이야기하였다. 원
수가 박성(朴惺)의 사직하는 글의 등본을 보이는데, 박성은 원수
의 처사가 소탈한 데가 많다고 많이 진술하여, 원수가 못마땅해
하면서 도체찰사에게 글을 올렸다고 한다. 또 복병에 관한 사항
등의 서류를 보고 저물어 돌아와 몸이 불편하므로 저녁밥을 먹지
아니했다.

(p.326, 8행~17행)

　자기보다 상위직(上位職)에 있는 지휘관의 처사인지라 어쩔 수 없어 하다.

또한 인재등용에 있어서도 소기(小器)밖에 안 되는 사람을 대기(大器)의 자리
에 앉혀서 끝내 임무를 감당치 못해 나라의 위신을 손상시키고도 있다.

모든 것을 움직이는 것이 인재(人材)인데 적재적소에 등용되지 못한 아쉬움
은 지대한 것이다.

> 혼자 다락에 의지했다. 나라 정세가 아침 이슬 같이 위태로운데 안으로
> 는 정책을 결정할 만한 기둥 같은 인재가 없고 밖으로는 나라를 바로잡을
> 만한 주춧돌 같은 인물이 없음을 생각해 보니 사직이 장차 어떻게 될지 몰
> 라 마음이 산란했다. 종일토록 누웠다 앉았다 했다.
>
> (p.208, 1행~5행)

싸움에 전념해야 할 군인이 조정의 인재등용을 걱정하고 있는 것이다. 일선
장병들에게서까지도 신임을 받지 못하는 조정의 모습이다. 그러나 작자 자신은
장병들에게서는 물론 현지 주민들에게서도 두터운 신망을 받고 있었다. 억울한
옥살이 끝에 어머니의 장례도 치르지 못하고 그야말로 백의종군할 때 몰려든
장병들의 하소연과 주민들의 두터운 응대(應待)가 이를 증명하고도 남는다.

> 초9일　(정묘) 일찍 떠나 낙안(樂安 : 승주군 낙안면)에 이르니 관청과 창
> 　　　 고와 병기가 모두 타버렸다. 관리와 백성들로 눈물 흘리지 않고
> 　　　 말하는 이가 없었다. 이윽고 순천 부사 우치적(禹致績), 김제 군수
> 　　　 (金堤郡守) 고봉상(高鳳翔)이 산골로부터 내려와서 병사의 처사가
> 　　　 뒤죽박죽인 것을 말하면서 하는 짓을 보면 패망할 것이 뻔하다고
> 　　　 했다. 점심 후 길을 떠나 10리쯤 오니 늙은이들이 길가에 늘어서
> 　　　 서 다투어 술병을 가져다 바치는데 받지 않으면 울면서 강권하는
> 　　　 것이었다. 저녁에 보성 조양창(寶城兆陽倉 : 조성면 조성리)에 이
> 　　　 르니 사람은 하나도 없고 창고 곡식은 봉한 채 그대로였다. 군관
> 　　　 네 사람을 시켜 수직하게 하고 나는 김안도(金安道)의 집에서 잤
> 　　　 다. 그 집주인은 벌써 피난 나가고 없었다.
>
> (p.361, 4행~15행)

이와 같이 그는 장병들에게서는 유일한 희망이었고 주민들에게서는 의지처
가 되었다.

이렇게 그는 불신과 싸우느라 고민을 거듭했고 앞장서서 그야말로 고군분투

했다. 땅에 떨어진 신의를 짊어지고서까지 그는 왜적과 맞서야 했다. 충(忠)·
의(義)·신(信)의 삼자는 작자에게서 떨어질 수 없는 덕목이 아닐 수 없겠다.

4) 효(孝)

전술(前述)한 바도 있지만 그의 효는 선충후효(先忠後孝)였다. 본래 충효는 하
나로서 대상(對象)에 차이가 있을 뿐이다. 이는 신라의 화랑들에게서도 볼 수
있었던 아름다운 전통이다. 이 전통은 단순한 정신적인 계승에 그친 것이 아니
라 그와 같은 토양이 현실적으로 그의 가정 안에 만들어져 있었던 것으로 보여
진다. 이것은 싸움터에 나아가는 아들에게 당부하는 그 어머니의 말씀에 단적
으로 나타나 있다. 임진왜란 때 그의 어머니는 80이 넘은 할머니였다. 그럼에도
불구하고 아들로 하여금 나라를 먼저 생각하게 하고 나라의 체통을 세우고 나
라의 운명을 담당하게 하는 노익장의 여장부다운 당부를 하고 있다.

"아침을 먹은 후에 어머님께 하직을 고하니 '잘 가거라, 나라의 치욕을 크게
씻어라' 하고 두 번 세 번 타이르시며 조금도 이별하는 것으로 탄식하지는 아
니하셨다. 선창에 돌아와서는 몸이 불편한 것 같아 바로 뒷방으로 들어갔다"
(선조 27년, 1594. 1월 12일)

나라가 치욕을 당하고 있으니 내 걱정을 말고 앞장서서 나라의 체통을 세우라
는 당부를 거듭 되풀이하고 있다. 이와 같은 강인한 신념의 소유자의 품에서 자
란 이순신이었기에 그는 충장(忠將)일 수 있었고 용장(勇將)일 수 있었던 것이 아
닌가 한다. 조선의 어머니로서 기상(氣像)은 엄정(嚴正)했다. 두 번 세 번 나라의
치욕을 씻으라는 거듭된 당부에 모자(母子)는 이미 한마음이었던 것이다.

전장에 몸은 있었지만 마음 한 구석은 언제나 어머니의 상(像)으로 채워져 있
었다고 하겠다. 어머니의 소식을 하루만 못 들어도 괴로워하던 모습은 이 일기
도처에서 볼 수 있다. 부친이 안 계신데다 병약하신 어머니를 전란(戰亂) 때문
에 떨어져 있어 시약(施藥)과 시종(侍從)을 뜻대로 할 수 없음을 심히 안타까워
한다. 더욱이 왜군의 분탕질로 인해 어머니의 신변이 언제 어떻게 될지 몰라
마음을 놓지 못하는 것이다. 천리타향(千里他鄉)에 떨어져 있는지라 명절이나
가문의 기일(忌日) 등이 돌아오면 한층 더 조상과 어머니의 그리움에 몸둘 바를

몰라 한다. 그래서 기회만 닿으면 고향 소식을 알아오게 하고 자신도 자주 아들
을 보내서 쇠잔(衰殘)해지시는 어머니께 문안을 게을리 하지 않는다. 그 모습을
다음 일기들에서 보기로 한다.

> 초4일　(정사) 맑음. 이날은 어머님 생신이건만, 적을 토벌하는 일 때문에
> 　　　　가서 축수의 술잔을 드리지 못하게 되니 평생 유감이다. 우수사
> 　　　　와 군관들과 함께 진해루(鎭海樓)에서 활을 쏘았다. 순천도 모여
> 　　　　서 약속했다.
>
> (p.57, 12행~15행)

> 12일　　(을미) 비가 오다 말다 했다. 아침에 흰 머리털 여남은 오라기를
> 　　　　뽑았다. 흰 머리털인들 무엇이 어떠하랴마는 다만 위로 늙으신
> 　　　　어머님이 계시기 때문이었다. 종일 혼자 앉아 있었다. 사량(蛇梁
> 　　　　: 이여념－李汝恬)이 다녀갔다. 밤 10시쯤 변준서(卞存緖)와 김양
> 　　　　간(金良幹)이 들어왔다. 행궁(行宮)의 기별을 들은 즉, 동궁(東宮:
> 　　　　광해)께서 편찮으시다고 하니 걱정스럽기 짝이 없다. 유 정승(성
> 　　　　룡－成龍)의 편지와 윤 지사(우신－又新)의 편지가 왔다. 종 갓동
> 　　　　(㖰同)과 철매(哲每)들이 병으로 죽었다니 참 가엽다. 해당(海棠)
> 　　　　이란 중도 왔다. 밤에 원 수사의 군관이 와서 명나라 군인 5명이
> 　　　　들어왔다고 전하고 갔다.
>
> (p.73, 19행~p.74, 5행)

> 23일　　(갑진) 맑음. 윤간(尹侃)과 조카 이뇌(李蕾)와 해(荄)가 와서 어머님
> 　　　　이 평안하시다는 소식을 전했다. 또 울(蔚)이 학질을 앓는다는 소
> 　　　　식을 들었다.
>
> (p.93, 21행~23행)

　본 일기에는 어머니 소식을 궁금해하고 안타까워하고 그리고 소식에 접하고
안심하는 기록이 60여 차에 이르는 것으로 보아 언제나 어머니 생각에 젖어 있
었다 해도 과언은 아닐 것 같다.
　이처럼 몽매(夢寐)에도 잊을 수 없던 어머니가 출옥하여 내려오는 아들을 미
처 만나기도 전에 그의 장(壯)한 노모는 피란길에서 운명하고 만다. 그때 상황
을 다음과 같이 적고 있다.

11일 (신미) 맑음. 새벽에 꿈이 몹시 산란하여 이루 다 말할 수 없었다.
      덕(德)이를 불러 대강 이야기하고, 또 아들 울(蔚)에게 이야기하였
      다. 마음이 매우 언짢아서 취한 듯 미친 듯 마음을 걷잡을 수가
      없으니 이 무슨 징조일까. 병드신 어머님을 생각하며 눈물이 흐
      르는 것을 깨닫지 못하였다. 종을 보내서 어머님의 안후를 알아
      오게 하였다. 금부 도사는 온양(溫陽)으로 돌아갔다.

                                        (p.308, 11행~17행)

12일 (임신) 맑음. 종 태문(太文)이 안흥량(安興梁 : 충남 서산군 근흥면)
      으로부터 들어와 편지를 전하는데, 어머님의 근력은 아주 쇠약하
      시나, 초9일 위아래 여러 사람이 무사히 안흥(安興)에 닿았다고
      한다. 법성포(法聖浦 : 전남 영광군 법성면 법성리)에 이르러 자고
      있을 때, 닻이 끌려 떠내려가서 배에 머무른 지 엿새만에 서로 나
      뉘었다가 무사히 만났다고 한다. 아들 울을 먼저 바닷가로 보냈
      다.

                                        (p.308, 18행~p.309, 1행)

13일 (계유) 맑음. 일찍 아침을 먹고 어머님을 마중하려고 바닷가로 가
      는 길에 홍 찰방(洪察訪) 집에 잠깐 들러 이야기하는 동안 울이
      종 애수(愛壽)를 들여보내어 「아직 배 오는 소식이 없다」고 했다.
      또 들으니, 황천상(黃天祥)이 술병을 들고 흥백(興伯)의 집에 왔다
      하므로 홍(洪)과 작별하고 흥백의 집에 이르렀더니, 조금 있다가
      종 순화(順花)가 배에서 와서 어머님의 부고를 전한다. 뛰쳐나가
      뛰며 궁그니 하늘의 해조차 캄캄하다. 곧 해암(蟹岩 : 아산군 인주
      면 해암리)으로 달려가니 배가 벌써 와 있었다. 길에서 바라보는,
      가슴이 미어지는 슬픔이야 이루 다 어찌 적으랴(뒷날 대강 적었
      다).

                                        (p.309, 2행~11행)

14일 (갑술) 맑음. 홍 찰방(洪察訪), 이 별좌(李別坐)들이 들어와 곡하고
      관을 짰는데, 관은 본영에서 준비해 가지고 온 것으로 조금도 흠
      난 데가 없다고 한다.

                                        (p.309, 12행~14행)

15일 (을해) 맑음. 늦게 입관했다. 친숙한 벗 오종수(吳從壽)가 모든 것
      을 정성껏 해주니, 뼈가 가루가 되어도 잊기 어렵다. 관에 대해서
      는 다른 유감이 없으니 이것만은 다행이다. 천안 원이 들어와서

행상을 준비하고, 전경복(全慶福)씨가 연일 진심으로 상복 만드는
일들을 돌봐주니 슬프고 감사한 말을 어찌 다하랴.

(p.309, 15행~20행)

이틀 전 뒤숭숭했던 꿈자리를 때우기라도 하듯 백의종군하는 도중에 어머니
의 부음에 접한다. 하루도 안부를 듣지 못하면 괴로워하던 그 어머니의 시신을
안방이 아닌 길가에서 맞이하다니 운명의 신은 너무나 냉혹했다. 땅에 뒹굴고
해조차 캄캄해지는 느낌이다. 눈에 보이는 것은 아무 것도 없다. 나의 옥살이로
인해 어머니의 심정은 얼마나 타신 것일까. 가슴이 미어지고 땅도 꺼지는 상한
(傷恨)의 눈물은 봇물 터지듯 쏟아져 내린다. "잘 가거라 아들아! 나라의 치욕을
크게 씻어라"라고 서운한 빛도 없이 두 번 세 번 당부하시던 강한 어머니는 그
래서 당신도 따뜻한 아랫목을 마다하고 길에 서신 채 장하게 가신 것인가. 이
아들은 또 한번 죄를 진 심정을 어쩌지 못한다. 옥살이를 겨우 면하고 나니 곧
이어 어머니의 타계를 만난다. 엎친 데 덮친다는 격으로 집안의 기둥뿌리를 파
고드는 앙화(殃禍)에 알몸으로 흔들리는 격이다.

그러나 전국(戰局)의 급박 때문에 장례도 치르지 못하고 금부도사(禁府都事)
의 독촉을 받으며 임지(任地)를 향해 눈물의 종군(從軍)을 한다. 그래서 내내 이
것이 또한 한(恨)으로 맺히게 된다.

16일 (병자) 궂은 비. 배를 끌어 중방포(中方浦)에 옮겨 대어, 영구를 상
여에 싣고 집으로 돌아왔다. 마을을 바라보며 찢어지는 아픔이야
어떻게 다 말하랴. 집에 이르러 빈소를 차렸다. 비가 억수같이 쏟
아지고, 나는 맥이 다 빠진데다가 남쪽 길이 또한 급박하니 부르
짖으며 울었다. 다만 어서 죽기를 기다릴 따름이다. 천안(天安)이
돌아갔다.

(p.309, 21행~p.310, 3행)

17일 (정축) 맑음. 금부 도사의 서기 이수영(李壽永)이 공주로부터 와서
어서 가자고 재촉하였다.

(p.310, 4행~5행)

19일 (기묘) 맑음. 일찍 길을 떠나며, 어머님 영 앞에 하직을 고하고
울며 부르짖었다. 어찌하랴. 어찌하랴. 천지간에 나 같은 사정이

또 어디 있을 것이랴. 어서 죽는 것만 같지 못하구나. 뇌(蕾)의 집
에 이르러 선조의 사당에 하직을 아뢰고 그 길로 금곡(金谷 : 충청
남도 연기군 광덕면 대덕리) 강 선전(姜宣傳)의 집앞에 이르러 강
정(姜晶), 강영수(姜永壽)씨를 만나 말에서 내려 곡하고, 다시 그
길로 보산원(寶山院 : 광덕면 보보리)에 이르니 천안 군수가 먼저
와 말에서 내려 냇가에서 쉬고 있으며, 임천(林川) 군수 한술(韓
述)이 중시(重試) 보러 서울 가는 길에 앞길을 지나다가 내가 있다
는 말을 듣고 들어와서 조문하고 갔다. 회(薈), 면(葂), 울, 해, 분,
완과 주부(主簿) 변존서들이 함께 천안까지 따라왔다. 원인남(元
仁男)도 보러 왔기에 작별한 뒤 말에 올랐다. 일신역(日新驛 : 공주
군 장기면 신관리)에 이르러 잤다. 저녁에 비가 뿌렸다.

(p.310, 10행~p.311, 4행)

초5일　(을미) 맑음. 새벽 꿈이 매우 어지러웠다. 아침에 부사가 보러 왔
　　　　었다. 늦게 충청 우후 원유남(元裕男)이 한산(閑山)에서 와서 원
　　　　공(균)의 못된 짓을 많이 전하고, 또 진중의 장졸들이 모두 다 배
　　　　반하므로 앞으로 일이 어찌될지 알 수 없으리라고 하였다. 이 날
　　　　은 단오절인데, 천 리 밖에 멀리 종군하여 어머님 영연을 멀리 떠
　　　　나 장례도 못 모시니 무슨 죄로 이런 갚음을 당하는고. 나와 같은
　　　　사정은 고금을 통하여 짝이 없을 것이니 가슴이 찢어지는 듯 아
　　　　프다. 다만 때를 못 만난 것을 한탄할 따름이다.

(p.314, 21행~p.315, 5행)

　여기에서는 이성(理性)을 되찾는 모습을 보여준다. 자신의 억울한 옥살이·
어머니의 객사·영연도 모시지 못하는 종군 등 북받치는 감정으로 차라리 죽
는 것만 같지 못하다는 생각을 가지게 됐었다. 그러나 곰곰히 생각해 볼 때 자
신이 감당해야 할 일은 너무나 많았다. 가까이는 자기만 쳐다보고 있는 처자가
있었고 크게는 전쟁과 나라가 그의 손을 기다리고 있었다. 그는 이를 외면할
졸장부는 아니었다. 그래서 자신의 위상을 냉철히 살피고 가다듬은 나머지 차
라리 죽는 것만 같지 못하다는 푸념은 다만 때를 못 만난 사람으로 파악돼 나
온다. 흥분은 가라앉고 현실로 돌아온 것이다.

11일　(경오) 맑음. 중복날이라 쇠라도 녹일 것 같고 땅은 찌는 듯했다.
　　　늦게 명나라 차관(差官) 경략(經略) 규문에 있는 이문경(李文卿)이

보러 왔으므로 부채를 선물로 주어 보냈다. 어제 저녁 종사관과
이야기할 때 변홍백(卞興伯)의 종 춘(春)이 집 편지를 가지고 와서
어머님 영연(靈筵)이 평안하신 줄은 알았으나, 쓰라린 회포야 어
찌 다 말하랴. 그런데 홍백(興伯)이 나를 만나러 여기까지 왔다가
그냥 청도(淸道)로 돌아갔다 하니 참말 섭섭하다. 이날 아침 편지
를 써서 홍백에게 보냈다.

(p.327, 18행~p.328, 7행)

26일   (을유) 맑음. 새벽에 순천의 종 윤복(允福)이 현신하기에 곧 곤장
     50대를 때렸다. 거제서 온 사람이 돌아갔다. 늦게 중군장(中軍將)
     이덕필(李德弼)과 변홍달(卞弘達), 심준(沈俊)들이 보러 왔었다. 황
     종사관이 개벼루(犬硯) 강가의 정자에 나왔다가 돌아갔다. 어응린
     (魚應麟), 박몽삼(朴夢參)들이 보러 왔었다. 아산 있는 종 평세(平
     世)가 들어와서 어머님 영연(靈筵)이 평안하시고 각 집 상하가 모
     두 무사하다고 한다. 다만 석 달이나 가물어 농사는 틀려 가망도
     없다는 것이다. 장삿날은 7월 27일로 했다가 다시 8월 초4일로 택
     일했다고 한다. 그리운 생각 슬픈 정회를 어찌 다 말하랴.

(p.334, 6행~15행)

초9일   (무자) 맑음. 내일은 열을 아산(牙山)으로 보내려고 제사에 쓸 과
     물을 감봉(監封)했다. 늦게 윤감(尹鑑), 문보(文珤)들이 술을 가지
     고 와서 열과 변 주부(卞主簿 : 존서 - 存緖)에게 작별술을 권하고
     돌아갔다. 이날 밤 달빛이 대낮 같아 어머님 그리는 슬픔과 울음
     으로 밤이 깊도록 잠들지 못했다.

(p.339, 2행~6행)

이처럼 자식의 도리를 제대로 못한 죄책감에 사로잡혀 있을 뿐 아니라 사후
(死後)의 영연(靈筵)조차도 모시지 못하는 신세를 탄(嘆)하고 있다. 전시(戰時)에
다 옥살이까지 그의 어머니를 향한 정성은 어쩔 수 없이 미진할 수밖에 없었던
것이다. 신성혼정(晨省昏定)은 엄두도 낼 수 없음을 잘 알면서도 졸지에 어머니
를 잃은 아픔은 가시지 않는다. 작자는 신명(身命)이 다할 때까지 불효라는 의
식에서 헤어나지 못했음은 말할 것도 없다. 못 다한 자식의 도리를 한(恨)하는
일관된 효(孝)의 상(像)을 그는 보여주고 있다.

5) 애(愛)

  여기서는 가장(家長)으로서의 작자의 가족애의 실상을 더듬어 그의 또 다른 인간적인 측면을 살피고자 한다. 처자에 대한 사랑과 양육의 의무는 어느 범부(凡父)라도 등질 수 없는 것이 천리(天理)라 하겠다. 그런데 작자는 이와 같은 천리를 제대로 완수할 수 없었음은 그의 신분상 나아가 당시가 전시라는 역경 때문에 불가항력이었다. 따라서 가장으로서의 안타까운 마음을 지니게 되는 것은 당연한 일이다. 그래서 이러한 아쉬움은 일반적으로 가족간을 가로막고 있는 전쟁이라는 사태가 걷히게 되면 어느 정도 해결될 수 있는 안타까움이라는 것이겠다. 그러나 본 일기에 나타난 작자의 안타까움이란 그러한 정도를 훨씬 넘어섰다고 보이는 것이다. 전시인지라 죽음을 연상하는 것이 오히려 당연한 일이었는지도 모른다. 또한 모당(母堂)의 사후라 더 그랬는지도 모르겠으나 그의 안타까움은 때로는 처절하기도 하고 때로는 극한적이기까지 하다. 마치 머지않아 전사할 것을 예견이라도 한 듯 심약한 모습을 보이고 있다. 꿈이나 점괘에 의지해서 사리(事理)나 국면(局面)의 추이(推移)를 풀어보려는 데서도 잘 나타날 뿐 아니라 그에 따라 일희일비(一喜一悲)하는 모습조차 나타내고 있는 것이다. 이번 전쟁에는 작자 외에 그의 아우 여필(汝弼)과 조카들 그리고 작자의 모든 아들이 다 참여하고 있어 과연 이 가문과 국가가 공동운명의 관계에 있는 것처럼 보일 정도이다. 그러면 처자에 대한 안타까움이 어떻게 발산되었는가를 보기로 한다.

>   아들의 편지가 왔는데 잘 돌아갔다고 했다. 또 아내의 편지에는 아들 면(葂)이 더위를 먹어 앓는다고 했다. 괴롭고 답답한 일이다.
>
> (p.140, 14행~16행)

>   17일 (갑자) 맑음. 늦게 우수사와 충청 수사가 와서 조용히 이야기하였다. 탐선이 들어왔는데, 어머니께선 평안하시나 면은 아주 많이 아프다고 하였다. 지극히 가슴 아픈 일이다.
>
> (p.140, 19행~21행)

  이와 같은 경우는 본 일기에서 무수히 대한다. 병뿐만이 아니라 왕래에도 기

나치다고 할만큼 신경을 쓰고 염려하고 있다. 전시 하에서 나타날 수 있는 부정
(父情)이기도 하지만 다른 장정들과 어깨를 나란히 하여 전투에 참여하고 있는
성인들임을 생각할 때 세심하다는 느낌을 지울 수가 없다.

> 27일   (임신) 맑음. 우수사가 가리포, 장흥, 임치, 우후(이몽구—李夢龜)
>   및 충청 우후와 함께 와서 활을 쏘았다. 흥양이 술을 내놓았다.
>   아침에 울(蔚)의 편지를 보니 아내의 병이 중하다 했기로 회(薈)
>   를 내어 보냈다.
>
> (p.158, 7행~10행)

　　이날 아침 탐선이 들어왔는데, 아내의 병세가 아주 위중하다는 것이었으
니 벌써 생사간 결말이 났을지도 모른다. 나랏일이 이에 이르렀으니 다른
일에 생각이 미칠 수 있으랴마는 세 아들 딸 하나가 어떻게 살아갈꼬. 아프
고 괴롭구나. 김양간(金良幹)이 서울로부터 영의정(유성룡)의 편지와 심충
겸(沈忠謙 : 병조판서)의 편지를 가지고 왔는데, 분개한 뜻이 많이 적혀 있
었다. 원 수사의 일은 참으로 해괴하다. 날더러 머뭇거리며 앞으로 나가지
않는다 했다니 이는 천고에 탄식할 일이다. 곤양(昆陽)이 병으로 돌아갔는
데, 보지 못하고 보내서 더욱 유감스러웠다. 밤이 들면서 심사가 산란하여
잠을 이루지 못했다.

(p.159, 5행~15행)

> 초1일   (병자) 맑음. 앉았다 누웠다 잠을 못 이루고 촛불을 켠 채 뒤척이
>   며 지새었다. 이른 아침 세수하고 고요히 앉아 아내의 병세에 대
>   해 점을 쳤더니, 「중이 환속(還俗)하는 것 같다」(如僧還俗)는 괘를
>   얻고 다시 쳤더니 「의심이 기쁨을 얻은 것과 같다」(如疑得喜)는
>   괘를 얻었다. 아주 좋다. 또 병세가 나아갈 것인지 어떤지에 대해
>   서 쳐보니, 「귀양 땅에서 친척을 만난 것 같다」(如謫見親)는 괘였
>   다. 이 역시 오늘 중에 좋은 소식을 받을 징조였다. 순무사 서성
>   (徐渻)의 서류과 장계가 들어왔다.
>
> (p.159, 17행~p.160, 7행)

　　아내의 병세가 위중한 지가 오래되었는데도 불구하고 가보지 못하는 안타까
움이 절절하지만 "벌써 생사간 결말이 났을지도 모른다"는 대목은 애틋한 심정
을 넘어 더할 수 없는 한계점에 도달했음을 나타내 보인다. 언제 죽을지 모르는
몸인지라 에미라도 살아 자식들을 돌봐야 하는데 "세 아들 딸 하나는 어떻게

살꼬” 하며 통곡까지 하는 지경에 이르러서는 이미 이 자식들은 고아가 돼있는 것이다. 너무 앞서 나가는 아픔이며 괴로움으로 보인다. 이미 결단나 버린 가정이라는 인상을 지울 길 없다. 작자는 답답한 일을 당할 때는 자주 점을 치고 있다. 그래서 위로를 받을 때도 있고 그렇지 않을 때도 있었다. 이번에도 아내의 병이 호전될 것이라는 점괘가 나와 “좋은 소식을 받을 징조”로서 위안을 받았고, 다음날 차도가 있다는 연락을 받는다. 마음껏 거두지 못하는 처자들을 볼 때 이 용장의 마음도 흔들리지 않을 수 없었던 것은 아니었을까.

16일   (무자) 흐리되 비는 오지 아니했다. 아침에 탐선이 들어왔는데 어머님은 평안하시다 하고 아내는 불난리로 심신이 많이 상해서 천식이 더해졌다고 했다. 걱정이다. 비로소 해들이 잘 간 것만은 알았다. 활 20순을 쏘았는데 권 동지가 잘 맞혔다.

(p.199, 23행~p.200, 3행)

초4일   (기해) 맑았으나 동풍이 크게 불었다. 회(薈)는 면(葂), 완(莞 : 조카)들과 함께 아내의 생신 헌수잔(獻壽盃)을 드리기 위해 떠나갔다.

(p.285, 16행~18행)

14일   (신미) 맑음. 새벽 2시쯤 꿈에 내가 말을 타고 언덕 위를 가다가 말이 헛디디어 내(川) 가운데 떨어지긴 했으나 거꾸러지지는 않았는데 끝의 아들 면(葂)이 엎디어 나를 안는 것 같은 형상을 보고 깨었다. 무슨 조짐인지 모르겠다. 늦게 배 조방장과 우후 이의득(李義得)이 보러 왔다. 배(裵)의 종이 경상도로부터 와서 적의 정세를 전하였다. 황득중들이 와서 보고하기를, 「내수사(內需司)의 종 강막지(姜莫只)라는 자가 소를 많이 치기 때문에 12마리를 끌어간 것이라」고 하였다. 저녁에 어떤 사람이 천안(天安)서 와서 집안 편지를 전하는데, 봉함을 뜯기도 전에 뼈와 살이 먼저 떨리고 정신이 혼란해졌다. 겉봉을 대강 뜯고 열(悗 : 둘째 아들)의 글씨를 보니 거죽에 「통곡」 두 자가 씌어 있어 면(葂)의 전사를 알고 간담이 떨어져 목놓아 통곡하였다. 하늘이 어찌 이다지도 인자하지 못하시는고. 간담이 타고 찢어지는 것 같다. 내가 죽고 네가 사는 것이 이치에 마땅한데, 네가 죽고 내가 살았으니 이런 어긋한 일이 어디 있을 것이냐. 천지가 깜깜하고 해조차도 빛이 변했구나. 슬프다 내 아들아. 나를 버리고 어디로 갔느냐. 남달리 영특하기로 하늘이 이 세상에 머물러 두지 않는 깃이냐. 내가 지은

죄 때문에 앙화가 네 몸에 미친 것이냐. 내 이제 세상에 살아 있
은 들 누구에게 의지할 것이냐. 너를 따라 같이 죽어 지하에서 같
이 지내고 같이 울고 싶건마는 네 형, 네 누이, 네 어머니가 의지
할 곳이 없으므로 아직은 참고 연명이야 한다마는 마음은 죽고
형상만 남아 있어 울부짖을 따름이다. 하룻밤 지내기가 1년 같구
나. 9시께 비가 내렸다.

(p.377, 2행~p.378, 3행)

아내는 건강을 겨우 회복했으나 뜻밖의 막내아들의 전사 소식에 접한다. 이
소식을 받기 전날 밤에 낙마(落馬)한 자기를 엎디어 안는 것 같은 형상을 한 막
내 면(葂)의 꿈을 꿨으나 해몽이 되지 않아 떨떠름하던 차였다. 예조(豫兆)였던
가 편지의 봉함을 뜯기도 전에 "뼈와 살이 먼저 떨리고 정신이 혼란해"졌다.
"거죽에 '통곡' 두 자가 씌어있어 면(葂)의 전사를 알고 간담이 떨어져 목놓아
울었다"는 것이다. 그리고 하늘에 대한 원망으로 시작하여 그 아들의 영특한
자질을 짚고 자책(自責)으로 이어진다. 면(葂)은 노후의 의지처(依支處)였고 사는
보람이기도 했다. 작자의 생명과 맞바꿔도 아깝지 않은 아들이었다. "내가 죽고
네가 사는 것이" 순리(順理)인데, 이런 이치가 여반장으로 어긋나 버리는 현실
에 망연자실한다. 통곡하는 경지를 넘어서 얼은 다 빠지고 형상만 남아 울부짖
는 처연(悽然)한 부정(父情)이다. 열 손가락을 깨물어서 아프지 않은 손가락이
있을까마는 "너를 따라 같이 죽어 지하에서 같이 지내고 같이 울고 싶다"는 이
절통함은 아마도 노모의 죽음과 더 살아야 할 어린 싹이 매정하게 잘린 아쉬움
의 상승작용에 유래됨이 아닐까 한다. 이와 같은 연이은 불상사에 진이 마르고
애간장이 탄다. 우리는 여기에서 눈물 많고 여리고 세심하며 혼줄이 빠지고 기
죽은 용장 아닌 애앓이 하는 범부(凡父)인 이순신을 대하게 된다. 모든 희망을
한꺼번에 잃은 듯한 그의 아픔은 쉽게 가시지 않는다.

15일   (임신) 종일 바람과 비. 누웠다 앉았다 하면서 종일 뒹굴었다. 여
　　　　러 장수들이 위문하러 오니 어떻게 얼굴을 들고 대하랴.

(p.378, 4행~5행)

16일   (계유) 맑음. 우수사와 미조항 첨사(彌助項僉使: 김응함)를 해남으
　　　　로 보냈다. 해남 원 유형(柳珩)도 보냈다. 나는 내일이 끝의 아들

> 의 부음을 들은 지 나흘째 되는 날인데 마음놓고 울어보지도 못
> 했으므로 염한(鹽干) 강막지(姜莫只)의 집으로 갔다.
>
> (p.378, 9행~12행)

> 17일   (갑술) 맑았으나 종일 큰바람이 불었다. 새벽에 흰 띠를 띠고 향을
> 피우고 곡했다. 비통함을 어찌 참으랴. 우수사가 보러 왔다.
>
> (p.378, 17행~19행)

위문 오는 아래 장수들의 눈을 피해 실컷 울 수 있는 장소를 찾아간다. 그래
서 "흰 띠를 띠고 향을 피우고 곡을" 하고 있다. 쓰린 가슴을 풀고 있는 것이다.
여기서도 그의 가없는 처자 사랑의 일관된 모습이 보인다.

> 19일   (병자) 맑음. 새벽에 고향집의 종 진(辰)이 내려왔기에 죽은 아들
> 을 생각하여 통곡하는 꿈을 꾸었다. 늦게 조방장과 경상 우후가
> 보러 왔다. 백 진사(白進士 : 백진남—白振男)가 보러 왔다. 임계형
> 이 보러 왔다. 김신웅(金信雄)의 아내, 이인세(李仁世), 정억부(鄭
> 億夫)를 붙잡아 왔다. 거제, 안골포, 녹도, 웅천(金忠敏), 제포, 조
> 라포(助羅浦), 당포(唐浦)와 우후가 보러 왔다. 적을 잡은 공문을
> 가져와 바쳤다. 윤건(尹建)들 형제가 적에게 붙었던 자 2명을 붙
> 잡아 왔다. 어둘 무렵에 코피를 되 남짓이나 흘렸다. 밤에 앉아
> 생각하고 눈물짓고 하였다. 어찌 다 말하랴. 이제는 영령이라 불
> 효가 여기까지 이를 줄을 어떻게 알았으랴. 비통한 마음 가슴이
> 찢어지는 듯하여 누를 길이 없다.
>
> (p.379, 1행~12행)

노모를 피난길에서 돌아가시게 한 망극함과 어린 자식을 앞세운 허전함은
곧 불효, 불자(不慈)라는 응어리로 가슴에 남아 이와 같이 그의 심신을 깎고 있
는 것이다. 그래서 그는 배 밑창 방에 웅크리고 앉아있는 날이 많아졌고 하루해
를 지냄이 일년같이 지루할 때도 많아졌던 것이다.

이상에서 작자의 나라 사랑과 가족 사랑의 실상을 보았다. 나라를 사랑하되
목숨을 바치기까지 그는 진충(盡忠)했다. 그는 효가 충보다 앞서지는 않았지만
그렇기 때문에 언제나 아쉬웠다. 강한 어머니의 손에 충을 몸에 익히면서 자랐
으므로 언제나 어머니는 정신적인 지주이기도 했다. 처자에 대한 사랑은 남다
른 바가 있었으나 언제나 미흡했고 거기에는 작자의 인간적인 수안(素顔)이 드

러나 보인다.

 작자의 이와 같은 사랑의 실천은 조금도 흔들림 없이 본 일기 속에 하나의 심정의 주류로서 일관성을 지니고 있는 것이다. 전쟁이 싫고 진력이 나서 꾀를 부린다든지 구명도생(救命圖生)이란 외도(外道)로서 꿈에도 생각할 수 없었으며 오히려 그는 전쟁수행의 당사자로 자처했으며 가족사랑에 있어서도 그는 애끓이를 할 정도로 지극했던 것이다.

 이상에서 그의 충·의·신과 효·애를 보았다. 이것은 싸움터에서 보여준 작자의 두 가지 측면이다. 전(前) 삼자(三者)는 군인으로서요 후(後) 이자(二者)는 노모를 모신 가장으로서 이다. 전자는 크게 보아 공인(公人)으로서의 모습이고 후자는 사인(私人)으로서의 모습이다. 이번 싸움의 내막은 충·의·신과 효·애의 오자(五者)에 의해 구체적으로 드러난다. 다시 말해서 그가 담당한 적은 불충(不忠)이요 불의(不義)이며 불신(不信)이었고 또 극복해야 할 대상이 불효(不孝)였고 불자(不慈)였다고 하겠다. 주적(主敵)은 왜군이었다. 이 대적을 몰라내기 위하여 목숨을 걸어야 했다. 이에 등을 돌리는 장졸들이 없지 않았지만 작자는 의연(毅然)히 적을 무찌르다 전사했으니 그에게는 불충이란 생각할 수도 없는 일이다. 또한 그는 불의와 싸우다 옥살이까지 해야 했고 조야(朝野)에 신망을 한 몸에 지니고 있었다. 말하자면 불의와 불신이 왜적과의 대적에 적잖은 차질을 가져오게 했던 것이다. 즉 이 싸움은 주적(主敵)인 왜군과 해이해진 국내의 기강(紀綱)·도덕률과의 대결이었다고 하겠다. 왜군이 주적(主敵)이었다면 국내의 이와 같은 상황은 결과적으로 종적(從敵)의 기능을 담당했다고도 할 수 있을 것 같다. 또한 앞에서 작자를 충의 화신이라고 말하였다. 그런데 이제 그의 효에 있어서도 같은 말을 되풀이하지 않을 수 없겠다. 싸움터에서도 그는 어머니를 잊은 적이 없고 틈이 나면 곧 어머니에게로 달려갔다. 끔찍하게도 어머니의 객사(客死), 부인의 중환(重患), 막내아들의 전사 등 외견상으로는 불효·불자(不慈)로 보이나 이는 모두 전시라는 불가항력적인 사태에서 연유된 것들이다. 그래서 그의 설움은 쌓이고 쌓였다. 억누를 길 없어 장병들의 눈이 닿지 않는 조용한 곳을 찾아갔다. 흰 띠를 띠고 향을 피우고 곡을 하고 있다. 피를 토하며 일주야(一晝夜)를 울었다. 대장부의 통곡이었다. 불충·불의·불신과 싸우노라 분노를 느꼈다면 불효·불자(不慈)를 견디노라 한(恨)이 서렸었다. 전 삼자와 후

이자의 구분을 명확히 하기는 어려우나 전자는 아무래도 공인으로서의 느낌이 더 짙다고 하겠고 후자는 사인으로서의 느낌이 짙다고 할 수 있을 것 같다. 공분(公憤)과 사정(私情) 이것이 작자의 두 가지 측면의 상징이다. 그러나 그는 선공후사(先公後私)였으니 그의 서릿발같은 무혼(武魂) 뒤에 따스한 인정이 가리워져 있었던 것으로 보여진다.

이제까지 작자의 전투상(戰鬪相)을 보아왔다. 그는 충·효·신에 투철했고 효·애에 지극했다. 싸움터에서는 엄정(嚴正)했으나 가정에서는 자애(慈愛)가 넘쳐난 것으로 보인다. 그는 이 5자(者)를 싸움터에 있으면서 실천에 옮긴 것이다. 그러면서 오히려 미진해서 안타까웠다. 그에게 있어 이 5자(者)는 완수해야 할 목표인 동시에 생활의 덕목이었다. 그의 몸에 배다시피한 이 덕목의 배경을 찾는다면 말할 것도 없이 오륜(五倫)에 근거한다고 하겠다. 이 5자를 보자마자 상기되는 것은 인의예지(仁義禮智)요 효제충신(孝悌忠信)으로서 하나하나 풀지 않아도 모두가 공감하는 상식일 것이다. 이와 같은 오륜사상(五倫思想)이 생활화하여 덕목으로 나타난 것으로 보여진다. 그런 의미에서 그는 충장(忠將)이요 용장(勇將)인 동시에 또한 덕장(德將)으로 불러도 무방하리라고 생각된다. 7년간의 그의 생활터전은 전장(戰場)이었다. 크게 묶어서 그가 이 싸움에서 느낀 것은 분노와 원한이었다. 그의 일기는 전투의 상황이 주내용이지만 분노와 원한이 서린 심정의 피력도 만만치가 않다. 전투상은 기록으로 남을 것이지만 그의 심정은 체험의 정서로서 내적 자아의 모습을 드러낸다. 곧 기록성과 자조성(自照性)이다. 전투의 상황을 기술하면서 정서의 발산을 본 것이겠다. 다시 말해서 사실의 기술에서 침출된 정서이다.

8. 집필의식(執筆意識)

기술한 일기의 양상을 보면 완결된 하루가 단위가 되어서 계속 이어나간다. 도중에 중단된 데가 많다. 그리고 하루의 기술은 날짜·간지(干支)·날씨 그리고 일과의 정리로 끝난다. 간혹 날짜만 쓰고 아무 기록도 없는 날이 있는가 하면 간지나 날씨가 빠진 날도 있다. 이제 기술된 양상을 보기로 한다.

13일   (임인) 맑음. 동헌에 나가 공무 본 뒤에 활 15순을 쏘았다.

(p.31, 4행)

14일   (계묘) 맑음. 동헌에 나가 공무 본 뒤에 활 10순을 쏘았다.

(p.31, 5행)

가장 짧은 기술이며 내용은 단조로운 하루가 사무를 처리하듯 정리되었다. 무료(無聊)한 듯하나 흐트러지지 않은 군인의 모습을 보여준다. 전장에서의 평범한 일상성이 보일 뿐이다. 전장이라고 해서 날마다 전투가 계속되는 것은 아니기 때문이다.

초7일   (무인) 흐리되 비는 오지 아니했다. 경상 수사(권준)와 두 조방장과 충청 수사(선거이)가 왔다. 방답, 사도들에게 명령하여 편을 갈라 활을 쏘게 했다. 경상 우병사(김응서)에게 온 유서에 「나라의 재앙이 참혹하고 사직의 원수가 남아 있어 신의 부끄러움과 사람의 원통함이 천지에 사무쳤건만 아직도 깨끗이 쓸어버리지 못하고 원수와 함께 한 하늘을 이고 있으니 무릇 혈기를 가진 자로서 어느 누가 팔을 부르걷고 마음을 썩히면서 그놈의 살을 산적 뜨고자 아니하랴. 그런데 그대는 원수와 마주 진치고 있는 장수로서 조정의 명령도 없이 함부로 적과 대면하여 감히 무리한 말을 뇌까리고, 또 자주 사사로이 편지를 통하여 현저히 놈들을 높이고 또 거기 애교를 보이는 일이 있을뿐더러 서로 화친하자는 것을 말하여 저 명나라 조정에까지 들러서 부끄러움을 끼치고, 흔단을 열어 놓기에 조금도 꺼림이 없이 했으니 군법에 붙여도 모자랄 게 없건마는, 오히려 너그러이 용서하고서 돈독히 타이르고 책망하여 경고하기 분명히 했었다. 그랬으나 고집을 더 세우고 스스로 죄구덩이로 빠져 들어가니 나 보기에는 못내 해괴하기도 하고 또 그 까닭을 알 수가 없다. 그래서 이제 비변사(備邊司) 낭청 김용(郎廳金涌)을 보내어 구두로 내 뜻을 전하니 그대는 마음을 고쳐 정신을 가다듬어 후회할 일을 끼치지 말라」하였다. 이것을 보니 황송함을 이길 길이 없다. 김응서란 어떤 사람이기에 스스로 회개하여 다시 힘쓴다는 말을 듣지 못하겠는고. 만일 쓸개 있는 자라면 반드시 자결이라도 할 일이다.

(p.209, 3행~p.210, 2행)

편을 갈라 활쏘기, 왕이 경상 우병사(右兵使) 김응서에게 보낸 유서(諭書) 그리고 소감으로 이루어졌다. 이 유서를 싣는 바람에 길어졌다. 우병사 김응서는 부끄러움도 모르는 것 같다는 가벼운 터치로 마무리됐다. 유서가 비중 높게 다루어졌다. 그러나 전장의 일상성을 깰 만큼 큰 충격을 준 것은 아닌 것 같다.

16일   (갑진) 맑음. 이른 아침에 특별 정찰 부대가 보고하기를 「적선이 수효를 알 수 없도록 많이 명량(鳴梁)으로 해서 곧장 우리가 진치고 있는 곳으로 향해 들어온다」고 하였다. 곧 여러 배에 명령하여 닻을 올려 바다로 나가니 적선 1백 30여 척이 우리 배들을 에워쌌다. 여러 장수들은 적은 군사로 많은 적을 대적하는 것이라 스스로 낙심하고 모두 회피할 꾀만 내는데 우수사 김억추가 탄 배는 벌써 2마장 밖에 가 있었다. 나는 노를 바삐 저어 앞으로 돌진하며 지자(地字), 현자(玄字) 등 각종 총통을 마구 쏘니 탄환은 폭풍우같이 쏟아지고 군관들이 배 위에서 총총히 들어서서 화살을 빗발처럼 쏘니 적의 무리가 감히 대들지 못하고 나왔다 물러갔다 하였다. 그러나 여러 겹으로 둘러싸여서 형세가 어찌될지 알 수 없어 온 배에 있는 사람들이 서로 돌아다보며 얼굴빛이 질렸다. 나는 조용히 타이르되, 「적선이 비록 많다 해도 우리 배를 바로 침범치 못할 것이니 조금도 마음을 동하지 말고 다시 힘을 다해서 적을 쏘아라」하고 여러 장수의 배들을 돌아보니 먼바다에 물러가 있는데, 배를 돌려 군령을 내리자 해도 적들이 더 대어들 것이라 나가도 돌아서도 못할 형편이 되었다. 호각을 불어 중군에게 군령을 내리는 기(旗)를 세우라고 하고, 또 초요기(招搖旗)를 세웠더니 중군장(中軍將) 미조항 첨사(彌助項 僉使) 김응함(金應誠)의 배가 차츰 내 배 가까이 왔으며, 거제 현령(巨濟 縣令) 안위(安衛)의 배가 그보다 먼저 왔다. 나는 배 위에 서서 친히 안위를 불러 「안위야, 군법에 죽고 싶으냐, 네가 군법에 죽고 싶으냐? 도망간다고 어디 가서 살 것이냐」하니 안위도 황급히 적선 속으로 돌입했다. 또 김응함을 불러 「너는 중군(中軍)으로서 멀리 피하고 대장을 구원하지 않으니 죄를 어찌 면할 것이냐? 당장 처형할 것이로되 적세가 급하므로 우선 공을 세우게 한다」하였다. 그래서 두 배가 적진을 향해 앞서 나가자 적장이 탄 배가 그 휘하의 배 2척에 지령하여 일시에 안위의 배에 개미 붙듯 하여 서로 먼저 올라가려 하니 안위와 그 배에 탄 사람들이 죽을 힘을 다해서 혹은 모난 몽둥이로, 혹은 긴 창으로, 또 혹 수마석(水磨石) 덩이리

로 무수히 치고 막다가 배 위의 사람이 기진맥진하므로, 나는 뱃
머리를 돌려 바로 쫓아 들어가서 빗발치듯 마구 쏘아댔다. 적선
3척이 거진 다 엎어지고 자빠졌을 때 녹도 만호(鹿島 萬戸) 송여
종(宋汝悰)과 평산포 대장(平山浦 代將) 정응두(鄭應斗)의 배가 뒤
쫓아와서 합력해 쏘아 죽여 적은 한 놈도 몸을 움직이지 못했다.
투항한 왜인 준사(俊沙)는 안골(安骨) 있는 적진으로부터 항복해
온 자인데, 내 배 위에 있다가 바다에 빠져 있는 적을 굽어보더니
그림 무늬 놓은 붉은 비단 옷을 입은 자가 바로 안골 있던 적장
마다시(馬多時 : 내도통총－來島通總인가?)라고 말했다. 내가 무상
(無上 : 물긷는 군사) 김돌손(金乭孫)을 시켜 갈구리로 낚아 올린
즉 준사(俊沙)가 좋아 날뛰면서, 「그래 마다시다」하고 말하므로
곧 명령하여 토막토막 자르게 하니 적의 기운이 크게 꺾였다. 우
리 배들은 적이 다시 범하지 못할 것을 알고 일제히 북을 울리고
함성을 지르면서 쫓아 들어가 지자(地字), 현자(玄字) 대포를 쏘니
그 소리가 산천을 뒤흔들었고, 화살을 빗발처럼 쏘아 적선 31척
을 깨뜨리자 적선이 퇴각하고 다시는 우리 수군에 가까이 오지
못하였다. 싸움하던 바다에서 그대로 정박하고 싶었으나 물결도
몹시 험하고 바람도 역풍이라 형세 또한 위태롭고 외로워 당사도
(唐笥島 : 무안군 암태면－岩泰面)로 옮겨가서 밤을 지냈다. 이번
일은 참으로 천행이었다.

(p.369, 8행～p.371, 14행)

이미 여러 차례 본 가장 긴 기술로서 내용은 우수영대첩의 실전상(實戰相)이
다. 적선 133척과의 접전이 구체적으로 기록되었다. 수적으로 열세·낙심하고
회피할 꾀만 내는 분위기·그러나 자신은 전선(戰船)을 몰고 적진 속으로 뛰어
들어 적의 기세를 꺾음·머뭇거리는 장병들을 독려·군령기(軍令旗) 초요기(招
搖旗)를 내세우고 안위(安衛) 현령(縣令)과 김응함(金應諴) 첨사(僉使)에게 직접
명령·적군과 난투 중에 작자의 지휘선이 뛰어들어 '적선 3척 격침·송여종(宋
汝悰) 만호(萬戸)외 정응두(鄭應斗) 대장(代將) 등이 합세, 적진을 봉쇄·적장 馬
多時의 목을 자름·적 기세 꺾음·다시 판옥선(板屋船)으로 공격, 적선 31척 대
파(大破·적선 퇴각·역풍이라 당사도(唐笥島)로 옮겨 정박.' 이렇게 싸움은 힘
겨웠다. 마지막으로 묶은 말이 "이번 일은 참으로 천행이었다(此實天幸)"이다.
실력 이상으로 싸워 이긴 것이다. 정유년(1597) 9월 16일의 기술은 이렇게 응전
상(應戰相)으로 가득 채워져 있다. 숨가쁘게 적진 속을 휘젓고 다닌 지휘선의

활약이 돋보인다.

작자의 안위(安衛)·김응성(金應誠)에게 명령하는 대목·이들이 왜군과 접전하는 대목·적장 마다시(馬多時)의 시신을 확인하는 대목 등은 정확하고 생생하게 조명되어 생동감마저 인다. 즉시성(卽時性)·즉실성(卽實性)의 본보기인 동시에 전장의 일상성이 구체화된 날이었다. 이제까지의 기술에서 알려지는 것은 장단(長短)간에 그날 일어난 일을 남김없이 정리했다는 것이다. 전장의 일상성이 유지된 날이든 그렇지 못한 날이든 공무 처리·활쏘기·유서(諭書)·소감·전투상(戰鬪相) 등을 또박또박 가감 없이 써내고 있다.

이와 같은 이성적인 처리는 본 일기 거의 전반에 걸친 집필 자세라고 보여진다. 이와 같은 추세(趨勢) 속에 간간이 복받치는 설움을 토로한 대목이 나타난다.

14일   (신미) 맑음. 새벽 2시쯤 꿈에 내가 말을 타고 언덕 위를 가다가 말이 헛디디어 내[川] 가운데 떨어지긴 했으나 거꾸러지지는 않았는데 끝의 아들 면(葂)이 엎디어 나를 안는 것 같은 형상을 보고 깨었다. 무슨 조짐인지 모르겠다. 늦게 배 조방장과 우후 이의득(李義得)이 보러 왔다. 배(裵)의 종이 경상도로부터 와서 적의 정세를 전하였다. 황득중들이 와서 보고하기를, 「내수사(內需司)의 종 강막지(姜莫只)라는 자가 소를 많이 치기 때문에 12마리를 끌어간 것이라」고 하였다. 저녁에 어떤 사람이 천안(天安)서 와서 집안 편지를 전하는데, 봉함을 뜯기도 전에 뼈와 살이 먼저 떨리고 정신이 혼란해졌다. 겉봉을 대강 뜯고 열(悅 : 둘째 아들)의 글씨를 보니 거죽에 「통곡」 두 자가 씌어 있어 면(葂)의 전사를 알고 간담이 떨어져 목놓아 통곡하였다. 하늘이 어찌 이다지도 인자하지 못하시는고. 간담이 타고 찢어지는 것 같다. 내가 죽고 네가 사는 것이 이치에 마땅한데, 네가 죽고 내가 살았으니 이런 어긋한 일이 어디 있을 것이냐. 천지가 깜깜하고 해조차도 빛이 변했구나. 슬프다 내 아들아. 나를 버리고 어디로 갔느냐. 남달리 영특하기로 하늘이 이 세상에 머물러 두지 않는 것이냐. 내가 지은 죄 때문에 앙화가 네 몸에 미친 것이냐. 내 이제 세상에 살아 있은 들 누구에게 의지할 것이냐. 너를 따라 같이 죽어 지하에서 같이 지내고 같이 울고 싶건마는 네 형, 네 누이, 네 어머니가 의지할 곳이 없으므로 아직은 참고 연명이야 한다마는 마음은 죽고

형상만 남아 있어 울부짖을 따름이다. 하룻밤 지내기가 1년 같구
나. 9시께 비가 내렸다.

(p.377, 2행~p.378, 3행)

꿈 이야기 · 적의 정세 보고 · 소의 수색결과 보고 · 막내아들의 죽음으로 이
어졌다. 서로의 연결관계는 전혀 없으며 전반과는 달리 후반의 막내아들의 전
사(戰死) 대목에서 목이 메인다. 그러나 이성(理性)을 잃는 데까지는 이르지 않
는다. 마지막에 아침과 달라진 날씨를 기록하고 있다. 용의주도한 기술이다. 이
와 같은 경우는 어머니가 돌아가셨을 때에도 있어왔다.

> 13일　(계유) 맑음. 일찍 아침을 먹고 어머님을 마중하려고 바닷가로 가는
> 길에 홍 찰방(洪察訪) 집에 잠깐 들러 이야기하는 동안 울이 종 애
> 수(愛壽)를 들여보내어 「아직 배 오는 소식이 없다」고 했다. 또 들
> 으니, 황천상(黃天祥)이 술병을 들고 홍백(興伯)의 집에 왔다 하므
> 로 홍(洪)과 작별하고 홍백의 집에 이르렀더니, 조금 있다가 종 순
> 화(順花)가 배에서 와서 어머님의 부고를 전한다. 뛰쳐 나가 뛰며
> 궁그니 하늘의 해조차 캄캄하다. 곧 해암(蟹岩 : 아산군 인주면 해
> 암리)으로 달려가니 배가 벌써 와 있었다. 길에서 바라보는, 가슴
> 이 미어지는 슬픔이야 이루 다 어찌 적으랴(뒷날 대강 적었다).

(p.309, 2행~11행)

옥문을 나와 백의종군하는 길에 어머니의 죽음을 맞이한 것이다. 어머니를
마중 가는 도중에 홍찰방(洪察訪)을 만나고 황천상(黃天祥)의 술대접을 받고 그
리고는 종 순화(順花)에게서 어머니의 부음을 듣는다. 뛰쳐나가 궁글고 가슴이
메어진다. 그러나 역시 이성을 잃지 않았다.

마무리하는 말은 "이루 다 어찌 적으랴―(뒷날 대강 적었다) (……不可盡記
追錄草草)"이다. 이와 같은 설움은 군무 수행 중에 만난 사건이었다. 사정(私情)
을 풀 계재가 아니었던 것이다. 그래서 뒤로 미루는 장수(將師)의 처사 참으로
무인(武人)의 도리에 알맞는 현명한 감정처리가 아닐 수 없다. 이렇게 경황이
없는 가운데서도 특히 주목되는 것은 기술내용이 자세하다는 것 · 아침과 달라
진 저녁 날씨도 기술했다는 것 · 즉 자세를 흐트러뜨리지 않고 정확을 기했다
는 것 등이다.

이제까지의 기술에서 보여준 것은 다음과 같다고 하겠다.

① 이성적인 집필자세를 지녔다는 것
② 내용은 거의가 군무(軍務)이지만 사사(私事)도 곁들여졌다는 것
③ 군무의 기술은 상세하나 사정(私情)의 표출은 때와 장소를 가려서 조용히
   집행됐다는 것
④ 날짜·간지·날씨·중요사건 처리 등의 기술양식을 지녔다는 것
⑤ 하루의 과업을 남김없이 기술했다는 것 등이다.

이와 같은 기록상을 볼 때 다음과 같은 언급이 가능할 것 같다.
즉 일지(日誌)로서의 사명을 다했다는 것이다. 명암을 가리지 않고 하물며 사
정(私情)까지도 포함해서 하루의 과업을 낱낱이 기술한 유루(遺漏)없는 정확한
파악이 돋보인다 하겠다. 곧 그날 일은 그날 끝낸다고 하는 구체적 마감의식이
짙인다. 이 마감의식이야말로 본 일기를 날마다 기록하게 하는 동력(動力)인 동
시에 당일성(當日性)의 기저(基底)를 이룬다고 하겠다.

9. 몽사(夢事)

꿈의 정체가 밝혀지려면 아직도 많은 시일이 필요한 것 같아서 대단히 조심
스럽기는 하지만 본 일기에는 꿈을 근거로 해서 작자가 구체적인 행동을 취한
경우가 있다. 창작에 등장하는 인물의 경우라면 얼마든지 가능한 일이겠으나
작자는 나라의 위기를 책임진 장수의 신분이었던 데서 주목이 된다 하겠다. 꿈
에 대한 이야기가 전투상황과 나란히 기록되어 있는 것을 보아 그 진실성은 의
심되는 바가 없다. 꿈만이 아니라 복점(卜占)도 적잖이 다루어 일상에서 뿐 아
니라 전장(戰場)에서의 궁금증을 풀려했던 것으로 보여진다. 꿈을 근거로 해서
취한 작자의 행동은 무엇이 계기가 되었는지 또 전투에 어떤 영향이 있었는지
는 우리의 관심을 끌기에 충분하다고 본다. 그래서 여기서는 그러한 꿈의 위상
에 접근해 보고자 한다.

꿈에 대한 기술은 전부 38회로 나타나는데 그 중에는 하루 저녁에 두 가지 꿈을 꾼 경우가 4일이나 된다. 그러면 이제 38개의 꿈을 개괄해 본다.

(1) 어지러운 꿈 … 생각해 보니 처음에는 나쁜 것 같았으나 도리어 좋은 것이었다. (壬辰 8월 27일)

(2) 아들 얻은 꿈 … 포로 됐던 사나이를 얻을 징조(癸巳 7월 29일)

(3) 대궐에서 영의정과 왕의 피난생활 등에 대한 이야기・탄식 그리고 적의 형세 벌써 끝났다고 … 좌우인(左右人)의 운집(雲集)으로 꿈을 깨었다. (8월 1일)

(4) 적의 형적이 있으므로 출진(出陣). (8월 25일)

(5) 눈 하나 먼 말을 보다. 무슨 징조인지 모르겠다. (甲午 2월 3일)

(6)-1. 좋은 말을 타고 첩첩산중으로 올라가 산마루에 자리잡으려다 깨었다. 무슨 징조인지 모르겠다. (2월 5일)

(6)-2. 미인이 혼자 앉아 손짓하는데 소매를 뿌리치고 응하지 않았다. 우스운 꿈이다. (2월 5일)

(7) 머리를 풀고 크게 울다. 좋은 꿈이라 한다. (7월 27일)

(8) 부안(扶安) 사람(公의 妾)이 아들 낳다. 달수로 보아 아기 낳을 달이 아니므로 꿈이지만 쫓아버리다. (8월 2일)

(9) 아들을 낳았는데 경(庚)의 모(母)가 아들 낳을 징조였다. (9월 16일)

(10)-1. 바다의 섬들이 달려가다 내 앞에서 주춤 서는데 그 소리가 우뢰 같아 모두 달아나고 나만 구경하다. 참으로 장쾌했다. 이는 왜놈이 화친을 애걸하고서 자멸할 징조였다. (9월 20일)

(10)-2. 내가 준마(駿馬)를 타고 완행(緩行), 이는 왕의 부르심을 받을 징조이다. (9월 20일)

(11) 두 개의 상서로운 꿈 꾸다. (10월 10일)

(12) 왜가 항복을 빌면서 육혈총통(六穴銃筒) 5자루와 환도(環刀)를 바친다. 말을 전하고 가는 사람은 김서신(金書信)이라 하는데 그 항복을 받아드리기로 하다. (10월 14일)

(13) 이상한 모양을 한 영의정과 관(冠)을 벗은 내가 민종각의 집에서 이야기

하다가 깨었다. (11월 8일)

(14) 순변사(巡辺使) 이일(李鎰)에게 그의 음행(淫行)과 무기건(武器件) 등을 항
의하니 아무 대답도 아니하다. 기지개를 켜다가 깨었다. (11월 25일)

(15) 영의정과 앉았다 누웠다 하면서 나라 걱정하고 억울한 일까지 털어놓았
다. 우중(雨中)인데도 흩어지지 않고 왕의 피난길을 걱정했다. 글자 점(占)
을 던져 보았다. (丙申 1월 12일)

(16) 난 지 대여섯 달밖에 안된 어린애를 안았다가 내려놓았다. (6월 3일)

(17)-1. 어떤 사람이 화살을 멀리 쏘았다. 복점(卜占)해 보니 적들이 멀리 도
망갈 징조이다. (7월 10일)

(17)-2. 어떤 사람이 갓을 발로 차서 부쉈다. 복점(卜占)해 보니 적의 괴수를
모두 잡아 없앨 징조였다 (7월 10일)

(18) 꿈이 매우 어지러웠다. (丁酉 5월 5일)

(19)-1. 돌아가신 두 형님이 울면서 장례 걱정하시다. 이는 형님의 혼령이 천
리 밖까지 따라오셔서 애달파하심이다. (5월 6일)

(19)-2. 남원(南原)의 추수감독을 형님이 걱정하시다. 무슨 뜻인지 모르겠다.
(5월 6일)

(20) 사나운 범을 잡아 껍질을 벗겨 휘두르다. 무슨 징조인지 모르겠다. (5월
8일)

(21) 덕(德)·율온(栗溫)·대(臺)들이 나를 보고 퍽 좋아하다. (6월 21일)

(22) 꿈자리가 매우 뒤숭숭하다. (6월 28일)

(23) 꿈에 윤삼빙을 만났는데 귀양간다고 했다. (7월 6일)

(24) 원공(元公)과 한자리에 앉았는데 내가 원공보다 윗자리에 앉아 음식상을
받자 원공이 즐거운 기색을 보이다. 무슨 징조인지 모르겠다. (7월 7일)

(25) 체찰사와 함께 한 곳에 이르니 송장들이 널렸는데 혹은 밟고 혹은 목을
베기도 했다. (7월 14일)

(26) 임금의 명령을 받들 징조가 있었다. (8월 2일)

(27) 이상한 꿈이다. 임진(壬辰)년 승전(勝戰)할 때의 꿈과 대강 같았다. 무슨
징조인지 모르겠다. (9월 13일)

(28) 신인(神人)이 나타나 가르쳐주다. 이렇게 하면 이기고 이렇게 하면 진다

고……. (9월 15일)

(29) 우의정(右議政)과 조용히 이야기하다. (10월 13일)

(30) 말 타고 언덕 위를 가다가 냇가로 떨어지는 나를 막내아들 면(葂)이 끌어
   안는 형상을 보고 깨었다. 무슨 징조인지 모르겠다. (10월 14일)

(31) 자정에 꿈을 꾸었다. (10월 18일)

(32) 죽은 아들을 생각하여 통곡하는 꿈을 꾸었다. (10월 19일)

(33) 자정께 면(葂)이 죽는 꿈을 꾸고 슬피 울었다. (11월 7일)

(34) 새벽 2시에 꿈에 물에 들어가 고기를 잡았다. (11월 8일)

이것을 보면 을미(乙未)년에는 꿈에 관한 기록이 보이지 않고 정유(丁酉)년에
는 17개로 가장 많다. 을미년은 전투가 소강상태(小康狀態)에 들었던 때였고, 정
유년은 왜의 재침(再侵)으로 격전이 되풀이되고 모(母)의 타계(他界)와 아들의
전사(戰死) 등 굴곡이 심했던 해였다. 그런데 이와 같은 꿈의 내용을 기술한 양
상은 참으로 다양하지만 대체로 다음과 같이 네 가지로 추려볼 수 있겠다.

1) 꿈의 양상

가. "무슨 징조인지 모르겠다"로 끝난 것   7편(篇)

   (임자) 맑음. 새벽에 꿈을 꾸었는데, 눈 하나가 먼 말을 보았다. 이 무슨
징조인지 모르겠다.

(p.110, 14행~15행, 甲午 2월 2일)

나. 가부간(可否間)에 단정을 내린 것   15편

   (을미) 새벽에 바람은 그치지 않으나 비는 잠깐 들었다. 홀로 앉아 간밤
꿈을 생각해 보니, 바닷속에 있는 외로운 섬이 달려가다가 내 눈앞에 와서
주춤 서는데, 그 소리가 우뢰 같아 사방에서는 모두들 놀라 달아나고 나만
은 혼자 서서 끝내 그것을 구경했었다. 참 장쾌했다. 이것은 왜놈이 화친을
애걸하고 스스로 멸망할 징조다. 또 내가 준마(駿馬)를 타고 천천히 가고
있었는데, 이것은 임금의 부르심을 받아 올라갈 징조다.

(p.164, 4행~10행, 甲午 9월 20일)

다. 내용소개에 그친 것　　　　　　　　　　12편

(임오) 맑음. 새벽 꿈에 커다란 대궐에 이르렀는데, 마치 서울인 것 같고 기이한 일이 많았다. 영의정이 와서 인사를 하기에 나도 답례를 하였다. 임금이 피난 가신 일에 대하여 이야기하다가 눈물을 뿌려가며, 탄식할 적에 적의 형세를 벌써 종식되었다고 말하였다. 서로 일을 의논할 즈음, 좌우의 사람들이 구름같이 모여드는 것을 보고 깨었다.

(p.88, 14행~19행, 癸巳 8월 1일)

라. 개괄적으로 소감을 밝힌 것　　　　　　　4편

이날 밤 두 가지 상서로운 꿈을 꾸었다.

(p.169, 14행, 甲午 10월 10일)

(가)는 내용이 소개되고 말미에 "무슨 징조인지 모르겠다"가 첨부된 것으로 무슨 뜻인지 궁금해하는 기색이 보이는 것이다. (나)는 무슨 뜻인지 그 징조를 알아차린 것이다. 그래서 그 설명이 확실하다. (다)는 상세하게 내용만 소개한 것이다. (라)는 내용이 파악되어서 "좋은 꿈이었다" 혹은 "꿈이 어지러웠다" 등으로 느낌을 가볍게 처리하고 있다. 이것을 보면 작자는 꿈에서 무엇을 예시 받거나 또는 파악하거나 아니면 설명되는 조짐을 맛보려 했던 것이 아닌가 한다.

2) 꿈풀이

그런데 이처럼 나타난 조짐이나 예시를 풀어나가는데 있어서도 그 방법은 일률적이기보다는 개방적이라고 말할 수 있겠다. 그런 중에서도 두드러지는 경우를 짚어보면 다음과 같다.

가. 건전한 상식이나 풍부한 경험에 의존하는 경우

다음의 두 기술을 비교하는 데서 그 상식과 경험이 잘 보인다.

초2일 (정미) 비가 퍼붓듯이 내렸다. 초1일 한밤중에 꿈을 꾸니 부안(扶安) 사람이 아들을 낳았다. 달수로 따져 낳을 달이 아니었으므로 꿈이지만은 내쫓아 버렸다. 기운이 좀 나는 것 같았다.

(p.153, 6행~8행, 甲午 8월 2일)

> (신묘) 맑음. 충청 수사 및 순천과 이야기하였다. 이날 밤 꿈에
> 아들을 낳았는데, 경(庚)의 모(母)가 아들 낳을 징조였다.
>
> (p.163, 15행~16행, 甲午 9월 16일)

이 양자(兩者)는 모두 아들을 낳는 꿈으로서 전자(前者)는 월수(月數)로 보아
도저히 아이를 낳을 수 없다는 것이다. 소위 개꿈이라는 것으로서 모두가 꺼리
는 대상이다. 그래서 내쫓아버렸다는 것이니 이는 비상식적이라는 말이 된다.
그러나 후자(後者)는 그대로 용납되고 있으니 이는 월수로 보아 가능하다고 본
것이겠다.

나. 복점(卜占)하는 경우

상식적으로 풀리지 않을 경우에는 점괘(占卦)에 의존하는 것 같다.

> 초10일 (을해) 맑음. 새벽 꿈에 어떤 사람이 화살을 멀리 쏘는 것이었고,
> 또 어떤 사람은 갓을 발로 차서 부수는 것이었다. 스스로 점을 쳐
> 보니 화살을 멀리 쏘는 것은 적들이 멀리 도망하는 것이요, 또 갓
> 을 발로 차서 부수는 것은 머리 위에 있는 갓이 발길에 걷어차이
> 는 것으로서 적의 괴수를 모조리 잡아 없앨 징조라 하겠다.
>
> (p.279, 16행~21행, 丙甲 7월 10일)

싸움터에서의 꿈답게 화살을 적으로, 갓을 적장(敵將)으로 짚었고 풀이도 전
장의 논리인 것 같다. 오로지 적을 격퇴한다는 의지가 팽배한 장수의 간결한
해석이다.

다. 제 3자의 의견을 듣거나 전승해 내려오는 말에 의존하는 경우

이런 것은 항간에 널리 알려져 있는 것들이다.

> (계묘) 흐리고 바람이 불었다. 밤에 꿈을 꾸었는데, 머리를 풀고 크게 울
> 었다. 이것이 좋은 징조라고 한다.
>
> (p.152, 7행~8행, 甲午 7월 27일)

흔히 성인(成人)의 꿈은 역(逆)으로 풀이한다는 경우가 아닐까 한다.
이상과 같이 작자의 꿈풀이는 세 가지로 묶어지는 것 같다.

3) 꿈의 실상 분류

이와 같은 38개의 꿈 중에서 현실과 연결되어 본 일기에 나타나는 것은 8편이다. 직·간접으로 현실과 연결된다는 것은 말하자면 꿈에 대한 신뢰감을 지니게 하는 것으로 보여진다. 그러면 이제 그 실상을 연결상황에 따라 다음과 같이 4군(群)으로 나누어 보기로 한다.

(1) 1군(群) … 꿈에 나타난 징조대로 마무리된 것

초2일　(경술) 잠시 날이 들었다. 홀로 수루(戍樓)의 마루에 앉았으니 그리운 회포가 그 어떠하랴. 비통함을 이기지 못했다. 이날 밤 꿈에 임금의 명령을 받들 징조가 있었다.

(p.347, 9행~11행, 丁酉 I 8월 2일)

초3일　(신해) 맑음. 이른 아침에 선전관(宣傳官) 양호(梁護)가 뜻밖에 들어와서 교서(敎書)와 유서(諭書)를 가져왔는데 분부의 내용인즉, 겸삼도 통제사(兼三道統制使)의 명령이었다. 숙배(肅拜)한 뒤에 받자온 서장을 써서 봉해 올리고 곧 길을 떠나 바로 두치(豆恥) 가는 길로 들어섰다.

(p.347, 12행~16행, 丁酉 I 8월 3일)

비통에 잠겨 잠이 들었는데 임금의 명을 받들 징조가 있었다. 그런데 뜻밖에도 이튿날 아침에 교서(敎書)와 유서(諭書)를 가진 선전관(宣傳官)들이 들이닥쳤는데 숙배하고 받아보니 겸삼도통제사(兼三道統制使)의 사령(辭令)이었던 것이다. 마침 원균이 인솔한 전 수군(水軍) 300여 척이 적군에게 괴멸된 직후인지라 그 후속조치(後續措置)로 어떤 낌새라도 챘을 것 같은데 작자는 전혀 의외였던 것으로 보여진다.

25일　(기해) 흐림. 새벽 꿈에 이일(李鎰 : 순변사)과 만나 내가 많은 말을 하며 「이같이 국가가 위태하게 된 날을 당하여 몸에 무거운 책임을 지고서도 나라의 은혜를 갚겠다고 생각은 하지 않고 배짱 좋게 음란한 계집을 끼고서 관사에는 들어오지 않고 성 바깥 여염집에 있으면서 남의 비웃음을 받으니 그래 어떠하며, 또 수군 각 고을과 포구에 배정된 병기를 육군에서 독촉하기에 바쁘니 이것은 또한 무슨 까닭이냐」하니 순변사가 말이 막혀 대답을 못하는

> 것이었다. 기지개를 켜며 깨어나니 그것은 꿈이었다.
>
> (p.177, 3행~11행, 甲午 11월 25일)

> (갑오) 종일 실비가 내렸다. 이경명(李景名)과 장기를 두었다. 장
> 흥이 와서 보았다. 그에게는 순변사(巡邊使) 이일(李鎰)의 처사가
> 극히 형언할 수 없고 나를 해치려고 몹시 애를 쓴다는 말을 들으
> 니 참으로 우스웠다.
>
> (p.184, 3행~6행, 乙未 1월 21일)

전자는 순변사(巡邊使) 이일(李鎰)의 부정(不精)과 편벽된 처사에 작자가 항의
하는 꿈이요 후자는 이일이 작자를 모해(謀害)한다는 사실을 제 3자를 통해서 듣
는 대목이다. 전자는 갑오(甲午) 11월 25일 저녁의 꿈이요, 후자는 1월 21일의 일
이니 약 두 달 미만 후의 일이다. 꿈의 1군은 징조가 그대로 들어맞은 것이겠다.

(2) 2군 … "무슨 징조인지 모르겠다"로 끝난 경우

> 꿈이 이상도 했다. 임진년 승전할 때의 꿈과 대강 같았다. 이 무슨 징조
> 일까.
>
> (p.368, 1행~2행, 丁酉II 9월 13일)

임진년 승전할 때의 꿈과 같았다는 것이다. "이상도 해라"라고 첫머리에 쓴
것은 비슷한 꿈을 꾸었기 때문일 것이다. 그러면 임진년 승전할 때의 꿈은 어떤
것이었는가를 본다.

> 맑음. 영남 우수사(원균)와 함께 의논하고 배를 옮겨 거제 칠내도(漆乃島
> : 칠천도—漆川島)에 이르자 웅천(熊川) 현감 이종인(李宗仁)이 와서 이야기
> 했다. 들으니 왜의 머리 35개를 베었다고 했다. 저물녘에 제포 서원포(薺浦
> 西院浦 : 창원군 웅천면 원포리)를 건너니 밤이 벌써 10시쯤인데 서풍이 차
> 게 불어 나그네 마음이 산란했으며 이날 밤에는 꿈자리도 어지러웠다.
>
> (p.40, 5행~10행, 壬辰 8월 27일)

> 맑음. 새벽녘에 앉아 꿈을 생각하여 보니, 처음에는 나쁜 것 같았으나 도
> 리어 좋은 것이었다. 가덕(加德)으로 갔다.
>
> (p.40, 11행~12행, 壬辰 8월 28일)

8월 27일 밤의 꿈을 28일 아침에 풀이하고 있다. 나쁜 꿈인 줄 알았는데 그 반대였다는 것이다. 곧 임진년의 「多難」의 꿈을 알고 보니 「……似兇而反吉」의 꿈이었는데 정유(丁酉)년에 그와 비슷한 꿈을 꾼 것이다. 비슷한 꿈이란 좀처럼 쉽지 않은 것인데서 한층 더 어리둥절한 것으로 보인다. 즉 임진년 승전(勝戰) 때의 꿈을 정유년에 또다시 꾸었는데 3일 후인 16일에 우수영의 승전이라는 현상이 나타난 것이다. 여기에 정유년의 꿈과 우수영 승전과의 연관성 같은 것이 떠오른다. 실제로 거북선은 한 척도 없이 겨우 남은 13척으로 133척의 대선단 (大船團)과 격돌했던 것이다. 「多難」의 싸움이 아니라 「多兇」으로 보이는 사투 (死鬪)였던 것이다. 임진년 대승의 꿈풀이 곧 "……似兇而反吉"이라는 결과가 정유년의 이 우수영 해전에서는 곧 실전에서부터 잡혔던 것이다. 그런데 결과 는 대승이었으며 또한 작자는 "이는 참으로 천행이었다"라고 마지막으로 한마 디를 남긴 것으로 보아 상황전개도 결과도 임진년 대첩 때와 비슷하다고 하겠 다. 따라서 "……似兇而反吉"의 되풀이가 아니었는가라는 생각을 떨쳐버리기 어렵다. 말하자면 임진대첩 때와 비슷한 꿈을 꾼 것이 우수영 대첩과 유관했던 것으로 보여진다는 것으로서 무슨 조짐인지 몰랐는데 결국 대승을 예시(豫示) 됐던 것으로 해석된다 하겠다. 이 우수영 대첩은 세상에서 의심하는 사람은 하 나도 없는 해전사상 빛나는 역사적 사실인 것이다.

> 14일 (신미) 맑음. 새벽 2시쯤 꿈에 내가 말을 타고 언덕 위를 가다가 말이 헛디디어 내(川) 가운데 떨어지긴 했으나 거꾸러지지는 않 았는데 끝에 아들 면(葂)이 엎디어 나를 안는 것 같은 형상을 보 고 깨었다. 무슨 조짐인지 모르겠다. 늦게 배 조방장과 우후 이의 득(李義得)이 보러 왔다. 배(裵)의 종이 경상도로부터 와서 적의 정세를 전하였다. 황득중들이 와서 보고하기를, 「내수사(內需司) 의 종 강막지(姜莫只)라는 자가 소를 많이 치기 때문에 12마리를 끌어간 것이라」고 하였다. 저녁에 어떤 사람이 천안(天安)서 와서 집안 편지를 전하는데, 봉함을 뜯기도 전에 뼈와 살이 먼저 떨리 고 정신이 혼란해졌다. 겉봉을 대강 뜯고 열(悅 : 둘째 아들)의 글 씨를 보니 거죽에 「통곡」 두 자가 씌어 있어 면(葂)의 전사를 알 고 간담이 떨어져 목놓아 통곡하였다. 하늘이 어찌 이다지도 인 자하지 못하시는고. 간담이 타고 찢어지는 것 같다. 내가 죽고 네 가 사는 것이 이치에 마땅한데, 네가 죽고 내가 살았으니 이런 어

굿한 일이 어디 있을 것이냐. 천지가 깜깜하고 해조차도 빛이 변
했구나. 슬프다 내 아들아. 나를 버리고 어디로 갔느냐. 남달리 영
특하기로 하늘이 이 세상에 머물러 두지 않는 것이냐. 내가 지은
죄 때문에 앙화가 네 몸에 미친 것이냐. 내 이제 세상에 살아 있
은 들 누구에게 의지할 것이냐. 너를 따라 같이 죽어 지하에서 같
이 지내고 같이 울고 싶건마는 네 형, 네 누이, 네 어머니가 의지
할 곳이 없으므로 아직은 참고 연명이야 한다마는 마음은 죽고
형상만 남아 있어 울부짖을 따름이다. 하룻밤 지내기가 1년 같구
나. 9시께 비가 내렸다.
(p.377, 2행~p.378, 3행, 丁酉Ⅱ 10월 14일)

말타고 언덕 위를 가다가 말이 발을 헛디뎌 냇가로 떨어지긴 했으나 그래도
거꾸러지지 않은 나를 막내아들 면(葂)이 끌어안는 형상을 보고 꿈을 깨었다.
그런데 그날 저녁에 면(葂)의 전사통지를 받은 것이다. 공교롭다고 할만큼 꿈은
앞서 달렸던 것이다. 이 꿈에서도 역시 연관성이 짙인다고 하겠다. 이제까지 보
아온 2군은 사후(事後)에 나타난 결과에서 꿈의 징조를 이해하게 된 경우라고
할 수 있겠다.

(3) 3군 … 꿈의 징조를 해석 파악하고 그에 상응하는 행동을 취한 경우

25일   (병오) 맑음. 꿈에 적의 형적이 있으므로, 새벽에 각 도 대장에게
알려서 바깥 바다에 나가 진치게 하였다가 날이 저물어 한산도
안 바다(통영군 한산면)를 돌아 들어왔다.
(p.94, 2행~4행, 癸巳 8월 25일)

적의 형적[賊形]이 있으므로 몸소 앞장서서 출진(出陣)하여 종일 대기하고 순
찰했다는 것이다. 그런데 여기서 한가지 주목되는 것은 이제까지 계속 사용해
오던 '징조'라는 용어가 '형적[賊形]'으로 바뀌었다는 것이다. 징조라는 추상적
인 말보다는 형적이 한층 더 구체성을 띤 표현임은 말할 것도 없다. 그래서 자
신 있게 출동명령을 내릴 수 있었던 것으로 보여진다. 웬만큼 확신이 서지 않고
서는 각 도 대장을 앞세워 총출동한다는 것은 취하기 어려운 행동이다. 이는
신중하고 용의주도하고 사후(事後)까지 꿰뚫어보는 그였기에 더욱 돋보이는 대
목이다. 이 경우 꿈이 현실 속에서 가능하고 있는 것으로 보아야 하겠으니 하나

의 엄연한 사실로 치부되어야 할 것 같다.

> 초2일　(정미) 비가 퍼붓듯이 내렸다. 초1일 한밤중에 꿈을 꾸니 부안(扶
> 安) 사람이 아들을 낳았다. 달수로 따져 낳을 달이 아니었으므로
> 꿈이지만은 내쫓아 버렸다. 기운이 좀 나는 것 같았다.
>
> (p.153, 6행~8행, 甲午 8월 2일)

여기서 주목되는 것은 "내쫓아 버렸다. 기운이 좀 나는 것 같았다(…… 亦黜
送之氣似乎)"이다. "내쫓았다"라는 것은 전술한 바와 같이 몰상식한 것이기 때
문에 생각하지 않겠다는 뜻으로 받아들여진다. 이는 곧 그의 의식에서 지워버
리겠다는 의지의 표현이라고 하겠다. 그런데 의식이란 인간의 정신작용의 일부
임은 말할 것도 없다. 이런 정신작용은 생활을 형성하고 있는 것이므로 그의
꿈은 생활의 일우(一隅)를 차지하고 있었다고 하겠다. 그런데 곧 이어지는 말이
"기운이 좀 나는 것 같았다"이다. 꿈을 내쫓고 나니 마음이 좀 가벼워지는 것
같다는 것이겠다. 이로 보아 꿈은 그에게 있어서 마음을 무겁게 하고 부담을
주는 존재였던 것으로 보여진다. 몰상식한 꿈이었으니 더 그랬을 것이다. 그리
고 본 일기에는 꿈에 대한 기술이 전투상황 못지 않게 성실하게 다루어지고 있
는 것으로 보아 작자의 정신생활에는 꿈에 대한 비중이 결코 적지 않았다고 말
할 수 있을 것 같다. 이 경우에도 꿈이 현실 속에서 기능하고 있는 것으로 보아
야 할 것 같다. 이로 보아 3군은 꿈의 기능이 현실에 충분히 반영된 경우이다.

(4) 4군 … 기정사실이 재현된 경우이다.

> 19일　(병자) 맑음. 새벽에 고향 집의 종 진(辰)이 내려왔기에 죽은 아들
> 을 생각하여 통곡하는 꿈을 꾸었다. 늦게 조방장과 경상 우후가
> 보러 왔다. 백진사(白進士 : 백진남－白振男)가 보러 왔다. 임계형
> 이 보러 왔다. 김신웅(金信雄)의 아내, 이인세(李仁世), 정억부(鄭
> 億夫)를 붙잡아 왔다. 거제, 안골포, 녹도, 웅천(김충민－金忠敏),
> 제포, 조라포(助羅浦), 당포(唐浦)와 우우후가 보러 왔다. 적을 잡
> 은 공문을 가져와 바쳤다. 윤건(尹建)들 형제가 적에게 붙었던 자
> 2명을 붙잡아 왔다. 어둘 무렵에 코피를 되 남짓이나 흘렸다. 밤
> 에 앉아 생각하고 눈물짓고 하였다. 어찌 다 말하랴. 이제는 영령
> 이라 불효가 여기까지 이를 줄을 어떻게 알았으랴. 비통한 마음

가슴이 찢어지는 듯하여 누를 길이 없다.
(p.379, 1행~12행, 丁酉Ⅱ 10월 19일)

이대진(李大振)의 아들 순생(順生)이 윤영현(尹英賢)을 따라왔다.
저녁에 새 집의 마루를 다 놓았다. 여러 수사들이 보러 왔다. 이날
밤 자정께 면(葂)이 죽는 꿈을 꾸고 슬퍼 울었다. 진도 군수가 돌
아갔다.
(p.384, 19행~22행, 丁酉Ⅱ 1월 7일)

위의 양자(兩者)가 막내아들 때문에 통곡하는 꿈이지만 전자는 고향집 종 진(辰)이 내려온 것을 보고서 지난 날 같이 지내던 아들을 생각하게 됐던 것이고 후자는 아들의 죽는 꿈을 꾸었던 것이다. 말하자면 전자는 연상(連想)에서 온 꿈이었고 후자는 회상된 꿈이지만 모두가 죽은 아들을 두고서의 꿈이다. 자식을 앞세운 서글픈 부정(父情)이 면면히 흐르는 꿈으로서 많은 사람들이 익히 경험했을 것 같은 꿈이다. 이처럼 기정사실이 재탕될 수 있다는 것을 보여주는 것이 4군이다.

이제까지 본 일기에 나타난 꿈을 네 가지로 나누어 보았다. 1군은 징조가 그대로 현실과 들어맞은 경우이고 2군은 사후(事後)에 나타난 사실에서 꿈의 징조를 이해하게 된 경우이고 3군은 꿈의 기능을 현실에서 생생하게 보여준 경우이었으며 4군은 현실이 재현된 경우라고 하겠다.

이상에서 알려지는 것은 이 네 가지 경우가 모두 사실과 연결되었다는 것이다. 직접·간접 또는 사전·사후의 차이는 있어도 사실로서 그 징조가 밝혀지고 있다는 것이다. 그런데 (1), (2), (4)와 같은 경우는 아마도 체험한 사람도 있을 것이고 또 수긍되는 면도 있을 것 같고 필자도 그런 경험을 가지고 있다. 그러나 (3)과 같은 경우 곧 꿈을 내쫓는다든지 나타난 형적을 따라 움직인다는 것은 그리 흔하고 또 쉬운 일은 아닐 것 같다. 신앙생활에서의 계시(啓示) 같은 것이라면 몰라도 일반인에게 있어서는 지극히 나타나기 어려운 일이다. 그런 의미에서 이 3군에 대한 천착이 더 필요할 것 같다.

4) 꿈의 현장화

(1) 꿈의 판별

그러면 이제 꿈의 기능이 현실에서 생생하게 나타난 3군을 다시 한번 살펴보기로 한다. 설명의 편의상 "꿈을 내쫓았다"는 경우를 먼저 보기로 한다.

> 초2일   (정미) 비가 퍼붓듯이 내렸다. 초1일 한밤중에 꿈을 꾸니 부안(扶安) 사람이 아들을 낳았다. 달수로 따져 낳을 달이 아니었으므로 꿈이지만은 내쫓아 버렸다.
>
> (p.153, 6행~8행, 甲午 8월 2일)

> 16일   (신묘) 맑음. 충청 수사 및 순천과 이야기하였다. 이날 밤 꿈에 아들을 낳았는데, 경(庚)의 모(母)가 아들 낳을 징조였다.
>
> (p.163, 15행~16행, 甲午 9월 16일)

두 꿈을 놓고 볼 때 전자가 후자보다는 상식적이지 않다는 것은 앞에서 지적한 대로이다. 그런데 이 꿈들을 면밀히 살펴보면 다음과 같은 점이 짚인다.

가. 전자는 후자에 비해 비합리적이라는 것이 쉽게 간취(看取)된다. 월수가 차야만 아기를 낳을 수 있다는 것은 상식에 속한다. 이 점이 작자가 꿈을 쫓아낸 하나의 원인이 돼있는 것이다.

나. 월수가 미달인데도 남편 앞에 아기를 낳아 보이는 것은 어떻게 보면 놀리는 것 같기도 하고 심하게 말하면 사기성(詐欺性) 같은 것이 엿보인다고 할 수 있겠다. 보란 듯이 출산했다는 것은 교양이 없어 보임은 물론 부도덕하게까지 느껴진다고 하겠다. 이것도 꿈을 쫓아낸 하나의 원인이 아닌가 한다.

다. 전자와 같은 꿈은 흔히 불길한 느낌을 주는 것으로서 이 일 저 일 등 주변사에 장난을 치고 때로는 훼방까지도 노는 나쁜 귀신의 작태로 보는 경향이 우리 민간에는 널리 퍼져 있다. 그래서 부정(不精)을 탄다는 것이고 개꿈인 것이다. 따라서 내쫓는 습성이 생긴 것이며 따라서 이 꿈이 주는 인상은 불길함이다.

이것으로 보아 그의 꿈에 대한 사고(思考)의 축(軸)은 '합리적인가 아닌가 또는 도덕적인가 아닌가 길흉 어느 쪽인가'라는 데 쏠려 있었던 것으로 보여진다. 비록 꿈이지만 그 건전성 여부의 판단은 합리성과 도덕성 그리고 자각(自覺)에 맞춰져 있었던 것이라고 하겠으니 전쟁의 와중에서도 지켜낸 그의 자세이겠다. 꿈이란 그에게 있어서는 장난이나 눈요기가 아니고 가치판단을 요하는 하나의 생활이었고 나아가 합리성과 도덕성과 깨달음이라는 잣대로 꿈을 다뤘고 그 징조를 풀었던 것이다. 합리적이라는 말을 과학적이라는 말과도 뜻이 통한다는 것은 말할 것도 없겠다. 다시 말해서 지성(知性)과 감성(感性)과 오성(悟性)이 판단의 잣대 역할을 한 것으로 보인다.

(2) 꿈의 영향

다음으로 짚이는 것은 "기운이 좀 나는 것 같다"라는 대목이다. '氣似平'이라는 표현은 "기운이 제자리를 찾은 것 같다" 또는 "기분이 좋아지는 것 같다"라는 직역도 가능한 것으로 보아 무엇엔가 눌려 있었던 것임을 알게 한다. 비합리적이고 부도덕하고 꺼림칙한 꿈이 그의 머리를 무겁게 하고 그의 정신에 부담을 줬던 것이겠다. 그러한 꿈을 내쫓고 나니 좀 살 것 같다는 홀가분한 마음의 상태이다. 그런데 내쫓긴 꿈은 이 한 편뿐으로서 이렇게 부담이 되는 꿈은 가능한 한 내쫓아야 되겠으나 실제로 내쫓으면 이 경우에서 보아 쫓아지는 것으로 보여진다. 의식(意識)에서 지워버리는 것으로 그 성패(成敗)는 의지력에 달려있을 것 같다. 그런데 이 출송(黜送)은 전술한 대로 개꿈이기 때문에 쫓겨난 것이라 하겠으니 비합리적이고 불길·부도덕함으로써 그것이 개꿈의 정체라는 것이 여기서 잘 드러나고 있다. 이런 것으로 보아서 꿈은 그의 생활영역에서 상당히 활발하게 기능하고 있었음을 알리는 것이라 하겠다. 이는 곧 유달리 꿈의 영향을 많이 또는 절실하게 받는다는 것을 의미한다고 보겠다.

(3) 군인적 기질

다음으로 주목되는 것은 내쫓았다는 정신적인 작용이다. 이런 작용은 정신적인 조치로 볼 수 있겠고 그 행동성도 짚인다고 하겠다. 부담을 주는 것이라고 판단이 되면 즉각 조치를 취하여 행동화하는 그 성격이 여기에는 잘 나타나 보인다. 방해가 되거나 부담스러운 것은 즉시 제거해 버리는 그의 성격이 고스란히 모습을 드러낸 것이다. 머뭇거리거나 우유부단이 아닌 즉시 행동화하는 군인의 기질 같은 것이 아닌가 한다. 이와 같이 맺고 끊는 것이 분명한 성품은 여러 군데에서 볼 수 있다.

가. 항복해 온 왜병 중에서 마음을 돌리고 모든 일에 협조를 잘하는 자는 관대히 대하고 일을 맡기기도 하고 전투에까지 대동하여 참전시키지만 눈치나 보고 말썽이나 부리는 자는 즉각 처형하고 있다.

나. 전쟁 중에 의례히 나타나는 도망병을 다스리는데 있어서 선동을 당해서 군중심리에 움직인 자는 곤장을 쳐서 뉘우치게 하지만 선동 주모자는 즉각 처형하고 있다.

다. 명(明) 수군(水軍)과 합동 작전할 때는 언제나 작자는 앞장서 나가 싸워서 좋은 성과를 올린다. 그래서 명군(明軍)의 신임을 얻었고 명장(明將)은 이를 칭찬하고 있다.

> 27일   (기유) 아침에 잠시 비가 뿌리고 서풍이 세게 불었다. 아침에 형
>   군문(邢軍門 : 개-玠)이 글을 보내어 수군이 신속히 진군한 것을
>   칭찬했다. 식후에 진 도독을 보고 조용히 의논했다.
>   (p.397, 21행~23행, 戊戌 9월 27일)
>
> (갑인) 맑음. 오전 6시에 진군했는데, 우리 수군이 먼저 나가 오정
> 까지 서로 싸워 적을 많이 죽였다. 사도 첨사(황세득)가 탄환에
> 맞아 전사하고 이청일(李淸一)도 역시 전사하고 제포 만호 주의수
> 와 사량 만호 김성옥, 해남 현감 유형, 진도 군수 선의문, 강진 현
> 감 송상보는 탄환에 맞았으나 죽지는 아니했다.
>   (p.398, 12행~16행, 戊戌 10월 2일)

명군의 뒤에서 눈치나 보고 맴도는 것이 아니라 이 땅에 사는 주인답게 해야 할 것은 알아서 깨끗이 완수하는 행동을 취했던 것이다. 이처럼 그의 성격은 부담을 주는 것이라고 판단이 서면 그리고 마땅히 해야 할 일이라는 확신이 서면 주저하지 않고 행동으로 옮겼던 것이다.

여기에서 알려지는 것은 다음의 네 가지인 것 같다.

① 꿈의 징조를 풀이하여 판단하는 기준은 지성과 감성과 오성이 중심이 됐
  다는 것
② 생활에 있어서 – 전투에 있어서까지도 – 꿈의 비중을 많이 두고 있었다
  는 것
③ 판단과 확신이 서면 즉각 조치를 취하는 성격이라는 것
④ 꿈의 징조를 현실로서 대응했다는 것 곧 꿈의 기능화이다.

(4) 기능의 현현(顯現)

이상은 꿈을 내쫓은 경우에서 얻어진 결론이지만 다음은 출진(出陣)한 경우
를 보기로 한다.

> 25일   (병오) 맑음. 꿈에 적의 형적이 있으므로, 새벽에 각 도 대장에게
>   알려서 바깥 바다에 나가 진치게 하였다가 날이 저물어 한산도
>   안 바다(통영군 한산면)를 돌아 들어왔다.
>   (p.94, 2행~4행, 癸巳 8월 25일)

여기에 '적(賊)'이란 왜적으로서 작자는 이 왜적을 흉적(兇賊)이라고 부르고
있었다. '형(形)'이란 모습이겠으니 꿈에 왜병의 모습이 보여서 출진했다는 것
이다. 이 표현은 지극히 간결하다. "무슨 징조인지 모르겠다"라는 부언도 없고,
자세한 설명도 없으며 소감도 보이지 않는다. 그런데 그는 자신이 만만한 것이
다. 거침없이 행동으로 옮기고 있다. 한낮에 육안으로 파악한 것과 같은 비중을
두고 있는 것으로 보인다. 각 도 대장에게 연락하여 총출동시켜서 그래서 몸소
앞장서 나가기까지는 판단과 확신이라는 과정을 거쳤을 것임은 말할 것도 없
는 것이다. 그 판단과 확신의 근거로 제시된 것이 적의 모습 곧 '형(形)'이 아닐
까 한다. '형(形)'이라는 표현은 '징조'라는 말보다는 덜 추상적이라고 하겠다.
그는 대부분의 경우 이 징조라는 말을 많이 써왔다. 징조라는 말은 느낌일 수도
있고 심증(心證)에 그칠 수도 있는 포괄적인 표현이지만 형(形)이란 시각적인 표
현인데서 윤곽이 드러나 보이고 테두리와 빛깔까지 짚을 수 있어 보다 합리적
이고 정확하다는 말을 할 수 있을 것 같다. 그래서 신속한 판단을 내리고 전폭
적인 신뢰를 가지게 된 것이 아닐까 한다. '형적[賊形]'이라고 분명하게 짚은 것

으로 보아 단순히 낌새를 채고서 나온 말은 아닌 것이고 더욱이 대군(大軍)을 출동시킬 수도 없는 것이다. 그리고 왜병 곧 흉적은 그에게 뿐만 아니라 나라에 부담이 되는 그런 정도를 넘어 전체의 안위(安危)가 걸린 문제였기에 마땅히 괴멸시켜야 할 대상이었다. 까닭 없이 쳐들어왔기에 흉물이고 인명과 재산을 파괴하기에 도적이 아닐 수 없었으니 남김없이 깨끗하게 청소되어야 했다. 따라서 이와 같은 당위성이 그의 맺고 끊는 성격을 거침없이 발휘케 한 것으로 보여진다. 여기서 알려지는 것은 꿈속에서의 일을 고스란히 현실로서 받아들였다는 것이다. 곧 꿈의 기능을 현장(現場)화한 것이다.

　이제까지 3군의 내막을 다시 한번 살펴보았다. 그에게 있어서 꿈은 생활이었고 현실이었기에 그 기능의 현현(顯現)이 가능했던 것으로 보여진다.

(5) 우수영 해전

　그러면 이와 같은 안목에서 우수영 해전 전야(前夜)의 꿈을 보기로 한다. 이 꿈에는 신인(神人)이 나타나서 작전을 지시하고 있다.

> 15일　(계묘) 맑음. 조수를 타고 여러 장수들을 거느리고 진을 우수영(右
> 　　　水營 : 해남군 문내면 우수영) 앞 바다로 옮겼다. 그것은 벽파정
> 　　　뒤에 명량(鳴梁)이 있는데, 수효 적은 수군으로 명량을 등지고 진
> 　　　을 칠 수가 없기 때문이었다. 여러 장수들을 불러 모으고 약속하
> 　　　되, 「병법(兵法)에 이르기를 죽으려 하면 살고 살려고 하면 죽는
> 　　　다 하였고, 또 한 사람이 길목을 지키면 천 명도 두렵게 할 수 있
> 　　　다는 말이 있는데, 모두 오늘 우리를 두고 이른 말이다. 너희 여러
> 　　　장수들이 조금이라도 명령을 어긴다면 군율대로 시행해서 작은
> 　　　일일망정 용서치 않겠다」고 엄격히 약속하였다. 이날 밤 신인(神
> 　　　人)이 꿈에 나타나 가르쳐주기를 「이렇게 하면 크게 이기고 이렇
> 　　　게 하면 진다」고 하였다.
> 　　　　　　　　　　(p.368, 20행~p.369, 7행, 丁酉Ⅱ 9월 15일)

　거북선은 한 척도 없이 겨우 남은 13척으로 133척이나 되는 적의 대선단과 격돌했던 것이다. 다난(多難)의 싸움이 아니라 다흉(多兇)으로 보이는 사투였다. 2중 3중으로 당한 포위망 속에서도 지휘관으로서의 그는 침착하고도 대담하였다. 비록 부하를 향한 질타(叱咤)였지만 조리가 서 있었고 핵심을 찔렀던 것이

다. 독전(督戰)만 한 것이 아니라 앞장서서 종횡무진으로 적을 격파했으며 진격해 들어간 부하들의 악전고투의 낌새가 보이면 놓치지 않고 쳐들어가 상황을 역전시켰던 것이다. 전황 파악도 정확하고 도망간 배도 파악하고 있었다. 문자 그대로 적을 무찔러 31척을 대파하고 적의 선단을 퇴각시킨 것이다. "참으로 천행(天幸)이었다"가 그가 남긴 한 마디이다.

(6) 심리적 배경

여기서 궁금해지는 것은 그가 과연 신인(神人)의 지시를 따랐는가의 여부이다. 그러면 이제 다시 한번 이 접전이 있기까지의 뒷받침이 된 것으로 보이는 몇 가지 상황을 보기로 한다.

<가>

당시 수군의 처지가 지극히 절박한 상태였다. 칠천량 해전에서 원균에게 이끌린 수군이 괴멸 당하고서는 전선 수에서뿐 아니라 기세도 밀리고 있었다. 개전(開戰)이래 조선수군을 보면 피하기 일쑤였던 왜선들이 이제는 앞을 다투어 달려드는 추세였었다. 그 예를 다음에서 본다.

> 초7일　(을미) 맑음. 탐방 군관 임중형(林仲亨)이 와서 보고하되 「적선 55척 중에 13척이 벌써 어란포(於蘭浦 : 해남군 송지면 어란리) 앞바다에 와 닿았는데, 아마 그 뜻이 우리 수군에 있는 것이겠다」하므로 여러 장수들에게 군령을 내려 재삼 신칙(申飭)했다. 오후 4시께 적선 12척이 과연 대들었다. 우리 배들이 닻을 들고 바다로 나가서 적선을 추격하니, 적선은 뱃머리를 돌려 도망했다. 멀리 바다 밖까지 쫓아가다가 바람과 조수가 모두 역류요 또 복병선이 있을 우려도 있어 더 쫓아가지 않았다. 벽파정으로 돌아와서 여러 장수들을 불러모아 약속하되 「오늘밤에는 반드시 적의 야습(夜襲)이 있을 것이니 모든 장수들은 미리 알아서 준비할 것이며, 조금이라도 군령을 어기는 일이 있으면 군법대로 시행하리라.
> (p.366, 8행~p.367, 1행, 丁酉Ⅱ 9월 7일)

이것은 우수영 해전이 있기 9일 전의 일이다. 그런데 조선육군은 곡식 창고와 무기 보관소에 불을 지르며 계속 밀리고 있었으며 진주가 함락하고 광양과 낙안이 계속 무너지고 있었다. 명장(明將) 이여송(李如松)은 몸을 빼서 돌아갔고 진주에서 전사한 장수들의 명단을 보고 작자는 비통에 잠겨야 했다. 이와는 반대로 수만 명의 왜군은 바다를 내려다보고 기세를 올리고 있었으며 이에 호응이라도 하듯 왜선들은 해상을 마음대로 누비고 다녔다. 이렇게 적들은 바다와 육지를 횡행(橫行)하는데 작전 회의 상에서의 원균의 발언은 흉계 투성이였으니 8월에만 원균에 관한 불편한 기술이 7차에 걸쳐있다. 그 위에 가정의 우환도 그치지 않았던 것으로 노모의 건강은 여전히 불안했고 아내의 지병은 차도가 없었으며 아들의 병은 중태에 빠져 있었다. 그야말로 안팎으로 시달림을 당하고 있었던 것이다.

<나>

작자의 기를 돋궈주는 일이 있었다. 그것은 전술한 바와 같이 임진년 승전 때의 꿈을 우수영 회전을 사흘 앞두고 꾸었다는 것이다. 비슷한 꿈을 꾼다는 것은 쉬운 일이 아닌데서 "이상도 해라", "무슨 징조인지 모르겠다"를 되뇌인 것으로 보여진다. 그런데 이 임진년의 승전은 제 3자에게서도 칭찬을 받고 있는 전투인 것이다. 이제 그 한 예를 들어본다.

> 저녁에 원수 종사관 황여일(黃汝一)이 보러 와서 조용히 이야기하다가 임진년에 왜적을 무찌른 일에 대하여 칭탄하지 않은 일이 없고, 또 산성에 험고한 요새를 쌓지 않은 한탄과 당면한 토벌 방비의 대책이 허술한 것 등을 말하는데, 밤이 깊은 줄을 깨닫지 못하고 돌아갈 것을 잊고 이야기하였다.
>
> (p.327, 12행~16행, 丁酉 I 6월 10일)

황여일(黃汝一)은 권율(權慄) 원수(元師)의 종사관(從事官)이었다. 그는 전략·전술에 관심이 많았던 것으로 보이며 축성(築城)없는 산성(山城)의 비효율을 지적하는 등 틈만 나면 작자를 찾아 밤새는 줄 모르고 전황을 논했던 것으로 보여진다. 수차에 걸친 임진년 해전에서 작자의 선전(善戰)에 감복한 듯 찬탄의 말을 아끼지 않았고 끝내 인간적으로도 존경하기에 이른 것 같다. 이처럼 객관적으로도 인정되고 있는 임진년 해전 때와 비슷한 꿈을 그는 다시금 꾸게 된 것이다. 이와 같은 꿈은 그렇지 않아도 꿈의 영향을 많이 받는 그에게는 회전(會戰)이 멀지 않았음을 느끼게 함과 더불어 은연중에 그의 기를 돋구는 활력소가 됐을 것 같다. 무슨 징조인지 궁금해하면서도 그는 조용히 마음을 다질 수 있었을 것으로 생각된다.

그런데 그 비슷한 꿈의 위상을 다시 한번 생각해 본다면 그 꿈을 꾼 것은 정유년 9월 13일이었고 9월 14일에는 늘 뒤를 따라다니던 많은 피난선을 전령을 보내 잘 타일러서 모두 육지로 올라가게 한다. 아무래도 전투가 불가피했었기 때문이었을 것 같다. 9월 15일에는 13척에 불과한 적은 진용이지만 벽파진(碧波津)에서 우수영 앞 바다로 옮겨서 포진한다. 작전상의 이유였던 것으로 보여진다. 그리고 전체 장병에게 엄명을 내린다. 물러서면 죽음뿐이라는 비장한 각오를 다지게 한 것이겠다. 이리해서 16일의 대격돌을 맞이할 태세를 갖춘 폭이 된다. 그런데 이와 같은 포석은 내침하는 적에 대한 대비요 군사조치이다. 이런 조치 탓인지 다음날 접전에서는 앞장선 지휘관의 몸가짐이 참으로 의연(毅然)했던 것으로 보여진다. 겹겹으로 에워싸는 적의 포위 속에서도 대담·침착할 수 있었고 "적선이 비록 많다하여도 우리 배를 침범치 못할 것이라"는 확신을 가졌었으며 또 "죽으려 하면 살고 살려 하면 죽는다"는 소신으로 부하들을 자신만만하게 독전(督戰)하였을 뿐 아니라 "기세가 꺾인 적이 다시는 우리 배를 침범하지 못할 것이라"는 통찰도 가능했던 것으로 보여진다. 그래서 앞장서 적진 속으로 뛰어들어 종횡무진으로 쏘고 또 쏘아 저력을 남김없이 발휘했던 것이다. 겨우 13척을 거느린 3도 통제사(統制使)였지만 31척의 적선을 격파해서 나머지 100여 척을 물리친 승전(勝戰)이었다.

이와 같은 결과를 놓고 볼 때 9월 13일부터 16일까지의 일련의 군사조치와 승전보(勝戰譜) 뒤에는 어떤 보이지 않는 흐름 같은 것이 짚이는 것 같다.

즉 9월 13일에는 꿈으로 접전의 낌새를 채우게 하고 동시에 기를 북돋아주었으며 나아가 모든 장병으로 하여금 긴장을 풀지 못하게 하였다. 9월 14일에는 피난민을 상륙시켜서 무고한 살상을 방지하고 후고(後顧)를 없이함과 동시에 기동성을 배증(倍增)시키는 결과를 가져왔으니 전투의 장애물을 깨끗이 정리한 것이겠다. 9월 15일에는 싸움터를 아예 우수영으로 옮긴 것이니 곧 결단의 순간이 온 것이었다. 모두가 정병(精兵)이 되어 진격 명령을 대기한 것이다. 9월 16일에는 대접전이 벌어져 수적으로는 열세였지만 혼신의 힘을 휘둘러 대적을 격퇴하였다. 지휘관의 기를 돋구며 장병들의 마음을 다잡은 것, 전투에서의 장애물을 제거한 것, 결단의 순간을 잘 잡아 모두를 정병화(精兵化)한 것, 그래서 대적을 무찌른 것이라는 이 과정에서 지휘관과 장병을 하나로 묶어 정병화 했다는 것과 시공(時空)이 알맞게 파지(把持)됐다는 것이 돋보이는 점이라고 할 수 있겠다. 오로지 적의 격파를 목표로 해서 지휘관과 장병과 시공이 하나가 된 것 같다는 것이다. 이와 같은 어울림 또는 흐름을 작자는 하나의 힘으로 혹은 의지로 받아들일 수 있었을 것 같다. 작자의 기(氣)가 돋구어짐은 물론 하나의 힘도 얻게 된 것으로 보여진다.

<다>

"此實天幸"이라는 어구가 지니는 무게이다. "이는 참으로 천행이었다"라는 이 표현에는 승전감(勝戰感) 이외에 또 다른 뜻이 내포되어 있는 것 같다. 천행이라는 말은 얼마나 고되고 힘든 과정이었는가를 나타내는 말이라고 생각되는데서 말하자면 기적이라는 용어와도 바꿀 수 있을 것 같다. 상식적으로는 일어날 수 없는 일이 벌어진 것이다. 정상적이라면 패퇴(敗退)할 싸움이었고 누가 보아도 지고 들어간 싸움이었는데 뜻밖의 상황이 전개된 것이다. 133척 대 13척, 10 대 1의 열세였다. 말하자면 우선 물리적으로 압도되고 있었다. 그리고 전의(戰意)도 상실되어 있었다. "대장선이 홀로 적선 속으로 들어가 포환과 화살을 풍우같이 쏘아대건만 여러 배들은 바라보면서 진군하지 않아……", "배 위에 있는 군사들이 서로 돌아보며 질려있기로……", "그리고 여러 배를 돌아다보니 이미 1마장 가량 물러났고 우수사 김억추(金億秋)가 탄 배는 멀리 떨어져 가물가물했다" 등이 당시의 상황이다. 이처럼 전선(戰船)과 병력에 압도되고 기세에 밀려 있었던 것이다. 이런 여건 하에서도 승전하게 된 것은 하늘이 도운 것이라고 본 것이니 곧 이는 앞장선 지휘관의 담력과 분발한 병사들의 감투정신(敢鬪精神)의 소산이라고 보아야 할 것 같다. 물리적인 힘보다는 정신적인 힘의 역할이 절대적이었음을 천행이란 낱말 속에서 찾을 수 있을 것 같다. 이 무형(無形)의 힘, 말하자면 그는 어떤 보이지 않는 힘의 뒷받침을 느끼고 있는 것이 아닌가 한다. 징조를 나타나게 하고 적형(賊形)을 나타나게 하고 임진년 승전 때의 꿈을 또다시 나타나게 하고 그리고 신인(神人)까지 나타나게 한 그 존재를 그래서 자신감을 가지게 하고 힘을 돋궈준 그 대상을 의식한 것이 아닐까

한다.

<라>

　신인(神人)의 출현이다. 그런데 여기서는 꿈에 대한 그의 자세를 다시 한번 살펴야 할 것 같다. 본 일기에 나타난 38개의 꿈 중에서 "무슨 징조인지 모르겠다"로 끝난 것이 7편 무슨 징조인지 확실히 알아차린 것이 15편 내용만 자세히 소개해 놓은 것이 12편 소감만 언급한 것이 4편이라는 것은 전술한 대로이다. 이것을 보면 내용만 자세히 소개한 12편은 무슨 징조인지 모르는 대상도 아니요 또 무슨 징조인지 확실히 밝힐 대상도 아니고 어떤 느낌을 지니게 하는 대상도 아닌 것으로 보여진다. 말하자면 무슨 징조인지 짐작은 되지만 그것을 밝힐 만한 것이 못되는 듯하고 또 그렇게 감명을 주는 대상도 아닌 것 같다는 생각을 가지게 한다. 그렇다고 해서 내쫓김을 당하는 함량미달의 개꿈도 아닌 것 같다. 이것으로 보아서 이 12편은 무슨 징조인지 짐작은 되지만 본격적으로 다룰 만한 것이 못되는 이른바 비중이 낮은 꿈들이 아닌가 한다. 이것을 보면 꿈의 대부분을 즉 "무슨 징조인지 모르겠다"는 7편을 제외한 31편을 완전히 파악하고 있었던 것으로 보여진다. 그래서 꿈에 대해서는 일가견을 지닐 만한 자리에 있었던 것이 아닐까 한다. 여기에 신인(神人)이 나타나 작전지시를 하고 있는 것이다. 이처럼 구체적인 현현(顯現)을 본 작자는 이제까지의 태도로 보아서 긍정적인 해석을 내리고 판단에 임했을 것으로 보여진다. 신인(神人)의 등장은 가까이는 음애일기와 그 부록인 '某偶見安圖樵所稱並錄篇末'과 계축일기에도 나타난다. 이제 음애일기의 경우를 보기로 한다.

　　　　……창졸간에 군대가 없으므로 역부(役夫)들을 몰아다가 지키게 했다.
　　　공(公)과 성(成)·유양공(柳兩公)은 바로 광화문 앞 수백보 지점에 나가서
　　　말을 세워 진(陣)을 이루고 공(公)이 부채를 휘둘러 지휘하는데 용지(容止)
　　　가 신인(神人)과 같았다……

(p.150, 3행~6행)

　이것은 중종반정의 거사(擧事) 당일 그 선봉인 박원종(朴元宗)이 동지인 성희안(成希顔)·유순정(柳順汀)과 더불어 광화문에 나아가 진두지휘하는 모습의 일단(一端)을 잡은 것이다. '용지가 신인과 같았다'라는 묘사의 대상은 그 주동인

박원종을 두고 한 말이다. 원문은 '容止若神'으로 되어 있다. 모습과 행동이 신 (神)과 같았다는 것이다. 사람은 사람인데 신과 같이 보였다는 것이니 존경하는 마음을 깔고서의 상찬(賞讚)이라고 하겠다. 즉 평범 이상의 역량을 발휘하는 사 람이라고 풀이해도 무방할 것 같다. 이와 같은 풀이는 형편과 처지에 따라 달라 질 수 있겠으나 이러한 경외(敬畏)의 대상이 상징화되어 마음속에 자리잡을 수 도 있는 것이고 생시처럼 꿈속에 나타날 수도 있는 것이다. 우리는 체험상 이를 부정할 수만은 없다.

프로이드의 원망실현설(願望實現說)에 의하면 임진대첩 때의 꿈과 우수영 대 첩전의 꿈은 다음과 같은 설명이 될 수 있을 것 같다. 즉 전자(前者)는 이미 경 험한 바에서 온 지각상(知覺像)의 재현이고 후자(後者)는 상상에서 온 심상의 출 현이라는 설명을 가능케 한다. 이 상상의 경우 그 욕구나 원망의 역할은 지대하 다는 설명으로서 '꿈은 원망(願望)의 실현'이라고 확언하고 있다. 따라서 이 원 망의 대상 가운데 이 신인(神人)이 포함됐을 수도 있는 것이겠다. 따라서 신인 의 등장은 부수적인 상징일 뿐 중요한 것은 꿈 자체에 있다 하겠다.

<마>

본 일기에는 그의 복점(卜占)하는 기술도 보인다. 어머니의 건강이 어떠하신 지, 아내의 병세가 어떤지, 적군이 공격을 해올 것인지 등 궁금증이 심할 때는 점을 치고 있다. 그래서 좋은 괘가 나왔을 때는 좋아하기도 하고 안심하기도 한다. 이제 그 한 예를 들어본다.

> (경인) 비, 비. 어제 저녁부터 빗발이 삼대 같았다. 집이 새어 마른 데가
> 없어 간신히 밤을 지냈다. 점괘 얻은 그대로이니 그 참 절묘하구나. 충청
> 수사와 순천을 청해다가 장기를 두게 하면서 그것을 구경하는 것으로 소일
> 했다. 그러나 근심이 속에 있으니 어찌 조금인들 편할 것이랴.
>
> (p.147, 17행~21행, 甲午 7월 14일)

비가 올 것이라는 점괘를 얻었는데 그대로 맞아서 쾌감에 젖어있는 것이다. "참으로 절묘(絕妙)하구나(卜得果然 極妙極妙)"라는 표현은 어쩌다가 한 차례 맞 았을 때의 심정을 나타낸 것이라기보다는 큰 비가 올 것임을 상징하는 전날의 점괘가 그가 짚었던 대로 어김없이 들어맞은 그 득의연(得意然)한 순간을 짚은

표현인 것 같다. 그러면 이제 그 전날의 복점 양상을 보기로 한다.

> 13일　(기축) 비, 비. 홀로 앉아 면의 병세가 어떤가를 생각하고 글자를 짚어 점을 쳐보니, 「군왕을 만나보는 것 같다」(如見君王)는 괘가 나왔다. 아주 좋았다. 다시 짚으니 「밤에 등불을 얻은 것과 같다」(如夜得燈)는 괘가 나왔으니 두 괘가 다 좋은 것이었다. 조금 마음이 놓였다. 또 유 정승의 점을 친즉 「바다에서 배를 얻은 것과 같다」(如海得船)는 괘가 나왔고, 다시 치니 「의심하다가 기쁨을 얻는 것과 같다」(如疑得喜)는 괘가 나왔다. 아주 좋다. 저녁내 비가 오는데 홀로 앉은 정회를 이길 길이 없다. 늦게 송전(宋銓)이 돌아 가는데 소금 1섬을 주어 보냈다. 오후에 마량 첨사와 순천이 보러 왔다가 어두워서야 돌아갔다. 비가 올지 갤지를 점쳐 보니, 「뱀이 독을 뱉는 것과 같다」(如蛇吐毒)는 괘를 얻었다. 장차 큰비가 내리겠으니 농사를 위해 걱정, 걱정스럽다. 밤에 비가 퍼붓듯이 내렸다. 오후 8시께 발포의 탐선이 편지를 받아 가지고 돌아갔다.
>
> (p.147, 3행~16행, 甲午 7월 13일)

비가 적당히 오면 농사에 좋지만 너무 많이 오면 1년 농사를 망치게 되는 것이다. 그래서 둔전을 경영하고 있는 처지이기 때문에 날씨에 늘 신경을 써오던 터였다. 비단 농사뿐 아니라 해전도 날씨의 영향을 절대적으로 받는 것이어서 일기에서는 빠질 수 없는 대목이었다. 여기서는 지금 많은 궁금증을 점괘로 풀고 있는 그의 모습을 보여준다. 아들 면(葂)의 병세를 알아보는 점은 좋은 괘가 연거푸 나와 조금 마음을 놓는다. 그리고 유정승(柳政丞)의 사망소식이 있었던 터이라 그의 안부를 알기 위해 점을 친 결과 내리 좋은 괘가 나와서 아주 좋아하고 있다. 이와 같이 위로를 받고 안심하는 것과는 달리 세 번째 점괘에서는 크게 걱정을 하고 있다. “……爲農事可慮可慮”라는 이 걱정이 그대로 들어맞은 것이다. 농사를 위해 걱정이 되면서도 한편으로는 “주우(注雨)”를 맞춘 쾌감이 어렴풋이나마 감도는 것 같다. 이러한 정도라면 그는 복점에 있어서도 일가견을 지닌 것 같다는 말을 할 수 있을 것 같다. 점을 치면 칠수록 현실과 들어맞는 데서 오는 점의 진미(眞味)를 두루두루 맛보는 경지에 들어선 기분이 “極妙極妙”로 나타난 것이 아닌가 한다. 이를 보면 점보다도 질, 양에서 훨씬 우세해 보이는 소위 그 꿈의 경지는 묘미를 맛보는 정도를 넘어 거의 도(道)가 통한 것과 같은 노숙미(老熟味)를 보이는 것 같다.

이제까지 우수영 대첩의 지휘자였던 작자의 심리적 배경을 짚어보았다. 다시 정리해 보면 다음과 같다.

① 우리 수군의 처지가 지극히 절박한 상태에 놓여 있었다는 것
② 임진대첩 때의 꿈과 비슷한 꿈이 그의 기(氣)를 돋구었으리라는 것
③ 물리적인 힘보다는 정신적인 힘이 기대 이상으로 발휘되어 대승하게 된 것은 하늘(天)의 도움 같다는 것
④ 신인의 지시가 어느 징조보다도 구체적이었기 때문에 이를 긍정적으로 해석했으리라는 것
⑤ 꿈이 생활화돼 있었다는 것
등이다.

5) 결

앞에서 본 것처럼 그는 꿈의 영향을 많이 받는 사람이었다. 또한 가, 나, 다에서 꿈의 징조를 현실로서 대응했음을 보여주었고 그리고 판단과 확신이 서면 즉각 조처하는 성격임도 알려주었다. 이러한 그가 지극히 절박한 처지에 놓여 있으면서 꿈을 통하여 돋구어진 기(氣)로 더욱 담대해져서 열악한 여건 하에서도 대적을 물리친 그 불굴의 정신력 발휘에는 하늘의 도움이 컸으리라는 느낌을 가지게 된 것으로 보아서 그 신인의 지시를 전폭적으로 수용했을 것으로 생각된다. 그렇게 함으로써 10배가 넘는 적을 무찔러 격퇴하는 성과를 얻을 수 있었던 것이라고 말할 수 있겠다.

우리는 이제까지 "……할 징조이다", "무슨 징조인지 모르겠다"는 등의 말을 많이 보아왔다. 사실 "비 올 징조가 많았다(……多有雨徵, 丙申 10월 5일)"라는 표현은 지극히 일상성을 띤 용어로 볼 수 있다. "금년은 가물겠다"라는 말은 고로(古老)들에게서 흔히 들을 수 있는 말이고 "후덥지근한 것이 한 소나기 하겠다"라는 말은 우리 주변에서도 들을 수 있는 말로서 이는 모두가 오랜 생활 경험에서 나올 수 있는 말들이다. 이처럼 경험을 토대로 해서 작자는 꿈풀이를

했다고도 볼 수 있다. 그러나 이런 꿈풀이가 국가의 안위가 달린 군사행동일 경우에는 조심스럽지 않을 수가 없다. 꿈의 기능을 인정하고 그것을 현장화 했다면 최소한 그에 상응한 합리적인 과정이 가능한 한 살펴져야 한다고 생각되었던 것이다.

이제까지 본 일기에 나타난 꿈과 사실과의 관계를 구명해 보았다. 38개 중 10개의 꿈이 사실과 연관이 되어 있고 그 중의 두 개는 그 조짐에 상응하는 행동을 취했다는 것이다. 그래서 적선의 횡행을 막고 적선단(敵船団)을 대파(大破)했다는 것이다. 이렇게 되고 볼 때 꿈풀이는 절실한 문제였다. 더욱이 38개 중 10개라면 적은 비중이 아니라고 보겠으니 거기서 오는 신뢰감을 비과학적이라는 명분에서 그야말로 부정일변도(否定一邊倒)로 나갈 수만은 없을 것 같다. 따라서 적형(賊形)이 보여서 출진하고 신인(神人)의 지시에 따랐다는 것을 하나의 환상으로만은 볼 수 없겠다는 것이다. 말하자면 실사(實事)라고 보인다는 말이다. 지금 작자는 창작을 하고 있는 것이 아니라 구체적이고 정확함을 생명으로 하는 싸움터의 일기를 기술하고 있는 것이다. 얼마나 정확을 기했는지를 지적하면 다음과 같다.

① 장계(狀啓)를 썼으면 언제 썼고, 고쳐 썼으면 수정했음을 기술하고 있다.

> 14일　(신해) 맑음. 늦게 나가서 장계 초안을 수정했다. 동복(同福)서 원
> 　　　호 사무를 맡은 김덕린(金德麟)이 보러 왔다. 경상 수사가 쑥떡과
> 　　　초 한 쌍을 보내왔다. 낙안과 녹도들을 불러서 떡을 먹였다. 새
> 　　　곳간에 지붕을 이었다.
> 　　　　　　　　　　　　　(p.247, 19행~20행, 丙申 2월 14일)

> 29일　(병인) 맑음. 아침에 서류 초안을 수정했다. 식후에 나갔더니 우수
> 　　　사와 경상 수사가 장흥과 관찰사의 군관을 데리고 왔다. 경상 우
> 　　　순찰사의 군관이 편지를 가지고 왔다.
> 　　　　　　　　　　　　　(p.253, 9행~11행, 丙申 2월 29일)

② 둔전(屯田)에서 수확한 곡식의 양이 확실치 않을 때 세 번씩이나 고쳐 적고 있다. 그 양이 틀리면 책임을 져야 하는 것이다.

23일   (경신) 맑음. 일찍이 아침밥을 먹고 나가서 둔전에서 받아들인 벼
        를 다시 작석하여 새로 지은 창고에 쌓은 것이 1백 67섬으로, 줄
        은 것이 48섬이다.

(p.251, 7행~12행, 丙申 2월 23일)

24일   (신유) 맑음. 식후에 나가 둔전에서 받아들인 벼를 고쳐 작석하는
        것을 감독했다. 우수사(권준—權俊)가 들어왔다. 오후 4시에 비바
        람이 크게 일었다. 둔전서 받아들인 벼를 다시 작석한 결과 창고
        에 들여 쌓은 것이 1백 70여 섬으로, 줄은 것이 30여 섬이다. 낙안
        (선의문—宣義問)이 갈렸다는 기별이 왔다.

(p.251, 14행~18행, 丙申 2월 24일)

이처럼 엄격할 정도로 정확을 기하고 있기 때문에 여기에 적힌 내용은 어김
없는 사실인 것이다. 따라서 본 일기의 사실은 별도의 고증(考證)이 없어도 그
대로 확실한 것으로 볼 수가 있는 것이다. 그래서 본 일기의 즉실성(卽實性)은
그 집필자세에서부터 보장되어 있다고 하겠다. 말하자면 '일기의 개념은 실기
(實記)'라는 통념을 충실히 이행한 기록이라 하겠다. 도외시만은 할 수 없는 것
이 꿈이기에 여기서 그 위상에 접근해 본 것이다.

10. 자화상

본 일기에서 '나'라는 용어가 많이 나타나는 것은 출옥 후에 기술한 부분에
서이다. 이것은 자기의 의사를 보다 진하게 표했기 때문으로 보이고 그 이전에
는 '나'라는 용어가 거의 손꼽을 정도로 나타난다. '나'라는 용어가 빈번하게 나
타나는 것은 자신이 표면으로 부상해 나왔음을 뜻하는 것이기도 하다. 그래서
"내가 어찌해서 이 지경이 됐는가"라는 표현을 가끔 대하게도 되는데 이는 자
기의 신상을 응시(凝視)하며 초점화시키는 양상이다. 외향적이기만 했던 안목
이 내향화하는 실상이다. 자기를 보는 눈이란 의식의 성숙을 뜻함은 말할 것도
없다.

또한 '죽음'이라는 용어도 자주 쓰고 있다. "괴롭고", "아프다"는 말을 많이
사용하던 것에 비하면 출옥 후에는 죽음이라는 것을 기꺼이 느끼고 있는 심성

을 짐작케 한다.

> 16일   (병자) 궂은 비. 배를 끌어 중방포(中方浦)에 옮겨 대어, 영구를
> 상여에 싣고 집으로 돌아왔다. 마을을 바라보며 찢어지는 아픔이
> 야 어떻게 다 말하랴. 집에 이르러 빈소를 차렸다. 비가 억수같이
> 쏟아지고, 나는 맥이 다 빠진데다가 남쪽 길이 또한 급박하니 부
> 르짖으며 울었다. 다만 어서 죽기를 기다릴 따름이다. 천안(天安)
> 이 돌아갔다.
>
> (p.309, 21행~p.310, 3행)

이것은 어머니의 시신을 배에서 집으로 옮겨 겨우 빈소를 차려놓고 종군(從
軍)의 길에 나서야 할 때 그 망극한 심정이 집약된 표현이다. 마음대로 운신도
할 수 없는 처지에서 울부짖기만 할 따름이다.

> 19일   (기묘) 맑음. 일찍 길을 떠나며, 어머님 영 앞에 하직을 고하고
> 울며 부르짖었다. 어찌하랴. 어찌하랴. 천지간에 나 같은 사정이
> 또 어디 있을 것이랴. 어서 죽는 것만 같지 못하구나. 뇌(蕾)의 집
> 에 이르러 선조의 사당에 하직을 아뢰고 그 길로 금곡(金谷 : 충청
> 남도 연기군 광덕면 대덕리) 강 선전(姜宣傳)의 집 앞에 이르러 강
> 정(姜晶), 강영수(姜永壽)씨를 만나 말에서 내려 곡하고, 다시 그
> 길로 보산원(寶山院 : 광덕면 보보리)에 이르니 천안 군수가 먼저
> 와 말에서 내려 냇가에서 쉬고 있으며, 임천(林川) 군수 한술(韓
> 述)이 중시(重試) 보러 서울 가는 길에 앞길을 지나다가 내가 있다
> 는 말을 듣고 들어와서 조문하고 갔다. 회(薈), 면(葂), 울, 해, 분,
> 완과 주부(主簿) 변존서들이 함께 천안까지 따라왔다. 원인남(元
> 仁男)도 보러 왔기에 작별한 뒤 말에 올랐다. 일신역(日新驛 : 공주
> 군 장기면 신관리)에 이르러 잤다. 저녁에 비가 뿌렸다.
>
> (p.310, 10행~p.311, 4행)

빈소를 차린 지 3일만에 영전(靈前)에 하직만 고하고 떠나는 상주의 마음은
찢어지고 "어찌할꼬"만을 되풀이한다. 진실로 그와 같은 입장에 설 사람이 또
있을 것 같지 않은 난감(難堪)한 처지다. 죽는 것만 같지 못하다는 생(生), 그 국
면을 이렇게 파악하는 그의 사생관(死生觀)은 처절하기 그지없다.

초6일   (병신) 맑음. 꿈에 돌아가신 두 분 형님을 만났는데, 서로 붙들고
우시면서 하시는 말씀이, 「장사를 지내기 전에 천 리 밖으로 떠나
와 군무에 종사하고 있으니, 대체 모든 일을 누가 주장해 한단 말
이냐. 통곡한들 어찌하리」하셨다. 이것은 두 형님의 혼령이 천 리
밖까지 따라오셔서 근심하고 애닲아함을 이렇게까지 하신 것이
니 비통함을 금치 못하겠다. 또 남원의 추수 감독 일을 염려하시
는데 그것은 무슨 뜻인지 모르겠다. 연일 꿈자리가 어지러운 것
도 아마 형님들의 혼령이 그윽히 걱정하여 주는 탓이라 슬픔이
한결 더하다. 아침저녁으로 그립고 설운 마음에 눈물이 엉기어
피가 되건마는 아득한 저 하늘은 어째서 내 사정을 살펴주지 못
하는고. 왜 어서 죽지 않는지.

(p.315, 6행~16행)

꿈에서 돌아가신 두 분 형님의 걱정하는 말을 생시처럼 듣고 몸둘 바를 몰라
하는 것이다. "왜 어서 죽지 않는지"에서는 마치 죽음을 재촉하는 듯한 양상이
다. 어디에도 희망을 걸 수 없는 현실에 환멸을 느끼고 있다. 주위 환경 등 모든
여건이 자기를 사지(死地)로 몰아넣는 듯한 착각조차 일으키는 것이다. 개인의
일이나 나라의 일이나 한결같이 앞날이 보이지 않기는 마찬가지이다.

23일   (계축) 아침에 정사룡(鄭士龍), 이사순(李士順)이 와서 보고, 원 공
(균)의 말을 많이 전했다. 늦게 배 동지는 한산으로 돌아갔다. 체
찰사가 사람을 보내어 부르므로 가서 뵙고 조용히 의논했는데,
시국의 그릇된 것을 무척 분히 여기며 다만 죽을 날만 기다린다
고 했다. 내일 초계(草溪 : 권 도원수가 진친 곳)로 가겠노라고 하
니, 체찰사가 이대백(李大伯)이 모은 쌀 두 섬을 붙여 주기에 성밖
주인 장세휘(張世輝) 집으로 보냈다.

(p.322, 6행~12행)

시국의 잘못됨을 분하게 여기며 남은 길은 오직 죽음뿐이라는 심정을 체찰사
에게서 듣는다. 전쟁의 국면이 위태롭게 돌아감을 직감하고 장수(將師)로서의 마
지막 결단을 부하에게 조용히 알린 것이겠다. 군인의 정도(正道)를 가고 있는 늠
연(凜然)한 자세이다. 듣는 작자의 심정과도 통하는 데가 있어 보인다. 듣고만 있
었지만 공감이 가는 듯하다. 이와 같은 형편이었기에 작자의 전투는 사생(死生)
을 결단하는 돌진이었고 죽음을 안고 싸우는 두려움 없는 공격이었다.

　사람이 죽음을 생각하게 될 때는 자기가 처한 역경에서 헤어나기 어려울 때 하늘도 땅도 사람도 다 외면하고 운명조차도 돌아보지 않는다고 생각될 때 부딪치는 마지막 순간에서이다. 도피하는 것이 아니라 영영 사라져 버려서 다시는 그런 고통을 맛보지 않으려는 심정이다. 생의 피안을 넘겨다보게까지 된 그에게 이제 두려울 것은 없었다. 죽음을 받아들이게까지 된 그의 신상은 그 당시로서는 불운한 사람, 일방적으로 희생만 강요당한 사람 그래서 잘못 태어난 사람이 아닐 수 없다. 꾀부릴 줄 알지만 꾀를 부리지 않은 사람, 요령을 부릴 줄도 알지만 그런 얄팍한 재주를 몹시도 싫어한 사람, 손해보는 줄도 알지만 대도(大道)라면 그런 손해도 불사한 그였기에 죽음은 언제나 그와 가까이 있었던 것이다. "내가 어찌해서 이 지경에 이르렀는가"라는 그의 심정은 지금 한 고비를 넘기고 있는 것이다. 그래서 드디어 자기의 신상에 대해서 하나의 해석을 내리게 되고 그 위상의 마무리를 짓는다.

> 초5일　(을미) 맑음. 새벽 꿈이 매우 어지러웠다. 아침에 부사가 보러 왔었다. 늦게 충청 우후 원유남(元裕男)이 한산(閑山)에서 와서 원공(균)의 못된 짓을 많이 전하고, 또 진중의 장졸들이 모두 다 배반하므로 앞으로 일이 어찌될지 알 수 없으리라고 하였다. 이날은 단오절인데, 천 리 밖에 멀리 종군하여 어머님 영연을 멀리 떠나 장례도 못 모시니 무슨 죄로 이런 갚음을 당하는고. 나와 같은 사정은 고금을 통하여 짝이 없을 것이니 가슴이 찢어지는 듯 아프다. 다만 때를 못 만난 것을 한탄할 따름이다.
>
> (p.314, 21행~p.315, 5행)

　유별나게 자기만 가려 뽑혀서 보복 당하는 아픔처럼 되어 있다. 전중(戰中)에 옥살이하고 나오니 노모의 죽음을 당한다는 악운(惡運)의 연속이다. 그런데 종군에의 길은 또한 바쁘다. 장례도 못 치르고 떠나야 하는 신세를 생각할 때 이 세상에 왜 태어났는가를 생각해야 할 만큼 가슴은 찢어지는 것이다. 한탄을 거듭하고 냉정을 찾으면서 얻어진 결론은 때를 잘못 만났다는 것이었다. 옥살이한 것도 자기의 큰 잘못이 없었고 장례를 모시지 못하는 것도 자기 탓이 아니었던 것이다. 오로지 나라와 가정밖에 몰랐던 그에게 내려진 운명의 손뿌리였던 것이다.

초8일   (무술) 맑음. 아침에 승장 수인(守仁)이 밥 지을 중 두우(杜宇)를
데리고 왔다. 종 한경(漢京)은 일이 있어서 보성으로 보냈다. 흥양
종 세충(世忠)이 녹도(鹿島)에서 망아지를 끌고 왔다. 활장이 이지
(李智)가 돌아갔다. 이날 새벽 꿈에 사나운 범을 때려잡아서 껍질
을 벗겨 휘둘렀는데, 이 무슨 징조인지 알 수 없다. 조종(趙琮)이
이름을 연(璉)으로 고치고 보러 왔었다. 조덕수(趙德秀)도 왔었다.
낮에 망아지에 안장을 얹어 정상명(鄭詳溟)이 타고 갔다. 음흉한
원(元 : 균 - 均)이 편지를 보내어 조상하니 이것은 원수(元帥)의
명령이었다. 이경신(李敬信)이 한산(閑山)에서 와서 음흉한 원(元)
가의 말을 많이 하였는데, 원가가 데리고 온 서리(書吏)를 곡식 사
라는 구실로 육지로 보내 놓고 그 처를 사통하려고 하니 그 계집
이 말을 듣지 않고 밖으로 나와서 악을 쓴 일이 있었다고 한다.
원(元)이 온갖 계략으로 나를 모함하려 덤비니 이 역시 운수다.
뇌물로 실어 보내는 짐이 서울 길에 잇닿았으며, 그렇게 해서 날
이 갈수록 심히 나를 헐뜯으니, 그저 때를 못 만난 것만 한탄할
따름이다.

(p.316, 12행~p.317, 5행)

여기서는 원균 때문에 상당히 심상(心傷)하고 있는 것이다. 한때는 좋은 동료
였는데 이제는 모해(謀害)하는 처지가 됐으니 운명이 아니고 무엇인가. 원균과
맞서서 대항하는 것을 넘어서 자기의 부덕을 논하고 그 원인을 자기에게로 돌
리려 한다. 이때에 태어나지 말았어야 했고 더욱이 원균과는 만나지 말았어야
했다. 성품상으로도 거의 구제 받을 수 없다고 생각되는 원균을 탓하기보다는
때를 만나지 못한 자신을 한(恨)할 뿐이다. 이는 잔약하고 용렬한 것은 피해 가
는 대인(大人)의 풍도(風度)가 신선하다.

초8일   (병신) 맑음. 여러 장수들을 불러서 대책을 토의하였다. 우수사
김억추(金億秋)는 겨우 만호(萬戶)에나 맞을까 대장 재목은 못 되
는 인물인데, 좌의정(左議政) 김응남(金應男)이 서로 정다운 사이
라고 해서 억지로 임명해 보냈다. 이러고야 조정에 사람이 있다
고 할 수 있는가. 다만 때를 못 만난 것을 한탄할 뿐이다.

(p.367, 2행~7행)

조정에 사람이 없음을 탄(嘆)하고 있다. 인사(人事)가 만사(萬事)리고 했는네

적재적소라는 원칙을 무시하는 좌의정의 억지에 말문이 막혀서 이러한 때에 이런 인사(人事)를 하지 않을 수 없었던 그 처지를 한(恨)하고 있는 것이다. 이로 보아 "때를 못 만났다"는 것은 자기 개인에 유관한 경우만이 아닌 중앙의 국정에까지 그의 마음은 이어져 있었던 것으로 보여진다. 말하자면 적소(適所)에 적재(適材)를 등용하는 그런 인물들이 중앙에서 정치하는 그런 좋은 때를 만나지 못했다는 것이다. 좋은 때를 가려서 살 수도 없는 것이라 그야말로 운이 나쁘다고 할 수밖에 없다.

14일   (신미) 맑음. 새벽 2시쯤 꿈에 내가 말을 타고 언덕 위를 가다가 말이 헛디디어 내(川) 가운데 떨어지긴 했으나 거꾸러지지는 않았는데 끝에 아들 면(葂)이 엎디어 나를 안는 것 같은 형상을 보고 깨었다. 무슨 조짐인지 모르겠다. 늦게 배 조방장과 우후 이의득(李義得)이 보러 왔다. 배(裵)의 종이 경상도로부터 와서 적의 정세를 전하였다. 황득중들이 와서 보고하기를, 「내수사(內需司)의 종 강막지(姜莫只)라는 자가 소를 많이 치기 때문에 12마리를 끌어간 것이라」고 하였다. 저녁에 어떤 사람이 천안(天安)서 와서 집안 편지를 전하는데, 봉함을 뜯기도 전에 뼈와 살이 먼저 떨리고 정신이 혼란해졌다. 겉봉을 대강 뜯고 열(苪 : 둘째 아들)의 글씨를 보니 거죽에 「통곡」 두 자가 씌어 있어 면(葂)의 전사를 알고 간담이 떨어져 목놓아 통곡하였다. 하늘이 어찌 이다지도 인자하지 못하시는고. 간담이 타고 찢어지는 것 같다. 내가 죽고 네가 사는 것이 이치에 마땅한데, 네가 죽고 내가 살았으니 이런 어긋한 일이 어디 있을 것이냐. 천지가 깜깜하고 해조차도 빛이 변했구나. 슬프다 내 아들아. 나를 버리고 어디로 갔느냐. 남달리 영특하기로 하늘이 이 세상에 머물러 두지 않는 것이냐. 내가 지은 죄 때문에 앙화가 네 몸에 미친 것이냐. 내 이제 세상에 살아 있은 들 누구에게 의지할 것이냐. 너를 따라 같이 죽어 지하에서 같이 지내고 같이 울고 싶건마는 네 형, 네 누이, 네 어머니가 의지할 곳이 없으므로 아직은 참고 연명이야 한다마는 마음은 죽고 형상만 남아 있어 울부짖을 따름이다. 하룻밤 지내기가 1년 같구나. 9시께 비가 내렸다.

(p.377, 2행~p.378, 3행)

  막내아들 면(葂)의 전사한 비보(悲報)를 접하고 애절해 하고 있다. 그의 첫마디 말은 "하늘이 어찌 이다지도 인자하지 못 하신고"이다. 하늘의 불인(不仁)을 당했다는 것은 하늘의 사랑을 받지 못했다는 것이고 나아가 하늘의 버림을 받았다고도 생각될 수 있다. 노모가 가신 지 얼마 되지 않아 어린 자식이 또 그 뒤를 따르고 있다. 이어지는 비탄이 하늘마저 원망케 한다. 천지신명에게 외면당했다는 것은 곧 시운(時運)을 제대로 타지 못했다는 것이겠고 결국 때를 잘못 만난 것이 된다. 전투 중에 옥살이 한 것도 노모의 장례를 모시지 못한 것도 그리고 원균 같은 사람을 만나게 되어서 고달팠던 것이나 조정에 사람이 없어서 본의 아닌 인사(人事)를 한 것, 나아가 막내아들의 주검을 보게 된 것 등은 말하자면 때를 만나지 못한 탓이라고 생각한다.

작자는 임란에서 가운(家運)이 기우는 것 같은 참화를 당하고 있다. 인지(人智)로서는 어떻게도 할 수 없는 일들이다. 그래서 그는 비명을 지르듯 "내가 어찌해서 이 지경이 되었는가"를 자신에게 물었었다. 사정없이 몰아치는 혹독한 세파와 운명은 그로 하여금 알몸으로 나서서 당하게 하였고 끝내는 죽음까지도 종용(從容)히 받아들일 수밖에 없는 마음 자리로서 견뎌내게 했던 것이다. 이와 같은 고비를 넘기면서 그가 똬리를 틀게 된 것은 "시운을 잘못 타고났기 때문"이라는 자리매김이었다.

누구를 원망한다든지 쇄소(瑣少)한 감정 등은 모두 다 털어 버린 대인다운 풍도(風度)가 보이는 대단원이며 자문(自問)에 대한 자답(自答)이기도 하다. 이와 같은 과정에서 본의 아니게 그는 솔직한 자신의 모습을 드러내 보이고 있다. 그것은 다름 아닌 "때를 잘못 만난 사람"이라는 것이다. 그의 일생을 더듬어 보면 고달팠던 그리고 힘겨웠던 행보였지만 그는 지금까지도 국토의 수호신으로서 만인의 가슴에서 영원히 빛나는 생동(生動)이 멈추지 않고 있는 것은 대인다운 그의 품위에 연유되는 것으로 보여진다.

11. 변·불변지상(變·不變之相)

전쟁이라는 극한상황에서 지휘관으로서의 심정(心情)의 동태(動態)는 크게 주목되는 것이다. 그 동태의 반경(半徑)을 더듬음으로써 그의 변·불변의 상(相)은 드러날 것이다.

1) 불변지상(不變之相)

이순신의 정체성을 밑받침하고 있는 내심(內心)은 이 난중일기에 어떻게 나타나고 있는가. 전장인데도 불구하고 미동(微動)도 하지 않는 그의 본심은 어떤 것이었을까. 무수한 무고(誣告)를 당하고 억울한 옥살이를 하고 선상에서 객사하신 모친의 장례도 제대로 모시지 못한 상제(喪制)의 몸으로서 백의종군하면서 흩어진 장졸(將卒)을 다시 끌어 모으고 부족한 장비(裝備)로서 대적 왜군과 싸우다 막내아들 면(葂)과 더불어 전사한 그는 충의 화신임에 틀림이 없다. 이 한 가지 사실만으로도 그 충의 본체는 다 드러난다고 하겠다. 그러나 다음의 그 예를 몇 개 들어 보임으로써 그 충의 실상에 접근해 보고자 한다.

(1) 군인으로서

나라를 지키는 방패의 역할에 충실함으로써 호국(護國)의 정신을 유감없이 발휘한 전형적인 군인이다. 임금님을 초점으로 해서 나라사랑의 생각은 줄기차게 뻗어 있다.

> 초1일   (갑인) 맑음. 새벽에 망궐례(望闕禮)를 드렸다.
>
> (p.57, 3행)

초하루·보름에 대궐을 향하여 절을 하며 경의를 표하는 예이다. 전투와 같은 특수상황이 아닐 때는 반드시 거행하는 예식이었다. 당시로서는 임금님은 나라의 상징일 뿐 아니라 주인이기도 한 것이다. 그래서 이 나랏님을 위해서 싸운다고도 할 수 있는 것이며 나아가 군인들의 정신을 무장시키는 기능도 겸했던 것으로 보인다. 따라서 이 망궐례(望闕禮)는 장졸들에게서는 가장 자연스런 행례가 된 것이겠다.

> 13일   (병인) 맑음. 조그마한 산등 위에 소포(帿)를 치고 순천, 광양, 방
>   답, 사도, 우후, 그리고 발포 등 여러 장수들과 편갈라 활을 쏘아
>   승부를 다투다가 날이 저물어 배로 내려왔다. 밤에 들으니 경상
>   도 우수사에게 선전관 도언량(都彦良)이 와서 있다고 했다. 이날
>   밤, 달빛은 배 위에 가득 차고 혼자 앉아서 이 생각 저 생각에 온
>   갖 근심은 가슴을 치밀어 자려야 잠이 오지 않다가 닭이 울어서

야 어렴풋이 잠이 들었다.

(p.60, 15행~p.61, 6행)

　거의 매일 장졸들이 모여서 활을 쏘고 있다. 전장에 있는 군인으로서는 당연한 일이지만 씨름·역기(力技)로 곁들여졌으며 나아가 조선(造船)·궁시(弓矢) 제작·마도(磨刀)에 이르기까지 장졸이 일심(一心)으로 단결한 것으로 보여 통솔이 잘 돼있는 양상이다.

　　　초7일　(을해) 맑음. 하동 현감(최기준－崔琦準)이 교유서에 숙배했다. 경
　　　　　　상 우수사(권준)가 순찰사에게로부터 왔다. 미조항 첨사(성윤문)
　　　　　　와 남해(기효근)도 왔다.

(p.227, 10행~12행)

　임금님이 내리신 교서(敎書)와 유서(諭書)도 절한 다음에 받아 읽었다.

　　　22일　　(경인) 맑음. 새벽에 동지라 임금께 하례하는 마음으로 숙배했다.
　　　　　　늦게 웅천(이운룡), 거제, 안골(우수), 옥포(이담), 경상우후(이의
　　　　　　득)들이 왔다. 변존서와 봉(조카)이 같이 갔다.

(p.228, 21행~23행)

　이렇게 특별한 날이나 명절 때도 임금님께 숙배를 올리고 있다.

　　　29일　　(신축) 비바람이 그치지 아니하고 종일토록 퍼부었다. 사직(社稷)
　　　　　　의 위엄과 영험을 힘입어 겨우 조그마한 공로를 세웠는데, 임금
　　　　　　의 총애와 영광이 너무 커서 분에 넘치는 바가 있다. 장수의 직책
　　　　　　을 띤 몸으로 티끌 만한 공로도 바치지 못했으며 입으로는 교서
　　　　　　를 외면서 얼굴에는 군인으로서의 부끄러움이 있음을 어찌하랴.

(p.201, 22행~p.202, 4행)

　분에 넘치는 표창을 받은 황송한 마음이다. 공(功)을 나라에 돌리는 겸손함과 장수로서의 직분을 다하지 못한 부끄러움이 넘치고 있다.

초3일   (신해) 맑음. 이른 아침에 선전관(宣傳官) 양호(梁護)가 뜻밖에 들어와서 교서(敎書)와 유서(諭書)를 가져왔는데 분부의 내용인즉, 겸삼도통제사(兼三道統制使)의 명령이었다. 숙배(肅拜)한 뒤에 받자온 서장을 써서 봉해 올리고 곧 길을 떠나 바로 두치(豆恥) 가는 길로 들어섰다. 오후 8시께 행보역(行步驛 : 하동군 횡천면 여의리)에 이르러 말을 쉰 다음, 자정이 넘어 길을 떠나 두치(豆恥 : 광양군 다압면 섬진리)에 이르니 먼동이 트려 했다. 박남해(朴南海 : 대남-大男)가 길을 잃고 강정(江亭)으로 잘못 들어갔으므로 말에서 내려 불러 왔다. 쌍계동(雙溪洞 : 하동군 화개면 탑리)에 이른즉, 뾰족뾰족한 돌들이 흩어져 있는데 갓 온 비에 물이 넘쳐 어렵사리 건넜다. 석주(石柱 : 구례군 토지면 연곡)에 이르자 이원춘(李元春)과 유해(柳海)가 복병하여 지키다가 나와서 보고 적 토벌할 일에 대해 많이 이야기하였다. 저물어서 구례(求禮)에 이르렀는데, 경내가 쓸쓸하였다. 성 북문 밖(구례군 구례면 봉북리) 전날 주인했던 집에서 잤는데 주인은 이미 산골로 피난했다는 것이었다. 손인필(孫仁弼)이 곧 보러 왔는데 곡식까지 지고 왔으며, 손응남(孫應男)은 그 전에 벌써 이른 감(柿)을 가져왔었다.
                                        (p.347, 12행~p.348, 9행)

겸삼도통제사의 임명장을 받은 순간이다. 숙배한 후에 받고 곧 받자온 서장(書狀)을 봉해 올리고 있다. 영광보다는 책임이 더 중하게 여겨지는 대목이다.

초5일   (신유) 맑음. 아침에 공로 세운 여러 장수들에게 상품과 직첩(職帖)을 나누어주었다. 김돌손(金乭孫)이 봉학(奉鶴)을 거느리고 함평(咸平) 지경으로 갔다. 보자기 수색을 책임진 정응남(鄭應男)이 새로 만드는 배를 검열할 일로 점세(占世)를 데리고 함께 진도(珍島)로 떠났다. 해남(海南)의 독동(禿同)을 처형하였다. 전 익산 군수(益山郡守) 고종후(高從厚)가 왔으며 김억창(金億昌)이 오고 광주(光州) 박자(朴仔)도 왔으며 무안 나덕명(羅德明)도 왔다. 도원수(都元帥)의 군관이 유지(有旨)를 가지고 왔는데, 「이번 선전관 편에 들으니, 통제사 이순신이 아직도 상제의 예법대로만 지키고 방편을 좇지 않아 여러 장수들이 민망히 여긴다고 하니 사정(私情)이야 간절하지만 국사가 한창 바쁘고, 옛 사람의 말에도 전쟁에 나가 용맹이 없으면 효(孝)가 아니라 하였고, 전쟁에 나가 용감하다는 것은 소찬(素饌)이나 먹어서 기력이 곤비(困憊)한 자로서는 능히 하지 못하는 일이라, 예기(禮記)에도 원칙을 지키는 경

(經)이 있고 방편을 취하는 권(權)이 있어 꼭 원칙대로만 지킬 수
는 없는 것이니 경(卿)은 내 뜻을 생각하여 소찬 먹는 것을 치우
고 방편을 좇도록 하라」는 것이었다. 그리고 아울러 고기 반찬을
하사하셨으므로 더 한결 감개무량했다. 해남의 강간, 약탈한 죄인
들을 함평(咸平)이 자세히 심문했다.

(p.389, 1행~20행)

상제의 도리만을 고집할 수 없는 계제임을 알아차리고 애절한 마음에 감격
하는 마음이 얽혀져서 또 한번 비통해 하고 있는 것이다. 도원수가 내린 고기반
찬을 들고 뿌리는 눈물은 한없는 신뢰감과 더불어 다함없는 경외감의 발로라
고 보여진다. 상제로서의 경도(經道)도 좋지만 지금은 군인으로서 권도(權道)를
지킬 때라는 상관의 배려에 그는 눈물로써 대답하고 종용(從容)히 따르고 있는
것이다.

이제까지 그의 군인으로서의 편모(片貌)를 보았다. 임금님을 따르는 것이 곧
나라를 지키는 것이요 나라를 받드는 것이 곧 임금님을 모시는 것임을 잘 아는
작자는 군인으로서의 정도(正道)를 밟아 곁눈질할 줄 모르는 그의 강직한 자세
를 보여주고 있다.

(2) 인간으로서

군복을 입고 부하들을 질타(叱咤)하며 대적 왜군과 맞붙어 싸우고 있는 장수
(將師)이지만 그에게는 또한 간과할 수 없는 지극히 인간적인 면이 그의 언동과
배려에 나타나 보인다.

12일   (을축) 맑음. 본영 탐후선이 들어왔다. 그 편에 순찰사의 공문과
       송 시랑(宋侍郎)의 통첩을 가지고 왔다. 사복시(司僕寺)의 말 5필
       을 중국에 보내기 위해서 올려 보내라는 지시도 왔으므로 병방
       (兵房) 진무(鎭撫)를 띄워 보냈다. 늦게 영남(원균)이 왔다. 선전관
       성문개(成文漑)가 보러 와서 피난 중에 계신 임금의 사정을 자세
       히 전하였다. 통곡 통곡할 일이다. 새로 만든 쇠총을 비변사(備邊
       司)에 보내는 동시에 흑각궁(黑角弓), 후시(帿矢)를 주어 보내니,
       성(成)이란 사람은 이일(李鎰: 순변사-巡邊使)의 사위이기 때문
       이다. 저녁때 이영남(李英男), 윤동구(尹東耉)가 보러 왔었다. 고성
       현령(固城縣令) 조응도(趙凝道)도 보러 왔었다. 이날 새벽에 꾀 우

> 도 체탐인(體探人)을 영등(永登) 등지로 보냈다.
>
> (p.60, 3행~14행)

14일   (정묘) 맑음. 선전관 박진종(朴振宗)이 왔다. 또한 선전관 영산령
      (寧山令) 예윤(禮胤)이 임금의 분부를 가지고 같이 왔는데, 그들에
      게서 피난 중인 임금의 사정과 명나라 장수들의 하는 짓을 들으
      니 참으로 통탄스러웠다.

> (p.199, 23행~p.200, 3행)

여기는 전장이고 또 지금은 전투 중이어서 바쁘다는 말로는 그 실상을 다 나
타내기 어려운 판국이다. 그런 중에서도 피난 중에 있는 임금님의 사정을 듣고
통분해 하고 있다. 그래서 하루 일과를 마치고 잠시 조용한 시간이라도 가지게
되면 온갖 근심이 가슴에 치밀어 올라 잠을 이루지 못하는 것이다. 밀지(密旨)
를 통해서 본 임금님의 초라한 피난생활·구원병으로 온 명군(明軍)들의 고자
세·이들은 응대해야 하는 조정관원들의 저자세 등은 작자를 통분케 하고 있
는 것이다.

      종일 혼자 앉아 있었다. 사량(蛇梁 : 이여넘-李汝恬)이 다녀갔다. 밤 10
   시쯤 변존서(卞存緖)와 김양간(金良幹)이 들어왔다. 행궁(行宮)의 기별을 들
   은 즉, 동궁(東宮 : 광해)께서 편찮으시다고 하니 걱정스럽기 짝이 없다. 유
   정승(성룡-成龍)의 편지와 윤 지사(우신-又新)의 편지가 왔다.

> (p.73, 21행~p.74, 2행)

광해군은 임란 때 활약이 적지 않았다. 동궁(東宮)의 몸인 광해군이 전주(全
州)의 행궁(行宮)에서 와병중임을 걱정하고 있다. 선조(宣祖)를 도와서 동분서주
해야 할 몸인데 아프다니 안타까운 것이다.

초1일   (임오) 맑음. 새벽 꿈에 커다란 대궐에 이르렀는데, 마치 서울인
      것 같고 기이한 일이 많았다. 영의정이 와서 인사를 하기에 나도
      답례를 하였다. 임금이 피난 가신 일에 대하여 이야기하다가 눈
      물을 뿌려가며, 탄식할 적에 적의 형세를 벌써 종식되었다고 말
      하였다. 서로 일을 의논할 즈음, 좌우의 사람들이 구름같이 모여
      드는 것을 보고 깨었다. 아침에 우후(虞侯 : 이몽구-李夢龜)가 보

러 왔다가 돌아갔다.

(p.88, 14행～20행)

꿈속에서까지 임금님의 피난길을 염려하고 있는데서 그의 적성(赤誠)이 남김 없이 풍겨난다. 그에게 있어 임금님은 어버이나 다름없는 것 같이 보인다.

16일　(기사) 맑음. 아침에 적량(赤梁) 만호 고여우(高汝友), 감목관(監牧官) 이효가(李孝可), 이응화(李應華), 강응표(姜應彪)들이 보러 왔었다. 각 고을 공문과 솟장에 대한 처결을 하여 주었다. 조카 해(荄)와 회(薈)가 돌아갔다. 몸이 몹시 불편하여 베개를 베고 누워 신음하다가 명나라 장수가 중도에서 늦추며 머뭇거리는 것은 무슨 딴 꾀가 없지 않은 것 같다는 말을 들으니 나라를 위해서 걱정 많은 중에 일일이 이와 같아 더욱더 한심스러워 눈물을 지었다. 점심때 윤 봉사에게서 관동(館洞 : 서울) 아주머니가 양주 천천(楊州泉川 : 양주군 회천면)으로 피난 갔다가 거기서 세상을 떠났다는 말을 듣고 울음이 터져 나옴을 참지 못하였다. 어찌 세상일이 이렇게도 차가운고. 장사는 누가 맡아 치렀는지? 대진(大進)이는 먼저 세상을 떠났다 하니 더욱더 쓰린 일이다.

(p.61, 1행～13행)

여기에서는 나라 걱정이 주변 여건과 맞물려서 뼈마디를 파고든다. 혹독한 세상사에 어이없어 하는 모습이다.

12일　(무자) 맑음. 아침에 소근포(所斤浦) 첨사가 보러 와서 화살 54개를 만들어 바쳤다. 서류를 처결하여 돌려주었다. 충청 수사, 순천, 사도, 발포, 충청 우후가 와서 활을 쏘았다. 저녁에 탐선이 들어와 어머님께서 평안하시다는 것은 살폈으나 면의 병세는 여전히 중하다는 것이었다. 애타는 마음이건만 어찌하랴. 유 정승(柳政丞 : 성룡)이 돌아갔다는 부고가 순변사(巡邊使)에게 왔다고 하나 이는 필시 질투하는 자들이 말을 만들어 하는 것이리라. 통분함을 참지 못하겠다. 이날 밤 심사가 산란해서 홀로 마루에 앉아 있는데, 내 마음을 스스로 걷잡을 수 없었다. 걱정이 쌓여 밤이 깊도록 잠 들지 못했다. 만일 유정승이 어찌되었다면 나랏일을 어찌할 것이랴. 어찌할 것이랴.

(p.146, 15행～p.147, 2행)

  그는 조정에 사람이 없다고 한탄하면서도 유성룡 정승만큼은 진심으로 존경했던 것 같다. 유정승을 모함하는 세력에 대해 분노할 뿐 아니라 만일에 유정승이 잘못되었다고 하면 정말로 나랏일이 걱정이 된다는 생각을 지니고 있는데서 말하자면 누란(累卵)의 위기감에 젖어있었다고 보여지는 것이다.

> 초1일 (갑술) 맑음. 촛불을 밝히고 혼자 앉아 나라 일을 생각하니 모르는 사이에 눈물이 흐른다. 또 병드신 팔십 노친을 생각하며 뜬눈으로 밤을 새웠다. 새벽엔 여러 장수들과 색군(色軍)들이 와서 해가 바뀐 인사를 하였다. 원전(元㙓), 윤언심(尹彦諶), 고경운(高景雲)들이 와서 보았다. 모든 색군들에게 술을 먹였다.
>
> (p.181, 4행~8행)

  나랏일을 생각하여 눈물을 흘리고 병드신 80 노모를 생각하여 근심하는 대목은 본 일기 도처에서 찾아 읽혀진다. 이와 같은 현상은 그의 생리(生理)처럼 되어있는 것으로 보여 충효의 본보기라고도 할 수 있을 것 같다. 적군을 제대로 물리치지 못하는데서 오는 안타까움·어머니를 가까이에서 모시지 못하는데서 오는 안타까움이 계속 작자의 마음을 짓누르는 멍에였던 것이다. 나랏일이 풀리면 어머니의 일은 자연적으로 해결되는 것이니 그래서 언제나 나랏일이 표면에 먼저 등장했던 것이다.

> 초5일 (계축) 맑음. 아침을 먹은 뒤 옥과(玉果 : 곡성군 옥과면) 지경에 이르니 피난 가는 사람들로 길이 찼다. 놀라운 일이다. 말에서 내려 타일렀다. 현(縣)으로 들어가면서 이기남(李奇男) 부자(父子)를 만나 함께 현에 이르니 정사준(鄭思竣), 사립(思立)이 마중 나오기에 함께 이야기했다. 고을 원(홍요좌—洪堯佐)이 처음에는 병을 핑계하고 나오지 아니하더니 조금 있다가 보러왔다. 붙잡아다 처벌하려 한 때문에 보러 온 것이다.
>
> (p.348, 16행~22행)

> 초6일 (갑인) 맑음. 이날은 옥과에 머물렀다. 오후 8시께 송대립들이 적정을 탐지해 가지고 왔다.
>
> (p.348, 23행~p.349, 1행)

> 초7일 (을묘) 맑음. 이른 아침에 길을 떠나 곧바로 순천(順天)으로 가는
> 데, 길에서 선전관(宣傳官) 원집(元潗)을 만나 임금의 분부를 받았
> 다. 병사(兵使)의 군대가 모조리 부서져 돌아가는 것이 길에 줄대
> 었으므로 말 세 필과 활, 화살을 약간 뺏어 왔다. 곡성(谷城) 강정
> (江亭 : 석곡면 유정리)에서 잤다.
>
> (p.349, 2행~6행)

길을 가득 메운 피난민들을 보고 그는 놀라고 있다. 과연 민심의 동향을 파악
하기에 충분했던 것이다. 그는 내려서 피난민을 위로하고 달래고 있다. 민심의
안정을 도모한 것이겠으나 바쁜 중에서도 직접 민중들과 얼굴을 맞대고 대화
했다는 것은 그 피난민을 내 식구와 같이 사랑하는 마음이 없으면 도저히 행할
수 없는 일이었다고 생각된다. 스스럼없이 적안(赤顔)으로 대하는 그 순정(純情)
을 우리는 읽을 수 있는 것이다. 그러나 그는 도망가는 군인들에게서는 말과
활과 화살을 빼앗고 있다. 적과 싸워야겠기 때문이다. 도망군의 마음을 돌이킬
계재는 아니었는지 몰라도 그들은 몸으로 나라의 방패가 되어야겠기에 말이
필요하고 활과 화살이 있어야 했다. 작자는 나라의 걱정을 마음속에서만 끓인
것이 아니라 전투선 위에 높이 올라 적의 선단(船團) 속으로 앞장서 돌진하며
활을 쏘고 지자포(地字砲)와 현자포(玄字砲)를 우수영 바다가 울리도록 쏘아댔
던 것이다. 그리고 그는 앞서간 막내아들의 뒤를 따라갔다. 호국의 간성(干城)이
된 것이다.

이제까지 작자의 인간으로서의 따스함과 그 향기를 짚어 보았다. 꿈속에서까
지 임금님의 피난길이 서러워 눈물을 뿌리고 있다. 동궁(東宮)과 조정관원들의
고달픔을 언짢아하고 있다. 전쟁이 몰아다 주는 혹독한 현실에 그는 목이 멘다.
아침이슬과 같은 나라 형편에 가슴을 졸인다. 마음의 문을 열어 피난민들을 안
심시키고 있다. 그리고 끝내 몸으로써 나라의 운명을 지켜 내었다.

임금님을 어버이로 생각한 것처럼 피난민을 내 식구와 같이 여기고 있는 데
서 그의 넓은 가슴은 시달리고 지친 마음들을 훈훈하게 감싸고 있는 것이다.

임금님과 나라 곧 나랏님을 지키기 위한 강직한 군인이었지만 또한 피난길
을 헤매는 정처 없는 발길들을 감싸안을 줄 알았던 순정(純情)의 사람이기도 했
다. 이 강직과 순정이 곧 작자의 충(忠)의 기저(基底)가 됐던 것이다. 그래서 "나

라의 치욕을 크게 씻으라”고 되뇌이시던 어머니의 말씀을 그는 충의 화신이 되어 실천할 수 있었다고 하겠다.

2) 변지상(變之相)

7년간의 난중일기인지라 작자의 마음이 난전(亂前)과 비교해서 어떻게 변했는지는 알 길이 없으나 이 난중에 작자의 마음을 흔드는 일이 일어날 때마다 고뇌에 빠져 번민하고 나아가서는 조정을 비판하는 일도 서슴지 않고 있는 것이다. 당시로서는 임금님을 향한 비판이란 생각할 수도 없는 때이지만 그러나 조정을 비판한 저변에는 임금님을 향한 안타까움과 서운함이 잠재돼 있다고 보지 않을 수 없는 것이다. 이는 상소(上疏)나 장계(狀啓) 등을 통해 나타낼 수 있는 공개될 성질의 심정은 아닌 것으로 비(非)일상적일 때에 일어나기 쉬운 국면적이고 진실하나 전심(全心)이 아닌 측심(側心) 같은 것이라고 해야 할 것 같다. 이와 같은 측심의 출현은 그의 충(忠)이라는 마음이 흔들렸다는 것이 아니라 나랏님을 향한 충성이 공고했기 때문에 폭발된 심정이라고 보여진다. 이와 같은 측심을 추스리기 위하여 대낮 같은 달빛이 고요한 바다를 비추는 밤이면 성루에 혼자 앉아 해(海)의 젓대 소리에 마음을 얹은 적이 얼마나 많았으며 비바람이 치고 전투가 소강상태에 들면 선창가 뜸 밑에 웅크리고 앉아 솟구치는 울분을 하염없이 새겼던 것이다.

그러나 원균을 향한 마음의 동태는 난초(亂初)에서와는 달리 난중(亂中)에는 차츰 변해져서 전사하기 전에는 원균에 대한 태도는 거의 무관심에 가까워 소위 치지도외시(置之度外視) 하는 지경에 이르고 있음을 보게 된다. 그런데 그의 측심의 동태를 보기 전에 그의 충심의 늠연(凜然)한 자세를 보여주는 대목을 먼저 보기로 한다.

> 20일　(정유) 비는 왔으나 큰바람은 조금 그쳤다. 웅천 현감과 소비포가 보러 왔다. 온종일 홀로 앉았으니 갖가지 생각이 가슴을 치밀었다. 호남 방백(方伯)들이 나라를 저버리는 것을 생각하니 참으로 유감스러웠다.
>
> (p.135, 7행~11행)

방백이면 지방의 장관이다. 말하자면 작자의 상관이 나라를 배반하고 있다. 구체적인 내막은 기록되지 않았지만 그의 태도는 분명하다. "참으로 유감"이란 말속에 모든 뜻이 함축돼 있다고 하겠다.

> 20일 (경술) 맑음. 늦게 김 첨지(경로 : 敬老)가 보러 와서 무주(茂朱) 장
> 박지리(長朴只里)의 농토가 아주 좋다고 말하였다. 옥천 사는 권
> 치중(權致中)은 김 첨지의 서처남인데, 장박지리란 곳이 바로 옥
> 천 양산창(梁山倉) 근처라고 하였다. 체찰사는 내가 머무르고 있
> 다는 말을 듣고 먼저 공생(貢生)을 보내고, 또 군관 이지각(李知
> 覺)을 보내더니 조금 있다가 또 사람을 보내어, 「진작 상제된 소
> 식을 듣지 못했다가 이제야 듣고 놀라며 애도한다」하고 군관을
> 보내어 조상하며, 저녁에 만나 볼 수 있겠는가를 물으므로, 나는
> 「저녁에 당연히 가서 뵙겠다」고 대답하고 어둘 녘에 가서 뵈니,
> 체찰사는 소복(素服)을 입고 기다렸다. 조용히 일을 이야기하는
> 중에 체찰사는 개탄하기를 마지않았다. 밤 되도록 이야기하는 중
> 에 「일찍이 임금의 분부가 있었는데, 거기에도 미안스런 말이 많
> 았는 바, 그 뜻을 알지 못하겠다」고 하며, 또 말하되 「음흉한 사
> 람(원균)의 무고 하는 행동이 심했건마는 임금이 굽어살피지 못
> 하니 나랏일을 어찌할꼬」하는 것이었다. 떠나올 때에 남 종사(南
> 從事)가 사람을 보내서 안부를 물었으나 나는 밤이 깊어서 나가
> 서 인사하지 못하노라고 대답해 보냈다.
>
> (p.320, 10행~p.321, 7행)

이것은 체찰사의 심정을 듣고 있는 대목이다.

여기에는 임금님에 대한 언급이 보인다. 짤막하지만 굽어살피지 못하는 임금의 무딘 안목을 체찰사는 한탄하고 있다. "나랏일을 어찌 하리오"로 국사(國事)가 임금님에게서 명민하지 못하게 처리됨으로써 걱정이 된다는 것이니 이는 책임소재를 짚고 있는 것이겠다. 임금님에게 직접 책임까지 묻는 것은 아니라고 해도 이를 넓게 생각하여 '조정이 어두우면 임금님이라도 명찰(明察)해야 할 텐데 그렇지 못하니 참으로 국사가 딱하다'라고 풀이한다고 해도 임금님은 책임의 일단을 면할 수는 없는 것이겠다. 임금님을 들먹여 그 처사를 거론한다는 것은 말하자면 완곡하게나마 임금님의 소치에 대한 비판이라고 볼 수밖에 없겠다. 체찰사는 작자의 상위(上位)의 직책을 맡은 사람이다. 그는 원균에 대한

못마땅한 생각을 가지고 어느 정도 작자를 위하는 심정에서 나온 말인 것 같기는 해도 지금 작자는 상관의 임금님 비판을 듣고 있는 것이다. 그런데 전술한 바 호남 방백의 경우와는 달리 아무 반응이 없다. 간접적이긴 하지만 임금님에 대한 비판에 마음이 불편했던가 아니면 자신에게 호소하는 듯한 말이 쑥스러워서 마음이 내키지 않았던가. 그는 일절 말이 없다.

> 23일　(계축) 아침에 정사룡(鄭士龍), 이사순(李士順)이 와서 보고, 원 공(균)의 말을 많이 전했다. 늦게 배 동지는 한산으로 돌아갔다. 체찰사가 사람을 보내어 부르므로 가서 뵙고 조용히 의논했는데, 시국의 그릇된 것을 무척 분히 여기며 다만 죽을 날만 기다린다고 했다. 내일 초계(草溪 : 권 도원수가 진친 곳)로 가겠노라고 하니, 체찰사가 이대백(李大伯)이 모은 쌀 두 섬을 붙여 주기에 성밖 주인 장세휘(張世輝) 집으로 보냈다.
>
> (p.322, 6행~12행)

　이것은 <10. 자화상> 항에서 인용된 바 있다.
　여기에는 그 체찰사의 간략한 시국인식이 나타나 보인다. 절망적으로 보고 있지만 그렇다고 해서 도망이라도 가려는 것이 아니라 죽음을 기다릴 뿐이라는 것이다. 싸우다 최후를 마치겠다는 것으로 패배감이 배어 있는 말이다. 그런데 이 체찰사는 크게 분노하고 있으니 이는 아마도 전쟁수행에 있어 역기능적인 역할을 하는 여러 여건들에 대한 분노가 아닐까 한다. 이 역기능적인 여건 중에는 임금님에 대한 아쉽고 송구스러운 마음도 포함되어 있을 것으로 보인다. 말하자면 임금님에 대한 체찰사의 간접적인 비판도 들어있는 것이 아닐까 한다. 그런데 체찰사가 이와 같은 이야기를 할 때는 매번 "조용히 의논하면서" 이야기하고 있는 것이다. 이는 아마도 두 사람이 주고받은 이야기로서 두 사람만이 아는 내용이라는 뜻인 듯하다. 이와 같은 이야기를 작자는 이렇게 일기에 남기고 있다. 일기에 남겼다고 하는 것은 말하자면 두 사람만의 이야기로서 끝낸 체찰사의 "조용한 의논"에 공감은 가도 동조할 수 없었음을 나타내는 것이 아닐까 한다. 아무리 그 자신을 믿고 털어놓는 체찰사의 말일지라도 싸움터에 나선 장수(將師)의 위상에서 보아 우회적이나마 나랏님의 품위가 손상되는 것을 묵인할 수는 없었던 것으로 보여진다. "조용한 의논"이 어떤 음모 같은 것은 아닐지라도 호국의 간성(干城)으로 자인(自認)하는 작자의 생리에는 용납되기 어려운 일이었을 것으로 생각된다. 그래서 그 날에 일어났던 일 중 무시해 버릴 수 없는 하나의 사항으로서 이처럼 기록에 남긴 것으로 보여진다. 체찰사의 말에 공감이 되었다 해도 전혀 동조하지 않은 채 들은 그대로 기록으로만 남겨 놓은 것이 아닌가 한다. 임금님에 대한 체찰사의 비판이 우회적이고 간접적으로 이뤄졌다 해도 이에 동조할 수 없었으며 서로 통사정하는 듯한 분위기에서의 대화였다고 해도 이에 가담할 수는 없었던 것이니 내내 무언(無言)이었던 것은 추호의 동요도 없이 체찰사의 심정을 이해하면서 기록의 엄정성을 살려낸 것이겠다. 이와 같은 점에서 볼 때 그의 임금님을 향한 일편단심은 거의 체질화됐던 것처럼 보인다. 그러면 이제 그의 측심의 표상으로 보이는 조정비판을 보기로 한다. 그의 비판의 내용은 대체로 무능·부패·인재등용의 무원칙(無原則) 등으로 나누어지는 것 같다.

(1) 조정(朝廷)의 무능(無能)

밀지(密旨)를 받아보면 현지 실정에 어둡고 또한 전술(戰術)이나 전략에 안목이 없는 명령이 적잖게 내려와서 일선의 지휘관을 당황하게 만드는 것이다.

> 초3일 (무인) 비가 조금 왔다. 새벽에 밀지(密旨)가 들어왔는데 「수륙(水陸) 여러 장수들이 팔짱만 끼고 서로 바라보면서 한 가지라도 계책을 세워 적을 치는 일이 없다」했지만, 3년 동안 해상(海上)에 있어 그럴 리가 만무하다. 여러 장수들과 함께 맹세하고 죽음으로써 원수 갚을 뜻으로 날을 보내지만 험고한 곳에 웅거하여 소굴 속에 들어 있는 적이라 경솔히 나가 칠 수는 없는 일이요, 또 더구나 「나를 알고 적을 알아야만 백 번 싸워도 위태함이 없다」하지 않았는가. 종일 큰바람이 불었다. 초저녁에 불 밝히고 혼자 앉아 스스로 생각하니 국사가 어지럽건만 안으로 건질 길이 없으니 이 일을 어찌할꼬. 밤 10시께 흥양이 내가 홀로 앉아 있는 줄을 알고 들어와 자정까지 얘기하다 헤어졌다.
>
> (p.160, 12행~23행)

적군토벌에 분발하지 않는다는 책망에 정면으로 부정하고 나섰다. 사실이 아니기 때문에 강하게 대응한 것이다. 3년 동안이니 해상에 나와 있는 것은 놀려

나와 있는 것이 아니라는 것이니 실정을 너무 몰라준다는 것이겠다. 전술을 설명하고 조정을 향해 임전(臨戰)하는 자세를 깨우쳐 주고 나아가 쇠망(衰亡)의 조짐이 보이는 나라를 오히려 걱정하고 있는 것이다.

> 28일　(을축) 맑음. 이른 아침에 침을 맞았다. 늦게 나갔더니 장흥과 체찰사의 군관이 왔다. 장흥은 체찰사의 종사관(從事官)이 발행한 군령을 가지고 자기를 체포하러 온 일 때문에 왔다고 한다. 또 전라도 수군 중 우도의 수군만은 좌도와 우도로 왔다 갔다 하면서 제주와 진도를 성원하라는 명령도 있다고 한다. 참 어이없다. 조정(朝廷)의 지도가 이럴 수 있는가. 체찰사로서 계획을 세우는 것이 이렇게 무의미할 수 있는가. 국가의 일이 이렇고 보니 어찌하랴, 어찌하랴. 저녁에 거제를 불러다가 일을 물어보고 돌려보냈다.
>
> (p.252, 23행~p.253, 8행)

여기에도 전술의 문제가 나오고 있다. 체찰사가 고안한 전투지원의 무모함을 짚고 있다. 실전에 참여해 보면 곧 알 수 있는 일을 이처럼 현실과 먼 계책을 내리고 있는 것이다. 조정을 향해 분노하다 못해 가소로워 하고 있다. 일선 지휘관이 수긍하고 납득되는 나아가 고무될 만한 작전계획을 세워서 내려보내야 할 텐데 그래야 장졸들이 승리를 자신하고 하나가 되어 나가 싸울텐데 그러지를 못하고 한 눈에 보아도 성에 차지 않고 무식하게까지 보이는 것을 명령이라고 해서 하달하니 참으로 한심하다는 것이다. 이런 사람들이 조정에 앉아 국사를 담당하고 있으니 앞날이 밝게 보이지 않는다는 것이다. 한 마디로 말해서 탁상공론에 머물러 있는 조정의 무능을 분노하고 한탄하고 있다 하겠다.

(2) 조정의 부패(腐敗)

상·하가 부패의 온상으로 돼 있었음은 이미 잘 알려진 사실이지만 전시(戰時)인지라 그 영향이 나라의 기반을 여지없이 흔드는 데에 아픔은 더 컸던 것으로 보인다.

> 21일　(신해) 맑음. 박천(博川) 유해(柳海)가 서울서 내려와서, 한산으로 가서 공을 세우겠노라고 하였다. 또 말하기를 「은진현(충남 논산군 은진면 연서리)에 이르니, 은진 원이 뱃길에 대한 것을 이야기

하더라」고 하였다. 유(柳)가 또 말하기를 「중한 죄수 이덕룡(李德龍)이란 자를 고소한 사람이 잡아 갇혀 세 차례 형장을 맞고 다 죽어간다」고 하니 놀라지 않을 수 없었다. 또 과천(果川) 좌수(座首) 안홍제(安弘濟)들이 이 상궁에게 말과 20살짜리 계집종을 바치고 놓여 나갔다고 하였다. 안(安)은 본시 죽을죄도 아닌데, 여러 번 맞아 거의 죽게 되었다가 물건을 바치고서 석방이 되었다는 것이다. 안팎이 모두 바치는 물건의 다소로 죄의 경중을 결정한다니, 이러다가는 결말이 어떻게 될지 모르겠다. 이야말로 돈만 있으면 죽은 사람의 넋도 찾아온다는 것인가.

(p.321, 8행~20행)

뇌물의 다과(多寡)로 죄의 경중(輕重)이 결정되니 참으로 딱한 일이다. 구체적인 사실을 들어 보이며 나라 안팎이 온통 썩어서 이 나라가 어느 지경에 이르게 될지 걱정이 된다는 것이다. 두 가지 사건이 처리된 결과를 보고 놀라워한다. 상식에 어긋나는 일이기 때문이다. 그래서 그는 비아냥 섞인 한탄을 하고 있다. "돈만 있으면 죽은 사람도 되살릴 수 있다는 것인가"가 그것이다. "…… 그렇게 생각하는 것이겠지. 그러니까 너나없이 돈 앞에서는 사족을 못쓰는 것이겠지"라는 비아냥이 들어있다.

그러나 또 일방(一方)에는 "어림도 없지"라는 단호한 의지도 곁들여져 있는 것 같다. 돈으로 안 되는 것이 현실적으로도 얼마든지 볼 수 있지만 "어림도 없지"라는 이 생각에는 돈으로 넘을 수 없는 것도 있고 돈으로 넘어서도 안 되는 것이 있음을 분명히 짚고 있다는 것이겠다. 작자의 존엄(尊嚴)은 이러한 데서 풍겨 나오는 것으로 보인다.

16일　(을축) 맑음. 아침에 홍양과 순천이 왔다. 홍양이 암행 어사의 비밀 장계 초안을 얻어 가지고 와서 보이는 바 임실(이몽상－李夢祥), 무장(이충길－李忠吉), 영암(김성헌－金聲憲), 낙안(신호－申浩)은 파면하고 순천은 탄관오리로 논란하고 담양(이경로－李景老), 진원(珍原 : 조공근－趙公瑾), 나주(이용순－李用淳), 창평(백유항－白惟恒) 수령들은 악행을 덮어 주고 칭양하여 장계하였다. 임금을 속임이 여기까지 이르니 나랏일이 이러하고야 평정될 리가 만무하다. 우러러 탄식할 뿐이다. 또 수군 일족에 대충 징발하는 일과 장정 넷 중에 둘은 전쟁에 나가야 하다는 일을 심히 그르

다고 말했으니, 암행 어사 유몽인은 국가의 위급함을 생각지 않
고 다만 눈앞을 꾸며 갈 것만 노력하고 남쪽 지방의 종작없는 소
리만 믿으니, 나라를 그르치는 교활하고 간사한 말이 악목(岳穆)
에 대한 진회(秦檜)와 다를 것이 없다. 나라를 위하는 아픔이 더욱
심하다. 늦게 사정에 올라 순천, 홍양, 우조방장, 우수사 우후, 사
도, 발포, 여도, 녹도, 강진, 광양 등과 더불어 활 12순을 쏘았다.
순천 감목관(監牧官)이 진중에 왔다가 돌아갔다. 우수사가 당포
(唐浦)에 도착했다고 한다.

(p.116, 13행~p.117, 7행)

이는 <6. 내용> 항에서도 거론한 바 있다.

암행어사로 나온 유몽인(柳夢仁)을 신랄하게 지탄하고 있다. 첫째 지방 수령
들의 악행을 덮어주고 오히려 칭찬하는 장계를 올린 것은 임금님을 기만하는
행위라는 것, 둘째로 나라가 위급한 전란기에 한 가정에 장정 4명이 있을 경우
2명까지 출정해야 한다는 현(現) 징집법(徵集法)을 심히 잘못됐다고 암행어사는
말하였다. 이는 출전(出戰)을 꺼리는 사람들의 비위만 맞춘 것으로 나라의 현
실정을 보든지 또는 백년대계를 내다보고 생각한다면 이렇게 눈앞의 소리에만
영합할 수 없는 것으로 이는 당장 전의(戰意) 진작(振作)에도 막대한 영향을 주
는 교활한 행위라는 것이다. 이처럼 임금님을 기만하고 출전을 꺼리는 사람들
의 말에만 귀를 기울여 나라 일을 그르치는 것은 암행어사의 자격이 없다는 것
이다. "…… 교활하고 간사한 말이 악목(岳穆)에 대한 진회(秦檜)와 다름이 없다"
라고 했으니 곧 간신의 부류라는 것이다. 임금님의 특명을 받고 나온 암행어사
의 위상이 작자 앞에서는 처참하기 그지없는 것이다. 이러한 정도로밖에 대우
할 수 없는 암행어사의 속성을 대하고 나라를 위한 그의 아픔은 더욱 심해갔던
것으로 보인다. 나라와 조정의 부패는 온통 안팎만이 아니라 조정의 요직에 있
는 사대부들의 골수 깊숙한 곳까지 병들어 있음을 보여주는 것이다. 이와 같이
거의 구제불능이라고 여겨지는 상황에 대해서 작자는 분노와 한탄을 거듭하고
있다 하겠다.

3) 인재등용

작자가 겪고 있는 어려움 중에 전쟁 못지 않은 것이 있다면 아마도 인물난(人物難)이 아닌가 한다. 전란 중이기 때문에 더욱 두드러진 것으로 보이기는 하지만 중앙의 조정을 올려다보아도 나라를 떠메고 나갈 믿음직한 인물은 그리 많은 것 같지 않고 지방으로 눈을 돌려도 변변한 사람을 찾기가 어렵다. 싸움터에서 보아도 몸을 사리는 사람이 더 많은 것 같아 언제나 질타의 소리가 더 많았던 것 같다. 그런 가운데서도 유성룡(柳成龍) 대감만큼은 조정에 남아있는 몇 안 되는 충신으로서 존경해 마지않은 것 같다. 마음이 통하여 국사를 한 마음으로 걱정하고 꿈속에서까지 나랏일을 의논하고 있다. 만일에 유성룡 대감이 잘못되기라도 한다면 이 전시에 제대로 나라를 옹위해 갈 사람이 또 있을까를 진심에서 우려하고도 있다. 유성룡 대감도 작자를 신뢰하여 격려를 아끼지 않고 훌륭한 장수(將師)로 키우려 했던 것 같다. 또한 배백기(裵伯起) 영공(令公)이 있다. 이와는 마음을 터놓고 지내는 사이로서 잠시라도 그가 방문한다고 하면 기쁜 나머지 "오늘밤은 오래간만에 친구와 회포를 풀어야겠다"는 기록까지 남기고도 있다. 이처럼 본 일기에서는 작자와 정을 나눌 수 있는 가까운 사람들이 많이 보이지 않는다. 이와 같은 인물의 소연(疏然)함을 작자는 조정에서 똑같이 느끼고 있는 것으로 보인다. 말하자면 인재를 찾기 어려웠다는 것이다. 그 한탄을 다음에서 보기로 한다.

> 초1일　(임신) 잠깐 비가 왔다. 나라의 제삿날이라 공무를 보지 아니했다.
> 혼자 다락에 의지했다. 나라 정세가 아침 이슬같이 위태로운데
> 안으로는 정책을 결정할 만한 기둥 같은 인재가 없고 밖으로는
> 나라를 바로잡을 만한 주춧돌 같은 인물이 없음을 생각해 보니
> 사직이 장차 어떻게 될지 몰라 마음이 산란했다. 종일토록 누웠
> 다 앉았다, 했다.
>
> (p.207, 16행～p.208, 5행)

구국(救國)의 인재가 없음을 한(恨)하고 있다. 대적 왜군을 마주하고 나라의 위국(危局)을 체감하면서 나온 말이다. 왜의 육군은 이미 한양을 함락시켰고 수군은 1,300여 척의 대선단(大船團)을 이루어 부산 앞 바다를 메우고 있는 섯이

다. 그야말로 "나라의 형세가 위태롭기가 아침이슬 같은데" 이를 과감히 떨쳐
내고 허약하기 그지없는 종사(宗社)를 바로잡을 인재가 아쉬운 것이다. 경각(頃
刻)을 다투는 나라의 형세를 버티기가 버거웠던 일선 지휘관의 심정이다. 난시
(亂時)일수록 나라에는 동량지재(棟樑之材)와 주석지신(柱石之臣)이 기다려지는
것이다.

> 초8일 (병신) 맑음. 여러 장수들을 불러서 대책을 토의하였다. 우수사
> 김억추(金億秋)는 겨우 만호(萬戶)에나 맞을까 대장 재목은 못 되
> 는 인물인데, 좌의정(左議政) 김응남(金應男)이 서로 정다운 사이
> 라고 해서 억지로 임명해 보냈다. 이러고야 조정에 사람이 있다
> 고 할 수 있는가. 다만 때를 못 만난 것을 한탄할 뿐이다.
>
> (p.367, 2행~7행)

좌의정 김응남(金應男)의 후의(厚意)로 억지로 제수해 보낸 함량미달의 우수
사(右水使)다. 기껏해야 만호(萬戶) 자리나 지킬 사람을 대장의 직임을 주었다는
것은 얼마나 부당한 처사인가, 이래서 작자는 과연 조정에 인재가 있다고 할
수 있는가를 되묻고 있는 것이다. 성에 차지 않는 부하를 거느리고 적과 마주
싸우는 작전의 임무를 담당시킨다는 것은 실로 위태롭고 불안하기 그지없는
것이다. 질과 양에서 압도적으로 우세한 왜적을 마주하고 있는 수군을 향한 조
정의 뒷바라지가 기껏 이런 모습으로밖에 나타나지 않는데 대한 작자의 심정
과 고민은 말로 다 표현할 수가 없었을 것이다. 그래서 끝내 때를 잘못 만난
한탄에 젖고 있는 것이다. 좌의정 김응남은 사람을 잘못 천거한 것으로 보인다.
사람을 보는 안목이 부족했거나 아니면 공정치 못했던 것이 아닐까. 마땅히 그
는 김억추(金億秋)가 아닌 다른 인재로 이 나라에 후의를 베풀어야 했다. 이런
것으로 보아 김응남도 좌의정의 자리를 지킬 만한 인재였을까를 다시 생각게
한다. 이제 실제로 전장에 임한 김억추의 거동을 보기로 한다.

> (갑진) 맑음. 이른 아침에 특별 정찰부대가 보고하기를 「적선이 수효를
> 알 수 없도록 많이 명량(鳴梁)으로 해서 곧장 우리가 진치고 있는 곳을 향
> 해 들어온다」고 하였다. 곧 여러 배에 명령하여 닻을 올려 바다로 나가니
> 적선 1백 30여 척이 우리 배들을 에워쌌다. 여러 장수들은 적은 군사로 많
> 은 적을 대적하는 것이라 스스로 낙심하고 모두 회피할 꾀만 내는데 우수

사 김억추가 탄 배는 벌써 2마장 밖에 나가 있었다.
(p.369, 8행~p.371, 14행)

이것이 앞에서 본 왜군과 정면대결하여 대첩한 우수영 해전의 첫머리이다. 불과 13척의 군선을 이끌고 133척의 적선단(敵船團)을 무찌른 것이다. 중과부적(衆寡不敵)이 아니었다. 작자는 앞장서 죽기 아니면 살기로 적선을 대파(大破)하여 물러서게 하였다. 이와 같은 전투에 들어가기도 전에 우수사(右水使) 김억추의 배는 일찌감치 도망쳐 있었던 것이다. 재빠르게도 응전(應戰)을 피해 2마장 밖으로 나가버린 것으로. 위급할 때 몸을 사리고 중대고비에 잠적하는 도망군의 모습이다. 이와 같은 우수사 김억추의 부하들도 그 뒤를 따랐을 것이니 적과 대전(對戰)하고 있는 진영의 일부는 비어있는 것이나 다름없었을 것이다. 이와 같은 장졸들을 거느리고 작자는 싸웠고 싸워서 이겨냈으니 이는 참으로 기적 같은 결과였다. 그래서 작자는 "이는 실로 천행이었다"로 이 날의 기록을 마감하고 있다. 이와 같은 일선 지휘관의 절박한 어려움을 아는 인물이 조정에 없음을 작자는 한탄하고 있는 것이다.

이 김억추와 동궤(同軌)의 길을 걸어 작자의 눈에 띤 또 하나의 인물이 있다. 경남 수사(水使) 배 설(裵楔)이다. 이 인물도 7. 전투속의 윤상 항에서 다룬 바 있지만 다시 한번 보기로 한다.

> 12일　(경오) 맑음. 아침에 장계 초고를 수정하였다. 늦게 거제(巨濟), 발포(鉢浦)가 들어와 명령을 들었다. 그 편에 배설(裵楔)의 황겁해 하는 꼴을 들으니 괘씸하고 한탄함을 마지못하겠다. 권세 있는 사람들에게 아첨이나 하여 제가 감당치 못할 지위에까지 올라 국가의 일을 크게 그릇치건마는 조정에서 살피지를 못하고 있으니 어찌하랴. 어찌하랴. 보성(寶城) 원이 왔다.
>
> (p.361, 21행~362행)

여기에는 배 설의 두 가지 측면을 보는 작자의 안목이 있다. 하나는 가증스러움이고 하나는 한탄스러움이니 말하자면 밉기도 하고 불쌍하기도 하다는 것이다. 공적(公的)으로 볼 때는 증오의 대상이지만 인간적으로 볼 때는 연민의 대상이라는 말이다.

첫째 가증스러운 이유는 "권세 있는 사람들에게 아첨하여 외람 되게 감당하지 못할 지위에 올라 나랏일을 크게 그르치니" 증오감이 생긴다는 것이다. 수사(水使)라는 직책을 아무나 맡고 아무렇게나 일을 처리해도 되는 자리가 아니라는 것으로 이는 곧 국사를 경홀히 여기는 태도라는 것이다.

둘째로 한탄스러운 이유는 그 일 자체를 두고 이른 말이기보다는 범위를 좁혀서 그렇게 아첨을 해서라도 출세해 보겠다는 마음을 가지게 된 그 인간성과 그런 상황이 딱하기도 하고 개탄스럽다는 것이겠다. "늦게 거제 현령 발포 만호가 들어와서 명령을 들었다. 그로 인하여 배 설의 허겁지겁하는 꼴은……"에서 배 설의 당황하는 모습을 보게 된다. 작자가 현령과 만호에게 내리는 명령을 옆에서 듣고 몸둘 바를 몰라 하는 것은 무엇인가 미안한 데가 있고 양심의 가책되는 바가 있으며 수사로서의 직임을 소홀히 했던 것은 아니었나 하는 것을 생각게 한다. 현령과 만호는 수사보다는 하위직이고 삼도 통제사인 이순신은 상위직이다. 배 설은 이 자리에서 아랫사람에게는 부끄럽고 윗사람에는 송구스런 마음이 떠올랐던 것은 아니었나. 여기서도 작자는 계속해서 이런 일을 살피지 못하는 조정을 안타까워한다.

"어찌하랴"라는 탄식 속에는 못마땅한 심정이 짙게 배어 있음은 말할 것도 없다.

그러면 이제 그 후의 그의 행적을 보기로 한다.

> 17일　(을해) 맑음. 이른 새벽에 길을 떠나 백사정(白沙汀)에 이르러 말을 쉬고 군영 구미(軍營仇未 : 강진군 고군면)에 이르니 경내가 벌써 무인지경이 되어 버렸다. 수사(水使) 배설(裵楔)이 탈 배를 보내지 않았다. 장흥(長興) 사람이 많은 군량을 훔쳐내서 딴 데로 가져갔기 때문에 붙들어다가 곤장을 때렸다. 날이 벌써 저물어서 그대로 머물러 잤다. 배설이 약속을 어기는 것이 괘씸했다.
>
> (p.362, 22행~p.363, 5행)

배 설은 상관과의 약속을 지키지 않고 있다. 나라의 운명이 걸린 싸움터에서 일선 지휘관의 걸음을 멈추게 할 수는 없는 것이다. 작자 앞에서 허겁지겁해 한 지 불과 5일만의 일이다.

18일　(병자) 맑음. 늦은 아침에 바로 회령포(會寧浦 : 장홍군 대덕면 회
　　　진리)에 간즉, 배설이 배멀미를 핑계하고 나오지 않았고 다른 장
　　　수들은 보았다.

(p.363, 6행~8행)

그는 작자를 피하고 있는 모습이다.

19일　(정축) 맑음. 여러 장수들로 하여금 교유서에 숙배케 했다. 배설은
　　　교유서에 예를 받들지 않으니 참으로 놀라운 일이다. 그래서 이
　　　방(吏房)과 영리(營吏)를 붙들어다가 곤장을 때렸다. 회령포 만호
　　　민정붕(閔廷鵬)은 위덕의(魏德毅)들에게서 술과 음식을 얻어먹고
　　　전선(戰船)을 사사로 내준 까닭에 곤장 20대를 때렸다.

(p.363, 9행~14행)

　임금님이 내리는 교서와 유서(諭書)에 숙배(肅拜)하지 않는 배 설의 행태를 보
고 매우 놀라워한다. 배 설이 막가는 것이 아닌가로 생각한 작자는 규율을 세우
기 위해서 그 부하 책임자들을 책벌하고 있다. 상식에 어긋나고 관행을 부정하
는 것으로 이는 일사불란을 요구하는 군진(軍陣)의 분위기를 흐려놓을 우려가
크기 때문이었을 것으로 생각된다.

25일　(계미) 맑음. 그대로 머물고 있었다. 아침을 먹을 때, 당포(唐浦)의
　　　어부가 피난민의 소 두 마리를 훔쳐다가 잡아먹으려 해서 적이
　　　왔다고 거짓말을 외쳤다. 나는 이미 그런 줄 알고 배를 굳게 매고
　　　까딱하지 않으며 그자들을 잡아오게 했더니 과연 예상한 그대로
　　　였다. 이렇게 해서 군대는 안정시켰으나 배설(裵楔)은 벌써 도망
　　　쳐 버렸다. 거짓말을 한 두 사람은 목을 잘라 효시 했다.

(p.364, 6행~12행)

배 설이 종적을 감춘 것으로 보였다.

27일　(을유) 맑음. 그대로 머물렀다. 배설(裵楔)이 보러 왔는데 황겁해
　　　하는 빛이 많았다. 내가 불쑥 말하기를, 「수사는 어디로 피해 갔
　　　던 것 아니냐」고 하였다.

(p.364, 17행~19행)

갑자기 나타난 배 설에게 전투를 피해서 잠시 몸을 피했던 것이 아닌가고 힐문하고 있다.

> 30일　(무자) 맑음. 그대로 벽파진에서 머물고 있으면서 정찰병들을 각지로 나누어 보냈다. 늦게 배설은 적이 장차 많이 올 것을 염려해서 도망하려고도 했으나 관하의 여러 장수들이 찾기도 하고 또 나도 그 속내를 잘 알지마는 드러나지 않은 것을 먼저 발표하는 것은 장수로서 하는 방법이 아니므로 참고 있을 즈음 배설이 제 종을 시켜 소지(所志)를 냈는데, 병세가 위중하여 조리를 하겠다고 하였다. 그래서 육지로 올라가서 조리하라고 처결해 주었더니 배설은 우수영에서 육지로 올라갔다.
>
> (p.365, 4행～11행)

배 설이 전투를 피할 구실을 만들고 있음을 간파한 대목이다.

> 초2일　(경인) 맑음. 배설(裵楔)이 도망쳤다.
>
> (p.365, 15행)

이 날의 기록은 이 한 줄뿐이다. 치병(治病)을 핑계로 몸을 감춘 것이겠다.

> 초3일　(경인) 맑음. 일찍 새 집 짓는 데로 올라가니 선전관(宣傳官) 이길원(李吉元)이 배설(裵楔) 처단할 일로 들어왔다. 배(裵)는 벌써 성주(星州) 본집으로 갔는데 그리로 안 가고 바로 이리로 왔으니 그 사정 보아주는 죄가 크다. 녹도의 배로 보냈다.
>
> (p.383, 17행～20행)

결국 배 설은 처단될 운명에 놓인 것 같다. 이러한 사람들을 데리고 어떻게 적을 막아내겠는가. 이 사실을 작자는 조정에서 알아주기를 몹시 바랐던 것이겠다.

이와 같이 구체적인 실례를 들어가면서 인재등용이 잘못돼 있는 조정을 직·간접으로 비판했던 것이다. 무능과 부패와 인재등용의 난마상(亂麻相)은 비판받아 마땅하다. 과감하리만큼 작자는 조정을 향해 불만을 쏟아 부었고 개인을 지목까지 하면서 통매(痛罵)하였으며 밀지(密旨)를 받고서도 그는 승복하지 않은 때도 있다.

이와 같은 불만과 통매와 불신에는 비록 조정을 향한 것이라곤 해도 임금님을 염두에 두지 않은 경우는 없었을 것으로 생각된다. 무수히 되풀이되는 "어찌하랴"라는 탄성(嘆聲)·빈출(頻出)하는 "굽어살피지 못하시니"라는 하소연·계속되는 "때를 만나지 못했으니"라는 팔자타령 등에서 그와 같은 느낌을 지울 수가 없는 것이다. 이것이 바로 전투에 임한 일선 지휘관의 원성(怨聲)이었다. 이 소리를 임금님은 살피지 못하고 알아듣지도 못했던 것이 아닌가 한다. 이제까지 조정을 비판한 작자의 측심을 보았다. 이는 전장이기 때문에 생길 수 있는 마음이었고 전시이기 때문에 지를 수 있는 소리였던 것으로 보여진다. 이 측심의 발성(發聲)이 그의 충의 퇴색(褪色)을 의미하는 것으로는 보여지지 않는다. 피난길에서 고생하는 임금님이 안쓰러웠고 왜군의 포악을 피해서 길에서 우왕좌왕하는 백성들을 대하여는 눈물을 삼켜야 했고 허둥대는 조정을 볼 때는 한탄해 마지않았다. 개인적으로도 왜군의 분탕질로 인해서 고향의 생가와 사당과 종산이 잿더미가 되어 남은 것이 하나도 없었으며 가솔은 모두 흩어져 모친은 피란길에서 객사하는 형편이 되었고 막내아들은 아버지보다 앞서 전사하고 있다. 작자에게 있어 왜국은 나라의 적인 동시에 자신의 적이었던 것이다. 나라가 바로 되는 것이 이 겹겹이 쌓인 원한을 푸는 것이었다. "나라의 치욕을 크게 씻으라"는 어머니의 격려를 되풀이 받은 그였기에 적군을 섬멸하는데 앞장 설 수 있었고 몸으로서 왜적을 막아섰던 것이다. 그러나 그도 인간이었다. 나라와 백성과 가족을 위해 몸살을 앓고 굵은 눈물을 떨구는 풍부한 인간성의 소유자였다. 그러므로 고민도 하게 되고 즐기기도 하고 때로는 역정도 내게 되고 고마운 마음이 일기도 했던 것이다. 그런데 국력에 버거운 전쟁을 해야 하는 마당이기 때문에 양지보다는 음지의 경우가 더 많이 나타나게 되었으니 작자의 조정 비판은 여기에서 모습을 드러내게 된 것으로 보인다. 이 비판은 말하자면 나라를 지키기 위해서 그는 화를 낸 것이라고 볼 수 있겠고 분노를 터뜨렸던 것으로서 결코 사원(私怨)이 아니라 공분(公憤)이라고 하겠다. 본 일기에서 그의 억울했던 옥살이에 대한 언급을 좀처럼 찾아보기 힘든 데서도 그 분노의 성격은 짐작되는 것 같다. 그래서 조정 비판이라는 그의 측심은 전시에 전장에서 순간적으로 터진 '화' 같은 것이었다. 보기에 따라서는 내심(內心)에 역행하는 듯한 분노로 보이지만 이 측심은 충을 수행하는 과정에서 내심이 터뜨린 공분이며 곧 대의(大義)였던 것이다.

이상에서 작자의 변(變)·불변(不變)의 상(相)을 보아왔다. 불변의 상은 충으로 나타나고 변의 상은 공분으로 나타났다. 즉 불변의 내심은 충이었고 일시적으로 발로된 마음 곧 측심은 공분이었다고 하겠다. 공분이란 사원(私怨)과는 먼 것이다. 그래서 그는 비판이 당당했고 의롭게까지 보이는 것이 아닌가 한다.

12. 정서의 도출(導出)

「난중일기」는 임진왜란 때 해전기(海戰記)이다. 일기문으로 볼 때는 날마다 기술한 일일기(日日記)가 되겠으나 작자의 처지에서 볼 때는 안정된 생활의 일상기(日常記)이기 보다는 7년간에 걸친 임전기(臨戰記)이다. 정착될 수 없는 생활이었지만 날마다 기술한 진중일기(陣中日記)이다.

이 일기의 기술상(記述相)에는 다음과 같은 현상이 보인다.

① 몇 달씩 기술이 빠져 있는 것, 반달씩 빠져 있는 것, 또는 단지 4일치만 기술되어 있는 것도 보인다. 이런 것은 옥중생활 및 다른 이유 때문으로 보여지는 것들이다.

② 날짜만 기술되고 빈 공간으로 되어 있는 것. 이런 것은 몇 일 안된다. 날짜와 날씨에 대한 기술만 있는 것. 이런 것도 몇 일 안된다.

③ 날짜와 날씨 그리고 그날 하루의 일이 정리되어 있는 것. 이것은 거의 전체에 나타난 현상이다.

④ 하루의 일이 정리된 끝에 한, 두 마디의 소감이 붙어 있는 것이 있다. 즉 사실과 소감이다. 이 소감이 때로는 생각으로 대치된다.

⑤ 이 소감 즉, 정서가 생각과 어울려 하나의 의식으로 화(化)한다. 이 의식이 승화되어 하나의 장면이 나타나기도 하고 독특한 분위기가 짙이기도 하며 끝내 주제성(主題性)이 떠오르게도 된다. 이렇게 문예물로 근접된 모습을 보이기도 한다.

⑥ 하나의 완성된 작품도 나타난다. 이런 것도 몇 안된다.

즉 본일기(本日記)의 기술에는 사실(事實)과 정서(情緒)와 의지(意志)의 3자(者)가 나타나는데 그 중에는 이것들이 양화작용(醸化作用)을 일으켜 의식이 되고 나아가 작품이 된 것이다. 이제 그 현상을 보기로 한다. 이것은 사실을 기술하면서 무의식중에 묻어나는 정서의 양상을 짚어보려는 것이다. 그래서 발생단계의 기능도 짐작될 것 같다. 이것은 본 일기가 본격적인 기록물이지만 저류(底流)하는 정서가 만만치 않아 보이기 때문이다. 말하자면 정서의 도출상(導出相)을 짚어보려는 것이다.

본 일기의 총 기술 일수(日數)는 1616일이고 그 중에 정서나 의지가 첨부된 것이 361일이다. 전체 기술 일수의 4분의 1정도에 해당된다. 정서나 의지가 사실의 기술 속에 용해되어 있는 경우도 있으나 여기서는 나타난 것만을 짚은 것이다. 그 절실함이 넘쳐나 표출된 것으로 보이지만 그것들도 한 두 마디에 그치는 것이 대부분인 것으로 보아 본 일기의 성격이 짐작된다 하겠다. 즉 문예성보다는 기록성이 절대적으로 우세하게 보인다는 것이다. 지금 작자는 창작을 하고 있는 것이 아니라 전투의 상황을 기술하고 있는 것이다. 본항(本項)에서는 그 기술 속에 자리한 정서, 의지의 제상(諸相)을 짚어보려는 것이다. 방법은 정서가 내어 비치는 정도에 따라 임의로 거례(擧例)하여 농담(濃淡)을 판별하였으며 이때 정서는 무의식적인 발현이기 때문에 그 자연성을 중시하였다.

1) 기사(記事)하면서 삼출(滲出)된 정서상(情緒相)

(1) 정서를 한 두 마디로 나타낸 경우이다. 정리된 하루의 사실에 이은 감정의 발산이다. 비록 지향하는 바는 없으나 하루의 무게가 실린 정서이다. 따라서 그 양상은 지극히 적시적(摘示的)이다.

정유(丁酉) 5월 17일

17일 (정미) 맑음. 남원 탐후인이 와서 전하되, 「원수(元帥)가 운봉(雲蜂)
     길로 가지 않고, 양 총병(楊摠兵 : 원一元) 영접히는 일로 진구토 달려갔다」고 한다. 내 걸음이 낭패라 민망하다.

자신의 걸음걸이가 신속하지 못함을 딱하게 여긴 심정이다.

정유(丁酉)Ⅱ 8월 8일

초8일　(병인) 맑음. 새벽에 떠나 바로 부유(富有)로 오다가 중도에서 이
형립(李亨立)이 벌써 부하들을 시켜 불을 질렀기 때문에 다만 재
만 남아 있어 보는 바에 참담하였다. 점심 후에 구치(鳩峙)에 이르
니, 조방장(助防將) 배경남(裵慶南), 나주 판관 원종의(元宗義), 광
양 현감 구덕령(具德齡)이 복병한 곳에 있었다. 저물게 순천부에
이르니, 관청과 창고는 그대로 여전했으니 병기 따위를 병사가
처치하지 않은 채 달아나 버렸으니 놀랄 일이었다. 상동(上東) 땅
에 들어가니, 사방이 적막한데 오직 혜희(惠熙)라는 중이 와서 인
사할 뿐이므로 그에게 승병(僧兵)의 직첩을 주었다. 병기 중 긴 편
전(片箭)은 군관들더러 져나르라 하고, 총통과 같이 운반하기 어
려운 것들은 깊이 묻고 표를 세워 두라고 하였다. 눌러 상방(上房)
에서 잤다.

‘참담하였다’, ‘놀랄 일이었다’라는 표현은 도망하기에 급급했던 무질서, 무
기력의 자국이 품기는 참혹함을 짚은 것이다.

정유(丁酉)Ⅰ 5월 18일

18일　(무신) 맑음. 동풍이 몹시 불었다. 저녁에 김종려(金宗麗) 영공(令
公)이 남원서 바로 보러 왔다. 충청 수영의 영리(營吏) 이엽(李曄)
이 한산서 왔기에 집에 보내는 편지를 부치기는 하였으나, 아침
술에 취해 날뛰니 가증스러웠다.

‘가증스러웠다’는 영리(營吏) 이엽(李曄)의 경박한 성격을 혐오한 것이다.
이상은 서술된 사실에 비해 너무나 짧은 한 마디의 소감을 보여준다. 습관적
으로 또는 거의 무의식적으로 던진 때문이리라.

(2) 봄철에 물오른 나뭇가지처럼 싱싱하고 알찬 정서상을 말한다. 직접 표출되지는 않아도 지향하는 바가 있고 그 표정까지도 짚이는 경우이다. 한껏 부풀어있는 상태, 그래서 그 양상은 함축적이다.

갑오(甲午) 5월 10일

　　초10일　(정해) 비, 비. 새벽에 일어나 창문을 열고 멀리 바라보니 많은
　　　　　　배들이 온 바다에 깔려 있었다. 적이 비록 쳐들어온다 해도 섬멸
　　　　　　할 만했다. 늦게 우수사 우후(이정충)와 충청 수사(이순신)가 와
　　　　　　서 장기를 겨루었다.

장수라야 맛볼 수 있는 흐뭇함이겠다. 자신감이 생기며 느긋해 늠름하기까지
한 자세는 믿음직스럽기 그지없다.

정유(丁酉)Ⅱ 9월 12일

　　12일　　(경자) 온종일 비가 뿌렸다. 배 뜸 아래 앉아서 심회를 억제하지
　　　　　　못하였다.

번민에 빠져 있다. '뜸 아래'는 그의 고민의 장소였던 것 같다. 어란(於蘭) 앞
바다의 해전이 있은 지 5일만이요 최대의 해전이었던 우수영(右水營) 앞바다의
접전을 4일 앞둔 시점이다. 한달 전에 조선수군이 큰 타격을 받아 많은 전선과
장병을 잃어 사기가 저상(沮傷)되어 있었다. 겨우 13척을 이끌고 진두지휘를 하
며 거의 몸으로 막다시피 하는 전투를 벌였던 것이다. 겸삼도통제사의 위치에
서 어찌 고민이 없었겠는가.

병신(丙申) 1월 1일

　　초1일　(무진) 맑음. 새벽 2시께 어머님 앞에 들어가 뵈었다. 늦게 남양
　　　　　　(南陽) 아저씨와 신 사과(愼司果)가 와서 이야기했다. 저녁에 어머
　　　　　　님께 하직하고 영으로 돌아왔다. 심회가 몹시 산란하여 밤새도록

잠을 이루지 못했다.

전쟁 때문에 자식으로서의 도리를 다 못하는 죄책감이 일어 어머니를 뵈올
때마다 더해 가는 안쓰러움이다. 마음의 병으로 화한 모습이라 하겠다.

임진(壬辰) 2월 19일

> 19일　(경술) 맑음. 순시를 떠나 백야곶(白也串 : 여천군 천양면) 감목관
> (監牧官) 있는 곳에 이르니 승평(昇平 : 순천) 부사(권준 - 權俊)가
> 그 아우를 데리고 와서 기다리고 있었다. 기생도 왔다. 비온 뒤라
> 산꽃이 활짝 피어 좋은 경치를 형언하기 어려웠다.

아름다움을 머금은 모습이다. 흐뭇함, 괴로움, 안쓰러움, 아름다움 등의 감정
은 촉촉하게 젖어 있어 실하고 넉넉하다.

(3) 스며있던 감정이 노정되어 나오는 단계이다. 양상은 서술적(敍述的)이다.

임진(壬辰) 2월 20일

> 20일　(신해) 맑음. 아침에 온갖 방비와 전선을 점고해 본즉, 모두 새로
> 만들었고 무기도 얼마쯤 완비되어 있었다. 늦게 떠나서 영주(瀛州
> : 고흥)에 이르니 좌우의 산꽃과 들가의 봄풀이 그림 같았다. 옛날
> 에 영주(瀛州)가 있다더니 역시 이 같은 경치던가.

아름답다고 느끼는 경지를 넘어선다. 그냥 스치고 지나치지 못하는 흥취가
인다. 이렇게 싸움터에서 잠시 초화(草花)를 즐기는 것은 망중한의 한 장면이다.
흥겨움을 드러내는 심정이 순하게만 보여진다.

(4) 감정의 노정은 물론 하나의 장면이 부각된다. 하루가 마무리된 기술이지
만 거기에는 초점이 있고 구체적이며 일관적이다. 그래서 하나의 작품으로 볼
수 있을 정도로 서묘적(敍描的)인 양상을 띄고 있다.

정유(丁酉)Ⅱ 10월 14일

14일   (신미) 맑음. 새벽 2시쯤 꿈에 내가 말을 타고 언덕 위를 가다가
말이 헛디디어 내[川] 가운데 떨어지긴 했으나 거꾸러지지는 않
았는데 끝에 아들 면(葂)이 엎디어 나를 안는 것 같은 형상을 보
고 깨었다. 무슨 조짐인지 모르겠다. 늦게 배조방장과 우후 이의
득(李義得)이 보러 왔다. 배(裵)의 종이 경상도로부터 와서 적의
정세를 전하였다. 황득중들이 와서 보고하기를, 「내수사(內需司)
의 종 강막지(姜莫只)라는 자가 소를 많이 치기 때문에 12마리를
끌어간 것이라」고 하였다. 저녁에 어떤 사람이 천안(天安)서 와서
집안 편지를 전하는데, 봉함을 뜯기도 전에 뼈와 살이 먼저 떨리
고 정신이 혼란해졌다. 겉봉을 대강 뜯고 열(悅:둘째 아들)의 글씨
를 보니 거죽에 「통곡」두 자가 씌어 있어 면(葂)의 전사를 알고
간담이 떨어져 목놓아 통곡하였다. 하늘이 어찌 이다지도 인자하
지 못하시는고. 간담이 타고 찢어지는 것 같다. 내가 죽고 네가
사는 것이 이치에 마땅한데, 네가 죽고 내가 살았으니 이런 어긋
한 일이 어디 있을 것이냐. 천지가 깜깜하고 해조차도 빛이 변했
구나. 슬프다 내 아들아. 나를 버리고 어디로 갔느냐. 남달리 영특
하기로 하늘이 이 세상에 머물러 두지 않는 것이냐. 내가 지은 죄
때문에 앙화가 네 몸에 미친 것이냐. 내 이제 세상에 살아 있은들
누구에게 의지할 것이냐. 너를 따라 같이 죽어 지하에서 같이 지
내고 같이 울고 싶건만은 네 형, 네 누이, 네 어머니가 의지할 곳
이 없으므로 아직은 참고 연명이야 한다만은 마음은 죽고 형상만
남아 있어 울부짖을 따름이다. 하룻밤 지내기가 1년 같구나. 9시
께 비가 내렸다.

막내아들의 전사통지를 받고 통곡하는 대목이다. 어머니의 타계에 이은 아들
의 죽음. 가문이 송두리째 흔들리는 양상이다. 그래서 작자의 넋두리에 공감이
된다. 생(生)의 역리(逆理)를 짚고 하늘의 시기를 의심하고 그간 아비가 지은 죄
의 앙화인가도 살피며 적막한 심정을 호소하고 있다. 그는 편지를 받으면서 손
부터 떨려왔고 그 새벽에는 이 아들의 꿈을 꾸었었다. 아픈 마음의 유로(流露).
여기에는 애틋함과 살을 저미는 쓰림과 허망함이 소용돌이치는 진한 경지가
아닐 수 없다. 서사보다는 서정이 우세하여 본 일기에서는 가장 긴 서정문이
될 것 같다. 애통이라는 주제, 차서적(次序的)인 구성, 싸움터 바디리는 배경, 선

쟁·죽음·가족·편지·꿈 등의 소재, 어수선한 분위기, 서럽다는 정서, 애절한 어조의 일상어 등을 소품의 형성요소로 들 수 있겠다. 양상은 그래서 서묘적(敍描的)이다. 정서의 승화를 이렇게 짚어본 것이다.

이제까지 기사(記事)하면서 삼출(滲出)된 정서상(情緒相)을 보았다. 촉발되어 한 두 마디의 적시상(摘示相)을 띤 것도 있고 촉촉하게 정을 머금은 표정을 지은 함축적인 것도 있으며 정이 넘쳐 나와 서술하지 않을 수 없는 경우도 있다. 또한 상황의 표출이 진솔하여 하나의 장면을 연상케 하는 서묘적인 양상을 띤 것도 있다.

2) 기사(記事)하면서 삼출(滲出)된 의지(意志)의 상(相)

(1) 누렇게 물든 나뭇잎이 우수수 뜨락에 덜어지게 되면 가을은 이미 깊어 있듯이 속속들이 배어있는 의지의 경우를 말한다. 구체적이지는 않아도 물씬거리는 체취가 있다. 그래서 그 양상은 함축적이다.

정유(丁酉)Ⅰ 4월 19일

> 19일　(기묘) 맑음. 일찍 길을 떠나며, 어머님 영 앞에 하직을 고하고 울며 부르짖었다. 어찌하랴. 어찌하랴. 천지간에 나 같은 사정이 또 어디 있을 것이랴. 어서 죽는 것만 같지 못하구나. 뇌(蕾)의 집에 이르러 선조의 사당에 하직을 아뢰고 그 길로 금곡(金谷 : 충청남도 연기군 광덕면 대덕리) 강 선전(姜宣傳)의 집앞에 이르러 강정(姜晶), 강영수(姜永壽) 씨를 만나 말에서 내려 곡하고, 다시 그 길로 보산원(寶山院 : 광덕면 보보리)에 이르니 천안 군수가 먼저 와 말에서 내려 냇가에서 쉬고 있으며, 임천(林川) 군수 한술(韓述)이 중시(重試)보러 서울 가는 길에 앞길을 지나다가 내가 있다는 말을 듣고 들어와서 조문하고 갔다. 회(薈), 면(葂), 울, 해, 분, 완과 주부(主簿) 변존서들이 함께 천안까지 따라왔다. 원인남(元仁男)도 보러 왔기에 작별한 뒤 말에 올랐다. 일신역(日新驛 : 공주군 장기면 신관리)에 이르러 잤다. 저녁에 비가 뿌렸다.

자식의 도리를 못다 할 수밖에 없는 그 망극함이 감정의 경지를 넘어서고 있다. 충은 효보다 앞서고 있는 것이다.

정유(丁酉) I 5월 21일

21일 (신해) 맑음. 박천(博川) 유해(柳海)가 서울서 내려와서, 한산으로
가서 공을 세우겠노라고 하였다. 또 말하기를 「은진현(충남 논산
군 은진면 연서리)에 이르니, 은진 원이 뱃길에 대한 것을 이야기
하더라」고 하였다. 유(柳)가 또 말하기를 「중한 죄수 이덕룡(李德
龍)이란 자를 고소한 사람이 잡아 갇혀 세 차례 형장을 맞고 다
죽어간다」고 하니 놀라지 않을 수 없었다. 또 과천(果川) 좌수(座
首) 안홍제(安弘濟)들이 이 상궁에게 말과 20살짜리 계집종을 바
치고 놓여 나갔다고 하였다. 안(安)은 본시 죽을 죄도 아닌데, 여
러 번 맞아 거의 죽게 되었다가 물건을 바치고서 석방이 되었다
는 것이다. 안팎이 모두 바치는 물건의 다소로 죄의 경중을 결정
한다니, 이러다가는 결말이 어떻게 될지 모르겠다. 이야말로 돈만
있으면 죽은 사람의 넋도 찾아온다는 것인가.

놀라움에 그치지 않고 정말로 이러다가는 정의가 설 수 있을지를 회의하는
듯 어처구니없어 한다. 뇌물이 지닌 위력 그 정체를 응시하는 것 같다.

병신(丙申) 5월 25일

25일 (신묘) 비. 종일 비가 내렸다. 홀로 다락 위에 앉았으니 온갖 정회
가 그지없다. 우리 나라 역사를 읽어보고 개탄하는 생각이 많았
다. 무재들이 만드는 화살로 흰 굽(白蹄)에 톱질넣은 것 천 개, 흰
굽이 그대로 있는 것 8백 70개.

우리 나라가 걸어온 음지와 양지를 모처럼 살펴본다. 당면한 왜란을 전체적
인 안목에서 보려는 것이겠다. 성찰의 자리이다. 이어지는 개탄은 흥망성쇠를
거듭하는 나라의 생리를 짚은 것이리라. 하나의 운명으로서.

정유(丁酉) I 5월 5일

초5일 (을미) 맑음. 새벽 꿈이 매우 어지러웠다. 아침에 부사가 보러 왔
었다. 늦게 충청 우후 원유남(元裕男)이 한산(閑山)에서 와서 원

공(균)의 못된 짓을 많이 전하고, 또 진중의 장졸들이 모두 다 배반하므로 앞으로 일이 어찌될지 알 수 없으리라고 하였다. 이날은 단오절인데, 천 리 밖에 멀리 종군하여 어머님 영연을 멀리 떠나 장례도 못 모시니 무슨 죄로 이런 갚음을 당하는고. 나와 같은 사정은 고금을 통하여 짝이 없을 것이니 가슴이 찢어지는 듯 아프다. 다만 때를 못 만난 것을 한탄할 따름이다.

어머니의 일만 생각하면 걷잡을 수 없이 터져 나오는 설움이다. '영연(靈筵)조차도 모시지 못하는 신세' 시련이라기에는 너무나 혹독한 것이다. 끝내 죄를 생각하게 되고 인과응보를 살피게 되고 운명의 장난인가에까지 생각이 미친다.

자식의 도리, 뇌물의 효능, 나라의 생리, 운명의 장난 등의 사려는 아직도 독안의 김칫국처럼 삭고 있는 생각들이다.

(2) 삭고 있는 생각들이 제 맛을 얻어 의지로 풍겨나는 경우이다. 여물어서 정체를 드러내는 것이겠다. 따라서 양상은 서술적(敍述的)이다.

을미(乙未) 7월 7일

초7일　(무인) 흐리되 비는 오지 아니했다. 경상 수사(권준)와 두 조 방장과 충청 수사(선거이)가 왔다. 방답, 사도들에게 명령하여 편을 갈라 활을 쏘게 했다. 경상 우병사(김응서)에게 온 유서에 「나라의 재앙이 참혹하고 사직의 원수가 남아 있어 신의 부끄러움과 사람의 원통함이 천지에 사무쳤건만 아직도 깨끗이 쓸어버리지 못하고 원수와 함께 한 하늘을 이고 있으니 무릇 혈기를 가진 자로서 어느 누가 팔을 부르걷고 마음을 썩히면서 그놈의 살을 산적뜨고자 아니하랴. 그런데 그대는 원수와 마주 진치고 있는 장수로서 조정의 명령도 없이 함부로 적과 대면하여 감히 무리한 말을 뇌까리고, 또 자주 사사로이 일이 있을뿐더러 서로 화친하자는 것을 말하여 저 명나라 조정에까지 들려서 부끄러움을 끼치고, 혼단을 열어 놓기에 조금도 꺼림이 없이 했으니 군법에 붙여도 모자랄 게 없건만은, 오히려 너그러이 용서하고서 돈독히 타이르고 책망하여 경고하기 분명히 했었다. 그랬으나 고집을 더 세우고 스스로 죄구덩이로 빠져 들어가니 나 보기에는 못내 해괴하기도 하고 또 그 까닭을 알 수가 없다. 그래서 이제 비변사(備邊司) 낭

청 김용(郞廳金涌)을 보내어 구두로 내 뜻을 전하니 그대는 마음
을 고쳐 정신을 가다듬어 후회할 일을 끼치지 말라」하였다. 이것
을 보니 황송함을 이길 길이 없다. 김응서란 어떤 사람이기에 스
스로 회개하여 다시 힘쓴다는 말을 듣지 못하겠는고. 만일 쓸개
있는 자라면 반드시 자결이라도 할 일이다.

책임을 질 줄 알아야 한다는 일종의 비판이다. 군의 지휘관이면 더욱 그렇다.
그래야 기강이 서기 때문이다. 쓸개 빠진 사람이라면 일반 생활인들도 상대하
려 들지 않는다. 쓸개의 무게가 짚어진다.

갑오(甲午) 2월 16일

16일　(을축) 맑음. 아침에 흥양과 순천이 왔다. 흥양이 암행 어사의 비
　　　밀 장계 초안을 얻어 가지고 와서 보이는 바 임실(이몽상－李夢
　　　祥), 무장(이충길－李忠吉), 영암(김성헌－金聲憲), 낙안(신호－申
　　　浩)은 파면하고 순천은 탐관오리로 논란하고 담양(이경로－李景
　　　老), 진원(珍原 : 조공근－趙公瑾), 나주(이용순－李用淳), 창평(백
　　　유항－白惟恒) 수령들은 악행을 덮어 주고 칭양하여 장계하였다.
　　　임금을 속임이 여기까지 이르니 나랏일이 이러하고야 평정될 리
　　　가 만무하다. 우러러 탄식할 뿐이다. 또 해군 일족에 대충 징발하
　　　는 일과 장정 넷 중에 둘은 전쟁에 나가야 한다는 일을 심히 그르
　　　다고 말했으니, 암행 어사 유몽인은 국가의 위급함을 생각지 않
　　　고 다만 눈앞을 꾸며 갈 것만 노력하고 남쪽 지방의 종작 없는
　　　소리만 믿으니, 나라를 그르치는 교활하고 간사한 말이 악목(岳
　　　穆)에 대한 진회(秦檜)와 다를 것이 없다. 나라를 위하는 아픔이
　　　더욱 심하다. 늦게 사정에 올라 순천, 흥양, 우조방장, 우수사 우
　　　후, 사도, 발포, 여도, 녹도, 강진, 광양 등과 더불어 활 12순을 쏘
　　　았다. 순천 감목관(監牧官)이 진중에 왔다가 돌아갔다. 우수사가
　　　당포(唐浦)에 도착했다고 한다.

암행어사 유몽인에 대한 통렬한 비판이다. 분노와 탄식을 넘어 마음의 병으
로 번질 기세이다. 싸움터의 현실을 외면한 편파적이고 비위만 맞추려는 처사
는 곧 나라의 안위에 직결된다는 것이다. 경망한 사대부의 처신이 도마에 오른
것이다.

"쓸개의 무게", "사대부의 처신" 등의 생각이 다만 뇌리에 맴돌고 있는 것이 아니라 하고 싶었던 말이 그대로 비판의 소리가 되어 드러나고 있는 것이다.

(3) 의지의 유로(流露)가 그 경지를 넘어 승화의 양상을 띤다. 하루가 정리된 기술이지만 거기에는 지향되는 바가 있고 종합적이며 활달한 경향을 띤다. 그래서 비록 사실이 기술된 바이지만 하나의 작품성을 짚을 수 있을 것 같다. 이것은 앞에서 본 예문이지만 다시 싣는다.

정유(丁酉)Ⅱ 9월 16일

16일   (갑진) 맑음. 이른 아침에 특별 정찰 부대가 보고하기를 「적선이 수효를 알 수 없도록 많이 명량(鳴梁)으로 해서 곧장 우리가 진치고 있는 곳을 향해 들어온다」고 하였다. 곧 여러 배에 명령하여 닻을 올려 바다로 나가지 적선 1백 30여 척이 우리 배들을 에워쌌다. 여러 장수들은 적은 군사로 많은 적을 대적하는 것이라 스스로 낙심하고 모두 회피할 꾀만 내는데 우수하 김억추가 탄 배는 벌써 2마장밖에 나가 있었다. 나는 노를 바삐 저어 안으로 돌진하며 지자(地字), 현자(玄字) 등 각종 총통을 마구 쏘니 탄환은 폭풍우같이 쏟아지고 군관들이 배 위에 총총히 들어서서 화살을 빗발처럼 쏘니 적의 무리가 감히 대들지 못하고 나왔다 물러갔다 하였다. 그러나 여러 겹으로 둘러싸여서 형세가 어찌될지 알 수 없어 온 배에 있는 사람들이 서로 돌아다보며 얼굴빛이 질렸다. 나는 조용히 타이르되, 「적선이 비록 많다 해도 우리 배를 바로 침범치 못할 것이니 조금도 마음을 동하지 말고 다시 힘을 다해서 적을 쏘아라」하고 여러 장수의 배들을 돌아보니 먼 바다에 물러가 있는데, 배를 돌려 군령을 내리자 해도 적들이 더 대어들 것이라 나가도 돌아서도 못할 형편이 되었다. 호각을 불어 중군에게 군령을 내리는 기(旗)를 세우라고 하고, 또 초요기(初療飢)를 세웠더니 중군장(中軍將) 미조항 첨사(彌助項僉使) 김응함(金應諴)의 배가 차츰 내 배 가까이 왔으며, 거제 현령(巨濟縣令) 안위(安衛)의 배가 그보다 먼저 왔다. 나는 배 위에 서서 친히 안위를 불러 「안위야, 군법에 죽고 싶으냐, 네가 군법에 죽고 싶으냐? 도망간다고 어디 가서 살 것이냐」하니 안위도 황급히 적선 속으로 돌입했다. 또 김응함을 불러 「너는 중군(中軍)으로서 멀리 피하고 대장을 구원하지 않으니 죄를 어찌 면할 것이냐? 당장 처형할 것이

로되 적세가 급하므로 우선 공을 세우게 한다」하였다. 그래서 두
배가 적진을 향해 앞서 나가자 적장이 탄 배가 그 휘하의 배 2척
에 지령하여 일시에 안위의 배에 개미 붙듯 하여 서로 먼저 올라
가려 하니 안위와 그 배에 탄 사람들이 죽을 힘을 다해서 혹은
모난 몽둥이로, 혹은 긴 창으로, 또 혹 수마석(水磨石) 덩어리로
무수히 치고 막다가 배 위의 사람이 기진맥진하므로, 나는 뱃머
리를 돌려 바로 쫓아 들어가서 빗발치듯 마구 쏘아댔다. 적선 3척
이 거진 다 엎어지고 자빠졌을 때 녹도 만호(鹿島 萬戶) 송여종(宋
汝悰)과 평산포 대장(平山浦 代將) 정응두(鄭應斗)의 배가 뒤쫓아
와서 합력해 쏘아 죽여 적은 한 놈도 몸을 움직이지 못했다. 투항
한 왜인 준사(俊沙)는 안골(安骨) 있는 적진으로부터 항복해 온 자
인데, 내 배 위에 있다가 바다에 빠져 있는 적을 굽어보더니 그림
무늬 놓은 붉은 비단 옷을 입은 자가 바로 안골 있던 적장 마다시
(馬多時 : 내도통총—來島通總인가?)라고 말했다. 내가 무상(無上 :
물 긷는 군사) 김돌손(金乭孫)을 시켜 갈구리로 낚아올린 즉 준사
(俊沙)가 좋아 날뛰면서, 「그래 마다시다」하고 말하므로 곧 명령
하여 토막토막 자르게 하니 적의 기운이 크게 꺾였다. 우리 배들
은 적이 다시 범하지 못할 것을 알고 일제히 북을 울리고 함성을
지르면서 쫓아 들어가 지자(地字), 현자(玄字) 대포를 쏘니 그 소
리가 산천을 뒤흔들었고, 화살을 빗발처럼 쏘아 적선 31척을 깨
뜨리자 적선이 퇴각하고 다시는 우리 수군에 가까이 오지 못하였
다. 싸움하던 바다에서 그대로 정박하고 싶었으나 물결도 몹시
험하고 바람도 역풍이라 형세 또한 위태롭고 외로워 당사도(唐笥
島 : 무안군 암태면—岩泰面)로 옮겨가서 밤을 지냈다. 이번 일은
참으로 천행이었다.

　이 기술은 본 일기에서 가장 길어 보인다. 어머니가 돌아가셨을 때, 그리고
막내아들이 전사했을 때도 이와 같이 길고 자세하게 쓰지는 않았던 것 같다.
이는 가장 치열했던 우수영해전(右水營海戰)의 전말이다. 여기에는 세 차례 접
전이 벌어진다. 첫 번째에는 적이 달려들지 못하고 기회를 노리며 진퇴만 거듭
한다. 수적으로 월등히 우세한 적은 우리 선단을 완전히 포위하고 조여들었다.
두 번째 접전은 그야말로 백병전이다. 전투다운 전투가 벌어진 것이다. 이 해전
의 승부가 판가름나다시피 한 격전이었다. 이 대목은 정말로 기록답게 정확하
고 자세하게 기술되었다. 선명하나 진지한 필치는 생생한 느낌이 들 정도이이

서 하나의 서묘로 부를 수 있을 것 같다. 여기서 적의 기세는 꺾인다. 세 번째 접전은 자신감을 얻은 조선 수군들의 독무대가 된다. 놀라운 전략과 전술, 앞장서는 장수들, 타오르는 병사들의 분노가 하나로 뭉쳐서 십 배의 적을 물리친다. 중과부적이라는 상식을 넘어서 죽음으로써 달려든 용기와 그 기백이 돋보인다. 이는 단순한 무용담이 아니라 죽기로 싸우면 오히려 살고 살려고 들면 죽는다고 하는 그야말로 싸움터의 생리가 기능하고 있음을 보여주는 것이라고 하겠다. 마지막에 붙어있는 한 마디의 소신 "이번 일은 참으로 천행이었다"는 말하자면 기적이라는 뜻이다. 그만큼 힘들었다는 것이겠다. 이 한 마디 이외에는 죽을 힘을 다한 전투상황의 기술뿐이다. 말하자면 절대적으로 서술이 우세하다. 그러나 이 기사는 독자를 긴장시킨다. 하나의 사태를 체험한 대로 구체화한데 그쳤으나 짜릿한 흥분을 맛보게 한다. 진솔한 서술이 묘사로 보이는 대목으로서 통쾌함을 넘어 숙연해지기까지 하는 기술이다. 그래서 정유(丁酉)년 9월 16일자의 이 일기문을 의식의 승화를 가져온 하나의 소품(小品)으로 보고자 한다. 싸워 이겨야 되겠다는 주제, 싸움터 바다라는 배경, 접전순으로 엮었다는 구성, 전선·무기·병사 그리고 적개심 등의 소재, 살벌하다는 분위기, 증오라는 의식, 격렬한 어조의 일상어 등을 짚어 이 소품의 성립요소로 삼고자 한다. 따라서 양상은 서묘적이라고 보겠다.

이제까지 기사(記事)하면서 삼출(滲出)된 의지(意志)의 상(相)을 보았다. 속속들이 배어있어서 자리를 잡아가며 진득하게 응고되는 의지가 있고, 이것이 무르녹게 되면 출구를 찾아 흘러 넘치게도 된다. 그래서 서술을 마다할 수 없게 되는 것이다. 또한 사태의 포착이 구체적이고 자연스러워 묘사의 경지를 넘나드는 솜씨를 보이게까지 되는 경우도 있다. 결단코 의식적이라고는 말하기 어려운 익숙함인 것이다. 그러면 이제까지의 논술을 표로 만들어본다.

이상에서 기사하면서 삼출된 정서와 의지의 양자를 다루었다. 본래 정서와 의지는 똑떨어지게 나누어지기는 어려운 것이다. 어느 쪽이 우세한가에 따라서 갈라지게 되는 것이다. 설사 한 쪽이 짙이지 않는다 해도 그는 음영화되어 있다고 보아야 한다. 그래서 때로는 서로 받쳐주는 상보(相補)관계에 있다고 하겠다. 이 양자가 알맞게 조화가 되면 탐스런 의식상태를 이루어 형상에의 길이 열리는 것이라고 생각된다.

삼출된 정서를 보면 촉발되어 적시적으로 나타나는 경우, 구체적인 표현은 없으나 표정으로 곧 함축적으로 나타나는 경우, 그리고 의식되어 감성이 드러나는 경우, 그리고 구상화되어 작품으로 나타나는 경우 등 네 가지로 짚인다. 촉발(觸發)과 저회(低廻)·숙성(熟成), 유로(流露)와 승화(昇華)의 구분은 역시 똑떨어지는 것은 아니지만 촉발은 거의 무의식적으로 또는 습관적으로 튕겨나는 경우로서 정서와 의지의 미분화상태라고 보여지는 것이다. 저회·숙성은 꽃으로 말하면 봉오리의 상태로 물이 오르는 경지이다. 그래서 정체가 확실해지는 것이다. 유로는 흘러넘치는 상황으로서 꽃으로 말하면 꽃잎이 방싯 열리는 대목이다. 제구실을 다하겠다는 심정을 내어 비치는 것이겠다. 승화는 문예물로서의 그 반열에 설 수 있는 것을 말한다. 꽃으로 말하면 만개의 상태이다.

다시 한번 정리하면 정서의 삼출상은 촉발·저회와 숙성·유로·승화의 자국을 남기면서 적시적·함축적·서술적·서묘적인 양상을 띈다. 이와 같이 삼출된 정서의 성숙과정은 너무 소박하고 단조로운 것 같다. 무르익는 과정이 보이지 않는 것은 성숙의 밀도가 약한 소이(所以)이다. 너무 성긴 걸음걸이다. 이런 것은 정서표출에 크게 괘념(掛念)하지 않았음을 나타내는 단적인 증거이다. 이것이 7년간의 해상전투를 하면서 여러 가지로 겪은 사실을 기술하는 과정에서 묻어난 정서의 다양한 모습이다. 억지로 짜낸 정서가 아니라 자연스럽게 발현된 정서의 자국이다. 이것이 바로 일기(日記)하면서 체험한 소위 '정서의 도출'이라는 것이다. '도출'이라는 용어는 창작품에 해당된다고 생각되어 기록인 여기서는 '삼출'이라는 용어를 쓴다. 촉발과 저회·숙성, 유로, 승화의 네 가지 자국은 정서의 성숙과정을 나타내는 것이기는 하나 그렇다고 해서 이 과정이 일관성을 지니고 본 일기에서 정연하게 전개되고 있는 것은 아니다. 이런 것은 바로 본 일기가 지니는 정서의 취약성을 보이는 것이다. 또한 정서의 표출은 양적으로 대단히 부족하고 미흡하다는 것은 전술한 대로이어서 그 존재양태는 대체로 총생적(叢生的)이라고 볼 수밖에 없다. 이와 같이 본 일기는 질량면(質量面)에서 부실을 면치 못하고 있는 것으로 보여진다. 그런데 이 4자중(者中) 가장 비중을 차지하는 것은 저회·숙성의 단계와 유로의 단계인 것 같다. 그는 대체로 흥(興)보다는 우울에 쌓여 새김질하기에 바빴고 부글거리는 울화가 치밀어 올라야 비로소 풀어내던 것이 그런 성향이고 그 구체상이 후술하는 "애앓이",

情緒 滲出過程의 要約表

1) 記事하면서 滲出된 情緒

심리적 기능	사 례	느낌	양상	문학 양식
정서의 촉발	p.319.21행~23행	딱함	적시(摘示)적	미형성
"	p.360.14행~p.361.3행	참혹함	"	"
"	p.320.1행~4행	혐오	"	"
정서의 저회·숙성	p.133.10행~13행	흐뭇함	함축적	"
"	p.367.21행~22행	괴로움	"	"
"	p.235.4행~7행	안쓰러움	"	"
"	p.21. 8행~11행	아름다움	"	"
정서의 유로	p.21.17행~p.22.2행	흥겨움	서술(감성)적	"
정서의 승화	p.377.2행~p.378.2행	슬픔	서묘적	小品
"	p.220.16행~p.221.2행	이별	음영적	詩

2) 記事하면서 滲出된 意志

심리적 기능	사 례	생각	양상	문학 양식
의지의 응고	p.310.10행~p.311.4행	자식의 도리	함축적	미형성
"	p.321.8행~20행	뇌물의 효능	"	"
"	p.271.19행~p.272.3행	나라의 부침	"	"
"	p.314.21행~p.315.5행	운명의 장난	"	"
의지의 유로	p.209.3행~p.210.2행	쓸개의 무게	서술(관념)적	"
"	p.116.13행~p.117.7행	사대부의 처신	"	"
의지의 승화	p.369.8행~p.371.14행	승벽(勝癖)	서묘적	小品

"분노", "한탄" 등으로 나타난 것 같다. 사람은 사물에 접하면서 정서를 체험하고 진실을 맛보면서 사고를 일으킨다. 이는 지각작용인 동시에 인식작용인 것이다. 이 정서와 사고, 지각과 인식 등이 어우러져 의식이 형성되는 것이라면 이 양자의 곧 정서와 의식의 교호작용(交互作用)은 얼마든지 가능한 것이겠다. 본 항에서는 정서와 의지를 나누어 다루어 보았다.

13. 심정(心情)의 흐름

전항(前項)에서 정서의 도출이 총생적이고 빈약한 것을 보았다. 자연스런 발현이므로 삼출이라고 부르고 양적으로도 지극히 적어서 부실함을 면치 못한 것은 본 일기가 창작이 아닌 소이로 보았다. 그럼에도 불구하고 작자의 상(像)

이 짚이는 것은 간간이 그의 정을 쏟아냈기 때문이 아닌가 한다. 공무수행이라고 하는 냉엄한 처리과정에서도 그의 인정은 살아 있어서 그 진솔함이 곧 행간에 비쳐지고 소리처럼 울려난 것이었고 때로는 북받쳐오르는 감정을 삭이지 못해 작중에 얼굴을 내어밀기에 이르른 경우도 있었던 것이다. 일기는 본래 1일 단위로 그 내용이 마무리되어 정리되는 것이지만 내적 사실인 정서나 의지, 사고 등은 반드시 정리된다고 보여지지 않는다. 여건과 처지에 따라서 사그라드는 것도 있고 가라앉지 않는 것도 있는 것으로 보여진다. 예를 들면 작자의 적개심은 7년 내내 이 남해의 해상생활에서 조금도 변치 않았던 것으로 생각되는데서 그렇다고 하겠다. 말하자면 정서나 이념은 시(時)·공(空)을 초월하는 것이다. 이와 같은 관점에서 볼 때 창작이 아닌 일일기(日日記)이므로 연면(連綿)한 정서의 흐름을 형성하지는 못했어도 본 일기에도 인간이 지니는 온갖 감정 곧, 칠정(七情)이라는 것이 어김없이 드러난다. 이렇게 점철된 다양한 감정의 발산 속에서 가장 절실하고 한결같은 작자의 심정을 이어서 흐름으로 만들어 본다면 다음의 세 가지가 아닐까 한다. 즉 "애닳이", "분노", "한탄" 등으로서 명랑·쾌활과는 거리가 멀어 보인다. 그러나 그 존재양태는 산만하다. 준비없는 전쟁을 치르노라 힘에 겨웠던 역정이 뚜렷이 드러나는 가쁜 숨결이다. 그러면 이제 그 구체상을 보기로 한다.

1) 애닳이

근심과 걱정이 사무쳐 속을 태우는 것이다. 뜸 밑에 웅크리고 앉으면 시간 가는 줄도 모르고 새벽이 되기도 하고 가끔 해(海)로 하여금 젓대를 불게 하여 시름을 덜기도 한다. 그의 번민은 대체로 나라와 전쟁에 관한 것이지만 때로는 가족문제도 있고 또 양자가 겹친 경우도 있어 보인다.

(1) 나라 때문에

> 17일　(무술) 맑음. 지휘선을 연기로 그스르기 위하여 좌별도선(左別都船)에 옮겨 탔다. 늦게 우수사의 배로 가니 충청 수사도 왔다. 제만춘(諸萬春)을 불러다가 문초해 보니 분한 사연들이 많이 있었다. 종일 의논하고 헤어졌다. 밤들기 전에 지휘선으로 옮겨 탔다.

> 이날 밤, 달은 낮 같고 물결은 비단결 같아 회포가 견디기 어려웠
> 다. 새로 만든 배를 진수(進水)했다.
> (p.92, 18행~p.93, 3행, 癸巳 8월 17일)

밀지를 받고 나서 일선에서 파악한 나라의 형편이다. 어지러운 국사, 해결방
도가 없는 현실, 나라안이 텅 비어있음을 그는 보고 있는 것 같다. 전선의 실정
을 아는 상관이 조정에 없음을 안타까워하는 양상이다. 독려도 좋지만 전술도
알아야 설득력이 있을 것 같다.

> 초1일 (임신) 잠깐 비가 왔다. 나라의 제삿날이라 공무를 보지 아니했다.
> 혼자 다락에 의지했다. 나라 정세가 아침 이슬같이 위태로운데
> 안으로는 정책을 결정할 만한 기둥 같은 인재가 없고 밖으로는
> 나라를 바로잡을 만한 주춧돌 같은 인물이 없음을 생각해 보니
> 사직이 장차 어떻게 될지 몰라 마음이 산란했다. 종일토록 누웠
> 다 앉았다, 했다.
> (p.207, 16행~p208, 5행, 乙未 7월 1일)

마음이 산란한 원인을 솔직하게 밝혔다. 나라의 운명이 아침이슬 같은데 이
위기를 구해낼 신하가 보이지 않는다는 것이다. 인재난을 짚고 있다. 그래서 종
일토록 엎치락뒤치락 누웠다 일어났다 괴로워하고 있다. 명(明)의 원군(援軍)까
지 가세해 있고 임금은 북으로 몽진(蒙塵)한 처지인지라 일선에서는 항상 조정
의 위상이 주목될 수밖에 없는 것이겠다.

> 14일 (정묘) 맑음. 선전관 박진종(朴振宗)이 왔다. 또한 선전관 영산령
> (寧山令) 예윤(禮胤)이 임금의 분부를 가지고 같이 왔는데, 그들에
> 게서 피난 중인 임금의 사정과 명나라 장수들의 하는 짓을 들으
> 니 참으로 통탄스러웠다.
> (p.61, 7행~10행, 癸巳 5월 14일)

> 밤 10시쯤 변존서(卞存緒)와 김양간(金良幹)이 들어왔다. 행궁(行
> 宮)의 기별을 들은 즉, 동궁(東宮 : 광해)께서 편찮으시다고 하니
> 걱정스럽기 짝이 없다. 유 정승(성룡-成龍)의 편지와 윤 지사(우
> 신-又新)의 편지가 왔다.
> (p.73, 22행~p.74, 3행, 癸巳 6월 12일)

임금님의 피난살이 그리고 명나라 장수들의 행패를 듣는 작자의 마음은 서글프다. 그러한 행패를 알고도 모르는 척 해야 하는 임금의 처지를 곰곰 헤아려야 하는 작자의 심중은 처량하기까지 하다. 크게 소리지를 수 없는 자리이기 때문이다. 그리고 행궁(行宮)에 대한 염려도 남다르다. 그때 광해(光海)는 전주에 있으면서 민심의 수습과 장병들의 위로는 물론 작자와는 두 차례나 교통한 바 있는지라 그 와병을 걱정하지 않을 수 없었을 것이다. 광해는 이번 난중(亂中)에 결정된 동궁의 자리이기 때문에 그의 신상에 생기는 이상은 나라로 볼 때는 참으로 큰일이요 복잡한 일인 것이다.

> 12일 (무자) 맑음. 아침에 소근포(所斤浦) 첨사가 보러 와서 화살 54개를 만들어 바쳤다. 서류를 처결하여 돌려 주었다. 충청 수사, 순천, 사도, 발포, 충청 우후가 와서 활을 쏘았다. 저녁에 탐선이 들어와 어머님께서 평안하시다는 것은 살폈으나 면의 병세는 여전히 중하다는 것이었다. 애타는 마음이건만 어찌하랴. 유 정승(柳政丞 : 성룡)이 돌아갔다는 부고가 순변사(巡邊使)에게 왔다고 하나 이는 필시 질투하는 자들이 말을 만들어 하는 것이리라. 통분함을 참지 못하겠다. 이날 밤 심사가 산란해서 홀로 마루에 앉아 있는데, 내 마음을 스스로 걷잡을 수 없었다. 걱정이 쌓여 밤이 깊도록 잠들지 못했다. 만일 유정승이 어찌되었다면 나랏일을 어찌할 것이랴. 어찌할 것이랴.
>
> (p.146, 15행~p.147, 2행, 甲午 7월 12일)

유성룡(柳成龍)에게는 전폭적으로 신뢰감을 지닌 것 같다. 조정에서 믿을 만하고 또 심정을 터놓고 이야기할 사람은 이 유성룡 밖에는 없는 것으로 보여진다. 아마도 정승 중에서 작자를 알아주는 유일한 사람으로서 편지도 자주 보내고 병서도 보내주고 있다. 꿈속에서도 유정승과 자주 만나서 대화하고 있다. 전쟁의 와중에서도 흔들리지 않고 성실히 왕을 보필하는 유정승을 생각하고 스스로도 어려움을 참고 감격한 바 있다. 이러한 유정승이 죽었다는 소문은 생각조차 하기 싫은 것이다. 사적으로 서운한 것은 말할 것도 없지만 나라를 생각한다면 그야말로 큰일인 것이다. 걷잡을 수 없는 마음에 잠들지 못하는 밤이 이어진다. 아침이슬 같은 나라를 지탱하고 있는 사람이라고 생각되기 때문이다.

15일   (정묘) 맑음. 늦게 사량(蛇梁)의 수토선(搜討船), 여도(呂島)의 김인
         영(金仁英)과 순천(順天) 지휘선을 타고 다니는 김대복(金大福)이
         들어왔다. 가을 기운이 바다에 들어오니 나그네 회포가 어지럽다.
         홀로 배 뜸 밑에 앉았노라니 마음이 몹시 산란하다. 달빛은 뱃전
         에 비치고 정신도 맑아져서 잠을 이루지 못하는 사이에 어느덧
         닭이 울었다.
                              (p.85, 13행~18행, 癸巳 7월 15일)

   집을 떠나고 고향을 멀리 바라보며 떠도는 신세 언제 어디서 죽을지 모르는
진짜 나그네가 된 심사는 어지럽다. 대비(對備) 없는 전쟁을 치르노라 허둥대는
조정을 바라다볼 때, 그리고 왜군이 상륙한 지 19일만에 한양에 입성한 것을
볼 때, 또한 역적들이 횡행하고 방백들이 나라를 배반하는 것을 볼 때 산란해지
는 마음 가눌 길이 없다. 밤낮없이 거듭되는 전투 속에서도 서늘해지는 날씨에
달빛마저 영롱해 잠시 어지러운 마음을 가늠해본다. 반딧불 같은 나라의 운명
을 어떻게 다잡을 것인지 적과 마주하고 있기에 더욱 초조하다. 되는 일보다
안되는 일이 더 많은 것 같아 머리는 무겁고 마음은 쓰리다.

(2) 가족 때문에

   초8일   (정유) 흐리되 비는 오지 아니했다. 아침에 어머님께 보내는 물건
         을 봉했다. 늦게 여필이 떠나가고 홀로 객창 아래 앉았으니 온갖
         회포가 끝이 없었다.
                              (p.30, 6행~8행, 壬辰 4월 8일)

   노모를 모시지 못하는 안쓰러움이 그대로 배어 나온다. 전시라 불가항력이지
만 험한 팔자가 아닐 수 없다.

         이날 아침 탐선이 들어왔는데, 아내의 병세가 아주 위중하다는
         것이었으니 벌써 생사간 결말이 났을지도 모른다. 나랏일이 이에
         이르렀으니 다른 일에 생각이 미칠 수 있으랴마는 세 아들 딸 하
         나가 어떻게 살아갈꼬. 아프고 괴롭구나.
                              (p.159, 5행~9행, 甲午 8월 30일)

   16일   (무자) 흐리되 비는 오지 아니했다. 아침에 탐선이 들어왔는데 어

> 머님은 평안하시다 하고 아내는 불난리로 심신이 많이 상해서 천
> 식이 더해졌다고 했다. 걱정이다. 비로소 해들이 잘 간 것만은 알
> 았다. 활 20순을 쏘았는데 권 동지가 잘 맞혔다.
>
> (p.199, 23행~p.200, 3행, 乙未 5월 16일)

가족을 제대로 돌보지 못했음을 뉘우친들 이미 때가 늦은 것은 아닌지 그야
말로 헤매는 심정이다. 아프고 괴로워할 뿐 어쩔 수가 없다. 만일에 아내가 없
다면 마음의 한쪽이 무너지는 듯 허전할 것이다.

> 남원 종 끝돌이가 아산(牙山)에서 와서 어머님 영연(靈筵)이 평안하시다
> 고 하고, 또 유헌(有憲)이가 식구들을 데리고 무사히 금곡(金谷 : 연기군 광
> 덕면 대덕리)에 도착하였다고 했다. 홀로 빈 동헌에 앉아 슬픈 정회를 견딜
> 길 없다.
>
> (p.314, 6행~10행, 丁酉 I 5월 2일)

어머니가 생존했을 때보다 사후가 더 쓰리고 죄인의 심정이다. 영연(靈筵)을
모시지 못하고 떠나와 있기 때문이다. 가족을 돌보는 것은 이미 물 건너간 일
오직 서럽고 안타까울 뿐이다.

(3) 나라·가족 때문에

> 초1일   (갑술) 맑음. 촛불을 밝히고 혼자 앉아 나라 일을 생각하니 모르
>   는 사이에 눈물이 흐른다. 또 병드신 팔십 노친을 생각하며 뜬 눈
>   으로 밤을 새웠다. 새벽엔 여러 장수들과 색군(色軍)들이 와서 해
>   가 바뀐 인사를 하였다. 원전(元㙉), 윤언심(尹彦諶), 고경운(高景
>   雲)들이 와서 보았다. 모든 색군들에게 술을 먹였다.
>
> (p.181, 4행~8행, 乙未 1월 1일)

나랏일을 생각하면 눈물이 흐르고 병드신 노모를 생각하면 잠이 안온다. 나
랏일을 생각하면 걱정이 앞서고 노모를 생각하면 애가 탄다. 양자 모두 시원하
게 해결할 방도가 없는 것이다. 문제는 적군을 물리쳐야 가족문제도 해결되는
것인데 이미 지상전투는 가망이 없어 보이고 해전도 만만치 않은 것이다. 짊어
진 멍에는 이렇게 어렵고 무거웠다.

그는 조정을 생각하면 속이 부글부글 끓어올랐다. 되는 일보다 안 되는 일이

더 많은 것 같아 머리는 무겁고 가슴은 쓰렸다. 또한 가족을 돌보는 일은 이미 때를 놓친 것 같아 서럽고 안타까울 뿐이었다. 그래서 뜸 밑에 앉아 마른 침을 넘기며 애를 태우고 속앓이를 해야 했다. 그러므로 쓰린 가슴 안타까운 마음을 겨우 잠재울 수 있었다.

2) 분노

울화가 치밀어 소리치고 싶고 막 부딪히고 싶으며 휘젓고 싶은 심정이다. 짓밟히는 아픔, 당하는 치욕에 대한 맞받아침, 곧 호통이기도 하다. 분노의 대상은 많다. 흉적(兇敵) · 패퇴(敗退) · 조정(朝廷) · 모해(謀害) · 원균(元筠) 등으로 추릴 수 있을 것 같다.

(1) 흉적(兇敵)을 향(向)해

> 초1일 수군들이 본영 앞 바다에 모두 모였다. 이날은 흐리되 비는 오지 않았으며 남풍만 몹시 불었다. 진해루(鎭海樓)에 앉아서 방답 첨사(이순신-李舜臣), 홍양 원(배홍립-裵興立), 녹도 만호(정운-鄭運)들을 불러들였다. 그들은 모두 분격하며 제 한 몸을 잊어버리는 것이 과연 의사들이라 할 만하다.
>
> (p.34, 2행~6행, 壬辰 5월 1일)

첫 출동하기 전날이다. 장수들이 모두 분격하고 있다. 나라 위해 제 한 몸 바치기를 맹세한 의사(義士)들이다. 본영 앞 바다에 모인 수군들의 마음도 한결같을 것이다. 말하자면 온 나라가 분노하고 있는 것이다.

> 초10일 (을미) 아침엔 흐리었으나 늦게 맑아졌다. 오전 6시쯤에 배를 띄워 바로 웅천 웅포(熊川熊浦 : 창원군 웅천면 남문리)에 이르니 적선들이 줄지어 정박하고 있는데, 2번이나 꾀어 내어 보았으나, 진작부터 우리 수군을 겁내는 터라 나올 듯이 도로 들어가 버리는 것이어서 끝내 잡아 무찌르지 못하니 통분 통분하다. 오후 10시쯤에 도로 영등포 뒤 소진포(蘇秦浦 : 거제군 장목면 송진포리)에 이르러 배를 매고 밤을 지냈다.
>
> (p.45, 20행~p.46, 3행, 癸巳 2월 10일)

> 초3일   (을묘) 맑음. 적선 두어 척이 견내량(見乃梁)을 넘어오고, 한편으
> 로는 육지로도 나오니 통분하다. 우리 배가 바다로 나가 뒤를 쫓
> 자 그만 도망쳐 버렸다. 도로 물러와서 잤다.
>
> (p.80, 14행~16행, 癸巳 7월 3일)

적을 치지 못해서 분통이 터지는 것이다. 험처(險處)에 숨어서 나오지 않고
만나면 곧 도망치는 것이다. 잘못 들어갔다가는 함정에 빠질 수도 있는지라 깊
이 쳐들어가기 어려운 것이다. 이것이 적들의 전술일 것이나 끝내 잡아 무찌르
지 못해 안타까운 것이다. 남의 나라 앞마당에까지 쳐들어와 배를 대놓고도 응
전하지 않는 적의 자세, 거기에는 분명 이쪽의 허술한 곳을 엿보는 눈이 있을
것임을 생각할 때 분하기 짝이 없는 것이다.

> 순찰사와 도사(都事)의 답장을 송희립(宋希立)이 함께 가져왔는데, 순찰사
> 편지 가운데 「영남관찰사(嶺南觀察使 : 김수－金晬)의 편지에 말하되 <도주
> (島主 : 대마도주 종의지－對馬島主 宗義智)의 공문에 진작 배 1척을 내어 보
> 냈는데, 만일 귀국에 도달하지 않았다면 반드시 바람에 깨어진 것이리라>고
> 했더라는 것이다. 그 말이 극히 음흉했다. 동래(東萊)에서 서로 바라보이는
> 바다라 그럴 리가 만무한데 말을 이렇게 꾸며내니 그 간사함을 헤아리기
> 어렵다」고 하였다.
>
> (p.28, 5행~12행, 壬辰 3월 24일)

대마조주 종의지(對馬島主 宗義智)의 말이 음흉하고 헤아리기 어려울 만큼 간
사하다는 것이다.

> 원수(元帥 : 권율－權慄)의 회답이 왔는데, 심유격(沈遊擊)이 벌써 화친을
> 결정하였다고 했다. 그러나 간사한 꾀와 교묘한 계책을 헤아릴 길이 없는
> 자들이라 전에도 놈들의 꾀에 빠졌고, 또 이렇게 빠져 들어가니 한탄스러
> 운 일이다.
>
> (p.111, 23행~p.112, 4행, 甲午 2월 5일)

작자는 명사(明使) 심유격(沈遊擊)이 놈들의 꾀에 또 빠져 들어가는 것을 한탄
하고 있다. 전에도 그 간사한 꾀와 교묘한 계책에 속았는데도 불구하고 또 넘어
가고 있다는 것이다. 이때의 왜의 말이라 모두가 꾀요 계략이라는 것을 작자는

간파하고 있었고 명사도 작자의 이런 안목을 받아들였어야 했다. 음흉하고 간사한 놈들, 이는 왜에 대한 저주 섞인 분노가 아닐 수 없다.

> 경상도 수사가 군관을 시키어 진양(晉陽 : 진주)의 긴급 보고서를 보냈는데, 이 제독(李提督 : 이여송—李如松)은 지금 충주(忠州)에 있다고 한다. 그런데 적도들은 사방으로 흩어져 분탕질을 치고 있으니 통분통분하다. 종일토록 큰 바람이 불어 마음이 산란하였다.
> (p.62, 16행~20행, 癸巳 5월 17일)

명장(明將) 이여송(李如松)이 충주에 있는데도 불구하고 왜병들은 사방으로 흩어져 분탕질을 치고 있다는 것이다. 명군에 대한 기대가 컸던 만큼 실망도 컸던 것이다. 계속해서 짓밟히는 아픔이 이 통분통분(痛忿痛忿)이란 말 속에 서려있는 것이다.

> 초1일   (무오) 맑음. 아들 회(薈)를 보내서 저의 모친도 보고 집안 여러 사람의 생사도 알아오게 하였다. 심회가 극히 산란하여 편지를 쓸 수 없었다. 병조(兵曹)의 역자(驛子)가 공문을 가지고 내려와서 아산(牙山) 집이 적에게 분탕질 당해 잿더미가 되어 남은 것이 없다고 한다.
> (p.373, 9행~13행, 丁酉Ⅱ 10월 1일)

드디어 왜병의 분탕질이 작자의 고향집에까지 미친 것이다. 잿더미가 되어 남은 것이 없다고 했으니 왜병들이 철저하게 파괴한 것이겠다. 편지를 쓸 수 없을 정도로 작자의 심정은 산란했다고 하니 노모를 위시한 그 가족들은 얼마나 놀라고 또 다급했을 것인가. 작자 자신의 몸이 적의 말발굽에 짓밟히고 으깨어지는 것 같은 아픔이요 모욕이었을 것이다. 말도 할 수 없을 정도의 아픔과 놀라움 과연 통매(痛罵)의 대상이 아닐 수 없다.

아픔과 안타까움과 통매에서 오는 저주, 이것이 흉적을 향한 분노의 내용이다.

(2) 패퇴(敗退)에 대해

> 16일   (기해) 잠깐 비가 왔다. 늦게 낙안(樂安) 원을 통하여 진해(鎭海) 고목(告目)을 얻어본 즉, 함안(咸安)에 있는 각 도 대장들은 왜놈

들이 황산동(양산군)에 나가 진쳤다는 소문을 듣고 모두 물러나
진양(진주시), 의령을 지킨다고 하니 참으로 놀랄 일이다.

(p.75, 2행~6행, 癸巳 6월 16일)

공격이 최고의 수비라고 했다는데 왜군은 나오고 우리는 물러서니 놀라고
있다.

순천과 낙안은 아주 벌써 결단이 났다고 한다. 통분함을 이길 길이 없다.

(p.83, 23행~p.84, 1행, 癸巳 7월 11일)

순천(順天)과 낙안(樂安)의 함락을 통분해한다.

19일　(심미) 맑음. 이경복이 병사에게로 가는 편지를 가지고 떠났다.
　　　순천(권준)과 이영남(李英男)이 와서 전하기를 진주, 하동, 사천
　　　등지의 적들이 벌써 모두 도망갔다고 한다. 저녁에 광양이 진주
　　　에서 피살된 장수들의 명부를 보내왔기에 보니 비참하고 원통함
　　　을 이길 수 없었다.

(p.86, 1행~5행, 癸巳 7월 19일)

진주에서 전사한 장수들의 명단을 보고 참혹함을 느끼면서 원통해한다. 물러
섰으니 함락이 왔고 결단났으니 참혹함을 맛보았다. 놀라움은 분함으로 변하고
분함은 원통으로 이어졌다. 누구의 탓도 할 수 없는 서글픔이다.

초4일　(기미) 비로소 비가 개었다. 우수사 이 영공(억기)이 와서 종일
　　　이야기하였다. 원 영공(균)도 왔다. 순천의 병이 대단하다고 한다.
　　　들으니 명나라 장수 이여송(李如松)이 함경도로 들어간 적이 설한
　　　령(雪寒嶺)을 넘어섰다는 말을 듣고 개성까지 이르렀다가 도로 평
　　　안도로 돌아갔다고 한다. 통분하고 민망함을 이길 길 없었다.

(p.54, 4행~9행, 癸巳 3월 4일)

초6일　(무오) 맑았으나 서풍이 세게 불었다. 도원수가 군관을 보내어 편
　　　지를 전하되, 유 제독이 달아나려고 한다 하였다. 통분하다, 통분
　　　하다. 나랏일이 장차 어떻게 될 것인고.

(p.399, 7행~9행, 戊戌 10월 6일)

여기의 통분(痛憤)은 명군을 지향했다기보다는 왜적을 무찌르지 못한 안타까움이라고 볼 수 있을 것 같다. 명군의 취약함에도 연민과 원망의 눈길이 머무르기는 했어도 근원적으로는 어떤 모양으로든지 결판이 날 운명의 당사자들에게 쏠린 안쓰러움이라고 하겠다. 이여송은 몸을 사리고 유 제독은 이미 전의를 상실한 것 같다. 이 엄연한 현실을 받아들일 수밖에 없는 나라의 처지를 작자는 지금 응시하고 있는 것이다.

15일   (갑오) 비가 오다 개다 했다. 늦게 조신옥(趙信玉), 홍대방들과 여기 있는 윤선각(尹先覺)까지 9명을 불러 떡을 차려 먹었다. 아주 늦어서 중군(中軍) 이덕필(李德弼)이 왔다가 저물어 돌아갔다. 그 편에서 들으니, 수군 20여 척이 적에게 패했다는 것이다. 통분 통분하다. 막을 방책 없음이 한스럽다. 어두워서 비가 크게 내렸다.
                                    (p.341, 14행~19행, 丁酉 I 7월 15일)

16일   (을미) 비가 오다 개다 하면서 종일 흐리고 맑지 않았다. 아침 식사 후에 손응남(孫應男)을 중군(이덕필)에게 보내어 수군 소식을 알아보게 했더니 그가 돌아와 중군의 말을 전하는데, 좌병사(경상)의 긴급 보고로 보아 불리한 일이 많다고 하면서 갖추갖추 말하지 않더라는 것이다. 한탄스런 일이다.
                                    (p.341, 20행~p.342, 1행, 丁酉 I 7월 16일)

18일   (정유) 맑음. 새벽에 이덕필(李德弼)이 변홍달(卞弘達)과 함께 와서 전하는 말이, 「16일 새벽 수군이 밤 기습으로 통제사 원균이 전라 우수사 이억기, 충청 수사(최호-崔湖) 및 여러 장수들과 함께 많이 해를 입고 수군이 크게 패했다」는 것이었다. 듣자니 통곡이 터져나옴을 이길 길이 없다. 이윽고 이 원수(元帥)가 와서 말하기를, 「일이 이미 여기까지 이르렀으니 어떻게 할 수가 없다」하면서 오후 10시께까지 이야기하였으나 어떻게 뜻을 정할 수가 없었다. 나는 「내가 직접 해안 지방으로 가서 듣고 본 뒤에 방책을 정하겠다」고 말했더니 원수는 그 위에 더 좋아할 수 없었다.
                                    (p.343, 15행~p.344, 1행, 丁酉 I 7월 18일)

7월 15일에 수군 20여 척이 적에게 패했다는 소식에 통분통분을 거듭한다. 7월 18일에는 7월 6일 적의 야습으로 삼군통제사 원균 이하 많은 장수들이 전사하고 수군이 많은 해를 입고 대패했다는 말을 듣는다. 여기서는 통곡이 터져 나옴을 이기지 못한다.

7월 15일 전투는 역부족으로 당하는 아픔을 고스란히 맛보게 한다. 작자에게는 피눈물을 머금게 하고 울화가 치미는 분노가 아닐 수 없다. 여기서는 생살이 찢겨나가는 소리가 들리는 듯 그 아픔을 맛보여준다. 체면도 자존심도 간 곳 없이 처절한 현실만이 눈앞에 있다. 그래서 여기의 분노는 밖을 향해 뿜어내는 호통이기보다는 안으로 조여드는 자괴인 것 같다. 패퇴를 향한 분노는 말하자면 내면을 향한 처절한 울부짖음이라고 생각된다.

(3) 조정(朝廷)을 향(向)해

여기서는 11. 변·불변지상의 2) 변지상의 (2) 조정의 부패항의 배 설(裵 楔)의 예문을 참고로 하여 살펴본다.

배 설은 권세 있는 자에게 아첨하여 제가 감당하지 못할 자리에까지 올라 나랏일을 크게 그르치는 자로 되어 있다. 그런데 이를 조정에서 살피지 못하고 있으니 딱하다는 것이다. 그는 약속을 어긴 자이다. 전선 순시 중에 있는 작자와의 약속을 어긴 것이다. 그는 핑계하는 자이다. 배멀미를 했다는 것이다. 그는 교유서(敎諭書)에 숙배(肅拜)하지 않는 자이다. 임금이 내린 유서인지라 숙배하는 것은 군인으로서 당연한 일이다. 오만한 것이다. 그는 도망자이다. 피한 것이겠다. 그는 겁에 질린 자이다. 어쩔 수 없어서 나타난 것이겠다. 그는 꾀병하는 자이다. 싸움터에서 몸을 빼는 것이다. 그는 도망자이다. 합법적인 병가(病暇)지만 실질적으로는 피신이라 하겠으니 곧 도망이다. 그는 처단해야 할 자이다. 선전관(宣傳官)이 체포하러 온 것이다.

아첨한 자의 족적이 상세히 파악되어 있다. 이것이 조정을 향해 분노하는 구체적인 근거이다. 결국 나랏일을 크게 그르치고 마땅히 처단당해야 할 자를 조정은 일선 요직에 배치한 것이었다. 이러한 자와 손잡고 대적을 막아내야 했던 작자의 심정을 조정은 알아차리지 못했던 것이다. 그래서 이와 같이 그의 행태를 낱낱이 들어 고발에 가까운 기술을 남긴 데에는 연민의 정을 넘어 나라를 생각할 때 그러지 않을 수 없는 당위와 나타내기 어려운 처절한 심정이 가리워져 있는 것으로 보여진다.

　전쟁도 모르고 전국도 모르고 전쟁을 한갓 지인(知人)의 출세의 방편 정도로 생각하고 사정(私情)을 푸는 기회로밖에 여기지 않는 그런 사람들이 우글대는 조정을 향해 할말은 하며 진실을 피력하고 있는 것이다. 전선을 담당하고 있는 장수의 지적인지라 설득력을 넘어 생동감마저 인다. 조정의 인사처리와 무딘 통찰력을 꼬집은 것이다. 싸움터에서 벌어지고 있는 실상을 낱낱이 까뒤집어 보이는 그 우직함 속에서 한줄기 직선적인 그의 우국충정을 보는 것 같다. 충정에서 끓어오르는 분노는 이렇게 조정을 향해 뿜어졌다고 하겠다.

(4) 원균(元筠)을 향(向)해

　　오후 2시쯤부터 비가 내려 농작물이 조금 소생하게 되었다. 이영남(李英男)이 다녀갔다. 원 수사가 거짓 내용으로 공문을 돌려 큰 부대를 소동시켰다. 진중에서도 이렇게 속이니 그 음흉하고 고약한 것을 이루 말할 수 없다.
(p.64, 13행~17행, 癸巳 5월 21일)

거짓공문으로 큰 부대를 소동시키고도 태연하다.

　21일　(계유) 맑음. 경상 우수사(원균)와 정 수사(걸―傑)가 한꺼번에 와서 적을 토벌할 일을 의논하는데, 원 수사의 하는 말은 극히 흉측하고 말할 수 없는 흉계다. 이러하고서도 일을 같이 한다면 뒷걱정이 없을까? 그 아우 연(埏)이 뒤미쳐 와서 군량을 얻어 가지고 갔다.
(p.86, 14행~18행, 癸巳 7월 21일)

　토적(討敵)을 빌미로 꾸미는 흉계를 보고 장수로서 나아가 인간으로서의 품위가 의심된다.

　　당포(唐浦) 만호(하종해―河宗海)가 작은 배 찾아갈 일로 왔기에 주어 보내라고 사량(蛇梁)에게 지시하였다. 가리포 영공은 점심을 나와 함께 먹고 갔다. 저녁에 경상 수사(원균)의 군관 박치공(朴致公)이 와서 적선이 물러갔다고 전하나 원 수사와 그 군관은 본시 헛소리를 잘하니 믿을 수가 없다.
(p.90, 14행~18행, 癸巳 8월 7일)

믿을 수 없을 만큼 헛소리를 잘한다.

> 28일　(경진) 맑음. 아침에 체찰사에게 가는 편지를 썼다. 경상 우수사
> (원균)와 충청 수사(정걸)와 본도 우수사(이억기)가 함께 와서 약
> 속하였다. 원 수사의 음흉하고 간흉한 것은 형편이 없다, 형편이
> 없다. 정여흥(鄭汝興)이 공문과 편지를 가지고 체찰사(體察使)에
> 게로 갔다. 순천, 광양이 보러 왔다가 곧 돌아갔다. 사도(蛇渡) 첨
> 사(김완)가 복병했을 때 잡은 포작(鮑作 : 보자기) 10명이 왜복을
> 바꿔 입고 하는 짓이 꼼꼼스럽다 하므로 자세히 추궁했더니, 어
> 떤 근거가 있는 듯한데 경상 수사가 시킨 것이라고 했다. 그래서
> 족장(足掌)을 10여 대씩 때려서 놓아주었다.
>
> (p.87, 17행～p.88, 5행, 癸巳 7월 28일)

저질(低質)이라 할만큼 인간성이 형편이 없다.

> 초8일　(무술) 맑음. 아침에 승장 수인(守仁)이 밥 지을 중 두우(杜宇)를
> 데리고 왔다. 종 한경(漢京)은 일이 있어서 보성으로 보냈다. 흥양
> 종 세충(世忠)이 녹도(鹿島)에서 망아지를 끌고 왔다. 활장이 이지
> (李智)가 돌아갔다. 이날 새벽 꿈에 사나운 범을 때려잡아서 껍질
> 을 벗겨 휘둘렀는데, 이 무슨 징조인지 알 수 없다. 조종(趙琮)이
> 이름을 연(琠)으로 고치고 보러 왔었다. 조덕수(趙德秀)도 왔었다.
> 낮에 망아지에 안장을 얹어 정상명(鄭詳溟)이 타고 갔다. 음흉한
> 원(元 : 균～均)이 편지를 보내어 조상하니 이것은 원수(元帥)의
> 명령이었다. 이경신(李敬信)이 한산(閑山)에서 와서 음흉한 원(元)
> 가의 말을 많이 하였는데, 원가가 데리고 온 서리(書吏)를 곡식 사
> 라는 구실로 육지로 보내 놓고 그 처를 사통하려고 하니 그 계집
> 이 말을 듣지 않고 밖으로 나와서 악을 쓴 일이 있었다고 한다.
> 원(元)이 온갖 계략으로 나를 모함하려 덤비니 이 역시 운수다.
> 뇌물로 실어 보내는 짐이 서울 길에 잇닿았으며, 그렇게 해서 날
> 이 갈수록 심히 나를 헐뜯으니, 그저 때를 못 만난 것만 한탄할
> 따름이다.
>
> (p.316, 12행～p.317, 5행, 丁酉 5월 8일)

원수의 명을 받고서야 마지못해 조상(弔喪)의 편지를 쓰고 부하의 처를 사통
(私通)하려 하고 서울로 뇌물을 실어 보내고 작자를 모함하려 덤빈다. 곧 부정
한 사람이 조정에 줄을 대고 작자를 모함한다고 하겠으니 출세를 위해서는 수
단과 방법을 가리지 않는다는 말이다.

　(신유) 맑음. 아침에 어사(서성)에게 사람을 보냈더니 식후에 오겠다고
했다. 늦게 우수사가 오고 어사도 와서 조용히 이야기하는데, 원 수사의 속
이고 무고(誣告)하는 짓을 많이 말했다. 참으로 해괴하다. 나중에 원(元)도
왔다. 그 흉패(兇悖)한 꼴은 이루 다 말할 수 없었다. 아침에 종사관이 들어
왔었다.

(p.170, 13행~17행, 甲午 10월 17일)

　원균이 속이고 무고(誣告)를 많이 했다는 말을 우수사와 어사에게서 들으니
흉패(凶悖)하게 보인다. 출세를 위해서는 거짓말도 흉계도 헛소리도 모함과 뇌
물도 무고도 서슴지 않을 만큼 저질이다. 말하자면 출세 때문에 인간성을 내던
지고 있다. 그래서 원균을 본 작자의 내심에는 "동사가무후려호(同事可無後慮
乎)"라는 생각이 솟은 것이다. 같이 손잡고 일해도 뒤탈이 없을까 라는 이 말에
는 동료의식이 들지 않는다는 뜻을 읽을 수 있다. 뒤탈이 염려되는 사람이기에
과연 손잡고 일할만한 장수인가 나아가 사람인가를 다지지 않을 수 없었겠다.
다시 말해서 동료로 볼 수 없다는 적극적인 태도에서 본다면 원균을 향한 작자
의 분노는 '원균이 장수인가, 그리고 사람인가'로 마무리될 것 같다.

(5) 모해(謀害)를 향(向)하여

　(계유) 밤 2시께부터 부슬비와 큰 바람이 불었는데, 비는 아침 6시께 개
었으나 바람만은 종일 크게 불어 밤새 그치지 아니했다. 회가 잘 갔는지
못 갔는지 몰라 심히 염려스러웠다. 진도 원[珍島倅 : 김만수－金萬壽]이 보
러 왔었다. 원수(元帥)의 장계로 해서 문책하는 글이 내려왔는데, 거의 장계
의 오해에 말미암은 것이었다.

(p.128, 11행~16행, 甲午 8월 28일)

오해 때문에 생긴 문책이라고 가볍게 넘기고 있다.

　(갑오) 종일 실비가 내렸다. 이경명(李景名)과 장기를 두었다. 장흥이 와
서 보았다. 그에게는 순변사(巡邊使) 이일(李鎰)의 처사가 극히 형언할 수
없고 나를 해치려고 몹시 애를 쓴다는 말을 들으니 참으로 우스웠다.

(p.184, 3행~6행, 乙未 1월 21일)

　이 일(李 鎰)이 비록 순변사(巡邊使)이지만 작자에게는 마땅치 않은 인물로 여

겨진 것 같다. 그와 같은 작자의 심정은 그의 몽사(夢事)에서 잘 나타난다.

> 25일 (기해) 흐림. 새벽 꿈에 이일(李鎰 : 순변사)과 만나 내가 많은 말을
> 하며 「이같이 국가가 위태하게 된 날을 당하여 몸에 무거운 책임
> 을 지고서도 나라의 은혜를 갚겠다고 생각은 하지 않고 배짱 좋
> 게 음란한 계집을 끼고서 관사에는 들어오지 않고 성 바깥 여염
> 집에 있으면서 남의 비웃음을 받으니 그래 어떠하며, 또 수군 각
> 고을과 포구에 배정된 병기를 육군에서 독촉하기에 바쁘니 이것
> 은 또한 무슨 까닭이냐」하니 순변사가 말이 막혀 대답을 못하는
> 것이었다. 기지개를 켜며 깨어나니 그것은 꿈이었다.
>
> >   (p.177, 3행~11행, 甲午 11월 25일)

이와 같은 위인인지라 작자는 대수롭게 여기지 않는 모습이다. 그런데 본 일
기에는 결장(缺帳)된 데가 많지만 병신년 10월 12일부터 정유년 3월 말일까지
무려 5개월 이상의 기술이 보이지 않는다. 그리고 정유년 4월 1일부터 다시 일
기는 계속되는데 첫마디가 "옥문 밖으로 나왔다"이다. 이로 보아 그의 입옥사
실(入獄事實)을 알게된다. 그러나 그가 왜 입옥하게 됐는지 또 옥에서 어떤 과정
을 겪었는지에 대해서는 일체 언급이 없다. 모해를 당할 때마다 그 내막을 한,
두 마디씩 던지던 그가 여기서는 전혀 말을 하지 않는다. 그렇게 말을 많이 아
낀 흔적이 보이는 중에서도 어쩌다 새어나온 심정의 한 두 가닥이 간간이 짚인
다. 4월 13일 어머니의 부음에 접하기 전까지의 그런 양상을 보면 다음과 같다.

> 초1일 (신유) 맑음. 옥문 밖으로 나왔다. 남문 밖 윤간(尹侃)의 종의 집에
> 이르러 봉(菶), 분(芬), 울(蔚), 사행(士行), 원경(遠卿)들과 한 방에
> 같이 앉아 오래도록 이야기하였다. 지사(知事) 윤자신(尹自新)이
> 와서 위로하고, 비변랑(備邊郎) 이순지(李純智)가 보러 왔었다. 울
> 적한 마음을 한층 이기기 어려웠다. 지사가 돌아갔다가 저녁 식
> 후에 술을 가지고 다시 왔다.
>
> >   (p.305, 4행~9행, 丁酉Ⅰ 4월 1일)

출옥한 그날이다. 모두 찾아와서 위로하건만 그의 마음은 무겁다. 울적한 마
음이라 했으니 겹겹이 쌓인 우울함이 짓누르는 느낌이다. 누군가에 의해서 꾸
며진 모사(謀事)가 있을 것이기 때문이다.

초5일　(을축) 맑음. 해가 뜨자 길을 떠나 바로 선영(先塋 : 충청남도 아산
　　　　군 염치리에 있음)에 이르렀다. 수목이 두 번이나 산화를 겪고 타
　　　　죽어 차마 볼 수가 없었다. 산소에 나아가 울며 절하고 한참 동안
　　　　일어나지 못하였다. 저녁때가 지나서 외가로 내려가 사당에 절하
　　　　고, 그 길로 조카 뇌(蕾)의 집에 이르러 선대의 사당에 울면서 절
　　　　하였다. 들으니, 남양(南陽) 아저씨가 세상을 떠났다고 한다. 저물
　　　　어 집에 이르러 장인 장모님의 신위 앞에 절하고, 바로 작은 형님
　　　　과 여필(汝弼)의 부인되는 제수의 사당에도 다녀와서 잠자리에
　　　　들었다. 심회가 좋지 않았다.

(p.307, 6행~14행, 丁酉Ⅰ 4월 3일)

　고향에 이르러 조령(祖靈)을 찾아 뵙고 그간의 사정을 아뢴다. 쌓이고 쌓인
번민을 하소연할 곳은 이 조상뿐인 듯 울면서 절하고 한참동안 일어나지 못하
고 있다. 얼마나 망극했을까 잠자리에 들어서도 마음은 편치 못하다. 아직도 응
어리가 풀리지 않았다.

초9일　 (기사) 맑음. 동네 안에서 각기 술병을 들고 와서 멀리 가는 길을
　　　　위로하므로 정리상 거절하지 못하고 몹시 취하여 헤어졌다. 홍군
　　　　우(洪君遇)는 노래부르고, 이 별좌(李別坐)도 노래를 부르는데, 나
　　　　는 노래를 들어도 마음이 즐겁지 않았다. 금부 도사는 술을 잘 마
　　　　시는데, 실수하지는 않았다.

(p.308, 2행~6행, 丁酉Ⅰ 4월 9일)

　금부도사의 감시 아래 백의종군하는 길이다. 동리사람들이 축하하는 의미에
서 술을 권하고 노래까지 부르지만 당사자는 조금도 즐겁지가 않다. 그는 명색
이 죄인의 신분이었던 것이니 옥살이에서 얻어진 무거운 마음을 더욱 억누르
는 것이었다.

11일　(신미) 맑음. 새벽에 꿈이 몹시 산란하여 이루 다 말할 수 없었다.
　　　　덕(德)이를 불러 대강 이야기하고, 또 아들 울(蔚)에게 이야기하였
　　　　다. 마음이 매우 언짢아서 취한 듯 미친 듯 마음을 걷잡을 수가
　　　　없으니 이 무슨 징조일까. 병드신 어머님을 생각하며 눈물이 흐
　　　　르는 것을 깨닫지 못하였다. 종을 보내서 어머님의 안후를 알아
　　　　오게 하였다. 금부도사는 온양(溫陽)으로 돌아갔다.

(p.308, 11행~17행, 丁酉Ⅰ 4월 11일)

어머니의 부음에 접하기 2일전의 꿈이다. 너무 어수선해서 덕(德)을 불러서
꿈 이야기를 하고 아들 울(蔚)에게도 연거푸 들려주고 있다. 마음이 매우 언짢
고 마음을 걷잡을 수가 없다는 것은 말하자면 안절부절 못하는 모습이다. 그래
서 무슨 징조인가를 궁금해한다. 이는 말하자면 출옥하면서 지녔던 무거운 마
음과는 다른 차원의 흔들리는 마음인 것 같다. 그 무거운 마음이 우울이라면
이 흔들리는 마음은 불안인 듯하다. 우울에 불안이 겹쳐지는 것이다. 엎친 데
덮친다는 격으로 일체 말이 없는 그에게 아픔은 이렇게 이어져 나간 것으로 보
인다.

> (경술) 맑음. 몸이 아직 쾌하지는 아니했다. 민망스럽다. 신 조방장(호)과
> 사도, 방답과 함께 편을 갈라 활을 쏘았는데 신의 편이 이겼다. 저녁에 원
> 수 권관 이희삼(李希參)이 유서(諭書)를 가지고 왔는데, 조형도가 무고하여
> 장계하되 「수군 1명에 하루 양식 5홉씩과 물 7홉씩을 준다」고 하였다 하니
> 세상일이란 참으로 놀랍다. 천하에 어찌 이같이 무도한 일이 있을 것인가.
> 어둘녘에 탐선이 들어왔는데 어머님이 이질에 걸렸다 하니 걱정스럽다.
> (p.204, 4행~11행, 乙未 6월 9일)

위에서 본 것처럼 그는 여러 차례 모해를 당했지만 별반 놀라는 일은 없었던
것으로 보이지만 여기서는 크게 놀라고 있다. 유서(諭書)를 받아보고서 나온 말
은 "인간사가악가악(人間事可愕可愕)" '세상일이란 참으로 놀랍다'이다. 어처구
니없다는 것이겠다. 조금이라도 근거가 있다면 몰라도 쌀과 물의 양까지 계산
하여 조작한 솜씨에 놀라고 있다. 이는 작자를 좀도둑 취급한 것으로서 나라적
정 하노라 잠 못 들어하는 그에게 걸맞지 않는 행패인 것이다. 모해를 당하는
입장에서는 진실로 분하다 못해 딱한 일이 아닐 수 없는 것이다.

이제까지 분노의 양상을 보아왔다. 즉 흉적에 대해서는 저주와 분노를, 패퇴
에 대해서는 자괴의 분노를, 조정에 대해서는 끓어오르는 충정(衷情)의 분노를,
원균에 대해서는 과연 장수인가 사람인가를 묻고 쳐대고 삿대질하는 분노를
그리고, 모해에 대해서는 딱함의 분노를 느낀 것으로 보여진다. 여기에는 두 가
지 경향이 보인다. 하나는 증오심이 넘쳐흘러 밖으로 내치는 이른바 외향성의
분노가 있다고 하겠으니 곧 흉적에 대한 분노가 이에 해당되는 것 같다 또 하

나는 팔이 안으로 굽는다는 격으로 증오심보다는 피가 통하여 안으로 품고 들어가는 이른바 내향성의 분노가 있다고 하겠으니 패퇴와 조정 나아가 모해 등을 향한 분노들이 이에 해당되는 것 같다. 그리고 원균을 향한 분노는 내외향성(內外向性)이 반반씩 섞인 것으로 보암직하다. 그런데 이들 분노 중 내향성의 분노는 외향성보다는 그 도수(度數)가 약하다고 볼 수 있는 이른바 '화'를 몹시 냈다고 보여지는 것들이라고 할 수 있겠다. 말하자면 이 분노는 저주와 자괴라는 두 얼굴을 지닌다고 할 수 있을 것으로 생각된다.

3) 한탄

마음에 맺히고 뼈 속 깊이 서리는데서 나오는 울부짖음이라고 하겠다. 불가항력으로 말미암은 일 그래서 이미 결판이 나버린 일들에 대한 안타까움이다. 1)의 「애앓이」의 경우가 끌탕을 하면서 괴로워하는 것이라면 이 「한탄」은 다시는 돌이킬 수 없고 건질 수 없는 아픈 마음의 신음소리인 것이다. 이 한탄을 자아내게 한 대상은 두 가지로 나누어지는 것 같다. 하나는 전쟁에 관한 것들로 공적인 성격을 띤 것이고 또 하나는 전쟁으로 말미암아 파생되어 작자의 마음을 아프게 한 사적인 것들이다.

(1) 공적(公的)인 것은 무수하다고 할만큼 많다. 군량·군선·병력의 부족으로 나오는 한탄, 구식장비를 보고 나오는 한탄, 전선화재(戰船火災)·격군소사(格軍燒死)에서 나오는 한탄, 수사익사(水使溺死)를 보고 나오는 한탄, 열읍(列邑)이 함락되고 장수들이 전사하는데서 나오는 한탄, 곡식창고·무기고를 태우고 후퇴한 병사를 보고서의 한탄, 현지 실정을 살피지 못하는 상관들의 무딘 안목을 보고서 나오는 한탄, 피란민의 행렬을 보고서의 한탄, 살상 방화 노략질로 인해 황폐해진 지역을 보고서의 한탄, 유랑민의 아우성소리를 듣고서의 한탄, 내도(內盜)창궐을 듣고서의 한탄 등 이루 다 들 수 없을 정도이다. 이제 몇 개의 예를 들어본다.

초3일 (병술) 새벽에 맑더니 늦게는 큰비가 왔다. 지휘선을 연기로 그슬리기 위하여 딴 배로 옮겨 탔다. 막 활을 쏘려는데, 큰비가 내리기

시작했다. 온 배에 비가 새지 않는 곳이 없어 마른 데를 골라 앉
을 수가 없으므로 한심스러웠다. 평산포(平山浦) 만호(김축－金
軸), 소비포(所非浦) 권관(이영남－李英男), 방답(防踏) 첨사(이순
신－李純信)가 함께 보러 왔었다. 저물게 순찰사(巡察使 : 권율－
權慄), 순변사(巡邊使 : 이빈－李薲), 병사(兵使 : 선거이－宣居怡),
방어사(防禦使 : 이복남－李福男)들의 답장이 왔는데, 딱한 사정이
많았다. 각 도의 군사가 많아야 5천 명이 넘지 못하고, 또 양식도
거의 떨어져 간다고 했다. 적도들의 발악이 날로 더해가는데, 일
은 모두 이렇게 되니 어찌하랴, 어찌하랴. 밤이 들기 전에 지휘선
으로 돌아와서 침방으로 들어갔다. 비가 밤새도록 왔다.
(p.70, 16행～p.71, 5행, 癸巳 6월 3일)

막사의 부실·군량의 부족·병사의 부족 등이 보인다. 전쟁수행이 불가능할
정도의 악조건이다. 지휘관으로서는 손발이 묶이는 것과 같으니 탄식하지 않을
수 없다.

(경인) 비가 걷히는 듯했다. 면(葂)과 허주와 박인영들이 돌아갔다. 이날 군
량을 계산하여 딱지를 붙였다. 충청 우후(원유남－元裕男)가 보고하되, 「수
사 이계훈이 불을 내고 물에 빠져 죽었으며, 군관과 격군(格軍) 모두 140여
명이 불에 타 죽었다」하니 참으로 놀랄 일이었다.
(p.190, 14행～18행, 乙未 3월 17일)

전선(戰船)의 발화·신임수사의 익사·140여 격군(格軍)의 소사(燒死) 등은 상
식 밖의 일이다. 이는 온 배가 타서 갈아 앉았었음을 말하는 것으로서 전투에
의한 손상도 아닌 것으로 보아 참으로 놀랄 일이 아닐 수 없다. 구제할 길 없는
끔찍한 일이다.

19일　(신축) 맑음. 아침에 좌수영(여수읍) 앞바다로 옮겨 정박하니 눈에
보이는 것이 참담했다. 자정에 달을 타고 하개도(何介島)에 옮겨
대었다가 날새기 전에 행군했다.
(p.396, 11행～13행, 戊戌 9월 19일)

바다에 정박하여 좌수영(左水營)을 조망(眺望)하고서 나온 말이 참연(慘然)이
다. 이것저것 들 것 없이 싹 쓸어버린 것이겠다. 그 처참한 모습에 말문이 막히

고 오로지 참혹하구나 라는 한 마디를 남겼을 뿐이다. 보이는 것이라고는 아무 것도 없고 처참이라는 소리만 나온 것이겠다.

이것으로 보아 준비없는 전쟁이었음을 알게 되고, 훈련되지 않은 생병(生兵)들을 데리고 싸워야했던 고된 전쟁이었음도 알게 되고, 그러므로 해서 많이 맞고 당하고 쓰러지고 그러면 또 일어나서 싸울 수밖에 없는 힘에 겨운 전쟁이었던 것임을 알게 한다. 이 준비 없는 전쟁이라는 말은 모든 것이 부족하고 미흡하고 익숙지 않으며 나아가 체계도 잡히지 않은데서 맞은 강요된 전쟁이라는 것이겠다. 왜병의 침략을 예견하지 못했던 것 다시 말해서 그런 침략을 꿰뚫어 볼 수 있는 안목을 지니지 못한데서 당한 전쟁이라고 하겠다. 따라서 어려운 고비마다 터져 나온 많은 탄식들은 말하자면 불의(不意)에 닥친 전쟁 곧 허(虛)를 찔린 데서 나온 황당한 한(恨)이라고 보아 무방할 것 같다. 곧 순간적으로 터져 나오는 한탄이다.

(2) 사적(私的)인 이유로 나타난 한탄은 그리 많은 것 같지는 않다. 이는 조용히 안으로 삭힌 때문이 아닌가 한다. 말하자면 노모에 대한 근심걱정은 어느 한때도 잊은 적이 없다. 어머니를 그리워하는 기술이 무려 60여 차례나 나타나는 것으로 보아서도 알 수 있는 일이다. 어머니를 모시지 못하고 가족을 돌보지 못하는 것을 몹시 아쉬워하는 기색은 역력히 나타나 보이지만 그로 인해서 한이 맺히는 데까지는 이르지 않았던 것으로 보여진다. 그러나 노모가 피란길에서 타계하게 됨에 따라 그 쌓였던 아쉬움이 끝내 한으로 맺혀지게 된 것 같으며 그 위에 백의종군하게 되어 그 영연을 모시게 못하게 되므로써 한층 더 통한으로 이어지게 된 것이라고 하겠다.

> 16일 (병자) 궂은 비. 배를 끌어 중방포(中方浦)에 옮겨 대어, 영구를 상여에 싣고 집으로 돌아왔다. 마을을 바라보며 찢어지는 아픔이야 어떻게 다 말하랴. 집에 이르러 빈소를 차렸다. 비가 억수같이 쏟아지고, 나는 맥이 다 빠진데다가 남쪽 길이 또한 급박하니 부르짖으며 울었다. 다만 어서 죽기를 기다릴 따름이다. 천안(天安)이 돌아갔다.
>
> (p.309, 21행~p.310, 3행, 丁酉Ⅰ 4월 16일)

19일   (기묘) 맑음. 일찍 길을 떠나며, 어머님 영 앞에 하직을 고하고
        울며 부르짖었다. 어찌하랴. 어찌하랴. 천지간에 나 같은 사정이
        또 어디 있을 것이랴. 어서 죽는 것만 같지 못하구나. 뇌(蕾)의 집
        에 이르러 선조의 사당에 하직을 아뢰고 그 길로 금곡(金谷 · 충청
        남도 연기군 광덕면 대덕리) 강 선전(姜宣傳)의 집 앞에 이르러 강
        정(姜晶), 강영수(姜永壽)씨를 만나 말에서 내려 곡하고, 다시 그
        길로 보산원(寶山院 : 광덕면 보보리)에 이르니 천안 군수가 먼저
        와 말에서 내려 냇가에서 쉬고 있으며, 임천(林川) 군수 한술(韓
        述)이 중시(重試) 보러 서울 가는 길에 앞길을 지나다가 내가 있다
        는 말을 듣고 들어와서 조문하고 갔다. 회(薈), 면(葂), 울, 해, 분,
        완과 주부(主簿) 변존서들이 함께 천안까지 따라왔다. 원인남(元
        仁男)도 보러 왔기에 작별한 뒤 말에 올랐다. 일신역(日新驛 : 공주
        군 장기면 신관리)에 이르러 잤다. 저녁에 비가 뿌렸다.
                    (p.310, 10행~p.311, 4행, 丁酉 I 4월 19일)

초5일   (을미) 맑음. 새벽 꿈이 매우 어지러웠다. 아침에 부사가 보러 왔
        었다. 늦게 충청 우후 원유남(元裕男)이 한산(閑山)에서 와서 원
        공(균)의 못된 짓을 많이 전하고, 또 진중의 장졸들이 모두 다 배
        반하므로 앞으로 일이 어찌될지 알 수 없으리라고 하였다. 이 날
        은 단오절인데, 천 리 밖에 멀리 종군하여 어머님 영연을 멀리 떠
        나 장례도 못 모시니 무슨 죄로 이런 갚음을 당하는고. 나와 같은
        사정은 고금을 통하여 짝이 없을 것이니 가슴이 찢어지는 듯 아
        프다. 다만 때를 못 만난 것을 한탄할 따름이다.
                    (p.314, 21행~p.315, 5행, 丁酉 I 5월 5일)

    한이 맺히는 과정이 짚이는 것 같다. 4월 16일에는 "다만 어서 죽기만을 기다
릴 따름이다"에서는 그 살아가는데 지친 모습을 나타내는 것 같다. 다음은 "어
서 죽는 것만 같지 못하구나"에서는 자포자기를 드러낸 양상이라고 하겠다. 그
리고 5월 5일에는 "다만 때를 못만난 것을 한탄할 따름이다"로서 팔자소관 곧
불가항력의 운명으로 받아들이는 것 같다. 조금은 냉정해진 것 같다. 이제는 지
울 수도 없고 바꿀 수도 없고 대신할 수도 없는 하나의 멍에 곧 자국으로 남는
것이겠다.

    저녁에 어떤 사람이 천안(天安)서 와서 집안 편지를 전하는데, 봉함을 뜯
기도 전에 뼈와 살이 먼저 떨리고 정신이 혼란해졌디. 곁봉을 내상 뜯고

열(悅 : 둘째 아들)의 글씨를 보니 거죽에 「통곡」 두 자가 씌어 있어 면(勉)
의 전사를 알고 간담이 떨어져 목놓아 통곡하였다. 하늘이 어찌 이다지도
인자하지 못하시는고. 간담이 타고 찢어지는 것 같다. 내가 죽고 네가 사는
것이 이치에 마땅한데, 네가 죽고 내가 살았으니 이런 어긋한 일이 어디 있
을 것이냐. 천지가 깜깜하고 해조차도 빛이 변했구나. 슬프다 내 아들아. 나
를 버리고 어디로 갔느냐. 남달리 영특하기로 하늘이 이 세상에 머물러 두
지 않는 것이냐. 내가 지은 죄 때문에 앙화가 네 몸에 미친 것이냐. 내 이제
세상에 살아 있은들 누구에게 의지할 것이냐. 너를 따라 같이 죽어 지하에
서 같이 지내고 같이 울고 싶건만은 네 형, 네 누이, 네 어머니가 의지할
곳이 없으므로 아직은 참고 연명이야 한다만은 마음은 죽고 형상만 남아
있어 울부짖을 따름이다. 하룻밤 지내기가 1년 같구나. 9시께 비가 내렸다.
(p.377, 10행~p.378, 2행, 丁酉Ⅱ 10월 14일)

막내아들의 전사통지를 받고 애절해하는 모습이다. 비록 전사이지만 앞서감
으로써 아비의 가슴에 못을 박는다. 살맛을 앗아가는 아픔이라고 하겠으니 어
머니의 상을 당한지 반년만에 일로 그의 한은 겹으로 쌓여갔다 하겠다.

이로 보아서 사적(私的)인 한은 쌓이고 쌓여서 인(印)쳐지고 자국으로 남는 한
이라고 할 수 있겠다. 공적(公的)으로는 터져 나오는 한탄이고 사적으로는 맺혀
지는 한탄이라는 것은 안팎으로 시달려 지치고 떨리고 사무쳐 영원히 사그라
들지 않는 앙금진 한탄이라고 볼 수 있겠다. 다시 말해서 애잃이는 서럽고 안쓰
럽고 쓰렸다. 분노는 저주와 자괴와 분통을 지니고 있었으며 한탄은 지치고 떨
리고 사무쳐 앙금이 져 있었다. 서럽고 안쓰럽고 쓰린 애잃이, 저주와 분통과
자괴가 뒤섞인 분노, 그리고 떨리고 지치고 사무친 한이 본 일기에서 짚인 주된
심정의 줄기가 아닐까 한다. 즉 서럽고 안쓰러우며 쓰리고 그리고 저주와 분통
과 자괴 나아가 떨리고 지치고 원망스러움이 그 구체상이 될 것 같다.

이제까지 흐르는 심정의 면모를 보았다. 본 일기가 거의 사무적인 일기인데
도 불구하고 이와 같은 정서상을 파악할 수 있었던 것은 전술한 바와 같이 일
일(日日), 월월(月月), 년년(年年)이 합쳐지고 연결되는데서 다시 말해 행간에 비
쳐지고 소리처럼 울려난 진솔함을 이어낸 데서 가능했던 것이다. 이것으로 보
아서 본 일기에 흐르는 심정의 성향은 우울하고 처절하며 매몰찬 데가 있어 보
인다. 긴장을 풀 수 없는 기술이라 하겠으니 죽기까지 싸웠고 싸우다 죽은 기록
이다. 그래서 이 일기에는 작자의 나라사랑의 정념(情念)이 생동하여 있고 곁들

여 가족사랑의 정도 따스하다. 그리고 주목되는 것은 적을 대파하고 승전하는 경우가 상당히 빈번하였는데도 불구하고 쾌재를 부르거나 자만하는 기술은 전혀 볼 수가 없다. 정확을 기하는 전과가 간결하게 처리되었을 뿐이다. 이런 면에서 볼 때는 작자의 상도 그 윤곽이 드러날 수 있을 것 같다.

이제까지 보아온 심정은 여건에 따라 변했다기보다는 점철(點綴)되고 총생적(叢生的)인 위상이 작자의 진솔한 인간성의 발로가 시·공(時·空)을 넘어서는 확산력을 지니고 있었기에 진지한 분위기와 엄숙한 장막을 형성하기에 이른 것으로 보여진다.

14. 행적(行跡)

임진(壬辰)년 초에는 어머니에게 세배를 못드려 송구한 마음 그지 없었지만 부하들에게서는 설 선물도 받고 유정승이 보내준 전술서(戰術書)에 마음이 끌리기도 한다. 봄철이 되어 피라미도 잡고 꽃구경도 하며 망중한을 즐긴다. 거북선에 돛배를 만들며 시포(試砲)에 들어가 지자(地字) 현자포(玄字砲)를 쏘아본다.

4월 15일 영남 우수사 원균에게서 왜선 90척이 절영도(絶影島) 앞바다에 출현했다는 통첩을 받으니 곧 임진왜란의 발발이다. 곧 이어서 해전이 벌어졌다.

5월 29일에 적선 13척·6월 2일에 20척·6월 5일에 30척을 섬멸하여 적선이 바다에서 자취를 감춘다. 계사(癸巳)년에 들어서 2월 18일에 10척·2월 22일에도 무수한 적을 도륙한다. 그러나 육군은 연패하여 한양이 19일만에 함락하여 임금이 몽진하게 되고 그 비참한 피란소식에 작자는 눈물짓는다. 갑오(甲午)년에는 적을 치지 말라는 명군(明軍)의 도사부패문(都司府牌文)을 받으나 곧 왜의 술수가 작동되고 있음을 간파한다. 원군(援軍)으로 온 명장(明將) 이여송(李如松)은 큰 성과 없이 중간에 돌아간다. 을미(乙未)·병신(丙申)년은 전투가 소강상태에 들었으므로 작자는 둔전 경영·무기 손질·조선(造船) 독려·장병 훈련 등 계속하여 전쟁대비를 한다. 병신(丙申) 10월 7일 어머니를 본영(本營)으로 모셔 수연(壽宴)을 베풀어 잠시나마 작은 즐거움을 맛보았으니 이것이 어머니와의 마지막 대면이 되었다. 정유(丁酉) 4월 1일 출옥하여 납행(南行) 길에 오른다. 고향에 이르자 13일 어머니의 타계를 본다. 그러나 영연(灵筵)을 모시지 못하고 백의(白衣)로 종군(從軍)한다. 7월 16일 칠천량(漆川梁) 전투에서 우리 수군은 큰 타격을 입고 통제사였던 원균도 전사한다. 재침(再侵)한 적군을 어란(於蘭) 앞바다에서 8척·9월 7일 다시 12척·16일 우수영에서 31척을 격침시킨다. 10월 1일에는 아산 집이 왜의 육군에 의해서 불타버린다. 10월 14일에는 면(葂)의 전사소식에 접하고 비통해 한다. 무술(戊戌)년 9월에는 명(明)의 수륙군(水陸軍)이 도착함으로써 합동작전에 들어간다. 크게 기세를 올리고 적군을 몰아내는데 앞장선다. 그리고 명수군(明水軍)의 진도독(陳都督)과 적의 퇴로를 끊기 위해 노량(露梁)에서 접전 중에 적의 유탄에 맞아 쓰러지니 11월 18일이다. 그는 이렇게 싸우고 싸우다가 아낌없이 몸을 불살랐다.

15. 성격(性格)

본 일기의 성격이 다음과 같은 점에서 확실해진다고 하겠다.

1) 차서성(次序性)

앞의 구성항에서 일차적인 구성을 짚은 바 있다. 하루하루의 일을 날짜의 차례를 따라 기술했다는 것이다. 여기에는 월차(越次)도 없고 회차(回次)도 있을 수 없다. 물론 회상이 간혹 나타나기는 하지만 이는 오늘을 정리하기 위한 단순한 회억(回憶)이다. 시간의 흐름에 따라서 일어난 일들을 그대로 적는다는 것은 바로 일기일 수밖에 없는 구조성이기도 하다. 그래서 이 일차성(日次性)은 본 일기의 주된 성격이기도 하다.

2) 당일성(當日性)과 즉실성(卽實性)

일기의 기술에서 생동감이 발랄하게 느껴진다고 하면 이는 현지에서 겪은 실감이 아직 생생할 때 놓치지 않고 여실히 묘사했기 때문이라고 보아도 좋을 것 같다. 이제 그와 같은 경우를 다음 전투상에서 보기로 한다.

22일 (정미) 새벽에 구름이 끼더니 동풍이 크게 불었다. 그러나 적을 치는 일이 급하므로 출발하여 사화랑(沙火郞 : 창원군 웅천면)에 이르러 바람 멎기를 기다렸다. 바람이 조금 자는 듯하므로 다시 재촉하여 웅천에 이르러 두 승장(僧將 : 삼혜ー三惠와 의능ー義能)과 성 의병(成義兵 : 성응지ー成應祉)을 제포(薺浦)로 보내어 곧 상륙할 것처럼 하고 우도(右道) 여러 장수의 배 중에서 변변하지 못한 것을 골라 동쪽으로 보내어 역시 상륙할 것처럼 꾸미게 했더니, 왜적들이 갈팡질팡하는 것이었다. 이때를 틈타서 전선을 합하여 바로 찌르니 적들은 세력이 나뉘고 약해져서 거의 섬멸을 당하게 되었는데, 발포(鉢浦) 2호선과 가리포(加里浦) 2호선이 명령도 안했는데 제멋대로 돌입하였다가 그만 얕은 곳에 걸려서 적들에게 습격을 당하게 된 것은 통분하여 가슴이 찢어질 것만 같다. 얼마 뒤에 진도 지휘선이 또 적에게 포위되어 하마터면 구할 수 없게 되었는데, 우후가 바로 들어가 구원해 냈다. 경상도의 좌위장(左衛將)과 우부장(右部將)은 보고도 못 본 체하며 끝내 돌아서서 구원해 내지 않았으니, 그 괘씸함은 말할 수 없다. 참으로 통분 통분했다. 이 때문에 경상도 수사에게 질문도 하였거니와 한심한 일이었다. 오늘의 통분한 것을 무슨 말로 다하랴. 모두 경상도 수사(원균) 때문이다. 돛을 달고 소진포(蘇秦浦)로 돌아와 잤다. 아산에서 뇌(蕾)와 분(芬)의 편지가 웅천 진중으로 왔다. 어머님의 편지도 왔다.

(p.50, 8행~p.51, 6행)

이것은 1593년 2월 22일에 있었던 웅천해전(熊川海戰)의 기록이다. 간략하기 그지없으나 여기에는 작전의 구체성과 실전의 접전상과 약간의 곡절이 나와있다. "이때를 틈타서 …… 통분하여 가슴이 찢어질 것만 같다"에서 아직도 가슴이 찢어질 것 같은 통분이 남아있는 데서 그 즉시성(卽時性)이 짙고 "제멋대로 돌입했다가 얕은 곳에 걸려서"에서는 그의 즉실성이 보인다고 하겠다. "오늘의 통분한 것을 무슨 말로 다하랴"는 그날의 감정을 마무리하는 것으로서 사실 그대로를 묵히지 않고 즉시 정리한 차분한 감정처리이다. 이런 것이 바로 일기를 일기답게 하는 속성이 아닐까 한다. 이상에서 곧 감정에 맥없이 빠져들지 않고 한걸음 물러서서 사태를 면밀히 파악하며 분노를 삭혀들어가는 이성적인 집필자세를 본다.

3) 문체(文体)의 제1인칭성(第一人稱性)

군무일기이기 때문에 얼핏 공일기(公日記)처럼 보이고 즉실성이 짙기 때문에 객관적인 서술이라고 할 수 있다. 그러나 이와 같은 추세 속에서도 처처(處處) 에서 그의 진한 감정의 분출을 보게 된다.

> 초4일   (기미) 비로소 비가 개었다. 우수사 이 영공(억기)이 와서 종일
> 이야기하였다. 원 영공(균)도 왔다. 순천의 병이 대단하다고 한다.
> 들으니 명나라 장수 이여송(李如松)이 함경도로 들어간 적이 설한
> 령(雪寒嶺)을 넘어섰다는 말을 듣고 개성까지 이르렀다가 도로 평
> 안도로 돌아갔다고 한다. 통분하고 민망함을 이길 길 없었다.
>
> (p.54, 4행~9행)

이것은 명장(明將) 이여송(李如松)이 송도까지 왔다가 평안도로 되돌아간 소 식에 접하고 통분하는 모습이다. 또한 바로 전항에서 작자가 어머니와 막내아 들의 죽음을 맞고 목메어 통곡한 것을 보았다. 전자는 공분(公憤)이며 후자는 사정(私情)이라 할 것이나 이처럼 본 일기에는 그의 심정이 음양으로 작동되고 있음을 보여주는 것이다. 따라서 이와 같은 문장에 「나」라는 호칭이 나타나 있 지 않다 해서 그 주관의 표출을 부정할 수는 없을 것이다. 그런데 후반으로 갈 수록 그 빈도가 높아지는 경향이지만 「나」라는 1인칭이 74차에 걸쳐 사용되고 있음을 보게 된다.

4) 기록성(記錄性)과 자조성(自照性)

작자는 기술에 전념하고 있지만 파생되는 정서를 어쩌지 못한다.

> 17일   (정미) 맑음. 남원 탐후인이 와서 전하되, 「원수(元帥)가 운봉(雲蜂)
> 길로 가지 않고, 양 총병(楊摠兵 : 원－元) 영접하는 일로 전주로
> 달려갔다」고 한다. 내 걸음이 낭패라 민망하다.
>
> (p.319, 21행~23행)

짧은 기사이지만 「나」의 출현과 더불어 민망하다는 감정이 뒤따르고 있다. 이는 그의 주관의 표출이다. 「나」라는 1인칭의 기사(記寫)여부와는 상관없이 정

서를 다루는 붓끝은 정도의 차이는 있을 망정 언제나 파동치게 마련이다. 본 일기에 나타난 작자의 감정은 희열보다는 비분 쪽이 훨씬 강하다. 바로 앞에서 든 명군(明軍)의 진퇴에서는 분노를 보였고, 어머니와 아들의 죽음에서는 한을 머금었다. 그러나 이와 같은 정황(情況)은 한때일 뿐 오래가지 못한다. 전장이기 때문에 생사가 걸린 냉엄한 현실이 전개되고 있다. 따라서 분노를 삭혀 들어가는 이성적인 표출에서는 엄정한 사실이 객관성을 띤 채 나타날 것이지만 반면에 파동치는 붓끝에서는 무너지는 정감이 생기를 띠고 나타날 것이다. 전자는 소담한 사실의 세계일 것이나 후자는 발랄한 작물(作物)로 나타날 것이다. 이 숨쉬는 작물은 도도(滔滔)한 현실의 세계가 있으므로 해서 더욱 빛날 것이다. 일차성·당일성·즉실성 등은 일기로서의 엄연한 기록의 세계이지만 1인칭 문체 등은 일기로서의 뚜렷한 자조의 영역이라고 볼 수 있다 하겠다. 곧 본 일기는 삭막할 정도로 기록으로 채워져 있지만 또한 간간이 줄기찬 생명의 맥박을 접하게 된다는 것이다. 상호보완의 관계는 아니라 해도 기록성과 자조성은 자연스럽게 공존하고 있다 하겠다. 기록성이 짙어지면 짙어질수록 그대로 일기로 남을 것이고 자조성이 우세하면 일기문학으로 자리잡을 것이다. 본 일기에서는 사실을 기술하면서 도출되는 정서를 생생하게 맛보았다고 하겠다.

16. 결

눈부시게 돌아가는 하루하루가 잡연(雜然)히 기술된 일기이다. 사람과 서신의 왕래·전투·조련(操練)·연락·작전회의·무기손질·조선(造船)·둔전(屯田)·정보교환과 그에 따르는 부대사(附帶事) 등 실로 다양한 살림살이다. 밀고 당기고 치고 당하는 전투에서 작자는 목불인견의 처참한 상황을 겪어야 했을 뿐 아니라 또한 바닥을 헤매는 인생·속악(俗惡)한 몰골·차라리 짐승이었어야 할 두상들을 곁에다 두고 보아야만 했다. 그래서 그는 고민하고 슬퍼하고 놀라며 앓아 눕게도 됐다. 그러나 이러한 역정에서도 그의 내계(內界)가 노정(露呈)되어 나오는 표출은 그리 흔하지 않다. 그는 일체 명랑 쾌활이나 찬양 같은 것보다는 걱정이나 분노, 한으로 매듭을 짓는 때가 많았다. 그리고 스스로 자신을 때를 만나지 못한 사람으로 파악한다.

그런데 여기에는 작자의 체취와 사랑과 정성이 배이고 그의 사고와 이념이 행간에 넘쳐날 뿐 아니라 인품까지도 짚인다. 그의 충·의·신(忠·義·信)에서는 군인의 진면목이 보이고 효·애(孝·愛)에서는 그의 짙은 인간미가 배어난다. 작자의 두 가지 측면이 고스란히 드러나는 해전일기(海戰日記)이다. 구비구비 전황이 손에 잡힐 듯 작자의 거구가 다가서는 것은 그의 진솔한 붓끝에 서린 기록정신과 인간미 때문일 것 같다. 기록성과 자조성이 공존하는 일기이지만 내용을 담은 그릇은 의연히 단위별로는 1회성 표상인 단상이 일기문으로서는 단첩상(斷疊相) 속에 7년간의 명암을 실어냈다. 그리고 상황변화에 따라 그의 마음이 때로는 폭발하여 원균을 치지도외시(置之度外視)하게도 되고 조정비판에까지 이르기도 했으나 그런 중에서도 일관된 그의 항심은 임금 곧 나라에 대한 충성이었다.

그는 전투상을 기록하면서 군인으로서의 책무와 가장으로서의 도리를 다하는데 있어서는 설사 불가항력이라 해도 이에 저항하기도 하고 사회의 부조리를 통감하면서 무상을 탓하고 불운을 서러워하였다. 끝내 그의 몸을 부스러뜨려 나라를 지켜냈으니 이제 그 의기는 살아 백성들의 마음 속에 가득하다. 사실을 기술하면서 그는 험하고 거친 정서를 체험하며 서글퍼진 자아를 무의식중에 드러내 보인다. 이는 결과적으로 기록에서 진실이 삼출된 결과였다고 하겠다. 여기에서 특기할 사항을 보면 다음과 같다.

(1) 정서의 도출상을 보았다는 것

(2) 소품과 창작시의 등장으로 일기문학의 가능성을 보았다는 것.
    따라서 소품체와 노래체는 일기문학의 한 서술체가 될 수 있다는 것

(3) 시간성을 초월하므로써 비로소 나타나는 문학세계가 있고 심정의 흐름도 확실히 짚인다는 것
    즉 시·공을 초월하는 정서의 세계를 보았다는 것이다.

Ⅲ. 靑白日記

1. 解說
2. 作者
3. 動機
4. 構成과 形態
5. 敍述樣相
6. 內容
  1) 범분(犯分)의 지적(指摘)
  2) 권력의 횡포상(橫暴相) 조명(照明)
7. 記錄精神
8. 人間觀
  1) 소인배들의 행태
  2) 정론주창자들의 행태와 성격의 특징
9. 性格
  1) 당일성(當日性)과 즉실성(卽實性)
  2) 문체(文體)의 1인칭성(人稱性)
  3) 일차성(日次性)
10. 結

1. 해설

서명(書名) 아래 「서정무간사(書丁戊間事)」라 되어 있는 것을 보아 인목대비(仁穆大妃)의 소위 폐모론(廢母論)에 초점을 맞춘 것으로 보여진다. 전체적으로는 1602년 인목대비의 책립(冊立)으로부터 1618년 서궁(西宮)에 유폐되기까지 근 17년간에 걸친 차서적(次序的)인 기술로서 주로 광해군의 실정에 얹혀서 다루어졌다. 년수로는 17년간이지만 정사년(丁巳年·1617), 무오년(戊午年·1618)에 일어난 일 곧 폐비의 과정에 비중이 주어졌으며 특히 폐비론에서 폐출론(廢黜論)으로 낙착되기까지의 실상이 구체적으로 잡혀있다. 그 주동인물들의 범상(犯上)·범륜(犯倫)하는 논리가 돋보이고 그리고 이에 부화뇌동하는 부유(腐儒)들과는 반대로 효도를 주장하다 사지로 밀려나는 노재상(老宰相)들과 정론(正論)을 강조하다가 적소(謫所)로 쫓겨가는 선비들의 모습도 보인다. 또한 폐모사에 대해 전혀 언급이 없는 「계축일기」의 작자인 내인(內人)들에게는 광해군의 재위시(在位時)의 기술이라고 생각되는 본 일기의 소재를 알기가 어려웠던 것으로 보여진다. 서궁 안에 갇혀있던 내인들로서는 당연한 일이기도 하지만 이 일기 자체가 공일기(公日記)가 아닌 사일기(私日記)임을 나타내는 것이기도 하다. 여기서는 한가지 일에 초점을 맞춘 일기의 양상에 관심을 두었다. 텍스트는 「고전국역총서대동야승ⅩⅣ」(민족문화추진회간행)를 택했다.

2. 작자

작자 신익성(作者 申翊聖)은 신흠(申欽)의 아들로 호(號)는 청백당(靑白堂)이다. 선조의 딸 정숙옹주(貞淑翁主)의 남편으로서 광해군 때는 폐모론에 반대하여 칭병하고 두문불출하여 폐모론자들에 의해 십사(十邪)로 논핵(論劾)되었다. 또한 병자호란 때는 강력한 척화파(斥和派)이기도 했다.

3. 동기

일기에는 서·결(序·結)이란 것은 보기 어려운 것이다. 다만 처음 쓰는 기분과 마감하는 마음이 나타날 수는 있겠다. 본 일기의 수미(首尾)에는 그와 같은 심영(心影)이 엷게 짚이는 것 같다.

> 부자간에 왕통을 전한 것이 지극히 순하고 바른데, 부귀를 넘겨다보는 소인들이 말을 만들어내고 선동하여 왕후(王后) 광해비 유씨(光海妃 柳氏)의 오라비 유희분(柳希奮)을 업고 영창대군이 왕위를 침핍한다는 참언으로 상의 마음을 고혹(蠱惑)시켰다.
>
> (p.638, 6행~9행)

왕위계승이 지극히 순정(順正)했는데 부귀를 탐하는 소인배들의 물욕 때문에 평지풍파를 일으켜 많은 인명을 살상하고 패륜을 일삼았으며 또한 상(上)을 미혹(迷惑)에 빠지게 했다는 것이다. 이것이 계축옥사(癸丑獄事)와 폐모사를 보는 작자의 눈이고 이 일기를 쓰는 심정인 것으로 보여진다. 광해군보다는 이 소인배들에게 무거운 책임이 있다는 견해인 것으로 보여진다.

> 한효순은 일을 당할 때마다 반드시, '김우윤(金右尹 : 김개)은 무엇이라 하더냐?' 하고 물으니, 김 개 또한 조정을 능멸히 여기어 모든 경대부 보기를 초개와 같이 했다. 이때 패역(悖逆)한 선비들이 여기저기서 뛰쳐나와 혹은 즉각 폐출하기를, 혹은 종묘에 수죄(數罪)하고 죽이기를, 혹은 외지에 출송하여 임의로 출입하게 하기를, 혹은 시조(市朝)에서 베이기를, 혹은 중국에 상주(上奏)하기를 각각 청했으니, 이는 모두 허 균이 이이첨의 지시를 받고 횡설수설하며 조의(朝儀)를 현란케 했던 것이다. 중국에 상주하자는 것은 이이첨이 주장했고, 즉각 폐출을 하자는 것은 허 균이 주장했으나, 처음에는 모두가 이이첨에게서 나왔다. 그러나 끝내는 '중국에 상주하자' '중국에 상주하지 말자'라는 각자의 주장으로 드디어 두 갈래의 논의를 이루었으니, 이는 대개 이이첨이 기사(機詐)에 능숙하여 속으로는 폐출한다는 말로써 상에게 아첨하고, 밖으로는 상주하여 폐출한다는 의논을 견지하여 형세를 쥐고 있었다. 이는 만일 중국에 상주하여 폐출한다면 일이 쉽게 끝나지 않을 것이요, 일이 쉽게 끝나지 않으면 대론(大論)은 결말이 날 때가 없을 것이므로 안으로 상의 총애를 굳히고 밖으로 위력을 세우려는 계책이

었다. 그러나 허 균과 김 개는 이욕에 급급하여 즉각 폐출을 주장하여 이첨
을 이기려 했다. 이이첨 또한 묘계로 이를 막았다. 이는 허 균과 이이첨이
그 도는 서로 같으면서 그 의논이 달랐던 점이다.

(p.646, 9행~26행)

이것은 본 일기의 말미이다. 새로운 사실의 기록이라기보다는 이미 지나온
일을 더 자세히 말하고 특정한 경우를 밝히는 이른바 보충하는 느낌을 주는 기
술로 보인다. 여기에는 가장 주동적인 역할을 한 인물을 끄집어내서 그 조종상
(操縱相)과 그에 놀아난 부동상(附同相)을 드러내고 있다. 그리고 허균과 이이첨
(李爾瞻) 양인(兩人)의 기사성(機詐性)의 능숙여부(能熟與否)까지도 짚어냈다. 본
일기를 마감하는 대목이 이렇게 맑지 못하고 신선하지 않고 무겁기 그지없다.
   서두에서는 탐욕 때문에 평지풍파를 일으킨 소인배들이 짚어졌고 말미에서
는 기사(機詐)에 찬 이이첨과 허균 등의 구체상이 드러나고 있다. 말하자면 소
인배들의 정체가 부각되어 나온 것이다. 이것은 곧 이들을 경멸하는 마음과 정
론을 주장하는 의인들의 목소리가 지극히 미약함을 한탄하는 마음 등이 작동
해서 초래된 결과라고 생각된다. 이와 같은 무도한 처사에 그대로 승복될 수
없었던 작자는 끝내 이 사실만을 따로 기록하게 된 것은 아니었을까. 그와 같은
소신에서 그의 소회(所懷)의 일단이 담긴 기록을 남긴 것으로 보여진다. 광해군
재위시의 기록인 것으로 보아서 그의 투철한 기록정신은 지극히 주목되는 바
라 하겠다.

4. 구성과 형태

   작자는 이 글을 서사에 의하여 시간의 흐름에 따라 연도별로 묶었다. 따라서
날마다 쓴 일기보다는 소략(疎略)한 감이 없지 않다. 사건발생의 시간적 순서가
서사의 순서와 일치하며 집필의도에 따라 사실을 충실히 기술했을 뿐 새로운
질서화는 보이지 않는다. 이 구조를 지배하는 것은 그래서 역사적 사건이며 시
간의 흐름에 따른 것일 뿐 유별한 것은 아니라고 생각된다. 말하자면 역사적
사건이 작자의 의도에 종속되어서 구조화된 것이 아니고 연대순으로 곧 일차

적(日次的) 구성으로 되어 있다. 1602년의 기사로부터 시작하여 1613년의 기사, 그리고 다시 2년을 거쳐서 1616, 1617, 1618년으로 이어진다. 1602년에서는 11년간의 기록이 1613년에서는 2년간의 기록이 함축되어 있는 것이다. 그런데 비록 수년간의 사실이지만 이를 일기를 쓰는 기분에서 마무리했을 것으로 보여진다. 따라서 굳이 형태를 말한다면 내용적으로 서로 맥이 닿아있지 않은 1회성 표상(一回性 表象)인 단상(斷相)의 되놓임 곧 단첩상(斷疊相)으로 봄직하다. 그리고 인과성(因果性) 등으로 맺어진 창작은 아니다. 이와 같이 기록성이 두드러지는 표현이기는 해도 간간이 작중서술인(作中敍述人)과 작자가 일치하기도 하고 개인적인 정서를 억제하지 않는 경우도 있기 때문에 독자는 작자가 제시하는 사건을 상상하며 스스로 인지하고 정서를 체험하게도 된다.

> "국구(國舅) 김제남(金悌男)이 영창대군을 옹립하려고 반역을 꾀합니다"
> 하고, 당시 문무 인사들을 또한 많이 끌어넣어 모함하였다. 이러므로 김제
> 남은 물론 그의 자손들까지도 모두 하옥되었으며, 정협(鄭俠) 또한 이이첨
> 의 사주를 받고 함부로 불어대어 경대부(卿大夫)들이 모조리 체포되어 혹
> 은 귀양, 혹은 출송(黜送)으로 조정은 거의 비게 되었다. 이래서 이이첨은
> 권력이 날이 갈수록 커져서 당을 심어 스스로 굳히니, 그의 입김은 곧 서리
> 가 되고 이슬이 되었다. 그리하여 점점 권병(權柄)을 앗고 명분을 범하기에
> 꺼리는 것이 없었으니, 옥사가 만연되어 끝내는 저주(咀呪)의 옥사까지 전
> 개되었다.
>
> (p.639, 9행~16행)

여기의 "……그의 입김은……꺼리는 것이 없었으니……"의 대목은 작중서술인의 말로서 이는 곧 작자의 말인 것이다. 그리고 여기의 "이래서 이이첨은 권력이…… 저주의 옥사까지 전개되었다"의 대목들은 개인적인 정서를 억제하지 않은 표현이다. 그래서 독자들은 작자의 증오하는 감정을 한가지로 체험하게 되는 것이다.

> 어제 정회(廷會)의 명령은 애당초 상신(相臣)에게서 나온 것이 아니고 우
> 참찬(右參贊) 유간(柳澗)이 이이첨의 집에서 바로 정부의 아전을 불러 명령
> 을 내린 것인데, 정승인 한효순은 이를 알지 못하고 늙은 개 모양으로 비틀
> 거리며 달려와 정회에 찬서하여, 정인홍의 편시도 단안을 내려 드디어 폐

(廢)·삭(削) 두 글자로 제목을 삼고, 모든 경(卿)을 불러 각각 가부(可否)자
를 써서 들이라 하였습니다. 좌중은 모두 공포에 떨며 어쩔줄 몰랐습니다.
(p.645, 7행~23행)

작자는 제한적인 시점에서 사건을 서술한다. 그는 스스로 간접적이기는 하지
만 체험한 사실 이상은 기록하지 않았으니 그래서 허구는 자리잡기 어려운 것
이겠다. 그리고 때로는 주관적인 시점에서 내면적인 심리를 표현하고 작자의
추측이나 논평을 서슴지 않고 있다.

　　이 때 영의정(領議政) 이덕형(李德馨)이 좌의정(左議政) 이항복(李恒福)에
게 말하기를,
　　"정 조·윤 인의 범상부도(犯上不道)한 죄는 형언할 수 없으니, 우리 두
사람은 어전(御前)에 이를 밝혀 사예(四裔)로 내쳐야 한다"
고 하였다. 이는 곧 발본색원(拔本塞源)의 지론(至論)인 것이다.
(p.640, 18행~22행)

여기의 "이는 곧 발본색원의 지론(至論)인 것이다"라는 표현은 작자의 투철
한 소신의 표출이다. 이와 같은 양상은 기록적인 표현에서 정서적인 체험을 도
출해내는 대목이 되기도 하는 것이다. 그러나 이와 같은 경우는 지극히 제한되
어 있다고 하겠다.

5. 서술양상

서술법으로는 기록과 묘사를 들겠고 서술유형으로는 약서와 상서가 이에 해
당된다고 하겠다. 서묘로 들만한 것은 보이지 않는다. 본 일기는 거의가 약서로
서 이는 기록물을 의미하는 것이므로 생략한다. 상서로는 마지막 항을 들 수
있겠다. 본 일기의 서술초점이 여기에 들어 있어서 비교적 상세하다.

　　무오년(光海 10年·1618) 정월 초사흘 저녁때 백관들이 대궐에 몰려드니
길가는 사람들이 실색하였다. 이윽고 이보(吏報)를 보니, 나(신익성)에게 정
청에 참석하라는 독촉이었다. 그러나 나는 병으로 나가지 못했다. 여러 상

소가 일어난 후로 사부(士夫)들이 강개(慷慨:마음이 복받치어 분개하고 한탄함)하지 않는 이가 없었으며, 혹은 호언장담하는 자도 있었으나 이에 이르러 모두 그들에게 휩쓸렸다. 그를 따르는 자가 많으므로 도리어 따르지 아니하는 자를 공박하여 말하기를,

"나는 능히 달권(達權:그때그때 일의 기틀에 따라 적당하게 처리함)을 한다. 따르지 아니하다가 화를 당하는 자는 모두 부질없는 짓이다"

했다. 정청하던 이튿날 서경소(徐景霄)가 와서 말하기를,

"어제 정회(廷會)의 명령은 애당초 상신(相臣)에게서 나온 것이 아니고 우참찬(右參贊) 유간(柳澗)이 이이첨의 집에서 바로 정부의 아전을 불러 명령을 내린 것인데, 정승인 한효순은 이를 알지 못하고 늙은 개 모양으로 비틀거리며 달려와 정회에 참석하여, 정인홍의 편지로 단안을 내려 드디어 폐(廢)·삭(削) 두 글자로 제목을 삼고, 모든 경(卿)을 불러 각각 가부(可否) 자를 써서 들이라 하였습니다. 좌중은 모두 공포에 떨며 어쩔 줄 몰랐습니다. 이에 김개가 앞에 나서서 큰 소리로 외쳐 말하기를, '이 일을 어찌 물어서 행하랴? 따르지 않는 자가 있으면 그 따르지 않는 의논을 따르겠느냐?' 하니, 한효순은 감히 어떻다 말하지 못하고 묵묵히 고개만 숙이고 있을 뿐이었습니다.

이러자 온 정중(廷中)이 웅성거리며 장차 퇴출하려는데 밤은 이미 4고(鼓)를 쳤습니다. 이이첨이 문형(文衡)으로써 장차 계(啓)할 것을 정초하며 언성을 높여 말하기를, '이는 국가의 큰일이다. 이에 반대하는 자는 이 나라의 신하가 아니다' 하고, 삼사와 반복 협의하여 드디어 폐출을 확정했습니다. 한효순은 그들 사이에 헤어나지 못하고 목맨 우마(牛馬) 모양으로 이리저리 끌려 다녔습니다"

하였다. 상이 처음에는 대비의 조알(朝謁)을 폐하라 명하고, 다음에는 상공(上供)을 감(減)하게 했으며, 존호(尊號)를 삭탈하고 서궁(西宮)이라고 부르게 했다. 정의가 끝나자, 대신·삼사·육경이 의정부에 모여 감손절목(減損節目)을 의논했는데, 실은 호조 판서 최 관(崔瓘)이 제정했다. 그 때 헌의에서 이의를 낸 자를 좌단(左袒)이라 하는데, 곧 기자헌·이항복·김권·정홍익 등 몇 사람으로서 이미 논책하여 귀양보낸 이들이다. 정청에 불참한 정창연·유근(柳根)·이정귀·윤방·김상용·이시언(李時彦)·오윤겸(吳允謙)·송영구(宋英耈)는「팔간(八奸)」이라 했으며, 이시발(李時發)·김류(金瑬)·이경직(李景稷)·박미(朴瀰)·홍우경(洪友敬)·유적(柳頔)·정효성(鄭孝誠)·박동선(朴東善)·윤위준(尹衛俊)·익성(翊聖)은「십사(十邪)」라 했으며, 종실(宗室) 의창군(義昌君) 등 35인에게는 모두 원찬(遠竄)을 청했으며, 늙고 병든 재상과 소관(小官)은 삭출(削黜)로써 논핵되었다. 정청한 계사(啓辭)에는 대비의 열 한 가지 죄목이 나열되었었는데, 말이 많이

　한효순은 일을 당할 때마다 반드시, '김우윤(金右尹 : 김개)은 무엇이라 하더냐?'하고 물으니, 김개 또한 조정을 능멸히 여기어 모든 경대부 보기를 초개와 같이 했다. 이때 패역(悖逆)한 선비들이 여기저기서 뛰쳐나와 혹은 즉각 폐출하기를, 혹은 종묘에 수죄(數罪)하고 죽이기를, 혹은 외지에 출송하여 임의로 출입하게 하기를, 혹은 시조(市朝)에서 베이기를, 혹은 중국에 상주(上奏)하기를 각각 청했으니, 이는 모두 허균이 이이첨의 지시를 받고 횡설수설하며 조의(朝儀)를 현란케 했던 것이다. 중국에 상주하자는 것은 이이첨이 주장했고, 즉각 폐출을 하자는 것은 허균이 주장했으나, 처음에는 모두가 이이첨에게서 나왔다. 그러나 끝내는 '중국에 상주하자' '중국에 상주하지 말자'라는 각자의 주장으로 드디어 두 갈래의 논의를 이루었으니, 이는 대개 이이첨이 기사(機詐)에 능숙하여 속으로는 폐출한다는 말로써 상에게 아첨하고, 밖으로는 상주하여 폐출한다는 의논을 견지하여 형세를 쥐고 있었다. 이는 만일 중국에 상주하여 폐출한다면 일이 쉽게 끝나지 않을 것이요, 일이 쉽게 끝나지 않으면 대론(大論)은 결말이 날 때가 없을 것이므로 안으로 상의 총애를 굳히고 밖으로 위력을 세우려는 계책이었다. 그러나 허 균과 김 개는 이욕에 급급하여 즉각 폐출을 주장하여 이첨을 이기려 했다. 이이첨 또한 묘계로 이를 막았다. 이는 허 균과 이이첨이 그 도는 서로 같으면서 그 의논이 달랐던 점이다.

(p.644, 26행~p.646, 26행)

　본항(本項)에는 폐비사를 의결하는 정회상(廷會相)을 전후하여 개회에 이르기까지의 경위와 폐회 후의 후속조치 그리고 이이첨, 허균에 대한 작자의 견해가 소상하게 실려 있다. 그 경위와 후속조치는 약서라고 보여지지만 여타(餘他)는 상서로서 서술유형은 약서-상서-약서-상서로 이어진다. 여기서 다루려는 것은 상서이지만 앞의 상서의 내용은 폐비사의 의결과정이고 뒤의 상서의 내용은 폐비론을 주장하는 이이첨과 허균의 입장차이를 분석한 것이다. 이 분석은 작자의 주관이 반영되어 있지만 폐비사의 의결과정이 드러나는 정회의 장면은 제 3자인 서경소(徐景霄)의 입을 통하여 객관화하고 있다.

　이제 정회의 전말을 보기로 한다. 개회의 불법성-꼭두각시 한효순 정승의 무기력한 회의진행-공포에 찬 분위기-한성판윤 김개(金闓)의 독촉발언-고압적인 이이첨의 주도로 폐출을 결정-정승 한효순의 무능상 등으로 정리되겠다. 다시 말해서 떳떳치 못한 회의소집·강압적인 분위기·소신없는 회의진행·이이첨의 독단·강제된 가결이라는 양상이다. 이와 같은 실상을 남기려고 이 일기문은 기술된 것으로 보이며 이 실상을 객관화하므로써 그 사실의 엄연성(嚴然性)은 더해간 것이라고 하겠다. 여기에 작자의 투철한 기록정신이 스며 있음을 볼 수 있는 동시에 일기의 즉실성도 제자리를 찾는 것이겠다.

다음은 이이첨과 허균의 입장차이를 분석하고 있다. 폐비라는 목적은 동일하지만 그 방법상의 차이를 세밀하게 다룬다. 허균과 김개는 욕심이 앞서서 서두르다 실패한다 했고 이이첨은 이성적이어서 사태를 그르치지 않는다라는 분석의 논리가 정연하다. 여기서도 작자의 주견은 뚜렷하다.

정회의 실상을 제 3자의 입을 통하여 객관화한 일 그리고 허균과 이이첨의 비교로 이이첨의 기사성(機詐性)을 도출해내고 있는데서 작자의 날카로운 분석력과 뿌리깊은 역사의식에 접한다. 상서는 비록 한 항목이지만 본 일기의 서술초점을 밝히고 분석의 기능을 발휘하여 역사적 안목을 돋구었다고 하겠으며 어디까지나 이성적인 집필태도를 견지한 것으로 보여진다. 전체적으로 볼 때 약서로 일관된 진행이 상서로 마무리됐다 하겠다.

6. 내용

광해군의 비호 아래 이이첨은 계축옥사를 일으켜 김제남(金悌男) 일가를 하옥하고 영창대군을 강화로 내몰았으며 그의 우익(羽翼)인 정인홍ㆍ허균ㆍ정조(鄭造)ㆍ윤인(尹訒) 등으로 하여금 폐비론을 주장케 하며 이를 반대하는 국노(國老)들을 위시하여 나라의 조정이 거의 빌 만큼 반대파를 숙청해 버렸고 나아가 상신(相臣)들도 모르게 정회를 열어 백관들을 강압하다시피 하여 대비폐출을 이이첨의 설두로 결정하고 그 후속조치까지 내렸다. 이에 그 전말을 보면 다음과 같다.

임인년(壬寅年 1602)

① 선조가 계비[繼妃ㆍ인목대비]를 책봉, 1남[㼁] 1녀[貞明公主]를 두다
② 계축옥사ㆍ폐비론을 주창하는 동기의 불순함을 지적
③ 이산해(李山海)ㆍ유희담(柳希聃ㆍ광해비의 오라비)ㆍ이이첨ㆍ정인홍 등이

　작당하여 모획사주(謀劃使嗾)를 일삼음

④ 선조 타계, 광해군 등위(登位)

⑤ 유영경(柳永慶)·임해군(臨海君) 사사(賜死), 종척(宗戚)들을 귀양보내다.

계축년(癸丑年 1613)

① 계축옥사를 일으켜 김제남 일가를 하옥

② 영창대군 출궁(黜宮)과 이에 반대하는 경대부(卿大夫)들을 귀양보냄

③ 대비협박·목릉발굴(穆陵發掘)·선조를 모시던 궁인들을 살해

④ 정조(鄭造)·윤인(尹訒) 등이 앞장서 폐비론 주창하다가 물론(物論)에 밀려
　삭직(削職)됨

⑤ 김제남 사사(賜死)·인목대비 성복(成服)·영의정 이덕형(李德馨) 상(上)의
　비위에 거슬려 파직

⑥ 정인홍은 폐비상소에서 영창대군을 「위시(圍豕)」로 비유하고 「칠신으로
　대군의 우익을 삼았다」는 모함을 함

⑦ 정조·윤인 등 재등용, 김제남 추륙(追戮), 지효(至孝)를 강조한 상소를 낸
　이원익과 그 일류(一流)들을 모조리 귀양보냄

병진년(丙辰年 1616)

① 허균이 이이첨과 합모(合謀)하여 대비를 모함하는 투서, 유언비어로 성중
　을 요란케 함

② 놀라워하는 상을 영의정 기자헌(奇自獻)이 안심시키고 허균 일당들과 간
　쟁(諫爭)했으나 끝내 조정에서 그의 주장이 불용(不用)됨에 강릉산사로 숨
　어버림

③ 상이 다시 부르매 투서는 허균의 소행임을 지적, 서로 원수처럼 되다.

④ 허균은 계속 대비를 성죄(聲罪)하고 박응서(朴應犀)도 모살케 만들다.

정사년(丁巳年 1617)

① 허균은 집안에다 소청(疏廳)을 차리고 일당들과 폐비상소를 일삼다

② 나이든 정승으로서 주구(走狗)가 된 한효순(韓孝純)을 작자는 멸시한다

③ "우리말을 따르고 안따르는데 사생(死生)이 결단난다"는 상신들의 협박에

관료들 동요함

④ 폐출을 청한 소장을 상이 정원(政院)에서 수의(收議)케 하고 이에 반대하는
기자헌을 삼사(三司)에서 논핵(論劾)함

⑤ 기자헌 영의정에서 물러남. 이항복(李恒福) 등과 귀양보내짐

⑥ 김개(한성판윤)는 방민(坊民)들에게 폐모를 청하게 하므로 유덕지사(有德
之士)들이 이사하거나 도망하여 사회가 소란해짐

⑦ 당시의 물론(物論)은 다음과 같이 3분(分)되었음

　　㉠ 폐모주창(廢母主唱)　　㉡ 폐모반대　　㉢ 묵묵부답(默默不答)

무오년(戊午年 1618)

① 폐출론으로 대세는 기울다

② 정청(庭請)참석을 독촉하는 이보(吏報)를 봤으나 자신은 병중이어서 불참

③ 이이첨은 상신에게서 나오지 않은 명령으로 정회를 열어 폐출과 삭출을
가부로 써내게 함

④ 공포에 떠는 좌중 속에서도 김개는 백관에게 묻지 말고 집행할 것을 강조

⑤ 이미 사고(四鼓)를 지나 백관이 웅성거리며 퇴출하려는데 이이첨이 나서
서 "이는 국가의 큰일이다. 이에 반대하는 자는 나라의 신하가 아니다" 라
고 언성을 높이며 삼사(三司)와 거듭 협의하여 폐출로 결정하다.

⑥ 상과 정원의 후속조치가 있었고 정청(庭請)한 계사(啓辭)에는 대비의 열 한
가지의 죄목이 나열됨

여기에서 다음과 같은 사실을 알게 된다.

　㉠ 임인년항에는 1602년부터 11년간의 상황이 개괄되어 나온다.

　㉡ 계축년항에는 1613년부터 3년간의 상황이 개괄되어 나온다.

　㉢ 임진년항에는 허균의 움직임이 두드러져 보인다.

　㉣ 정사년항에서는 정론자들이 밀려나고 폐비론자들의 득세가 돋보인다.

　㉤ 무오년항에서는 이이첨의 독무(獨舞)로 폐출론이 결정됨

말하자면 인목대비가 계비로 책봉되는데서 폐출될 때까지의 과정이 초반에
는 개괄되어 나오다가 계축옥사를 고비로 폐출사를 향하여는 밀도있게 디루이

졌다고 하겠다.

이상과 같이 서술하면서 작자는 다음과 같은 두 가지 사항에 초점을 맞춘 것으로 보여진다. 그 하나는 범분(犯分)의 지적(指摘)이고 또 하나는 권력의 횡포상(橫暴相) 조명이라고 하겠다.

1) 범분(犯分)의 지적(指摘)

작자는 이이첨을 가리켜 "……범분무소기탄(犯分無所忌彈)"(p.639, 15행) 하는 자로 지목한다. 당시는 소위 명분을 생명으로 아는 사회라고도 보겠는데 이를 거리낌없이 범하는 자로 본 것은 그 국가의 기틀을 허무는 행위 즉 기강을 파괴하는 자가 되는 것이다. 이는 나아가 전통의 훼손과 가치관의 혼란을 가져오는 것은 물론 사회의 무질서를 초래하여 국민생활마저 어지럽히게 되는 대역이 되는 것이다. 손위 분을 범한다고 하는 것 즉 위 아래가 없다는 것은 현재에도 용납될 수 없는 기강으로서 이를 환언하면 효를 결코 무시할 수 없다는 사회인 것이다. 따라서 폐비론이란 도저히 있을 수 없는 주장이며 목숨을 걸고 막아야 하는 것이었다. 이와 같이 명분에 살고 명분에 죽은 사람들을 작자는 "……지정론(持正論)"(p.640, 11행~12행)자로 보았다. 이렇게 두려움 없이 정론을 견지한 인사들을 이이첨 일당에서는 불충한 자들로 지목하여 다음과 같이 논핵하고 있다. 즉 좌단(左袒)·팔간(八奸)·십사(十邪)·청원찬(請遠竄)·삭출(削黜) 등 다섯 가지 명목을 달았으며 대비에게는 11종의 죄목을 부쳤다. 그리고 상은 대비의 조알(朝謁)을 폐하라 명하고 다음에는 감상공 삭탈존호 칭서궁(減上供 削奪尊號 稱西宮)하게 했다.

폐비론 주창자측에서 내세운 명분은 왕, 즉 광해군에의 충성으로서 "차국지대사 유의위자 비인신야(此國之大事 有依違者 非人臣也)"가 그것이다. 신하로서 왕에의 충성은 당연한 것이겠다. 여기 명분의 차이가 나타난다. 이 차이는 현실론과 원칙론의 충돌처럼 보이기는 하지만 실은 현실론은 사(私)가 잠재(潛在)하는 군신간의 의무를 강조한데 대해서 원칙론은 사심없는 인륜상의 기강을 주장하고 있는 것이겠다. 여기에는 휴머니즘이 짙게 배어 있어서 유덕함마저 느끼게 하는 생의 향기를 뿜어낸다.

　이렇게 정론을 견지하는 인사들과 대조적으로 폐비론 주창자들은 그 행태와 처신의 정도에 따라 작자에게는 그들의 인품이 차등지어져 파악된 것으로 보인다. "범분무소기탄(犯分無所忌彈)"이라고 지목된 이이첨은 이산해와 더불어 폐비론을 관철시키기 위한 계략과 음모를 꾀하고 사주(使嗾)와 선동(煽動)의 자행은 물론 폐비론의 마감을 친 인물이며, 허균도 그 장중(掌中)에서 놀만큼 기사(機詐)에 능한 핵심적 존재라 할 것이다. 그리고 이들을 중심한 우익들로서는 상소로 앞장섰던 정인홍과 그 추진세력인 이위경(李偉卿)·이병(李覮)·정조·윤인 등의 실세로서 이들은 영의정 이덕형에 의해 범상부도(犯上不道)한 자들이기 때문에 사예(四裔)로 내쳐야 한다는 지목을 받은 바 있다. 그 추종자들로서는 가축으로까지 비견된 한효순을 위시 김언황(金彦滉)·이건원(李乾元)·한보길(韓輔吉)·김개·원종(元悰) 등이 두드러진다. 이들은 투서, 모해, 선동 등에서 한결같이 이이첨, 허균 등의 수족으로 부족함이 없었던 것이다. 그리고 인성군(仁城君)·무림군(茂林君)·민몽룡(閔夢龍)·조정(趙挺)·송석경(宋錫慶)·임예(任裔)·윤선(尹銑) 등이 이에 따른다. 또한 기회를 잘 엿보는 자들로서 이광정(李光庭)·유근(柳根)·권분(權昐) 등을 비롯하여 두 가지 소장(訴狀)을 만들어 소매 속에 넣고 다녔다는 이지완(李志完)과 물론추세(物論趨勢)의 동향을 감지하여 약삭빠르게 처신한다는 집의(執義) 김지남(金止男) 등이 보인다. 또한 부화뇌동하는 부유(腐儒)들과 난세에는 의례껏 불거져 나오는 명철보신(明哲保身)의 인사들도 있다. 이정귀(李廷龜)를 비롯한 의창군 광(珖)과 정창연(鄭昌衍), 윤방(尹昉) 등의 두문불출파가 있으며 작자는 투병으로 기거가 불능했던 것으로 보인다. 이제 작자가 파악한 폐비론자들의 죄목과 반대로 폐비론자들이 정론자들을 논핵한 명목을 보면 다음과 같다.

명목표(名目表)

작자에게 파악된 폐비론자들의 죄	정론자들을 논핵한 명목
犯分者	左袒
犯上不道	八奸
犯上讚揚 同調 追從	十邪
犯上默從	遠竄 削黜

폐비론자들이 정론자들을 논핵한 명목으로 사용된 용어들을 앞의 표에서 보면 자못 세련되어 있고 체계적이다.

작자는 폐비론에 협조하지 않았기 때문에 십사의 하나로 탄핵된다. 그의 입장에서 볼 때 이는 윤기상(倫紀上) 도저히 용납할 수 없는 일이었다. 이렇게 그의 소신이 뚜렷했기 때문에 그리고 순수했으므로 폐비론자들이 내세운 "충성"이라는 명분에 가리워진 불순을 꿰뚫어볼 수 있었다. 그래서 본 일기 서두에 폐비론을 가리켜 "임인지의부귀자……고상심야(壬人之顗富貴者……蠱上心也)" 라는 단정을 내릴 수 있었던 것으로 보인다. 또 이처럼 무도함을 밝히지 않을 수 없는 것도 곧 명분에 사는 일이었다. 그래서 여기에는 명분을 달리하는 사람들의 견해가 서로 대립되어 있는 것으로 보인다. 즉 명분을 뒤집어 이용하는 측과 명분에 죽고 사는 사람들의 차이가 선명하게 드러난다. 그러므로 본 일기에는 명분을 생명으로 안다는 작가의식이 깊숙이 자리잡고 있는 것으로 보인다.

2) 권력의 횡포상(橫暴相) 조명(照明)

앞에서 논한 바와 같이 계축옥사와 폐비론은 "임인지의부귀자(壬人之顗富貴者)"의 조작이라고 작자는 단정하고 있다. 이것은 작자의 일관된 입장으로서 그래서 폐모론자들을 소인시(小人視) 하고 그 행태와 습성을 구체적으로 파악해 나간다. 즉 이이첨의 권력을 장악하는 과정, 폐모론의 단계적 주장의 갈파, 김제남의 사사와 추륙의 의미 지적 등이 그것이다.

이 때 이이첨이 이를 기화로 삼아 이창후(李昌後)와 더불어 계획을 짜고 정방열(鄭邦說)을 시켜 옥중에 있는 박응서를 매수하여 허위 고변토록 했다. 이에 박응서가 이이첨 등의 사주를 받고 옥중에서 고변하기를,
"국구(國舅) 김제남(金悌男)이 영창대군을 옹립하려고 반역을 꾀합니다"
하고, 당시 문무 인사들을 또한 많이 끌어넣어 모함하였다. 이러므로 김제남은 물론 그의 자손들까지도 모두 하옥되었으며, 정 협(鄭俠) 또한 이이첨의 사주를 받고 함부로 불어대어 경대부(卿大夫)들이 모조리 체포되어 혹은 귀양, 혹은 출송(黜送)으로 조정은 거의 비게 되었다. 이래서 이이첨은 권력이 날이 갈수록 커져서 당을 심어 스스로 굳히니, 그의 입김은 곧 서리가 되고 이슬이 되었다. 그리하여 점점 권병(權柄)을 앗고 명분을 범하기에 꺼리는 것이 없었으니, 옥사가 만연되어 끝내는 저주(咀呪)의 옥사까지 전

개되었다. 궁인(宮人) 한 사람을 사주하여 증거를 삼은 다음, 대비(大妃)를
협박했으며, 목릉(穆陵)을 발굴했으며, 선조를 모시던 궁인들을 모조리 가
두어 형사(刑死) 혹은 약사(藥死)로 모두 살해했으며, 이위경(李偉卿)으로
하여금 폐비론(廢妃論)을 부르짖게 했다. 이이첨의 사위 이상항(李尙恒), 한
찬남(韓纘男)의 아들 희(嘻)·급(昄)·오(晤), 성진선(成晉善)의 아들 하연(夏
衍), 생질 이생인(李生寅) 등이 대비를 지적하여 말하기를,
 "안으로 역모를 꾸미고 밖으로 역적과 통하였으니 모자간의 도는 끊어
졌다"
하고,

(p.639, 5행~25행)

나아가 그 실세와 추종자들을 상민과 동물로 취급하고 있다는 것은 양반의
처지에서 그들과는 자리를 같이 할 수 없고 상종할 수도 없는 말하자면 치지도
외시(置之度外視)의 입장을 말하고 있는 것으로 보인다.

 이 때 한효순(韓孝純)은 거의 죽게 된 나이로 송장과 진배없는 몸을 이끌
고 이이첨의 문하에 굽실거려 정승 자리를 얻고 그들의 뜻에 맞추어 주구
노릇을 하니, 남들이 모두 말하기를,
 "이 사람이 반드시 큰 일을 저지르겠구나"
했다.

(p.642, 22행~26행)

 한효순은 그들 사이에 헤어나지 못하고 목맨 우마(牛馬) 모양으로 이리
저리 끌려다녔습니다.

(p.645, 21행~22행)

더욱이 패역(悖逆)한 선비라는 말을 서슴없이 쓰고 있는 데서 체념한 나머지
이것은 이미 막가는 말임을 알 수 있다. 이와 같은 점들을 미루어 보아 작자의
순한 염결(廉潔)과 그런 잡인들을 기피하는 잠재의식이 솔직하게 표출된 것이
아닌가 한다.
 본 일기의 내용은 요컨대 권력을 배경으로 인륜을 허물고 교묘하게 기강을
파괴하는 기사성(機詐性)의 실상을 드러내 보인 것이라고 하겠다. 여기에는 범
분에 놀아나지 않으려는 안간힘이 있고 권간(權奸)에 휘둘리지 않는 소신이 뚜
렷하다. 정도에서 벗어나지 않으려는 생활관이 확고하나. 그의 일상은 이렇게

지켜지고 있었다.

이제까지 「범분의 지적」과 「권력의 횡포상 조명」을 보아왔고 그 반응으로 그들의 기사성에 휘말리지 않으려는 안간힘과 권력에 굴하지 않으려는 뚝심을 보았다. 작자는 이와 같은 지적과 조명의 붓을 달리는 과정에서 부지불식간에 안간힘을 쓰는 자아, 굴하지 않으려는 심정을 드러냈다. 이미 이이첨은 임인(壬人)으로 지목됐고 그 일당들은 사예(四裔)에 내칠 자로 매도되었다. 이렇게 지적된 범분의 사실과 조명된 권력의 횡포상은 기록으로 남을 것이고 안간힘을 쓰는 자아와 굴하지 않으려는 심정은 내적인 심상이 될 것이다. 이와 같은 심상은 범분을 지적하는 과정에서 그리고 횡포상을 조명하는 과정에 수반되어 나타난 것으로 의도적인 산물은 아니다. 그러므로 이와 같은 심상(心象)을 나타내는 「나」라는 표현은 순하고도 순수한 질감(質感)을 지닌 말이라고 할 수 있을 것 같다. 그리고 사실의 기록에는 기록성이 보일 것이고 내적인 심상에서는 자조성이 짚일 것임은 물론이다. 작자는 폐비의 실상을 파악하는 과정에서 역겨운 심정을 토로하고 말았으니, 이는 곧 사실의 정리에서 정서를 체험했다고 볼 수 있을 것 같다.

7. 기록정신

서명(書名) 하단에 "서정무간사(書丁戊間事)"라고 부기(附記)되어 있는데서 정사년(1617년)~무오년(1618년)간의 사실을 기록하고 있음을 알 수 있다. 이 기간은 광해 9, 10년에 해당되는 바 인목대비가 광해군에 의해 삭호(削號) 당하고 서궁으로 유폐되어 나가던 때이다. 작자는 여기에 특히 초점을 맞춘 것으로 보인다. 범상부도하는 폐비론자들의 마지막 점청(点晴)의 실상(實相)에 관심이 있었다 하겠다. 그러므로 전 단계인 임인, 계축, 임진년간의 기록은 "서정무간사"를 위한 선술(先述)로 보인다. 정사년에는 집에다 소청(疏廳)까지 차려놓은 허균 일당들의 끊임없는 상소와 폐출론의 반대를 막기 위한 삼사(三司)들의 협박이 자행되는 가운데 상(上)은 폐출을 청한 소장을 정원(政院)에 내리고 수의(收議)케 한다. 영의정 기자헌은 정면으로 폐출불가를 주장하지만 동조자가 적음을 한탄하기에 이르른다. 드디어 중의(衆議)는 반대·찬성·관망으로 3분된다. 이 항복의 반대상소에도 정국은 안정되지 못하고 그는 끝내 기자헌과 같이 귀양길에 올라야 했고 그 동조자들은 처벌된다. 반대로 찬성파들은 승진의 복을 누린다. 무오년에는 백관이 모이는 정회(廷會)를 열어 폐출을 결정한다. 그 장면을 보면 다음과 같다.

　　　　p.645, 7행~23행　이 대목은 5. 서술양상에 거례(擧例)되었다.

　적반하장의 회의장 분위기와 정회의 진행상, 공포에 떠는 백관들의 우왕좌왕하는 모습 특히 이이첨의 노골적인 협박과 민첩능숙한 폐비론의 결정적인 처리는 생동감마저 느끼게 하는 구체적인 표현이다. 작자는 제 3자 서경소(徐景霄)의 말을 빌림으로써 자연스럽게 객관성이 유지되고 있다. 이 대목은 앞에서 보인 임인, 계축, 병진년간의 기사와 비견해서 얼마나 상세하고 차분하고 강인(强靭)하기까지 한가. 경향의 반응상에서부터 정회장 내의 그 주역들의 동태에 이르기까지 간이요(簡而要)하게 짚여 나온다. 이 대목에서 작자는 폐비로 몰고 가는 결정적인 장면과 마무리 상황까지를 밝히고 싶었던 것이 아닌가 한다. 즉실(卽實)하고 솔직하게 아무 가감 없이 3자의 입을 통해서 범상부도상의 마지막 찰나(刹那)가 잡히게 된 것이다. 사실로 하여금 말하게 한다는 것이 바로 이런 것이다. 이렇게 해서 대비는 서궁으로 쫓기게 됐으며 그 하수인의 정체도 그 현장과 더불어 길이 남게 된 것이다. 이런 것이 곧 기록정신의 핵심이라는 것이 겠다.

8. 인간관

　여기에는 인간성이 대조적인 인간군에 의해서 병립되어 나온다. 이제 작자가 파악한 소위 소인배들의 행태를 보기로 한다.

1) 소인배들의 행태

(1) 이이첨

그의 행태는 자못 화려하다.

① 사주(使嗾)꾼—4회(p.638, 13행, p.639, 8행, p.639, 13행, p.639, 17행)

② 모사(謀事)꾼—(p.638, 19행)

③ 밀고(密告)꾼—(p.638, 19행)

④ 종척을 모조리 살해—(p.638, 20행)

⑤ 탈권병(奪權柄) 범명분(犯名分)을 꺼리지 않음(p.639, 15행)

⑥ 한 궁인을 사주, 득증거후(得證據后) 대비를 협박(p.639, 17행)

⑦ 목릉발굴(p.639, 18행)

⑧ 선조 모시던 궁인 살해(p.639, 18행)

⑨ 관료협박—즉 "이는 국가지대사(國家之大事)다. 이에 반대하는 자는 이 나라의 신하가 아니다"라는 명분을 내세움(p.645, 19행)

⑩ 삼사와 반복 협의하여 대비폐출 결정(p.645, 19행)

⑪ 기사(機詐)가 능숙(p.646, 19행~20행)—즉 속으로는 폐출한다는 말로써 상에게 아첨하고 밖으로는 상소하여 폐출한다는 의견을 견지하여 형세를 쥐고 있었다.

⑫ 안으로 상의 총애를 굳히고 밖으로 위력을 세우려는 계책(p.646, 23행)

이와 같이 그의 인품은 부정적으로 다루어진다. 이를 요약해 보면 무도(無道), 아첨, 능기사(能機詐), 모략, 협박, 잔학(殘虐), 범명분에 무기탄(無忌憚) 등이다. 이리해서 쥐어진 권력을 종횡으로 휘두를 때 권간(權奸)이 따로 없었을 것이다.

(2) 허균

그의 행태는 지능적이다.

① 모사꾼—(p.641, 21행)

② 무뢰배를 끌어 모아 부도한 상소—(p.641, 21행~23행)

③ 살해와 고발—(p.641, 24행)

④ 상을 비방(誹謗)—(p.641, 24행)

⑤ 유언비어 퍼뜨림—(p.641, 26행)

⑥ 논핵—(p.642, 1행)

⑦ 기자헌을 모략—(p.642, 13행)

⑧ 대비를 성죄(聲罪)—(p.642, 13행)

⑨ 영창대군 모함—(p.642, 16행)

⑩ 모함하는 상소를 일삼음—(p.642, 21행~23행)

⑪ 선동꾼—(p.642, 23행)

⑫ 이이첨의 앞잡이—(p.646, 15행)

⑬ 이욕(利慾)에 급급—(p.646, 24행)

이욕에 눈먼 자로서의 경거망동이 구체적으로 드러난다. 이를 요약해보면 무
도, 모함, 선동, 이욕, 부박(浮薄) 등으로 그는 영의정 기자헌에게서 간사한 자로
이미 지목된 바 있으니 이이첨과 한가지로 대의명분을 거리낌없이 범하면서도
오히려 큰소리치는 철면피였다.

(3) 한효순

작자의 이목이 가장 집중된 인물이었다. 이렇게 짧은 일기에 그의 행태가 무
려 4차나 언급되고 표현의 강도도 높아서 그에 대한 인식은 거의 멸시와 다름
없는 동물에 비유되었다. 그는 폐비론의 핵심적인 위상은 아니었다. 나이먹은
선배격의 정승으로서 그야말로 목숨을 걸고 나라를 위해 정론을 펼 법도 한데
주견(主見)없이 이용만 당하는 표면상의 주역이었다. 뜻있는 후배들에게서 딱
하게도 길들여진 가축으로 취급되는 대목들을 보면 다음과 같다.

① 주구(走狗)—(p.642, 22행~24행)

② 큰 일 저지를 사람—(p.642, 26행)

③ 노견(老犬)—(p.645, 9행~12행)

④ 목맨 우마(牛馬)—(p.645, 21행~22행)

이밖에도 막언거사(莫言居士) 등의 언급도 있으나 욕이나 다름없는 주구, 노견, 우마 등의 표현에서 주견없는 사람의 행동을 가장 마땅치 않게 생각했던 것으로 보인다. 나이값을 못하는 선배, 눈치 살피며 이리저리 끌려 다니는 정승, 그런 경지에서 헤어나지 못하는 각로(閣老)의 존재란 참으로 부담스러웠던 것으로 보인다.

(4) 이지완(李志完)과 김지남(金止男)

대사간과 집의(執義)의 자리에 있는 고관으로서 뚜렷한 소신없이 돌아가는 추세에 따라 민첩하게 처신하는 기회주의적 성향의 인물을 다음과 같이 들어 보인다.

> 대사간(大司諫) 이지완(李志完)은 두 개의 소장을 만들어서 소매 속에 넣고 있었으니, 하나는 정 조, 윤 인의 발론을 저지하는 것이요, 또 하나는 최유원의 뜻을 좇은 것이었다. 이지완은 미리 정 조와 윤 인이 폐비를 발론한다는 말을 듣고 기회를 엿봐 거취를 정할 작정이었으며, 김지남(金止男)은 집의(執義)로서 양쪽에 아첨할 뿐이었다.
>
> (p.640, 1행~5행)

이는 경멸이라기보다는 차라리 분노에 찬 폭로가 아닐까 한다.

(5) 정인홍

① 앞잡이－(p.638, 13행, p.641, 3행~5행, p.645, 10행)
② 영창대군 모멸－(p.641, 5행~6행)

이이첨의 사주를 받고 이에 부화(附和)하여 폐비론의 논리적 근거를 제공하는 배후인물이다.

(6) 부유(腐儒)들

세태의 말기적인 증상을 드러내는 상징적인 존재들이다. 이는 항용 그 사회의 대세니 추세니 라는 표현으로 호도(糊塗)되기도 한다.

이상에서 범명분하는 소인배들의 행태와 습성을 보아왔다. 여기에 나타난 이들의 공통점은 사감(私感)에 젖고 이욕에 부풀면 못할 일이 없다는 것이다. 그래서 권간이 되고 간신으로 지목되고 주구, 기회주의자, 패역(悖逆)한 선비로 각인이 찍히는 것이다.

그러면 이들과 입장을 달리하는 소위 정론주창자들의 행태와 성격의 특징은 어떤 것이었는지를 본다.

2) 정론주창자들의 행태와 성격의 특징

(1) 이덕형

명도(明道)라는 입장을 분명히 한다.

> "정 조, 윤 인의 범상부도(犯上不道)한 죄는 형언할 수 없으니, 우리 두 사람은 어전(御前)에 이를 밝혀 사예(四裔)로 내쳐야 한다"고 하였다.
>
> (p.640, 20행~22행)

> "자식이 부모를 원수로 여기는 도리가 없으므로 춘추에 부모를 끊는 법이 없으니, 대비는 그 아비를 위해 마땅히 복을 입어야 된다"고 하여 드디어 성복시켰다. 그 저의는 정 조, 윤 인 등의 발론을 꺾어 버리려는 것이었다.
>
> (p.640, 27행~p.641, 2행)

부도(不道)를 밝히고 불의를 막다가 파직당한다.

(2) 이원익

효를 강조하는데 흔들림이 없다.

> 완평부원군(完平府院君) 이원익(李元翼)은 임자년(1612) 이후로 두문불출하다가 이에 이르러 차자를 올려, 자전(慈殿)에게 효(孝)를 극진히 할 것을 상에게 간청했는데, 그의 말은 살을 도리듯이 간절했다. 그러나 상은 이에 크게 노하여 사자를 보내 심히 질책하였는데, 삼사(三司)에서, 남이공(南以恭)이 이원익을 충동시켜 말을 지어내며 상을 비방한다 하니, 상은 모두 멀리 귀양을 보냈다.
>
> (p.641, 12행~17행)

신망이 두터운 나라의 어른이었으나 끝내 귀양살이를 하게 된다.

(3) 기자헌

영의정으로서 광해군도 마음에서 의지하는 사람이었으나 역시 간사한 사람을 서슴치 않고 지적해내고 당당하게 정론을 주장했다.

> 이 때 영의정 기자헌(奇自獻)이 말하기를,
> "이는 간사한 자들이 화란을 전가(轉嫁)하려는 계책에서 나온 것이요, 반드시 다른 일은 없습니다"
> 하며 간쟁했으나, 실효를 보지 못했다. 그는 그 이튿날 새벽에 필마로 서울을 떠나 곧바로 강릉(江陵) 산사(山寺)에 들어가 나오지 않았다. 이에 상은 홀로 국사를 다스릴 수 없어 승지(承旨) 이홍주(李弘冑)를 보내 기자헌을 불렀다. 기자헌은 강릉에서 소를 올려, 투서의 변은 스스로 한 자가 있다고 주장하였는데, 그 요지는 허 균을 가리키는 것이었다.
>
> (p.642, 3행~11행)

> 상은 폐출을 정한 소장을 정원(政院)에 봉하여 내리고 수의하게 했는데, 이에 영의정 기자헌이 먼저 의논드리기를,
> "모후(母后)는 폐출할 수 없습니다"
> 하며, 지난날의 이미 겪어 내려온 사적을 열거하여 그 이해와 성패의 이치를 낱낱이 밝히고 의정부(議政府)에 눌러앉아 종척(宗戚) 문무백관(文武百官)들과 회의를 가졌다. 회의가 미처 끝나기도 전에 삼사(三司)에서는, 기자헌을 망군호역(亡君護逆)의 죄로 논핵하여 극변(極邊)에 귀양보낼 것을 청했다. 자헌은 이러한 이보(吏報)를 보면서도 끈질기게 앉아 백관의 의견을 수람(收攬)하고 탄식하여 말하기를,
> "정신(廷臣)들 가운데 정론(正論)을 주장하는 자가 수십 명만 있다면 이것을 근거로, 여러 사람의 의견이 일치하지 않다고 진달하여 상의 마음을 돌릴 수 있으련만, 김상용(金尙容)같은 일파도 또한 항의하지 못하는가? 종실(宗室), 의빈(儀賓)은 모두 휴척(休戚)을 같이하는 사람인데 또한 유리한 곳에 아첨하는구나"
> 하고, 드디어 견여(肩輿 : 두 사람이 앞뒤에서 메고 한 사람이 탈 수 있는 가마)에 앉아 나와 버리고 말았다.
>
> (p.643, 4행~18행)

끝까지 외롭게 싸우다 귀양살이하게 된다.

(4) 이항복

폐비론의 부당성을 지적하고 효를 강조한다.

> 이항복은 시골에 있으면서 혼자 의논드리되, 대순(大舜)이 효도로써 부
> 모를 선하게 한 것을 말하고 폐론의 부당성을 공박하였다. 그러자 시의가
> 크게 떠들고 일어나 기자헌과 이항복을 참해야 된다는 상소가 일어났다.
>
> (p.644, 9행~11행)

영민한 몸가짐이었으나 귀양살이하다 거기서 죽다.

모두가 명도(明道) · 효 강조 · 불의 지적 · 정론 주장 · 폐비론의 부당성 언급 등으로 한결같다. 요컨대 목숨을 걸고 원리원칙을 몸으로 실천하는 유덕지사들이다. 세태나 추세를 따르지 않고 대의(大義)에 사는 사심 없는 모습이다. 이들을 대인이라 불러 마땅할 것 같다. 부도를 마다하지 않는 임인(壬人)들을 생각할 때 사심이 있느냐 없느냐의 여부, 인간성을 지녔는가 아닌가의 여부, 소신의 유무 나아가 기개가 있는가 없는가의 여부에 따라서 대인과 소인은 구분되는 것 같다. 말하자면 온유한 인간성의 소유자가 사심 없이 자기의 소신을 꿋꿋하게 밀고 나가느냐의 여부에 달린 것으로 보인다. 따라서 청렴과 정기(正氣), 유덕과 주관이라는 덕목이 바로 작자가 지닌 인간관이었던 것 같다.

9. 성격

정서적인 체험을 도출하게 하는 기록은 그대로 무미건조한 서술인가 아니면 문예문으로 보아야 할 것인가, 기록성이 짙다고 생각되는 본 일기의 성격을 보기로 한다.

1) 당일성(當日性)과 즉실성(卽實性)

사건이 일어날 때마다 기술이 되면 기억도 또렷하고 느낌도 생생하여 생동감을 느끼게 하지만 본 일기는 날마다 기록한 것이 아니고 일정 기가에 일어난

일을 대강 추려서 몰아 쓴 것이므로 당일성은 희박하다고 보아야 할 것 같다. 그런데 여기서 먼저 지적되어야 할 것은 본 일기가 광해군 생존시에 쓰여졌다 는 사실이다.

> 임인년(선조35 1602)에 선조(宣祖)가 계비(繼妃) 인목왕후 김씨(仁穆王后 金氏)를 책봉하고 1남1녀를 낳았으니, 딸은 정명공주(貞明公主)이고 아들은 영창대군 의(永昌大君 㼁)였다. 의가 세 살 되던 해 선조가 죽고 금상(今上) 광해군(光海君)이 왕위를 이어받았다.
>
> (p.638, 3행~5행)

광해군을 금상(今上)으로 표현한데서 알려지는 것이고 또한 다음에 취급한 연평일기에서는 광해를 폐조(廢朝)로 중종을 주상으로 표현하고 있는 데서 쉽 게 알 수가 있다. 본 일기는 연도별로 기술되어 있는 바 서두(書頭)에 있는 연도 의 표기를 보기로 한다.

임인년에(壬寅) · 계축년에(癸丑年)
병진년부터(自丙辰年) · 정사년 가을에(丁巳秋)
이 해 겨울에(是年冬) · 무오년 정월 초사흘 저녁(戊午正月初三日哺)

이 서두는 아래로 내려올수록 시간파악이 상세해지고 위로 올라갈수록 소략 해짐을 알 수 있다. 무오년을 나타내는 서두의 기사(記寫)가 가장 상세한 것은 기억이 생생한 탓도 있겠지만 가장 관심을 가졌던 때문이 아닐까 한다. 그리고 본 일기의 서명 아래 "서정무간사(書丁戊間事)"라 한 것으로 보아 그해에 일어 난 사건 곧 가장 충격을 주었던 폐비사건을 다루었음을 쉽게 짐작하게 된다. 그리고 다음에 다루려는 연평일기에 이어지는 것 같다. 말하자면 폐비사건과 반정사건의 실상기(實相記)이겠다.

p.645, 6행~22행 본 예문은 5. 서술양상항에 거례돼 있다.

이것은 서경소(徐景霄)의 정회목격담이라고 생각된다. 정청(庭請)하던 다음날

의 이야기이므로 당일성은 짙다고 할 수 있겠다. 그리고 다음과 같은 점에서
즉실성도 본 일기의 어느 대목보다도 짙은 표현이라고 하겠다.

(1) 정회의 명령이 상신(相臣)에게서 나온 것이 아님을 정승인 한효순은 알아
   차리지도 못하고 꼭두각시 노릇을 하고 있었다는 것이 지적되었다는 것.

이것은 정회의 성립이 상신에게서 나오는 것이 관례라는 것을 잘 아는 사람
의 지적이다. 말하자면 제대로 수순을 밟지 않은 불법에 가까운 집회라는 것이
겠다. 그러나 당시의 형세로 보아 이이첨 일당에게 쥐어진 조정에서 이만한 집
회는 수순을 제대로 밟지 않고도 열릴 수 있다는 개연성은 충분히 있을 수 있
다고 생각된다. 또한 이때가 이이첨 등의 권간들이 전횡하는 천하인데도 불구
하고 그 살얼음판에서도 감히 독단성이 지적됐다는 것 자체가 실제의 상황임
을 나타내는 것이라고 볼 수 있지 않을까 한다. 그리고 이와 같은 지적에 연결
되는 후속적인 새로운 사태의 전개가 없었다는 점에서 볼 때에도 단순히 목격
한 사실을 기록한 것이라고 생각된다는 것이다.

(2) 회의의 진행상황이 구체적으로 파악되고 있다.
"……정인홍의 편지로 단안을 내려…… 가부자(可否字)를 써서 들이라 했습
니다", "이 일을 어찌 물어서 하랴? 따르지 않는 자가 있으면 그 따르지 않는
의견을 따르겠느냐?", "이이첨이 문형으로서……드디어 폐출을 확정했습니다"
여기에는 폐출되기까지의 과정이 넉넉하게 짚인다. 특히 그 주도층의 추진하
는 모습이 손에 잡힐 듯이 여실하고 구체적이다. 말하자면 해치우는 모습이 지
극히 역동적인 감을 품어낸다고 하겠다.

(3) 역동적인 추진상과는 달리 착 가라앉은 분위기가 짚인다는 것이다.
"좌중은 모두 공포에 떨며 어쩔 줄 몰랐습니다", "이에 김개가 앞에 나서서
큰소리로 외쳐 말하기를", "…… 한효순은 감히 어떻다 말하지 못하고 묵묵히
고개만 숙이고 있을 뿐이었습니다", "이러자 온 정중(庭中)이 웅성거리며 장차
퇴출하려 하는데 밤은 이미 사고(四鼓)를 쳤습니다"

이것은 무거운 마음에서 입을 다물고 돌아가는 형편에 잔뜩 긴장하여 눈망울만 굴리는 좌중의 모습이 아닐 수 없다. 주동자와 그 동조자들만이 떠들고 설쳐대지만 조정에 목이 매인 백관 등은 어서 놓여나기만을 고대하는 분위기가 역력하다고 하겠다.

이처럼 그 독단성이 지적됐다는 것 또한 정회의 진행이 지극히 역동적이라는 것 그리고 정회의 살벌한 분위기까지도 파악됐다는 점 등 구상적(具象的)이며 현장감이 생동한다는 데서 그 즉실성은 뚜렷하다 하겠다. 즉시성과 마찬가지로 무오년 이전으로 올라갈수록 상황 파악이 개괄적인데서 "서정무간사"의 취지대로 정사, 무오년간의 기술이 가장 당일성과 즉실성이 짙게 배어있다고 하겠다.

2) 문체(文體)의 1인칭성(人稱性)

여기에는 「나」라는 용어가 두 번 나타난다.

> 무오년(광해 10년 1618) 정월 초사흘 저녁때 백관들이 대궐에 몰려드니 길가는 사람들이 실색하였다. 이윽고 이보(吏報)를 보니, 나(신익성)에게 정청에 참석하라는 독촉이었다. 그러나 나는 병으로 나가지 못했다.
>
> (p.644, 26행~28행)

주된 강조가 주관적인데도 불구하고 「나」라는 표현이 이와 같이 드물게 나타나고 또한 「나」라는 표현 대신에 한 차례이기는 하지만 자기의 이름을 사용하고 있기도 하다.

> 이 날 조정에 모인 백관이 개미떼와 벌떼처럼 둔취(屯聚)하여 모두 서성거리기만 하고 감히 먼저 의고(議稿)를 드리는 이가 없었다.
> 인성군(仁城君), 무림군(茂林君), 이이첨(李爾瞻), 민몽룡(閔夢龍), 조 정(趙挺), 송석경(宋錫慶), 임 연(任兗), 윤 선(尹銑) 등 수십 인은 폐출론을 주장했고, 김 권(金權), 정홍익(鄭弘翼), 이신의(李愼儀), 김덕함(金德諴), 권사공(權士恭) 등은 정론을 주장했고, 의창군 광(義昌君 珖), 정창연(鄭昌衍), 이정귀(李廷龜), 윤 방(尹昉) 등은 두문불출했고, 익성(翊聖) 또한 병으로 나갈 수 없어 의논드리지 못하였다. 이광정(李光庭), 권 분(權昐) 등은 평소에 큰소리

치던 사람들인데 끝내는 모두 그들에게 돌려붙어 아첨하여 혹은 말하기를,
  "대신들과 삼사(三司)에서 중의를 들어 처리할 것이라"
하였고, 혹은 말하기를,
  "막대한 일은 오직 널리 물어 처단해야 된다"
하며, 모두 그들에게 미루고 바른 말을 하지 않으니, 지식이 있는 이들은
더욱 치사스럽게 여기었다. 유 근(柳根)은 이런 일이 일어날 것을 미리 짐
작하고 성묘(省墓)를 핑계하여 괴산(槐山)에 내려가 돌아오지 않았으며, 이
광정은 휴가차 멀리 나갔다가 허겁지겁 달려와 정의(廷議)에 참석하니, 모
두 침을 뱉고 비열하게 여기었다.

(p.643, 21행~p.644, 8행)

이처럼 중립적인 태도를 보인 것은 기록에 있어서 정확을 기하기 위한 객관
성의 표출이라고도 할 수 있다. 이와 같은 양상은 주관일변도가 아닌 객관적인
어조의 도움을 받은 표현임을 나타내는 것이다. 객관적인 어조가 잘 조화된 주
관적인 표현이 되겠다.

3) 일차성(日次性)

본 일기의 기술은 무오년에 이르러 기필(起筆)한 것 같고 따라서 그 이전은
회상인 것 같다고 전술한 바 있다. 이와 같은 사실은 다음의 기록에서 잘 알아
볼 수가 있는 것이다.

> 임인년(선조35 1602)에 선조(宣祖)가 계비(繼妃) 인목왕후 김씨(仁穆王后
> 金氏)를 책봉하고 1남1녀를 낳았으니, 딸은 정명공주(貞明公主)이고 아들은
> 영창대군 의(永昌大君 㼁)였다. 의가 세 살 되던 해 선조가 죽고 금상(今上)
> 광해군(光海君)이 왕위를 이어받았다. 부자간에 왕통을 전한 것이 지극히
> 순하고 바른데, 부귀를 넘겨다보는 소인들이 말을 만들어내고 선동하여 왕
> 후(王后) 광해비 유씨(光海妃 柳氏)의 오라비 유희분(柳希奮)을 업고 영창대
> 군이 왕위를 침핍한다는 참언으로 상의 마음을 고혹(蠱惑)시켰다.
> 이산해(李山海), 이이첨(李爾瞻) 등은 일찍이 죄를 입고 선조에게 쫓겨나
> 평소부터 원한을 품어온 지 이미 오래였다. 이산해는 선조의 병환이 장차
> 일어나지 못할 것을 예측하고 유희분의 형 희담(希聃)의 집에서 세를 살면
> 서 밤낮으로 희분의 일당과 일을 모획(謀劃)했으며, 이이첨, 정 조(鄭造), 이
> 성(李惺)은 외원(外援)이 되어 영남(嶺南)을 왕래하면서 정인홍(鄭仁弘)을

사주하여 소(疎)를 올리게 했다. 그 소에,
　"영의정 유영경(柳永慶)이 동궁(東宮 광해군)을 모위(謀危)합니다"
하니, 선조가 크게 노하여 이이첨과 정인홍 등을 귀양보내고 장차 그의 당
원(黨援)들까지 모조리 치죄(治罪)하려고 했는데, 이윽고 선조가 죽었다.
(p.638, 3행~18행)

　이에 박응서가 이이첨 등의 사주를 받고 옥중에서 고변하기를,
　"국구(國舅) 김제남(金悌男)이 영창대군을 옹립하려고 반역을 꾀합니다"
하고, 당시 문무 인사들을 또한 많이 끌어넣어 모함하였다.
(p.639, 7행~10행)

"부귀를 넘겨다보는 소인들이…… 참언으로 상의 마음을 고혹하였다"라는
대목은 대체로 폐비론자들을 지목한 것으로 보인다. 그런데 이이첨 일당인 폐
비론자들은 선조가 죽고 광해군의 즉위 이후에나 등장하게 되는 인물들이다.
따라서 "소인들이 상의 마음을 고혹했다"고 보는 작자의 견해는 이 일기 서두
에 나타나는 임인년(선조 35년·1602)에는 생성될 수가 없는 것이겠다. 그러므
로 이와 같은 대목은 말하자면 회상으로 볼 수밖에 없겠다. 그러니까 전반부의
기술은 전술한 바와 같이 대체로 소략하여서 '유영경이 동궁을 모위(謀危)합니
다' 라든지 '김제남이 영창대군을 옹립하려고 반역을 꾀합니다' 라는 정도로 「
실록(實錄)」과 대차없는 개괄적인 표현에 그치고 있다. 그런데 회상이라는 것은
사건 자체로 볼 때에는 시간의 역류현상이 된다. 그러나 본 일기가 스토리가
아닌 기록이기 때문에 이런 역류는 단순한 회상에 그친다고 하겠다. 이처럼 회
상이 나타나기는 하지만 사건의 발생순서는 서술되는 순서와 크게 다르지 않
은 것으로 보여진다. 구성항에서 지적한 것처럼 시차적으로 사건들은 기술되
나간다. 시간의 흐름에 따라서 사건들이 차례대로 기술됐다는 점에서 일차성은
뚜렷하다고 하겠다.
　따라서 본 일기의 성격은

① 당일성과 즉실성이 위로 올라갈수록 소활(疎闊)하고 개괄적이며 아래로
　내려올수록 조밀하고 농후하다
② 객관적인 어조가 적당하게 균형을 이룬 주관적인 문체를 지녔다

③ 일차성이 제 기능을 발휘하고 있다

위의 세 사항으로 볼 때 「청백일기」에서는 기록정신이 투철하다는 것과 정서적인 체험이 용인된다는 것을 지적할 수 있을 것 같다. 즉 정서가 잉태된 기록이라고 보겠다. 작자는 폐비사건을 기록하기 위해서 꽃다운 나이에 선조의 계비로 책봉된 때부터 기산(起算)하여 폐비의 과정에 초점을 맞춰서 그 절차·집행상황·조정의 동태·민심의 반응 등을 파악하였다. 작자도 작중의 한 인물로 등장하여 간간이 심정을 내어 비췄다. 그래서 정회에서 폐출로 결정되는 데까지 기록하였다. 따라서 본 일기의 성격은 폐비사에 비중을 두고 기술한 사건일기로서 기록성이 짙다고 하겠다.

10. 결

이상에서 보아온 대로 본 일기는 공포분위기 속에서 폐비론이 가결되는 현장을 집약적으로 파악한 것으로서 광해군의 엄호하에 폐출론이 점승(漸勝)하는 과정을 그대로 알림으로써 진솔감을 짙게 풍기고 있을 뿐만 아니라 작자의 사람을 보는 안목과 "정무년간사(丁戊年間事)"에 대한 그의 입장을 알 수 있었다. 그러나 이 일기의 가치는 이러한 작자의 신념과 더불어 인목왕후가 폐비되기까지의 전후사정과 바로 눈앞에서 전개된 찰라의 여목(餘目)까지도 파악했다는 기록성을 무시할 수 없겠다. 일반 사서(史書)에서는 언급되지 않았던 현장이 적실(的實)하게 드러나고 있는 것이다. 이이첨의 간계와 이에 뇌동한 정조, 윤인, 정인홍, 허균 등의 인륜을 허물고 다닌 행적은 온 천하에 공개되었다. 특히 김제남이 영창대군을 추대하여 역모를 꾀한다는 박응서(朴應犀)의 고변(告變), 그래서 터진 옥사, 영창대군의 폐서인과 사망, 조정 신하 및 내인들을 사형 또는 사약하던 일, 그리고 이위경으로 하여금 "폐대비소(廢大妃疏)"를 발론케 하여 끝내 서궁유폐에 이르게 한 사실, 나아가 이러한 모사를 꿰뚫어보지 못하고 질질 끌려 다닌 광해군의 불민 등 여러 경우에서 인간이기를 거부한 온갖 수성(獸性)과 추상(醜相)이 망라되어 나온다. 발언의 경위, 행동거지에서 경박함, 고의성, 천민성, 무능함, 잔인성 등이 때를 만난 듯 춤을 추고 있는 것이다. 그래서 사실로 하여금 말하게 한다는 기록정신은 넉넉하게 발휘된 셈이다. 사감(私感)이 과욕을 잉태하고 과욕은 잔멸(殘滅)을 초래한다는 사바세(娑婆世)의 원리를 오늘에까지 보여주고 있는 것이다.

　이상과 같은 상황에서 볼 때 인목대비 폐출을 다룬 충분히 의도된 기술이다. 시간의 역류가 보이나 창작하려는 기미가 보이지 않는 순수한 사건기다. 작자의 정서가 간혹 점철됐으나 전반적으로 기록성이 차분히 유지된 서술이다. 더욱이 폐출론이 결정되는 장면이 제 3자의 구술에 의한 것임을 볼 때 더 그렇다고 하겠다. 따라서 본 일기는 인목대비 폐출을 중심으로 한 주동인물과 그 현장 그리고 그 주변의 형국 등을 면밀히 기술한 사건일기로서 그야말로 "기술로써 사건을 말하게 한다"는 말을 상기시키는 소담한 기록이다. 이 일기는 사대부가의 가승(家乘)으로 보암직하다.

Ⅳ. 延平日記

1. 解說
2. 構成과 形態
3. 執筆姿勢
4. 敍述樣相
5. 內容
6. 人間觀
　1) 이귀의 의기(義氣)　　2) 대비의 인품
7. 時間의 逆流
8. 性格
　1) 차서성(次序性)　　　2) 당일성(當日性)과 즉실성(卽實性)
9. 結
10. 兩日記의 對照
　1) 주도자(主導者)의 인품(人品)
　2) 과정(過程)의 추이(趨移)
　3) 충(忠)의 실상(實相)

1. 해설

표제 밑에 임술년(壬戌年)이라고 쓴 것으로 보아 1622년의 기록으로 보이지만 실상은 거사가 발각되는 바람에 중심인물인 이귀(李貴) 3부자는 궐하(闕下)에 가서 복죄(伏罪)하였고 그런 와중에도 모사는 진행되어서 이듬해인 계해년(癸亥年) 3월에야 이룩된 인조반정의 거사기(擧事記)이다. 인물, 장소, 사건 등 실지 실존적인 상황들이 그대로 나타나는 사실로서 그 내면의 실상이 오히려 생생하다. 「청백일기」를 기술한 동일인의 찬(撰)으로서 반정 당일 인목대비와 이귀와의 대화에는 꿋꿋한 인품과 사려 깊은 자세가 대조를 이루고 있다. 광해군을 폐주(廢主)라 한 것으로 보아 반정 후의 기술로 보여진다. 거사 준비의 전반(前半)보다는 거사 당일로부터 대비가 내정에 나와 주상을 맞아들여 책립(冊立)의 예(禮)를 행하는 후반의 기술이 지극히 세세하다. 찬(撰)이라고 한 것은 거사에 직접 참여한 것이 아니라 간접으로 전문(傳聞)하고 또 여러 기록을 참조한 것을 가려 뽑아 기록하였기 때문일 것이다. 여기서는 「청백일기」와 비교하려는 데 초점을 맞췄다. 텍스트는 「국역대동야승ⅩⅣ」을 사용하였다.

2. 구성과 형태

서두에 "이보다 앞서[先是]"라는 구절이 있어서 다른 선술(先述)된 부분이 있지 않았나 하는 생각을 가지게 한다. 그리고 말미에는 논공(論功)하는 장면이 간단하게 다루어졌다. 이런 것이 미미하나마 시말(始末)을 뜻하는 것으로 보인다. 거사에서의 대소사건은 시간의 흐름에 따라서 전개된다. 그 양상을 추려본다.

"이해 봄에 이귀는 부인의 병으로 인해 고양(高陽)으로부터 신문(新門) 밖에 우거했고"
"부인초상을 4월에 치룬 지 사흘만에 신경진(申景禛)을 만나 서로 뜻을 통했으며"

　"마침내 봄에 평산부사(平山府使)로 임명되었고"

　"공은 이때 방어사를 겸하였는데"

　"그 후에 공은 심기원을 청하여 평산에 같이 있으며"

　　이 때 평산에서 송경(松京)에 이르기까지의 연로변(沿路邊)에는 사나운
　호랑이가 인명을 해쳐서 파발의 길까지도 끊어지게 되었다. 공이 조정을
　하직하던 날, 폐주(廢主 : 광해)는 호랑이를 잡는 데에 힘써달라는 부탁을
　하였다. 그러므로 도임한 후에 신 경진과 더불어 이를 상의하고 널리 기노
　(機弩 : 짐승을 사냥하는 기구)를 놓아 연달아 큰 호랑이를 잡아 그 전체를
　수레에 실려 군관들로 하여금 궐하에 끌어다가 드리게 하니, 폐주는 이를
　보고 크게 기뻐했다.

(p.652, 7행~12행)

　"그해 12월에 거사가 탄로나 파직되었고"

　"이어 두 달 이상이나 이귀 3부자는 궐하에 복죄하였으며"

　"그리하여 3월 13일로 거사할 시기를 확정했다"

　"밤 2경(更)을 기해 홍제원에 모이기로 약속했다"

이것이 임오년 모의 때부터 계해년 거사까지의 사태진전이고 시간의 흐름이
다. 이와 같은 상황은 크게 보아 그 구성이 차서적(次序的)임을 알게 하는 것이
다. 날마다 기록한 것이 아니고 몰아서 쓴 것이지만 시간의 순서를 따른 사실의
흐름이라는 것이다.

　나아가 이 글을 쓴 작자의 의도를 본다면 거사의 의기에 초점을 맞춘 것으로
보여진다. 전반에는 장기간에 걸친 사실이 개괄되어 나오고 반정거의(反正擧義)
의 실상이 생동하는 후반은 자세하게 서술하고 있는 데서도 알 수 있는 것이다.
또한 다음과 같은 사실에서 이 반정거사에 공감하고 있음도 알게 된다.

　　이 때 시방의 일행이 서울로 오는데 토산(兎山)에 도착하여 청국초계(請
　鞠草啓 : 국문을 청한 단자)를 가지고 오는 양가(兩家 : 심기원·이 귀)의 종
　[奴]을 만났다. 시방은 토산에 머물면서 사람을 급히 시켜 공에게 이 소식
　을 알리게 하고 즉시 떠나 서울로 향하여 달려서 장단에 도착하니, 밤은

이미 새벽에 가까웠다. 이 때 산불[山火]이 껌벅이는 것을 보고 금부도사
(禁府都事)가 횃불을 들고 뒤를 쫓아오는 줄 알았으니, 당시의 일을 어찌
다 형언할 수 있으랴?

(p.653, 15행~20행)

  이것은 이귀 3부자가 금부도사의 추격을 받는 줄 알고 당황해하는 대목을 기
술하면서 "…… 당시의 일을 어찌 다 형언할 수 있으랴"라는 탄식을 작자는 첨부
하고 있다. 이것은 작자가 3부자의 심정을 읽은 것으로 보여진다. 말하자면 3부
자와 한 마음이 된 것이겠다. 그러나 이 표현에는 경각(頃刻)을 다투는 3부자의
그 절박한 심정이 흡족하게 나타난 것 같지 않다. 만약에 3부자라면 더 절실한
표현이 나올 수 있었을 것이다. 여기가 제 3자라는 한계성이 아닌가 한다. 독자적
인 체험의 경지가 드러나지 않은 말하자면 얼버무림같이 보여지지만 그렇지만
작자의 심정도 3부자에게로 쏠려들었다고 하겠다. 여기에서 그의 집필동기도 짐
작이 되거니와 차서적으로 구성된 이 일기의 형태는 청백일기와 마찬가지로 단
위별로는 일회성 표상(一回性 表象)의 단상(斷相)을 이룬다고 하겠으며 일기문으
로 볼 때는 단상의 되놓임 곧 단첩상(斷疊相)을 이룬다고 하겠다.

3. 집필자세

  작자는 이 글을 서사(敍事)에 의하여 기술했다고 하겠다. 여기서는 사건발생의
시간적 순서가 서사의 순서와 일치하는 것으로 보인다. 그런데 작자가 직접 목격
한 것보다는 간접적인 전문에 의하여 얻어진 사실을 다룬다. 그러므로 사건이 일
어난 순서와 사건이 간접적인 전문에 의하여 얻어진 순서가 일치하기는 그리 쉽
지 않다. 따라서 사건 발생의 순서와 서사의 순서를 일치시키기 위해서 작자는
그 얻어진 사실의 순서를 정확하게 재조직하였을 것이다. 그리고 작자는 제한적
시점에 의하여 사건을 다루고 있는 것 같다. 말하자면 객관적인 시점을 사용한다
고 일단은 보겠다. 그래서 사실을 객관적으로 바라보고 중립적인 태도를 취하며
사건 관련 인물들에 대하여 긍정적인 태도나 부정적인 태도를 억제하려는 것으
로 보여진다. 또한 작자는 자신의 개인적 감정을 억제하고 중립적 객관적 어조를

자아내는 문체를 사용한다. "나"라는 1인칭은 거의 나타나지 않아 비자조적인 성향을 지닌다고도 할 수 있다. 더욱이 간접적인 체험의 표현이므로 그의 상(像)은 구체적이지 못하다. 그 경험이 일반화하고 말기 때문이다.

이처럼 여기서는 작자의 정서적 발산은 좀처럼 드러나지 않아 결코 헤프지 않음을 실감하게 된다. 이렇게 개인적인 정서가 비교적 억제되고 있지만 독자는 그 나름대로 작자가 제시하는 사건을 상상할 수 있으며 스스로 정서를 체험하게도 된다. 이 일기는 중립적인 어조를 취하면서도 전항에서 본 바와 같이 작중화자(作中話者)는 어쩌다가 작자와 일치하여 정서를 체험하게도 하는 하나의 문학양식이 될 수 있지 않을까 한다.

4. 서술양상

서술법으로는 약서(略敍)와 상서(詳敍)를 들 수 있으나 거의가 약서로 보인다. 상서로는 적벽강을 건너며 두 아들과 더불어 진정서를 만드는 대목을 들 수 있을 것 같다.

> 공은 파직된 후 안협(安峽)에 있는 농막(農幕)에서 장차 시기를 기다려 행동하기로 했다. 보다 앞서 아들 시방과 심기원을 서울로 보내 거사를 모의하도록 했다. 이 때 시방의 일행이 서울로 오는데 토산(兎山)에 도착하여 청국초계(請鞫草啓 : 국문을 청한 단자)를 가지고 오는 양가(兩家 : 심기원·이 귀)의 종[奴]을 만났다. 시방은 토산에 머물면서 사람을 급히 시켜 공에게 이 소식을 알리게 하고 즉시 떠나 서울로 향하여 달려서 장단에 도착하니, 밤은 이미 새벽에 가까웠다. 이 때 산불[山火]이 껌벅이는 것을 보고 금부도사(禁府都事)가 횃불을 들고 뒤를 쫓아오는 줄 알았으니, 당시의 일을 어찌 다 형언할 수 있으랴? 이 귀는 아들 시방으로 하여금 붓을 잡고 3부자의 진정서(陳情書)를 만들어 각각 하나씩 가지고 평명(平明 : 날이 밝아올 무렵)에 적벽강(赤壁江) 상류를 건너려 하면서 아들 시백(時白)과 시방(時昉) 등을 돌아보며 이르기를,
> "옛날에 소순(蘇洵)이 두 아들을 거느리고 악양교(岳陽橋)를 지나며 글을 썼는데 나도 또한 너희들을 거느리고 여기에서 글을 쓰고 지나간다면 후일의 사적이 어찌 노천(老泉 : 소순(蘇洵)의 호) 부자의 문장보다 낫지 않으랴?"

하며 조금도 근심하는 표정이 없었는데, 얼마 안가서 정계(停啓)되었다는
기별을 들었다.

(p.653, 13행~p.654, 1행)

위국(危局)에 처해서도 근심하지 않고 자약(自若)한 모습을 보여준다. 인물이
대기(大器)임도 드러난다. 또한 소노천(蘇老泉)의 고사(故事)를 운위(云謂)하는데
서 이귀의 염의(廉義)가 엿보인다. 더욱이 "후일 사적(他日事迹)"이란 표현은 사
후까지를 짚은 말이라는 데서 더욱 그렇다. 이와 같은 서술은 사실의 적기(摘記)
에 불과하지만 한 인간의 인품을 묘사한 결과가 되었다.

나아가 "……당시의 일을 어쩌다 형언할 수 있으랴"라는 대목에서는 금부도
사에게 체포될지도 모르는 이귀 3부자의 안타까운 심정에 작자의 심정도 쏠려
들고 있는 것으로 보여진다. 이처럼 작자는 부지부식간에 이귀의 인품을 그리
고 또 그들의 심정에 공명하고 있는 것이다. 이것은 작자가 사실을 기술하면서
오롯이 정서적 체험에 들어가고 있음을 말한다. 여기에 정신적으로나마 거의에
동참하고 있는 작자의 상을 본다. 이와 같이 상서는 작자의 본심을 묘출(描出)
하는데 기능하므로써 진지(眞摯)한 분위기를 조성하였다.

전체적으로 볼 때 서술의 양상은 약서로 일관하는 가운데 서서히 떠오른 하
나의 섬처럼 이귀의 인품을 묘사하면서 그에 공명한 작자의 상을 담은 상서의
위상을 지니고 있다는 것이다.

5. 내용

이귀가 뜻있는 무부(武夫) 신경진과 접촉하여 아들 시백과 함께 거사의 계획
을 세우고 최명길(崔鳴吉), 김자점(金自點), 심기원(沈器遠) 등과 함께 동지를 규
합하고 능양군(綾陽君)을 추대키로 합의하였다. 미구에 일이 탄로되어 이귀 3부
자는 궐하에 복죄하였고, 그간에 안으로는 훈련대장 이여립을 포섭하고 밖으로
는 장단부사(長湍府使) 이서(李曙), 이천부사(伊川府使) 이중노(李重老)의 지원을
받아 홍제원에서 김류(金瑬)의 군사와 합세하여 창의문(彰義門)을 깨치고 진격
하여 반정에 성공한다. 서궁에 유폐되어 있던 대비를 복위시키고 대비 앞에서

능양군을 옹립하였다. 적신(賊臣)들의 단죄에 백성들의 환호성도 들려왔다. 말하자면 인조조(仁祖朝)가 출범(出帆)하기까지 그 암울했던 장막을 힘겹게 걷어낸 전야의 상황을 짚어낸 것이다. 그러면 그 전말을 보기로 한다.

(1) 이귀는 문상 온 신경진과 뜻을 통하고 아들 시백 등과 대책을 강구케 하였다. 최명길, 김자점, 심기원 등과도 합모(合謀)했으나 한직에 있는 사람들이 많았다. 마침 평산부사로 임명된 이귀는 장단부사 이서와 상의하여 겨울에 거사키로 한다.

(2) 이귀는 신경진을 평산에 데리고 있으려 했으나 조정의 주목되는 바 되어 그는 곧 효성령별장(曉星岺別將)으로 좌천되었다. 신경진은 언제든지 부르면 달려올 것을 기약하면서 임지로 떠났다.

(3) 파발(擺撥)이 끊길 정도로 빈번한 호환을 막으라는 폐주의 부탁을 받고 평산에 온 이귀는 신경진과 힘을 합쳐 호랑이를 잡아 보내서 폐주를 흡족하게 했다. 사냥터는 주로 경기·황해도의 접경지이므로 병졸들이 이 경계를 자유로 넘나들 수 있는 허락을 조정에서 받아냈다. 이는 거사 때 개성을 거치지 않고 평산에서 장단까지 의거군이 직통할 수 있는 길을 열어 놓은 것이다.

(4) 겨울 12월에 이서와 같이 의거하려 했으나 유천기(柳天機)의 고발로 이귀는 파직된다. 안협(安峽)의 농막에서 때를 기다리고 있던 차 청국초계(請鞫草啓)가 온다는 소식을 듣고 이귀 3부자는 각각 진정서를 만들어 나눠 가지고 적벽강을 건너며 태연하게 소노천의 고사를 되뇌인다. 미구에 정계(停啓)소식에 접한다.

(5) 이귀 3부자는 두 달 가까이 궐하에 복죄하여 의혹을 푸는 동안에 모사는 계속된다. 먼저 공청우후(公淸虞侯)인 조옥건(趙玉乾)의 동의는 얻어내지 못했고 주상이 수백금을 내놓아 의사를 모집했으나 여의치 않았다. 마침내

대장 이여립이 동의하게 됨에 직접 장단, 이천 양(兩) 부사에게 연락하여 3월 13일에 거사키로 한다.

(6) 그날 밤 2경(更)에 모이기로 한 홍제원에는 약속한 사람들이 반도 모이지 않았고 대장의 임무를 맡은 김류(金瑬)는 움직이지도 않았다. 이귀는 부득이 이괄(李适)에게 통솔을 부탁했으나 김류에게서 연락이 왔으므로 그리로 가서 김류의 지휘를 받기로 한다.

(7) 거의군(擧義軍)은 김류에게 대장의 예를 행하고 불어난 군세를 몰아 창의문을 깨치고 성안으로 진격하였다. 곧 도감병(都監兵)의 대장 어홍립과 이곽(李廓)의 내응을 얻어 창덕궁으로 진입한다. 박승종과 이이첨이 비국(備局)에 있음을 알았지만 반정거사를 결정짓는 것이 급하므로 인정전으로 곧장 들어가니 이미 폐주와 폐동궁은 도망쳤다.

(8) 이어 주상을 인정전에 맞아들였으나 정식 조회(朝會)는 받지 못했으며 그 틈에 달아난 적신이 있는가 하면 출근하여 맡은 일에 종사하는 신하도 있었다. 반정거사를 알리기 위해 서궁으로 김자점을 보냈으나 맞아들이지 아니했고 다시 이귀를 보냈으나 역시 대비가 불응했으므로 끝내 상이 서궁에 나아가 복지(伏地)하였다.

(9) 민가에 숨어있던 폐주와 폐동궁을 감금했으나 대비의 노여움은 여전하였다. 끝내
　(9)-1 반정거사의 전말을 써서 올리고
　(9)-2 전국보(傳國宝)를 받아들이고
　(9)-3 도원수 한준겸이 의병을 거느리고 오고 있다는 말을 듣고 그런 다음에야 비로소 대비는 내정에 나와 주상을 모셔들여 책립의 예를 행한다.

(10) 다음날 상은 이귀에게 궁성 호위대장을 명하고 또 이조참판·동지의금(同知義禁)을 제수하여 치안과 내치를 맡게 한다. 4적(賊)이 체포, 참수되니

온 도성이 환성을 올린다.

(11) 심기원, 김자점, 심명세, 송영망 등이 종사관(從事官)이 되어 내치의 실무
　　를 보게 되었고 정두원, 신경진 등으로 군사모집, 훈련 등 병사를 맡겼으나
　　뜻같지 않았다. 그리고 이날밤 논공(論功)에서는 거사 시간을 어긴 김류는
　　대세에서 몰리는 입장이 되다.

거사 전에는 동지를 구하는 것과 비밀의 탄로 때문에 위기를 맞았고 거사 직
전에는 총지휘 때문에 애를 먹었고 거사 후에는 인목대비를 설득하노라 노심
초사했다. 이러한 위국의 극복은 대의에 순(殉)한다는 기개와 공명정대한 이귀
의 처사에 힘입은 바 크다.

이와 같은 반정거사는 특수한 사건임에 틀림이 없다. 그런데 이 거사는 말하
자면 왜곡된 사회현실을 바로잡는 일이었다. 이것은 곧 사회의 평상을 되찾는
일이었다. 이귀의 가족은 거사를 위해 목숨을 걸었으며 복죄 중에도 이를 추진
했으니 가히 생활의 전부를 바쳤던 것이고 일상화된 일이기도 했다.

이와 같은 이귀의 거취에 작자는 우회적이기는 하지만 동조하고 있는 것으
로 보인다. 본 일기 전편(全篇)을 통해 볼 때 이귀에 대한 찬양으로 시종되고
있는 점, 작자 자신이 폐비에 반대했다는 점, 그래서 십간의 하나로 몰렸다는
점, 누구나와 마찬가지로 이와 같은 반정거사를 내심 대망(待望)하고 있었다는
것, 그래서 본 일기도 집필하게 됐다는 점 등에서 그렇게 생각할 수가 있다. 따
라서 이귀의 일을 적으면서 작자는 자기의 심정도 함께 담아낸 것으로 보여진
다. 곧 그의 생활감정일 것이다.

6. 인간관

이 반정의거에는 뚜렷한 명분이 있었다. 그래서 때묻지 않은 정의감은 자연
스럽게 발동되고 변함없는 진지성은 오롯이 뒤를 받쳐 이귀를 중심한 의거인
들의 참 용기는 하늘을 찌르고 지모(智謀)도 뛰어났다. 청백일기에서 본 바와

같이 이이첨은 범명분의 사람으로 각인되었지만 본 일기에 나타나는 이귀는
명분을 바로잡는 정명분(正名分) 또는 입명분(立名分)의 사람으로 보여진다. 이
이첨은 인목대비를 협박공갈로써 폐출시키는데 앞장섰지만 이귀는 예를 다하
여 인목대비를 곤극(坤極)으로 정위(正位)하는데 앞장섰다. 작자는 본 일기에서
두 인물을 돋보이게 했으니 하나는 이귀요, 또 하나는 인목대비다. 이들의 긍정
적인 면을 보기로 한다.

1) 이귀의 의기(義氣)

연평일기의 구심적 존재로서 반정거사할 만한 역량과 인격을 갖추었다고 보
여진다.

(1) 명분을 존중한다는 것

이귀는 이와 같은 심중을 다음처럼 드러낸다.

> 이 때 공이 먼저 말하기를,
> "이는 광명정대한 일인데 누가 감히 어기겠는가? 이홍립도 동모를 승낙
> 했으니. 그 날 거사할 때 의병으로 궁궐을 지키게 하고, 주상은 약간의 의
> 병과 홍립의 군병을 거느리고 친히 서궁에 나아가 의거한 사유를 직접 고
> 백한 다음, 자전을 창덕궁에 모셔다가 곤극(坤極)에 정위(正位)한 후에 자전
> 의 명령으로 광해를 불러 죄를 열거하여 폐출하되, 창읍왕(昌邑王)의 고사
> (故事)와 같이 해야만 명분이 서고 말이 순하오" 했다.
>
> (p.659, 4행~10행)

즉 이 반정거사는 광명정대한 것이므로 우물쭈물할 것이 아니라 성심껏 예
를 갖추고 격식을 차려서 차서(次序)대로 자전(慈殿)을 곤극(坤極)에 정위하여
다시 대비로 모시고 그런 후 대비의 명에 의해서 광해를 불러 문죄하여 폐위시
킨 다음 능양군(綾陽君)을 모셔 왕으로 책립하자 그래야만 기강도 서고 잘못된
명분도 바로잡히고 말하기에도 무리가 없다는 것이다. 잘못된 것을 바로잡는
것은 명분이 서는 일이다. 따라서 이 반정거사야말로 당당한 명분을 지닌 대사
며 누구도 어길 수 없는 공도(公道)인 것이다. 명분이 서면 질서도 잡힌다. 따라
서 내밀히 다루거나 어거지를 쓰거나 독단할 것이 아니라 전례를 참작해가면

서 순리를 따라 공개해서 다루어야 한다는 것이다.

> 공이 다시 모셔가기를 간청하자, 대비는 답하기를,
> "죄인(罪人 : 광해를 말함)의 부자와 이이첨의 부자 그리고 모든 간당(奸
> 黨)을 모두 효시(梟示)한 뒤에야 나가겠노라"
> 하였다. 공이 대답하기를,
> "죄인 부자는 이미 임금이 되었던 터이니 경솔히 처단할 수 없고, 이첨
> 부자 그리고 모든 간당들은 군병을 시켜 체포하고 있으니, 마땅이 품지(稟
> 旨) 후에 처단하겠습니다"
>
> (p.659, 26행~p.660, 7행)

여기서도 광해 일당의 효시(梟示)를 요청한 대비에 대해서 모든 일은 신중히 하되 반드시 차서를 밟아 상주한 후에 실시할 것을 알리는 대목이다. 공사는 언제나 감정의 차원을 넘어서야 하고 공의를 밟아 처리되어야 함을 강조하고 있다. 그래야 만인이 납득할 수 있고 세상도 요란하지 않으며 결과적으로는 국체(國體)를 튼튼히 하는 것이 되고 국가의 권위도 서게 되는 것이다.

(2) 진지성

진실하지 못하면 정의감도 용기도 나타나기 어려운 것이겠다. 그래서 목숨을 내대는 것도 서슴지 않는다.

> 이 때 공은 이 괄의 손을 잡고 말하기를,
> "대장 김 류는 오지 않고 사태가 이 지경이 되었으니 반드시 영공이 대
> 장이 되어야 대중을 진압할 수 있겠소. 나는 평소에 군려(軍旅)의 일을 익
> 히지 못하였으므로 창졸에 즈음하여 힘이 되어줄 수 없소"
> 하고, 드디어 이괄로써 대장을 삼았다. 그리고 말하기를,
> "나 이하 그대의 절제를 어기는 자는 베시오"
> 하며, 거느리고 있던 군사를 나열시켜 대장에게 절을 올리니.
>
> (p.655, 18행~25행)

자기의 신분은 아랑곳하지 않고 스스로 군율에 복종하는 자세를 취한다. 놀라운 변신이다. 이것이 바로 용기이며 힘의 원천이 되는 것이다.

> 자전이 또한 전국보(傳國寶 : 옥새)를 들이라고 재촉했다. 공은 대답하기를,
> "이 때 전국보를 여주(女主 : 대비를 말함)께서 장차 어디에 쓰려는 것입
> 니까? 신의 머리는 끊을 수 있지만 국보는 들일 수 없습니다"
>
> (p.660, 28행~p.661, 3행)

여기에는 이귀의 단호함이 엿보인다. 자칫 잘못하면 이 거사가 엉뚱한 데로 삐져 나갈지도 모르는 순간인 것이다. 이때를 놓치지 않고 사생결단의 심정에서 앞으로 매진하는 것이다. 반정거사를 막을 자는 이 세상에 아무도 없다는 소신에서다. 그야말로 목숨과도 바꾸려는 정의감의 생동을 본다.

> p.653, 13행~p.654, 1행(이 대목은 4. 서술양상의 거례를 다시 인용한다).

죽음과 연결될지도 모르는 국문(鞠問)을 앞에 두고도 태연자약한 태도를 지닐 수 있었던 것은 대도를 가는 사람의 행태임에 틀림없다. 천상천하 어디에도 한점 부끄러움이 없다는 신념에서 마음의 여유까지 생겨서 소노천의 고사를 그 분탕속에서도 되풀이 할 수 있었던 것이 아닐까 한다. 이와 같은 진실성이 사람을 감동시키고 나아가 그로 하여금 성찰과 재생을 가져오게 하는 것이다. 의거에 참여했던 사람에게는 바로 이와 같은 진실성이 저류(底流)하면서 서로 통하여 한 덩어리가 될 수 있었던 것이다. 이처럼 이귀는 대의에 살고 명분을 존중하는 고매한 성격의 소유자였던 것으로 보인다.

2) 대비의 인품

인목대비의 상은 결코 고목의 등걸같은 존재는 아니었던 것으로 보인다. 반정거사와 의병들이 궁중을 점령하고 인정전에서 상을 맞이했을 때 대비의 명에 의한 왕의 책립이라는 요식행위가 남아 있었다. 그래서 대비를 모시러 갔으나 남아 있는 공주마저 잡으러 온 줄 알고 공주는 죽어서 담 밑에 묻었노라는 반응 뿐이었다. 2차(次)에도 무답이었다.

또 사람을 바꿔 3차째 보냈으나 그의 분은 풀릴 줄 몰랐다. 끝내 상이 직접 나가 대죄했음에도 여전했다. 이로 미루어보아 대비는 불신과 분노의 화신처럼 보이기도 한다. 온갖 모욕과 박해 심지어 생명의 위협까지 당하는 풍상의 생활

에서는 의당 그럴 수 있으리라는 생각도 든다. 그러나 대비를 모시러 온 의거군
들의 설득은 진실하고 또 집요했으며 나아가 명분도 서 있었다. 이에 대비의
완강한 마음이 움직이기 시작했다. 밤 깊도록 땅에 엎드려 대죄하는 상을 보고
서야 비로소 전국보(傳國宝)를 들이고 이번 일을 글로 써들이라는 하명이 있게
되었다. 불신이 풀려가는 모습이다. 그 전말을 알고 난 다음에야 내정에 내려와
시녀를 통해 그의 뜻을 전한다. 즉 "대장하이의호 여유친자호 촉납국보 욕중국
체 별무타의야(大將何以疑乎 予有親子乎 促納國宝 慾重國體 別無它意也)"가 그것
이다. "대장은 어찌 의심하는가? 나에게 친자식이 있는가? 국보를 들이라 한 것
은 국체를 존중하고자 함에서요 다른 뜻은 없노라"는 말에서 과연 국모의 풍도
(風度)를 오랫만에 대하는 듯한 훈훈함이며 든든함이다. 선조비로서의 면목이
약여(躍如)하다 하겠다. 서궁에 유폐되어 장구한 나날을 오로지 복수의 일념으
로 채워온 것은 아니었던 것으로 보인다. 그의 심저(心底)에는 국체를 염려하는
마음이 오롯이 간직돼 왔던 것이다. 필설(筆舌)에 절(絶)하는 환란 속에서도 국
모로서의 의식을 버리지 않았던 것으로 보아야 할 것 같다. 이귀는 인목대비의
호칭을 "여주(女主)" 또는 "자전(慈殿)"이라 했다. 여인 중의 어른 또는 자애로운
내전이라 한 것은 광해에 의해 삭호된 처지에서 부득이했던 것이겠다. 그러나
대비가 실질적으로는 거세된 형편이었으나 내심으로 아직 당당한 대비였던 것
이고 그런 자긍심도 견지하고 있었다 하겠다. 의거군들이 대비를 모시러 왔을
때 그에 응대하는 태도에서도 이는 잘 나타나 보인다. 즉

"너희들은 누구인데 이런 밤중에 승지 내관도 없이 이렇게 직계(直啓)하느냐"

"공주는 죽어서 담 밑에 묻었노라"

"이미 자립(自立)했는데 나를 불러 무엇하랴"

"죄인들을 효시(梟示)하라"

"좋은 궁궐에서 마음대로 하면서 나를 왜 부르느냐"

등등에서 그가 지닌 권위는 바래지 않았음을 알게 한다. 비굴함이나 열등감 같
은 것은 자취도 없다. 또한 이귀 등과의 대화에서 보여준 완강하고도 일관된
분노에는 원사(冤死)한 그의 혈족들 때문에 일어나는 개인적인 감정 외에 무도
한 무리들의 기탄없이 범분(犯分)하는 윤기상(倫紀上)의 진노도 아울러 작용했
던 것이 아닐까 한다. 국체의 존엄을 마음에 삭이며 가꿔온 대비의 꿋꿋함과

무게가 오롯이 실린 발언이었다고 생각된다. 광해에 의해 폐출된 여주 그리고 자전의 풍격에서 설중지매(雪中之梅)와 같은 능연(凜然)함을 느끼게 한다.

　청백일기가 인목대비의 폐출의 논핵실상을 잡은 것이라면 이 연평일기는 인조반정의 의거상을 집약 실사하였다. 이와 같은 변혁의 현장성은 상황파악의 엄연함과 서술의 구체성에 있는 것으로 보인다. 사실을 밝혀 후세에 전하겠다고 하는 의식의 발로 곧 그 기록성이 돋보인다. 의거의 시말이 소상히 드러난 데에는 일시(日時)는 분명치 않지만 이귀, 신경진 등 주역들의 면면들, 의기투합의 과정, 위국에의 대처, 마음의 여유, 지휘자의 영민, 외공내응 (外攻內應)의 실상, 광해조의 붕괴양상, 인조등극까지의 지루한 줄다리기, 뒤처리 등을 왜곡이나 가미없이 실기(實記)하였다. 여기에서 우리는 사실로 하여금 말하게 한다는 그 기능발휘를 만나게 된 것으로서 곧 기록성이 웅변으로 말하고 있는 것이다. 폭정의 아성이 무너져 내리는 이와 같은 구체상은 사료로서의 가치를 충분히 보유한다고 보겠다.

　이상에서 이귀의 의기와 인목대비의 인품을 보아왔다. 작자는 구체적으로 이귀의 '명분존중'과 '진지성'에 찬양을 보내고 감동까지 하고 있다. 그리고 국모라는 의식을 버리지 않고 고난을 견뎌낸 대비의 인품에서 존엄성을 느끼며 흐뭇해 하는 것이다. 그런데 이와 같은 찬양과 감동 그리고 흐뭇함 등은 직접 표현됐다기 보다는 그 분위기에서 오는 것이고 표현의 행간에서 집히는 것들이다. 작자는 폐비론에 반대했던 사람이고 폐비사의 실상을 파악 기록하여 후세에 전해지도록 청백일기를 쓴 사람이고 나아가 반정의 의거사를 기술한 것으로 보아서 인조반정을 대망(待望)했던 사람이라고도 볼 수 있겠다. 그래서 객관적인 입장에서 서술된 본 일기에서 구체적인 찬사를 늘어놓을 수는 없었다 해도 간접적이기는 하지만 그의 감동과 흐뭇함은 행간에서 또는 분위기에서 쉽게 잡힌다. 따라서 "나"라는 표현을 거의 찾아보기 힘들지만 그의 우회(迂回)적인 표출에서 대단히 미약하기는 해도 그의 자조성의 일단을 짚을 수 있겠다. 그 예로 이귀 3부자가 금부도사의 추격을 받는 줄 알고 당황해하는 대목을 기술하면서 "……당시의 일을 어찌 다 형언할 수 있으랴"라는 탄식을 작자는 가필하고 있는 것을 본다. 이것은 작자가 3부자의 심정을 읽은 것으로서 이미 그들과 한마음이 된 것을 나타내는 대목이라고 볼 수 있겠다. 이와 같은 심정을 우리는 무시할 수가 없는 것이다. 말하자면 작자는 이귀의 의기를 짚으면서 감동하고 대비의 고매한 인품을 짚으면서 흐뭇해한다. 두 인물의 실상을 서술하면서 수반돼 나타나는 정서적 체험을 접한다. 그러므로써 그 사실의 서술에서 진실의 표출을 본 것이다.

7. 시간의 역류

본 일기에 나타난 시간의 역류현상은 3차로 보인다.

(1) 1차는 호랑이 사냥하는 대목이다. 이것은 호랑이를 잡아보내서 폐주를 기쁘게 하여 조금이나마 모사의 의심을 받지 않으려는 것과 반대로 일단 유사시에는 개성을 거치지 않고 평산에서 장단까지의 직통로를 만든 폭이 되었다. 이와 같은 결과는 우연의 일치라고도 볼 수 있는 것이지만 이 대목에서 이 사실을 회상했다는 것은 작자가 이귀의 원려(遠慮) 즉 앞을 내다보는 안목이 있음을 드러낸 것이 아닌가 한다. 그러나 이 직통로는 거사 비밀의 탄로로 제 기능을 발휘하지 못한다.

(2) 2차는 국문 당할 것을 각오한 이귀 3부자가 소노천의 고사를 회상하는 대목이다.

> "옛날에 소순(蘇洵)이 두 아들을 거느리고 악양교(岳陽橋)를 지나며 글을 썼는데 나도 또한 너희들을 거느리고 여기에서 글을 쓰고 지나간다면 후일의 사적이 어찌 노천(老泉 : 소순(蘇洵)의 호) 부자의 문장보다 낮지 않으랴?"

(p.653, 25행~27행)

금부도사의 일행이 온다는 소식을 듣고 안협의 농막을 나서서 한양으로 향한다. 국문을 당할 각오를 한 절대절명의 처지이다. 적벽강에 이르러 3부자는 진정서를 만든다. 소노천의 경우와 비슷한 처지가 됐음을 아들들에게 말한다. 생사의 갈림길에서 그는 태연자약하다. 청사에 남을 일임을 확신하는 대장부의 모습이다. 이와 같은 대목이 여기에서 회상된 것은 이귀의 당당한 기개를 드러내기 위함이리라. 그러나 금부도사는 오지 않고 정계(停啓)됐다는 소식을 받는다. 그 아슬아슬했던 심정은 이제 단순한 회상이 됐다.

(3) 3차는 거사모의 때 밝힌 이귀의 견해를 회상하는 대목이다.

> 처음 거사를 모의할 때, 공은 동모하는 이들로 더불어 최명길의 집에 모여 모든 일을 협의했는데, 이 때 공이 먼저 말하기를,
> "이는 광명정대한 일인데 누가 감히 어기겠는가? 이홍립도 동모를 승낙했으니. 그 날 거사할 때 의병으로 궁궐을 지키게 하고, 주상은 약간의 의병과 홍립의 군병을 거느리고 친히 서궁에 나아가 의거한 사유를 직접 고백한 다음, 자전을 창덕궁에 모셔다가 곤극(坤極)에 정위(正位)한 후에 자전의 명령으로 광해를 불러 죄를 열거하여 폐출하되, 창읍왕(昌邑王)의 고사(故事)와 같이 해야만 명분이 서고 말이 순하오"
> 했다. 그러나 일변의 의론이 이를 오활하다 하여 따르지 아니했는데, 지금에 와서도 그 이론(異論)이 저지했기 때문이다.
>
> (p.659. 3행~12행)

이귀는 처음부터 반정의 복안을 가지고 있었다.

① 의거군이 인정전을 점령하고
② 인목대비를 창덕궁으로 모셔 곤극(坤極)을 복위하고
③ 광해군을 불러 몹시 꾸짖어 폐출시키고
④ 대비가 정전에 나와 능양군을 주상으로 책립하는 것이다.

이와 같은 절차를 너무 우활하다 하여 반대하는 여론도 있었으나 그대로 진행된다. 여기에는 순리에 따르는 공명정대함이 보인다. 이귀에게는 소신이 있었다. "차사광명지대사 취감위(此事光明之大事 就敢違)"가 그것이다. 이 일은 떳떳한 일인데 누가 감히 어기랴 하는 당당함이다. 이와 같은 회상에는 이귀의 무사(無私)가 드러난다.

이와 같이 세 차례에 걸쳐서 일어난 시간의 역류는 이귀의 원려 · 기개 · 무사를 드러내는 효과는 거두고 있으나 거사 추진과는 직결된 것 같지 않다. 인품의

편모(片貌)를 스쳤을 뿐 스토리 형성에까지 이르려는 의도는 없었던 것 같다.

8. 성격

1) 차서성(次序性)

이에 대해서는 이미 구성과 형식항에서 언급하였다. 그런데 본 일기가 면밀하게 월일(月日)을 밝히지 않았음을 알게 된다. 기억이 분명치 않아서 밝히지 못했을 수도 있겠으나 월일이 문장 속에 용해돼 있는 것이 주목된다. 전술한 바도 있지만 "이보다 앞서 함흥에 있을 때", "이해 봄에 공(公)은", "4월에 부인의 병은", "초상을 치른 지 사흘이 되던 날" 등은 그 좋은 예라고 하겠다.

이와 같은 현상은 시종이 여일한 것으로 보아 견문이나 수집된 자료들이 대체로 사실 위주로 전달된 것이 아닌가 하는 생각이 든다. 그런데 시간까지 잡힌 대목도 보인다.

> 그리하여 3월 13일로 거사할 시기를 확정했다. 공은 김 류에게 말하기를, "이러한 때, 대장은 나처럼 늙은 자는 할 수 없소. 영공(令公 김 유를 말함)은 본래 대장의 물망이 있어 군중을 제압할 수 있으니, 영공으로서 대장을 삼는 것이 가하겠소"
> 하고, 밤 2경(更)을 기해 홍제원(弘濟院)에 모이기로 약속했다.
>
> (p.655, 1행~6행)

이와 같이 시각까지 밝힐 수 있었던 것은 중요한 일이기도 하지만 그만큼 밝힐 만한 자신이 있었던 것이 아닐까 이제까지의 기록양상으로 보아 그렇게 생각이 된다. 그리고 전항에서 본 것처럼 본 일기의 역류현상은 3차로 나타난다. 이와 같은 현상은 앞에서 본 바와 같이 이귀라는 인물의 상이 선명해진 반면에 사태의 진전에는 별로 영향을 준 것으로는 보여지지 않는다. 말하자면 소설에서 흔히 지적되는 스토리 형성과는 무관한 시간의 역류가 아닐까 한다. 곧 단순한 회상같은 것이다. 여기서 알려지는 것은 소설이 아닌 일기문에도 시간의 역류현상이 일어난다는 사실이다. 따라서 이와 같은 역류는 전후관계의 이해를

도울 뿐 사태의 변화를 가져올 만한 기능을 지니고 있지 않은 것으로 보이므로
해서 전체적으로는 시간의 흐름에 따른 차서적인 성격임을 알게 한다.

2) 당일성(當日性)과 즉실성(卽實性)

직접 체험이 아니기 때문에 당일성은 지극히 약하다고 하겠다. 그러나 즉실
성은 「인조실록」에 보이는 대로다. 즉 계해년(1623) 3월 13일에 이귀, 김류 등이
주동이 되어 최명길, 심기원, 이괄 등과 손잡고 거사한 것이다. 홍제원에 모여
수백군이 창의문을 깨고 성안으로 진입하여 도감군 대장 이광립 등의 내응으
로 아무 저항도 받지 않고 인정전으로 들이닥친다. 폐인의 도망을 확인하고 이
튿날 인목대비를 모시고 능양군을 16대 왕으로 추대한 사실이다. 그런데 본 일
기는 보다 상세하고 생동감마저 느끼게 하는 대목을 보여주기도 한다.

> 곧장 내전문에 나아가 승전 내관(承傳內官)을 불러내어 반정의 뜻으로
> 아뢰게 했다. 이에 대비는 하교(下敎)하기를,
> "유폐된 지 10년 동안 누구도 찾아오는 사람이 없었는데, 너희들은 누구인
> 데 이런 밤중에 승지 내관도 없이 이렇게 직계(直啓)하느냐? 공주(貞明公主)
> 는 이미 죽어 담장 밑에 묻었다. 또 여기에 온 사람은 성명을 써서 드려라"
> 하였다. 이는 대게 반정이란 천만 뜻밖의 일이기 때문에 공주를 또 아들
> 영창대군처럼 잡아다가 죽일까 의심하여서였다. 김자점 등이 승지 민확(閔
> 馦)을 시켜 또 계달(啓達)했으나 종시 하답(下答)하지 않았다. 곧 이 뜻으로
> 회계(回啓)하니, 상은 공(이 귀)을 시켜 가서 계달하고 즉시 모셔오라고 하
> 였다.
>
> (p.658, 17행~p.659, 1행)

친정은 쑥대밭이 된지 오래고 아들마저 빼앗긴 채 10년간을 버텨온 대비의
굳어진 심려가 그대로 드러나 보인다. 충분히 그럴만한 하교를 내리고 있어 개
연성이 짚이는 기술이다.

> 상은 땅에 엎드려 대죄하고 있는데 밤은 이미 깊었었다. 자전이 또한 전
> 국보(傳國寶 : 옥새)를 들이라고 재촉했다. 공은 대답하기를,
> "이 때 전국보를 여주(女主 : 대비를 말함)께서 장차 어디에 쓰려는 것입
> 니까? 신의 머리는 끊을 수 있지만 국보는 들일 수 없습니다"

하니, 이에 자전은 하교하기를,

"오늘날 하는 일을 내가 미처 자세히 알지 못하니, 글로 써서 들이라"
고 했다. 공은 김대덕(金大德)으로 하여금 붓을 잡혀 사실의 전말을 써서
아뢰고, 또한 권사(權辭)로 말하기를,

"도원수 한준겸(韓俊謙)이 사방의 의병을 거느리고 장차 오고 있습니다"
하니, 자전이 친히 내정에 서서 시녀(侍女)로 하여금 이 귀에게 전해 말하
기를,

"대장은 어찌 나를 의심하는가? 내가 친자식이 있느냐? 국보를 재촉한
것은 국체(國體)를 존중하려는 것이요, 다른 뜻은 없노라" 했다. 공은 대답
하기를,

"성교(聖敎)가 진실로 그러시다면 정전(正殿)에 납시어 주상을 책립(冊
立)하시고 대신을 불러 국보를 전함이 가합니다. 어찌 국보를 지레 들이어
남의 의심을 사게 하십니까?"
했다. 상하가 서로 주장하여 일을 결정하지 못하고 있는데, 상은 박홍구(朴
弘耉)에게 명하여 국보를 들이라 하더니 「계(啓)」자(字)도 아울러 들이라고
했다. 이 때 주상은 오래도록 뜰 하래에 부복하고 있었다. 자전이 이에 대
신 및 도승지를 명하여 주상을 모셔들이게 하고 비로소 책립의 예(禮)를 행
하였는데, 밤이 깊고 급하기 때문에 대장들이 모두 참석하지 못했다. 이 때
모든 왕자들도 들어와 광경을 보려고 했으나 김자점이 문을 닫고 들어오지
못하게 하며 말하기를,

"지금이 어느 때인데 왕자들이 모두 들어오려고 하시오"
하고, 손을 휘둘러 물리쳤다.

이튿날 상이 공을 명하여 궁성 호위대장(宮城扈衛大將)으로 삼고 하교하
기를,

"절제(節制)의 명령을 위반하는 자는 선참후문(先斬後聞 : 우선 베고 뒤에
아룀)하라"

(p.660, 27행~p.661, 27행)

인조의 책례 직전에 숨가쁘게 돌아가던 정황이 손에 잡힐 듯 조삽(燥澁)하면서
도 진솔하다. 아슬아슬한 고비를 겨우 감싸안고 돌아드는 모습이라고 하겠다.

이상과 같은 여러 가지 상황에서 볼 때 본 일기는 인조반정의 거사실상을 남
기는데 초점이 맞춰진 사건기(事件記)라고 보여진다. 매일 기록한 일기가 아니
라 하나의 사건의 시말을 다룬 일기라고 하겠다. 재료가 역사적인 사실을 취택
하여 오히려 그 내부가 드러나 보일 정도로 자세하게 파악되고 있는 점에서 이
는 사건일기라고 볼 수 있겠다는 것이다.

9. 결

　차서적인 구성이지만 하루 단위로 완결된 일기는 아니다. 전반에서는 여러 날 또는 여러 달, 여러 해가 한꺼번에 묶인 기술이고 후반에 이를수록 기술내용이 자세해지고 반정거의(反正擧義)의 대목은 손에 잡힐 듯 상세하다. 그러나 이귀의 동태만은 전후를 통해 구체적이다. 간접체험이기 때문에 인물이나 사건의 구체적인 모습이나 상황이 다 드러나지 않았고 또 시간적인 역류가 나타나지만 창작의도를 가지고 있지 않아 단순한 회상으로 그친다. 따라서 본 일기는 인조반정의 실상을 알리려는 의도에서 쓰여진 사건일기라고 하겠다. 특히 이귀의 염의(廉義)와 인목대비의 국모라는 자긍심은 신선하고도 뿌듯함을 느끼게 하는 불씨가 되어 있다.

10.　양일기(兩日記)의　대조

　신익성(申翊星)은 청백(青白)·연평(延平)의 두 일기를 간략하게 적어 놓았다. 청백일기는 인목왕후의 책립으로부터 서궁에 유폐되기까지 주로 광해군의 실정에 대한 기술이지만 그중에서도 주목되는 것은 폐비로 몰려나는 과정 즉 인목대비 폐출의 논핵의 실상이다.

　연평일기는 인조반정의 시말을 적은 것이지만 그중에서도 두드러져 보이는 대목은 대비로 복위되는 과정 즉 인목대비 영입의 정위(正位)되는 실상이다.

　청백일기에서는 대비폐출을 혼조(昏朝)의 마지막 목표를 달성한 것으로 볼 수 있다면 연평일기에서는 대비의 복위를 중흥조의 막을 여는 시발로 볼 수 있을 것 같다. 그래서 양 일기를 대조하므로써 폐출과 복위의 당위성의 차이를 짚어 보려고 한다. 한가지 짚어야 할 것은 양 일기 어디에도 당색(黨色)은 비치지 않는다는 것이다. 그러면 다음과 같은 세 가지 면에서 구명해 보기로 한다.

1) 주도자(主導者)의 인품(人品)

대소사를 막론하고 하나의 일이 집행되기까지에는 앞장서는 인물이 있게 마련이다. 그런 인물로서 폐출론 쪽에서는 이이첨을, 반정의거 쪽에서는 이귀를 드는 것이 무리가 없을 것 같다. 이 두 사람에 대해서는 앞에서 각각 언급한 바 있으므로 여기서는 그 집약된 인품 나아가 가치관을 짚어본다.

(1) 이이첨

원래 탐욕해서 죄를 얻어 선조에게서 버림당한 사람으로서 탈권병(奪權柄)·범명분(犯名分)에 거리낌이 없는 부도덕한 인물로 지목돼 있었다. 모든 사단의 뒤에는 그의 그림자가 밟히는 말하자면 사주의 명수로서 작자도 그를 가리켜 기사에 능하다고 밝히고 있다. 공개적으로 대비를 협박하고 목릉을 발굴하고 선조를 모셨던 궁인을 모조리 끌어내 죽이며 김제남 추륙에까지 손을 대는 이른바 범상(犯上)과 잔인함을 아우른 패륜의 사람이었다. 대비폐출을 주도하여 상에게 아첨하고 아래로는 백관에게 군림하여 분에 넘치는 부귀영화를 누렸다. 이렇게 물욕에 찬 인간상을 작자는 이미 "임인(壬人)"이라고 못박아 놓았다. 인간이기를 거부한 불의의 상징이 아닐 수 없겠다.

(2) 이 귀

먼저 풍기는 것은 염결(廉潔)함이다. 문상 온 신경진을 만나서 담소 중에 의기가 투합한다. 양인 모두가 사심없음을 잘 드러내고 있다. 대장 이흥립을 의거 동지로 맞아들이게 한 장유(張維)에게 너무 기쁜 나머지 엎드려 절을 하고 감사해한 데서도 솔직담백한 성품의 소유자임이 잘 나타난다. 거사일을 정해놓고 의병의 지휘를 김류에게 맡긴다. 자기는 늙고 또 박력도 없으므로 적임자가 아니라고 생각하였고 대장의 물망이 있어 군중을 제압할 수 있는 김류를 내세운 것이다. 그런데 약속시간에 김류가 도착하지 않았으므로 부득이 이괄에게 모든 지휘를 맡기고 스스로 그 부하가 된다. 이와 같은 처사는 오로지 대의를 위해서는 모든 것을 희생한다는 일념에 차있음을 보여준다. 그러나 김류는 다른 곳에서 기다리고 있었기 때문에 어긋장이 난 것이었고 따라서 김류와 이괄의 관계는 미묘해졌다. 이에 이귀는 진심으로 이괄을 권하여 합세하게 만든다. 말하자면 이귀의 설득이 주효한 것으로서 여기에는 이귀의 무사한 언행이 이 위기를 극복하게 한 것으로 보여진다.

이귀는 다음과 같은 소신에서 거사에 임한 것으로 보여진다. "차사광명지대사 취감위(此事光明之大事 就敢違)"가 그것이다. "이 일은 공명정대한 일인데 누가 감히 어기랴"라는 이 한마디에는 대도를 가는 자신만만함과 하늘을 찌르고도 남을 힘찬 기백이 넘쳐난다. 그래서 그는 당당하면서도 소담하고 또 겸허했다. 그의 머리에는 대의만이 가득차 있었던 것이다. 능양군을 위시하여 의거군 수뇌가 서궁에 이르러 대비를 창덕궁으로 모시려 할 때 국보를 먼저 들이라는 대비의 하교가 있었다. 그때 이귀의 대답은 "신두가절국보불가입(臣頭可折國宝不可入)"이었다. 국보는 나라의 상징이기도 하기 때문에 이를 사수할 책임을 느꼈을 것이다. 폐주에게서 겨우 도로 찾은 국보를 경홀히 할 수는 없었던 것이니 여기에는 오로지 나라만이 있었다. 이귀의 충은 이렇게 빛나고 있었다고 하겠다. 이처럼 이귀는 의를 위해서는 사심을 버리고 물욕을 넘어 갈등을 소화할 줄 아는 대인이었던 것이다.

앞에서 이이첨은 불의에 찬 임인으로 취급되었고 이귀는 의에 살고 또 죽을 수 있는 대인으로 자리매김이 되었다. 임인과 대인의 차이는 다름아닌 의롭게 사느냐 못사는냐의 여부에 있다 하겠으니 이는 곧 인간의 가치관이라고도 할 수 있을 것 같다.

2) 과정(過程)의 추이(趨移)

(1) 대비를 폐출시키는 과정

대비를 폐출시키는 과정과 정위시키는 과정에서 상대되는 점이 있다면 어떤 것인가를 보기로 한다. 먼저 대비를 폐출시키는 과정이다.

가. 여론의 조작과 환기(喚起)

여기서는 사실의 날조나 침소봉대로 나타난다. 예를 들어보면 다음과 같은 것들이다.

이이첨의 사위 이상항(李尙恒), 한찬남(韓纘男)의 아들 희(噫)·급(吸)·

오(晤), 성진선(成晉善)의 아들 하연(夏衍), 생질 이생인(李生寅) 등이 대비를
지적하여 말하기를,
　"안으로 역모를 꾸미고 밖으로 역적과 통하였으니 모자간의 도는 끊어
졌다"
하고, 장령(掌令) 정 조(鄭造)·윤 인(尹訒)은 이위경이 올린 소(疏)를 부연
하여 어전(御前)에서 발언하기를,
　"청하옵건대, 전하께서는 대비와 각각 다른 궁궐에 거처하셔야 됩니다"
하였다.

(p.639, 20행~27행)

　정조·윤인은 스스로 탄핵하여 말하기를,
　"대비가 스스로 종사(宗社)를 끊어버리는데 어찌 모후(母后)로 대접할 수
있으랴?"
하니, 이는 대개 그들이 광해에게 간청하여 대비와 다른 곳에 거처하게 한
후에 장차 폐출(廢黜)을 건의하기로 계획했던 것이다.

(p.640, 6행~10행)

　이런 것들은 모두 폐출의 원인제공으로서 필요한 수순이었다. 대비가 모자간
의 도리를 끊어버리니 어찌 한집에 살 수 있겠느냐는 것이고 이처럼 나라를 망
치려 드는데 어찌 모후로 대접할 수 있겠느냐는 것이다.

　병진년(광해8·1616)부터 정 조·윤 인의 지위와 명예는 날로 커져 그
일당이 번창하였다. 허균(許筠) 또한 이첨과 합모하여 항간에 떠돌아 다니
는 무뢰배들을 자기 집에 불러들여 의식을 제공하고 유생(儒生)의 복장을
갖춰 입힌 다음, 날마다 부도(不道)한 소를 올리게 했다. 허균은 다시 그의
일당인 김언황(金彦滉)을 시켜 화살로써 경운궁(慶運宮)에 투서하고 사람으
로 하여금 이를 고발하게 했는데, 그 가운데 상을 비방하는 말에는 차마
형언할 수 없는 것이 있었다.

(p.641, 21행~26행)

　여기서는 허균의 뇌동상(雷同相)이 두드러진다. 그는 유생을 고용해서까지
부도한 상소를 올리고 있다. 뿐만 아니라 영창대군이 선조의 아들이 아니고 민
가의 아이를 주어다가 궁중에서 키웠다는 이른바 사실의 날조까지도 서슴지
않는 극단적인 성죄(聲罪)의 선봉이었다.

이 때 한효순(韓孝純)은 거의 죽게 된 나이로 송장과 진배없는 몸을 이끌
고 이이첨의 문하에 굽실거려 정승 자리를 얻고 그들의 뜻에 맞추어 주구
노릇을 하니, 남자들이 모두 말하기를,
　"이 사람이 반드시 큰 일을 저지르겠구나" 했다.

(p.642, 17행~22행)

　여기서는 대비를 역적으로까지 몰아부치고 있는 것을 보게 된다. 또한 허균
은 집안에 소청을 차려놓고 상담역을 두어 손수 상소문을 만들어 거의 직업적
이라고 보일 만큼 상소를 일삼았다. 그리고 유언비어를 만들어 퍼뜨려 성중을
요란케 하는 일방 성균관 유생들을 선동하여 대궐 앞에서 시위를 벌이게 하고
있다. 나아가 상의(上意)에 영합하는 상소문이 홍수를 이루게 하였으니 그야말
로 여론의 입체적인 환기상이라고 할 수 있겠다.

나. 공포분위기의 조성

여기서는 공갈과 협박으로 국면을 이끌어간다.

　이 해 겨울에 이병(李覮)은 대사헌(大司憲), 정조는 부제학(副提學), 윤인
은 대사간(大司諫)이 된 후 곧바로 폐출론(廢黜論)을 들고나와 큰 소리로 위
협하며 말하기를,
　"우리의 발언을 따르고 따르지 않는 데 사생이 결판된다"
하니, 온 조정 관료들이 모두 겁에 질려 얼굴빛이 변했으며, 유생들 또한
모두 도피했다.

(p.642, 27행~p.643, 3행)

　이것은 삼사가 노골적으로 백관을 협박하는 대목으로서 따르지 않으면 죽는
길밖에 없다는 것이다.

　그를 따르는 자가 많으므로 도리어 따르지 아니하는 자를 공박하여 말
하기를,
　"나는 능히 달권(達權 : 그때그때 일의 기틀에 따라 적당하게 처리함)을
한다. 따르지 아니하다가 화를 당하는 자는 모두 부질없는 짓이다" 했다.

(p.645, 2행~5행)

과연 권간(權奸)의 호언이라 하겠다. 부질없이 따르지 않다가 화를 당하지 말고 앞장서서 솔선수범 하라는 것으로서 보다 강도 높은 위협이다.

> 김개는 이 때 한성 판윤(漢城判尹)으로써 강제로 부관(部官)을 시켜 방민(坊民)을 인솔하고 모후(母后) 폐출을 청하도록 했다. 그러자 덕이 높은 방민들은 점차 도망하였는데, 김개가 또 도망한 이들의 처자까지 잡아들이니, 혹은 집을 팔고 멀리 이사하는 자도 있었다.
>
> (p.644, 17행~20행)

이것은 백성을 강제로 동원하여 폐출 시위를 시키는 대목이다. 이만하면 이들의 폐출작업은 민의와는 상관없는 조작이고 계략이었음을 충분히 알 수 있다. 그러면 이제 폐출을 논핵하는 마지막 장면을 보기로 한다.

> 정청하던 이튿날 서경소(徐景霄)가 와서 말하기를,
> "어제 정회(廷會)의 명령은 애당초 상신(相臣)에게서 나온 것이 아니고 우참찬(右參贊) 유 간(柳 澗)이 이이첨의 집에서 바로 정부의 아전을 불러 명령을 내린 것인데, 정승인 한효순은 이를 알지 못하고 늙은 개 모양으로 비틀거리며 달려와 정회에 참석하여, 정인홍의 편지로 단안을 내려 드디어 폐(廢)·삭(削) 두 글자로 제목을 삼고, 모든 경(卿)을 불러 각각 가부(可否) 자를 써서 들이라 하였습니다. 좌중은 모두 공포에 떨며 어쩔 줄 몰랐습니다. 이에 김 개가 앞에 나서서 큰 소리로 외쳐 말하기를, '이 일을 어찌 물어서 행하랴? 따르지 않는 자가 있으면 그 따르지 않는 의논을 따르겠느냐?' 하니, 한효순은 감히 어떻다 말하지 못하고 묵묵히 고개만 숙이고 있을 뿐이었습니다.
> 이러자 온 정중(廷中)이 웅성거리며 장차 퇴출하려는데 밤은 이미 4고(鼓)를 쳤습니다. 이이첨이 문형(文衡)으로써 장차 계(啓)할 것을 정초하며 언성을 높여 말하기를, '이는 국가의 큰일이다. 이에 반대하는 자는 이 나라의 신하가 아니다' 하고, 삼사와 반복 협의하여 드디어 폐출을 확정했습니다. 한효순은 그들 사이에 헤어나지 못하고 목맨 우마(牛馬) 모양으로 이리저리 끌려 다녔습니다"
> 하였다. 상이 처음에는 대비의 조알(朝謁)을 폐하라 명하고, 다음에는 상공(上供)을 감(減)하게 했으며, 존호(尊號)를 삭탈하고 서궁(西宮)이라고 부르게 했다. 정의가 끝나자, 대신·삼사·육경이 의정부에 모여 감손절목(減損節目)을 의논했는데, 실은 호조 판서 최 관(崔 瓘)이 제정했다.
>
> (p.645, 6행~26행)

상신에게서 발의되지 않은 불법적인 정회에 백관들을 억지로 모이게 하여 대비의 폐출을 마무리했다. 모두가 공포에 떨며 어쩔 줄 몰라하는 가운데 김개의 노골적인 강제집행의 압력과 이이첨의 협박 하에 삼사와 협의 형식의 절차를 밟아 확정됐다. 말하자면 폐출이 만조백관의 합의로 원만히 통과된 것이 아니라 나라의 원로 및 정론주창자들의 불참 속에 폐비론자들의 일방적인 강압 하에 통과된 것이다. 이리해서 인목대비는 서궁으로 불리우게 되고 광해군의 모당(母堂)의 자리에서 물러나게 된 것이다. 인위적으로 모자관계를 끊는다는 것은 특히 불순한 동기에서의 단절은 불륜인 것이고 불효가 되는 것이니 마침내 광해군은 범상의 죄인이 되었고 이이첨은 이를 전담하여 수행했던 것이다.

다. 합리화

여기서는 폐출이라는 불륜을 합리화한다. 정회중에 이이첨은 다음과 같이 언성을 높여 외친다. "차국지대사 유의위자 비인신야(此國之大事 有依違者 非人臣也)"가 그것이다. 이것은 머뭇거리고 있는 백관들에게 신하로서 취해야 할 당연한 도리인 충을 강조한 말이지만 당시의 분위기로 보아서는 협박일 수도 있으나 또 한편으로는 하나의 명분도 되는 말이었다. 충의 강조는 조금도 틀린 말이 아니다. 신하로서는 당연히 나랏님에게 충성해야 한다. 명분을 생명으로 아는 유교천하에서 명분 없는 행동은 있을 수 없는 일이다. 그래서 나랏님에게 충성하기 위해서 대비를 폐출해야 한다는 명분을 세움으로써 결국은 자기가 취한 행동의 합리화를 도모하게 되는 것이다. 그런데 이를 뒷받침하는 차자(箚子)를 정인홍은 이미 앞장서서 올리고 있다. 한고조(漢高祖)의 후비인 여후(呂后)를 출묘(黜廟)하던 고사를 인용하여 이 폐출론에 힘을 실어주고 있다. 뿐만 아니라 강화도로 유배될 영창대군을 "우리 안에 든 돼지[圈豕]"에 비유하고 7신(臣)으로서 영창대군의 우익으로 삼았다는 등 불순한 의도까지 내비치고 있었다.

이와 같은 명분은 폐출이 결정되는 막바지 단계에서 강요되다시피 제공된 것이다. 말하자면 폐출을 결의하는 결정적인 기능제로서 이 명분이 내세워졌던 것이다. 나아가 이는 그 정당성을 표방하기 위한 조치 곧 합리화에까지 이르는 것이다. 본래 명분은 정당한 처사에서 솟아나는 것이지 만들어 붙이는 것이 아니니 이것은 결국 충이 불효의 방패막이 역할을 담당한 꼴이 됐다고 하겠다.

이제까지 폐출하는 과정에서 볼 수 있었던 것은 '여론의 조작과 환기', '공포 분위기의 조성' 및 '날조된 명분으로 합리화를 기한다'는 것 등이었다.

(2) 대비의 정위되는 과정

다음은 대비의 정위되는 과정이다. 이 과정은 거사 후에 가장 먼저 착수한 대목이다. 왜냐하면 곤극(坤極)이 서야 왕의 책립이 가능하기 때문이다. 따라서 반정의 정신으로 그리고 반정의 절차의 하나로서 경황이 없는 중에서도 최소한의 예의를 갖춰서 집행됐던 것이다.

가. 격식을 갖춰서

"창읍왕(昌邑王)의 고사와 같이 해야만 명분이 서고 말이 순(順)하오." 이것은 거사 직후 반정절차를 논하는 자리에서 이귀가 한 말이다. 신하로서의 도리를 다해야만 당당하고 한 점 부끄러움이 없으며 여론도 좋을 것이라는 것이다. 그래서 창읍왕의 고사를 본받는다면 반정의 절차는 '곤극의 정위', '광해의 폐출', '주상의 책립'과 같이 되는 것이다. 이런 절차가 우활하다는 말도 있었으나 이와 같은 이귀의 복안대로 진행되어 갔다. 이것은 반정의 절차이지만 곤극정위의 절차는 혼란의 와중에서도 차근차근 진행됐다. 말할 것도 없이 곤극정위는 하나의 의례여야 했다. 때문에 의전에 따라서 또는 고사를 본받아 정중히 정성을 다해 성례하는 것이 도리였다. 대비는 폐출당한 몸이기 때문에 "여주(女主)"라고 이귀는 불렀다. 이 여주를 대비로 복위시키는 절차가 곧 곤극의 정위였으니 이 과정을 거쳐야 법도가 선다는 것이었다. 제일 먼저 취한 수순은 대비를 알현하고 상황을 설명하고 그리고 창덕궁으로 환가(還駕)하게 하는 것이었다. 그래서 중신인 김자점을 보냈다. 그러나 남아있는 공주를 잡으러 온 줄 알고 만나주지 않았다. 다음으로 이귀가 나섰다. 가능한 한의 예법을 갖추어 서궁으로 향했다. 길가에는 도성 사람들이 쏟아져 나와 환호해 마지 않았다. 그러나 이귀도 만나주지 않아서 끝내 능양군이 복지하는 데까지 이르게 되었다. 대비의 얼어붙은 마음은 이와 같이 쉽게 풀리지 않았으나 흉흉하던 민심은 봄바람같이 녹아 있었으니 여론을 조작하거나 환기할 필요는 전혀 없었던 것이다.

이에 공이 대비를 모셔오기 위해 의물(儀物)을 성대히 갖추고 나아가니,

> 도성의 백성들이 모두 눈물을 흘리며 말하기를,
> "오늘날 다시 성세(聖世)를 볼 줄은 미처 몰랐다"
> 라고 했다.
>
> (p.659, 13행~15행)

이것이 바로 반정을 환영하는 민심의 모습이다. 이귀는 이와 같은 민심을 업고 예에 어긋나지 않도록 세심한 배려 밑에 알현을 청했던 것이다.

나. 소신(所信)대로

능양군의 복지를 보고서야 대비의 마음은 조금씩 풀리기 시작했다. 그래서 먼저 의거의 전말을 적어드리게 했다. 그리고는 언로를 열었다. 물론 내인을 통해서였다. 요구조건이 이어졌으니 대표적인 것은 국보를 드릴 것과 광해를 효수하라는 것 등이었다. 이때 이를 상대한 것은 이귀였다. 이귀는 거사에 임하는 소신을 가지고 있었다. "차사광명지대사 취감위(此事光明之大事 就敢違)"로 이것은 전항에서 다룬 바 있다. 이 소신은 그의 정신적 지주 역할을 하고 있었기 때문에 일관되게 이와 같은 자세를 허물지 않았다. 이것은 의거군측에는 용기를 북돋았고 폐출론자들에게는 충격을 주었을 것이다. 그래서 이 소신은 대비를 향해서도 지켜졌던 것이니 대비의 요구 즉 국보문제와 광해 효수문제 등도 공명정대하게 절차를 밟아 당당하게 처리할 것을 종용했다. 이런 것은 법대로 처리돼야 문제가 없는 것인데 지금 당장은 법을 집행할 주체가 없는 것이다. 주상이 책봉돼야 하는데 주상의 책봉은 곤극의 정위에서 비롯되는 것이었다. 급한 것은 곤극의 정위요 국보나 효수문제는 그 다음이었다. 이처럼 선후가 뒤바뀐 것을 이해시키는데 시간이 필요했다. 감정이 앞선 이와 같은 대비의 요구를 설득으로 풀어야 했다. 치밀한 논리의 전개, 정성을 다한 의례, 그래서 질서를 세워가려는 그 충성심은 대비의 굳어진 그 마음의 문을 열게 했으니 이는 일관된 소신의 뒷받침이 없이는 불가능한 일이었다. 따라서 공포분위기 조성 같은 것은 생각할 수도 없는 일이었다.

다. 순리(順理)대로

곤극의 정위는 봉상(奉上)의 정신에서 나온다. 윗분을 받들어 모시는 것은 아랫사람의 도리이며 곧 효에 해당된다. 이 효는 생활질서의 기본을 이루는 것이

다. 이렇게 사는 것을 우리는 순리대로 산다고 한다. 따라서 이런 데에는 명분
이란 따로 없는 것으로 굳이 명분을 붙인다면 쑥스러울 것이다.

> 이 때 공은 이 괄의 손을 잡고 귀에 대고 말하기를,
> "대장 김 류는 오지 않고 사태가 이 지경 되었으니 반드시 영공이 대장
> 이 되어야 대중을 진압할 수 있겠소. 나는 평소에 군려(軍旅)의 일을 익히
> 지 못하였으므로 창졸에 즈음하여 힘이 되어줄 수 없소"
> 하고, 드디어 이 괄로써 대장을 삼았다. 그리고 말하기를,
> "나 이하 그대의 절제를 어기는 자는 베시오"
> 하며, 거느리고 있던 군사를 나열시켜 대장에게 절을 올리니, 이 괄은 흔연
> 히 허락하고, 자기가 거느리고 있던 군관을 불러 미리 준비했던 「의(義)」자
> (字) 수백 조각을 꺼내 여러 사람에게 나눠주어 등에 붙여 의군(義軍)임을
> 표시하게 했다.
>
> (p.655, 18행~p.656, 1행)

이것은 의거군들이 주고받은 대화이며 임기응변하는 모습이다. 이렇게 모두
한마음이 되어 있는 마당에 명분의 강조란 오히려 거추장스러운 것이었는지도
모른다. 이미 거꾸로 된 나라의 살림을 바로잡으려 목숨을 내던져 원칙을 지킨
동지들인지라 명분 같은 것을 내세워 합리화를 도모한다는 것은 오히려 치욕
이 될 지도 모를 일이다. 봉상의 뜻을 알아차린 대비는 드디어 창덕궁으로 들어
오며 만조백관의 환영을 받았고 곤극에 오른다. 대비로 복위가 된 것이다. 이어
서 정전에 나와 주상을 책봉한다. 그래서 광해군 문제는 정청에 맡겨져 법대로
처리했으니 곧 강화도에 위리안치(圍籬安置)한 것이다. 또한 대비는 곤극에 오
르며 다음과 같이 국보문제에 언급한다. "아들이 없는 내가 국보에 탐을 낼 것
인가. 오로지 국체를 생각하여 국모로서의 체통을 생각해서였다"는 것이다.
　이상과 같이 정위의 과정에는 '격식을 갖춰서', '소신대로', '순리대로' 등이
보인다고 하겠다. 이와 같은 세 가지 과정에서 짚이는 것은 자신감을 가지게
됐다는 것 그리고 원칙적이었던 것 같다. 반면에 폐출론측의 과정에서 느껴지
는 것은 자신감보다는 어딘지 모르게 당황하며 서두르는 것 같은 느낌 속에서
합리성을 도출해내는 기미가 짙게 풍긴다고 하겠다. 순리적이어서 정정당당했
는가 아니면 합리적이기 위해서 명분을 쌓았는가의 차이인 것 같다. 말하자면
순리를 따랐느냐 합리를 꾀했느냐의 여부인 것 같다.

3) 충(忠)의 실상(實相)

나라를 위한다는 명목에서는 양측이 한가지라고 하겠다. 그러나 내질(內質)에서는 현격한 차이가 있는 것으로 보인다. 이제 양측이 보여준 충의 모습을 보기로 한다.

(1) 폐출론측

대비에게는 용납할 수 없는 11가지 죄목이 있기 때문에 마땅히 폐출해야 했다. 그래서 백관들은 이에 찬성하는 것이 나라를 위하는 것이고 곧 충이었다. 이는 "이것은 나라의 큰일이다. 이에 반대하는 자는 나라의 신하가 아니다(이이첨)"라는 말속에 잘 나타나 있다. 충성을 바치라는 촉구요 강요이다. 폐출론에 찬성하는 것이 곧 나라에 충성하는 것이니 나라를 위해 폐모해야겠다는 논리이다. 다시 말해서 불효로서 충을 이루겠다는 것이다. 이것은 부모를 꺾은 충이기에 범상(犯上)의 충이라고 부를 수 있겠다.

그런데 백관들이 이와 같은 논리에 쉽게 응할 수 없었던 것은 다음과 같은 세 가지 이유가 있었던 것이 아닌가 한다.

첫째는 대비의 11가지 죄목은 거의가 조작돼 있다는 것

둘째는 11가지 죄목이 있다 해도 과연 어머니를 어머니라 하지 않을 수 있으며 나아가 연금까지 시킬 수 있겠냐는 것

셋째는 충의 본질문제였으니 불효로 성립되는 충이 존재하는가 등이었다.

이는 법리상, 윤리상 그리고 생활철학의 문제이기도 했다. 이와 같은 문제를 안고 있었기 때문에 적잖은 반대에 부딪쳤다. 특히 나라의 원로 중신들의 반대하는 요지를 보면 다음과 같다.

> 이 때 영의정(領議政) 이덕형(李德馨)이 좌의정(左議政) 이항복에게 말하기를,
> "정 조·윤 인의 범상부도(犯上不道)한 죄는 형언할 수 없으니, 우리 두 사람은 어전(御前)에 이를 밝혀 사예(四裔)로 내쳐야 한다"고 하였다.
> (p.640, 18행~22행)

여기서 지적된 것은 범상부도(犯上不道)한 죄이다.

김제남이 사사되자, 예관(禮官) 오백령(吳百齡)이 대비의 성복(成服) 여부
를 대신들에게 수의할 것을 청했는데, 이에 수상(首相 영의정)이 말하기를,
"자식이 부모를 원수로 여기는 도리가 없으므로 춘추에 부모를 끊는 법
이 없으니, 대비는 그 아비를 위해 마땅히 복을 입어야 된다"
고 하여 드디어 성복시켰다.

(p.640, 25행~p.641, 1행)

부모를 원수로 여길 수 없으며 절모(絶母)하는 도리는 역사상 어디에서도 볼
수 없다는 것이다.

완평부원군(完平府院君) 이원익(李元翼)은 임자년(1612) 이후로 두문불출
하다가 이에 이르러 차자를 올려, 자전(慈殿)에게 효(孝)를 극진히 할 것을
상에게 간청했는데, 그의 말은 살을 도리듯이 간절했다. 그러나 상은 이에
크게 노하여 사자를 보내 심히 질책하였는데, 삼사(三司)에서, 남이공(南以
恭)이 이원익을 충동시켜 말을 지어내며 상을 비방한다 하니, 상은 모두 멀
리 귀양을 보냈다. 이에 유생 김효성(金孝誠)·정택뢰(鄭澤雷)·홍무적(洪
茂績) 등이 각각 항소를 올려 정 조·윤 인을 참하고 원익을 석방시켜 달라
고 간청하자, 상은 더욱 노하여 세 유생은 섬으로 귀양을 보냈고, 유생 조
직(趙溭)은 광해에게 극진히 효성하기를 간청하자 즉시 하옥시켜 주리를
틀었다.

(p.641, 12행~20행)

이원익은 자전(慈殿)에게 효를 극진히 할 것을 간곡히 당부하였으며 조직(趙
溭)은 효를 강조하다가 고문을 당하고 있다.

이항복은 시골에 있으면서 혼자 의논드리되, 대순(大舜)이 효도로써 부
모를 선하게 한 것을 말하고 폐론의 부당성을 공박하였다. 그러자 시의가
크게 떠들고 일어나 기자헌과 이항복을 참해야 된다는 상소가 일어났다.

(p.644, 9행~11행)

이항복도 효도를 강조하고 폐출의 부당함을 역설하고 있다.

이렇게 반대한 양상을 보면 죄목의 조작에 대한 언급은 보이지 않고 '불효는
사람의 도리가 아니다'로 묶어서 논리를 전개하고 있다. 즉 도리에 어긋난다는
범상부도인 것이다. 이와 같은 반대에도 불구하고 폐출론측에서는 그대로 범상

의 충을 밀어붙인 것이다.

(2) 반정측(反正側)

의거군은 충이란 말을 내걸었던 것이 아니라 묵묵히 행동으로 보여주었다. 전항에서 언급한 것처럼 인조조의 출정은 곤극정위에서부터 시작하고 있다. 이 세상에 태어나면서부터 맺어진 부모자식간의 인연을 끊어버리고 외면하려는 것이 아니라 설사 끊어진 인륜이라 해도 이를 되찾아 제자리에 돌려놓는 것이 사람의 정이요 특히 자식된 도리일 것이다. 군신간의 경우도 이와 조금도 다르지 않은 것이 우리의 전통이다. 그래서 이처럼 임금과 신하의 잃었던 인연과정을 이제 다시 찾아 모시는 절차가 곤극의 정위인 것이다. 여기에는 두 가지의미가 있다 하겠으니 나라의 입장에서 볼 때는 대비 곧 국모로서의 복위이고 가정의 입장에서 볼 때는 계모 곧 어머니의 자리를 되찾는 것이다. 이 유의(有義)와 유친(有親)은 아랫사람으로서 웃어른을 받들어 모신다는 정신에서 비롯된 것으로서 한가지로 효사상을 바탕에 깔고 있다 하겠다. 곤극정위는 자식이 부모를 모시는 마음으로 신하가 여주를 모신 것이니 이것이 곧 충으로서 그 내질을 밝힌다면 봉상의 충이 된다고 하겠다.

이렇게 신하의 도리를 다하는 것은 바로 질서를 잡는 것이고 스스로 기강을 세우는 것이 되며 나아가 이는 계통을 서게 하여 나라살림의 기틀을 이루는 것이다. 이것이 생(生)의 원리이고 가정적으로 볼 때는 효의 생리이기도 하다.

이와 같이 곤극이 정위되고 나서는 대비의 손에 의해서 "전국보(傳國宝)"가 인조의 손으로 넘어가는 책립의 예가 행해진다. 이리해서 요식절차는 끝났다 하겠으니 인조조는 정식으로 출범하는 것이다. 이런 과정에서 충을 강요한 사람은 아무도 없다. 질서정연하게 이와 같은 대례가 준행된 것 자체가 충의 자연스런 표상이었다고 하겠다.

이제까지 양측이 다룬 충의 실상을 보았다. 폐출론측의 충은 범상의 충이었으니 효를 무시하고 유린해 버린 때문이었고 반정측의 충은 효를 바탕으로 하고 효의 정신을 발양(發揚)했기 때문이었다. 차이는 바로 효의 생동여부에 있는 것으로 보여진다.

이에 이르러 볼 때 폐출론측에서 전개한 논리는 말하자면 그들이 조성한 어려운 국면을 타개하기 위해서 조작된 상황논리였다고 할 수 있겠다. 그래야 목적을 달성할 수 있었던 것이다. 본래 충효는 하나이다. 나라에 효하는 것이 충이니 효의 정신이 없으면 충이 성립되기가 어렵다고 하겠다. 따라서 범상의 충이란 있을 수 없는 허상에 지나지 않는다고 보아야 한다. 그러므로 충의 정상(正像)은 효의 정신이 작동된 것이 아닐 수 없겠다.

이상에서 청백·연평 두 일기에서 대조적인 양상을 파악할 수 있었다. 먼저 주도자의 인품에서는 의(義)라는 가치관을 지녔느냐의 여부에 있었고, 진행과정에서는 순리를 따랐느냐 합리를 꾀했느냐의 여부에 있었으며, 충의 실상에서는 효의 정신이 발양됐느냐 아니냐의 차이로 나타난 세 가지 양상이었다고 하겠다.

이제 이를 표로 만들고 나아가 이에서 드러나는 작자의 의취(意趣)를 보기로 한다.

내용대조표(內容對照表)

內容 ＼ 種類	靑白日記	延平日記
主導者 人品	壬人(富貴를 탐내는)	大人(廉潔의)
進行 過程	조작된 輿論 喚起	格式대로
	恐怖雰圍氣 조성	所信대로
	合理化를 꾀함	順理에 따름
忠의 實相	犯上(孝를 왜곡한)	奉上(孝를 바탕으로 한)
記述 時期	光海君 在任時	仁祖反正 後
敍述 視點	主觀的	客觀的
作 者	申翊星	申翊星

다시 한번 정리한다면 청백일기에서는 소인의 주도로 여론을 조작하고 공포 분위기를 조성하며 명분을 날조하여 합리화를 꾀하면서 어수선한 가운데 기어코 범상의 충을 행한 전모를 보여준다. 연평일기에서는 대인의 주도로 의기투합한 사람들끼리 뜻을 모아 종래 시행되던 격식을 따라 굳이 명분 같은 것을 내세움 없이 소신껏 모두가 자진해서 맡은 바 책임을 다함으로써 오히려 자연스런 분위기에서 순조로이 봉상의 충을 달성한 시말을 보여준다. 작자는 이 두 일기를 통하여 폐출론자들의 허구와 반정론자들의 진실을 밝혀놓았으며 이를

후세에 남긴 것이다.

이 두 일기를 대조함으로서 두드러지는 것은 다음과 같다고 하겠다.

첫째, 폐출의 주장에서는 조작적이고 분석적(粉飾的)인 면이 짙인다 하겠고 반정의 주장에서는 자연스럽고 순리적인 데가 있어 보인다 하겠으니 전자에게 는 후자에게서 볼 수 없는 권사(權詐)가 도사리고 있음을 알게 한다.

둘째, 진실을 추구해 마지않는 작자의 심정을 읽을 수 있었고 이와 같은 기록 을 남김으로써 결과적으로는 폐출론의 가면을 벗기는 작업을 한 것이 된다.

여기서 우리는 진실을 담은 기록성의 위대한 힘을 절감하게 된다는 것이다.

결국 이귀에게서는 창조적인 리더십의 발휘가 보인다고 한다면 이이첨에게 서는 파괴적인 리더십의 발현이 보인다고 하겠다.

V. 癸丑日記

1. 解說
2. 作者와 成立過程
  1) 작자　　　2) 성립과정
3. 動機
4. 敍述焦點
5. 敍述樣相
  1) 상서(詳敍)　　　2) 서묘(敍描)
6. 作品內容
7. 虛構性
  1) 인물　　　2) 사건
8. 小結
9. 構成
  1) 중요 사건　　　2) 구성의 실상
10. 時間의 逆流
11. 日記的인 屬性
12. 標記
13. 主題
14. 記錄意識
15. 小結
16. 心情의 흐름
  1) 유폐와 체념　　　2) 유폐(幽閉)와 자득(自得)
17. 恒心
18. 性格
19. 文學的 位相
20. 結

1. 해설

영창대군(永昌大君) 사건 즉 계축옥사(癸丑獄事)를 중심으로 선조(宣祖) 35년 (1602)부터 광해군 15년(1623) 인조반정(仁祖反正) 때까지 소위 인륜기강이 무참하게 짓밟힌 사건의 서술이다. 선조 35년 인목왕후(仁穆王后)가 임신했다는 말을 듣고 광해빈(嬪)이 온갖 음모를 꾸민 것에서부터 광해군의 불미(不美)한 언행 (言行)·영창대군을 제거하기 위해서 김제남(金悌男)을 역모로 죽이고 끝내 9세의 어린 대군(大君)을 궁외(宮外)로 추방(追放) 치사(致死)·인목왕후의 서궁(西宮) 유폐(幽閉)·많은 내인(內人)들의 살상(殺傷)·인목왕후의 저항(抵抗)을 거쳐 서궁의 문이 열릴 때까지 모멸과 협박과 공포 속에서의 간고한 생활이 사건 위주로 다루어졌다. 사실적(寫實的)인 서술과 표현으로 특히 중후(重厚)한 궁중어 (宮中語)를 세련된 담화체(談話體)로 당쟁(黨爭)의 소용돌이를 이끌어간 이 일기의 집필(執筆) 기조(基調)는 객관적으로 잡혀 있는 것으로 보이나 생각의 흐름과 의식의 파장(波長)에 따른 즉 주관적인 터치가 짙게 침투되어 있다고 하겠다.

이처럼 특수한 경우를 취급하는 사건 일기에서는 매일 기록하는 것이 아니기 때문에 일차(日次)가 매일 나타나지 않을 수도 있다. 일기와 일기문학의 대상은 언제나 과거에 있으므로 그 서술은 주로 회상(回想)에 의존하게 되고 자연 기억 본위의 일기일 수밖에 없겠다. 따라서 시차(時次)가 흐름에 따라 사건이 진전되는 것이 아니라 역류(逆流)가 나타나게 되는데 이것이 곧 회상에 의한 시간성(時間性)의 해체(解體)다. 엄청난 일을 당한 사건일기의 기술인(記述人)은 세상 이치로 보나 인정상으로나 따질 일도 많고 풀어야 할 감정의 응어리도 있는 것이며 하고 싶은 말이 많은 것이다. 그런 심정을 나름대로 펴려다 보니 이야기의 줄거리가 생기게 되고 하소연과 넋두리도 붙고 강조나 과장도 따르게 되겠다. 그리고 이야기가 설득력을 지니기 위해서는 경우가 밝아야 하고 상정(常情)에 맞아야 한다. 따라서 말에 조리(條理)가 있어야 하고 인과관계(因果關係)도 타당해야 한다. 이와 같이 정돈이 되다 보면 사건의 순서가 바뀌는 경우도 생기게 되고 뜻밖에 감정의 흐름을 제대로 조절 못하는 경우도 생길 수 있다. 환언

(換言)하면 일기가 지니는 일차(日次)적인 기록체제(記錄體制)를 그대로 유지하기가 어렵게도 되고 자연히 시간의 순류(順流)가 안되기도 한다는 것이다. 일차적인 기록체제에는 이와 같은 스토리를 담기가 어렵고 만일에 억지로 담는다면 속시원하게 자기의 답답한 심정을 다 풀어낼 수가 없게 되는 것이다. 그래서 인과관계를 맺어 스토리화 함으로써 자기의 하고 싶은 말을 다 한다는 것이고 체제와 시간성(時間性)의 해체(解體)가 따르게까지 된다. 스토리화는 곧 작품화된다는 것이고, 따라서 일차(日次)의 그림자는 엷어지게 되고 그래서 일차의 기록은 무시되기도 하고 잔영(殘影)만 남게도 된다.

이와 같은 시점(視點)에서 「계축일기」를 볼 때 그 체제와 시간성은 다소간 해체 내지 변모된 것처럼 보이지만 그 원형(原形)의 변질이나 주류(主流)의 전환에까지는 이르지 않은 것으로 보인다. 즉 스토리화로 인해서 사건의 순서가 바뀌고 시간성이 해체됐다 할지라도 「계축일기」 전체를 통시(通視)할 때 사건의 전개에 따른 전국면(全局面)은 일차적(日次的)인 즉 시간의 흐름에 따른 연대기적(年代記的)인 구성으로 보여진다는 것이다.

여기서는 내인(內人)들이 쓴 일기의 성격에 초점을 맞추었다.

텍스트는 「姜漢永校註 癸丑日記」(新古典社刊)을 중심으로 「仝書」(乙酉文化社刊)도 참작했다.

2. 작자와 성립과정

1) 작자

이에 대해서는 이미 많은 언급과 서술이 있어온 것처럼 대체로 내인(內人)으로 기울고 있다. 성명이 밝혀지지 않아서 아쉽기는 하지만 다음과 같은 측면에서 내인설(內人說)을 다시 한번 보기로 한다.

(1) 이미 본 일기 후기(後記)에서 본 것처럼 작자는 내인(內人)이며 1명 이상으로 되었다.

　　……니인들이 잠간 긔록ㅎ노라 (p.227, 7행)

　여기서는 당시 일기에 대한 관념을 생각하고자 한다. 일기라는 용어 아니고도 소설 작품에 쓰여진 것으로는 신화(新話)·전(傳)·기(記)·연의(衍義) 등 많이 있었는데도 불구하고 일기라는 용어를 적용(摘用)하고 있는 것은 작자의 무식이라기보다는 작품 내용으로 보아 또한 작자의 의도에서도 그러지 않을 수 없는 선택이 아니었나 하는 것이다. 본 일기의 서술면에서만 보아도 풍부한 어휘(語彙)·자유자재한 조사(措辭)·스토리 구성·집필·중국 문학에 대한 해박한 상식과 인용 등에서 작자는 많은 독서량과 필력(筆力)을 가진 사람들이라고 하겠기 때문이다. 그런데 후대(後代)로 내려올수록 일기(日記)는 실기(實記)라는 관념이 엷어지지만 상대(上代)로 향할수록 이런 생각은 건재하다고 보여진다. 이미 「實錄」중에는 연산군 일기가 나왔고 또 뒤미쳐 광해군 일기도 나오고 있다. 이와 같은 현상에서도 당시의 일기의 개념은 분명히 드러난다. 따라서 작자가 선택한 이 용어의 진의(眞意)를 놓치지 말아야 할 것 같다.

　(2) 본 일기에는 광해군을 대전(大殿)으로 그 비(妃)를 내전(內殿)으로 빈번하게 호칭하고 있다. 그리고 인목대비는 ‘우히’로 부르고 있다. 여기서 알려지는 것은 다음과 같은 것들이다.

　가. 대전(大殿), 내전(內殿), 우히 삼자(三者)가 다 경칭(敬稱)이나 우히에서는 거리감(距離感)을 덜 느끼게 하는 다정함이 풍긴다. 대전, 내전이란 호칭에서는 당시 제도권 안에 들어서 상감(上監)을 모시던 내인(內人)들의 습성이 두드러진다. 작자는 그래서 대비측(大妃側) 내인임이 짐작된다고 하겠다.

　나. 본 일기가 광해군 재위시(在位時)의 기록인가 라는 것이다. 이는 재위시에서 반정(反正) 후에까지 걸쳐 있는 것으로 봄직하다. 그 구체상은 제학(諸學)들의 상세한 언급을 참고토록 한다. 즉 이미 많은 논술이 있어온 것처럼 서술태도와 작품의 짜임새·어조·표기 등에서 을묘(乙卯)년을 전후하여 본 일기의 서술이 크게 차이가 나는 것을 근거로 해서 을묘년까지와 그 이

후를 전후로 잡을 때 성립 연대에 거리가 있다는 것이겠는데, 전반부는 광
해군 재위시로 후반부는 반정 후로 잡는다는 것이다.

다. 본 일기의 전반부가 광해군 재위시의 기술이라고 하면 작자들은 목숨을
걸고 이 작품을 다룬 것이 된다. 대군을 죽이고 대비까지도 죽이려던 참에
내인쯤이야 파리 목숨 같았던 때였다. 사실은 사실대로 기록한다는 일기의
본질에 충실했다고도 하겠으나 광해군에 대한 작자의 적대감(敵對感)의 노
정(露呈)을 본 일기에서는 가리기가 어렵기 때문이다. 이런 면에서 볼 때
유장(悠長)한 기분에서 지껄인 한담(閑談)일 수는 없는 것이겠다.

라. 작자들은 무의식중에 자신들의 인칭(人稱)을 나타낸다. 즉 '우리', '이녁'
등은 대비측을 지칭(指稱)한 것으로 작자가 광해측과는 대립적인 존재임을
알게 한다.

마. 나 항에서 본 것처럼 전반부와 후반부가 여러 면에서 차이가 나므로 해서
성립연대가 다르다 했거니와 이는 또한 작자가 동일인이 아님을 말하는
것이기도 하다. 한 작품 한 내용을 서술하는 과정에서 동일한 호흡(呼吸)과
체취(體臭)가 느껴지지 않는다는 것은 작자가 달라졌다는 것을 알게 하는
표지로서 이는 부득이한 사정에서였으리라고 생각되거니와 고소설(古小
說)과 같은 문예물에서는 보기 드문 일이라 하겠다. 최소한 2인의 작자라고
생각될 때 전술한 바와 같이 여러 면에서 일관성(一貫性)은 결여(缺如)됐다
하겠으나 역사적인 사실만은 소재로서 건재함을 보게 된다.

바. 본 일기에서 작자들은 광해군을 증오하고 있음을 여러 대목에서 나타내
고 있을 뿐 아니라 그의 장인인 유자신(柳自新)을 유가(柳哥)로 부르고 있
다. 나아가 작중 인물들과 같이 흥분하기도 하고 울기도 한다. 이것은 작자
들이 작중 인물들과 하나가 되어 사건에 간여(干與)하게도 되는 이른바 작
중 무대에 등장한 것이 된다. 말하자면 작자의 참여를 보게 되는 것이다.
즉 광해군 치하에서 인목대비를 모시고 있었고 목숨을 걸고 본 일기를 사

실성을 훼손(毀損)하지 않게 기술했으며 광해군을 증오한 나머지 작자로서
작품에까지 참여하게 된 내인들이라는 것이다. 그래서 계축일기의 작자는
생명의 위험을 무릅쓰고 광해군의 불효와 영창대군과 인목대비의 억울함
을 정의감을 가지고 서술한 대비(大妃)측 내인들이라고 보여진다.

2) 성립과정

본 일기가 성립되기까지는 후기에 보이는 것처럼 1인 이상의 손을 거쳤을 것
이고 기술도 매일의 작업이라기보다는 몇 차례 나누어서 서술된 것으로 보인
다. 그런데 여기에는 많은 사건과 인물, 배경, 일시 등이 거의 사실에 가깝게
나타난다. 사건의 얽힘과 인과관계도 사실대로 밝혀진 것도 적지 않다. 소헌왕
후(昭憲王后)의 고사(故事), 임진왜란 때의 실사(實事) 등 시간이 많이 지난 것들
은 기억만으로는 도출(導出)해 내기 어려울 것으로 생각된다. 물론 많은 조언도
있었겠지만 본 일기가 당시 사정으로 보아서 공개적으로 기술되기 어려웠던
것으로서 조용히 다른 기록을 참조하면서 진행시킨 것이 아닌가 하는 생각을
버릴 수 없다.

그래서 다음에 대단히 무모(無謀)하기는 하지만 다른 기록의 존재를 인정할
수도 있는 연유(沿由)를 찾아보고자 한다.

(1) 전술한 바와 같이 여조(麗朝) 때 볼 수 있었던 공(公)·사(私) 일기가 이때
도 있었을 것이다. 공적(公的)으로는 고려 때 자문일기(紫門日記)와 같은 공일기
(公日記)가 사적(私的)으로는 이백전(李白全)의 사기(私記), 이제(李磾)의 가기(家
記)와 같은 사일기(私日記)가 쓰여졌으리라는 것이다.

(2) 공일기(公日記)는 국가의 제도상 필수적인 것이었고 후에는 왕조실록(王朝
實錄)을 기술하는데 중요한 사초(史草)가 되는 것이므로 이때도 그 존재를 의심
할 수는 없다. 그 예로는 영조(英祖) 때 혜빈궁일기(惠嬪宮日記)를 들 수 있고 지
금도 남아있다.

(3) 용제총화(慵齊叢話)에 성현(成俔)의 일기를 이수광(李睟光)이 빌려다 보았

다는 기술이 보인다. 이것은 가문일기(家門日記)의 성격을 나타내기도 하는 대목이지만 당시의 사대부(士大夫)들은 이렇게 자기 일기의 미진(未盡)한 데가 있으면 채워 넣어야만 했던 기민(機敏)함을 보일 정도로 열심이었던 것이고 옛 대가(大家)나 호족(豪族)들의 후손들에게서는 지금도 그런 일기가 나오고 있는 것으로 보아 사기(私記)인 가문일기도 사대부들에게서는 계속 쓰여져 왔다고 하겠다. 그 예로는 전남 구례 유제양(柳濟陽)의 3대(1890~1940)에 걸친 전가일기(田家日記)가 발견되고 있다. (조선일보 1994년 7월 6일자 보도)

(4) 혜빈궁일기(惠嬪宮日記)가 기술된 것으로 보아서 서궁(西宮)에도 공일기(公日記)가 기술되었으리라고 생각된다. 분병조(分兵曹)까지 있었던 것으로 보아(延平日記) 궐내일기(闕內日記)와 같은 일기가 공인(公人)에 의해서 계속 기록됐을 것으로 보인다. 더욱이 서궁은 특수한 상황이기에 사초(史草)로서도 그 기록이 필요했을 것이다. 광해군 치하라고 해도 서궁은 대비(大妃)의 권위에 의해 질서는 유지된 것으로 보이며 개문문제(開門問題) 등에서도 나타나듯이 심정상으로는 유일하게 광해측과 대결관계에 있던 곳이어서 이 공일기의 기록은 서궁 외에서 기록됐을 것으로 추정된다.

(5)

> 이제 반ᄃᆞ시 샤특(邪慝)ᄒᆞᆫ 일노 잡아 ᄆᆞ자 업시 홀 거시니 우히 국뫼 되여 겨오샤 두 ᄌᆞ손을 두어 겨오시던 일은 무치이고 가슴 스이예 방정과 역모 ᄒᆞ오시다가 발각ᄒᆞ야 죽스오시다 스책(史冊)의 쓰이올 거시니 인간의 견ᄃᆞ기 어렵스온 츄츄(啾啾)셥스온 일이 다시 업스오나 훗일홈이나 아니 싱각 ᄒᆞ오리시잇가.

(p.106, 1행~4행)

이것은 역사기록에 대한 내인들의 불신상(不信相)이다. 여기에 '무치이고'는 이제까지 대비가 국모(國母)로서 두 자손 데리고 억울하게 살던 일은 다른 일에 묻혀서 기록되지 않고 오로지 역적가족(逆賊家族)으로만 사책(史冊)에 기록될 것이라는 것이다. 이것은 역사의 왜곡을 지적하는 것으로 보아야 할 것 같다. 이 말속에는 광해군 치하에서는 능히 그럴 수 있으리라는 뜻이 내포돼 있다 하겠다. 나아가 이때에 쓰여지고 있는 공일기는 믿을 것이 못된다는 내심(內心)을 드러내고 있는 것으로 보인다. 공일기가 사실대로 기록될 수도 없겠거니와 설령 사실대로 기록된다 해도 그대로 사책에 오를 수 없으리라는 강한 불신감이 보인다. 그래서 여기에는 자기네들이 쓴 것이라야 사실 그대로 기록될 수 있다는 심정이 은연중에 반영돼 나온다. 그러므로 죽지 말고 살아 있어야 사책에 사실대로 오를 것이고 그러기 위해서는 사초(史草)가 되는 공일기·사일기 등에 억울하게 살았다는 기록이 뚜렷이 기록되어야 한다는 것이다. 상궁들이 계속하여 사책에 언급하고 있는 것은 일기의 중요성을 지적하고 있는 것으로서 이처럼 일기의 중요성을 강조하는 이들에게 그들만의 궁내(宮內)의 일기라는 것이 있었음직하다.

(6) 서궁 내의 살림은 유폐생활일 망정 대비(大妃) 중심으로 영위됐다고 하겠다. 세대주(世帶主) 격인 대비에게는 적잖은 내인이 있었고 날로 죄어드는 형국이었지만 그런대로 그에 걸맞는 정도의 생활은 있었다고 하겠다. 그들에게서 통행의 부자유는 서궁 사람들을 가장 옥죄었다. 그래서 밖으로의 의사전달은 편지라는 수단이 전부였다. 우선 대비 자신이 편지를 자주 쓰고 있다.

내관(內官)이 문안 들었을 때는 구두(口頭) 전달도 있었지만 내용이 중대한 것이나 직접 면담(面談)하기 어려운 대전(大殿)·내전(內殿)·세자궁(世子宮) 등에는 편지로 통하고 있었다. 유폐(幽閉) 중에 쓰여졌다고 하는 인목대비술회문(仁穆大妃述懷文)을 보면 편지 이외에 자기의 심정을 나타낸 글도 쓰고 있었음을 알 수 있다. 또한 상궁들도 자주 청하기도 하고 직접 써보내고도 있다. 문 열어달라는 부탁을 하고 대군과 친모의 안부를 알고 싶어하는 대비에게 중환이·난이·천복이 등 세 상궁은 그런 글을 써달라는 진언(進言)을 수차 종용(慫慂)하고 있다. 내인들도 길이 있으면 자기 가족들과 편지로 안부를 전하고 있었으며 대비의 측근인 문상궁은 대비의 생활이 너무 안쓰러워서 큰마음 먹고 그 심정을 대신하여 스스로 편지를 작성하고 변상궁의 경고에도 불구하고 중환에게 건넸다가 큰 재앙을 만나기도 한다. 또한 중환이가 입으로 부르는 사자경(獅子經)을 김상궁은 언문으로 받아쓰고 있다.

"……듕환이 입을 바다 언서 뻐가지고 게가 이 경을 닑더니……"(p.127, 2행~

3행)가 그것이다. 이만한 실력들을 갖추고 있었으므로 텬복이 보고 "……언셔 흐
즈도 잘못 쓰며……"(p.177, 9행)라는 핀잔의 말을 서슴지 않았던 것이겠다.

　대비의 생활화된 서간작성과 심정이 정리된 술회문(述懷文)·내인들의 능숙
한 편지쓰기와 경서(經書)를 받아쓰기까지 하는 언문 구사·창작의 경지에까지
오른 일기 등에서 알려지는 것은 비록 부자유한 생활이었지만 이처럼 높은 수
준의 문필생활도 서궁에서 영위되고 있었음을 알 수 있다. 이것은 서궁생활의
한 편모(片貌)라 하겠으나 여기에 스스로 제기되는 문제가 하나 있다. 이러한
분위기에서 당시의 사대부 가정에서도 앞다투어 기록하던 가문일기와 같은 궁
내의 일기가 이 서궁에는 없었을까 라는 것이다. 그만한 문필생활을 도모했다
면 그리고 당시 역사기록에 대한 불신이 팽배했던 서궁 내에서 공일기(公日記)
와는 다른 대비를 중심한 서궁생활의 기록을 남겼으리라는 것은 상식에 속하
는 일이 아닐까 한다.

　(7) 그런데 계축일기는 그 서술이 정겨웁고 부드럽고 유(裕)하여 어미(語尾)
부분도 '흐더라', '흐니라', '아니더라', '흘녀라', '가니라'와 같이 우유체(優柔體)
의 기미를 띠고 있는 것이 보통이다. 그런데 어쩌다가 이런 경향과는 판이하여
곧 눈에 띄는 어미들이 있다. '내다', '흐다', '죽이다', '주다', '가다' 등이 그런
것으로 문장의 상하관계를 보더라도 계속하여 부드러운 우유체를 써서 무방할
것 같은 대목인데도 불구하고 기록문에서 많이 쓰여지는 간결체(簡潔體)의 기
미가 짙은 어미 표기를 하고 있다. 그래서 이어지는 문맥이 똑똑 끊기는 작용을
하고 있는 것이다. 본 일기 중에 이런 경우가 23차 나타나 보인다.
　'스약흐여 죽이다'(p.144,　6행), '다 잡아내다'(p.145, 7행), '아비어미 달내
다'(p.149, 12행), '방스 즉시 흐다'(p.150, 13행), '샹궁흐다'(p.152, 7행), '온갓거슬
다 주다'(p.154, 11행) 등이 그것이다.
　이를 '스약흐여 죽이더라', '다 잡아내더라', '아비어미 달내더라', '방스 즉시
흐더라', '샹궁흐더라', '온갓거슬 다 주더라'로 지금의 서술인 담화조(談話調)로
계속 쓴다 해도 시제(時制)나 의미상 별반 차이가 나지 않는다. 문맥이 끊기는
건조(乾燥)한 기미가 있고 사무적이랄 수 있는 이 표기가 어조의 강화(強化)나
수식(修飾)이 되는 것도 아니고 오히려 문장의 유려(流麗)함을 흠집내는 작용을

하는 것으로 보인다. 이제 그 전모(全貌)를 적어본다.

본 일기 전체로 볼 때는 별 것 아닌 것 같지만 담화조(談話調)의 서술 속에 이러한 간결한 어미가 특이한 기능없이 섞여있다는 것 그것도 23차에 이른다는 것을 그대로 도외시할 것은 아닌 것 같다.

기록체 어미 일람표

면수	어미표기	면수	어미표기
71	뻐내다	192	블을 쓰다·다 쓰다
75	내여가다	200	슌히 디 내시다
136	'싱심도 마오쇼셔' ᄒ다	202	드려보내다
138	달라ᄒ다	207	블긔ᄒ여가다
139	시작ᄒ다·잡아내다	216	초혀짓기롤 시작ᄒ다
140	잡아내다	〃	신 짓기롤 시작ᄒ다
144	죽이다	〃	굼격지물 민ᄃ라 주다
145	잡아내다	217	남 드리기롤 시작ᄒ다
149	달내다	〃	글노 오시 두다
150	방ᄉ 즉시 ᄒ다	〃	ᄂ물상을 어더보다
152	샹궁ᄒ다	〃	시므다
154	다 주다	71·75면은 卷之 1, 이하는 卷之 2	

담화조의 문장 속에 여기저기 이와 같은 직설체(直說體)의 어미가 박혀있는 것을 읽으면서 자연스럽게 연상되는 것은 그런 어미가 잘 어울리지 않는데서 오는 이질감(異質感)이라는 것이 두드러져서 계축일기와는 다른 별개의 기록체(記錄體)다운 것의 존재를 연상하게 된다는 것이다.

이 별개의 기록체에는 '죽이다', '달래다', '주다', '샹궁ᄒ다' 등과 같은 직설체의 어미를 많이 쓰며 그 위에 '足不履地', '放事卽時 ᄒ다' 등과 같은 한문(漢文)투의 기록체도 즐겨 쓰지 않았나 하는 것이다.

위의 표에 나타난 상황을 보면 세 가지 현상을 짐작케 한다.

① 그와 같은 어미 사용이 어떤 규구(規矩)에 의함이 없이 부정기(不定期)로 나타난다

② 권지(卷之) 1에는 그런 어미가 두 차례 보일 뿐 여타는 권지(卷之) 2에 몰려 있다는 것

③ 권지(卷之) 2에서도 7차씩이나 216면, 217면에 집중됐다는 것 등이다.

첫째의 경우는 그야말로 무심중에 그런 현상이 나타난 것이라고 볼 수 있겠다. 문장의 조화를 깨는 표기를 굳이 할 수가 없겠기 때문이다.

둘째의 경우는 권지 1과 권지 2의 차이가 눈에 띈다. 이와 같은 현상이 무심중에 나타났다고 보이지만 권지 2에서는 너무나 빈번하다 하겠으니 미루어보건대 이것은 역사적 사실을 스토리화하는 과정에서 그 창작성이 이완(弛緩)되어 나타난 현상이 아닐까 한다. 권지 1에서는 시작인지라 창작성이 왕성하여 그 기능이 제대로 발휘된 듯하나 권지 2에서는 그 기능이 이완되어 직설(直說)로 머문 경우가 많아진 것으로 보인다.

셋째의 경우는 특이하다. 계축일기의 표기를 볼 때 전반부(206면까지)와 후반부(207면부터)가 차이가 난다는 것은 이미 주지된 사실이다. 따라서 후반부는 반정(反正) 후에 전반부의 작자가 아닌 다른 작자에 의해서 기술됐으리라는 것을 짐작케 한다. 계축일기의 내용으로 보아 직설적인 어미가 몰린 이 대목(216면, 217면)은 모든 사건의 마무리가 시작되는 단계라 하겠다. 여기는 불과 두 페이지 내에 직설적인 어미가 7개가 몰려 담화조의 어미와 서로 자리를 바꾸면서 이어 나간다. 스토리화보다는 유사한 사상(事象)을 열거하듯이 기록한 것으로 보아 마치 다른 책을 보고 옮겨 베낀 느낌마저 들게 하는 필치(筆致)이다. 이 대목은 후술(後述)하는 것처럼 궁즉통(窮則通)의 한 부분이고 이 뒤를 이어서 신인현몽(神人顯夢)의 대목이 나타난다. 이 대목은 그야말로 완전 창작이라 하겠는데, 여기에서는 직설형의 어미가 씻은 듯이 없다는 것은 주목되는 바라 하겠다.

이 대목은 다음과 같은 추정을 내려 본다.

이 궁즉통의 대목은 일상적으로 대하기 쉽지 않은 일들이 쏟아져 나오는 경우로서 이를 경험하지 않은 집필내인(執筆內人)이었다면 타인의 전언(傳言)을 들어야 했고 나아가 그런 사실이 기록된 기사(記事)들을 읽어야 했을 것이다. 더욱이 전부터 이를 담당해서 눈물로 기술하던 내인이 아닌 새로운 기술자(記述者)의 입장에서는 더욱 그랬을 것이다. 그래서 연상되는 것은 서궁 밖에서 공적(公的)으로 쓰여진 일기를 볼 수 있는 기회를 가졌던 것이 아닐까 하는 것이다. 이렇게 생각하는 것은 서궁 안에서 쓰인 일기는 사소(些少)한 사건이 일어

나도 중단되기가 쉽지만 밖에서 쓰이는 공일기(公日記)는 인조반정과 같은 큰
사건이 일어나지 않는 한 계속해서 쓰여졌을 것으로 생각되기 때문이다. 그리
고 공일기(公日記)에는 직설체와 담화체가 엇매겨가며 쓰여지고 있음도 보게
됐을 것이기 때문이다. 이제 그런 예를 혜빈궁일기(惠嬪宮日記)에서 본다.

一卷 甲申 九月 初日

니령니 용동궁 셔원 김셩경이 즈식을 니인으로 드리고 빙곤한 거시 각
각 치장을 잘흐야 쥬지 못흐나 안히셔 흐야드리라 하난 거시나 하야드리지
아냐 드린 후 일번 고문이 업스니 금수라도 즈식 스랑할 줄 알거시어든 이
거슨 무슨 인졍이완디 어린 즈식을 듕지의 드리고 치위와 더위의 넘려가
업셔 하야 쥬문ㄱ니와 궐니의셔만 하야 지어드리라 하는 것도 즉시 시힝하
는 일이 업스니 비의오 무상한 일문이니 상히 괘심이 녀기더니 즉금은 즈
식을 이의 궐니의 드리고 나라흘 업수이 녀기더는 쓰지 무상하니 장오십만
치죄 엄히 하되 무산 뜻으로 즈구하야 즈식을 드리고 형셰 멸박흐니 티장
을 만히는 못흐야 쥰들 옷츠를 흐여 드리란 것도 하야드리난 것 업고 셔답
흐라 나간 것도 흐야드리는 일 업스니 그난 무산 의스오 이쩌는 니야 달느
흐니 오히려 졔 임의로 드리고 시브면 드리고 니여가고져 시브면 니여가니
이리 졀통흐니 이계도 즈식의 티장을 쩌의 밋쳐 흐야 쥬며 감히 달나 말을
할가 됴권됴권 물어 고찰흐야 임의 치죄흐라.

가승언빗(假承言色) 최셕담

달(達), 황공흐ᄋ오디 닝령무로 오와 김셩경 티오십(笞五十) 결티흐와 젼
츠로 ᄋ아옵시게 알외압니다

달(達), 슈스간 별감 김샹복 송호셰롤 등이 치죄흐고 졔명은 말나 흐오신
니령계ᄋ오신디 장슈롤 무로ᄋ올 스연 젼츠로 아ᄋ오시긔 알외ᄋ옵니이다

답(答), 알괘라 장슈는 각 칠십장식 치죄흐라.

初七日 承 言 色 朴鳳興

달(達), 각스진 상봉진후 당낭과 하인등쳐예 스급흐오옵시는 젼녜 잇스
ᄋ옵는디 금번 셰말 셰쵸의 진 상당낭하인 등쳐의 거힝 젼녜롤 장무니관이
알외옵지 아니흐오와스오니 장무니관은 츄고경칙흐ᄋ올 스연 알외ᄋ옵고
소인(小人)도 불승검찰흐ᄋ오와스오니 황공디죄흐ᄋ옵고 젼녜 무로올 스
연 젼츠로 아ᄋ오시긔 알외옵니다

　　답(答), 스연 알패라 스급ᄒᆞᆫ 전녜를 즉시 거힝치 아니ᄒᆞᆫ 일 힉연ᄒᆞ나
쳐음이니 장무니관은 후일 신칙이나 엄허고 츄고ᄂᆞᆫ 그만ᄒᆞ여 잇고 승언빗
니관도 디죄 말나.

二月 十七日 承 言 色 李興祿

　　니령니 스여니 족척을 니인으로 드리고 조심ᄒᆞ야 긔별ᄒᆞ여 잘 살게 ᄒᆞᄂᆞᆫ
거시 올흔디 부동ᄒᆞ야 우흘 긔망ᄒᆞ고 아니 죽은 거슬 죽다 ᄒᆞᆫ 소힝이 무상
ᄒᆞ니 디신으로 스비 한 미 장삼십단의 옥슈로 엄히 치죄ᄒᆞ고 김도홍이도
졔 임의 ᄌᆞ식을 드려시면 조심ᄒᆞ야 살게 경계ᄒᆞᄂᆞᆫ 거시 아비 도리어든 졔
감히 산 자식을 죽엇다 ᄒᆞ야 긔망ᄒᆞ기롤 능스로 ᄒᆞᆫ 죄상이 졀통 무거ᄒᆞ니
　　나라히 알외와 법늘로 등치ᄒᆞ염즉 ᄒᆞ디 참쟉ᄒᆞ야 안흐로셔 다스리니 장
늑십 엄히 치죄ᄒᆞ고 이후나 스졀(四節) 치장이나 때마쵸와 ᄒᆞ여 쥬게 ᄒᆞ라
엄히 분부ᄒᆞ라

二十六日

　　달(達), 니령니 스연의 스비 한미 티삼십 등히 치죄ᄒᆞ옵고 김도홍 티늑
십 치죄ᄒᆞ온 스연 젼ᄎᆞ로 아오오시기 알외옵니이다

七月 十九日

　　슈모 자근 년이 상히 소힝이 무상ᄒᆞ디 등죄를 범티 아녀시니 짐쟉ᄒᆞ여
두엇더니 이번 막등ᄒᆞ오오신 다례의 잡스올 거슬 블근이 ᄒᆞ야 잡습지 못ᄒᆞ
게 ᄒᆞᆫ 죄상이 만만 무거ᄒᆞ니 댱사십단의 옥슈로 엄히 치죄ᄒᆞ여 영츌ᄒᆞ라
　　同日 박봉홍 달, 니령 므로와 슈모 자근 년이 옥슈단의로 장스집 각별
치죄ᄒᆞ오오와 녕츌ᄒᆞ온 스연 젼ᄎᆞ로 아오오시긔 알외옵ᄂᆞᆯ이다

八月 十四日 承 言 色 朴鳳興

　　달(達), 황공ᄒᆞ오오디 본궁별감 됴슌득 상시 힝신이 극히 블근하옵기
로 각별신칙ᄒᆞ오옵더니 거야의 포도디쟝 친히 슌검ᄒᆞ옵ᄂᆞᆫ디 무뢰비로 쟉
당ᄒᆞ다가 범야ᄒᆞ오올 ᄯᅮᆫ 아니오라 가칭 봉셔 되왓노라 ᄒᆞ옵고 츄축습ᄂᆞᆫ
무뢰비를 디장이 친문허려 ᄒᆞ옵고 교쫄 맛지온 거슬 별감이 ᄉᆞᄌᆞ방숑하아
와습기로 포쳥 소긔 들엇다 ᄒᆞ아오니 듯자아오미 블승경히하아올 ᄯᅮᆫ 아니
오라 이러ᄒᆞ아온 별감은 ᄌᆞ연 지엄디지에 두아옵지 못하아올 거시오미 슈
본졔 하아옵 사연 젼ᄎᆞ로 아오오시긔 알외아옵ᄂᆞ이라

　　알패라 별감 됴슌득의 죄상은 극히 무상ᄒᆞ고 범죄ᄒᆞ기를 디단이 하얏스
니 슈본ᄒᆞ게 ᄒᆞ라

여기의 "치죄ᄒ라", "치죄ᄒ라", "더죄말나", "슈본ᄒ게 ᄒ라" 등이 그런 경우이다.

이는 주답(奏答)의 관계여서 궁즉통의 경우와 일치하는 것은 아니지만 공일기(公日記)에 항용되던 문체의 일단을 본 것이다. 그래서 서궁 밖에서 쓰여진 각종의 공일기를 참조했다고 하면 직설체와 담화체가 혼용되기도 한 모습을 보았을 것이고 그 위에 창작의식의 약화 등으로 인해서 집중적인 직설체가 나타나게 된 것이 아닐까 한다. 그리고 그 뒤를 이은 즉 직설형의 어미가 씻은 듯이 보이지 않는 신인현몽(神人顯夢)의 대목은 계축일기에서는 가장 창작적이라고 보이는 부분이기 때문에 그렇게 된 것이 아닌가 하는 것이다. 나아가 계축일기의 집필인이 공일기를 볼 수 있었다는 것은 광해군이 집권하고 있는 한은 생심(生心)도 낼 수 없는 일이겠다. 그러므로 계축일기의 후반부(207면 이후)는 인조반정 이후 대비가 복위(復位)되고 모든 사태가 정리되고 안정되고서의 기술로 보는 시점에서 그렇게 추정하고 있는 것이다. 더욱이 이 대목과 궁즉통의 경우는 계축일기에서 일어나고 있는 사건으로 볼 때는 상당한 비중을 지닐 수 있는 부분인데도 불구하고 전반부에서 취급한 사건들에 비추어 볼 때 그 서술 태도가 너무 서두른 것 같이 느껴지는 데서 더욱 그렇게 생각된다. 그만큼 덜 절실해진 것이겠다.

(8) 계축일기는 권지(卷之) 일(一), 권지(卷之) 이(二)로 분리돼 있다. 그렇게 나뉘져야 할 연유는 어떤 것일까. 흔히 기간에 주목하게 되지만 "계튝 갑인 을묘년 ᄀ지는"(p.111, 6행), "봄이 디나 녀름이 가고 ᄀ올이 되었더니"(p.174, 8행) 등을 보아서 시간을 따라 구분된 것 같지는 않으며 굳이 찾는다면 분량에 의한 것이 아닌가 한다.

내용상에서 볼 때는 오히려 연속되는 것이 자연스럽게 보인다. 그리고 이것이 하나의 작품이라고 할 때 이와 같이 나눠지는 것은 부자연스럽기까지 하다. 권지(卷之) 이(二)의 서두는 "츳년 납월이……"로 시작된다. 이 '츳년'을 제대로 쏜다고 하면 '癸丑年 臘月의'가 되어야 한다. 그런데 '계축' 대신에 '츳년'으로 쏜 것은 작자가 사건을 취급하는 진행의식이 권지 일(一)의 사건과 연결되어 있음을 나타내는 것이다. 이와 같이 본 일기는 스토리화된 작품이어서 권지 일,

이로 구분하는 것이 고의(故意)라고까지 느껴질 정도다. 이와 같은 사정인데도 불구하고 굳이 이를 가르게 된 연유를 짚어볼 때 문예성을 무시하는 손이 있었던 것은 아니었을까 하는 것이다. 스토리화되고 창작성이 짙은 작품 같은 것을 전혀 개의치 않는 별개의 기록체를 연상하게 된다는 것이다. 내용에는 별로 상관함이 없이 그날의 기록만 충실히 끝내고 시간이 흘러 어느 정도 양이 찼다고 보이면 적당한 곳에서 분권(分卷)한 그런 기록체 곧 혜빈궁일기(惠嬪宮日記)와 같은 공일기(公日記)가 가칭(假稱) 서궁일기(西宮日記)와는 별도로 작성돼 있었다고 하겠으니 가칭 서궁일기(西宮日記)는 그것을 따른 것같이 생각된다. 그러면 이제까지의 논의(論議)를 다음에 정리해 본다.

① 수준높은 문필생활을 영위할 수 있었던 그러한 분위기에서는 유폐된 서궁의 생활을 기록하는 일기쯤은 관례상으로나 의식면으로나 존재하지 않았을까

② 역사의 왜곡을 염려하기 때문에 조작된 오명(汚名)을 쓰고 사책(史冊)에 남지 않기 위해서도 대비(大妃)는 꼭 살아서 사실 그대로의 기록을 남겨야 한다고 되풀이 강조하는 이 내인들의 거처인 서궁에 광해군의 손이 미치지 않은 기록이 있지 않았을까

③ 분병조(分兵曹)까지 파견되어 있었던 것으로 보아 분병조(分兵曹) 단위의 기록이 있지 않았을까

④ 직설적인 어미를 많이 쓰고 사무적인 서술에 익숙한 개별의 기록체 곧 공일기(公日記)가 서궁(西宮) 외에서 가칭 서궁일기와는 따로 기록됐으리라는 것

⑤ 문예성 등에는 개의치 않고 내용보다는 양에 의해 분권(分卷)되는 기록체 곧 공일기가 계축일기 완성 전부터 존재했으리라는 것

등이다.

즉 분병조(分兵曹) 단위의 공일기와 서궁내에서 은밀히 쓰여진 일기(가칭 서궁일기)의 양자(兩者)가 있지 않았을까 추정하는 것이다.

하나의 기록체가 역사의 왜곡을 염려한 나머지 그런 데에 휩쓸려 오명(汚名)을 쓴 채 영원히 남을 사책(史冊)에 오르지 않기 위해서 대비(大妃)는 꼭 살아서 진실을 밝혀야 한다고 생각하며 정확한 사초(史草)의 필요성을 되풀이 강조하

고 있는 내인들의 손에 의해서 기술됐다고 하면 그것은 어떤 사초(史草)였을까. 이는 관례상으로나 서궁 내인들의 의식과 문필 수준으로 보나 진실을 밝히려는 내인들에 의해서 광해군측의 이목을 끌지 않은 채 기술된 사초(史草)라고 하면 유폐 중인 당시로서는 일기일 수밖에 없겠다. 그래서 광해군의 부도(不道)를 집중적으로 조명하는 사건 위주의 일기가 쓰여진 것이라고 볼 수 있지 않을까 한다.

3. 동기

이것은 작품 말미에 다음과 같은 언급에서 찾아볼 수 있다.

"계튝년브터 셜운 일이며 샹시 니관 보내여 겨히며 꾸짓던 일이며 박디 브도 브효지 사롤 니르 긔록디 못ᄒᆞ야 만분의 ᄒᆞ 말이나 긔록ᄒᆞ노라 다 쓰려ᄒᆞ면 남산의 대를 다 버히다 엇디 다 니르 쓰며 다 니르랴 ᄒᆞ면 션텬지 진하고 후텬지 니른들 다 네아기 삼아보랴 너인들이 잠간 긔록ᄒᆞ노라"

내용을 부연한다면 서러웠던 일, 억울했던 일, 박대받던 일, 부도(不道)했던 일, 불효(不孝)했던 일들을 다 쓸 수 없어 만분의 일이나마 기록한다. 그것을 다 쓰랴하면 남산(南山)에서 대나무를 베다가 붓을 만들어 써서 그 붓들이 다 닳아서 없어진다 해도 어찌 다 쓰겠으며 남김없이 말하고자 하면 선천지가 다 가고 후천지가 온다 해도 어찌 다 말할 수 있겠느냐 그러므로 그런 것 중의 극히 일부를 내인들이 간단히 대강만 기록한다는 것이라고 하겠다. 광해군의 구박과 모욕과 박대 그리고 그의 부도불효지사(不道不孝之事)를 우리가 살아서는 다 쓸 수 없을 만큼 많고 또 뼛속 깊이 새겨져 있다는 것이다. 그런 일이 양적으로도 많지마는 뼈에 사무치는 감정의 앙금도 너무 짙어서 다 풀어낼 수 없는 것으로서 극히 일부만을 쓴다는 것이다. 그런데 이렇게 짧은 후기(後記)에서 주목되는 것은 '기록'이라는 낱말이 다섯 차례나 사용돼 있다는 것이다. 이것은 작자가 의식적으로 강조하고 있는 표현이라고 하겠다. '기록'이라는 것은 '남기는 것'을 의미하며 나아가 '유지·보존'을 전제로 한다고도 하겠다. 다시 말해서 광해군의 구박과 모욕과 박대와 부도불효지사의 극히 일부를 써서 남기니 이를 읽

고 "우리가 얼마나 시달리면서 살았으며 살얼음 위를 걷는 것 같은 생활을 해
왔는가를 미루어 알 것이며 그 사실을 길이길이 보존해 내려야 한다"는 풀이가
되는 것이 아닌가 한다. 이렇게 되고 보면 알아야 할 대상 즉 독자와 보존 유지
해야 할 대상이 그 당시 관례로 보아서는 광해군의 구박과 모욕과 박대와 부도
불효지사를 가장 많이 당한 측이 될 것이며 또한 이런 것은 공개되는 것이 아
니고 깊숙이 비장(秘藏)되어서 전승(傳承)되는 것이었다. 이 계축일기가 홍씨 가
문과 불가분의 관계에 있기 때문에 그와 동일한 내용의 서궁일기 상(上)이 있고
그 내용을 보완(補完)한 것으로 보이는 서궁일기 하(下)가 홍씨가(家)에서 오늘
까지 비장돼서 전해졌다고 한다. 그런데 서궁일기 하(下)는 동(仝) 상권과는 달
리 순일기체(純日記體)로 기록돼 있는 것으로 보아 홍씨가(洪氏家)에서는 동(仝)
상권과 더불어 그 가문의 중요한 일을 기록 보존하는 가문의 일기로 생각해 온
것이 아닐까 한다. 그런 의미에서 계축일기도 왕가(王家)의 사일기(私日記)로서
깊숙이 왕가에 소장(所藏)돼 온 것으로 보인다. 또 실제로 인목대비는 가문(家
門)이라는 용어를 쓰고 있다. "내 가문과 어린 대군을 다 죽여시니 엇지 흔곳
셥다 하리오"(계축일기 p.173, 1행)가 그것이다.

　이와 같은 여러 면에서의 사정으로 보아서 집필의도는 계축옥사(癸丑獄事)로
인해 인목대비, 영창대군 및 서궁 내인 등이 당했던 억울한 수모와 박해 그중에
서도 광해군의 부도불효지사를 기술하여 그들의 후손들에게 알리며 또 역사적
인 자료로서 깊이 보존되기를 바라서 기록했던 것으로 보인다.

　즉 인목대비, 영창대군 및 서궁 내인들이 당한 억울함과 통분(痛憤)의 호소(呼
訴)이며 붕괴되어 가는 윤상(倫常)과 기강(紀綱)을 제시한 것이라고 하겠으며 인
목대비[母]가 광해군[子]에게 당한 무도(無道)한 참상(慘狀)의 고발이기도 하다.

4. 서술초점

　작자의 서술적인 초점은 영창대군의 폐출(廢黜)에로 집중돼 있는 것 같다. 영
창대군을 중심으로 본다면 대체로 본 일기는 비극(悲劇)으로 시작하여 비극으
로 끝났다고 해도 무방할 만큼 마지막 대목 외에는 비극이 꽉 차있다. 142건의

대소사건 중 밝고 명랑한 측면보다는 어둡고 우울하고 답답한 장면이 계속 이어나간다. 시기와 질투·중상과 모략·음모와 고변(告變)·친국(親鞫)과 유배(流配) 그리고 장살(杖殺)이 따른다. 다른 한쪽으로는 그래서 원망과 질시(嫉視)·아첨과 증뢰(贈賂)·호곡(號哭)과 체념(諦念)·저주(詛呪)와 원한(怨恨) 속에 분루(憤淚)를 머금고 떼죽음을 당한다. 여기에는 공의(公義)나 인륜(人倫)·진실이나 정의·기강(紀綱)이나 인정(人情)이란 찾을 수 없고 오로지 간지(奸智)와 사술(詐術)·모략(謀略)과 묵계(默計)만이 횡보(橫步)할 뿐이다. 이와 같은 아수라장은 다만 광해군의 권력을 유지하기 위한 명분없는 숙청이었다. 그래서 작자들은 처음부터 곱지 않은 시선으로 광해군 쪽을 보았으며 전편(全篇)에 그 부정적인 이미지가 차고 넘치게 됐던 것으로 보인다. 광해군의 장인(丈人)을 가리켜 유가(柳哥)라고 부른 것은 정당한 호칭이 아닌 분노와 모멸(侮蔑)이 합성된 감정의 소산으로 보여진다.

이처럼 작자들의 심정을 직접 표현하기도 하지만 경우에 따라서는 내인이나 인목대비나 시정인(市井人)을 통해서도 강도있게 나타내기도 한다. 가장 절실한 표현이 영창대군이 끌려나가는 대목인 것 같다. 작자에게는 그야말로 하늘도 울고 땅도 울고 사람도 말을 잊을 정도로 처절하게 받아들여진 것으로 보인다. 시정인(市井人)들도 차마 볼 수 없어 대문을 닫고 집안으로 들어가 눈물만 흘렸다 하지 않는가. 그래서 이 대목은 어느 사건보다도 비중있게 구상적(具象的)으로 그리고 절실하게 묘사돼 있다. 빼앗아가는 쪽의 자세와 갖추어진 계략과 그 표독함도 눈에 뜨이거니와 빼앗기는 쪽의 무능무책(無能無策)과 맨손으로의 대항이 대조적임은 말할 것도 없으며 권력이란 무엇인지도 모르는 대군이 어머니 곁을 떠나는 것이 싫어서 보채다가 호위한 군인들을 보고는 무서워 꼼짝도 못하고 업혀 나가는 그 천진(天眞)함을 여실하게 다룬 것도 돋보이는 대목이다. 마지막 가는 길인지도 모르고 "자는 듯이 업혀 가니라"라는 표현은 현장에서 눈으로 보지 않고는 그리기 어려운 실감나는 기술이며 애절함을 더하게 하는 함축된 표출이다. 권력 때문에 형과 어린 동생을 인정사정없이 죽여버리는 인면수심(人面獸心)을 잘 보여주는 것이다. 이 일기를 가리켜 하나의 서사시라고 부른다면 분명 이것은 비가(悲歌)이리라. 여기에 등장하는 인물은 비극의 주인공 아닌 사람이 없고 비애의 군상(群像) 아닌 사람이 없다. 죽이고 죽이다가 자기도 죽고마는 그래서 폐허만 남겨놓게 된다. 횡포(橫暴)하는 강자의 악행(惡行)은 돋보이지만 거기에 대항하는 약자의 선행(善行)은 너무 그 그림자가 엷다. 꼼짝 못하는 속수무책뿐이었다.

또한 여기에는 승자(勝者)도 없는 것 같다. 인목대비가 살아남았다지만 그야말로 속빈 강정 꼴이다. 하늘같은 남편을 여의었을 뿐 아니라 여생의 의지였던 아들도 잃고 부모형제마저 다 사라졌으며 이렇게 시달리는 동안에 젊음도 가시고 국모(國母)로서 갖추었던 숙덕(淑德)과 자애(慈愛)도 거의 하원 신세가 과연 바람직스러운 선망(羨望)의 대상일 수 있을까? 상처뿐인 승자(勝者)요 얼나간 두상의 모습이 아닐까 한다.

작자들은 본 일기에서 타락하는 윤상(倫常)을 고발하고 있는 것으로 보여지지만 특히 영창대군의 출궁(黜宮) 대목에서는 보다 집약된 표현으로 당시의 몰경우몰인격(沒境遇沒人格)을 짚어가면서 형제애(兄弟愛) 인간성의 부재(不在)를 다시 말해 휴머니즘의 장송(葬送)을 구성지게 펴냈다고 하겠다. 아무리 용상(龍床)이 무서운 자리라 해도 9세의 어린 생명을 무참하게 밟아버리는 그 잔혹함에 서술은 초점화된 것으로 보인다. 이 대목은 본 일기를 소설로 보게 하는 이른바 절정에 해당되는 장면이다. 그리고 다음 초점은 대비(大妃)에게 쏠린 것으로 보여진다.

5. 서술양상

1) 상서(詳敍)

본 일기의 서술 유형은 약서, 상서, 서묘로 짚이나 약서는 생략한다. 앞에서 본 네 일기에 비해서 약서(기록)는 적은 편이다.

상서가 가장 우세해 보이며 만만찮은 사실성에 접하게 된다. 서술은 서술대상에 따라 인물 · 서사(敍事) · 무복(誣服) · 패륜(悖倫) · 요공(要功)몰이의 묘사로 잡을 수 있을 것 같다.

(1) 인물

면모가 가장 구체적으로 부각되는 인물로는 광해군일 것 같다. 특히 인목대비와 대조적인 입장에 서게 됨으로써 더 두드러져 보인다. 그의 상(像)은 시간의 흐름에 따라 점점 변모해가는 양상을 띤다. 말하자면 1회성에 그치고 전개해갔다고 하겠다. 세자(世子)때에는 아비에게 불순종하는 문제아의 모습을 보인다. 그러나 등위(登位)한 직후에는 신주(新主)로서의 위의(威儀)를 갖추노라 만사에 모범을 보이어 인목대비·영창대군은 물론 그 시위 내인들에게도 예의를 갖추고 알뜰하게 대한다. 그러나 오래가지 못한다. 자리 보존을 위하여 형제를 죽이고 대비(大妃)까지도 죽기를 바란다.

여기서는 그 변모된 모습을 부각시키는 대목부터 보기로 한다.

먼저 무능자(無能者)임을 드러내기 위하여 희롱적(戱弄的)인 서술 태도를 보인다.

> 샹시(常時)에 뉴개 민망ᄒ여 날마다 때마다 ᄀᆞᄅ쳐 이제 아모개 샹소ᄒ려 ᄒ니 이리이리 디답ᄒ고, 뎌째 아모개 계ᄉ(啓辭)ᄒ려 ᄒ니 이리이리 디답ᄒ시고 시시로 진셔(眞書)로 언셔(諺書)로 뻐 광즈리이며 속고리에 너허 ᄃᆞ니며 혹 문을 다든 째면 동산(東山) 측간(厠間) 다히의 당(堂)이 이시니 그리로 사ᄅᆞᆷ이 들게 쇠공을 내여시디 하 크매 밧긔셔 번히 뵈디 못 ᄒ게 안희만 ᄀᆞ리와 두고 너외(內外)예 응(應)ᄒ야 츌납(出納)ᄒ고 하 즈로 ᄒ매 담 밧긔 종을 막 지어니 죠히 살니며 밤이면 그 죵ᄒ야 뉴가의 통ᄒ야 아라 오더라.
>
> 침실의 ᄂᆞᆫ 노씨운 광즈리과 보쌘 소코리 디글데글 ᄒ여시니 ᄒᆞᆫ 시녀 미양 맛나 공ᄉ 디답 아라 뉴가에게 보내더니 날마다 공ᄉ든 죡죡히 뻐 보내랴 밥 먹을 ᄉ이도 업스니 괴롭고 셜니 넉여 ᄒᆞᆫ번은 혼잣말노 니ᄅ더,
> 「ᄉ나히로셔 이만 공ᄉ를 못 ᄒ여 미양 ᄂᆞᆷ의게 뭇고 ᄃᆞ니ᄂᆞᆫ가 우리 침실의ᄂᆞᆫ 고리 광즈리도 만ᄒᆞ냐 박ᄎᆞ듯더라.」

(p.40, 8행~p.41, 5행)

광해라는 인물의 묘사이나 심리적 갈등은 보이지 않고 행위를 상서(詳敍)하는데 머물고 있다. 위엄은 간 곳 없고 조롱의 대상이게 하는 희롱적 인물이라는 데에 홍미가 인다. 그의 농설(弄舌)된 모습과 행태(行態)는 상서(詳敍)로 인해 그 무능(無能)을 부각시키는 역할을 담당하였다. 그러나 마지막에 이르러서는 적

대적인 서술태도를 보인다.

> 여러번 방화롤 ᄒ여 집 우희 블이 올나 셩홰(盛火) 급ᄒ거늘 니인이 노쇼
> 업시 헤딜너 멸화(滅火)ᄒ미 몃번인동 알니오.
> 　즈비문 니관이 하 민망이 녀겨 대뎐의 고ᄒ니,
> 　「쓰디 말고 더뎌두라.」
> ᄒ더라.
> 　니인이 슌(瞬)마다 블을 다 ᄮᆫ대 니관 별쟝이 다 크게 긔특이 녀기더라.
>
> (p.214, 11행∼p.215, 2행)

　여기에서는 광해군의 살의(殺意)가 노정(露呈)돼 나온다. 고의적인 방화(放火)·소화(消火)를 말리는 대전(大殿)의 행태(行態)이다. 악의적 인물·조롱의 대상이라는 데에 주목하게 된다. 저주의 말을 듣게 된 그 모습과 행태는 상서(詳敍)로 인해서 그 저의(底意)는 드러나고 말았다. 농설(弄說)로 부각된 무능(無能)에서 저주로 드러난 악의(惡意)에 이르기까지 그의 상(像)은 황당하다. 어수룩함 속에 가리워진 비수인 듯 소름이 끼친다. 사실성(寫實性)이 짚이지마는 그러나 형상화(形象化)라기보다는 설명의 힘이 더 큰 것 같다.

(2) 서사(敍事)

　본 일기에는 142개의 대소(大小)사건이 있는 바 광해군이 보좌(寶座)를 지키기 위해서 손에 피를 묻힌 첫째 사건은 그의 형 임해군(臨海君)을 독살한 것이다. 이는 왕조실록(王朝實錄)에 오른 기록의 본체인 것 같다. 사건의 유발(誘發)에서부터 해결에 이르기까지 전개과정을 지닌다.

> 　뎡인홍(鄭仁弘) 등은 뎍쇼의 채 가디 아니 ᄒ여셔 홍셔 ᄒ오신 날 즉시
> 궐하(闕下)의 블너 블츠로 용지ᄒ고 빙뎐ᄒ오신 이칠일만의 형을 외쳑으로
> 두 디간ᄒ야 논계ᄒ게 ᄒ야노코 님ᄒᆡ(臨海)롤 보고 계ᄉᆞ롤 뵈여 왈,
> 　「이제 나가면 죄를 벗고 궐듕(闕中)의 이시면 죄 더을 거시니 내 몰나 니
> 롤가, 수이 나가소.」
> ᄒ고 군병(軍兵)을 포렬(布列) 은복(隱伏) ᄒ엿돗더라.
> 　님ᄒᆡ(臨海) 뫼에 감겨 즉시 나가니 일시에 내드라 두로ᄡᅡ미여 비변ᄉᆞ의
> 구류(拘留)ᄒ여 둣다가 교동의 보내여 우리안치 ᄒ엿더니 어ᄉᆞ당인이 오니
> 님ᄒᆡ다려 닐오디,

「전신불슈(全身不遂)호테 호야 쳐즈(妻子)와 호디 두고 니론대로 아닌즉
죽이리라.」
호고, 공빙 스촌 오라비 김례딕을 보내여 은근이 달내니 고디 듯고 니론대
로 호대 당쟝이 도라간 후 즉시 심복(心腹)읫 의원(醫員)을 보내여 티독(置
毒)호야 죽이니라.

(p.24, 5행~p.27, 5행)

논계(論啓)·출궁(黜宮)·강화도 위리안치(圍籬安置)·어사당인(御史唐人)의
조사(調査)·김예직(金禮直)의 회유(懷柔)·치독(置毒)의 과정을 거치나 극적인
긴장감이 약하고 역동적이지 못하다. 일화(逸話)라기보다는 사화(史話)이겠다.
등장인물의 행위가 보이나 묘사는 약하다. 사건의 줄거리가 주로 서술되었으나
사실성(寫實性)이 비친다. 서술의 치밀함이 문장의 활력과 표현의 속도감을 주
는 것 같다. 그러나 사건의 부각은 상서(詳敍)의 힘이다.

(3) 무복(誣服)

본 일기에서 대표적인 옥사로는 영창대군을 출궁(黜宮)시킨 계축옥사(癸丑獄
事)일 것이다. 그런 다음에도 대소(大小)간에 옥사는 이어졌다. 그런데 이런 옥
사들이 거의가 조작된 것이기 때문에 증거를 꿰어맞춰야 했으며 그러기 위해
서는 강압적으로 증거를 만들어내야 했다. 그래서 이러한 판국에 끌려나온 사
람들은 억지로 무복해야 했다. 그 좋은 예가 여옥(如玉)의 무복이다.

　시녀 최시(崔氏) 녀옥이란 거시 경슐년(庚戌年)의 시녀로 드려 용뫼(容貌)
곱디 아니호나 슌딕(純直)호므로 침실(寢室)의 사더니 경셩도 놈의 뉴의 더
으고 본디 용혼 아히라 본것과 대군 아기시 향호야 셜워호며 샹시(常時) 닐
오디,
　「내 놀개롤 도쳐 노라가 긔별을 드러다가 엿줍느니 삽습고져.」
쏘 닐오디,
　「아모 틈이나 이시면 내 비즈의 민도리호고 나가셔 두 곳의 안부롤 아라
아니오랴만 담이며 문이 쇠로 뽄둧 호고 굼기 업스니 내 졍을 펴디 못 호믈
셜워호노라.」
호더니 나가는 날을 더옥 셜워 호며 제 다리롤 몬지며 울며 닐오디,
　「아히적브터 어버의게 허튀도 아니 마자보왓더니 둥혼 매롤 어이 마즈
려뇨. 이미호오신 일이오시니 무복은 아니 호려니와 마줄 일 싱각호니 더

옥 망극ᄒᆞ여라.」

ᄒᆞ더니, 듯나니 불상이 넉이며 정셩이 지극ᄒᆞᆫ 사름이라 죠금도 무복ᄒᆞᆯ가 아니 넉이더라. 제 나갈 적의,

「날난 죠금도 의심 마ᄅᆞ쇼셔. 몸이 ᄀᆞᄅᆞ니 되여도 나라히 인미ᄒᆞ오시믈 아오니 무복은 아니 ᄒᆞ리이다.」

ᄒᆞ더니 츄국텽(推鞫廳)의 가 첫 원뎡의 울고 왈,

「나라히 인미ᄒᆞᆫ 일을 맛나 겨오샤 어린 대군과 본겻 죽사리롤 아디 못ᄒᆞ오샤 듀야의 셜워 ᄒᆞ오시고 방졍지ᄉᆞ는 인미타는 아라습거니와 아모 일이나 듯고 본 일이 이시면 무셔운 ᄯᅡ히 와 죽고져 ᄒᆞ리잇가. 살고져 ᄒᆞᆯ 일이오ᄃᆡ 보며 들은 일이 터럭 긋도 업서이다. 듕ᄒᆞᆫ 형벌을 저허 엇디 인미ᄒᆞᆫ 말을 ᄒᆞ리잇가.」

이리 ᄒᆞ노라 엿새만의 니슈ᄉᆞ의다가 가도고 제 아비 어미 달내다.

대뎐유모(乳母)의 오라븨 계집이 녀옥의 죵이러니 그 유뫼(乳母)어엿비 넉여 미양 ᄃᆞ려다가 보고,

「엇디 못 온다. 복이 적어 우리게 못 온다.」

ᄒᆞ더니, 이째에 듕환이롤 쵹(促)ᄒᆞ여 이 시녀롤 잡아ᄂᆡ여다가 별옥의 가도 와셔 달내여

「이리이리 디답ᄒᆞ면 너롤 살게 ᄒᆞ마.」

ᄒᆞ니 녀옥이 울고 수일을 허(許)티 아녓더니 아비 어미를 듀야 ᄒᆞ디셔 달내게 ᄒᆞ디,

「너 곳 이제 모ᄅᆞ노라 ᄒᆞ면 우리롤 다 죽일 거시니 나라히는 은졍이 듕커니와 어버이롤 싱각디 아니 ᄒᆞᄂᆞᆫ다. 네 이제 무복을 ᄒᆞ라 ᄒᆞ여야 만뎡 못 ᄒᆞᆯ다 ᄒᆞ면 네 압히셔 죽으리라.」

온가지로 ᄒᆞ야 허락을 바다드린 후의야 츄국텽(推鞫廳)의 드려 새로이 원졍을 바드니 그 원졍은 젼일과 달나 흉ᄒᆞᆫ 말노 디답 ᄒᆞ디,

「긔도 훌시 다 올ᄉᆞ오니이다.」

「엇디 안다.」

「내 보고 드럿ᄂᆞ이다.」

방ᄉᆞ즉시(放事卽時)ᄒᆞ다.

이후의 변샹궁이 병ᄒᆞ야 죽어 가거ᄂᆞᆯ 내여보내엿더니 녀옥이 노혀(放) 죠히 살며 뵈라 와셔 이 곡졀을 ᄀᆞ마니 니ᄅᆞ매,

「아니라 어버의게 보채이어 무복을 ᄒᆞ여시나 타일의 멸족(滅族)ᄒᆞᆯ 화롤 저즐고 사라시니 내 죄 태산 ᄀᆞᆺ투니 죽고져 ᄒᆞ디 모진 목숨이 죽디 못 ᄒᆞ여 나라흘 속여 거즛말노 ᄉᆞᆲ아시니 어니 ᄂᆞᆺᄎᆞ로 눔을 뵈리잇가. ᄆᆞᄋᆞᆷ의 업손 말노 무복ᄒᆞ여시니 죽이오셔도 흔티 아니 ᄒᆞ오리이다.」

ᄒᆞ고 우더라.

(p.148, 5행~p.152, 4행)

　이것은 협박에 견디지 못해 무복한 하나의 전형(典型)으로 보인다. 최여옥(崔如玉)은 인목대비의 침실상궁이었던 관계로 표적 수사의 대상에 올랐던 것으로 보이며 그의 무언(誣言)은 막강한 비중을 지닌다고 보였던 것이겠다. 여기에는 여옥의 심정의 굴곡(屈曲)이 보인다. 대비는 억울한 일을 당하고 있기에 내가 나가서 문초를 당해도 절대로 무복하지 않겠다는 다짐을 한다. 이것이 여옥의 초심(初心)이다. 고문당할 것을 두려워하며 나갔지만 여러 날의 문초에도 울며 버티고 유모(乳母)의 회유(懷柔)에도 넘어가지 않는다. 초심(初心)을 관철하고 있는 것이다. 그러나 부모가 고문을 당하고 부모의 목숨과 맞바꿔야 할 막다른 골목으로 몰린다. 살려내라는 부모의 울부짖음에 견디지 못하고 무복을 하고야 만다. 초심(初心)이 꺾이는 변심(變心)인 것이다. 후일 병치료를 나온 변상궁에게 와서 자복(自服)을 하며 무복한 죄값을 달게 받겠다고 그간의 사정을 털어놓는다. 초심(初心)의 회복이다. 여옥은 누구나와 마찬가지로 의롭게 살아야 한다는 마음을 지니고 있었던 것이겠다. 이런 기본적인 마음 곧 항심(恒心)이 처지에 따라 불가항력의 그 힘에 의해 한때 꺾일 수밖에 없었던 것이다. 여옥은 실제인물이다. 이는 일화라고도 볼 수 있는 하나의 실화(實話)이다. 궁을 나가며 부모에게 종아리도 맞지 않고 자란 몸이 어찌 문초를 받으랴 하는 공포심리·유모의 회유장면·변상궁에게 와서 자복하는 대목에서 그 절절한 심곡(心曲)을 펴는 자못 사실적(寫實的)인 필치를 대한다. 죽었다 깨어난 여옥의 순직(純直)한 성품이 그대로 드러난다.

　이와 같은 리얼리티는 여옥을 향한 독자들의 동정심을 부채질하는 것은 말할 것도 없으며 나아가 인목대비의 목을 죄어 들어가는 검은 손의 그 능숙한 솜씨에 전율하게 한다. 상서(詳敍)로 인해서 음모에 찬 옥사(獄事)의 실상이 알려지고 그 무언(誣言)의 정체성도 밝혀진 것은 물론 서술상 리얼리티의 기능을 충분히 감당했다고 생각된다. 진실의 끈질긴 소생력(蘇生力)을 보여주는 하나의 교훈이기도 하다. 허구와는 거리가 먼 진실이 감동을 자아낸다. 비록 회상이지만 한 토막의 일기가 문예의 기능을 감당하고도 있다 하겠다.

(4) 패륜(悖倫)

　선조(宣祖)는 생시에 광해군을 못마땅해한 것은 물론 만족스런 사후(死後) 다

짐도 없이 죽는다. 인목대비도 나이는 어렸지만 광해군이 선묘(先廟)를 저버릴 것 같다는 예감을 지닌다. 시간이 흐름에 따라서 불행하게도 이 예감은 적중해 들어간다. 그 구체상의 하나를 이 패륜에서 보게 된다. 보다 구체적으로 말하면 어머니의 눈에서 피눈물을 솟구치게 하여 남편 따라 죽지 못했음을 한(恨)하게 하는 불효인 것이다. 여기에는 생모는 아니지만 두 여인이 등장한다. 하나는 계모(繼母)인 인목대비요 또 하나는 임란(壬亂)시 피난길에서 선조를 모셨던 김상궁이다. 김상궁은 자신을 가리켜 「대왕이 보오시는 각시」, 「아븨 첩」이라 하고 선조를 가리켜 「내 마노라」로 부른다.

광해군 들으라는 넋두리요 세상이 알아달라는 하소연이다. 본 일기에는 억울하게 끌려가 애매하게 죽은 내인이 수십명에 달한다. 이들의 하소연이 어찌 없었을까마는 그것은 대개 변명, 저주, 애걸, 폭언, 원망, 한탄 등으로서 장단간에 독백의 형태를 띤다. 그중에 두드러진 것으로 대비와 김상궁의 것을 들 수 있겠다.

> 「너희도 선왕 녹(祿)을 오래 먹고 사라시니 현마 어이 참측(慘惻)ᄒᆞᆫ ᄆᆞᄋᆞᆷ이 업스냐. 스십여년을 정위예 ᄌᆞ식을 못 보아 겨오시다가 병오년의 처음으로 대군을 보오시고 깃브고 ᄉᆞ랑ᄒᆞ오시미 ᄀᆞ이 업스오시나 당시 강보(襁褓)의 ᄡᅡ인 거슬 므슴 ᄠᅳᆺ을 두어 겨옵시리, 흔갓 ᄌᆞ라는 일홈만 듯고져 ᄒᆞ오시다가 귀텬(歸天) ᄒᆞ오시니 내 기시예 지궁(梓宮)을 조차 죽던들 오ᄂᆞ날 이 셜운 일을 보랴. 이거시 내 죽디 아니코 사랏던 죄라 어린 아희 동셔도 아디 못 ᄒᆞᆫ는 거슬 ᄆᆞ자 잡아내니 됴뎡이나 뎌간 이나 션왕을 싱각 ᄒᆞ오면 이리 셟게 ᄒᆞ랴.」

(p.102, 13행~p.103, 5행)

대비의 넋두리는 적지 않지만 이것은 대군을 빼앗기기 직전에 쏟아낸 애걸이요 하소연이다. 애가 타고 숨이 막히는 대목이다. 망부탄(亡夫嘆)과 더불어 광해군의 무도(無道)가 드러난다.

> 박동양은 임진 호종이오 나라히 인친(姻親)이 되여 션묘의 슈릉역장을 닙ᄉᆞ온 은혜 하늘 ᄀᆞᆺ고 우리 뎐의셔 유릉산(裕陵山) 일노 제신듕(諸臣中)도 각별 위더ᄒᆞ오시더니 평일의ᄂᆞᆫ 샹덕이야 ᄒᆞ디 부원군긔ᄂᆞᆫ 각별 졀ᄒᆞ더니 흉참ᄒᆞᆫ 꾀 내여 그런 지원극통ᄒᆞᆫ 환난을 닉도ᄒᆞᆫ 일노 혀다혀 여러 주니 진짓 븟는 불의 섭 안아 감 ᄀᆞᆺ트니 엇디 혈육지인(血肉之人)의 홀 일이리오,

그런즉은 너인은,
　「박동냥아, 우리네 일홈 알기나 아더냐.」
ㅎ고, 웨여 꾸지즈며, 이 흔(恨)이야 죽다 니즈랴 외군식녹 영쟉지은을 ㅂ
리미쇼야 무지지인(無知之人)인들 이리 심ㅎ랴. 기듕 김샹궁은 열네설의 호
죵(扈從)ㅎ야 순시(瞬時)도 쩌나디 아니 ㅎ고 환됴(還朝) ㅎ오시니 간고히
시위흔 일노는 대공신을 ㅎ렷마는너인인 젼추로 반공신도 못 ㅎ나 결네위
쟝 ㅎ이오시고, 궁인듕의도 위더 ㅎ오시더니 이적의 머리지어 잡아내니 그
사름이 나가는 셔문(西門)안히 안자셔 ㅎ더,
　「아모 나라힌들 아븨 첩(妾)을 나쟝의 손의 잡아 내어, 님군도 사오납거
니와 신하도 ㅎ나토 사름이 업도다 니뎍형 니흥복 머리지어 예 안잣더니
임진 호죵신(扈從臣)은 내일홈 모르시리 업스리이다. 평양(平壤) 함경(咸鏡)
ㅎ야 깁히 드려갈제 너인을 내디 아니 ㅎ니 대로(大路)의셔 길히 머므오시
면 션뎐관 보내여 우리춧즈오실 제는 비록 창황듕(愴惶中)이나 몸이 커 그
르어치리 업더니 그 마노라 아돌이 셔겨오셔 오날 이리 욕볼 줄 아더면 무
신 지궁 밋히셔 죽을나소이다. 당쟝(唐將)이 평양 보통문(普通門)을 째쳐 왜
적(倭賊) 모라내친 긔별 미르오시니 우리 다 눕드며 이제야 다 사라 환됴
ㅎ오실 날이 이시로다, 모다 즐겨 ㅎ던 일이 어제론듯 ㅎ더니 그작난(亂)의
버서나나 종사 위ㅎ와 파(좌?)군 닙궁의 드오시니 인심이 진뎡(鎭定)치 못
ㅎ야 골홈 글너 줌 자디 못 ㅎ여서 ㅎ르는 하인 돍 잡으러 집우히 오르니
니간 엿보는 도적인가 넉여 우히오시며, 후궁이 놀나 나왓다가 우흔 니관
의게 가오시며, 쇼환도롤 주오시며,
　<급흔 일이 잇거던 즈스ㅎ라.>
ㅎ오시니 각각 손의들 쥐고 셔셔 도곤도곤이 기드리더니 그 시졀 다 디나
셔 내 마노라 아돌이 셔셔 오놀 욕 볼 줄 엇디 알니오. 의녀로나 잡아 내디
아냐 나쟝이로 잡으니 이 욕이 내 몸의 당티 아녀 대왕이 보오시는 각시니
녹(祿)자시느니 다 아르쇼셔 이제 이리 흘일이니잇가 이 도리로 님군을 속
이면 상망(上亡)흘 밍됴(亡兆)로 소이다.」

(p.66, 1행〜p.67, 14행)

　피의 숙청을 예고하는 새로운 국면의 전개이다. 박동량(朴東亮)의 실수·내
인들의 아우성·대신(大臣) 못지 않은 공로가 있는 김상궁의 내력·그리고 김
상궁의 독백이다. 임금과 남남관계가 아닌지라 당당하고 힘차다. 「대왕이 보오
시는 각시」의 몸에 한갖 나쟝(羅將)의 손이 와 닿을 수 있느냐 라는 항의에 이어
망부탄(亡夫嘆)과 더불어 저주의 말로 이어진다. 여기서도 드러나는 것은 무도
(無道)함이다. 한 지아비를 섬겼던 두 여인은 그의 아들에 의해서 똑같이 사경

(死境)으로 내몰린다. 그래서 망부탄도 "내 기시에 지궁을 조차 죽던들(大妃)", "무신 지궁 밋히셔 죽을나소이다(金尙宮)"로 똑같다. 넋두리란 내심(內心)을 풀어낼 길이 없을 때 터져나오는 호곡(號哭)인지라 독자들의 호흡을 가쁘게 한다. 그래서 독백의 표출은 긴장감과 더불어 그 국면의 핵심에 미도(味到)하게 한다. 이리해서 만천하에 알려진 광해군의 패륜은 자리를 더욱 굳히게 되고 부동의 사실로 화하게 되었다. 두 여인이 똑같이 회상에 잠기나 대비의 경우는 묘사력이 약하다 하겠지만 김상궁의 경우는 대왕을 모시던 경위·환궁(還宮)할 때 양상·도적으로 오인하여 소환도(小還刀) 주시며 부들부들 떨던 일 등에서 적잖은 사실성(寫實性)의 발휘를 보았다고 하겠다. 당당하고 힘찬 사실(寫實)은 표현의 윤기마저 도는 듯하다.

(5) 요공(要功)몰이

공(功)을 세워야 잘살 수 있는 사회였기에 요공(要功)이란 출세의 지름길이었다. 여기의 요공(要功)이란 인목대비의 죽음에 이바지하는 것이다. 이 몰이의 중심에는 가히(介屎)가 있었고 그 뒷배는 광해군이었다. 여기에 동원된 사람은 유(柳)·박(朴)·이(李) 3적(賊) 같은 추진세력이 있었지만 서궁(西宮) 안에 들어와 대비를 지척에 모시면서 직접 가히의 하수인 역할을 한 상궁은 중환(仲還)·난이(蘭伊)·천복(天福)의 3자였다. 가히의 몰이 방법은 잔인하기 그지없어 살인교사(殺人敎唆)에까지 이르른다. 만족할 만한 결과를 얻지 못하자 드디어 가히는 직접 나서게 된다. 그 사단(事端)을 보기로 한다.

> 임즈스월의 닉인들이 모다 잔치ㅎ야 먹으며, 그 뎐(殿) 상궁들을 쳥ㅎ니 두어혼 슌히 오고 가히(介屎)병탈ㅎ고 아니 오거눌 쳥ㅎ디,
> 　「듕병(重病) ㅎ엿노라.」
> ㅎ고 무춤내 아니 오더라.
> 　삼경은 ㅎ야 혼자 ㄱ마니 침실(寢室) 겻히 쇼쥬방의 와시더 눍은 견막이 닙고 죡도리 그어 쓰고 소러 업슨 것 신고 쇼쥬방의 드러셔 ㄱ마니 나셔 침실노 드러가려홀 무디예 마춤 침실 상궁이 쇼변 보라 나와셔 침실 다히 하 고요ㅎ거눌 놀나 타뎐(他殿) 사룸도 만히 와시니 힝혀 잡하인(雜下人)이 드러 갈가 넉여 침실노 드러가 보려ㅎ니 가히(介屎)라셔 김상궁을 보고 놀나 피ㅎ랴 애룰 쓰디 문안의 드러가 근측(近側)ㅎ디 매피 홀 고들 모르고

그마니 고개롤 숙이고 지게 뒤흐로 눗출 향흐야 브드드 썰고 셧거늘 김샹
궁이 하 무셔워 나와 드디 못 흐디 그러나 당돌흔 ᄆᆞ음을 먹음고 드러가,
　「자닉 뉘신고.」
흐여 여러번 ᄆᆞᆯ디 더답도 아니흐고 하 썰거늘 볼셔 가히(介屎) 쇼작(所作)
인 줄 알것마는 날이 어두오니 힝혀 아닌가 드립더 손을 잡으며,
　「자닉 뉘신고.」
하 여러번 무ᄅᆞ니 그제야,
　「내로쇠.」
흐여놀,
　「샹궁이신가.」
　「익, 내로쇠.」
흐여놀,
　「엇디 와겨시던고.」
　「뎨 굿보라 왓더니.」
흐더라.
　잡아도 고(告)흘 고디 업고 두 뎐(殿) ᄉᆞ이예 어ᄌᆞ러워올 분이로다 흐고
짐즛 노하보내며,
　「알ᄑᆞ 못 가노라 흐여놀 섭섭흐여, 보고 가시니 깃거흐닉.」
흐고 노하 보내니라.
　손목 잡아실제 산 고기 눌씌듯 흐더라.

(p.121, 11행〜p.123, 12행)

　이는 실패로 돌아간 가히의 작전이다. 간발의 차로 발각된 가히의 행동은 순
식간이지만 숨막히는 분위기를 조성함이 영창대군 출궁(黜宮) 때의 버금갈 만
하다. 이 대목에서 가히의 범의(犯意)는 형상화(形象化)된 것 같다. 가히의 잠입
예정·그의 잠행(潛行) 외모·발각순간의 외면하는 모습·세 차례에 걸친 가히
의 떠는 양상·본의 아니게 이실직고하지 않을 수 없었던 가히의 심리적 갈
등·김상궁의 방황하는 심정·대국(大局)을 생각하고서 사태를 마무리하는 김
상궁의 슬기 등 가위(可謂) 극적이라 할 만한 이 짧은 표출에서 백미라 할 수
있는 대목은 "손목 잡아실제 산 고기 눌씌듯 흐더라"라는 묘사인 것 같다. 이
사실성(寫實性)에 가히의 실패한 겁은 심상(心象)은 드러나거니와 이런 상황을
엄밀히 살펴볼 때 이는 '뎌집'과 '이녁'의 대결로 보이고 광해군과 인목대비의
갈등을 대신한 대리전(代理戰)의 양상으로도 짚인다. 대비의 턱밑에까지 이르
른 가히를 잡아낸 김상궁과의 문답 "엇디 와겨시던고", "뎨 굿보라 왓더니"에

는 어두운 밤이었지만 불꽃이 튀는 듯하다. 이와 같은 긴장의 고조(高調)는 목숨을 볼모로 하는 엄청난 사실이라는 것을 알게 하는 동시에 전체 진행의 박력(迫力)을 더해준다고 하겠다.

이제까지 다섯 가지로 나누인 상서(詳敍)의 상황을 보았다. 인물묘사에서는 대체로 사실적(寫實的)으로 보여지지만 형상화에는 이르지 못한 것 같다. 서사(敍事)는 비교적 치밀한 운필(運筆)이지만 사실성의 미흡을 들 수 있겠다. 소재의 건재(健在)를 나타냄으로 보인다. 무복의 묘사는 사실적 필치로 생동감이 인다. 패륜(悖倫)의 묘사는 특히 독백의 형상을 지닐 때 극치에 이르는 것 같다. 긴장감과 선명성(鮮明性)과 박력이 어우러져 서술에 광택이 빛난다.

요공몰이에서는 형상화에 진입된 것으로 보인다. 이처럼 대상에 따라 서술양상은 다양하지만 대체로 상서의 폭은 문예의 영역을 넘나들고 있음을 보여준다고 하겠다.

2) 서묘(敍描)

여기서는 비정(非情)을 서술대상으로 삼고 영창대군의 출궁상(黜宮相)을 보려고 한다.

> 내여 보내오시기를 춤아 못 ᄒ오샤 무흔 통곡 ᄒ오시더니 두 아기시는 겻희셔 우옵시고 우히 ᄒᆞᆸ시더,
> 「하늘아 내 므슴 죄를 지엇관디 하늘이 이리 셟게 ᄒ시는가.」
> ᄒ오샤 하 셜워 우옵시니 비록 텰셕(鐵石)ᄀ튼 ᄆᆞᆷ인들 엇디 눈물이 나디 아니 ᄒ리오 마는 장뎡너인들이 씸씸이 안자셔,
> 「너희 우러 들니오면 대군을 아니 내여 주오실 거시니 됴흔 낫츠로 어셔 어셔 드러가 엿ᄌᆞ와야만뎡 힝혀 셜운 낫츠로 가면 다 죽게 ᄒ리라.」
> 져히니 각각 눈믈을 곰초고 드러가 엿ᄌᆞ오디,
> 「볼셔 범의게 들믈 벗디 못 ᄒ게 되여ᄉ오니 병드오신 본겻티 지금 사라 겨오시믄 우흘 젼혀 미더 사라겨오시니 부원군 뼈도 잘 못 간ᄉᆞᄒ여 겨오실 거시오, 두 오라바님이나 살아 주셔든 제ᄉᆞ나 닛게 ᄒ오시고 셟ᄉ오시믈 져근덧 춤ᄉ오셔 내여보내 오쇼셔.」
> 날은 느져가고 어셔내라 곰빗님빗 지쵹ᄒ고 ᄯᅩ 안ᄒ로셔 너인이 나와 지쵹ᄒ니 하늘홀 깨칠 힘이 잇다 엇디 긋ᄍᆡ예 이긔리오 져근더시 느져가니 우리 시위인을 각각 꾸지ᄌᆞ며,

「너희 이리ᄒᆞ야 못 홀 거시니 우리 드러가 대군을 아사 드려오리라 너희 ᄒᆞ나히나 살가보쟈.」
ᄒᆞ고 드러드ᄅᆞ려 ᄒᆞᆫ대 어룬 변상궁이 다시 드러가 엿ᄌᆞ오디,
「안팟긔 장뎡을 보내엿고 밧긔ᄂᆞᆫ 금부 하인이 쇠사슬을 들고 위립(圍立)ᄒᆞ엿고 너인 드려가려 의녀디 디령 ᄒᆞ여시니 우리 죽으믄 셟디 아니 ᄒᆞ디 우히 밋ᄌᆞ오시리 업시 이 늙은 거슬 미더 겨오시고 쇼신도 우흘 밋ᄌᆞ와 실 줏ᄌᆞ오신 옥톄를 힝혀 불힝ᄒᆞᆫ 일을 보아도 쇼인이 사라ᇫ다가 졍으로 ᄒᆞᆸ고져 ᄇᆞ라와 죽디 아니코 사라ᇫ더니 대군아기시를 뎌리 아니 내여 주오시니 이제야 죽을 곳을 아올소이다.」
우히 니ᄅᆞ오시디,
「너희ᄂᆞᆫ 너인인 젼ᄎᆞ로 ᄌᆞ식의 졍을 모ᄅᆞᄂᆞᆫ도다. 졍의 ᄎᆞ마 내여주기를 못 홀노라.」
ᄒᆞ오시더라.
일변으로 대군 뫼온 너인들이 대군 아기시를 달내디,
「사나흘만 피졉 낫다가 올거시니 보션 신고 웃옷 닙고 날조차 나가ᄋᆞᆸ사이다.」
ᄒᆞ니 니ᄅᆞ시디,
「죄인이라 ᄒᆞ고 죄인 나드ᄂᆞᆫ 문으로 내여가라 ᄒᆞ니 죄인이 보션 신고 웃옷 닙어 ᄡᅳᆯ디 업다.」
ᄒᆞ셔ᄂᆞᆯ,
「뉘셔 그리 니ᄅᆞᄋᆞᆸ더니잇가.」
디답 ᄒᆞ시디,
「ᄂᆞᆷ이 닐너 알가 내 다 아랏니. 쇼셔문은 죄인 나드ᄂᆞᆫ 문이니 나도 죄인이라 ᄒᆞ고 그 문밧긔다 가두려 ᄒᆞᆫ다.」ᄒᆞ고
「나과 누으님조차 가면 가려니와 내 혼자ᄂᆞᆫ 못 갈노라.」
ᄒᆞ시니 우흔 더욱 텬디 망극히 우오시더라. 어셔 내라 지쵹ᄒᆞ며,
「아니 내여주거든 너인을 다 잡아내라.」
볼볼 사ᄅᆞᆷ 부리더라. 대군 뫼온 김상궁을 겟너인이 잡아내여,
「더욱 울고 아니 뫼셔 내니 하옥ᄒᆞ라.」
ᄒᆞ신다 ᄒᆞ니,
「아모리 달내여 나가사이다 이대도록 ᄒᆞ디 뎌리 우ᄅᆞ시고 죄인 나드ᄂᆞᆫ 쇼셔문으로 나가랴 ᄒᆞ시니 아모리 아기시인들 이러ᄐᆞᆺ ᄒᆞ거든 엇디 이리 핍박(逼迫)ᄒᆞ야 보채ᄂᆞᆫ고 내뫼셔 나갈 거시니 져근덧 믈너서라.」
ᄒᆞ니라.
날은 느저가고 하 민망ᄒᆞ여 힐(詰)우다가 못 ᄒᆞ여 우흔 뎡샹궁이 업습고 공쥬 아기시ᄂᆞᆫ 쥬샹궁이 업습고 대군 아기시ᄂᆞᆫ 김샹궁이 업ᄉᆞ와시니 대군이 ᄒᆞ시디,

「웃뎐과 누으님과 몬져 셔시고 나는 뒤히 셔디라.」
ᄒ셔눌,
「엇디, 그리 셔라 ᄒ시눈고.」
ᄒ니,
「내 몬져 셔면 날만 내고 다 아니 나오실 거시니 나 보는 디셔 가옵사이다.」
ᄒ시더라.
 우흔 짓의뎌에 짓보 덥습고 두 아기시는 남보 덥ᄉ와 각각 업ᄉ와 ᄌ비문의 다ᄃ라더니 니관이 십여인이나 업디여,
「어셔 내옵쇼셔.」
ᄇ야더니 우히 니관ᄃ려 니르오시더,
「너희도 션왕 녹(祿)을 오래 먹고 사라시니 현마 어이 참측(慘惻)ᄒᆫ ᄆᆞᄋᆞᆷ이 업ᄉ냐. 스십여년을 졍위에 ᄌ식을 못 보아 겨오시다가 병오년의 처음으로 대군을 보오시고 깃브고 ᄉ랑ᄒ오시미 ᄀᆞ이 업ᄉ오시나 당시 강보(襁褓)의 ᄡ인 거슬 므슴 뜻을 두어 겨옵시리, 흔갓 ᄌ라는 일흠만 듯고져 ᄒ오시다가 귀텬(歸天) ᄒ오시니 내 기시예 지궁(梓宮)을 조차 죽던들 오놀날이 셜운 일을 보랴. 이거시 내 죽디 아니코 사랏던 죄라 어린 아히 동셔도 아디 못 ᄒᆞ는 거슬 ᄆᆞ자 잡아내니 됴뎡이나 디간이나 션왕을 싱각 ᄒ오면 이리 셟게 ᄒ랴.」
ᄒ오시고 하 이통 ᄒ오시니 니관이 눈믈을 ᄲᆞ스며 입을 여러 말을 못 ᄒ고 흔갓
「어셔 내옵쇼셔. 우리가 모르리잇가 마는 이럴 일이 아니라.」
ᄒ더라.
 뎌집 니인 년갑이는 우히 업ᄉ온 니인의 다리를 붓드럿고 은덕이는 공쥬 업ᄉ온 쥬샹궁 다리를 붓드러 옴겨 드듸디 못 ᄒ게 ᄒ고 대군 업ᄉ온 사름을 압흐로셔 ᄶᅳ어 내고, 뒤흐로셔 밀텨 문밧긔 내고 우리만 다 미러 드리고 ᄌ비문짝을 다드니 그 망극ᄒ미 엇더 ᄒ리오. 대군 아기시만 문밧긔 업혀 나셔셔 업은 사름의 등의 머리를 브듸쳐 우르시며,
「마마 보새.」
ᄒ다가 못 ᄒ여,
「누오님이나 보새.」
ᄒ시고 하 애를 타 셜워 ᄒ오시니 곡셩이 너외예 텬디진동ᄒ여 눈믈이 짜히 ᄀᆞ득ᄒ니 사름들이 눈이 어두워 길흘 모룰너라.
 아기시를 문밧긔 내여 호위 ᄒ여 환도(還刀) 화살 촌 군쟝(軍將)이 위립(圍立)ᄒ야 가니 그제야 울기를 긋치고 머리를 숙여 자는ᄃ시 업혀 가시더라.

(p.97, 14행~p.104, 5행)

대군을 앗아가는 과정이 구체적으로 그리고 선명하게 나타난다. 대군을 탈취하려는 장정(壯丁)·내인·의녀(醫女)·종년들의 난입상(亂入相)·살벌한 분위기·대비의 넋두리·대군의 앙탈·대군 업어내는 광경 그리고 대군의 기진(氣盡)한 모습·호위군들의 위립상(圍立相) 등의 일련의 장면은 점층(漸層)하듯 구상성(具象性)을 더해갔다. 특히 자비문에서의 대군 업어내는 장면은 한폭의 그림이기를 넘어 생동하는 활극의 한 장면이라 하겠고, 이 대목의 종점(終點)으로 보이는 "자는다시 업혀가시더라"의 '자는다시'라는 형용은 작자 나름의 인상이 포착된 순발력의 발휘로 보여진다. 관찰(觀察)에서 몰입으로 작자의 안목과 역량은 이어져서 끝내 심금을 울려내고야 만다. 이 대목은 본 일기문의 절정을 이루는 장면으로서 잔인한 비인간성이 남김없이 드러나고 있다 하겠으니 곧 형상화의 과정이다. 작자는 이렇게 작중인물이 되어 함께 참여하고 있는 것이다.

이상과 같이 상서에서는 활기찬 사실성(寫實性)에서 형상화에로의 진폭(振幅)을 펼쳐 보여주었고 서묘에서는 넉넉한 형상화의 솜씨를 보여 기록성을 넘어 문예의 영역을 구축한 것이라고 하겠다. 여기의 기록성이라 함은 서술유형에서 말하면 약서에 해당된다. 정서의 반영은 도외시된 것이므로 형상화와는 거리가 있고 혹 형상화된다 해도 미흡하기 그지없다. 예를 들면 다음과 같다.

이 말이 튓튓나니 이 니관을 믜워ᄒ더니 대군란(大君亂)의 죽이니라.
(p.38, 14행)

여기의 '튓튓'은 '나니'의 수식으로 원인제공을 두드러지게 했으나 결과로 보이는 '믜워ᄒ더니', '죽이니라'에는 아무 수식도 없어 균형있는 묘사가 이루어지지 못했다. 여기에는 광해군의 개성도 별로 묻어나지 않는다. 이것은 공무처리를 잘 못하는 광해군의 무능을 편잔하고 무안을 준 노내관(老內官 : 명종때부터 근무한)을 죽인 기사(記事)이다. 이와 같은 묘사력의 결핍은 형상화에 도움이 되지 못한다.

이와 같은 약서가 본 일기에 적지 않지만 고구(考究)의 대상이 못 되므로 본고(本考)에서도 생략한 것이다.

6. 작품내용

卷一·二로 나누어져 있으며 중요한 사건별로 정리해 본다.

卷一 :

(1) 壬寅年(宣祖 35, 1602), 중전이 아이를 잉태하다. 유가(柳哥)가 낙태시키고
자 여러 가지 방해를 감행한다.

(2) 癸卯年(선조 36, 1603), 정명공주(貞明公主) 출산하다. 유가가 대군이 태어
났다고 잘못 소식을 듣고 분해하다가 공주가 태어난 것을 알고 선물을 보
낸다.

(3) 丙午年(선조 39, 1606), 영창대군(永昌大君)이 태어난다. 유자신(柳自新)이
노래와 굿과 점을 동원하여 모종의 흉계를 꾸민다.

(4) 甲辰年(선조 37, 1604)에 광해군을 왕세자로 책봉하려 명나라에 주청했으
나 좌절된다. 친형이었던 임해군(臨海君)이 있었기 때문에 명 조정에서 허
락하지 않았다.

(5) 선조가 병환에 있을 때(丁未年, 선조 40) 정인홍(鄭仁弘), 이이첨(李爾瞻)
등이 상소를 한다. 유영경(柳永慶)이 임해군을 위하여 광해군으로 하여금
봉세자 주청을 않으니 목을 달라는 내용이었는데, 이런 상소를 보고 선조
가 이들을 유배보낼 것을 명한다.

(6) 戊申年(선조 41, 1608), 선조가 승하한다.

(7) 인목대비(仁穆大妃)가 계자(啓字), 새보, 마패 등을 광해군에게 보내고 선
조의 유교를 전한다. 광해군이 즉위한다.

(8) 丁未年(선조 40, 1607) 10월, 선조와 광해군 사이가 좋지 않았을 때, 대비
가 이 부자들 사이를 좋도록 주선해 준다.

(9) 광해군이 주위의 이간질로 형인 임해군을 죽일 마음을 먹는다.

(10) 임진왜란 때 광해군이 어린 나이로 왕세자에 책봉되었으나 웃어른의 말
씀을 잘 따르지는 않았다.

(11) 의인왕후(懿仁王后) 빈전(殯殿) 때(선조 33년 6월임), 후궁의 조카를 광해군
이 첩으로 삼으려 했으나 허락되지 않는다. 이에 앙심을 품고 丙午年(선조

39)에 이르러 상감을 기만하고 후궁을 위협하여 조카를 빼앗아간다. 또 영창대군을 없애버릴 묘책을 유가와 궁리한다.

(12) 戊申年(선조 41, 1608) 초, 정인홍, 이이첨 등이 선조가 승하하자 유배에서 풀려나 벼슬길에 오른다.

(13) 임해군을 교동에 위리안치시켰다가 죽인다.

(14) 광해군과 대비와의 사이가 점점 좋지 않게 된다.

(15) 선조 승하 후, 3·7일 후 문안인사 때 곡도 하지 않고 인목대비의 조곡(弔哭)을 막는다.

(16) 대왕의 묘호를 정할 때(광해군, 즉위년 2월) 대비가 선왕의 묘호를 신중하게 처리해 줄 것을 부탁하나 거절한다.

(17) 대비가 배능(拜陵)을 3년 동안이나 간곡히 빌었지만 허락치 않는다.

(18) 광해군이 내전에서 진지를 들 때에 영창대군의 소리를 듣기 싫어하며, 세조가 단종에게 행했던 일을 예로 들면서 영창대군을 죽이고 세자를 잘 살 수 있도록 하겠다 한다.

(19) 戊申年 4월(喪中) 광해군이 수라를 못들 때 인목대비가 육선(肉饍)을 권한다.

(20) 丁未年 10월, 광해군이 선조의 시약(侍藥) 때에도 공손히 하지 않았다.

(21) 상을 당했을 때에도 한 달에 한 번씩 빈전(殯殿)에 들렀으며 그나마 슬픈 기색도 갖지 않았다. 대비의 곡읍(哭泣)을 못마땅히 여긴다.

(22) 즉위 후 공사(公事)를 해결하지 못하자 내전[光海妃]과 유가[광해군의 聘父]에게서 도움을 받고 해결한다. 이를 내관이 비웃자 계축옥사 때 죽인다.

(23) 戊申年 초 광해군이 대비를 공경하는 척 한다. 대비전 내인들을 후하게 대접한다.

(24) 그러나 庚戌(광해군 2, 1610), 辛亥(광해군 3, 1611)년에는 대비에게 불공함이 심하다.

(25) 상궁 가히와 친하게 지내면서 왕비를 시켜 공사(公事)를 보게 한다.

(26) 광해군이 배능(拜陵)하면서 곡을 하지 않는다.

(27) 대비가 대전으로 오다가 가마가 기울어져 떨어질 뻔했으나 내전(內殿)이 이를 알고도 모른 체 하다.

(28) 세자[광해군의 子] 친영(親迎) 때, 후궁을 통해 인목대비에게 참예치 않아
도 된다 하여 대비가 참예치 못한다. 이로 인해 광해전(光海殿)에서 대비를
비방한다.

(29) 辛亥年에는 광해군이 대비전(大妃殿) 뒷 시위하기를 싫어하다.

(30) 戊申年 선조 승하시 대비가 주야로 곡읍(哭泣)을 그치지 않았을 때, 광해비
(光海妃)가 이를 가리켜 "대군[영창]을 세우려다 못했기 때문"이라며 비방한
다.

(31) 상궁 가히가 대비전 내인을 박대한다. 아울러 광해전 내인들이 대비를
박대한다.

(32) 壬子年(광해군 4, 1612) 김직재(金直哉)의 난이 일어나다. 점치는 일과 방
자한 일로 화를 만들어 내고 아이를 시켜 거짓말을 만들어 낸다.

(33) 이후, 유희량(柳希亮 : 柳自新의 子)이 점쟁이를 불러 광해군이 뜻을 이룰
수와 영창대군의 액운을 묻는다.

(34) 유자신 아내 정씨가 왕비, 광해군과 더불어 계축년(광해 5, 1613) 정월 초
사흗날부터 4월까지 저주를 행하며, 유영경 부인과 임해군 부인이 그런 저
주를 행했다고 소문내다.

　(34)-1 강아지 배를 따서 대전궁, 책상 아래, 베개 밑에 들여 놓고,

　(34)-2 화상을 그려 화살을 쏜다.

(35) 癸丑年 4월 26일 옥사를 일으키다. 은도적(銀盜賊) 박응서(朴應犀), 서양갑
(徐羊甲) 등에게 김제남(金悌男 : 대비의 父, 영창대군의 외조부)을 무고하도
록 이이첨 등이 사주한다.

(36) 이후는 아이 어른 할 것 없이 연루된 사람을 모두 극형에 처하고 무복을
받으며 큰 옥사를 일으킨다.

(37) 박동량(朴東亮)에 의해 유능저주사건(裕陵咀呪事件)이 일어난다.

　(37)-1　대비전에서 무녀(巫女) 순창이를 시켜 선조(宣祖) 불평시 유능(裕
陵 : 懿仁王后陵)에 가서 저주하였다고 박동량이 고변(告變)한다.

　(37)-2　5월 18일 대비전 침실상궁 김씨, 대군 보모상궁, 침실시녀 여옥,
보모상궁 환이를 잡아낸다.

　(37)-3　김상궁과 유씨는 억울하다 하여 목매어 죽으려다 미수에 그친다.

(37)-4 6월 13일 박동량의 초사로 13명의 내인을 잡아낸다.

(37)-5 다음날 감찰상궁 둘을 잡아낸다.

(37)-6 6월 28일 유모 넷을 잡아가다.

(37)-7 7월에 명환, 신옥, 표금 등을 잡아낸다. 30여 명이 잡혀갔지만 한 사람도 무복하지 않고 죽는다.

(37)-8 유능저주사건이 허사가 될까 하여 15세 된 내인을 꾀어 거짓으로 무복하도록 한다.

(38) 유자신 집에 있던 맹녀(盲女) 고성(高成)에 의해 오윤남(吳允男 : 김제남 집의 종)의 무복사건이 일어나다.

(38)-1 고성(高成)의 초사에, 오윤남이 대군의 운에 대해 점을 치고 다녔다 하였다.

(38)-2 오윤남이 무복하지 않고 죽음을 당한다.

(38)-3 12세 된 오윤남의 아들을 고문하여 무복을 받아낸다.

(38)-4 김제남과 대비의 맏동생이 사사(賜死)된다.

(38)-5 5월 5일 자비문에 만병(萬兵)을 포설하고 주야로 목탁을 쳐대면서 놀라게 한다.

(38)-6 응벽에 의해 유능저주사건이 일어나게 되며, 갑자생 상궁(변상궁과 문상궁임)을 내놓으라 주장한다.

(38)-7 이이첨의 사위 박자홍이 진상한 베개 속에 이상한 물건(뼈, 관조각 등)이 들어있었는데 이는 갑자생 상궁의 짓이라 하여 죽이려 한다.

(39) 영창대군을 궁 밖으로 내보낸다.

(40) 영창대군 출궁 후 대비는 자주 기절, 자결하려 한다.

(41) 한 달 후 영창대군을 강화로 옮긴다.

(42) 대비가 식음을 들지 못한다. 냉수와 얼음만 마시며 광해군에게 어머니와 영창대군의 안부를 물으나 듣지 못한다.

(43) 영창대군이 출궁하기 전 쫓겨나갈 것을 미리 알고 있었다.

(44) 대비는 계축년(광해군 5), 갑인(광해군 6), 을묘(광해군 7)년까지 콩시미만 든다.

(45) 서궁의 문을 열어달라 하나, 박치의(朴致毅 : 계축옥사에 관련된 도적)를

마저 잡으면 문을 열어주겠다 하며 거절한다.

(46) 대비 탄일에 다달아 부모 소식을 듣고자 하여 문을 열어달라 하나 광해
전에서 대답을 하지 않는다.

(47) 甲寅年 정초 궁인들이 죽을 줄 알고 모든 물건들을 밖으로 내보냈다가
생활이 곤란하자 대비가 일용품을 주고 구차스럽게 내관들에게 사정하지
말도록 명한다.

(48) 癸丑年 전에 종으로 들어왔던 중환이와 경춘에게 임무를 맡긴다.

(49) 중환이가 옥에 갇혀있던 오라비 일로 광해군을 원망하는 것을 가히가 알
고 오라비를 살려주겠다고 회유한다. 가히가 중환을 심복으로 만든다.

(50) 壬子年(광해군 4) 6월 18일 왕자인 경평군(慶平君) 생일날 중환과 경춘이
궁 안의 물건을 훔쳐다 가히에게 주고 대비전의 일을 알려준다. 이런 공로
로 중환의 오라비를 가히가 살려준다.

(51) 壬子年 4월, 대비전 내인들이 잔치할 때 광해전의 내인들을 초대, 몇 명
은 참례하고 가히는 칭병하고 참석치 않고 밤에 몰래 와서 살펴본다.

(52) 戊申年(광해군 원년) 이후 영창대군에 대한 무고가 더욱 심해진다.

(53) 癸丑年 동짓달 중환이가, 어린 영창대군의 소식을 알기 위해 또 서궁의
문이 열리기를 원하는 경을 읽도록 대비에게 권하나 거절당한다.

(54) 가히가 중환을 통해 대비를 모해하고자 하나 트집잡을 일을 발견하지 못
한다.

卷二 :

(55) 癸丑年 섣달, 문상궁이 중환이를 통하여 영창대군과 인목대비의 본가(本
家) 소식을 알아 대비께 알려드리려 하나 대비와 변상궁이 반대한다.

(56) 문상궁이 단독으로 편지를 써서 중환이에게 전해준다. 변상궁이 되돌려
받도록 했으나, 이미 중환이가 편지를 가히에게 전해준 후이다.

(57) 이 편지 사건으로 인하여 다시 옥사가 일어나게 되어 섣달 그믐날 궁 안
팎의 많은 사람들이 하옥된다.

(58) 甲寅年 정초, 문상궁은 중환의 속임수에 빠지고, 중환과 음덕, 부전이가
서궁에서 나가다.

(59) 추국청에서 중환이의 거짓 자백으로 궁 안과 밖의 사람들이 관련되었다 하여 죽인다.

(60) 甲寅 이월 보름에 문상궁, 색장내인, 보모상궁 등 수많은 내인들을 잡아 간다.

(61) 내인 여옥이 잡혀가면서 무복하지 않겠다 맹세한다.

(62) 여옥이 처음에는 무복하지 않았으나 부모를 살리기 위해 무복한다. 이후에 변상궁이 병이 들어 출궁했을 때 여옥을 만나 당시 상황이 그럴 수밖에 없었음을, 그래서 지금은 한(恨)이 된다고 하는 자세한 사연을 듣는다.

(63) 상궁 난이(임진년에 시녀로 입궁했다가 무신년에 상궁이 되었음)가 제 동생과 조카를 동궁전(광해군을 가리킴)과 내전에 시녀로 보내 광해군의 세력을 얻고 있었다. 중환이와 함께 대비전 기물을 훔쳐 동생에게 보낸다.

(64) 난이가 "동짓달 보름날 내인·상궁·노비를 데려가고, 대비에게는 새로 아이 두엇만 두고 살게 하여 자진(自盡)하게 하려 한다"는 거짓말을 한다.

(65) 인목대비가 죽은 내인들의 물건을 뒷날 가족들에게 돌려주려고 잘 간수하도록 시킨다.

(66) 난이가 영창대군의 세간을 훔쳐 내가고 자신을 계축년 겨울이 되어도 데려가지 않자 광해전을 원망한다.

(67) 난이가 죽은 김상궁을 꾸짖는다.

(68) 甲寅年 봄에 광해전에서 난이를 데려간다.

(69) 김제남 상사(喪事) 때 서궁의 궁인들이 다 상복을 입었었는데 난이만 입지 않았다.

(70) 궁인 중에서 영창대군의 꿈을 꾼다.

(71) 갑인 3월, 광해전에서 대비전에 내관(內官)을 보내어 영창대군의 죽음을 알리며 대비에게는 천천히 알리도록 명한다.

(72) 4월에 대비가 영창대군의 꿈을 꾸고 영창대군이 죽은 것을 알게 된다. 변상궁이 대군이 이미 죽었음을 알린다. 대비가 자결(自決)하려 하자 궁인들이 적극 만류한다.

(73) 이 해 가을에 많은 궁인들이 종기를 앓게 되며, 특히 변상궁의 병세가 위중하여 9월에 궁을 나가게 된다. 얼마 지나서 변상궁의 병이 좋아졌으면

들여보내라 했으나 들은 체도 하지 않는다.

(74) 10월에 변상궁을 대신하여 천복이가 입궁한다.

(75) 동짓달 정명공주(貞明公主)가 마마를 앓게 되자, 천복이는 더 악화되라고
몰래 고기를 도마에 썰고 술을 마신다.

(76) 대비의 5불가(五不可)

(77) 정명공주가 역질을 앓게 되자 놀라게 하여 죽이고자 섣달 17일 이경(二
更)에 침실 기슭에다 천복이가 불을 놓는다.

(78) 하인 중 아이들이 몰래 가히를 만난다. 이때 정순이가 아이들에게 대비
죽일 계교를 알려준다. 이후에도 계속 불을 지른다.

(79) 납향제를 위해 곡물과 돼지를 서궁으로 들이는데 도끼질과 칼질을 하여
토막을 내서 들인다.

(80) 乙卯年 4월 그믐날 변상궁이 재입궁한다. 광해비와 가히가 변상궁에게
대비를 빨리 처치할 것을 당부한다.

(81) 甲寅年 4월 내관 박충신이 정명공주와 영창대군이 쓰던 물건을 모두 조
사해 간다.

(82) 서궁의 담을 더 높이고 궁중을 좁게 한다.

(83) 문안내관 나업이 서궁에 왔을 때, 글을 가져가 전하라 하니, "가져오지
말라"는 명이 있기 때문에 받을 수 없다고 한다.

(84) 궁중에 오래도록 쓰레기가 쌓여 악취가 가득하나 치워주지 않고 2년, 3
년만에 한 번씩 치워준다.

(85) 정순과 천복의 지시로, 갑인년에서 무오(광해 10)년에 행했던 것처럼 그 후
에도 계속 방화를 한다. 정명공주와 인목대비를 타 죽게 하기 위한 것이다.

(86) 십여 년이 되니 궁중생활이 대단히 곤궁하게 된다.

(86)-1   하인들이 신을 것이 없어 맨발로 다닌다.

(86)-2   집 위에 까치똥이 회 바른 듯했다.

(86)-3   비가 새어도 고쳐주지 않는다.

(86)-4   짐승의 똥에서 나온 쪽씨를 심어 남빛 물감을 들이다.

(86)-5   까마귀가 박씨를 물어 오다.

(86)-6   솜이 없어 그대로 지냈는데 면화씨가 새똥에 섞여 들여와 심어

　　　　기르다.

(86)-7　짐승의 똥에 나물씨가 들어있어 심어 길러 먹는다.

(86)-8　담이 무너져 궁인들이 다시 쌓다.

(86)-9　무오년 2월 버려두었던 대추나무가 다시 살아난다.

(86)-10 복숭아가 절로 자라나 열리다.

(86)-11 밤나무를 인목대비가 시녀를 시켜 심었는데 여러 해 잘 자라다가
　　　　기미년(광해군 11)에 죽게 된다. 꿈에 다시 살리라 하며 대비전에
　　　　게도 다시 살리라 계시해 준다(경신년에 한 가지, 신유년에 한 가
　　　　지, 임술년에 온전히 살다).

(86)-12 가을에 밤나무에 꽃이 핀다.

(87) 무오년 여름에 정릉골에 불이 붙음, 불을 피해 나가게 해 달라 했으나
　　허락치 않는다.

(88) 인목대비가 토혈(吐血)을 계속하여 문을 열어 달라 하니 의녀를 보내 진
　　맥하라 명한다.

(89) 丁巳年(광해군 9)부터 조정에서 매월 초하루와 탄일에 문안을 오지 않는다.

(90) 진상단자에 있는 대로 물건을 들여보내지 않고 대전 내궁이 물목을 지우
　　고 대강 들여보낸다.

(91) 辛酉年(광해군 13) 7월 포수로 하여금 서궁 사람들이 놀라도록 삼경(三更)
　　에 야경(夜警)케 하다.

(92) 서궁의 내인들 중에서 가히, 은덕이, 갑이(광해전 내인들임)를 아는 내인
　　은 다 데려간다.

(93) 癸亥年(광해군 15) 정월, 죽은 내인의 종들을 다 데려가려 하자 인목대비
　　가 빌어 두어 명만 데려간다. 3월 11일 아픈 내인을 다 내보내라 명한다.

(94) 癸亥年 3월 13일 서궁의 문이 열리다. 신유년(광해군 13), 임술년(광해군
　　14)부터 내인들의 눈에 기특한 일이 많이 일어났다.

(95) 내인들이 기록하게 된 동기를 서술하고 있다.

서술된 대로 기사된 내용을 정리한 것이다. 서술된 시간은 임인(壬寅)년(선조
35, 1602)부터 문이 열린 계해(癸亥)년(광해군 15, 1623)까지 21년간이다. 을묘(乙

卯)년을 기준으로 전·후반으로 나누어볼 때 전반부는 비교적 생동감이 일지만 후반부는 지루한 감이 없지 않다. 서술된 사건들은 거의 역사적으로 실재했던 것들로 시간의 흐름을 탄 양상을 지닌다고 하겠다.

7. 허구성

본 일기의 성격을 구명하기 위해서는 먼저 허구의 기능을 살펴야 할 것 같다. 그래서 단순한 강조나 과장 또는 분식 등을 넘어선 의도적인 허구를 등장하는 인물과 전개되는 사건을 통해 가려보기로 한다.

그런데 본 일기에는 작자들이 서궁이라는 외부와는 거의 단절된 곳에 살았기 때문에 현실에 어두울 수밖에 없었다. 따라서 그들이 체험한 사실과 외부에서 전개된 역사적 사실간에는 괴리(乖離)가 일어날 수 있는 것이다. 이를 몰아서 의도적인 왜곡이라 보기는 어렵겠다.

1) 인물

(1) 광해군

독자들은 본 일기를 통해 광해군이 부도(不道)했고 불민(不憫)했던 금수같은 인물이라고 느끼게도 되지만 그러나 또 한편으로는 인간적이고 솔직하고 진심을 잘 드러내 보이는 순한 일면을 지니고 있었던 것을 부인할 수 없게도 한다. 이와 같은 양면을 지닌 그의 인간성을 보기로 한다.

가. 부정적인 면

대개 ㅇ시적브터 불민히 녁이오시나 임진왜란의……

(p.22, 10행)

임진왜란 때문에 부득이 세자로 책봉한 것이지 선조의 타이르시는 말씀마다 원수처럼 받아들이는 광해군을 탐탁히 여기시지 않는다는 작자의 생각을 서술한 것이다.

공〈롤 하못ᄒ여 ᄒ당것도 친히 결티 못ᄒ여 …… 니관올 ᄒ번 일시기매
열번 곳쳐시키고 ᄒ번 심브림 ᄒ매 열번 고쳐 브르고 잘ᄒ 일도 샹홀 줄을
모르고 그론일이 죄줄줄을 모르더라.

(p.38, 1행~p.39, 1행)

광해군의 무능과 무분별을 꼬집은 작자의 서술이다.

스나히로서 이만 공〈롤 못ᄒ야 미양 눕의게 뭇고 ᄃ니는가.

(p.41, 4행)

내인에게 광해군이 핀잔당하는 모습을 파악한 작자의 서술이다.

이만 공〈롤 친히 결티 못ᄒ시는가 이후란 날 ᄃ려 뭇디마소.

(p.45, 10행)

광해군이 비(妃)에게 핀잔 당하는 모습을 파악한 작자의 서술이다.

속은 흉ᄒ고 말은 실이 업〈니 위엄은 결쥬롤 본밧고 힝실은 양뎨에게
더으니.

(p.46, 5행)

광해군의 황패(荒悖)한 심성을 파악한 작자의 서술이다.
이와 같은 묘사는 본 일기 도처에서 접할 수 있는 것으로 마치 형편없는 인
물처럼 파악되고 있다.

내 이신격은 열대군이 이시나 두렵디 아니려니와 셰즈는 대군과 족해니
돈종묘의도 족ᄒ롤 해ᄒ고 셔시니 이런 일이 이실가 저허ᄒ노라 내 부디
대군을 업시ᄒ고 셰즈롤 편히 살게 ᄒ렷노라.

(p.35, 1행~3행)

대개 대군 향ᄒ와 병오년브터 회심(悔心)을 죠장(助長)ᄒ야 안듕경과 계
즈ᄀ티 넉이다가 대군이 즈라가매 큰 변을 수이 일워 급거(急遽)히 업시홀
일을 뉴가와 날노 일워내니, 뎌 인〈(人事)도 모르는 대군이 의연(哀然)이
블샹ᄒ고 어엿브리오 마는 샹시 대쇼〈의 반드시 쉬온 일도 순죵티 아니

ᄒᆞ고, 뜻을 거슬워 박디ᄒᆞ미 심ᄒᆞ더라.

(p.24, 1행~4행)

뎡인홍(鄭仁弘) 등은 뎍쇼의 채 가디 아니 ᄒᆞ여셔 홍셔 ᄒᆞ오신 날 즉시 궐하(闕下)의 블너 블츠로 용지ᄒᆞ고 빙텬ᄒᆞ오신 이칠일만의 형을 외쳑으로 두 디간ᄒᆞ야 논계ᄒᆞ게 ᄒᆞ야노코 님ᄒᆡ(臨海)ᄅᆞᆯ 보고 계스ᄅᆞᆯ 뵈여 왈,
「이제 나가면 죄를 벗고 궐듕(闕中)의 이시면 죄 더을 거시니 내 몰나 니ᄅᆞᆯ가, 수이 나가소.」
ᄒᆞ고 군병(軍兵)을 포렬(布列) 은복(隱伏) ᄒᆞ엿돗더라.

(p.24, 5행~10행)

위의 영창대군에 관한 기술은 광해군의 저의를 드러냈고, 임해군의 관한 대목은 그 흉모(兇謀)를 작자가 짚어낸 것이다.

갑인(甲寅) 삼월의 니관 보니여 변샹궁긔 닐오디,
「너희들이 뎐(殿)으로 뫼셔 평안이 살 일이로디 대군을 님군을 사므려 도적 사괴여 안흐로 방졍지스ᄅᆞᆯ ᄒᆞ다가 명으로 안보(安保)티 못 ᄒᆞ여시니 이제 남은 니인이 고요히 드러 일죵 내 말을 조차야 만뎡 그롤일 곳 이시면 명시(明示) 정형(正刑)ᄒᆞᆯ 거시니 아라시라 대군을 처엄의 경셩(京城)의 두엇더니 죄인을 셩듕의 두미 불가타 ᄒᆞ야 됴뎡이 하 보채니 두디 못 ᄒᆞ야 강해(江華)디의 죠히 옴겻더니 제 명이 박ᄒᆞ야 감한 ᄒᆞ연디 오래디 아니 ᄒᆞ여셔 죽으니 죄인의 죽엄은 츳디 아닛ᄂᆞᆫ 법이라 ᄒᆞ고 됴뎡은 ᄇᆞ려두라 ᄒᆞ디 동기라 ᄇᆞ리디 못 ᄒᆞᆯ 거시라 의(義)ᄅᆞᆯ 혜여 ᄒᆡᄉᆞ(海司)로 비단 요자리 관곽(棺槨)을 ᄀᆞ초와 극진이 영장 ᄒᆞ여시니 뎐이 아오셔도 셟디 아니려니와 그러나 경셩의 두고 외방(外方)의 옴길졔 아디 못 ᄒᆞ오시니 졔명의ᄂᆞᆫ 죽엇건마ᄂᆞᆫ 날을 죽이다 ᄒᆞᆯ 거시니 ᄂᆞ죽이 아ᄅᆞ시게 ᄒᆞ고 즉시 엿ᄌᆞ오면 너희등을 나슈ᄒᆞ고 멸죡 ᄒᆞᆯ 거시니 너희만 아랏다가 아모졔나 무던이 넉여드ᄅᆞ시게 ᄒᆞ면 환(患)이 업스리라. 틈틈이 안자셔 한숨디며 셜워ᄒᆞᆫ닷 말 곳 이시면 내 법을 다 ᄒᆞᆯ 거시니 듯고만 이시라.」

(p.164, 9행~p.165, 8행)

이것은 광해군이 대비전 내인에게 영창대군의 죽음을 알리는 대목이다. 여기서 주목되는 세 가지가 있다. 첫째는 "대군을 님군을 사므려 도적 사괴여"와 같이 역모(逆謀)를 뒤집어 씌우는 것이고, 둘째는 "졔명이 박ᄒᆞ야 감한 ᄒᆞ연디 오래디 아니 ᄒᆞ여셔 죽으니"와 같이 박명(薄命)해서 자연사(自然死)했다는 것이

다. '감한 ㅎ연디'는 "타고난 복이 과(過)하였는지"로 풀이되는 것으로 보아 이 대목은 영창대군의 죽음을 합리화하려는 기미가 엿보인다. 영창대군은 그런 복을 누릴 재목이 못되므로 하늘이 데려간 것이라는 당위가 깔려있는 표현으로 보인다. 셋째는 '……제명의는 죽엇건마는 날을 죽이다 홀거시니……'는 "제명에 죽었건마는 날보고 죽였다고 하실 것이니"로 읽혀진다. 제 명(命)에 죽었다는 자연사를 다시 한번 강조하면서 살인자의 누명(陋名)을 억울하게 뒤집어 쓸 것임을 강조하고 있다. 없는 역모를 대비측에 뒤집어씌워 놓고 그 대비 때문에 누명을 쓰게 될 것이니 억울하다는 것으로 누명이라는 간판 뒤에 숨어드는 것이다. 자기의 잘못을 애써 가리려는 행위에서 범죄자의 심정은 드러난다. 첫째에서는 뻔뻔스러움을 느끼고 두 번째에서는 불민(不憫)을 느끼게 되고 세 번째에서는 흉측(凶測)함을 맛보게 된다.

이제까지 보아온 것은 광해군의 부정적인 측면 즉 불효·무능·무분별·황패(荒悖)함·무도(無道)·뻔뻔스러움·불민·흉측한 성품 등이다. 본 일기에서 유·박·이 삼적(三賊)의 모해(謀害)와 이에서 분발된 쇄말사 등을 제하고 광해군만의 밝지 않은 면의 인품을 논한 것은 이만한 정도가 아닐까 한다. 그러면 이제 긍정적인 그의 품성을 보기로 한다.

나. 긍정적인 면

> 니뎐 샹덕이 지듕ㅎ여라.
>
> (p.22, 9행)

이것은 정미(丁未)년 10월에 선조가 득병(得病)하였을 때 인목대비가 광해군과 그 빈(嬪)을 즉시 불러들여서 곁에서 뫼시고 약을 받들어 올리게 하고 간호를 하게 한 일과 광해군이 불민해서 선조의 뜻을 어기는 일이 있어도 인목대비는 중간에 서서 상감의 비위가 상하지 않도록 조정하고 이 국면을 잘 수합(收拾)하여 원만하게 꾸려나간 데 대한 광해군의 감읍(感泣)하는 말이다. 내전의 음덕을 기리는 마음의 표현이겠다. 순정(純情)이 드러난다.

> 이 죽이 ㄱ쟝 됴흐니 치와 둣다가 훗대에 달라.
>
> (p.35, 7행)

선조 사후(死後) 3개월이 되어서 광해군이 식사를 잘 못하는 것을 보고 인목
대비가 육선(肉膳)을 권하였는데 소선(素膳)만 들다가 육선(肉饍)을 권한 지 두
차례만에 들었다는 것이다. 특히 양집을 들고 은근히 됐다 달라고 청한 것이
위의 기록이다. 이 말에는 석달을 소선만 들다가 오래간만에 육선을 달게 먹은
흡족한 기분과 그러한 낌새를 알아차리고 음식을 마련케 한 인목대비의 윗사
람으로서의 그 자상한 배려에 구김살 없는 심중을 드러낸 광해군의 심상이다.
허물없는 가족으로서의 단란함이다.

> 내 위ᄒᆞᆸᄂᆞᆫ거슨 ᄌᆞ뎐이오시니 ᄒᆞ고져 ᄒᆞ오시ᄂᆞᆫ 일난 다 니ᄅᆞ쇼셔.
>
> (p.42, 9행)

무신(戊申)년은 선조가 죽고 광해군이 등극한 해이다. 선조의 갑작스런 죽음
으로 세정(世情)은 급변하였고 기강도 일신(一新)하지 않을 수 없었다. 신정(新
政)을 베푸는데 있어 왕으로서의 새로운 결의는 물론 규범을 솔선수범하고 넓
은 도량과 아량을 지녀 백성을 향한 온정도 베풀어야 했던 것이다. 이런 때를
당하여 윤상(倫常)상 인목대비를 국모로 받들고 영창대군을 돌봐야 함은 가장
당연한 일이었다. 그래서 새로운 각오의 일단으로 이만한 거조(擧措)는 충분히
할 수 있었으리라고 생각된다. 오래 지속되지 못한 결심이었기에 작자는 "ᄀᆞ장
공경 ᄒᆞᆸᄂᆞᆫ톄ᄒᆞ야"라고 했지만 불안초조하기만 했던 그 긴 시간을 보내고 왕
위에 올랐을 때는 감개가 남달랐을 것이다. 이러한 쇄신된 분위기에서 나온 이
말은 진심 그대로였다고 보여진다. 최대의 경의와 아량을 베푸는 그야말로 만
백성 앞에서 수범(垂範)하는 효심의 피로(披露)였다. 수심에 잠겨있던 인목대비
는 이러한 광해군의 태도에 감격하고 고마워하고 있다. 그래서 세자가 인목대
비에게 문안갈 때마다 선물을 받아온다. 화음의 연속이 아닐 수 없다.

> 우홀 잘 시위ᄒᆞ야셔 평안ᄒᆞ오시니 너희 곳 아닌즉 엇디 잘 평안이 디내
> 오시리
>
> (p.46, 9행)

무신(戊申)년 즉위 초에는 인목대비에게만 잘한 것이 아니고 그를 모시고 있
는 침실상궁이나 내인에게도 진심으로 잘 대했던 것으로 보여진다. "침실상궁

간 족족 인ᄉᄒ고 샹 주더니"(p.46, 10행)가 그것이다. 나이가 아홉 살이나 아래인 인목대비를 '자전(慈殿)'이라 부르고 "무슨 말씀이든지 다 하십시요. 다 들어 드리이다"라는 언로(言路)의 개방은 당시로는 그리 쉬운 일은 아니었을 것이며 나아가 그 시위(侍衛) 상궁(尙宮) 내인(內人)에게까지 선물을 주고 신경을 쓴다는 것은 그가 신정(新政)을 위한 결의와 실천이 얼마나 엄연했는가를 여실하게 보여주는 대목이 아닐 수 없다.

다음에서는 영창대군을 놓고 인목대비와 조정간에 서서 고민과 더불어 대비의 이해를 구하는 난처한 처지가 보인다.

> 션왕(先王)이 어엿비 너기라 ᄒ오신 유교(遺教)도 겨오시니 대군으란 의심도 마ᄅ쇼셔. 머리털은 두디 못 ᄒ올 거시라 도로 드리ᄂ이다.
>
> (p.88, 5행~6행)

> 아모라타 아히 안다 ᄒ오며, 문밧긔 피졉 나ᄂ 일도 녜브터 이시니 이도 그만 너기오셔 내여 보내오쇼셔 됴뎡이 하 보채니 ᄆᄋᆷ을 져기 눅이옵게 ᄒᄂ 일이옵디 해로온 일이 잇ᄉ올가 근심 마ᄅ쇼셔.
>
> (p.88, 13행~p.89, 1행)

> 문 밧긔 내옵쇼셔 ᄒ다 싱심이나 멀니 보내여 두리잇가. 이 셔문 밧긔 궐니 갓가온디 볼셔 집을 잡아시니 오히려 궐니의 두고셔ᄂ 됴뎡이 ᄆ양 보채여 업시 ᄒ여디라 날마다 서너둘을 아니 보챌 날이 업ᄉ니 내 비록 아니 듯고져ᄒ나 됴뎡이 요란ᄒ니 문 밧긔 내여 그 ᄆᄋᆷ을 싀원킈 ᄒ미 됴흔 일이오니 얼현이 대군을 ᄡᆯ이리잇가. 거즛말이 아니 되리이다. 빅번 미더 내여 보내쇼셔 됴토록 ᄒ리이다.
>
> (p.89, 8행~12행)

> 이 말슴은 그ᄅ옵시이다. 대군이 안히 이시면 오히려 됴뎡이 노(怒) ᄒ여 죽여디라 ᄒ올 거시니 나ᄂ 뎐을 보오나 대군을 보오나 됴흔 일을 보고져 ᄒ옵더니 ᄆ춤내 이리 듯디 아니 ᄒ옵시면 나도 내 ᄆᄋᆷ으로 못 ᄒ여 됴뎡이 ᄒᄂ대로 ᄒ올소이다. 이제 내여 보내옵시면 살게 ᄒ려니와 이리 막고 아니 내여 보내옵시면 사디 못 ᄒ오리다.
>
> (p.90, 8행~11행)

> 「이 두 동ᄉᆼ으란 죠히 살게 ᄒ리이다. 대군을 수이 내여보내쇼셔. 죵이며 긔용(器用)이며 궐니에 잇던 대로 ᄀᄎ초와 보내시고 싱심도 다른 길노 나

가디 말고 저 사던 거슬 더러보내디 마르쇼셔. 피졉 나그니 도곤 편코 됴이
시리이다. 날마다 안부 사룸도 통케 ᄒ리이다. 먹을 것도 보내쇼셔. ᄒ시는
대로 보내오시고, ᄒ고져 ᄒ시는 일도 다ᄒ리이다.」ᄒ더라.

(p.93, 11행～p.94, 1행)

위의 기술은 광해군이 영창대군을 성 밖으로 피접(避接)시키려 할 때 자기의
위신을 걸고 인목대비에게 다짐하는 말이다. 이 말 속에는 매일 같이 조정이
영창대군을 내라고 보챈다는 것과 그런 조정의 의견에 따르지 않을 수 없는 사
정과 그들의 비위를 거슬리면 영창대군의 생명을 보장하기 어려울 것이라는
전망까지도 들어있다. 나라를 다스리는데 있어서의 어려움과 인간으로서의 고
민이 엿보이고 있으며 광해군의 뜻대로만 되어가지 않는 사정이 이 기술 속에
함축되었다.

대왕 묘호 ᄒ올제 우히 니르오시더,
「임진왜란의 듕흥지공은 혜읍디 말녀니와 조종망극(祖宗罔極)되 종계변
무지공은 막디ᄒ니 창업지쥬의셔 쩌러디시리잇가 묘(廟)롤 심샹(尋常)히
마르시고, 혜아려 ᄒ쇼셔.」ᄒ오시니 오래 싱각다가 엿ᄌ오더,
「비록 공이 겨오시나 임진왜란으로 조종(祖宗)이 평안이 못 디내여겨시
니, 엇지 공이 겨시다 ᄒ리잇가, 다시 의논을 못 홀 소이다.」
ᄒ니 우히 의논ᄒ오샤, 다시옴 기유(開諭)ᄒ오샤 니르오시더 듯디 아니 ᄒ
올분 아니라 더ᄒ오더,
「종쪼롤 가지셔도 늦디 아니시다.」
ᄒ니 그 브효ᄒ미 가히 알디라.

(p.28, 9행～p.29, 4행)

이는 선조의 시호(諡號)를 어떻게 정할 것인가를 두고 인목대비와 광해군간
에서 교환된 견해의 차이를 보여주는 것이다. 대비는 선조의 중흥지공(中興之
功)과 종계변무지공(宗系辨誣之功) 등을 들어서 창업지주(創業之主) 못지 않은
공이 있음을 말하고 광해군은 임진왜란을 들어 오히려 그 실정(失政)을 지적하
고 있다. 대비의 말에는 역사의식이 두드러지게 강조된 데 대해서 광해군은 상
황윤리를 펴고 있다. 끝내 내려진 광해군의 판단은 "종쪼룰 가지셔도 늦디 아
니시다"(p.29, 3행)이다. 종자(宗字)를 가지셔도 별로 낮지 않다는 것이다. 여기

서 우리는 선조의 묘호(廟號)가 어떻게 씌워졌느냐라는 것보다는 광해군의 판별력에 주목하고자 한다. 대비의 그와 같은 구체적인 제언을 일언(一言)으로 물리친 것은 아니다. 여유를 가지고 한동안 심사(深思)하고 나서 조용히 공(功)이 아닌 과(過)의 측면을 들어보인다. 한 제왕의 생전공과(生前功過)를 가리는데 있어 그 직계가족들은 적임자일 수 없다. 일방적이기 쉽기 때문일 것이다. 대비와 광해군에게서도 그와 같은 면이 없다고 하기 어려우나 이것은 왕족이라는 한 가문의 일만이 아니라 한 나라의 일이기도 하여 보다 고도(高度)의 객관성과 진실성이 요망되는 것이다. 따라서 광해군은 신중하지 않을 수가 없었던 것이다. 문제는 그가 내린 판단보다도 그런 결론에 도달하기까지의 그 역사적 상황의 파악과 분석과 종합과 변별이라는 과정을 잘 소화해냈다는 능력이다. 인목대비의 요령있는 발언에 광해군은 현상적(現象的)인 상황논리로 포괄하고 있다. 이런 점으로 보아 광해군은 사리에 어둡거나 공문(公文)이나 공사(公事)조차 처리 못하는 무능한 사람일 수 없다는 것을 충분히 짐작하게 한다. 작자는 이 대목을 불효의 상징으로 들었으나 그러는 중에 뜻밖의 광해군의 능소능대(能小能大)함이 드러나고 말았다. 뿐만 아니라 광해군에 대한 작자의 묘사가 조밀(稠密)한 계산하에 앞뒤를 맞춰서 짜넣은 것이라기보다는 감정이 앞서간 말하자면 그렇게 세공(細工)적이지는 못한 솜씨의 기술(記述)임을 알게도 한다.

> 신히년브터는 점점 소(疏)히 ᄒ야 본톄도 아니ᄒ고 간즉 밧긔 세워두기 날이 기우도록 ᄒ고 드러오라 ᄒ렷마는 연고이셔 못보니 가라 ᄒ더라. 혼 늘근 샹궁이 ᄒ디 션왕 마노라는 웃던 니인이 가면 마리 빗즈오시다가도 마리 털을 쥐오시고 샹궁을 침실의 드러오라 ᄒ오셔 웃문안을 뭇즈오시고 세슈 ᄒ오시다가도 드러오라 ᄒ오샤 문안을 뭇즈오시던 말을 ᄒ디 쑤지져 닐ᄋ디
> 「나는 현마 못홀노라 혼둘의 두 번식 친히 가 문안 ᄒ는디 니인을 블너 친히 보리. 내 ᄆᆞᆷ대로디 그조차 션왕을 본 바드랴. 나는 내 법으로 홀거시니 다시 니ᄅ디 말나」
> ᄒ니 듯ᄂ니 다 어히 업시 너기더라.

(p.46, 10행~p.47, 5행)

이것은 무신(戊申)년 초에 인목대비뿐만 아니라 그 상궁 내인들에게까지도 잘하던 광해군이 신해(辛亥)년부터는 점점 소홀히 대하게 되고 끝내 본 체도 하

지 않게 됐다는 말하자면 한결같지 않은 광해군의 작심(作心)을 꼬집은 대목이다. 그리고 광해군의 심술궂은 심중토로를 듣게 된다. 즉 나는 선왕(先王)처럼은 할 수 없고 내 법대로 하겠다는 것이다. 선왕의 그런 것까지 본받아야 하느냐라는 말에는 상궁의 말에 대한 반사적 대응이기는 하지만 여기에는 평상시의 심정이 무심결에 촉발된 것으로 보인다. 고의적은 아니지만 선묘(先廟)를 저버리는 심정의 일단이 표로(表露)된 것으로도 볼 수 있을 것 같다. 또한 "내 법으로 훌거시니"는 일종의 도피라고도 보이지만 또한 그 이면에는 그의 주체성이 자리잡고 있음을 간과할 수 없을 것 같다.

선조라는 40여 년간이나 지속된 치국의 풍토에서 배양된 광해라는 맹아(萌芽)는 그만의 독특한 스타일을 명언(明言)할 만큼 비록 감정 섞인 항언(抗言)이었지만 무주견(無主見)의 사람은 아니라는 것을 나타낸다.

이제까지 보아온 것은 광해군의 긍정적인 측면 즉 경애와 순정, 효심과 아량, 인간적인 고뇌와 사려, 분별력과 주관성 등이다. 광해군은 인목대비의 진심에서 우러나온 온정에 대해서 경애하는 마음과 허물없는 순박함을 드러내기도 하고 신정을 베풀기에 이르러서는 새로운 마음에서 대비를 지극한 마음으로 국모로 모실 뿐 아니라 그 시위인(侍衛人)들에게까지도 시혜(施惠)를 아끼지 아니하였고 임해군과 영창대군의 일들이 닥쳐올 때는 깊은 사려(思慮)와 고민 가운데 인간의 도리를 다하고자 애썼던 것이다. 또한 중대한 사안을 결정할 때는 경홀(輕忽)함이 없이 그 배경까지를 더듬어가며 사리를 판별했던 것이다. 그렇다고 하면 여기에 불거져 나오는 문제가 있다. 이처럼 광해군이 분별력 있고 사려 깊은 사람이었다면 앞에서 보여준 바 공문, 공사 처리도 제대로 못한다는 서술은 허구가 아닐 수 없다. 서로 모순된 서술에서 허구성을 운위(云謂)할 수 있으나 이는 본 일기가 이야기성을 띠고 있다는 입장에서 볼 때는 감정의 흐름의 강조와 과장으로 볼 수 있을 것 같고 나아가 사실의 본격적인 왜곡에는 이르지 않은 것으로 보여진다. 이 허구로 인해서 광해군의 인품이 완전히 바뀌는 것은 아니라는 말이다. 이는 결과적으로 광해군의 상(像)을 구상(具象)화 한 것으로 보여진다. 이른바 '변덕'이라는 증상이 아닐까 하는 것이다. 이는 불안심리의 반영으로서 단중미(端重味)가 약한 것이라고 보여지기도 한다.

이와 같이 부정적인 면과 긍정적인 면을 살필 때 서로 대조적인 성향을 띠고 있음을 쉽게 알 수 있다. 본 일기에 나타난 효(孝)를 두고 보더라도 동일한 인간이 동일한 대상에 대해서 상반된 행위를 하고 있는 것이다. 이를 단순히 인간의 양면성이라고 접어둘 수는 없을 것 같다. 그 연유와 과정이 해명되어야 할 것이다. 그러면 이제 또 하나의 사실을 더듬어본다.

다. 성격형성

    샹궁 난이라 ᄒ리 임진년(壬辰年)의 시녀로 드러 의인(懿仁) 적 침실의 드러 사더니 제 인품(人品)이 용티 못 ᄒ여 눔의 뉴(類)의 샹궁도 못 ᄒ여시매 미양 션왕 마노라브터 원망 ᄒ더니 무신후(戊申後)의 샹궁ᄒ다. 이 사롬이 ᄀ장 간사ᄒ고 교만ᄒ여 나라히 평안 ᄒ오실 적은 냥아기 향ᄒ야 눔의 뉴의 별 졍셩을 다 ᄒ더니 계튝년(癸丑年)을 만나 나라 향ᄒ와 불측흔(不測) 원망을 ᄒ고 제 동셩이며 족해 다 시녀로 동궁이며 니뎐의 드러 니권(內權)이 듕ᄒ니 난이 셰롤 어더 희식이 날노 셩ᄒ고 즐겨ᄒ미 공연이 나타나니 보느니는 통분ᄒ미 ᄀ이 업스나 게롤 두려 말을 못 ᄒ더니 난이 닐오디,
    「대뎐을 쇠롤 만히 주오시던들 이런 일을 만나랴. 세즈 가례 훌적 셰간을 만히 주어 겨오시거니와 샹궁 시녀를 다 주오시던들 이런 일이 이실가. 대뎐 니뎐이 미양 쇠롤 시녀 샹궁 샹급(賞給) 만히 아니 주신 일을 공쥬 대군 ᄃ리고 죠히 길너 스ᄅ실가 보쟈 벼ᄅ더니 이런 일이 잇ᄂ니라.」
    쏘 닐오디,
    「의인(懿仁) 마노라 겨오실 제도 셰지 효셩이 업고 불인 ᄒ니라. 뎡유년 난의 슈원(水原) 가오실 제 셰지 슈가(隨駕)ᄒ야 믈 건너게 되엿더니 비롤 지쵹ᄒ야 빈(嬪)이며 저는 몬져 믈을 건너 의막의 가 안고 날는 도라보디 아냐 시위흔 니관이 아모리 웨여 비 가져오라 ᄒ대 오디 아니코 위엄 가진 세즈만 위ᄒ고 날난 싱각도 아니 ᄒ고 저는 초경의 건너고 나는 삼경의야 건네니 날이 치운디 야심(夜深)ᄒ여 이슬이며 서리김의 치우미 심ᄒ더니 셰즈 효셩이 지극ᄒ면 엇디 뎍모롤 향ᄒ야 그리 디졉ᄒ며, ᄒ믈며 제 어마님이 일 죽으니 내 길너 긔즈롤 삼앗더니 졍이 바졋 업스랴 마는 이 사롬의 회(孝)며 졍셩이 젹은 사롬이니 가히 알니로다. ᄒ오시더니 이제 뎌리 모진 양을 ᄒ니 사오납기 심치 아니리오.」

(p.152, 5행~p.153, 11행)

여기에는 임진년에 시녀로 궁에 들어와서 선조의 초비(初妃)인 의인왕후(懿仁王后)의 침실 내인이 되고 무신년 후에 상궁이 된 '난이'의 내력과 성품이 나타나고 또 광해의 생모가 일찍 죽었으므로 의인왕후가 데려다 키웠던 광해의 성

장과정을 익히 알고 있는 '난이'의 사설이 그 뒤를 잇는다. 여기서 알려지는 것은 광해군이 생모가 일찍 죽었기 때문에 친모의 사랑을 받지 못하고 자랐다는 것과 자라면서도 효나 정성이 적은 사람이었다는 것이다.

다음은 광해군측의 밀명(密命)을 띠고 서궁에 들어왔던 상궁 '텬복'이의 말을 들어본다.

> 대뎐 어마님 공셩왕후를 강남가봉ᄒ여 왓고 대군으로 죽여시니 뉘 헤며, 션왕 마노라 제 아바님으로 혜ᄂ가 사라 겨오신 제 셰ᄌ라 ᄒ고 ᄉ랑티 아니시고 ᄀ라치디 아니시며, 이제 왕으로셔 겨셔도 아모 일도 아디 못 ᄒ니 더욱 애둘와 원을 대군의게 플거든 헬셰 업다.
>
> (p.184, 10행~14행)

거의 협박조의 말같이 들린다. 여기서 알려지는 것은 광해군과 그 비(妃)가 선조를 아비로 생각지 않는다는 것과 선조가 생전에 광해군을 세자라 해놓고 사랑하지도 아니하고 갈아치지도 아니했다는 것 그리고 광해군은 그 원한을 대군에게 풀고 있다는 것이다. 이 텬복이라는 상궁은 광해군 측에 가까운 처지이지만 당사자는 아니기 때문에 어느 정도 거리감을 가질 수 있는 제3자라 할 수 있겠다. 이제 그의 말을 다시 정리해 보면

① 선왕 마마를 제 아버님으로 생각이나 하는 줄 아시오?
② 살아계셨을 때 세자라 하고 사랑하지도 아니하고 갈아치지도 아니하셨으니
③ 이제 왕으로 계셔도 더욱 애달프다.
④ 그 원한을 대군에게 풀거든 할 수 없다.

이와 같은 논조는 궁중생활을 오래한 감찰 상궁 '천복' 나름의 견해라고 생각된다. 모든 잘못의 원인은 선조에게 있다는 그의 논거는 수십 년의 궁녀생활에서 터득되어진 심증에서 나온 말이라고 하겠다. 특히 선왕 마마를 제 아버님으로 생각하지 않는다는 것은 일찍이 인목대비가 "우히 듀야의 두려ᄒ오샤 타일의 션묘를 져 ᄇ리올가 넉이오시더라"(p.46, 6행)처럼 걱정하였던 바와 부합

된다고 하겠으나 여기에서 광해군의 생육과정의 일단이 드러나 보인다. 즉 조실생모하였으므로 친모의 사랑을 거의 받지 못한 것은 물론 의인왕후가 데려다 키웠다 했으니 내인들의 손에서 자라났음을 짐작케 한다. 아비인 선조의 사랑도 살뜰히 받지 못했을 광해군의 소년기는 정 붙일 곳이 변변찮은 궁녀들의 거칠 수밖에 없었던 토양에서 자라났으므로 이는 곧 모성애의 결핍으로 이어졌겠다. 세자가 된 후에도 선조와는 거리감이 있었다고 보여진다. 인간의 기본적인 성격이 형성되는 시기에서의 모성애의 결핍은 곧 심리적인 불안과 동요가 하찮은 일에서도 촉발되기 쉬우며 따라서 항심의 유지가 어려워지게 된다는 것은 짐작하기가 어렵지 않다.

라. 권력에의 집착

이와 같은 소년기를 거쳐서 임진왜란 통에 겨우 세자가 됐으나 천조(天朝)에의 주청(奏請)이 거부되고 영창대군이 태어나면서 불안은 더해가고 불만에 쌓여서 간간이 선조의 비위를 거슬리는 일을 감행하게까지 되었다. 후궁의 조카를 작첩(作妾)한 것은 그 한 예가 아닐까 한다. 그러나 천만의외로 선조가 죽게 됨에 광해군은 왕위에 오르게 된다. 새로운 천지가 열린 것이다. 광해군은 새로운 결심으로 이제와는 다른 새 출발을 해야 했다. 만백성의 어버이로서 윤강(倫綱)의 솔선수범은 물론 넓은 도량과 무한한 사랑을 베풀어야 했다. 그래서 그는 신정(新政)을 베풀면서 지극한 효심에서 윗사람을 받들었고 사랑으로 아랫사람을 거느렸다. 그의 순수한 인간미, 주체성, 온정의 배려, 경애심 등은 이때에 나타난 그의 새로운 모습이었다. 이와 같이 그는 정성을 다해 잘해보려고 했던 것이 아닌가 한다. 그런데 이와 같은 긍정적인 성품은 오래가지 못한다. 새 출발을 하면서 완전히 사라졌으리라고 생각됐던 원한의 불씨 곧 모성애의 결핍에서 생겨나는 생태적인 한과 아비 선조의 구박과 무시에 대한 반감이 완전히 가시지 않았던 것으로 보인다. 나아가 당시의 세정(世情)은 광해군의 새로운 결심을 외면했고 그의 주관 역시 꿋꿋하지를 못했다. 권력의 유지는 자기의 사활과 불가분의 관계라는 것은 새삼 물을 필요가 없었다. 이와 같은 심지에 직접 불을 지핀 사람은 유·박·이 삼적(三賊)을 위시한 그의 일당이었다. 임해군을 제거한 뒤로는 인목대비가 예견했던 것처럼 선묘(先廟)를 저버리는 길에 들어선다. 묘호(廟號)를 정하는

데 있어서 대비전 내인을 서둘러 불러보는 선왕의 예까지 본받을 수 없다는 말을 비롯하여 김제남과 영창대군을 몰아 죽이고 인목대비를 서궁에 유폐한다. 그의 부정적인 성품은 이러한 과정에서 유감없이 발휘된다. "내 위ᄒᆞᆸᄂᆞᆫ 거슨 ᄌᆞ뎐이 오시니 ᄒᆞ고져 ᄒᆞ오시ᄂᆞᆫ 일난 다 니ᄅᆞ쇼셔" (p.42, 9행)라던 광해군의 효심은 다음과 같이 바뀐다. "닉관이 대뎐의 ᄒᆞ디 '블이 드리 브터오니 ᄌᆞ뎐을 엇디 ᄒᆞ리가', '부려두라' 하더라"(p.222, 7행~10행) 수심(獸心)으로 변한 광해군은 그래서 암주(暗主)라는 오명을 벗을 수 없게 된 것이겠다.

이제까지 보아온 것은 광해군이 지닌 품성의 이유있는 양면이다. 본 일기에는 광해군의 무능하고 포악한 성격이 구체적으로 나타나 있을 뿐 아니라 그의 인간적이고 사리판별이 분명한 모습도 보여주고 있다는 것이다. 고르지 못한 생장과정에서 형성된 그의 성격은 안정감이 적었고 강인하지도 못했다. 그래서 도도(滔滔)히 흐르는 세태의 물줄기를 돌려놓지 못하고 함께 휩쓸려 버리고 만 것이겠다. 광해군은 극악무도하다고만 매도(罵倒)할 수는 없다. 착하게 살아보려고 애쓴 사람이기도 하다. 그렇다고 덕스러운 사람이라고는 할 수 없으나 그와 같은 생장과정을 지닌 사람으로서 그처럼 험한 세파에 밀리게 되면 좀처럼 헤어나기는 쉽지 않았을 것이다. 광해군은 생모의 품에서 자라지 못한 불우한 사람이었지만 9세나 아래인 대비를 자전(慈殿)이라 부르며 효자 노릇하며 원만히 살려고 했으나 뜻대로 되지 않은 약주(弱主)의 신세다. 이 약주가 암주(暗主)가 되기까지 그의 비인간성은 깊이를 더해 갔다.

이와 같은 광해군의 이유있는 양면성은 우리에게서도 찾아지는 것이 아닌가 한다. 누구든지 경우에 따라서 혐오의 대상일 수도 있고 선망의 대상일 수도 있겠기 때문이다. 노했을 때는 마성에 근접되기도 하고 즐거울 때는 신성(神性)의 둘레를 맴돌 수 있는 것이 평범한 인간의 모습이 아닐까 한다. 광해군의 행로는 이와 같은 범주에서 크게 벗어난 것은 아닌 것 같다. 그래서 본 일기에서는 광해군이라는 인간이 일방적으로 포악무도한 사람으로만 다루어졌다기보다는 평범한 사람과 마찬가지로 인간미 있는 사람이었다는 것을 들어 보임으로써 그 인간상이 두드러지게 편벽되지는 않았음을 지적하였으며 따라서 사실과 그리 동떨어진 묘사가 아니었음을 말하였다. 작자가 체험한 여러 과정을 통하여 마음 속 깊이 새겨진 감정 때문에 광해군은 부정적인 인간상을 더 짙게

띠게 됐으나 우리는 그러한 작자의 운필(運筆)의 행간에서 광해군의 긍정적인
면을 얻을 수가 있었던 것이다. 따라서 광해군은 허구화됐다기보다는 과장된
것으로 보여진다고 하겠다.

(2) 인목대비

대비의 성품은 덕스러운 면이 많이 다루어진 것으로 보인다. 이는 작자 나름
대로의 견해이거니와 그렇다고 그의 부덕(不德)함이 가리워진 것도 아닌 것 같
다. 그러면 대비의 덕행(德行)을 먼저 보기로 한다.

가. 긍정적인 면

> 빙텬ᄒ오신 석돌만의 대뎐이 슈라롤 못 자시니거눌 우히 육선(肉饍)을
> 권ᄒ오시니 권육(勸肉)ᄒ 후 두 번만의 자시다. 양쥭을 ᄒ여 갓더니 자시고
> 믈녀 근신 당보ᄒ디,
> 「이 쥭이 ᄀ쟝 됴ᄒ니 치와 둣다가 훗째예 달나.」
>
> (p.35, 5행~7행)

이것은 선조 사망 후 상중이어서 광해군이 육선(肉饍)을 못하여서 몸이 쇠약
해지므로 이를 딱하게 여긴 대비가 육선할 수 있도록 배려한 것으로서 여기 대
비의 자상함과 진정(眞情)이 보인다.

> 든째도 녜ᄉ말슴이나 혹시 쇽말슴이나 일가의 은휘(隱諱)아녀 ᄒ오시면.
>
> (p.27, 10행)

거리감없이 광해군을 대하는 대비의 모습이다. 선조 사후인지라 모든 일은
광해군에게 알리고 또 의논해야 했다. 그래서 보통 말이나 속살의 이야기나 가
리지 않고 풀어놓았다. 광해군의 마음을 편하게 해주려는 배려가 보인다.

> 대왕 묘호 ᄒ올졔 우히 니ᄅ오시디,
> 「임진왜란의 듕흥지공은 혜옵디 말녀니와 조종망극(祖宗罔極)되 종계변
> 무지공은 막더ᄒ니 창업지쥬의셔 써러디시리잇가 묘(廟)롤 심샹(尋常)히
> 마ᄅ시고, 혜아려 ᄒ쇼셔.」ᄒ오시니 오래 싱각다가 엿ᄌ오디,
> 「비록 공이 겨오시나 임진왜란으로 조종(祖宗)이 평안이 못 디내여겨시
> 니, 엇지 공이 겨시다 ᄒ리잇가, 다시 의논을 못 ᄒ 소이다.」

ㅎ니 우히 의논ㅎ오샤, 다시옴 기유(開諭)ㅎ오샤 니ㄹ오시디 듯디 아니 ㅎ
올분 아니라.

(p.28, 9행~p.29, 1행)

다시 보거니와 이것은 대비가 먼저 선조의 묘호(廟號)를 제의한다. 자기의 견
해를 바탕으로 해서 앞으로 조정에서 대두될 묘호 문제에 대비케 하는 원려(遠
慮)가 있어 보인다. 대비의 견해와 차이가 있을 때는 재삼 개유(開諭)하고 있다.
왕실의 중대사이기 때문에 어른으로서의 도리를 다하고 본을 보이고도 있는
것이다. 교양있고 요조숙녀다운 행보가 아닐 수 없다.

더옥 어엿비 넉이오샤 ㅅ나히가 한 거술 문안 온 죡죡 주오시니 셰ㅈ 보
모샹궁 옥환(玉環)이 손 비븨여 샹덕 츅슈 ㅎ며 닐오디,
「웃뎐이 아니시면 우리게 무어시 잇ㅅ올고 온 죡죡 주오시니 이 샹덕은
하눌 ㄱㅅ와, 아바님은 슉비지 흐댱도 아니 주니 눌을 달마 겨오신고 죵의
말 아니 듯기ㄴ 슐이 쉰들 그리 질길가, 션왕마노라 아들이나 눈 쏭이나
달마실가 쏭 누실제ㄴ 아츔브터 안ㅈ면 겨울히면 오시 ㄱ장 누고 문안 들
녀 홀 적이면 별노 쏭을 두세슌식 누시노라 육셕 히야 드ㄹ시니 그런 애둘
은 일이 어디 이실고. 아모 일이나 ㅎ려 ㅎ오시거든 긔별 ㅎ엿거니 마오시
고 쁵쁵여려들 셔기옵고 흔 번 드ㄹ신 일은 본디 아니 드ㄹ시ㄴ니 뎌 슐위
쇼야.」

(p.42, 12행~p.43, 6행)

광해군의 자(子) 곧 세자가 문안(問安)올 때마다 대비는 세자에게뿐 아니라 동
행한 상궁에게까지도 선물을 주었다. 그래서 그 보모상궁 옥완이가 그 상덕(上
德)을 축수(祝壽)하는 대목이다. 자애가 돋보인다.

나라히셔 너인들 불너 니ㄹ오시디,
「젼후 너인이 나라홀 위ㅎ여 원ㅅ ㅎ여시니 그 참혹(慘酷)ㅎ믈 이기디
못 ㅎ여라. 져히 머나 갓가오나 친쳑은 남아실 거시오 간ㅅ흔 사ㅁ이 이실
거시니 타일의 문을 열면 무어슬 갑흐리 져히 거술 다 두엇다가 주게 다
혜여 티부ㅎ고 즘가 간ㅅㅎ라.」

(p.157, 11행~p.158, 1행)

영창대군 때문에 억울하게 딸려 죽은 많은 내인들의 세간과 기물을 잘 간수

하라는 대비의 분부다. 이렇게 죽은 내인들을 죄인시하여 그들의 기물 등을 마음대로 처분할 수 있었으나 반드시 간수할 사람이 있을 것이라는 대비의 심려와 굳은 심지는 이를 금하여 보존시키고 있다. 나라를 위해 애매하게 죽은 원혼을 달래는 면도 있다.

> 제 힝실 용티 못 흔 줄는 모르고 나히 만토록 고초(苦楚)히 디내니 그도
> 사름이라 불샹타.
>
> (p.177, 12행~13행)

광해군측의 앞잡이로 들어온 상궁이지만 나이 늙도록 고생만 한다고 대비는 오히려 동정하여 감찰 상궁을 시킨다. 경계심은 간 곳 없고 그 서러워하는 상궁의 마음을 먼저 어루만져 준다. 넘쳐나는 온정을 본다.

이제까지 보아온 대비의 덕행으로서는 그 자상함과 진정, 스스럼이 없고 꺼리는 것도 없는 어른으로서의 솔선수범, 자애, 심려와 굳은 심지, 슬기로움 등이다. 국모로서의 위상에 걸맞는 고매한 부덕(婦德)이라고 하겠다.

다음에는 그의 부정적인 측면을 더듬어 보기로 한다.

나. 부정적인 면

> 대왕 빙텬 후오신 후 삼칠일만의 문안드니 샹시 벗의 됴샹(弔喪)도 처엄
> 만나면 곡읍(哭泣)후미 녜시(例事)어늘 우히 이곡(哀哭)후오시니 드리드르
> 며 손 내여 헤저으며 시위인드려,
> 「우디 마르시게 후라.」
>
> (p.28, 2행~5행)

선조 사후 3·7일만에 광해군이 문안왔으므로 조상도 처음 만나면 곡읍(哭泣)하는 예에 따라 애곡(哀哭)하였던 바 광해군이 말리는 대목이다. 애곡이라 했으니 형식적인 곡은 아닌 듯하다.

> 빙측의도 흔 둘의 흔번식 가락말낙 이척(哀戚)이 아조 업서 상복듕(喪服
> 中)의 우음이 즈약(自若)후고 대뎐샹(大殿喪)의 감션후는 톄도 후고 입을 フ
> 리오고 우으믈 춤는 톄도 후디 다 춤디 못 후야 하 우스니 보느니 민망 후
> 더라.
> 우히 빙측의 와 곡읍을 그치디 아니 후오시니,

　　　「이 우룸소리 어디셔 나느니.」
　　　니관이 ᄒ디,
　　　「ᄌ뎐의셔 우읍시ᄂ이다.」

(p.37, 4행~10행)

　“……곡읍을 그치디 아니 ᄒ오시니”에서 보여주는 것처럼 속에서 복받쳐오르는 울음을 제어하지 못할 만큼 그 설움은 절실했던 것으로 보인다. 여기에는 의지처(依支處)를 잃은 허전함과 새로운 의지처를 찾는 여심이 있다 하겠다.

　　　그러나 니뎐은 말도 잘 아라듯고 글도 잘 ᄒ매 혹 용코져 ᄒᄂ 일이 이
　　시디 대뎐과 죵이 흉악불통(凶惡不通)ᄒ야 죵젹(蹤迹) 업손 거즛말을 ᄒ야
　　웃뎐이 무신(戊申) 빙텬(賓天)의 우히 업ᄉ오시믈 셜워 곡읍을 듀야 그치디
　　아니 ᄒ오시니 닐오디,
　　　「어디셔 그져 사ᄅᆷ이야 뎌럴고, 대군을 셰우랴타가 못 일우시니 글노 ᄒ
　　야 더옥 셜워ᄒ오시ᄂ가 시브다.」
　　ᄒ니 대뎐이 고디 듯더라.

(p.50, 9행~14행)

　여기서도 “곡읍을 듀야 그치디 아니 ᄒ오시니”와 같이 밤낮을 가리지 않고 장곡(長哭)한 것으로 보인다.

　이상의 세 가지 예에서 보아 그의 곡은 의례적인 곡장(哭場)에서라도 의례적일 수는 없었을 것으로 보인다. 솟구쳐 오르는 설움을 가누지 못하고 기진할 때까지 울어댄 것이 아닌가 한다. 주체할 수 없는 설움은 때와 장소를 가리기도 어려웠을 것이다. 따라서 궁중에서 곡읍을 금하는 것이 예로 되어있던 당시이고 보면 대비는 확실히 무분별했고 과(過)한 행태로서 덕스럽지 못했다고 보여지는 것이다.

　　　ᄌ고(自古)로 ᄌ뎐이 초상(初喪)의 비능(拜陵) ᄒ오시ᄂ 녜(禮) 이시매 우
　　ᄒ로셔
　　　「니거디라.」
　　ᄒ오시니 디왈,
　　　「가시미 블가 ᄒ니이다, 하 가고져 ᄒ시면 쇼상(小祥)의나 가쇼셔.」
　　ᄒ거늘 겨유 기드리오셔 ᄯᅩ,

　　「니거디라.」
　　ᄒ오시니 ᄯᅩ 탈ᄒ더,
　　「됴뎡(朝廷)이 하 막으니 못 가시리이다. 대샹의나 가쇼셔.」
　　ᄯᅩ 그쌔 다ᄃᆞ르니 ᄒ더,
　　「이위 다 디나시니 이제 가시다 므슴 유익ᄒ미 기시리잇가. 녜 왕후니
　　가심도 녜(禮)예 일이 아니니이다. 폐 이실ᄯᆞ롬이오, 보실 일이 업ᄉ니 결
　　연(決然)이 못 가시리이다.」
　　ᄒ더라. 삼년을 두고 ᄀᆞ측이 비다가 못 ᄒ고, 달내다가 못 ᄒ오시니 그런
　　블샹ᄒ오신 일이 업더라.

(p.29, 5행~p.30, 4행)

　이것은 배능(拜陵) 문제로서 3년을 겨루다가 끝내 좌절되고 말았다. 조정의
강력한 반대에 부딪친 때문으로 보인다. 결과적으로 대비와 광해군의 위신이
깎이게 되었고 중간에 선 광해군의 왕으로서의 체통에 손상이 오고야 말았다.
이와 같은 형세라면 대비도 그와 같은 시세를 알아차렸어야 한다.

　이제까지 보아온 대비의 부덕(不德)은 감정을 조절할 줄 모르는데서 오는 무
분별, 천려(淺慮), 자포자기 등이 보인다. 선조가 사망하자 두 아이를 데린 28세
의 청상은 인사불성이 되는 것은 물론 생활리듬이 흔들리지 않을 수 없었다고
하겠다. 이처럼 대비의 부덕은 그의 덕행에 비해 대수롭지 않게 나타나 보인다.

다. 개성

　이런 중에서도 뚜렷하게 짚이는 것은 그의 개성적인 면이다. 보편적인 인간
성 외에 광해군에게서는 찾아지지 않는 두드러진 성품이 있어 보인다. 그 하나
는 슬기요 또 하나는 뚝심이다. 이 양자는 앞에서 본 대로 그의 덕행과 부덕(不
德) 속에 그 싹을 보이고 있으며 이로 인해서 밀려드는 위경(危境)을 넘기기도
하고 의지를 관철하기도 한다. 그러면 먼저 슬기의 궤적을 보기로 한다.

ㄱ. 슬기

　요조숙녀로 자라나면서 갖추어진 여질(麗質)로 보인다. 비록 영창대군을 안
고 있었을 망정 왕위에 대한 야심이 없었기 때문에 '신보'를 세자의 전(殿)으로
즉시 내보내고 있다.

　　겨요 뎐교ㅎ오시고 드디여 훙(薨)ㅎ오셔놀 즉시 머추디 아니 ㅎ고 셰즈
와 빙을 침뎐의 드려 계쩌와 신보와 마패등 이러툿 등대흔 것들을 즉시 도
라보내고 셰즈와 졔즈(諸子)의게 ㅎ오신 유교롤 후궁(後宮)이 ㅎ디,
　　「대군 향ㅎ여 ㅎ오신 유교롤 내여 이쩌예 흔가지로 내오쇼셔.」
ㅎ거놀 등뎐으로 겨오샤 불셩인스 ㅎ오샤,
　　「그 유교는 이제 가티 아니타.」
만 ㅎ시디 등의 세워 내디 졔즈롤 몬져 뵈고 됴뎡(朝廷)의 내돗더라.
(p.11, 6행~12행)

　　선조가 사망하자 대비가 즉시 광해군에게 왕위를 계승시키는 대목이다. 사리
를 쫓아서 대사를 민첩하게 처리하는 대비의 지혜로움이 나타나 보인다. 가뜩
이나 말이 많던 자리였던지라 그의 진심을 시원하게 드러내 보였다.

　　속은 흉하고 말은 실(實)이 업스니 위엄은 걸쥬롤 본밧고 힝실은 양뎨의
게 더으니 우히 듀야의 두려 ㅎ오샤 타일의 션묘(先廟)롤 져브리올가 넉이
오시더라.
　　과연 난(亂)을 일워 내니라.
(p.46, 5행~7행)

　　이와 같이 선묘를 저버릴 것이라는 예감을 두려움 속에서 지니게 됐던 것이
다. 그래서 전항(前項)에서 언급한 바와 같이 대비전 내인을 만사 제쳐놓고 불
러보는 선왕의 예를 광해 자신은 본받을 수 없다는 말과 묘호를 정하는데 있어
서도 "종자(宗子)를 가지셔도 나을 것이 없다"는 말을 했을 뿐 아니라 김제남과
영창대군의 원사(怨死)를 가져왔으며 끝내 대비를 유폐시키기에 이르른 이와
같은 불효, 무도(無道)함을 예지했던 대비는 그래서 조심스럽게 광해군을 대하
기 시작했다. 그 진심이 즉 광해군에게 보내는 대비의 신뢰와 배려와 아량이
제대로 받아들여지지 않을 것임을 알아차리고서는 대비는 위신을 차치(且置)하
고 그를 달래기도 하고 마침내 빌고 비는 지경에까지 다다른다. 선묘를 저버리
는 사람은 못할 짓이 없다는 것을 대비는 일찍이 낌새를 채고 마음을 도사려
먹게 된 것이겠다. 그래서 어떠한 극한상황에 이르는 일이 생기더라도 설사 졸
도(卒倒)가 될 망정 요란하고 무모한 저항으로는 내닫지 않으려 했던 것 같다.

　살인 도적의 일노 부원군 나수(拏囚) ㅎ오시다 듯ㅈ오시고 쓸ㅎ 박셕(薄
石) 돌ㅎ 마리롤 브드잇ㅈ오시고,
　「대군으로 이런 홰(禍) 부모 동생의게 미츠니 엇디 츠마 드르리잇가 내
머리털을 버혀 표ㅎ니 대군을 드려다가 아므리나 쳐치ㅎ고 아바님과 동싱
을 노흐쇼셔.」
ㅎ시며,

(p.79, 8행~12행)

　이처럼 자제력을 잃을 정도인 극한상황에서 무슨 생각인들 없었을까마는 그
래도 광해군을 향해서는 친부의 원사(怨死)에 대해서도 "ㅈ식으로 ㅎ여 어버이
에게 홰 밋ᄂ일을 츠마 사라서 못볼소이다"에 그치고 있다. 끓어넘치는 심정을
그대로 다 쏟아놓는 것이 아니라 삭히고 가라앉히고 말을 골라서 그 이상의 격
한 표현을 삼가고 있다. 박석(薄石) 돌에 머리를 부딪치고 머리털을 잘라내는
것은 같이 죽는다는 뜻임에는 틀림이 없다. 대비가 할 수 있는 최대의 저항이라
고도 하겠다. 그러나 그 저항이 요란하지도 않거니와 그 저항의식의 표출에도
폭언 같은 것은 상상도 할 수 없는 차분함과 인내가 보인다. 여기에도 그의 슬
기는 자리잡고 있었던 것이다.

　「날을 보오실 거시 아냐 대뎐도 션왕 아ᄃ님이옵시고 대군도 아돌이니
졍(情)의 츠마 해ㅎ미 겨시리잇가. 다만 대군이 열셜이 못 ㅎ여셔 대뎐이
아ᄅ시ᄃ시 흔번 밧긔 피졉냄도 업스니 어린 거슬 어디다가 두리잇가. 대
뎐이 누ᄅ오실 타시니 션왕을 싱각ㅎ오샤 인졍을 슬펴 보쇼셔.」
ㅎ니,

(p.89, 3행~7행)

　여러번 이리 ㅎ옵시니 셜운 듕의도 더옥 망극 ㅎ고 션왕을 싱각 ㅎ고 녯
날 국모(國母)라 ㅎ시던 일을 싱각 ㅎ시니 감격ㅎ거니와 다시곰 대뎐도 싱
각ㅎ여 보쇼셔. 사롬이 ㅈ식을 하 두고도 ㅎ나만치 귀히 너기거놀 나는 두
어린 아ᄒ롤 두고 션왕이 업스시니 긔시 죽을 일이로더 사라시믄 어린 아
ᄒ롤 졍의 츠마 ᄇ리고 죽디 못 ㅎ여 명이 브터 잇다가 오늘날 쏘 이런 일
을 보오니 대왕을 위ㅎ야 죽디 아니 ㅎ고 사라습던 죄로소이다. 죽을 분이
언뎡 츠마 혼자 내여 보내고 살니잇가. 날을 조차 보내여든 흔가지로 나가
리이다.

(p.89, 14행~p.90, 6행)

광해군을 달래는 대목이다. 광해군과 영창대군은 한 핏줄임을 들고 대전이 하기 나름이라는 방법까지를 대고 있다. 그래도 되지 않자 대비가 동행하겠다는 떼까지 쓰고 있는 것이다. 흉지(兇地)에 살면서 흉경(兇境)을 넘어서려는 마음씨가 애절하다. 그러나 애절할 뿐 사납거나 거칠지가 않은 것이다.

> 계히년 정월 초삼일의 죽은 니인의 종을 다 잡아 내라 ᄒ거놀 우히 비오
> 샤디,
> 「죽과져 ᄒ여 짜녀허시니 셜운 일노는 볼셔 죽을듯 ᄒ디 내의 명은 하늘
> 히 둘녀시니 인의(人意)로 못 ᄒ리다. 니인 삼십여인을 다 쥬륙(誅戮)ᄒ여시
> 니 궁듕이 뷔여 가막가치과 귀미만 쐬여는디 죽은 니인들 종조차 내면 혼
> 자 무셔워 사디 못 홀 소이다.」

(p.225, 9행~14행)

드디어 비는 데까지 이르렀음을 보여준다. 선묘를 저버리는 사람인 줄을 알고 난 이상 비는 것이 현명한 일이었다.

이와 같이 그의 슬기는 역경을 당할 때마다 탄력있게 기능했던 것으로 보인다. 역경에서 빛난 슬기였다고 하겠다.

ㄴ. 뚝심

여기에는 긍정과 부정의 양면이 있는 것 같다. 긍정적인 경우라면 뚜렷한 소신을 말하는 것이 되어 큰 업적을 이루게 되는 바탕이 되기도 하지만 부정적인 경우라면 완고한 측면을 짚은 것이 되기도 한다. 이제 그 뚝심의 궤적을 살피기로 한다.

> 「님히군(臨海君) 됴히 디졉ᄒ여 둣는 거슬 제 병ᄒ야 죽엇더니 살형이란
> 말과 선왕(先王) 약밥의 티독(置毒)ᄒ여 승하 ᄒ오시고 션묘(先朝) 궁인을
> 알기나 아는 거슬 시부살형 음증이란 말을 겟궁듕이셔 내여시니 이 원슈는
> 불공디텬이로소이다, 글월 마ᄅ쇼셔 어른 대군이야 알니잇가.」
> ᄒ고, 뉴ᄌ신 안해게 비오시니 회답ᄒ디,
> 「셔영갑(徐羊甲)의 아비며, 박응셰(朴應犀)의 아비 다 셔인이니 연홍과
> ᄒ편 사롬이니 어이 몰내라 ᄒ옵시ᄂ니잇가. 이믜티 아니 ᄒ오니 다시 말
> 브티디 마옵쇼셔.」

(p.80, 2행~8행)

영창대군을 끌어내고야 말겠다는 그들의 내심을 알아챈 대비는 지금 광해군의 장모에게 빌고 있는 것이다. 두 손 모아 싹싹 비는 것이 아니라 머리가 좀처럼 수그러들지 않는 뻣뻣함이 보인다. 즉 그쪽에서 소문내고 이쪽에다 뒤집어 씌우는 짓은 하지 말라는 뜻의 말을 하고 있다. 할말은 다 하면서 빌어대는 것이다. 더욱이 주목되는 것은 "이 원슈는 불공디텬이로소이다"라는 말이다. 같은 하늘 아래서 같이 살 수 없는 원수라는 말을 유자신(柳自新) 아내의 면전에 던진 말이기는 하지만 듣기에 따라서는 광해군을 포함해서 한 말로도 들을 수 있는 말이 된다. 이런 표출 등에서 그 뻣뻣함이 얼마나 억세며 머리를 숙이기는커녕 더 심한 말을 해내고야 마는 뚝심을 보게도 된다.

> 디답 ᄒᆞ오시되,
> 「인간의 사ᄅᆞᆷ 살며 어딘 일을 ᄒᆞ여도 복을 못 어들가 두려ᄒᆞᄂᆞᆫ디 ᄒᆞᄆᆞᆯ며 샤특(邪慝)ᄒᆞᆫ 일을 ᄒᆞ야 엇디 복이 올가 미드리오. 이 ᄯᅩᄒᆞᆫ 텬쉬(天數)니 셜우미 태산 ᄀᆞᆺᄒᆞᆫ디 죽디 못 ᄒᆞᄆᆞᆯ 고이히 넉이ᄂᆞ이다. 듀야 안젼(眼前)의 ᄶᅥ나디 아니턴 죵을 잡아내여 가고 힝혀 남앗ᄂᆞᆫ 죵을 ᄆᆞ자 내라 ᄒᆞ니 갑ᄌᆞ성 듕의 ᄒᆞ나흘 내여든 뭇고 죽여디라 ᄒᆞ니 나ᄂᆞᆫ ᄒᆞᆫ 일이 업ᄉᆞ니 엇디 살기ᄒᆞ여 내리잇가, 녀젼내드리 안자셔 대뎐ᄂᆞ치 하 ᄧᅩᆼ ᄇᆞᄅᆞ디 마ᄅᆞ쇼셔.」
> ᄒᆞ니, 이 후ᄂᆞᆫ 갑ᄌᆞ성 달난 말 아니터라.
>
> (p.84, 5행~12행)

인간으로서 살아가는 도리를 짚으면서 사특한 일을 해서는 복을 받을 수 없다는 것을 타이르고 있다. 더욱이 안사람들이 집안에 앉아서 공연히 남편의 얼굴에 똥칠하는 일을 해서는 안된다는 준엄하기까지 한 꾸지람을 내리고 있다. 이것은 광해비를 향한 시어머니로서의 가르침이기도 하다. 연소(年少)한 시모(媤母)의 말이지만 부도사행(不道邪行)의 정곡을 찌른 것으로 보인다. 아무리 세(勢)가 불리해도 할말을 하고 있는 것이다. 그런데 이때의 대비의 마음이란 고인이 되기는 했지만 광해군의 친부인 선조의 비(妃)요 영창대군의 친모이며 광해비의 시모라는 복합된 심정에서 한 말이라고 생각된다. 이와 같은 심리적 배경이 없이는 좀처럼 집권하고 있는 광해군의 비를 나무랄 수는 없겠기 때문이다. 이와 같은 복합된 심정을 당당히 피력하는 그 심상에서 우리는 그의 자존(自尊)하는 마음을 읽을 수 있을 것 같다. 말하자면 그의 국모의식(國母意識)이라는 것이겠다. 비록 유폐된 몸이긴 해도 그의 마음을 지탱하고 있는 것은 이 국모였다는 자존의식이라고 생각된다. 그의 뚝심은 이와 같은 소신으로 탈태 (奪胎)하고 있었다고 하겠다.

> 권ᄒ오니,
> 「대뎐이 오시다 날을 어미라 ᄒ오시며, 내라 국모(國母)라 ᄒ랴 너히 다 예라 내 혼자셔 우다가 명이 진ᄒ리라. 권ᄒᄂᆫ 말이 더옥 듯기 슬타.」
> ᄒ오시니 권키를 못 ᄒᄋᆸ더라.
>
> (p.168, 12행~p.169, 1행)

대비의 자포자기한 모습이다. 국모로 알아주지도 않는 광해군인데 어찌 모자의 정을 차린다고 하느냐고 역정을 내며 어미로도 국모로도 생각지도 않는 광해군임을 강조하고 있다. 그의 자존의식을 허무는 광해군이며 나아가 국가의 기틀과 사회의 윤상(倫常)까지도 짓밟는 광해군으로 치부하고 있는 모습이다. 광해군을 두둔하는 것과 같은 노상궁(老尙宮)의 말이 그래서 더 야속했던 것으로 보인다. 이렇게 자제력을 잃은 모습에서 광해군의 배신이 마음 속 깊은 곳에 응어리져 있음을 느끼게 한다.

> 제 힝실 용티 못 ᄒ 줄는 모르고 나히 만토록 고초(苦楚)히 디내니 그도 사름이라 불상타.
>
> (p.177, 12행~13행)

광해군측의 앞잡이로 들어온 상궁이지만 나이 늙도록 고생만 한다고 대비는 오히려 동정하여 감찰 상궁을 시키는 대목이다. 경계심은 간 곳 없고 그 서러워하는 상궁의 마음을 어루만져 준다. 넘쳐나는 온정이 아닐 수 없으니 그의 인간성도 돋보이거니와 도량이 큰 나라 어른으로서의 금도(襟度)가 잡히는 것 같다. 가희 등이 앞장서서 대비 자신의 목숨을 노리고 있는 줄을 알면서도 따스한 정을 베풀고 궁내의 질서를 유지하는 꿋꿋함을 보여주고 있는 것이다.

이와 같은 '슬기'와 '뚝심'은 그의 생애를 통해 볼 때에 하나의 탄력성을 느끼게 한다. '슬기'가 지나치면 천박해지고 '뚝심'이 지나치면 완미(頑迷)해진다. 대비는 이 양자를 적절히 구사하여 혐오감을 주는 데까지 이르지 않고 있다.

또한 이것을 탄력적으로 느낄 수 있게 된 데에는 그가 처했던 당시의 환경과 국모라는 신분과 또 여성이었다는 것 그리고 운(運)도 따랐던 것으로 보여진다.

인목대비도 덕(德)과 부덕(不德)을 공유한 범인(凡人)이었다. 부덕보다는 덕행을 승(勝)하게 표현한 느낌을 지니게 한다. 그러나 슬기와 뚝심이 알맞게 조화되어 그의 상(像)을 뚜렷이 하고 있다.

이상으로 광해군과 인목대비의 사실성과 허구성의 실상은 파악된 것 같다. 먼저 인물에서 광해군은 순진하다고 할 만한 인간적인 따스함을 지니고 있는 반면에 무도(無道)하다고 밖에 볼 수 없는 난폭성도 타고난 것으로 보인다. 그런데 당시의 세태가 그의 온아(溫雅)한 인간성의 발휘보다는 거친 야성을 북돋우는 추세였기 때문에 손에 쥐어진 권력으로 한풀이를 자행해 선망(羨望)의 대상이기보다는 혐오의 대상으로 낙인 찍혀져 굴레 벗은 강자로서의 오명을 벗을 수 없게 됐다. 긍정적인 면과 부정적인 면을 아울러 지닌 광해군이 세파에 휩쓸려버린 약주(弱主)로서의 상(像)을 본 일기에서 보았다 하겠다. 인간이면 누구나가 걷는 그런 길을 걸어간 광해군의 실상이다.

인목대비는 요조숙녀로서 부덕(婦德)을 쌓아 곤위(坤位)의 자리에까지 오른다. 그러나 운명은 그로 하여금 길이길이 음덕의 향주(香主)로서 안온(安穩)하게 남아있도록 놔두지 않았다. 지혜와 기력과 정성을 다해서도 막아낼 수 없는 엄청난 역경이 몰아쳤다. 순한 양모양 겉으로는 빌면서 살았지만 속에는 국모라는 자존의식이 버티고 있었다. 그러나 덕행과 부덕(婦德), 그 중에서도 슬기와 뚝심은 이처럼 대비의 생활을 엮어낸 씨줄과 날줄이었던 것 같다. 멸문지화(滅門之禍)에다 영창대군의 원사(怨死) 그리고 유폐된 자신의 처참한 몰골, 대비는 이렇게 일방적으로 당하기만 한 약자였다. 형편과 처지에 따라 변하지 않을 수 없었던 그의 심상은 처절, 그것이었다. 여기에 슬기로움과 뚝심마저 없었던들 그 행로는 일찍 끝날 수도 있었겠다. 강자의 한풀이에 휘말려서 근 10년을 견뎌온 대비의 실상을 이렇게 보아왔다.

광해군과 인목대비는 당쟁이라는 같은 세파를 탔지만 광해군은 그 파도 속으로 함몰돼 버렸고 인목대비는 그 파랑(波浪)을 넘어설 수 있었던 것이라고 말할 수 있겠다. 그래서 광해군은 암주(暗主)로서 마감됐고 인목대비는 국모의 자리를 회복하였다. 가해자의 길에 섰던 광해군의 오만한 횡보와 피해자의 자리에 놓였던 인목대비의 고된 행보는 이 양자의 허상(虛像) 아닌 실상(實像)을 잘 드러내준다고 하겠다.

2) 사건

본 일기에는 견해에 따라 다르겠지만 사건이 대소간에 142개에 달한다고 보여진다. 이 사건들이 대체로 사실과 일치되거나 비슷하게 나타나지만 개중에는 윤색된 것도 있고 또 다른 것도 있다. 다른 것들 중에는 작자의 오문(誤聞)으로 보이는 것도 있고 허구도 있어 보인다. 다음에 그 두드러진 사건들의 진상을 보기로 한다.

(1) 임해군(臨海君) 옥사(獄事)

> 뎡인홍(鄭仁弘) 등은 덕쇼의 채 가디 아니 ᄒᆞ여셔 훙셔 ᄒᆞ오신 날 즉시 궐하(闕下)의 블너 블츠로 용지ᄒᆞ고 빙뎐ᄒᆞ오신 이칠일만의 형을 외쳑으로 두 디간ᄒᆞ야 논계ᄒᆞ게 ᄒᆞ야노코 님ᄒᆡ(臨海)를 보고 계ᄉᆞ를 뵈여 왈,
> 「이제 나가면 죄를 벗고 궐듕(闕中)의 이시면 죄 더을 거시니 내 몰나 니를가, 수이 나가소.」
> ᄒᆞ고 군병(軍兵)을 포렬(布列) 은복(隱伏) ᄒᆞ엿ᄃᆞ더라(34).

(p.24, 5행~10행)

> 님ᄒᆡ(臨海) 꾀예 감겨 즉시 나가니 일시예 내ᄃᆞ라 두로ᄢᅡ미여 비변ᄉᆞ의 구류(拘留)ᄒᆞ여 둣다가 교동의 보내여 우리안치 ᄒᆞ엿더니 어ᄉᆞ당인이 오니 님ᄒᆡᄃᆞ려 닐오디,
> 「젼신불슈(全身不遂)ᄒᆞ테ᄒᆞ야 쳐ᄌᆞ(妻子)와 ᄒᆞ디 두고 니른대로 아닌즉 죽이리라.」
> ᄒᆞ고, 공빙 ᄉᆞ촌 오라비 김례딕을 보내여 은근이 달내니 고디 듯고 니른대로 ᄒᆞᆫ대 당쟝이 도라간 후 즉시 심복(心腹)읫 의원(醫員)을 보내여 티독(置毒)ᄒᆞ야 죽이니라.

(p.27, 1행~5행)

> 음증(淫烝)도 션묘(先廟) 근시(近侍)ᄒᆞ던 숙진이 가희 권당이니 미양 은근이 ᄒᆞ더라 ᄒᆞ니 그리 홀졔 음증ᄒᆞ기 고이티 아니 ᄒᆞ고 살형도 형을 하늘도 못 보게 가시셩 안히 너허 두고 쟝뎡이과 보리밥을 드리더니 당쟝(唐將)

온다 ᄒᆞ니 제 심복 의원 보내여 쥬찬(酒饌)을 가져다가 나잡고 독쥬(毒酒)
롤 먹여 온돌(溫突)을 달오고 녀허 좀오고 오니 가슴을 허위여 피흐른 자최
잇더라. ᄒᆞ고 그시예ᄂᆞᆫ 즈비하인들도 금치 아녀 니ᄅᆞ매 뉘 모ᄅᆞ리오. 게거
오셔 말내옵시다 ᄒᆞ돗더라.

(p.80, 13행~p.81, 4행)

사건의 시작은 익히 알려진 바와 같이 조선왕조실록의 기록대로 선조 사후
14일 만이다. 광해군의 인허 하에 강화도에 위리안치(圍籬安置)된 것과 김예직
(金禮直)의 회유를 받은 것도 또 강화에서 죽은 것도 사실과 일치한다. 다만 위
리안치되는 과정과 사망한 과정은 고증되지 않는다. 그런데 여기서 보다 중요
한 문제는 임해군이 과연 역모를 꾀했느냐 하는 것과 애무한 임해군을 죽인 죄
가 작자가 지목한 것처럼 광해군에 있는 것인가 하는 것이다.

가. 역모(逆謀) 여부(與否)

임해군은 장자이면서도 동생에게 밀려난 것을 보면 인품이 부실했던 것으로
보인다. 이런 임해군이 역모의 뜻을 품고 준비를 하고 있었다는 윤양(尹讓) 등
의 상소가 있었고, 당시의 중신인 이원익(李元翼), 이항복(李恒福) 등도 이를 묵
인하고 있었다. 그러나 이 사실은 아무 것도 밝혀진 바가 없으며 그 역모 사실
자체가 확실치 않다. 또 임해군이 김예직을 보고 울면서 자신의 무죄를 호소했
던 것(光海君日記 卷5, 即位年 戊申六月辛未條)과 명나라 차관과의 대화내용(光
海君日記 卷5, 乙亥條)으로 보아서 임해군의 역모 사실은 신빙성이 없는 것으로
보인다. 말하자면 아무 근거도 없이 본인 자신은 알지도 못하면서 죽임을 당하
였던 것으로 보여진다.

나. 임해군 죽인 죄는 광해군에게 있는 것인가

뎡인홍(鄭仁弘) 등은 덕쇼의 채 가디 아니 ᄒᆞ여셔 홍셔 ᄒᆞ오신 날 즉시
궐하(闕下)의 블너 블츳로 용지ᄒᆞ고 빙텬ᄒᆞ오신 이칠일만의 형을 외척으로
두 디간ᄒᆞ야 논계ᄒᆞ게 ᄒᆞ야노코 님ᄒᆡ(臨海)롤 보고 계스롤 뵈여 왈,
　「이제 나가면 죄를 벗고 궐듕(闕中)의 이시면 죄 더을 거시니 내 몰나 니
롤가, 수이 나가소.」
ᄒᆞ고 군병(軍兵)을 포렬(布列) 은복(隱伏) ᄒᆞ엿돗더라.
　님ᄒᆡ(臨海) 꾀예 감겨 즉시 나가니 일시예 내드라 두로ᄣᅡ미여 비변스의
구류(拘留)ᄒᆞ여 돗다가 교동의 보내여 우리안치 ᄒᆞ엿더니 어ᄉᆞ당인이 오니

님히ᄃ려 닐오디,
  「젼신불슈(全身不遂)ᄒ테ᄒ야 쳐ᄌ(妻子)와 ᄒ디 두고 니ᄅ대로 아닌즉
죽이리라.」
ᄒ고, 공빙 ᄉ촌 오라비 김례딕을 보내여 은근이 달내니 고디 듯고 니ᄅ대
로 ᄒ대 당쟝이 도라간 후 즉시 심복(心腹)읫 의원(醫員)을 보내여 티독(置
毒)ᄒ야 죽이니라.
  님히 죽일제 대군을 홈긔 잡으려 ᄒ번의 소계 언ᄌ니 됴뎡이 혹 시비 ᄒ
디,
  <당시 강보(襁褓)의 잇고 신졍을 ᄒ매 형뎨 둘홀 홈긔 업시기 어렵다.>
ᄒ니 도로 대군을 거두지 아니툿더라.

(p.24, 5행~p.27, 8행)

여기에 보면 선조 사후(死後) 광해군은 자기의 지지세력을 되살려내 중용하고
권좌유지에 방해가 되는 임해군과 영창대군을 단숨에 제거하려는 시도의 전말
이 보인다. 그런데 영창대군은 너무 어리다고 해서 제외되고 있다. 이와 같은 시
비를 가리는 것은 광해군이 중용한 신하들이 참여하는 조정에 의해서였다.

광해군이 임해군과 대화하는 대목을 보면 광해군이 설두하는 것처럼 보이기
도 하지만 만만찮은 조정의 존재가 도드라져 나온다. 광해군의 독무대는 아닌
것이다. 즉 광해군과 그가 등용한 신하들이 포함된 조정의 세력들이 한뭉치로
떠오른다. 이렇게 떠오른 한뭉치의 세력이란 곧 광해군을 옹립하고 있는 대북
파(大北派)의 일당들로서 이들이 당시 조정을 좌지우지한 주도층임은 말할 것
도 없다.

본 일기에는 가끔

  며집 녀인 년갑이ᄂ 우히 업ᄉ온 녀인의 다리ᄅ 붓드럿고 은덕이ᄂ 공
쥬 업ᄉ온 쥬샹궁 다리ᄅ 붓드러 옴겨 드디디 못 ᄒ게 ᄒ고 대군 업ᄉ온
사롬을 압흐로셔 ᄢ어 내고, 뒤흐로셔 밀텨 문밧긔 내고 우리만 다 미러
드리고 ᄌ비문짝을 다드니 그 망극ᄒ미 엇더 ᄒ리오.

(p.103, 9행~12행)

에서 보는 것처럼 "며집"과 "우리"라는 표현이 보인다. "며집"이란 광해군을 중
심한 그 지지세력이고 "우리"란 인목대비(仁穆大妃) 쪽이다. 국사(國事)로 취급
한 것이긴 하지만 이 대목을 보면 "며집"에서 즉 광해군 측에서 이 옥사를 일으

키고 임해군을 강화에 위리안치(圍籬安置)하여 죽게 하는 역할을 주도했다는 심증을 갖게 한다. 당시의 장령(掌令)인 윤양 등이 상소를 쓰기 시작했고 허균 (許筠) 일당은 직업적으로 상소문을 작성했으며 광해군의 인허 하에 위리안치 됐고 김예직의 회유와 어사당인(御史唐人)의 면회가 있었으며 더욱이 임해군과 영창대군을 단숨에 없애려고 든 것을 보아서 광해군 측이 지목되지 않을 수 없으나(광해군 혼자서 주도했다고는 보아지지 않는다) 이와 같이 광해군 측이 옥사를 주도한 것으로 보이는데도 불구하고 작자는 광해군 개인에게 그 책임을 돌리고 있다. 그렇게 된 연유는 어디에 있는 것일까. 여기에는 우선 어감(語感) 과 관습(慣習), 인식(認識)이 포괄적으로 작용된 것이 아닐까 한다. 즉,

① 광해 측(側)이라 할 때 광해군이 포함된다는 것
② 광해군은 광해 측(側)의 상징적 존재라는 것
③ 광해군은 이 대목 첫 머리에 계사(啓辭)를 임해군에게 보여주며 실감나는 대화를 가졌다는 것 등이 광해군의 존재를 실태화(實態化) 내지 표출시키게 된 것 같다. 그러나 다음과 같은 경우는 그런 것이 당시의 하나의 추세로서도 볼 수 있게 하는 예가 될 것 같다.

전술한 바와 같이 임해군의 역모 사실은 밝혀진 바가 없고 오늘까지도 확실하지 않은 것이며 임해군이 어사당인(御使唐人)에게 대답한 것처럼 전혀 모르는 일이었다. "答曰 實無是事吾病昏 奴隸以有此意 吾則不知也" 라고 光海君 日記 卷5 乙亥條에 보이는 말이다. 이처럼 당사자가 모르고 구체적인 증거도 없으며 혹시 그의 종들이 그런 생각을 가졌을지도 모르는 일을 가지고 윤양(尹讓)은 상소문에다 임해군의 이름을 명기하고 있다.

啓曰 臨海君珒 久蓄異志 私藏軍器陰養兵士
(光海君 日記 卷1 卽位年 戊申二月 辛未條)

그 도당(徒黨)의 상징적 인물이기 때문에 거명(擧名)을 서슴치 않은 것으로 보인다. 왕에게 올리는 상소문에 이와 같은 기술이 가능했다고 하면 즉 근거도 확실치 않은 추정을 하면서 그 중심적 인물이라고 생각되는 사람의 성명을 거

리낌없이 발표했다고 하면 이런 일 등은 말하자면 그 때의 관행화된 하나의 인식 상의 나아가 기술상의 추세였다고 볼 수 있지 않을까 한다. 상소문이란 조정 백관의 공감을 벗어날 수 없는 글이라는 데서 더욱 그렇게 생각이 된다.

또 하나의 예를 본다.

> 두 곳의셔 다 이리ᄒ니 시부(弑父) 음증(淫烝)은 우리게셔는 듯디 못 ᄒ엿다가 이 말 듯고 끼치니 그날 약미고 믈인디 잡스오시고 즉시 구역 ᄒ오시고 위급 ᄒ오시니 근시인 다 제 심복이니 티독하기 고이티 아니 ᄒ고 일변 적신(賊臣) 뎡인홍(鄭仁弘)의 샹소로 위급히 되오시니 굿ᄒ여 칼노 디르며 매로 텨야 죽이다 ᄒ리 아녀 설워 그만 ᄒ면 시뷔(弑父)라 홀 거시오. 음증(淫烝)도 션묘(先廟) 근시(近侍)ᄒ던 슉진이 가희 권당이니 미양 은근이 ᄒ더라 ᄒ니 그리 홀졔 음증ᄒ기 고이티 아니 ᄒ고 살형도 형을 하놀도 못 보게 가시셩 안히 너허 두고 쟝뎡이과 보리밥을 드리더니 당장(唐將) 온다 ᄒ니 제 심복 의원 보내여 쥬찬(酒饌)을 가져다가 나잡고 독쥬(毒酒)를 먹여 온돌(溫突)을 달오고 녀허 좀오고 오니 가슴을 허위여 피흐른 자최 잇더라. ᄒ고 그시예ᄂ 즈비하인들도 금치 아녀 니르매 뉘 모르리오. 계겨오셔 말내읍시다 ᄒ돗더라.
>
> (p.80, 9행~p.81, 4행)

여기서도 작자의 추정하는 논리가 전개되어 있다. "……다 제 심복이니 터득하기 고이티 아니 하고……" "그만 하면 시뷔라 할거시오……" "……음증하기 고이티 아니하고"는 "……모두 다 제 심복이니 독을 넣었다 함이 하나도 이상하다 할 수 없고", "가히 그만하면 시부라 할 것이요", "음증한다 해도 이상할 것이 없고"로 풀이가 되어 상황논리를 유출해내는 심증의 개연성은 구체성을 더해가고 보다 집약시키는 것으로 보인다. 이 논리적인 귀결을 수긍하는데 주저하지 않는 것이 아마도 일반인의 상식이 아닐까 한다.

이와 같은 사실을 감안할 때 작자가 광해측의 주도를 광해군의 주도로 보고 또 그렇게 기술했다는 것은 그 당시로는 있을 수 있는 일이 아니었을까. 상소문을 낸 윤양(尹讓) 등은 확실치도 않은 역모사(逆謀事) 나아가 그 종들이 그런 생각을 혹시 지녔을 지도 모르는 추정을 가지고 "임해군진(臨海君珒)"이라고 거명한 데 비해서 본 일기의 작자는 임해군의 옥사를 일으켜 끝내 그를 죽게 만든 주도층이 광해측이라는 것을 만 천하가 다 아는 마당에서 이를 광해군이라고 지목했다는 것은 그 당시의 관행의 추세로 보아 빗나간 일이기 보다는 능히 그럴 수 있으리라는 생각이 든다.

또한 광해측에서 "……永絶禍根以安保社"와 같이 대군을 사직불안의 화근이라고 생각한 것처럼 대비측에서는 광해군이 이쪽을 핍박하는 뿌리라는 생각을 가지게 되는 것은 자연스러운 결과가 아닐 수 없겠다.

광해측이라는 용어나 광해군이라는 용어나 50보 100보가 아닌가 라는 생각에서가 아니고 당시로서는 가장 보편적인 인식 하에서 집필된 것이 아닌가 하는 것이다. 광해군이라는 용어상의 상징성, 대화를 통해 직접 나타난 표출성, 그리고 그 당시의 인식(認識)상 기술(記述)상의 추세에 따라 작자는 아무 부담없이 광해군을 지목했던 것이고 또한 작자에게는 그것이 사실이었고 결코 허위가 아니었을 것이다. 고의적으로 작자가 광해군을 지목한 것이라기 보다는 누구나와 마찬가지로 그와 같은 귀결에 자연스럽게 도달한 것으로 보인다. 따라서 광해측을 광해군으로 표기한 것은 허위라기보다는 이 때의 관행으로 받아들여지는 것이라고 보겠다.

(2) 배능(拜陵)과 친제(親祭)

청상(靑孀)이 된 대비는 허전한 나머지 예에도 없는 배능(拜陵)과 친제(親祭)를 요청했던 것으로 보인다(이 대목은 앞에서 언급됐지만 다시 한번 다루기로 한다).

> 즈고(自古)로 즈뎐이 초상(初喪)의 비능(拜陵) 호오시는 녜(禮) 이시매 우흐로셔
> 「니거디라.」
> 호오시니 디왈,
> 「가시미 블가 호니이다, 하 가고져 호시면 쇼샹(小祥)의나 가쇼셔.」
> 호거늘 겨유 기드리오셔 쪼,
> 「니거디라.」
> 호오시니 쪼 탈호디,
> 「됴뎡(朝廷)이 하 막으니 못 가시리이다. 대샹의나 가쇼셔.」
> 쪼 그쩨 다드르니 호디,
> 「이위 다 디나시니 이제 가시다 므슴 유익호미 기시리잇가. 녜 왕후너 가심도 녜(禮)예 일이 아니니이다. 폐 이실쏜롬이오, 보실 일이 업스니 결

연(決然)이 못 가시리이다.」

호더라. 삼년을 두고 근측이 비다가 못 호고, 달내다가 못 호오시니 그런
블샹호오신 일이 업더라.

「혼뎐(魂殿)의 나가디라.」

호오시니 그도 여러번 막거늘 우히 니뎐의 이긍(哀矜)히 비오시니 디왈,

「본디 대뎐이 변통이 업서 그러호오시니 지극히 호야 가오시게 흐리이
다.」

호더니 니뎐 디휘로 허호니라.

(p.29, 5행~p.30, 8행)

　여기에 보면 배능(拜陵)은 성사되지 않고 친제(親祭)는 받아들여지고 있다.
"됴뎡이 하 막으니 못 가시리이다"와 같이 조정이 반대해서 배능(拜陵)은 가지
못하고 "그도 여러번 막거늘"과 같이 친제(親祭)도 막았지만 끝내 목적을 달성
하고 있다.

　여기에는 내전(內殿)의 역할이 있었던 것으로 "본대 대뎐이 변통이 업서 그러
하오시니"와 같이 광해군은 좋게 말해서 융통성이 없었던 것으로 보인다. 그래
서 친제는 내전의 주선으로 그 융통성이 발휘되어서 조정도 수긍하고 광해군
의 허락도 나온 것이 아닌가 한다.

　그런데 조선왕조실록에는 원년정월에 인목대비가 소상일(小祥日)에 영모전
(永慕殿)에서 친제를 드리고 싶다는 기록이 있고(光海君 日記 卷12 元年 乙酉正
月 戊戌條) 즉 "小祥日慈殿欲親祭于永慕殿....詳細議定"이 그것이다. 그리고 그 해
9月1日條에 광해군은 대비가 배능(拜陵)을 원하니(光海君 日記 卷20 元年 乙酉九
月 朔條) 즉 "傳日慈殿近日 欲行拜陵 議大臣以啓"가 그것이다. 이것을 보면 혼전
친제(魂殿親祭)가 먼저고 배능(拜陵)은 나중이다. 작자는 친제와 배능의 순서를
혼동하고 있는 것 같다. 그러나 이 순서의 뒤바뀜은 혼동이 든 고의이든 구성상
큰 문제가 되거나 영향을 미치는 것은 아닌 것 같다. 문제가 되는 것은 광해군
의 반대여부에 있는 것 같다. 즉 본 일기에는 광해군이 반대한 것으로 되어 있
는데 비해 실록에는 적극 주선한 것으로 되어 있기 때문이다.

　그런데 이 여부를 가리기 전에 다음처럼 주목해야 할 사항이 있다.

　　　쏘 그 째 다드르니 호더 '이위 다 디나시니 이제 가시다 므슴 유익호미

기시리잇가. 네 왕후니 가심도 녜(禮)에 일이 아니니이다. 폐이실 ᄯᄅᆞᆷ이오.
보실 일이 업스니 결연(決然)이 못가시리이다' ᄒᆞ더라.
(p.29, 14행~ p.30, 1행)

　여기에 나타난 것을 보면 과거에 왕후들이 배능한 선례가 여러 차례 있었다
는 사실이며 따라서 대비의 요청이 그렇게 무리한 어거지를 부린 것은 아니었
다는 것이다. "네 왕후니 가심도"는 말하자면 정식 예가 아닌 데도 불구하고
인정상 어쩔 수 없었던 편법으로 행하여진 것으로 보이며 대비도 지금 이 편법
을 요구하고 있는 것으로 보인다. 정격(正格)의 예(禮)였다면 굳이 "ᄌᆞ고로 ᄌᆞ뎐
이 초상의 비능ᄒᆞ오시ᄂᆞᆫ 녜 이시매"(p. 29, 4행)라는 토를 미리 달 필요는 없었
을 것이다. 그리고 친제에서처럼 광해군이 융통성을 발휘하면 성사될 것으로
믿고 있었던 것이겠다. 그리고 배능했다는 왕후들의 선례가 아무리 정격의 예
가 아니었다 해도 비공식적이었을 뿐 의례를 생략할 수는 없었을 것이다. 이런
예는 회가 거듭될수록 상례(常例)가 되고 제도처럼 비칠 수도 있는 것이겠다.
"ᄌᆞ고로 ᄌᆞ뎐이 초상의 비능ᄒᆞ오시ᄂᆞᆫ 녜 이시매"라는 작자의 기술도 이와 같은
분위기에서 나온 것으로 보이며 배능을 반대했다는 기술도 전례가 여러 차례
있는 것이므로 광해군이 마음먹기에 따라서 곧 친제의 경우에서처럼 융통성을
발휘한다면 충분히 성사될 수 있었던 것인데 그렇지 못했다는 것이다. 말하자
면 광해군의 무성의를 탓하는 마음이 여기에 한 몫을 하고 있다 하겠다. 요컨대
광해군의 비협조가 강조되고 적시(摘示)된 표현으로 보인다. 그래서 "삼년을 두
고 ᄀᆞ측이 비다가 못ᄒᆞ고 달내다가 못ᄒᆞ오시니 그런 불상ᄒᆞ오신 일이 업더라"
라는 표현에서 "비다가 못ᄒᆞ고 달내다가 못ᄒᆞ오시니"는 내전의 주선으로 친제
가 성사되었듯이 여러 가지 편법을 시도하려다 받아들여지지 않음을 나타낸
것으로서 이것은 좀 과장은 됐지만 거의가 사실로 보여지는 것이기 때문에 수
긍되는 대목이라 하겠다. 복받치는 설움에서 대비는 편법까지를 요망했고 조정
은 원칙을 지킨다는 명분으로 대비의 기를 꺾는 효과를 얻고 있는 것이다. 따라
서 이 대목은 허구라기보다는 비협조의 강조로 받아들여질 수 있을 것으로 생
각된다. 광해군이 직접 반대했느냐의 여부는 바로 전항(前項)에서와 같이 당시
의 관행으로 보여 작자에게는 허위일 수가 없었던 것이라고 생각된다.

(3) 계축옥사(癸丑獄事)

본 작품의 성격이 자리매김되는 사건이다. 은(銀)도적들의 체포는 서인타도 (西人打倒)의 구실을 찾던 대북일당(大北一党)들에게는 하늘이 내린 기회로서 김제남(金悌男)을 역적으로 만드는 결정적인 계기가 되었고 또 증거가 되었다.

> 수월노셔 뉴개 니이쳠(李爾瞻) 박승종 등 심복과 도모(圖謀)ᄒ며 방경지
> 스로 소계(疏啓)ᄒᆯ ᄆᆞ디예 온 도적 박응셰 포도텽의 개개히 복쵸ᄒ니 결안
> 다딤바다 결의 낼 거시여ᄂᆞᆯ 뉴, 박, 니(柳, 朴, 李) 삼적(三賊)이 포도대쟝 지
> 주 ᄒ여 죽이고 죄슈(罪囚)는 도로 가도고 이리이리ᄒ라 마쵸니 그 도적이
> 제 살 억탁으로 일종 지휘(知委)대로 샹소 ᄒᆫ대 수월 스므엿새날 샹소든대
> 즉시 고변이라 션셩 내고,
>
> (p.58, 3행~7행)

고변(告變)의 내막이 드러나 보인다. 유(柳), 박(朴), 이(李) 삼적(三賊)이 주모하여 장애가 되는 포도대장 한희길(韓希吉)을 죽이고 박응서(朴應犀)로 하여금 미리 짠 각본대로 고발케 한다. 이 은(銀)도적들은 당대 명문가출신의 서자들이었기 때문에 포도대장도 쉽게 손을 대지 못했던 것인데 이이첨(李爾瞻)이 이를 알고 옥중에 있는 박응서(朴應犀)를 사주(使嗾)했던 것이다. 이와 같은 사실은 실록의 기록과도 거의 흡사하다(光海君日記 卷65 5年 癸丑 4月 癸丑條). 홍길동전이 출현할만한 사회 분위기였기 때문에 명문가출신의 이 은도적들은 단순한 도적들이기보다 박응서가 털어놓은 것처럼 반역을 준비하기 위해 먼저 은화를 축적하려 했다는 이른바 당시 사회제도에 불만을 품은 불온분자들이라고 생각할만한 개연성을 지니고 있었다고 보아야 될 것 같다. 대비의 친부(親父)를 역모로 모는데 이 칠서(七庶)처럼 뚜렷하고 이와 같이 절묘하게 들어맞는 증빙(證憑)은 쉽게 나타날 수 없는 것이었으며 그래서 대비도 버젓한 구명운동도 벌이지 못했던 것이 아닌가 한다. 다음은 고문하는 장면이다.

> 적도(賊徒) 응셰(應犀) 탑젼의 ᄀᆞ르쳐 가며 뭇는 말이,
> 「네 김부원군 집의 갓던다, 네로와 ᄒ면 살니라.」
> 더왈,
> 「살기ᄂᆞᆫ 됴ᄒ오나 부원군은 모르ᄂᆞ이다.」

　대군도 니르라 ᄒᆞ거늘,
　「ᄒᆞᆫ 부원군이 무어시 귀ᄒᆞ여 아니 뭇더라 ᄒᆞ리잇가. 그 집 문도 모르ᄂᆞ
이다. 아모리 살오려 ᄒᆞ시다 모르ᄂᆞᆫ 사ᄅᆞᆷ을 엇디 긔덜니잇가 대군도 우리
부원군 올니ᄅᆞᆫ 말이다」
　「네 그 집의 가니 엇디 ᄒᆞ더니.」
　디답 ᄒᆞ디,
　「가니 술 내여 먹이더이다. 역모 ᄒᆞᆯ시 올ᄒᆞ니이다.」
　저ᄂᆞᆫ 정형 ᄒᆞ나 제 아븨 무덤 ᄑᆞ긔ᄂᆞᆫ 아니 ᄒᆞ고 아들 살오니 그 언약(言
約)을 ᄒᆞ노라 귀예 다혀 무복 밧닷더라.
(p.58, 8행~p.60, 5행)

　여기에는 박응서와 서양갑(徐羊甲)이 등장하지만 박응서는 이미 고변(告變)했
기 때문에 고문당할 필요가 없었으며 이것은 작자의 오기(誤記)로 보인다. 서양
갑은 처음에는 불복하였으나 어미의 극형을 보고는 무복(誣服)하기에 이르렀으
며 실록의 기록과도 비슷하다.(光海君日記 卷65 5年 乙未條) 박응서에 관한 오기
(誤記)는 비록 궁 안에서 일어난 일이지만 서궁의 내인이었기에 그 내막에 소상
치 못했던 때문으로 보여진다.
　이 계축옥사(癸丑獄事)는 이이첨의 사주에 의한 박응서의 고변으로 시작하여
김제남(金悌男)의 사사(賜死)에까지 이르른다. 본 일기의 기술은 비교적 사실에
가깝다. 잘 몰라서 오기(誤記)되기도 했지만 역사적 사실에 충실하려는 집필태
도는 돋보이는 바가 있다. 이럼에도 불구하고 이 옥사를 일으킨 목적의 하나가
달성된 사실 즉 죽음에 이르기까지의 김제남의 동정의 전말이 보이지 않는 것
은 아귀가 들어맞지 않는 느낌을 준다.

　살인 도적의 일노 부원군 나수(拏囚) ᄒᆞ오시다 듯ᄌᆞ오시고 쓸히 박석(薄
石) 돌히 마리롤 브드잇ᄌᆞ오시고,
　「대군으로 이런 해(禍) 부모 동생의게 미츠니 엇디 ᄎᆞ마 드르리잇가 내
머리털을 버혀 표ᄒᆞ니 대군을 드려다가 아ᄆᆞ리나 처치ᄒᆞ고 아바님과 동싱
을 노ᄒᆞ쇼셔.」
　ᄒᆞ시며,
　「ᄌᆞ식으로 ᄒᆞ여 어버의게 해 밋ᄂᆞᆫ 일을 ᄎᆞ마 사라셔 못 볼소이다.」
(p.79, 8행~13행)

이와 같이 아프고 서러운 심정의 표출은 보이지만 영창대군의 출궁 전후에 보여줬던 끈질기고 처절한 저항은 대할 길이 없다. 동정뿐만 아니라 사사(賜死)의 연유나 그 뒤 처리 등도 일체 언급이 없고 "아바님과 동싱을 업시ᄒ엿고 안흐로는 근시ᄂ인을 다 내여죽여시니"(p.95, 13행)와 같이 과거지사로만 돌리고 있는 것이다. 이것은 서술상 하나의 생략이라고 보겠는데 한 작품의 생략치고는 너무나 허전하여 그 자리를 메꿀 길이 찾아지기란 그리 쉬운 일은 아닌 것 같다.

그런데 우리는 다음과 같은 대목에서 대비의 마음을 읽으면서 친부 김제남의 동정에 언급할 수 없었던 고충을 짚을 수 있을 것 같다.

> 텬디간의 업손 대변을 만나 아바님과 믓 동싱을 죽여겨시니 내 ᄌ식의 일노 어버이게 큰 브회(不孝) 되엿시니 텬디간의 용납디 못 홀 줄 알더 대군이 ᄌ란 거시면 ᄌ식을 내여주고 어버이 동싱을 살와디라 ᄒ미 올홀 거시로더

(p.87, 11행~13행)

"텬디간의 업손 대변"이란 첫 마디는 모나지 않는 대단히 점잖은 표현이다. 두리뭉수리로 얼버무린 것 같지만 탓할 데도 없을 것 같다. 대비의 내심대로라면 보다 격렬하고 앙앙(怏怏)한 심정이 폭발될 것이지만 이 사건에 대해서만은 굳이 밝히려 들지 않는 태도를 보이고 있는 것이다. 살펴보건대 여기에는 공과 사의 구분이 서 있는 것이 아닌가 한다. 손윗분의 참화(慘禍)는 불언(不言)한다는 불문율이 있기는 하지만 국모로서의 길과 자식으로서의 길이 스스로 한계가 있는데서 온 것이 아닐까 한다. 김제남은 다름 아닌 역모로 몰려 국법에 의해 사사되었던 것이다. 국법시행의 대상인 대비의 친부는 역적의 올무를 받았다. 그런데 국모의식(國母意識)이 유달리 강했던 대비. 앞으로도 국모라는 자존의식에 매달려야 할 대비. 그렇지 않아도 국법은 사정(私情)에 앞선다는 것을 잘 아는 대비는 국법시행에 정면으로 맞설 수는 없는 것이었고 널리 세상에 알릴 처지도 아니었던 것이다. 자식으로서의 도리를 다 하지 못하는 것 같았지만 국법은 국모에게 있어서 더 지중한 것이어야 했다. 그래서 다음과 같은 심정의 토로도 나오게 되었던 것이 아닐까 한다.

> 아버님 업스신 일은 간댱이 버히는돗 ᄒ나 나라 법이 듕ᄒ여 ᄆ옴으로
> 살오디 못 ᄒ나 이 아히는 션왕의 유지(遺子)니 그러나 싱각 ᄒ미 겨실가
> ᄒ더니 새로이 그런 말을 ᄒ시니 션후 말이 다ᄅ믈 셜워 ᄒᄂ이다.
>
> (p.88, 8행~10행)

친부가 돌아가신 일은 오장이 녹아나듯이 아프지만 그러나 나라의 법이 중하기 때문에 그 아픈 속마음을 다 드러내지 못한다는 것이다. 국법의 존엄을 지켜 수범(垂範)하는 공사가 분명한 국모의 자세를 보여준다.

이처럼 말할 수 없이 억울한 일이었지만 겉으로는 치부로 여겨져야 할 이 사건을 다른 사건과 같이 소상히 그것도 억울한 감정에서 써 낼 수는 없었을 것이다. 국모의 자리에서 사정(私情)에만 매일 수 없었던 것이 그 때의 역적에 대한 명분이 아니었던가 한다. 자식으로서의 정은 접어두고 국모로서의 도리를 취한 것이겠다. 나아가 가문의 어른이 역적이라는 억울한 누명을 쓰고 죽음에 이르는 그 과정을 후손들에게 차마 남길 수는 없었을 것이다. 따라서 김제남에 관한 기록은 성길 수밖에 없었던 것이 아닐까 한다.

(4) 영창대군(永昌大君)의 출궁(黜宮)과 사망

대군을 임해군과 같이 처형하지 않은 것은 신정초(新政初)라는 것도 있었겠지만 차례를 바꾼 것이 아닌가 한다. 이원익(李元翼), 이항복(李恒福) 등의 중신들도 임해군의 절도안치(絶島安置)를 상소할 만큼 그럴만한 기회가 있었던 것인지는 모르나 대군은 어려서 그런 혐의가 없었고 따라서 어린이에게 씌울 죄목도 마땅한 것을 찾기가 어려웠던 것은 아니었을까 명분없이 대군을 죽일 수 없었던 바로 그 때 은(銀)도적 사건이 터져서 쉽사리 김제남에게 먼저 손댈 수 있었던 것으로 보인다.

대군의 출궁(黜宮)은 "뎌집"의 협박으로 시작되고 날이 갈수록 그들의 목소리는 거세지고 공포분위기는 조성되었다. 다음에 가열화되는 그 공세를 보기로 한다.

> 대군이 궐ᄂ에 겨오신 일을 민망ᄒ여 만ᄃᆡ(萬代)예 긔롱(譏弄)을 드롤가
> ᄒ여 ᄀ장 어딘톄 ᄒ야 ᄀᆯ오ᄃᆡ,
> 「됴뎡이 대군을 수이 내라 날마다 보채디 어린아히 알ᄂᆞ ᄒ여 듯디 아니

ᄒ거니와 도적 사괴여 역모 ᄒ기와 방정ᄒ여 대란(大亂)이 나시니 이제 뉘
타시라 ᄒᄂ니.」
ᄒ더라.

(p.86, 14행~p.87, 3행)

이리ᄒ 후 오라디 아녀셔 니관을 뎐언(傳言)ᄒ디,
「대군을 하 내여달나 보채니 아니 드르랴 견집(堅執)ᄒ니 됴뎡의 노(怒)
를 져기 플냐 잔치예 와 보려ᄒ니 잠간 문밧긔 내여든 노를 플게 ᄒ여디이
다.」
말이 ᄀ장 흉ᄒ매 우흔 ᄎ마 듯디 못 ᄒ오셔 시위인이며 ᄆᄋᆷ이 새로이
산란 ᄒ여 간댱(肝腸)이 쫄고 애쩌러디더라.

(p.87, 5행~9행)

션왕(先王)이 어엿비 너기라 ᄒ오신 유교(遺敎)도 겨오시니 대군으란 의
심도 마ᄅ쇼셔. 머리털은 두디 못 홀 거시라 도로 드리ᄂ이다.

(p.88, 5행~6행)

「아모라타 아히 안다 ᄒ오며, 문밧긔 피접 나ᄂ 일도 녜브터 이시니 이
도 ᄀ만 너기오셔 내여 보내오쇼셔 됴뎡이 하 보채니 ᄆᄋᆷ을 져기 눅이옵
게 ᄒᄂ 일이옵디 해로온 일이 잇ᄉ올가 근심 마ᄅ쇼셔.」
ᄒ엿거늘 디답 ᄒ오시디,
「날을 보오실 거시 아냐 대뎐도 션왕 아ᄃ님이옵시고 대군도 아돌이니
졍(情)의 ᄎ마 해ᄒ미 겨시리잇가. 다만 대군이 열셜이 못 ᄒ여셔 대뎐이
아ᄅ시ᄃ시 ᄒ번 밧긔 피졉냄도 업ᄉ니 어린 거슬 어디다가 두리잇가. 대
뎐이 누ᄅ오실 타시니 션왕을 ᄉᆼ각ᄒ오샤 인졍을 술펴 보쇼셔.」

(p.88, 13행~p.89, 12행)

여기에는 대비의 원망이 섞여 들어 있다. "대뎐이 누ᄅ오실 타시니"가 그것
으로서 이 대목은 광해군이 "하기 나름"이라는 뜻이다. 마음만 먹으면 조정을
눌러서 일이 풀릴 터인데 그렇게 하지 않고 오히려 조정을 핑계삼아 한 술 더
뜨고 있다는 것이다. 핏줄을 대어 인정에 호소하고 있는 것이다.

실록(光海君日記 卷65 癸丑5月 戊寅條, 戊戌條, 卷68 5年 癸丑8月)에 의하면 계
축옥사(癸丑獄事)가 일어난 지 한 달만에 영창대군의 관작(官爵)을 삭탈(削奪)했
으며 이어서 폐서인(廢庶人)하여 성 밖에 여염집으로 보냈던 것이다. 김제남을
제거한 다음 차례는 대군이었으니 조정에서는 하루 빨리 화근을 없애서 종사

(宗社)를 편케 해야 한다는 구실을 만들어 축궁(逐宮)에 이어 "강도안치(江島安置)"로 나타난다.

불가항력임을 깨달은 대비는 대군을 내어줄 마음을 먹게 되지만 이는 대비의 양보라기보다는 그 힘에 밀린 것이었다.

> 「대군을 죠히 잇게ㅎ마 여러날 말 브티오시고 니뎐의셔 소기디 말마 극진이 덕어겨시니 내외 셜우믈 어디 어홀ㅎ여 말을 ㅎ리잇가 마는 대군을 션왕 유지(遺子)라 혜샤 텬싱(天生) 제 나흘 안브(安保)ㅎ여 살게 ㅎ마 지지(再再)ㅎ오시니 이 말을 표 사마 내여보내려니와 아바님과 동싱들 죽여시니 셟다 ㅎ여 측냥ㅎ여 니ᄅ리잇가. 이제 둘재 동싱과 어린 동싱이 사랏다 ㅎ니 ᄆ춤내 이 두 동싱이나 살와 주시면 대군을 내여 보내리이다. 셜니 죽은 등의 졀ᄉ(絶嗣)나 아니 ㅎ게 비ᄂ이다.」
> ㅎ오시니 그제야 깃거 디답 ㅎ디,
> 「이 두 동싱으란 죠히 살게 ㅎ리이다. 대군을 수이 내여보내쇼셔. 죵이며 긔용(器用)이며 궐니예 잇던 대로 ᄀ초와 보내시고 싱심도 다른 길노 나가디 말고 저 사던 거슬 더러보내디 마ᄅ쇼셔. 피졉 나ᄀ니 도곤 편코 됴이시리이다. 날마다 안부 사ᄅ도 통케 ㅎ리이다. 먹을 것도 보내쇼셔. ㅎ시는 대로 보내오시고, ㅎ고져 ㅎ시는 일도 다 ㅎ리이다.」
> ㅎ더라.

(p.93, 4행~p.94, 1행)

이처럼 대비는 무릎을 꿇었지만 실제로 출궁되는 과정은 단순치가 않았고 대군을 탈취(奪取)하다시피 끌어내는 대목은 그야말로 목불인견의 참상이었다 할 것이다.

> 날은 느껴가고 어셔내라 곰비님비 직쵹ㅎ고 ᄯ 안흐로셔 니인이 나와 직쵹ㅎ니 하늘홀 깨칠 힘이 잇다 엇디 긋째예 이긔리오 져근더시 느저가니 우리 시위인을 각각 ᄯ지ᄌ며,
> 「너희 이리ㅎ야 못 홀 거시니 우리 드러가 대군을 아사 드려오리라 너희 ㅎ나히나 살가보쟈.」
> ㅎ고 드리ᄃᄅ려 ᄒ대 어룬 변샹궁이 다시 드러가 엿ᄌ오디,
> 「안팟긔 장뎡을 보내엿고 밧긔는 금부 하인이 쇠사술을 들고 위립(圍立)ㅎ엿고 니인 ᄃ려가려 의녀디 디령 ㅎ여시니 우리 죽으믄 셟디 아니 ㅎ디 우히 밋ᄌ오시리 업시 이 늙은 거슬 미더 겨오시고 쇼신도 우흘 밋자,와 실 ᄀᆺᄌ오신 옥톄롤 힝혀 불힝ᄒ 일을 보아도 쇼인이 사라ᅀᆞᆸ다가 졍으로

호옵고져 브라와 죽디 아니코 사라습더니 대군아기시를 더리 아니 내여 주
오시니 이제야 죽을 곳을 아올소이다.」

(p.98, 11행~p.99, 7행)

　　며집 너인 년갑이는 우히 업수온 너인의 다리를 붓드럿고 은덕이는 공
쥬 업수온 쥬샹궁 다리를 붓드러 옴겨 드디디 못 호게 호고 대군 업수온
사름을 압흐로셔 쓰어 내고, 뒤흐로셔 밀텨 문밧긔 내고 우리만 다 미러
드리고 즈비문짝을 다드니 그 망극호미 엇더 호리오. 대군 아기시만 문밧
긔 업혀 나셔셔 업은 사름의 등의 머리를 브듸쳐 우르시며,
　「마마 보새.」
호다가 못 호여
　「누오님이나 보새.」
호시고 하 애롤 타 셜워 호오시니 곡성이 너외예 텬디진동호여 눈믈이 짜
히 ㄱ득호니 사름들이 눈이 어두워 길홀 모롤너라.
　　아기시를 문밧긔 내여 호위 호여 환도(還刀) 화살 촌 군쟝(軍將)이 위립(圍
立)호야 가니 그제야 울기를 긋치고 머리를 숙여 자는드시 업혀 가시더라.

(p.103, 9행~p.104, 5행)

　이와 같은 묘사는 곁에서 지켜 본 사람이 아니면 나타낼 수 없는 생동감과
호흡이 다가서며 숨까지 차오른다. "자는다시 업혀가시더라"라는 대목도 상상
치고는 그런 분위기를 맛본 사람이라야 나올 수 있는 적실(的實)함이다. 과장되
었으나 구체적이기 때문에 꽉찬 감동을 준다. 이 대목은 실록, 야사 등의 기록
과도 대동소이하다. 다음에 「실록」의 권67 5년 계축6월 무신조(戊申條)와 연려
실기술(燃藜室記述) 권 20 「명륜록(明倫錄)」, 「서궁일록(西宮逸錄)」 권지이(卷之
二)의 이에 해당되는 기록을 아울러 보기로 한다.

　① 瑋出之日 大妃抱持不忍別 左右百端歡逼乃抱號哭永訣 衛士瞻聽 伏不能起
　　　無不流悌(朝鮮王朝實錄 卷67 5年 癸丑6月 戊申條)
　② 主使健婦十輩突入大妃殿 劫奪瑋義而去 大妃殿足下堂追之不及 仍仆於地昏絶
　　　移時 都人皆閉戶掩泣(燃藜室記述 卷 20)
　③ 七月二十一日 光海使健婦十輩突入大妃殿 劫奪瑋義而去 大妃跣足下堂追之不
　　　及 仍仆地昏絶移時(西宮逸錄 卷之二)

　여기서도 품에 품었던 대군을 빼앗기지 않으려 싱갱이하는 장면이 눈에 선

하게 들어오며 맨발로 마당으로 쫓아나가다 끝내 혼절하는 대비의 처참한 모습이 손에 잡힐 듯 생생하다.

이렇게 끌어낸 대군의 소식은 날이 갈수록 묘연해진다. 사망 뿐만 아니라 강화도로 옮긴 것도 모르고 있다가 변상궁에게 전해진 광해군의 교지(敎旨)에서 비로소 죽음을 알게 된다. 그런데 이 교지의 내용이 사실과 달랐던 것이다. 즉 제 명대로 살다 죽은 것이 아니라 이이첨의 사주(使嗾)로 정항(鄭沆)이 죽인 것으로 실록(光海君日記 卷75 6年 甲寅 2月 壬辰條)에 다음과 같이 나와 있다. "江華府使鄭沆殺永昌大君"이 그것이고 연려실기술 권 20에는 "甲寅春 江華府使鄭沆 承爾瞻風旨迫殺永昌" 또한 "沆承光海旨鎭之密室燒其炕命菀昌而夭云"이라 했으며 서궁일기(西宮日記) 卷之下(人卷 p.7)에는 "영창대군을 내어보내였더니 광히ㄱ만히 강화부스 뎡항을 시켜 칠월 념일일 영창을 죽이다"라고 했다. 이처럼 기록의 차이가 난 것이다. 이것은 궁내에 사는 작자가 궁외 소식에 쉽게 접할 수 없었고 교지에만 의존했기 때문이었다. 이와 같은 오기(誤記)는 후에 밝혀진 것으로 당시에는 사실로 믿고 기술했던 것이겠다. 독자들이 납득할만한 이와 같은 오기는 앞에서도 수차 있어 온 바다. 그리고 대군을 강제로 빼앗아서 고도(孤島)에 보내 죽게 한 것을 광해의 교지에 적힌 대로 대군이 자연사했으리라는 것을 믿을 독자가 얼마나 될 것인가도 문제로 남는다.

이처럼 대군을 죽인 기록이 위와 같이 약간씩 차이가 난다. 정항이 죽인 것으로 보이지만 그의 단독행동도 아닌 것이다. 광해군이 직접 하수인은 아니었다 해도 대군 살해의 최고 책임을 면키 어려운 것이다. 관행상 대군을 죽인 사람이 광해군이라는 말을 들을 수밖에 없겠다.

(5) 대비(大妃)의 자해(自害)

서궁(西宮)의 유폐(幽閉)는 대비를 죽음으로 몰아가는 과정이라고도 하겠다. 출입의 부자유, 행동의 제약, 신변의 위협, 모해(謀害) 등은 음으로 양으로 목을 죄어 들어오는 것으로서 고립무원(孤立無援)인 대비의 갈 길은 마지막 저항인 자결밖에 없었던 것이다. 3년간을 콩미시만 먹을 정도로 그의 식욕은 가긍(可矜)했으나 이와 같은 부단(不斷)한 자해(自害)를 크게 세차례로 나눠보기로 한다.

가. 1차 자해

은(銀)도적인 박응서, 서양갑 등의 무고(誣告)로 영창대군을 옹립하려 했다는 누명을 쓰고 대비의 친부 김제남은 애무하게 죽는다. 친부가 잡혔다는 소리를 들은 대비는 뜰에 있는 박석(薄石)에 머리를 짓찧으며 울부짖고 머리털을 잘라 광해군에게 보내기까지 한다. 그리고 영창대군을 내어줄 테니 부모형제를 놓아 달라고 애소를 한다. 자식으로 살아서는 차마 그대로 보고만 있을 수 없다는 절곡(切曲)한 마음을 쏟아내고 있다. 여기서 산다고 하는 것 자체에 대한 대비의 자세가 처음으로 흔들리는 것 같다. 이 대목은 대군의 출궁 전에 일어난 일이지만 저항의 최후 수단으로 청상인 대비가 취할 수밖에 없었던 이 자해행위는 이미 이 때부터 시작되었던 것이다. 그는 그 후에도 계속해서 기회 있을 때마다 이 대목을 들먹였다.

> 텬디간의 업슨 대변을 만나 아바님과 뭇 동싱을 죽여겨시니 내 ᄌ식의
> 일노 어버이게 큰 브회(不孝) 되엿시니 텬디간의 용납디 못 홀 줄 알디
>
> (p.87, 11행~12행)

> 「아버님 업스신 일은 간댱이 버히는닷 ᄒ나 나라 법이 듕ᄒ여 ᄆ음으로
> 살오디 못 ᄒ나 이 아ᄒᆡᄂᆞᆫ 션왕의 유지(遺子)니 그러나 싱각 ᄒᆞ미 겨실가
> ᄒ더니
>
> (p.88, 8행~9행)

> 「셜니 죽은 둥의 졀ᄉ(絶嗣)나 아니 ᄒ게 비ᄂᆞ이다.」
>
> (p.93, 9행)

나. 2차 자해

대군이 광해군이 보낸 내인들에게 탈취당하게 됨에 대비는 비장한 각오로 일전을 치루려 하나 곧 무위로 끝난다. 대군이 출궁됨에 그는 호곡(號哭), 혼절(昏絶), 자결(自決)이 이어진다.

ㄱ. 장정내관(壯丁內官) 감찰상궁(監察尙宮) 색장내인(色掌內人) 무수리, 젊은
　　내인 등 20여명이 사잇문을 열고 들어와 침실에 올라 앉으며 대군을 내어
　　놓으라고 폭악(暴惡)할 때 대비는 인사불성이 된다.

우히 건무ㄹ 죽어 겨오시다가 인수롤 츌히오셔 겟닉인 우두쟈 너덧 사
롬을 드러오라 ᄒ오셔 닐오시딕,

(p.95, 6행~7행)

ㄴ. 고립무원(孤立無援)의 안타까운 심정을 하늘을 향해 쏟아낸다.

   내여 보내오시기롤 춤아 못 ᄒ오샤 무한 통곡 ᄒ오시더니 두 아기시ᄂ
   겻힉셔 우옵시고 우히 ᄒ옵시딕,
   「하놀아 내 므슴 죄롤 지엇관딕 하놀이 이리 셟게 ᄒ시ᄂ가.」
   ᄒ오샤 하 셜워 우옵시니 비록 털셕(鐵石)フ튼 ᄆ음인들 엇디 눈믈이 나디
   아니 ᄒ리오.

(p.97, 14행~p.98, 2행)

ㄷ. 대군을 빼앗기면서 대비는 죽음을 생각하게 된다.

   며집 닉인 년갑이ᄂ 우히 업수온 닉인의 다리롤 붓드럿고 은덕이ᄂ 공
   쥬 업수온 쥬샹궁 다리롤 붓드러 옴겨 드딕디 못 ᄒ게 ᄒ고 대군 업수온
   사롬을 압흐로셔 쓰어 내고, 뒤흐로셔 밀텨 문밧긔 내고 우리만 다 미러
   드리고 즈비문짝을 다드니 그 망극ᄒ미 엇디 ᄒ리오.

(p.103, 9행~12행)

ㄹ. 대군을 빼앗긴 다음에는 애곡(哀哭), 기절, 자경(自剄), 자결을 거듭한다.

   우혼 도로 드러와 겨오샤 하놀홀 웨여 이통 ᄒ오셔 여러번 긔졀 ᄒ오시
   고 사롬 업손 째예 결항도 ᄒ오시며, 즈경도 ᄒ려 ᄒ오셔 사롬을 치라 ᄒ오
   시니

(p.105, 1행~2행)

ㅁ. 생존의욕까지 잃은 모습을 나타낸다.

   「낸들 므슴 혬이 업스며, 더러온 일홈을 싯고져 아니라 마ᄂ 하 셜워 애
   롤 뼈 튼ᄂ 듯 간댱이 쫄고 심간(心肝)의 블이 붓ᄂ듯 ᄒ니 후일 싱각 업고
   이 인간을 어셔 여희고져 ᄒ야 손죠 죽고져 ᄒ노라.」
   ᄒ오시고 촌긱(寸刻)도 곡읍을 그치디 아니 ᄒ오며, 식음을 나으디 아니 ᄒ

오샤 흔갓 닝슈과 어름 쁜 마시오시고

(p.106, 8행~12행)

ㅂ. 식음을 거의 끊고 반생반사(半生半死)의 지경에 이르른다.

    우흔 더옥 셟스오샤 낫믈을 긋치오시고 듀야 익곡으로 디내오시더니 하
권흐매 콩ㄱ른롤 흐여 닝슈의 프러 지령죵ᄌ의 잡스오면 그도 흐른 흔번식
도 아니 잡스오면 변샹궁이 울고 근졀이 알외와,
    「목 ᄆ른믈 적시오시고 우오쇼셔.」
흐와야 두어번식 마시오시더라.
    계튝 갑인 을묘년 ㄱ지는 콩미시로 니만 날을 아오라 흔번식 잡습더니,
    「대군 긔별 아라디라.」
    문안 오는 니관ᄃ려 아모리 닐너도 드론톄롤 아니터라.
    대개 안흐로 장명 너인 십여인과 밧그로 장명 니관들 보내기는 우히 대
군을 ᄃ리오시고 밧긔 나가오실가 넉여 니외예 싸화셔 밀티고 조차 내티고
문을 다 밀어 닷고 사이문을 팅팅 닷고 구블가도(口不可道)의 말노 꾸짓고
가니라.

(p.110, 8행~p.111, 6행)

처절이 극한 상황이 아닐 수 없다고 보이는 바 생사간을 넘나드는 것이다.

다. 3차 자해

대군의 사망소식을 듣기 전후해서 저주, 원망, 기절, 사후심정 등을 나타내
보인다.

ㄱ. 변(卞)상궁이 조용하게 죽 미음이나 자주 권하여 잡숫게 하라는 광해군의
   전교를 대비께 아뢰니 곧 대비는 역정을 내며 자진(自盡)하려는 마음을 나
   타낸다.

    대뎐이 오시다 날을 어미라 흐오시며, 내라 국모(國母)라 흐랴 너희 다
예라 내 혼자셔 우다가 명이 진흐리라. 권흐는 말이 더옥 듯기 슬타.」

(p.168, 13행~14행)

ㄴ. 대비가 꿈을 꾸고 대군 사망을 짐작하여 상궁들에게 보채시는 대목에서

저승을 쉽게 넘나드는 의식을 나타낸다.

<아오셔 쁠디 업다.>
흐고 가니, 이 엇디 샹시(常時) 몽이리오. 죽여 두고 날을 긔(欺)이는가 시브
니 바로 니르면 흐려니와 이 셜우믈 춤디 못 흐여 고디 죽어 흔디 가고져
흐노라 흐고, 하 봇채시니

(p.170, 13행~p.171, 3행)

ㄷ. 대군 사망을 확인한 대비는 곧 졸도한다.

샹궁이 셜우믈 춤디 못 흐여,
「눈물이 흘너 오시 저즈니 엇디 셟기를 춤으며 텰셕인들 츳마디이리오.
흐다가 못 흐여 이리 와 닐오니 우리 긔이옵고져 흐오나 아기시 녕흐오셔
즈로 뵈오시니 인간은 속이오나 신녕(神靈)은 못 속이옵게 흐엿ᄂ이다.」
흐오니, 것므르 죽어 겨오시다가 갓가스로 닝슈로 씨와 엿즈오더,

(p.171, 3행~7행)

ㄹ. 죽었다 다시 태어나도 다시는 이런 땅에는 오지 않겠다는 저주를 한다.
   저승을 왕래하는 그의 의식상태가 잡힌다.

내 가문(家門)과 어린 대군을 다 죽여시니 엇디 흔갓 셟다 흐리오. 세세
성성애 소리 듯는 짜히도 나디 마라디라.

(p.173, 1행~2행)

ㅁ. 대비의 토혈(吐血)을 보기에 이르른다.

우히 용녜 듕흐오셔 토혈(吐血) 흐오시니 힝혀 아니 니르다 흐오실가 엿
줍ᄂ이다.

(p.222, 12행)

이제까지 죽음을 서슴치 않는 대비의 모습을 보아 왔다.

(6) 폐모(廢母)사건

광해군이 저지른 부도불효지사(不道不孝之事)에서 가장 대표적인 것을 지목
한다면 대비를 경운궁(慶運宮)에 가두고 인목대비의 관호(冠號)를 삭탈하고 서
궁(西宮)이라고 불렀던 이 폐모(廢母) 사건이라 할 것이다. 숭유국가(崇儒國家)인
조선왕조에서 인간생활의 기본질서인 효를 파(破)한다는 것은 사회 기강을 기
초에서부터 흔드는 것으로서 인륜상 도저히 용납될 수 없는 일이었다. 이에 반
대한 중신 이항복, 김덕함(金德諴), 정홍익(鄭弘翼) 등은 적소(謫所)에서 사망한
다는 중대한 사건이었다. 폐모의 결정은 조정백관들이 모이는 정청(庭請)에서
이루어졌으니 이는 합법을 가장하기 위해서였다. 이 과정을 청백일기(青白日記)
－신익성(申翊星)에서 볼 수 있다.

> 이러자 온 정중(廷中)이 웅성거리며 장차 퇴출하려는데 밤은 이미 사고
> (四鼓)를 쳤다. 이이첨이 문충(文衝)으로써 장차 계(啓)할 것을 정초하며 언
> 성을 높여 말하기를 '이는 국가의 중대사다. 이에 반대하는 자는 이 나라의
> 신하가 아니다'하고 삼사(三司)와 반복 협의하여 드디어 폐출을 확정짓다.
> (…… 廷中紛拏 將有潰出之形 夜已四鼓下矣 爾瞻以文衝將草啓 勵聲曰 此國
> 之大事 有依違者 非人臣也 反覆講定於三司 遂定黜之議 …… : 大東野乘 卷62)

이를 보면 형식만 합법이지 협박에 가까운 언조(言調)이며 명분으로는 충을
내세우고 있다. 대비의 폐출 결정이 어떻게 이루어졌는가를 짐작케 하는 기술
이다. 광해군은 조정(朝廷)을 팔아왔고 이이첨은 충(忠)을 들먹였다. 나라를 사
랑하고 신하의 도리를 다한다는 명목 하에 강행된 무도불효(無道不孝)로 인륜
은 멍들고 사회기강은 허물어져 갔다. 보다 더 심한 경우는 아예 대비를 극형에
처하자는 주장이었다.

大槩西宮罪惡貫盈天地 請母從廢黜 直加極殺永絶禍根以安宗社.
(光海君日記 卷123 10年戊午 正月己巳條 金大河의 疏)

"안종사(安宗社)"라는 명분이 얼마나 숭고한가. 누구도 반대하기 어려운 대전
제이다. 그러나 충의 시발이 효에 있음을 간과한 것이었다.

이렇게 중요한 사건이 본 일기에는 나타나지 않는다. 김제남의 사사(賜死)는

간간이 언급되었지만 폐모사건은 전혀 기술되지 않았다. 작품내용과 진행으로 볼 때 이 사실을 빼고 숨길 이유는 없어 보인다. 광해군을 미워하는 작자의 입장에서 볼 때 이 사건은 그 불효가 드러나는 구미가 당기는 호재임에 틀림없다. 그런데도 불구하고 이 사건이 일체 다루어지지 않은 것은 앞에서 본 바 궁외의 일이라 상세히 몰랐거나 아니면 김제남 사사건(賜死件)이 구체적으로 다루어지지 않은 이유와 같은 맥락에서 보아야 하지 않을까 한다. 국모의 의식이 남달랐던 대비에게 국법준수란 무엇보다도 앞서는 명제였다고 보여졌기 때문이라고 생각된다. 언제나 국체(國體)를 먼저 생각하고 앞세우는 대비의 일관된 자존의식도 이를 뒷받침하는 것이 아닌가 한다.

(7) 갑인옥사(甲寅獄事)

광해군 6년(1614) 가히(介屎)의 하수인이 된 중환(仲還)의 공작으로 발단된 옥사이다. 인목대비의 측근 내인인 문상궁을 중환이 꼬여 강화도에 위리안치된 영창대군의 안부를 알아달라는 편지를 받아가지고 가히에게 바쳐 왕의 친국(親鞫)까지 보게 되었던 것이다. 변상궁의 만류와 대비의 거부에도 불구하고 스스로 작성한 대비 명의(名義)의 편지를 써준 문상궁은 자신을 위시하여 모친과 오라비, 그리고 대비측 내인 30여명이 애무하게 죽어간 옥사였다. 영창대군과 내통하려 했다는 것이 그 죄목이었던 것이다.

> 변이 문의게 사롬 부리되 ᄆᆞᄎᆞᆷ 내주디 아니코 틈으로 제 오라비 챠충뇽
> 이 주어 가히게 드리니 그제야 장물을 삽다 ᄒᆞ여 새로이 닉외 사롬을 섯
> 쏠 금음날 하옥ᄒᆞ고 갑인 초ᄒᆞᄅᆞᆺ날 츄국 시작ᄒᆞ다. 문샹궁 ᄃᆞ려 디위(知委)
> 틈으로 제집의 안부 통ᄒᆞ더니ᄂᆞᆫ 다 잡아내다.
>
> (p.139, 7행~10행)

이것은 갑인옥사(甲寅獄事)의 시작이다. 이 때까지도 문상궁은 변상궁의 말을 듣지 않고 자기의 은혜를 입은 중환이가 속일 리 없다는 생각에서 반신반의하고 있는 것이다.

> 듕환이ᄂᆞᆫ 고(告)ᄒᆞ다 ᄒᆞ고 어엿비 넉여 죄인 녜(例)로 아녀 믈 티와셔 츄
> 국텽(推鞫廳)의 ᄃᆞ려다가 안쳐두고 이젼의 맛촌말노 무르며 빗 관원을 다

알게 호다 종적 업손 거줏말을 다 뻐 문시 이일의게며 강홰며 한 글월을
곳쳐 더 뻐 무형(無形) 무샹(無常)혼 말을 지어 당쟝의게 고호야 우리 문을
수이 열게 호라 호며, 강홰 글월의는 잘길녀 두엇다가 당쟝이 와 문 여러든
죠히 도라 오시게 호라 무샹불측(無常不測)의 말을 ᄆ음을 ᄀ장 뻐 츄국텽
의 내여 뵈며 듕환이ᄃ려,

「이말이 올흐냐.」

무른니,

「다 올흐니이다. 대군 드럿던 집의 가 지도지ᄉ롤 다 호더라.」

호니,

「올흐냐, 네 아는다.」

「아나이다.」

「눌을 위호야 비더니.」

「대뎐을 죽으라 비더이다.」

「엇디호야 비더니.」

「향노(香爐) 향합(香盒)호고 과줄 쩍 실과 호고 곳 짓고 목욕 졍셩호고
비더이다.」

「네 본다.」

「내 보이다.」

호더라.

각식 일을 제 본ᄃ시 다 호더라.

(p.141, 10행~p.142, 14행)

이것은 문상궁의 편지를 다시 가필 조작한 것을 가지고 중환이가 무고(誣告)
하는 대목이다.

온 궁듕이 새로이 요란호여 너인들은 즈비문(差備門)의 가 디령(待令)호
얏더니 밧그로 문샹궁 오라비과 아츤아돌과 죵 남녀 병호야 넷과 어미 아
ᄋ로 극형(極刑) 호고 이일(愛一)난 ᄉ약호여 죽이다.

문틈으로 통호던 시녀 최시과 최시 아비 최슈일이과 듕환의 오라비 통
홀 제 본 놈 셔웅샹의 부쳐과 문 밋틔 와 안자던 셔리롤 다시 다 새로운
옥ᄉ롤 일워 사롬 죽이미 더욱 심호더니 갑인이월 망후의 문샹궁과 즈비
영홰와 식장(色掌) 시종이 와셔 다 잡아내고 이십일 후의 공쥬 보모샹궁 권
시(權氏)와 시녀 최시(崔氏)와 ᄯ 시녀 최시과 즈비 츈향이 대군 겻하인 츈
단(春丹)이 쳥금이 잡아내다.

(p.144, 4행~11행)

중환이의 대비 모해(謀害)를 눈치챘거나 알아챈 사람들, 나아가 편지 공작을 눈으로 보았거나 말을 들은 사람들을 모조리 잡아내고 있다.

> 이러툿 핍박(逼迫)ᄒ고 슈욕(羞辱)ᄒ미 ᄒ 두 번이랴.
> 「ᄃ식 업슨 ᄋ녀(兒女)의 몸이나 우히 이미ᄒ오신 일을 만나 겨오시매 비록 극형ᄒ야 만가지로 달화 보채나 현마 무복을 아니 ᄒ리이다. 살고져 아니 ᄒ리잇가마ᄂ 나라히 셜운 일을 보와 겨오샤 죵의게 이미ᄒ 일이 미쳐시니 이 셜음은 하늘히 반ᄃ시 아오실 거시니 죽기를 죠흔디 도라감 ᄀ티 죽으라 가ᄋᄂ이다.」
> ᄒ고 의녀의게 몰니여 ᄌ비문의 나가니 나장(羅將)이며 도시 와셔 디후(待候)ᄒ엿다가 모라 가더라.

(p.146, 10행~p.147, 2행)

죄없이 잡혀가면서 대비를 향해 내인들은 그 억울하고 절곡(切曲)한 마음을 쏟아내고 있는 것이다.

잡아내는데 있어서도 폭력은 언제나 앞서 나타났다. 기생출신인 의녀가 신분의 차가 큰 내인·상궁의 머리채를 휘어잡아 끌어내고 있다. "궁듕이 불평ᄒ야 언디 존비 이시리오"(p.145, 6행)처럼 아래 위 없이 폭력을 마구 휘둘러 잡아낸 것이다.

대비가 신임하는 문상궁이 가히의 고단수에 걸려 그 심복인 중환에게 속고 배반당했던 것이다. 인정이 두터운 문상궁은 자기 마음만 믿고 대비의 안타까운 마음을 조금이라도 풀어드리려고 써준 편지가 이와 같은 대옥사로 발전하였던 것이다. 그래서 중환은 가히에게 그 하수인으로서의 신임을 두터이 했던 것이고 가히는 광해군에게 큰 공을 세우게 되었던 것이다.

光海君日記 卷74 6年 甲寅 正月庚申條에 문득람(文得覽) 곧 문상궁이 중환에게 꼬임을 당해 갑인옥사를 일으키게 된 빌미가 상세히 나타나 있다.

(8) 여옥의 무복(앞에서 일부 논한 바 있지만 다시 한번 다룬다)

아무 잘못이 없고 어떤 꼬투리도 잡을 것이 없는 멀쩡한 사람을 끌어내서 강압적으로 무복(誣服)하게 하는 것이다. 대비의 침실 시녀인 최여옥(崔如玉)은 무복하지 않으면 부모를 죽이겠다는 압력에 못견디어 본의 아니게 대비의 조작된 죄상을 시인한 이른바 개시의 솜씨로 보이는 날조의 전형같은 것을 여기서 볼 수 있을 것 같다. 이 여옥의 기사 첫 머리에 작자는 다음과 같은 말을 앞세우고 있다.

> 사룸 잡아 낼적이면 위엄이 더욱 셩흐여 니관이며 니인브터 죄히고 잡아내더라.

(p.148, 4행)

이것은 사람을 잡아낼 전조라는 것이다. 여옥이 대비의 침실 시녀이기 때문에 올무를 씌울 사람은 말할 것도 없이 대비이겠다. 이런 순서에 하도 익숙해져 있었기 때문에 작자는 이와 같은 토를 먼저 달았을 것이다. 이것이 대비를 잡기 위한 음모요 전초사(前哨事)라면 가볍게 넘길 일은 아닌 것 같다. 그러면 이제 그 날조의 현장을 보기로 한다.

> 사룸 잡아낼 적이면 위엄이 더욱 셩흐야 니관이며 니인브터 죄히고 잡아내더라.
>
> 시녀 최시(崔氏) 녀옥이란 거시 경슐년(庚戌年)의 시녀로 드려 용뫼(容貌) 곱디 아니흐나 순딕(純直)흐므로 침실(寢室)의 사더니 경셩도 눔의 뉴의 더으고 본디 용흔 아히라 본겻과 대군 아기시 향흐야 셜워흐며 샹시(常時) 닐오디,
>
> 「내 눌개롤 도쳐 느라가 긔별을 드려다가 엿줍느지 삽습고져.」
>
> 쏘 닐오디,
>
> 「아모 틈이나 이시면 내 비즈의 민드리흐고 나가셔 두 곳의 안부롤 아라 아니오랴 만 담이며 문이 쇠로 쁜듯 흐고 굼기 업스니 내 졍을 펴디 못흐믈 셜워흐노라.」
>
> 흐더니 나가는 날을 더옥 셜워 흐며 제 다리롤 믄지며 울며 닐오디,
>
> 「아히적브터 어버의게 허튀도 아니 마자보왓더니 듕흔 매롤 어이 마즈려뇨. 이미흐오신 일이오시니 무복은 아니 흐려니와 마즐 일 싱각흐니 더옥 망극흐여라.」
>
> 흐더니, 듯나니 불상이 넉이며 졍셩이 지극흔 사룸이라 죠금도 무복홀가 아니 넉이더라. 제 나갈 적의,
>
> 「날난 죠금도 의심 마르쇼셔. 몸이 글니 되여도 나라히 이미흐오시믈 아오니 무복은 아니 흐리이다.」
>
> 흐더니 츄국텽(推鞫廳)의 가 첫 원졍의 울고 왈,

「나라히 이미흔 일을 맛나 겨오샤 어린 대군과 본겻 죽사리롤 아디 못
흐오샤 듀야의 셜워 흐오시고 방졍지스는 이미타는 아라숩거니와 아모 일
이나 듯고 본 일이 이시면 무셔운 짜히 와 죽고져 흐리잇가. 살고져 홀 일
이오디 보며 들은 일이 터럭 굿도 업서이다. 듕흔 형벌을 저허 엇디 이미흔
말을 흐리잇가.」
    이리 흐노라 엿새만의 니슈스의다가 가도고 제 아비 어미 달내다.
    대뎐유모(乳母)의 오라븨 계집이 녀옥의 죵이러니 그 유뫼(乳母) 어엿비
넉여 미양 드려다가 보고,
    「엇디 못 온다. 복이 적어 우리게 못 온다.」
흐더니, 이째예 둥환이룰 쵹(促)흐여 이 시녀룰 잡아니여다가 별옥의 가도
와셔 달내여
    「이리이리 디답 흐면 너룰 살게 흐마.」
흐니 녀옥이 울고 수일을 허(許)티 아녓더니 아비 어미를 듀야 흐디셔 달내
게 흐디,
    「너 곳 이제 모르노라 흐면 우리룰 다 죽일 거시니 나라히는 은졍이 듕
커니와 어버이롤 싱각디 아니 흐는다. 네 이제 무복을 흐라 흐여야 만뎡
못 홀다 흐면 네 압히셔 죽으리라.」
    온가지로 흐야 허락을 바다드린 후의야 츄국텽(推鞫廳)의 드려 새로이
원졍을 바드니 그 원졍은 젼일과 달나 흉흔 말노 디답 흐디,
    「긔도 홀시 다 올스오니이다.」
    「엇디 안다.」
    「내 보고 드럿느이다.」
    방스즉시(放事卽時)흐다.
    이후의 변샹궁이 병흐야 죽어 가거놀 내여보내엿더니 녀옥이 노혀(放)
죠히 살며 뵈라 와셔 이 곡졀을 フ마니 니르매,
    「아니라 어버의게 보채이어 무복을 흐여시나 타일의 멸족(滅族)홀 화룰
저즐고 사라시니 내 죄 태산 フ트니 죽고져 흐디 모진 목숨이 죽디 못 흐여
나라홀 속여 거즛말노 솖아시니 어닉 늧츠로 눔을 뵈리잇가. 무옴의 업손
말노 무복흐여시니 죽이오셔도 흔티 아니 흐오리이다.」
흐고 우더라.

(p.148, 5행~p.152, 4행)

여기서 다음과 같은 점을 추려낼 수 있을 것 같다.

① 순직한 성품대로 대비를 정성을 다해 모셨고 특히 대군의 소식을 몰라서
   애태우는 그 마음을 풀어드리지 못함을 안타까워했다.

② 추국(推鞫)받으러 나가는 것을 미리 알고 있었다.

③ 부모에게도 맞지 않은 매를 어찌 맞을까 두려워했다.

④ 대비가 애매하게 당하고 계신 것을 알기 때문에 몸이 가루가 되어도 절대로 무복하지 않겠다는 맹세를 하고 나갔다.

⑤ 추국청(推鞫廳)에서 그가 울며 한 말은

  ⑤-1   대군의 생사를 몰라서 주야로 대비는 서러워하신다는 것

  ⑤-2   방정지사는 사실무근이라는 것

  ⑤-3   이 무서운 자리에서 아는 것이 있으면 다 말하지 죽으려고 말을 하지 않겠느냐는 것

  ⑤-4   그러나 형벌이 무섭다 해도 애매한 말은 할 수 없다는 것으로서 초지를 일관하고 있다.

⑥ 대전유모의 회유가 있었다.

⑦ 중환이의 협박이 있었다.

⑧ 그래도 여옥은 수일을 버텼다.

⑨ 무복하지 않으면 모두 죽이겠다는 협박으로 그의 부모를 내세웠다.

⑩ 대비에의 은정과 부모의 목숨 양자 중 택일할 수 밖에 없는 궁지에 몰렸었다.

⑪ 부모를 살리기 위해 초지를 꺾었다.

⑫ 회유와 협박으로 항복을 받은 다음에야 추국을 다시 시작했다.

⑬ 추국청에서 여옥은 묻는 말이 떨어지기 무섭게 전일과는 달리 흉언(兇言)으로 시인하고 대답했다.

⑭ 병가(病暇)로 나와 있는 변상궁을 여옥이 찾아와서 가만히 한 말

  ⑭-1   부모때문에 멸족(滅族)당할 화를 저지르고 말았다는 것

  ⑭-2   모진 목숨 끊지 못하고 살아 있다는 것

  ⑭-3   대비를 속여 거짓말을 했으니 어찌 사람 대접을 받겠는가

  ⑭-4   강요에 못이겨 무복하였지만 죽이신다 해도 한은 품지 않겠다는 것 등이다.

이를 정리해 본다.

1차로 추국을 당했지만 그는 무복을 거절하였다.

2차로 대전유모(大殿乳母)의 회유를 받았으나 이에 응하지 않았다.

3차로 중환이의 협박을 받았으나 역시 응하지 않았다.

그러하노라 근 10일이 지나갔다. 울면서 보채며 고민했던 것이다. 마지막으로 협박당한 부모가 나서게 되었다.

4차로 목숨을 건 부모의 읍소(泣訴)를 받고서야 굳은 마음을 바꾸게 된다.

그리고 두번째로 열린 추국청에서 당시의 권력은 여옥으로 하여금 한 입으로 두 말을 하게 만들고 있었다. 그래서 "아모리 형벌이 무섭다 해도 어찌 근거 없는 말을 하리이까"라는 양심의 소리는 "물으시는 말씀이 다 옳소이다", "어찌 아느냐", "내가 보고 들었나이다"라는 흉언으로 바뀌게 된다. 이리해서 날조는 진행되어 갔던 것이다.

그러나 후일 병 치료하려고 나와 있는 변상궁을 찾아와 자복한 것을 보면 여옥의 양심은 아직 생생하다고 볼 수 있을 것 같다. 부모를 살리기 위한 무복이었고 강요된 과오에 대한 책임도 지겠다는 것으로 보아 그의 순직한 인간성이 돋보인다.

여기서 우리는 양민으로 하여금 범죄케 하는 권력의 진상을 보는 것 같다. 대비를 잡기 위한 범죄의 구조는 이렇게 생동하고 있었다고 하겠다. 본 일기에는 이만큼 음모의 내막을 여실히 잡아낸 대목은 다시 없을 것 같다. 여옥이 한 사람의 일인지라 겉에 나타난 규모는 적어 보이지만 대비를 모해하는 생생한 자료가 된다는 점에서 무시하기 어려운 하나의 사건이라 하겠다.

(9) 가히의 대비 모해(謀害)

광해군 측을 대표해서 대비를 모해하려고 나선 사람은 가히라는 상궁이었다. 대비 저주를 노래부르듯 한 가히였다. 그는 수단 방법을 가리지 않고 대비를 죽음으로 몰아갔다. 이제 가히의 심복들 그 중에서도 하수인으로 변한 세 상궁의 행태를 본다.

가. 중환의 흉계

옥에 갇힌 오라비를 놓아주겠다는 개시의 꼬임에 기꺼이 그의 심복이 되어서 대비를 해치는 일에 뛰어 든다.

ㄱ. 대비전 물건을 훔쳐내서 가히에게 바치고 대비전의 거조(擧措)를 샅샅
이 알린다.

아딕 보매 흉흔 일은 아닛는가 넉이오시더니 듕환이 제 오라비 인위조
의 드러 여러히 형츄 ᄒᆞ매 대뎐을 원ᄒᆞ미 날노 심ᄒᆞ야 원악을 이긔디 못
ᄒᆞ야 공연히 원망의 말 곳 ᄒᆞ면 듯는 재 번거타 ᄒᆞ여 싱심도 그런 말 말나
ᄒᆞ더니 원망ᄒᆞ는 일을 가히(介屎)라셔 알고 드려가 울히며 달내여 ᄀᆞ장 은
근히 말ᄒᆞ고 졍을 니게 흔 후의,
「너도 내 니ᄅᆞ는 말을 드ᄅᆞ면 나도 네 오라비롤 살와 주마.」
언약흔 후 진샹 슈라 은바리롤 도적ᄒᆞ야 가히(介屎)롤 주엇더라.
(p.118, 2행∼7행)

저희는 므릇 일을 즐겨 밤마다 ᄉᆞ이문을 열고 가셔 우히 오시시며, 아기
시내 오시며 니인들 밥 쩌먹는 일을 다 가히(介屎)ᄃᆞ려 일일이 니른 후의야
제오라비롤 노하주니라.
• (p.120, 14행∼15행)

ㄴ. 대군의 소식과 서궁문이 열리도록 비는 독경을 유도한다.

「내 오라비 듕죄(重罪)예 드러신제 엇던 즁이 니ᄅᆞ디 사ᄌᆞ경(獅子經)과 다
라피츅을 닑으면 가도인 일도 프러지고 ᄌᆞ믄 문도 수이 열니고 대쇼익(大小
厄)이 버서난다 ᄒᆞ거놀 옥듕(獄中)의셔도 ᄆᆡ양 닑으니 그 덕을 닙은디 이제
사라나셔 노혀시니 이 일과는 다ᄅᆞ나 대군이나 사라나시고 다둔 문이나 수
이 여ᄅᆞ셔도 ᄀᆞ마니 손들고 안잣느니 졍셩ᄒᆞ고 긔(其)나 ᄒᆞ여 보옵소.」
ᄒᆞ거놀 드르매 우이 너기더니 기듕의 김샹궁이 과연히 넉여,
「이 경(經)을 닑어디라.」
ᄒᆞ니 우히 말니오시디,
「경이란 거슨 ᄀᆞ장 공슌ᄒᆞ고 졍셩ᄒᆞ야야 덕(德)을 닙는다 ᄒᆞ는디 모든
사롬이 산난(散亂)ᄒᆞ고 내 ᄆᆡ양 듀야 곡읍(哭泣)의 좀겨셔 ᄆᆞ옴이 버히는둣
셜워ᄒᆞ거놀 뉘 ᄆᆞ옴의 ᄃᆞ려 경을 닑으리, 말나.」
ᄒᆞ오시니,
(p.125, 13행∼p.126, 10행)

ㄷ. 대전(大殿) 죽기 바란다는 제사를 대비가 드린다는 거짓말을 가히에게
전한다.

　긔별 못 드러 민망ᄒ여 ᄒ다가 밤듕만 문을 열고 와셔 가히(介屎) 듕환
(中還)이를 달내디,
　「ᄒᄂ 일을 ᄌ시 니ᄅ면 너를 몬져 나가게 ᄒ리라.」
ᄒ니 요공(要功) ᄒ려 ᄒ디 홀 일이 업서 ᄒ다가 제 ᄀᄅ처 경(經) 읽ᄂ 말
을 니ᄅ고,
　「시지 대비 마노라 친히 가 텬졔(天祭)ᄒ야 대뎐을 죽으라 비ᄅ신다.」
이리 ᄒ돗더라.

(p.127, 9행~14행)

ㄹ. 대비를 향한 저주도 서슴지 않는 중환의 모습도 보인다.

　「죠히 사랏디 못 ᄒ여 이런 큰 일을 ᄒ여 셜운 일을 보다 뉘 타신고.」
ᄒ더라.

(p.130, 7행)

　「그려도 살녀 ᄒ오시고, 죽은 사ᄅᆷ의 셰간 간ᄉᄒ라 ᄒ오시ᄂ가.」
ᄒ고 셰간 보ᄂ 사ᄅᆷ 믜워ᄒ미 심ᄒ더라.

(p.158, 3행~4행)

ㅁ. 가히와 짜고 모든 계략을 시행하기 직전의 중환의 모습도 보인다.

　듕환이 담 넘어가 통ᄒ고 제 거술 다 서러저 가히게 보내고 뷘 몸만 잇
더라.

(p.138, 9행)

ㅂ. 중환의 폭언

　ᄉ이문으로 통ᄒ거놀 통분ᄒ믈 ᄎᆷ디 못 ᄒ야 사ᄅᆷ을 모도와 슌경ᄒ더니,
ᄒᄅᄂ 너머가다가 모다 잡은대 듕환이 대언(大言)으로 꾸지ᄌ디,
　「뉘셔 우리를 잡으라 ᄒ더니. 너희 우리를 금ᄒ다가 멸족지화(滅族之禍)
를 보게 ᄒ리라.」

ㅎ고 큰 열쇠롤 두로메고 티니 하 무셔워 구드러 나가니라.

(p.154, 11행~p.155, 1행)

나. 난이(蘭伊)의 동조

의인왕후(懿仁王后)의 침실시녀로 들어와 무신년에 상궁이 된 간사한 성격의 사람으로 중환과 어울려 대비를 괴롭힌다.

ㄱ. 전량(錢糧), 상금을 많이 주지 않는다고 대비를 원망한다.

「대뎐을 쇠롤 만히 주오시던들 이런 일을 만나랴. 셰즈 가례 홀적 세간을 만히 주어 겨오시거니와 샹궁 시녀를 다 주오시던들 이런 일이 이실가. 대뎐 니뎐이 미양 쇠롤 시녀 샹궁 상급(賞給) 만히 아니 주신 일을 공쥬 대군 드리고 죠히 길너 사ᄅ실가 보쟈 벼ᄅ더니 이런 일이 잇ᄂ니라.」

(p.152, 12행~p.153, 1행)

ㄴ. 대비와 대군의 물건을 훔쳐낸다.

못쁠 츔을 알오디 아당ᄒ여 등환이과 흔가지로 ᄒ야 나라 긔물(器物)을 듀야 방즈히 가져가며 대군 피졉쇼의 거술 더옥 서러저다가 제 죵과 등환이과 일심ᄒ여 즈믄문을 열고 세간을 서러저 밤의 가져다가 난의 아ᄋ 곳 향의게로 가져가니 형을 칙ᄒ야 닐오디,

(p.153, 12행~14행)

대군 거술 난이 다 가져가고 나죵의 제 몸을 도모(圖謀)ᄒ야 나가더라.

(p.158, 5행)

ㄷ. 대비에게 방자한 태도를 보인다.

샹시도 그젼 너인은 다 수식으로 늦만 싯고 놁은 오술 닙고 부원군 거상 닙엇더니 난이는,
「나는 대비죵 아니로다.」
ᄒ고 분 ᄇᄅ고 ᄃ니거눌 놈이 니로디,
「내 동셩이 동궁 침실의 이시니 너관이 보아도 아모의 동셩이라 ᄒ고 편잔 될 것이니 아뫼 보아도 고이ᄒ고 뵈노라.」

ᄒᆞ더라.

(p.163, 1행~7행)

다. 천복(天福)의 망동

의인왕후(懿仁王后) 때 시녀로 들어와 미욱하므로 중용되지 못하다 겨우 감찰상궁이 되었으나 이 때 개시의 심복이 되어 대비를 괴롭힌다.

ㄱ. 대비에게 협박같은 언행을 한다.

말이 ᄀᆞ장 희악(害惡)ᄒᆞ니 처음의 뿔믜더라 즉시 드러가 침실 지게 열고 바로 드러가 안즈며 엿즈오디,

「대뎐 니뎐이 브러 블너다가 네 친히 시위ᄒᆞ디 옥톄(王體)를 믄지오며 잘 시위ᄒᆞ라 ᄒᆞ오셔늘 가져 왓ᄂᆞ이다.」

ᄒᆞ니, 우히 하 괘심히 넉이오샤 디답 아니 ᄒᆞ오시니 안잣다가 못 ᄒᆞ여 나와 모든 하인ᄃᆞ려 닐오디,

「온가 믜여 말나, ᄆᆞᆷ으로 아니 와시니 모다 슬히 너기디 말나.」

ᄒᆞ여늘 디답 ᄒᆞ디,

「괴로이 드러셔 우혼 미양 곡읍만 ᄒᆞ오시거든 변상궁이 드러겨셔 위로ᄒᆞ여 모든 아희들을 거ᄂᆞ리ᄋᆞ시더니 나가시니 원망ᄒᆞ미 ᄀᆞ이 업거든 므스일 샹궁 오셔든 슬히 여기올고 즐겨 문 연듯 싀훤 ᄒᆞ여 ᄒᆞᄋᆞ니.」

디답 ᄒᆞ디,

「대뎐 니뎐이 보내여 시위ᄒᆞ라. ᄒᆞ시매 와시니 날을 제 디답을 못 ᄒᆞ리라. 나라 사ᄅᆞᆷ ᄒᆞ여 밥 지어 먹고 옷 지여 주리 업거든 시녀ᄒᆞ야 지어 닙고 ᄀᆞ옴이 업거든 대비 마노라게 엿즈와 주쇼셔 ᄒᆞ여 닙고, 죠곰이나 네 말 아니 듯거든 문안 니관ᄒᆞ여 죠금 셔계ᄒᆞ라 그룰 일이 이시면 니슈ᄉᆞ(內需司)로 잡아 내여 죄 줄 거시니 보경이 ᄒᆞ고 병(病)ᄒᆞ니 잇거든 즉시 내여 보내라 ᄒᆞ시더라.」

ᄒᆞ여늘 모든 니인이 실식(失色) ᄒᆞ더라.

(p.179, 7행~p.180, 10행)

여러 날이 디나디 우히 블너 아니 보오시니 노ᄒᆞ여 닐오디,

「브리며, 아니 브리오시ᄂᆞᆫ 일을 셔계(書啓)ᄒᆞ라 ᄒᆞ오시더니 ᄒᆞ렷노라 ᄒᆞ고 이리 셜니 되여 겨시나 대뎐을 저허 ᄒᆞ오시ᄂᆞᆫ가, 내 브디 셔계 ᄒᆞ리다.」

(p.181, 15행~p.182, 2행)

ㄴ. 개문(開門)을 청하는 편지를 쓰라고 대비에게 무례한 태도를 보인다.

　「문을 열고져 ᄒ오ᄃ 뎐계(傳啓)롤 못 어더 ᄒ오시ᄂᄂ니 낭뎐의며 셰ᄌ긔
친히 글월ᄒ여 쇼인을 주오시면 니관ᄒ여 뎐ᄒ오면 필연 반겨 드ᄅ시리이
다.」
　「젼일도 여러번 근측(懇側)히 젹으ᄃ 흔쪽 ᄃ답이 업스니 비록 셜우나
ᄯᅩ 빌기ᄂ 못 홀 거시니 믈러가라.」
ᄒ오시니 나와 안자셔,
　「아모리 된톄ᄒ오셔 어버이로다 비디 아니 ᄒ오신들 대뎐 니뎐이 어버
이라 ᄒ오시ᄂᄂ가 아니 혜ᄂ니.」

(p.183, 14행~p.184, 6행)

ㄷ. 광해군이 대비를 어머니로 생각지 않음은 물론 선왕도 아버님으로 생
각지 않는다는 것을 공언한다.

　혹이 ᄃ답 ᄒ디,
　「션왕 마노라 친영 듕궁이오시고 공쥬 대군을 나하 겨오시거놀 모딘 법
을 ᄒ여 아니라 하므로 갈가.」
　텬복이 ᄃ답 ᄒ디,
　「대뎐 어마님 공셩왕후롤 강남가봉ᄒ여 왓고 대군으로 죽여시니 뉘 혜
며, 션왕 마노라 제 아바님으로 혜ᄂ가 사라 겨오신 제 셰ᄌ라 ᄒ고 ᄉ랑티
아니시고 ᄀ라치디 아니시며, 이제 왕으로셔 겨셔도 아모 일도 아디 못 ᄒ
니 더옥 애돌와 원을 대군의게 플거든 혤셰 업다.」

(p.184, 8행~14행)

　대비를 멸시함은 물론이고 선왕이 잘못했기 때문에 오늘에 앙화(殃禍)를 받
으니 자업자득임을 강조한다.

　대비에 대한 원한이라도 맺힌 것처럼 가희는 적극적이다. 세 상궁은 서로 공
이라도 다투려는 듯이 감히 대비에게 대들고 무시하고 협박하기에까지 이르렀
으니 과연 가희의 솜씨는 놀랍다. 이와 같은 과정에서 광해군이 앉아 있는 보좌
(寶座)의 파수꾼으로 자처하고 있는 가희의 모습이 부각되는 이면에는 애꿎은
생명을 쓸어간 가희의 피묻은 손이 대비의 목을 힘껏 죄고 있는 험한 양상이
드러나 보인다.

(10) 오불가(五不可)

「가히(介屎)의 권(權)이 듕ᄒ니 가히 형과 가히롤 쇠롤 만히 주면 텬하의
못 될 일이업술 거시니 문 열기ᄂ 평디텹경이라.」
ᄒ더라.
　　우히 이 뜻을 엿ᄌ오니,
「세곳의 글월을 뻐 문 여러 달나 비러 보려니와 나라히 되여 어인 쳔인
의게 쳥ᄒ기ᄂ 가티 아닌 일이오. 년흐의 ᄆ음을 먹어 날올 죽과져 좀가
녀허시니 쳥 홀배 아니니 두 가티 아니미오. 제 어미롤 봉ᄒ여두고 날을
용납디 못 ᄒ게 좀가 너헛ᄂ디 섬서히 쳥ᄒ여 빌미 세 가티 아닌 일이오.
늙은 미련ᄒ 너인의 말을 듯고 막듕(莫重)ᄒ 쳥 주미 네 가티 아닌 일이니
날을 이리 너허두미 심상ᄒ 일이 아녀 반ᄃ시 제듕의 말을 닙으랴 ᄒ 일이
라 쳥으로 갈 일이 아니니 다섯 가지 가티 아닌 일이라. 답답ᄒ고 셜으믄
ᄀ이 업스나 텬복의게 의지ᄒ야 ᄀ마니 빌기ᄂ 죽을디언뎡 못 홀 일이로
다. 너희 인견우디 ᄒ야 됴히 디답 ᄒ라.」
ᄒ오시더라.

(p.185, 14행~p.186, 2행) (p.187, 15행~p.188, 8행)

　이것은 가히의 앞잡이로 들어온 상궁 텬복이 가희를 매수하면 문을 여는 것
쯤은 문제없다는 꼬임이다. 이를 대비에게 알렸는 바 그 응답이 다섯 가지 연유
로 해서 불가하다는 것이었다.

　대비는 죽음에 근접되어 있으면서도 자긍심을 버리지 못했다. 갑갑하고 서럽
지만 천복의 손을 빌어 서궁의 문을 열어달라고 청할 수는 없다는 것이다.

① 개문을 청해볼 마음은 있지만 "나라히 되어 천인의게 청하는" 것은 옳지 않
　다는 것이다. 여기의 "나라히 되어"는 바로 국모라는 의식이 건재함을 알게
　한다. 천인에게 청하는 것은 당치도 않고 생각도 할 수 없는 일이라는 것이
　다. 계급의식이 짚어지지만 말하자면 당당하지 못한 행위라는 것이겠다.
② 나를 죽이기로 작정하고 가두어 둔 사람이 어찌 내가 청할 대상이 되겠느
　냐는 것이다. 마음이 떠난 사람에게 청하는 것은 시간과 노력의 낭비이며 어
　리석은 일이라는 생각이다. "너흐의 ᄆ음을 먹어"에서 변심한 마음을 짚은
　것으로서 실없는 사람이 되지 않겠다는 것이겠다. 치지도외의 심정이다.
③ 어미로 생각하지도 않는데 엎드려 절 받기로 자식의 도리를 재촉하고 구

걸하는 듯한 일은 자존심이 허락하지 않는다는 것이다. "제 어미룰 봉호여 두고……"에서 생모와 계모와의 거리감을 여인 특유의 센스로서 파악하고 있다. 절실하게 생각하지도 않는 사람을 향해 청하는 것은 더린 행위라는 것이겠다. 패륜아라는 지목이다.

④ 총명하지도 못하여 사리판단이 어둡고 줏대도 없이 물욕에 흔들리는 내인의 말을 믿고 막중한 일을 부탁하는 것은 현명치 못하다는 것이다. 목숨이 왔다 갔다 할지도 모르는 일인데 어찌 씨없는 말을 지껄이는 내인의 손에 경흘(輕忽)히 놀아날 수 있겠느냐는 것이겠다. 한가지로 미련할 수는 없다는 것이다. 천인들의 농락에 놀아날 수 없다는 굳은 심지가 보인다.

⑤ 제 정신으로 하는 일이 아니기 때문에 정면으로 상대할 일이 아니라는 것이다. "날을 이리 너허두미 심상훈 일이 아녀"에서 사람의 머리에서 나온 일이 아니라는 것을 말하고 있다. 사리에 닿지 않는 일을 하고 있기 때문에 이는 청해서 될 일이 아니라는 것이다.

나아가 다음과 같은 대목에서 미구(未久)에 광해군이 피화(被禍)될 것을 확신하고 있었음을 알 수 있다. 즉 "반드시 제듕의 말을 입으랴 흔 일이라"가 그것으로서 반드시 비판받을 것임을 믿고 있었던 것이다. 심하게 말한다면 광해군은 지금 무엇엔가 홀려서 하고 있는 일이라고 생각하며 그래서 나중에 비판당하려고 그렇게 하는 일이라는 것이다.

그런데 이와 같은 확신은 앞에서도 나타난다.

> 그는 어내 용훈 말이로다. 내 아모리 파려호다 죵 브리기 조차 늄이 거걸호랴 싀 어버이롤 며느리라셔 거걸홀 나라히 잇느냐. 나는 호는 일이 업스니 네 드러와 슬펴보라. 부모 동성이며, 어린 아기 업시 호고, 이제 무어시 낫바 너허 두어 용납디 못호게 호나니. 너희 만일 그 죄칙(罪責) 닙을 제 눌과 어우러 닙으랴 하더뇨. 필부(匹夫)룰 구호여도 밋디 못 홀 거시니 날을 섧게 호야 선왕 아돌이라 호고 일홈 더러일가 앗겨 호노라. 니뎐이 정권을 참예호니 잘 거걸호야 저 아니 길을 뜻을 계규호면 아니 드르랴 마는 내 편이 드러 안자셔 대뎐을 존는도다.

(p.183, 6행~12행)

 며느리인 광해비를 나무라는 대목에 고부간의 관계를 짚으면서 "나라"를 쳐들고 있다. 여기에서도 국모라는 자존의식이 배어나고 있다. 그리고 직설적은 아니지만 앞날에 광해군이 심판받을 것임을 비치고 있는 다음과 같은 대목을 우리는 읽을 수 있다. "너희 만일 그 죄척(罪責) 닙을제 눌과 어우러 닙으랴 하더뇨"(p.183, 9행)가 그것으로 이는 가히의 사주를 받고 들어온 상궁 텬복이 대비 앞에서 자기가 받은 가회의 밀령을 미련하게도 그대로 털어놓다가 당하는 대비의 호통이다. 이처럼 대비는 광해군이 죄책될 것을 믿고 있었다고 하겠다. 광해군의 행동은 비정상적인 것이므로 청해서 될 일이 아니고 그런 줄 알면서도 청한다는 것은 결국 자기를 속이는 일이 된다는 것이겠다. 그리고 끝에 "ㄱ마니 빌기는 죽을디언뎡 못홀일이로다"에서 종합된 의견을 보이고 있다. 즉 비겁한 행동은 죽어도 할 수 없다는 강한 자부심을 보이고 있다.

- 당당하지 못하기 때문에
- 실없는 일이므로
- 더린 행위이기 때문에
- 슬기롭지 못하므로
- 스스로 자기를 속이는 일이므로

 통틀어서 비겁한 구명도생은 않겠다는 것이다. 10년을 넘게 유폐생활을 하는 사람의 고집이요 소신이다. 이것은 그가 반생반사의 처지에서도 사위지 않은 자세로서 여기에는 자존과 긍지가 기저를 이루고 있다. 그는 언제나 당당해야 했고 알차야 했고 곧아야 했으며 꿋꿋함은 물론 부끄럽지 않아야 했다. 이는 당시로서는 생사의 경지를 넘나드는 유폐된 신세인 국모로서의 최소한의 존엄이요 저항이 아니었을까 한다. 이런 것이 무시된다는 것은 곧 대비의 정신세계가 훼손된다는 것을 뜻하는 것이기도 하다. 오랜동안 몸에 배고 익혀져 체질화되다시피 한 대비의 이 거부에서 우리는 조선왕조를 지탱하고 있던 정신적 지주의 한 모퉁이를 보고 있는 것 같기도 하다. 핍박으로 인해 몸은 굽을지 몰라도 정신은 결코 휘어지지도 않는다는 대비의 심상이 바로 이 오불가(五不可)의 형상으로 나타난 것이 아닐까 한다. 즉 정신까지 갖다 바칠 수 없다는 국모로서의 정체성을 나타내는 것으로 보인다.

정정당당하게 내 손으로 편지를 써서 문을 열어달라고 할 것이지 천한 상궁들에게 뇌물을 주고 간청하여 문을 열게 할 생각은 추호도 없다는 것이겠다. 말하자면 개문(開門)을 요구할 것이지 간청하지는 않겠다는 자세이다. 그리고 몇 달이 지나서 대비는 손수 편지를 양전(兩殿)과 세자궁에 보내어 개문(開門)을 요구하고 있다.

따라서 이 오불가(五不可)는 높은 신분에 따르는 도덕상의 의무같은 소위 "노블레스 오블리제(Nobless Oblige)"를 넘어선 신분의 수호요 명징(明徵)으로 볼 수 있지 않을까 한다. 나아가 비록 연약하고 영어(囹圄)의 신세이기는 하지만 그리고 간접적이기는 하지만 불의에 찬 조정을 향해 들으라고 던진 하나의 선언이라고도 볼 수 있겠다. 옥중선언! 이는 분명히 하나의 대결의 양상이 아닐 수 없다. "반드시 제중의 말을 입으랴 한 일이다"라는 말과 더불어 "너희 만일 그 죄 책입을 때 눌과 어우려 입으랴 하더뇨"라는 표현에서 그와 같은 대비의 심정은 잘 나타나 보인다.

그래서 오불가(五不可)를 매듭으로 하는 가히의 조직적인 대비 모해는 주목되는 하나의 사태가 아닐 수 없다. 반정 후 가히는 상궁 중 첫 손가락에 꼽히는 참수 대상이었던 데서도 그의 행태는 짐작되고도 남는다. 소리는 약하지만 혼신의 힘을 다해 던진 유폐 속에서의 선언이기에 주목하지 않을 수 없는 것이다. 만일에 중신들의 반대에도 불구하고 감행된 폐비사(廢妃事)를 하나의 사건으로 본다면 이와 같은 모해와 폐비의 저항을 그만 못지 않은 하나의 사건으로 볼 수 있을 것 같다.

(11) 정명공주(貞明公主)의 역질(疫疾)

공주가 대역(大疫)을 하게 됨에 호기를 만난 듯 천복(天福)은 하수인으로서의 일거리를 찾는다.

> 공쥐 역질 ᄒᆞ오시니 텬복이 깃거 이제야 뜻을 엇쾌라 ᄒᆞ디 홀 일이 업서
> ᄒᆞ더니 침실(寢室) 문을 닷고 조심ᄒᆞ니 텬복이 알파 누엇다가 그제야 니러
> 나와 두로 보고 역신(疫神)인 줄 알고 드러 안자셔 브러 고기 졈이고 술 먹
> 거늘 눔이 드러가 보니 닐오디,

「디우(知委)로 술 고기롤 못 먹을 거시니 우리 ᄀ마니 먹자.」
ᄒ고, 먹더니 침실의셔는 먹는 줄 아디 못 ᄒ디 ᄌ가는 아ᄅ시고 텬복이놈
몰내여 둘히 안자셔 고기 뜯고 술 먹으며 ᄀ마니 먹자 ᄒ니 괘심코 다랍다
어셔 아사라 ᄒ오셔놀 사롬 보내여 보니 과연 ᄒ 사롬을 ᄃ리고 안자셔 먹
더라.
　「저도 하 ᄀ이 업서 진시(眞是) 듯디 아녀시니 먹노라.」
ᄒ더라.

(p.190, 12행~p.191, 6행)

천복은 숨어서 술마시고 칼로 고기를 저며서 먹었던 것이니 이는 병의 악화
를 비는 일종의 간접적인 살인 행위였던 것이다. 공주의 침실에서는 이런 사실
을 모르고 있었지만 대비는 이미 알아차리고 괘씸하게 여기고 그것을 뺏어 오
도록 하였다. 그 때 천복의 말막음이 가관이다. 즉 "져도 하도 가엽서 참인지
아닌지를 듣지 못했기에 먹노라"였다. 뻔뻔스런 대답이며 흉측한 심보가 아닐
수 없다.

이어서 천복은 공주를 놀라게 하고 병을 악화시키기 위하여 불을 놓는다.

　이ᄄ를 타 텬복이 섯둘 십칠일 침실 기슭의 ᄀ마니 블을 노흐니 블 노홀
ᄣ 이경이로ᄃ 마춤 늙은 문샹궁이 ᄆ음이 딕슌(直純) ᄒ더라 나라흘 위ᄒ
와 침실 ᄂ린 방의 더우나 샹직(常直) 자더니 블 붓는 소ᄅ 급ᄒ거놀 인뎡
은 볼셔 텨 이경이 진ᄒ엿고 블 소ᄅ도 아니 엇던 소ᄅ뇨. 텬복이 제 방의
혼자셔 자더니 필연 요긔(妖氣)예 일이 잇도다. 급히 지게 열고 나가보니
블근 니광이 챵텬(漲天)ᄒ고 블 소ᄅ 갓갑거놀 ᄉ이 문을 열고 나가 보니
침실 년(聯)ᄒ 익낭이로ᄃ 쳠해도 쵼(寸)녁히매 침실의셔는 아기시롤 위ᄒ
야 두로 닷고 안자다가 잠간 좀을 드러시니 소ᄅ롤 듯디 못 ᄒ엿더니 놀나
다든 문을 열티고 내ᄃ는 소ᄅ롤 듯고 좃촌재 황홀ᄒ여 ᄃ룸으로 소ᄅ롤
디ᄅ고 <블이야 블이야> 웨거놀 모든 ᄂ인은 다 와 보ᄃ 텬복이 홀노 보디
아니 ᄒ더라.

(p.191, 7행~p.192, 1행)

처마까지 올려 붙은 불이 늙은 문상궁에 의해 발견되어서 소동이 나고 모두
가 나와서 겨우 불을 껐으나 천복은 모른 체 하고 자는 척 하고 있었다.

　ᄭ 후의 텬복이 죵 ᄃ리고 나와셔 닐오ᄃ,

　　「숫셤의 블나믄 고이티 아니 ㅎ니라. 본디 숫셤이란 거슨 오래 짜하 두
면 블이 나느니라.」
　　모다 디답 ㅎ디,
　　「숫치 블이 나면 션공 숫츨 짜하 두어시며, 시방 여러 곳 짜하시디 블
나느디 업더니 이 블이 극히 고이ㅎ다.」
　　ㅎ니,
　　「그리타. 갓치 블을 노화시랴.」
　　ㅎ더라.
　　역질(疫疾)을 시방 ㅎ으시는디 놀내여 타 죽게 ㅎ랴 ㅎ는 거동 이러라.

(p.192, 5행~14행)

　불을 다 끈 후에 겨우 나타나서 하는 소리는 대수롭지 않다는 것이다. 숯을
쌓아두면 불이 난다는 그의 말에 동의하는 사람은 아무도 없다. 대비 뿐 아니라
공주도 죽기를 바랐던 당시의 분위기가 역력히 짚이는 대목이다. 천복이는 공
을 세우려다 좌절되고 만 것이다.

　　「어셔 먹어라.」
　　「긔우로 고기 아니 먹던 거시라 아니 먹습니.」
　　「므슴 기우고.」
　　「공쥬 즈가 역질 긔우올쇠.」
　　가히 놀나고 깃거 무르디,
　　「므슴 역질고.」
　　「대역(大疫)ㅎ옵시느니.」
　　「고이 잘 ㅎ옵시느냐.」
　　「고이 잘 ㅎ옵시느니.」
　　「언마나 도닷느니.」
　　「작게 도닷다 ㅎ옵니.」
　　「어드록 ㅎ엿느니.」
　　「거의 다 여겨옵시니.」

(p.196, 14행~p.197, 12행)

　가히에게 하소연하려고 찾아온 서궁의 하인 아해들에게서 공주가 역질(疫疾)
한다는 소리를 듣고 가히는 반가워서 자세히 물어보는 장면이다. 하인 아해들
에게서 대비에 관한 정보를 얻어내려는 태도가 역시 뚜렷하다. 여기서도 바라
던 소식을 얻지 못한다.

박그로셔는 납향제 도다지 만히 들매 니관이 ᄌ뎐긔,
「엇디 ᄒ여 드리리잇가.」
「픠여 드리라.」
ᄒ니 ᄌ비문의셔도 치로 도다지며 녹쟝 픠는 소리 침실의 들니고 그 고기
룰 댱목(長木)의 쎄여 드리니,
「져근덧 잇다가 드리라 ᄒ거든 드리라.」
ᄒ디 니관이 대언으로 ᄭ지ᄌ디,
「우리들 우리 ᄆᆞᆷ일가 젼의도 그저 드리더니 올흔 엇던디 픠여 드리라
대뎐 뎐ᄭ니 마디 못 ᄒ여 드리니 잡말말고 어셔 드리라.」
ᄒ더라.
사롬이 못미쳐 바드면 군시(軍士) 드려다가 너뫼쳐 ᄇ리고 어셔 문 다드
라 ᄒ더라.
역질 ᄒᄂᆞᆫ 디는 칼과 도치질이 ᄀᆞ장 흉흔 줄 알고 브러 픠여드리라 ᄒ듯
더라.
그려도 신녕(神靈)이 도ᄋᆞ시고 잔잉(殘忍)이 녁이신디 역질(疫疾)을 순히
디내시다.

(p.200, 1행~13행)

납향제(臘享祭)에 쓸 도야지를 서궁으로 드리는 대목이다. 예년같으면 통째
로 드렸을 텐데 이번에는 토막을 내어 드리고 있다. 그런데 드리기 전에 내관은
어찌 드릴까를 내전에게 물었다. 그의 대답은 "픠여드리라"였다. 예년에 볼 수
없던 토막친 돼지였다. 유별나게도 토막을 쳐서 드린 것은 칼질과 도끼질이 역
질에는 가장 흉한 행위였기 때문이라는 것이다. 당시의 습속으로 볼 때 공주는
가장 흉칙한 욕을 당한 것이겠다. 그래도 공주의 역질은 순하게 끝나고 있다.
여기서도 알려지는 것은 광해군 내외도 속으로나마 공주의 병이 속히 완쾌되
기를 바라지 않았던 것으로 보인다. 앞에서의 천복의 칼질과 더불어 상통되는
바가 없지 않다.

이상에서 볼 때 상하가 일체가 되어 공주의 병을 주목하였고 나아가 도지기
를 바랐던 것으로 보인다. 천복이는 공주를 잡으려고 숨어서 고기를 칼질하여
먹었으며 방화까지 하였지만 목적을 달성하지 못한다. 가히는 역질에 잘못되었
다는 소리라도 들었으면 좋았을 텐데 기대에 미치지 못하고 만다. 광해군 내외
도 간접적이기는 하지만 잘못되기를 바라고 은근히 교사까지 하고 있다. 이처
럼 상하가 합심하여 눈엣가시와 같은 대비의 딸 정명공주(貞明公主)를 가능한

한 죽음으로 몰아갔다면 이는 그대로 파묻어 버릴 수 없는 하나의 사건이겠다.

(12) 궁즉통(窮卽通)의 현상

가히 일당의 공갈과 유혹에 굴하지 않고 어려운 생활 속에서도 자포자기하지 않으며 애무하게 유폐된 대비와 운명을 같이 하려던 이 일단의 내인(內人)들은 고된 일은 앞장서서 역행(力行)하여 10년을 하루같이 살아내는 동안에 그 궁한 생활을 견디는 지혜가 터득되고 눈도 밝아지게 되었다. 그래서 하찮은 것에서도 거기에 숨은 의미를 찾게 되고 만사에 솜씨가 늘게도 되며 생활도 규모있게 또 알뜰하게 꾸리게 되었다. 이러한 궁즉통의 구체상을 보면,

① 베옷을 풀어 꼬아서 노끈을 만들어 신창을 깁다.

② 모시옷, 무명옷을 풀어 실을 만들어 쓰다.

③ 굽달린 나막신을 만들어 신다.

④ 환도(還刀)를 끊어서 식칼을 만들어 쓰다.

⑤ 가위를 숯돌에 갈아 날을 세워 쓰다.

⑥ 낡은 아청(鴉靑) 옷을 뜯어 흰 옷에 물들여서 하인의 옷을 만들다.

⑦ 짐승 똥에 묻어 나온 쪽씨로 남빛 물감을 들이게 되다.

등이다.

이처럼 사지(死地)를 살아내면서 몸에 밴 일들이 이젠 별로 이상하지도 않다. 생활의 슬기마저 느껴진다. 건실하게 살아가노라면 눈썰미도 생기고 항용 지나치기만 하던 모서리 구석바지에까지도 눈길이 미쳐 새삼 새로운 발견이라도 한 듯 무심했었던 것들을 거두어 살린다. 그래서 얻어진 것들을 보면,

① 까마귀에 묻어든 박씨를 심어 4년만에 큰 바가지를 얻어 소쿠리를 대신해서 쌀을 일게 되었다.

② 섞여들어온 면화씨를 심어 2년만에 햇솜을 얻어 옷에 두다.

③ 짐승 똥에 들었던 가지, 외, 동아씨를 심어 햇나물 상을 차려먹다.

④ 생치(生雉) 목에 들은 수수씨를 심어 많은 찰수수를 거두다.

⑤ 짐승 똥에 들은 상치씨도 심기로 하다.

⑥ 무너진 안팎 담을 고치고 내관의 칭찬을 받았다.

등이다.

부지런하고 알뜰하고 건실한 생활상이다. 스스로 돕는 자는 하늘이 돕는다 했는데 정말로 기사(奇事)같은 일이 일어난다.

① 심지 않은 나물이 침실 앞뜰에 무성하여 모두 달게 먹다.

② 벌레집이던 대추나무가 무신년(戊申年)부터 재생하여 많이 열어 햇실과를 대신하다.

③ 자생하던 복숭아가 2년만에 열리니 천도(天桃) 못지 않았다.

④ 대비가 시녀로 하여금 심게 한 밤나무가 기미년(己未年)에 죽었다가 다시 살아 3년 후에 제 모습을 갖추다.

기사(奇事)같은 일이라 했으나 이는 현실에서도 많이 볼 수 있는 일이다.

①의 경우 나물이란 본래 야생으로 질경이 등 지금도 흔한 것이다.

②의 경우 대추나무는 뿌리가 뻗어서 새싹이 나는 것이므로 그 원나무가 벌레집으로 죽었으면 그 옆으로 뻗었던 뿌리에서 새가지가 나올 수 있다.

③의 경우 사람이 가꾸지 않았을 뿐 전부터 있었던 것으로 보인다.

④의 경우 기후관계로 가지 끝이 고사되었어도 원줄기가 살아 눈이 텄으면 재생된다.

이렇게 햇과실을 얻어먹을 수 있었다는 것은 「실록(實錄)」(光海君日記 卷187 15年 癸亥 3月 甲辰條)에도 기술되어 있는 것으로 과장은 되었지만 사실로 볼 수 있는 것이다. 이상에서 보아 대비의 서궁 생활이 죽지 못해 사는 암울한 것이었지만 그런 중에서도 내인들이 합심해서 대비를 받든 것은 자연스럽게 전개된 하나의 사태로 볼 수 있을 것 같다.

인목대비를 죽음으로 몰아가던 실무 역은 가히(介屎)였다. 악랄하고도 끈질긴 모해 속에서 대비는 토혈의 지경에까지 이르렀으나 그러나 죽지는 않는다. 이 죽음의 늪에서 헤어나기까지 대비의 정신력도 놀라우나 의리에 사는 내인들의 존재도 돋보인다. 이렇게 상하가 어울려서 신산한 국면을 이겨낸 것은 또한 하늘의 도움이기도 하다.

(13) 몽사(夢事)

여기에는 궁녀가 대군의 꿈을 꾼 것, 대군의 죽음을 대비가 꿈에서 알게 된 것, 밤나무가 다시 살리라는 대비의 꿈 등이 보인다. 이 중에서 비중이 있어 보이는 것은 꿈속에서 대비는 대군과의 대화에서 그 사망을 추정하게 되었고, 밝은 날 대비는 이를 다시 변상궁에게 확인하고 있다. 변상궁은 벌써 대군의 사망을 교지로 알고 있었지만 차마 대비에게 알리지 못했던 것이다. 사람은 꿈을 꾸고 살며 그 절원(切願)을 꿈 속에서 달성하기도 한다. 따라서 대비는 대군을 꿈에서 만날 수도 있는 것이다. 그러나 죽었다는 말은 듣지 못한다. 결국 죽음의 확인은 변상궁의 수궁으로 이루어진다. 전달과정은 대전－변상궁－대비로 보여진다. 이것을 보면 대군을 만난 꿈은 사실일 수도 있으나 아닐 수도 있으며 나아가 대군이 신선들과 노닌다는 말은 더욱 가필일 개연성이 높아 보인다. 이와 같은 가필은 대비의 안타까운 심정을 보다 절실하게 나타내는 기능을 지닌다. 사실, 곧 줄거리의 왜곡이나 국면의 전환 등을 가져오는 것이 아닌 하나의 강조라고 보인다. 꿈에서 만난 것이 사실이라 해도 결과는 동일하다. 그리고 나머지 경우도 단순한 강조로 보인다. 이 집필이 반정 후라고 생각될 때 그 필치는 훨씬 자유로웠을 것으로 보여진다.

(14) 영창대군이 출궁되기 전에 6월 21일 잡혀나갈 것을 예언하듯 울며 말한다

> 「므스 일노 저리 셜워 우르시는가」
> 늣겨 ㄱ장 셜워 우르시다가 뉴월 스므ㅎ로니
> 「언제뇨」
> ㅎ셔눌
> 「날 아라 므엇ㅎ랴 ㅎ시는고」
> 「알 일 이셔 뭇노라」
> ㅎ시고 더욱 셜워 우르시거눌 좌위(左右) 슈샹히 넉이더니 과연 뉴월 스므
> ㅎ모날 내여가니라
> 정신이 긔특ㅎ야 아르시돗더라.

(p.109, 13행～p.110, 7행)

이는 대군을 납치당하다시피한 대비의 안타까운 심정을 더욱 진하게 나타낸 것으로 그의 영특함까지를 짚고 있다 하겠다. 육정(肉情)에서뿐만 아니라 장차 자라나면 훌륭한 사람이 될 것이라는 인물로서의 아쉬운 마음도 곁들여져 있는 것이겠다. 그런데 이 서술도 대군의 출궁을 목격했다는 체험이 뒷받침돼 있

는 것으로 보아야 할 것 같다.

(15) 신인(神人)이 나타난다

> 신유·임슐년브터는 신인(神人)이 ᄂ려와 너인들 눈의 긔특한 일이 만터라.
>
> (p.227, 2행~3행)

여기의 신인이라는 것은 귀신같은 것을 가리키는 것이 아니라 훌륭하고 뛰어난 인물을 가리키는 것으로 보여진다. 이미 이와 같은 예를 음애일기의 내용 중 3)항 (1)에서 다루었다. 즉, 중종반정의 주도적 인물인 박원종(朴元宗)의 거사(擧事) 지휘하는 모습을 보고 작자는 신인(神人) 같았다는 말을 아끼지 않고 있다(음애일기 p.149, 21행~p.150, 6행).

이것으로 보아 여기서도 거사의 주체인 이귀(李貴) 등을 지목한 것은 아닐까 한다. 실제로 이귀 등은 구체적인 행동을 임술(壬戌)년(1622)부터 시작하였으며 도중에 탄로되어 아들들을 거느리고 궐하(闕下)에 복죄(伏罪)하고 있다. 그런 가운데서도 내밀히 거사는 준비되어 계해(癸亥)년(1623) 3월 13일 반정(反正)에 성공하였다. 이 3월 13일은 연평일기의 거사일과 일치한다. 그래서 내인들이 말하는 신유(辛酉)·임술(壬戌)년은 반정의 모사(謀事)기간을 짚은 것으로 볼 수도 있다. 이것으로 보아 이 신인의 출현은 전혀 허황된 것이라기보다는 역사적인 사실과 연줄이 닿아있는 표현이 아닌가 한다. 신인(神人)이라는 말은 그래서 오히려 경애심(敬愛心)이 깃든 사려깊은 어휘인 것 같다. 따라서 이 대목도 견문이 뒷받침이 된 가필(加筆)로 보아서 무방할 것 같다.

8. 소결

이제까지 본 일기에 나타난 여러 두드러진 사건들의 허구성을 보아왔다. 이를 다시 한번 추려본다.

(1) 임해군 옥사(臨海君 獄事)는 역모의 실체가 밝혀진 바 없으나 강화도에서 죽었다. 이것은 사실과 흡사하다.

(1)-1 이 옥사의 주도는 '뎌집' 즉 광해군 측이었는데도 작자는 광해군으

로 지목하였다. 그러나 이는 당시의 관행으로 볼 수 있어서 관행에 따른 사실로 볼 수 있겠다.

(2) 배릉(拜陵)문제는 선례가 있었던 것으로 보아 광해군의 비협조를 강조한 것으로 보인다. 광해군의 반대여부도 작자에게는 허위일 수만은 없는 관행에 따른 사실로 보인다.

(3) 계축옥사(癸丑獄事)는 사실과 대체로 흡사하다.

(3)−1 그러나 피고문자(被拷問者)로 박응서(朴應犀)가 먼저 오른 것은 작자의 착오로 보인다. 만일에 착오도 허구라고 보다면 작의성 없는 허구가 되겠다.

(3)−2 김제남(金悌男)의 사사전말(賜死顚末)이 불명한 것은 대비의 처지를 고려한 작자의 생략이 아닌가 한다. 그러나 엄연한 사실이다.

(4) 영창대군(永昌大君)의 출궁과 사망은 사실과 흡사하다.

(4)−1 그러나 그 사망과정이 다른 것은 궁의 사실에 어두웠던 작자가 광해군의 교지를 믿고 그대로 기술했기 때문으로 보인다. 부득불 착오일 수밖에 없으나 이 또한 작의성 없는 허구라 하겠다.

(4)−2 그리고 대군을 살해한 책임도 광해군에게 가장 무겁게 돌아갈 수밖에 없으니 광해군이라 함도 무방할 것 같다. 관행에 따른 사실로 보인다.

(5) 대비의 자해는 크게 세 차례 나타난다. 친부 김제남(金悌男)이 잡혀들었을 때와 대군이 출궁 당했을 때 그리고 대군의 사망 소식을 듣기 전후해서이다. 이어서 토혈하는 지경에까지 이르게 되지만 모두가 사실과 크게 다르지 않다.

(6) 폐모사건(廢母事件) — 작품에 실리지 않았으므로 논의의 대상이 아니다.

(7) 갑인옥사(甲寅獄事)는 문상궁의 우직에서 온 것으로서 그의 동생 문득람(文得覽)이 이에 연루되어 왕의 친국을 받은 기사가 광해군일기 권74 갑인 정월 경신조(光海君日記 卷74 甲寅 正月 庚申條)에 보인다. 사실과 흡사하다.

(8) 여옥(如玉)의 무복(誣服)은 다음과 같은 점에서 허구로 보기는 어렵지 않을 까 한다.

(8)-1 전술된 바 있는 본 기사의 서두(書頭)를 보면 객관적인 하나의 상황을 가볍게 스친 것으로 보이나 실은 가히(介屎)의 사람잡는 솜씨를 빗댄 것이라고 볼 수 있다. 이처럼 급소를 찌르는 비중있고 빈정대는 것 같기도 한 위험한 기술을 허위나 가상의 소재로서 충당할 수는 없다고 생각되고 누가 읽든지 꽉 찬 실팍함을 느낄 수 있어야 이 기술의 신뢰감도 지니게 될 것이기 때문이다.

(8)-2 만일에 이 기사가 작품의 구성상 필요에 의해서 삽입된 하나의 사건이라고 한다면 전후관계로 볼 때 그 필연성을 찾아보기 어렵다고 하겠다. 앞뒤로 갑인옥사(甲寅獄事)와 가히의 대비 모해 사이에 끼어서 특별한 기능을 발휘하지 않는 기사라고 보여지기 때문이다. 말하자면 조작된 사건으로서도 필요없는 존재라고 할 수 있겠다는 것이다.

(8)-3 여옥이를 소개하는 다음과 같은 기술을 볼 수 있다.

"시녀 최시 녀옥이란 거시 경술년의 시녀로 드려 용뫼 곱디 아니ᄒ나 슌 덕ᄒ므로 침실의 사더니(p.148, 5~6행)"에서 특히 '경술년'이란 연대기술에 주목하고자 한다. 본 일기를 통독하면서 관행처럼 되어 있다고 생각되는 것 중의 하나는 기사의 첫 머리에 연대가 명기되고 그리고 대소간의 사건이 기술되었다고 하면 그 기사는 대체로 작자가 가장 비중을 두고 있는 역사적인 사건이었다는 것이다. 말하자면 정색한 기술로서 이와 같은 기술에 가공적인 기술로 보기 어려웠다는 것이다. 또한 이 '경술년'이란 시녀를 궁내에 들이는데 필요한 인적 사항에 속하는 기술이라는 점에서 이는 하나의 뚜렷한 사실이라고 보아진다. 나아가 그의 순직한 인간성으로 보아 병가 중인 변상궁을 찾아가 울며 자복했다는 것은 그 개연성이 충분하다고 생각된다. 따라서 최여옥이라는 침실상궁은 실제인물이며 이 사건도 허위로 볼 수는 없다는 것이다.

(9) 가히(介屎)의 대비 모해 — 잘 알려져 있는 바와 같이 가히(介屎)는 실록에까지 그 이름이 기술되어 있는 상궁으로 반정 후 참수 대상에 수급(首級)에 들

어있는 데서도 그 모해는 명백하다. 죄질이 간악하고 대비에 대해 원한이라도 맺힌 듯이 수단 방법을 가리지 않고 가해하였다.

(10) 오불가(五不可) — 이는 국모의식의 발로로서 그 자존의 교두보를 지키는 뚝심이요 오기이며 안간힘이기도 하다. 이는 인조(仁祖)를 책립하는 마당에서 앞서 이귀(李貴)에게 "국보(國寶)를 들이라"고 했던 사실을 다음과 같이 해명하였다. 즉 "나에게 아들이 있느냐 국보를 들이라 한 것은 국체(國體)를 생각해서였다"라고 하는 그 의식과 통하는 것으로 보여진다. 그의 일관된 국모의식이다.

(11) 정명공주(貞明公主)의 역질 — 역질인 줄 알고 들어 앉아서 일부러 고기 저미고 술먹던 천복(天福)이 불을 놓은 것이다. 그런데 불놓은 시간이 정확하게 기술되어 있으니 이는 확신없이는 불가능한 일이라고 생각된다.

이 때를 타 텬복이 셨돌십칠일 침실 기슭의 ㄱ마니 불을 노흐니 블 노홀 때 이경이로대

(p.191, 7행)"

여기의 침실은 역질하는 공주의 방이다. 본 일기를 기술한 작자의 관행으로 보아 공주의 역질을 허구로 보기 어렵고 또한 납향제(臘享祭)에 쓸 돼지를 토막쳐 드렸다는 데서 그런 심증은 충분하다고 생각된다.

(12) 궁즉통에 보이는 여러 가지 고난은 광해군일기(光海君日記)에도 나와 있는 사실로서 하나의 사태로 봄직하다. 그러나 과장되었다고 볼 수 있겠다.

(13) 몽사(夢事) — 여러 모로 나타나는 꿈은 국면의 전환이나 줄거리의 변경 또는 왜곡 등은 아닌 것으로 보여진다. 말하자면 단순한 가필로서 강조의 기능을 하고 있을 뿐이다. 그런데 세부적으로 사실과 다른 면이 있다고 해도 기본적으로 작자의 실 체험이 뒷받침이 된 표현은 작자도 꿈을 꾸고 사는 사람이기에 독자에게 리얼리티의 안정감을 주는 것이라고 볼 수 있다. 이를 독자측에서 말한다면 인생의 아름다움과 진실을 추구하는 작자의 감동적인 언어표현에는 이만한 왜곡쯤은 용납될 수 있을 것 같다. 문학적 기능일 것이기 때문이다.

다음은 큰 사건은 아니지만 빼놓을 수 없는 가필(加筆)이다.

(14) 대군이 출궁일 예시 ― 대군의 영특함을 나타내는 가필로서 대군의 출궁을 옆에서 본 사람의 심정이 바탕에 깔려있다.

(15) 신인(神人) ― 다소 과장된 표현으로 보여진다.

이상을 다시 정리하면 다음과 같다.

사실이라고 보이는 것―11개항<(1), (3), (3)―2, (4), (5), (7), (8), (9), (10), (11), (12)>
관행에 따른 사실―3개항<(1)―1, (2), (4)―2>
허구 : 작의성 없는 것―2개항<(3)―1, (4)―1>
　　　　작의성 있는 것―3개항<(13), (14), (15)>―몽사(夢事)는 비중 높은 것을 고른 것임.

여기에 '관행에 따른 사실'이라는 것은 겉에 나타나지 않은 뿌리 같은 것으로서 당시 사회의 추세를 지목한 것이며 사실이나 다름없는 것이다.
다음 '작의성 없는 허구'는 본래 의도성이 없었으나 결과적으로 허위가 되어버린 것이다. 작자의 발의는 진실을 지향한 것이었으므로 의도적인 허구와는 구별되어야 한다고 생각된다.
여기서 주목되는 것은 작의성 있는 허구가 소수 곧 세개라는 사실이다. 작의성이 없는 허구는 질적으로 볼 때 진실한 허구이기 어렵다는 관점에서의 말이다.
이렇게 되고 볼 때 작의적인 허구는 몽사(夢事), 출궁일예시(黜宮日豫示), 신인출현(神人出現) 정도에 불과하다고 보여진다. 이것은 말하자면 사건을 더욱 긍정적이게 하는 매력같은 작용을 하고 있지 않나 하는 생각이 든다.
그러면 이제까지 보아온 본 항의 골자를 추려본다.

가. 본 일기의 내용은 역사상의 사실 곧 계축옥사(癸丑獄事)를 전후한 대소

95개로 정리 파악한다.

나. 광해군과 인목대비는 긍정적인 면과 부정적인 면을 지닌 보편적인 인간
상이지만 광해군은 변덕쟁이 강자로 군림한 반면에 인목대비는 그 구박을
슬기로 피하고 뚝심 곧 자존의식으로 겨우 버틴 약자였다.

다. 사건 서술에 있어서는 사실성에 충실하려 노력했으나 때로는 강조와 과
장이 빈출(頻出)하고 허구도 나타나서 그 이야기성을 과시하고 있다.

라. 서술 초점은 대군 출궁에 맞추어져 있다.

마. 본 일기에는 김제남의 사사(賜死)에 이르는 과정과 폐모사건의 기술이 보
이지 않는다. 김제남 건은 국법을 준수해야 할 국모의 입장이었으므로 논
의를 표면화하지 않았던 것 같고 폐비 건은 무언급(無言及)이다.

바. 서술유형으로는 상서(詳叙)를 중심하여 형상화를 넘나들었으며 서묘(叙
描)에서는 문예성을 충분히 발휘하였다.

사. 클라이막스 이후에도 여러 사건이 질, 양면에서 클라이막스만 못지 않은
비중을 지니고 전개된다.

아. 선조승하(宣祖昇遐), 인조반정(仁祖反正)의 양대 사건은 갑자기 나타난다.

이상과 같은 점 등을 고려할 때 본 일기는 역사적인 인물과 사건을 소재로
하여 이야기의식이 왕성한 작자에 의해 서술된 것이라고 할 수 있겠다. 허구성
은 있다. 그러나 약하다. 나아가 사실성이 두드러지는 것으로 보아 기록정신의
건재가 짚인다. 자신들이 당했던 억울하고 원통했던 사실 곧 영창대군의 출궁
과 사망 그리고 대비가 당한 모해들을 될수록 절실하게 그리고 뚜렷하게 후손
들에게 남기고 전달하려 했던 의도가 나타나 보인다. 또한 인목대비의 친정이
역적의 가문으로 사책(史冊)에 오르는 등 사회정의가 송두리째 짓밟히는 것을
견디기 어려웠던 작자는 광해군을 증오한 나머지 강조와 과장과 분식(粉飾)이
작동될 만큼 그의 붓끝은 격하게 파동쳤던 것이다. 이는 그래서 한갖 신변잡기
일 수는 없었고 한담(閑談)일 수는 더욱 없었던 것으로 보여진다.

이제까지 허구성의 위상을 짚어 보았다. 누누이 지적된 바와 같이 본 일기에
나타난 허구 중에서 의도적인 허구는 몇 개 안 되는 것으로 보여진다. 이러한
허구들도 크게 보면 하나의 과장이라고도 볼 수 있는 것들이 아닌가 한다. 더욱

이 이러한 허구들이 역사적인 사실을 크게 왜곡하는 데까지는 이르지 않은 것으로 보여진다. 말하자면 소설 창작을 위한 계산된 허구라고 보기 어렵다는 것이다. 곧 체험을 넘어서지 않는 사실의 윤색이다. 그러면 이제 본 일기의 성격을 규명하는 다음 단계로 이미 앞에서 수시로 짚어진 바 있는 구성을 다시 한 번 정리해야 할 것 같다.

9. 구성

일기의 구성은 전술한 바와 같이 시간적인 흐름에 따라서 자연스럽게 이루어지는 것이므로 특별한 배려는 필요치 않다. 그러나 시간의 역류에 의한 회억(回憶)이 빈출(頻出)하여 스토리가 형성되고 허구도 지극히 미약하게 나타난다. 이것은 바로 집필의도가 뚜렷했음을 나타내는 것으로 보인다. 그런데 본 일기는 영창대군의 출궁에 초점을 맞춰 그것을 전후한 인목대비의 심정을 주로 조명한 것으로 보여 매일의 기록일 수는 없겠으며 어떤 시기에 몰아서 쓴 것일 터이나 사건마다 기일은 거의 부기되어 나온다. 필연에 의한 전개로 보이는 대목도 있으나 때로는 돌발적인 상황도 있으며 상상의 세계에 매달리지 않고 큰 줄거리의 왜곡도 보이지 않는다. 삶의 공간이었던 궁중에서 당시의 실제 생존했던 인물이 실명으로 등장하여 그들의 현실적인 생활의 궤적이 녹술(錄述)되어 나온다. 짜임새나 문장력, 필세 등으로 보아 외전(外傳) 등을 많이 섭렵한 것으로 보이는 이 작자들은 전(傳), 소설 등의 호칭을 놓아두고 일기(日記)라는 제자(題字)를 붙이고 있는 것에서 흥미위주의 글을 여유 있게 써내려는 것은 아니었을 것으로 생각된다. 작자 자신들의 체험에서 볼 때 너무나 억울하고 무도(無道)하다고 느낀 그 울분을 머금고 불의와 부정을 증오하는 심정에서 기술된 것이 아닐까 한다. 가슴속에 묻어둘 수만은 없는 사실들을 가능한 한 정확하고 자세하고 빠뜨리지 않고 조리있게 하소연하듯 써낸 것으로 보인다. 그래서 이 글은 이들 작자가 직접 참여하고 있는 것이 주목된다 하겠다. 따라서 여기의 구성은 주로 작자들의 체험범위 안에서의 창작임을 짐작하게 한다.

본 일기의 성격이 구구하므로 이제 소설의 입장에 서서 3부 구성, 4부 구성,

5부 구성 등 각각의 경우를 살피기로 한다. 이를 진행하기 위해서 먼저 중요 사건 등을 나열하여 놓고 이에 맞춰 구성을 보기로 한다.

1) 중요 사건

(1) 정명공주(선조 35년, 1602)와 영창대군(선조 39년, 1606)의 출생, 여기가 본 작품의 발단이 되고 광해 측에서는 눈의 가시로 생각하여 그 제거를 위한 온갖 술책을 강구한다.

(2) 선조의 급서로 광해군의 천하로 바뀐다. 따라서 대북파(大北派)가 득세하고 영창대군을 옹위하던 유영경(柳永慶) 등 소북파(小北派)는 몰락한다.

(3) 신정(新政) 초[戊申年]에는 광해군이 인목대비를 자전(慈殿)이라 하여 극진히 모신다.

(4) 광해군은 친형인 임해군을 역모로 몰아 강화로 유배 후 죽인다. 조선왕조실록(朝鮮王朝實錄)이나 야사(野史) 들에는 억울한 죽음이며 역모는 증거가 없다고 되어 있다. 영창대군도 함께 처치할 예정이었으나 어린 대군에게 역모죄를 씌우는 것은 부당하다는 주장에 죽음을 면하게 된 것이다.

(5) 인목대비의 친부 김제남과 그 아들들을 역모로 몰아 사사한다. 마침 은상(銀商) 타살(打殺)로 잡힌 박응서(朴應犀)를 이이첨(李爾瞻) 등이 사주하여 김제남이 역모를 꾀한다고 무고케 한다. 대비전 내인들도 이에 연루되었다 하여 사사된다. 이것이 곧 계축옥사이다.

(6) 박동량(朴東亮)의 유릉(裕陵) 저주 사건, 김응벽(金應壁)의 목릉(穆陵) 저주 사건이 계속 일어나 많은 대비전 내인들이 억울하게 죽는다.

(7) 영창대군이 화근이 된다 해서 출궁, 강화도 유배 후 죽인다.

(8) 인목대비가 그의 내인들과 함께 서궁에 유폐된다.

(9) 대비의 자해가 3차에 걸쳐 결행되었으나(토혈을 포함) 죽음에는 이르지 않는다.

(10) 갑인옥사—문상궁이 중환(仲還)에게 속아서 써 준 편지로 인해 이 옥사를 일으켜 대비전 내인 30여명을 몰아 죽인다.

(11) 여옥의 무복(誣服)

(12) 가히의 대비 모해와 오불가

(13) 정명공주 역질과 내인 천복 등의 방화

(14) 대비를 받드는 내인들의 무실역행은 끝내 궁즉통의 경지에 이르게 되었
   고 기사(奇事)와 신인(神人)의 현몽(顯夢)이 잇따른다.

(15) 계해년 인조반정으로 대비는 유폐생활에서 풀려난다. 여기가 본 작품의
   결말이고 작자들의 넋두리로 마감된다.

이상이 본 일기에 나타난 중요 사건들이다. 그러면 이제 구성을 보기로 한다.

2) 구성의 실상

(1) 3부 구성이라고 볼 경우

가장 느슨하고 헐거운 구성으로 고소설에서 흔히 보는 수(首), 복(腹), 미(尾)
가 이것으로서 각각 도입, 전개, 종결부에 해당된다. 이는 일반 산문의 구성과
도 별반 차이가 없는 서, 본, 결과도 비슷하다. 이와 같은 안목에서 15개의 사건
을 볼 경우 다음과 같은 형태가 된다고 하겠다. 즉,

수단(首段)―(1), (2)

복단(腹段)―(3), (4), (5), (6), (7), (8), (9), (10), (11), (12), (13), (14)

미단(尾段)―(15)

피비린내 나는 사건은 모두 복단에 모였다. 이 사건들에 관한 기술은 거의가
그 전말인 개괄적인 언급이라 하겠고 핵심분야가 구체적으로 파악된 것은 대
군의 출궁장면 (7)과 대비의 자해상 정도이다. 이 자해의 모습도 장기간에 걸쳐
3차로 나누어지기 때문에 대군의 출궁상처럼 생동적이지 못하고 집약적이 아
니다. 3부 구성이라는 것이 가장 평이한 것이기 때문에 그 굴곡도 완만성을 잃
지 않았다.

구성에는 작자의 의도가 따르는 것이다. 아무리 헐거운 구성이라 해도 거기
에는 작자 나름의 주제 발현이 있다 하겠으니 그 대목은 아마도 (7)에 해당될
것 같다. 그 때의 상황 곧, 대군을 대비의 품에서 억지로 뺏어내가는 대목을 생
생하게 감동적으로 그리고 있다. 본 일기에서는 가장 짙은 표현으로 작자도 함

게 울고 있는 것이다. 본 일기에는 이만 못지 않은 사건은 여러 개 있다. 선조 승하, 김제남의 사사, 대비의 서궁 유폐와 자해, 인조반정 등 큰 사건들이지만 그 묘사의 비중은 지극히 약하다. 그런데 3단의 구성이라고 하면 완만성이 특징이라 하겠는데 복단의 (3), (4), (5), (6)의 출현은 돌발적이라고 볼 수 있을 것 같다. 이 돌발적인 서술이 완만성을 저해한다고 보여진다는 것이다. 이 돌발성이 전체적인 완만성과는 조화를 이루지 못한다. 그러나 (7)의 후반은 비교적 그 완만성이 유지된 것 같다.

(2) 4부 구성이라고 볼 경우

가장 보편적인 구성이다. 기(起), 승(承), 전(轉), 결(結)이 그것이다.

기단(起段)―(1), (2)

승단(承段)―(3), (4), (5), (6)

전단(轉段)―(7)

결단(結段)―(8), (9), (10), (11), (12), (13), (14), (15)

여기서 먼저 주목되는 것은 승단(承段)이다. 즉 (3)의 내용은 신정 초(新政 初)에 광해군은 새 마음을 먹고 만인(萬人)의 상(上)답게 나이 어린 계비(繼妃)지만 자모(慈母)라고 부르며 진심으로 모시고 대비전 내인에게까지 상을 내리고 칭찬을 아끼지 않는다. 양인 사이는 그야말로 봄바람이 부는 순한 경지를 이루었다고 하겠다. 그러나 이것이 오래 가지 못한다. 그 주변 사람들의 속삭임과 권력의 생리에서 점차 흉폭해진다. 그래서 임해군 사사(4), 김제남 사사(5), 유릉, 목릉 저주사건(6)으로 이어졌으니 이 승단(承段)에서는 말하자면 순경(順境)에서 역경(逆境)으로 이행을 본다고 하겠다.

다음은 전단(轉段)이다. 소설로서 제 기능을 충분히 발휘한 대목이다. 대군이 호구(虎口)로 빨려들어 가는 양상이 구체적이며 상세하다. 작자의 필치가 가장 고조되었던 이 대목을 다시 보기로 한다.

a. "텬디간의 업순 대변을 만나 아바님과 뭇 동싱을 죽여겨시니 내 즈식의 일노 어버이게 큰 브회(不孝) 되엿시니 텬디간의 용납디 못 홀 줄 알디 대군이 즈란 거시면 즈식을 내여주고 어버이 동싱을 살와디라 ᄒᆞ미 올홀 거시로디 당시 슬하롤 쩌나디 아냐 친 팔에 이희 동새토 불분(不分) ᄒᆞ니

이러매 당초애 대군으란 드려다가 종사마 제나흘 믓게 ᄒ시고 아바님과 동
싱을 살와디라 ᄒ고 내 머리털을 친히 버혀 친히 글월 뼈보내니 밧디 아니
ᄒ고 엇디 이런 말을 ᄒ시ᄂ니잇가 어린 아히 알배 아니니 어룬의죄 아히
게 당ᄒ리잇가" ᄒ시니

(a/ p.87, 9행~14행)

b. 아버님 업스신 일은 간댱이 버히ᄂ듯 ᄒ나 나라 법이 듕ᄒ여 ᄆ옴으
로 살오디 못 ᄒ나 이 아히ᄂ 션왕의 유지(遺子)니 그러나 싱각 ᄒ미 겨실
가 ᄒ더니 새로이 그런 말을 ᄒ시니 션후 말이 다ᄅ믈 셜워 ᄒᄂ이다. 어린
아히롤 어듸다가 두리잇가 내 안고 ᄒ가지로 죽을 뿐이언뎡 내여 보내기ᄂ
ᄎ마 못 ᄒ소이다.

(b/ p.88, 3행~6행)

c. 날을 보오실 거시 아냐 대뎐도 션왕 아ᄃ님이옵시고 대군도 아돌이니
정(情)의 ᄎ마 해ᄒ미 겨시리잇가. 다만 대군이 열설이 못 ᄒ여서 대뎐이
아ᄅ시ᄃ시 ᄒ번 밧긔 피졉냄도 업스니 어린 거슬 어듸다가 두리잇가. 대
뎐이 누ᄅ오실 타시니 션왕을 싱각ᄒ오샤 인정을 슬펴 보쇼셔.

(c/ p.88, 12행~15행)

d. 여러번 이리 ᄒ옵시니 셜운 듕외도 더옥 망극 ᄒ고 션왕을 싱각 ᄒ고
녯날 국모(國母)라 ᄒ시던 일을 싱각 ᄒ시니 감격ᄒ거니와 다시옴 대뎐도
싱각ᄒ여 보쇼셔. 사롬이 ᄌ식을 죠두고도 ᄒ나만치 귀히 너기거늘 나ᄂ
두 어린 아히롤 두고 션왕이 업스시니 긔시 죽을 일이로더 사라시믄 어린
아히롤 정의 ᄎ마 ᄇ리고 죽디 못 ᄒ여 명이 브터 잇다가 오놀날 쏘 이런
일을 보오니 대왕을 위ᄒ야 죽디 아니 ᄒ고 사라습던 죄로소이다. 죽을 분
이언뎡 ᄎ마 혼자 내여 보내고 살니잇가. 날을 조차 보내여든 ᄒ가지로 나
가리이다.

(d/ p.89, 7행~12행)

e. 내 ᄎ마 어린 아히롤 내여보내리. 당초의 이런 일이 이실가 ᄒ여 내몬
져 죽으려 ᄒ엿더니 늙은 너인들이 하 셜워하며 나 곳 죽으면 너인을 하나
토 살와 아니 둘거시니 오래 산 너인도 어엿비 너기라 ᄒ여눌 셜음을 ᄎ마
사랏다가 아바님과 동싱을 죽이단 말을 듯고 지금 사라시니 쏘 엇디 대군
을 내여주고 눌을 미더 살길히 이시리. 비러도 드롤 길히 업고 내여보내쟈
ᄒ니 ᄎ마 못 ᄒ 일이니 텬디간의 이 셜음이 엇더 ᄒ니. 나ᄂ 결단홀 말을
ᄎ마 못 ᄒ노라.

(e/ p.91, 1행~6행)

f. 각식 흉흔 무음을 히포 장(藏)호엿다가 이제 대란(大亂)을 지어내여 니외 가문(家門)이며 너인을 다 내여 죽여숩고 쏘 대군을 내라 호오니 망극 그이 업숩기야 어디다가 니르 오리잇가 마는 하놀이 므슴 허믈을 보샤 이런 익미혼 일을 만나게 호오더 도라보미 업서 날로 망극혼 말이 오오니 이 긔디 못호오실 거시오니 <문밧긔만 내여 주어디라> 호올제 내여주오쇼셔. 범은 만나더 호올 법 잇거니와 이범은 피키 어렵스오니 수이 허호오셔 사람의 목숨을 닛즈오쇼셔.

(f/ p.92, 10행~15행)

g. 우히 것무르 죽어 겨오시다가 인스롤 출히오셔 겟너인 우두쟈 너덧 사롬을 드러오라 호오셔 닐오시더,

"너히도 사롬이니 현마 내의 익미코 셜워 호는 줄을 모롤다. 내 무신년 (戊申年)의 죽디 아니코 사랏기는 대뎐 션왕즈(先王子)신가 호여 두 어린 아히롤 의탁호여 평안히 살닐가 호더니 여러히롤 두고 호르도 편홀 날이 업시 빅가지로 근심호여 사더니 흉적을 만나 텬디간의 용납 못 홀 대역(大逆)의 말을 내게로 밀워 오니 하놀이 무지호샤 이리 익미홀 줄을 말 아니 호니 므슴 말을 호리오, 이제 날을 다 호다 호고 밧그로는 아바님과 동성을 업시 호엿고 안흐로는 근시너인을 다 내여 죽여시니 이 어린 거식 몸의는 죄 미출 일이 아니로더 쏘 대군을 내라 호니 내 너히 알픠셔 고더 죽어 뵈야 출히 이런 망극호고 셜운 말을 듯디 말고져 시브더 대뎐 말과 니뎐 말이 내 귀예 잇고, 너인이 증인이 되여시니 인군이 현마 국모롤 소기며, 범인(凡人)의 비길배 아니라 여러번 뎡녕(叮嚀)혼 말이 이시니 빅번 밋고 대군을 내여 보내려니와 두 져믄 동성을 노하 주셔든 어마님을 뫼셔 션죠(先祖)의 계시나 닛게 호고 대군을 내여 보내려 호노라. 이 말대로 대뎐과 니뎐긔 뎐호라"

(g/ p.94, 15행~p.95, 13행)

h. 내여 보내오시기롤 춤아 못 호오샤 무흔 통곡 호오시더니 두 아기시는 겻희셔 우옵시고 우히 호옵시더,

"하놀아 내 므슴 죄롤 지엇관디 하놀이 이리 셟게 호시는고"
호오샤 하 셜워 우옵시니 비록 텰셕(鐵石) 그톤 무음인들 엇디 눈물이 나디 아니 호리오마는

(h/ p.97, 3행~7행)

I. 너히는 너인인 젼츠로 즈식의 졍을 모르는도다. 졍의 츠마 내여주기롤 못 홀노라.

(I/ p.99, 10행)

j. 더집 니인 년갑이는 우 업ᄉ온 니인의 다리를 붓드럿고 은덕이는 공쥬 업ᄉ온 쥬샹궁 다리를 붓드러 옴겨 드디디 못 ᄒ게 ᄒ고 대군 업ᄉ온 사ᄅᆷ을 압ᄒ로셔 쯔어 내고, 뒤ᄒ로셔 밀텨 문밧긔 내고 우리만 다 미러 드리고 ᄌ비문짝을 다드니 그 망극하미 엇더 ᄒ리오. 대군아기시만 문밧긔 업혀 나셔셔 업은 사ᄅᆷ의 등의 머리를 브듸쳐 우르시며,
"마마 보새"
ᄒ다가 못 ᄒ여,
"누오님이나 보새"
ᄒ시고 하 애를 타 셜워 ᄒ오시니 곡셩이 니외에 텬디진동ᄒ여 눈믈이 짜히 ᄀ득ᄒ니 사ᄅᆷ들이 눈이 어두워 길흘 모를너라.
아기시를 문밧긔 내여 호위 ᄒ여 환도(還刀) 화살 춘 군장(軍將)이 위립(圍立)ᄒ야 가니 그제야 울기를 긋치고 머리를 숙여 자는ᄃᆺ시 업혀 가시더라.

(j/ p.103, 2행~p.104, 5행)

k. 우혼 도로 드러와 겨오샤 하늘흘 웨여 이통 ᄒ오셔 여러번 긔절 ᄒ오시고 사ᄅᆷ 업손 째예 결항도 ᄒ오시며, ᄌ경도 ᄒ려 ᄒ오셔 사ᄅᆷ을 퇴라 ᄒ오시니

(k/ p.105, 6행~7행)

l. 낸들 므슴 혬이 업ᄉ며, 더러온 일흠을 싯고져 아니랴 마는 하 셜워 애를 뻐 틋 는 듯 간댱이 졸고 심간(心肝)의 블이 붓는듯 ᄒ니 후일 싱각 업고 이 인간을 어셔 여희고져 ᄒ야 손죠 죽고져 ᄒ노라.

(l/ p.106, 6행~8행)

장황하게 인용을 했는데 당시의 상황이 비교적 상세하다.

a에서는 영창대군을 내어주고라도 친정을 구하는 것이 자식된 도리이지만 동서도 분간 못할 어린 것이어서 그러지도 못했는데 그 어린 것에 역모가 무엇인지도 모르는 죄를 씌우는 것은 가당치도 않다는 것을 지적하고 있다.

b에서는

첫째, 아버님과 두 동생은 국법에 의해 처리한 것이니 아픈 속마음을 말하지 않으나,

둘째, 대군을 내달라는 것은 선왕의 유교(遺敎)를 받잡겠다는 말과 다르니 이를 슬퍼한다는 것,

셋째, 내가 같이 죽을지언정 내어줄 수 없다는 것으로 특히 광해군의 앞 뒤

말이 맞지 않음을 지적하는 정연한 논리가 새롭다.

c에서는 대전(大殿)과 대군(大君)은 한 핏줄이니 이것은 대전이 하기 나름이라는 것으로 형제간 정의에 호소하고 있다.

d에서는 두 자식 때문에 선왕을 따라 죽지 못한 것이 죄인 줄 알지만 대군을 내어간다면 같이 따라 가겠다는 결심을 나타낸다.

e에서는 내인들도 다 죽일 것이라 해서 아버님, 동생들 죽은 다음에도 이제까지 살았는데 이제 또 대군을 내어 달라 하니 나는 누구를 의지하고 살건가 선뜻 내어주지 못하는 안타까움이 배어난다.

f에서는 버티는데 한계가 있으니 단념하시고 남아 있는 사람들이나 살게 해달라는 내인들의 하소연이 소리를 내고 있다.

g에서는 불가항력인 줄 알아 그 뜻에 따르겠지만 친정의 절사(絶嗣)나 면하게 두 동생을 살려달라는 애원을 하고 있다.

h에서는 하늘을 우러러 탄식하는 외로운 대비의 절망하는 모습이 보인다.

i에서는 의지대로 결행할 수 없는 모정의 절박함이 나타난다.

j에서는 며집 내인들이 직접 서궁에 들어와서 끌고 나가는 장면으로서 어린 대군을 어머니 품에서 나꾸어 채가는 며집 내인들의 야박함과 끌려나가며 울부짖는 대군의 절규 속에서 작자의 분노와 원망이 파동치고 있음을 본다.

k에서는 대군을 빼앗긴 분을 이기지 못해 자제력을 잃고 닥치는 대로 몸을 굴려 결항(結項)과 자경(自剄)을 가리지 않는 대비의 막가는 모습을 보인다.

l에서는 세상이 뭐라든 오직 죽고 싶은 마음뿐이라는 애절함이 보인다. 본 작품의 절정이라 해도 무방하리만큼 대군의 출궁상은 독자들의 가슴을 내려앉게 했고 이리 부딪고 저리 부딪는 대비의 몸부림은 할말을 잊게 한다. 어린 대군은 이렇게 갔고 남은 대비는 생사간을 헤맨다. 이처럼 승(承)과 전(轉)은 서술과 묘사가 알맞게 조화를 이루어 작자의 의식이 두드러져 나오고 있다.

그런데 우리는 그 다음에 오는 대비의 유폐생활을 주목할 필요가 있다. 여기에도 적지 않은 사건이 무게를 싣고 전개되고 있다. 대군의 출궁상이 생동감 넘치는 표현이었다면 대비의 영어상(囹圄相)은 목숨이 경각에 달린 긴박함 그대로였다고 할 수 있을 것 같다.

여기에 이르러 볼 때 제기되는 문제가 있다. 이미 앞에서 선조 승하의 문제와 인조반정이 전후연관이 별로 없이 실현했음을 지적했거니와 여기서는 영창대군 출궁이후에도 사건이 계속 전개되었다는 것을 주목해야겠다는 것이다. 즉 '서궁의 유폐생활'이라는 일언으로 닫아버리기에는 너무 어울리지 않을만큼 사건도 많고 분량도 적지 않은 것이다. 말하자면 대군의 출궁을 본 작품의 절정으로 볼 때 다음과 같은 상황이 손에 잡힌다.

가. 본 작품의 사건 수를 142개로 볼 때 정점에 해당되는 대군의 출궁 건은 39번째이다.

나. 본 작품의 길이로 볼 때 강한영교주본(姜漢永校註本)의 경우 총 227면 중에서 이 출궁 기록은 104면에, 회역주본(會譯注本)의 경우 총 156면 중 68면에 위치한다. 즉 작자는 출궁 기록(클라이막스) 이후에도 그 이전 못지 않은 분량의 지면을 할애하고 있어 그 비중을 나타내 보인다.

다. 대군의 출궁을 광해군 5년 6월 23일로 볼 때 이 때부터 기산(起算)한다 해도 서궁문이 열리기까지 근 10년간을 대비는 시달리는 생활을 견뎌냈다는 것이다.

라. 사건의 비중을 볼 때도 대군 출궁 전에 일어난 사건들 못지않은 굵직한 사건들이 전개되고 있다. 대비의 계속되는 자해, 가히의 극렬한 대비 모해, 갑인년의 옥사, 연속적인 방화(갑인년 광해군 6년 1614~무오년 광해군 10년 1618), 오불가, 정명공주의 역질, 인조반정 등 만만찮은 사건들이다.

여기서 볼 수 있는 것은 작자가 대군의 출궁에다 쏟은 작품상의 열정, 곧 클라이막스가 이제까지 전 작품에 전개된 142개의 사건들 그리고 기술된 전체 길이에서 볼 때 거의 중간쯤에 위치한다는 것이다. 그래서 이 클라이막스 곧 정점에서 그 전후를 볼 때 소요된 시간은 전보다 후가 거의 2배나 길고 사건의 무게로 볼 때에도 전후가 비슷하다고 하겠다. 근 10년간에 걸쳐서 전개된 클라이막스 후의 사건이 그 전보다 못지 않다는 것이다. 즉 대군의 출궁 후에도 사건의 전개는 끝나지 않고 이어졌던 것이다. 그래서 여기서 파악되는 것은 정점 이후에도 그 전만 못지않은 사건 전개가 계속되고 새로운 국면전환, 곧 회운(回運)은 볼 수 없다는 것이다. 다만 임해군이 걸어간 길을 영창대군도 뒤따라갔을 뿐 선조 승하로 인해 갑작스럽게 천하가 바뀌는 것과 같은 극적인 전환은 보이지 않는다. 이와 같은 극적인 전환은 가장 마지막 사건으로서 곧 인조반정이라는 형상으로 갑자기 나타난다. 시간상으로는 근 10년이나 지난 다음에 사건으로는 49건을 지내놓고서야 천지개벽과 같은 반정거사(反正擧事)가 이루어졌고 극적인 국면전환을 가져왔으나 여기서 곧 종결로 이어진다. 이 국면 전환이 본 작품에서는 회운에 해당된다. 말하자면 클라이막스와 회운이 별개로 위치한다는 것을 이 작품은 보여주고 있는 것이다. 고소설에서는 흔히 클라이막스는 회운에 자리하여 국면전환을 가져오며 종결을 바라본다. 클라이막스와 회운의 거리가 너무 동 떨어져 멀다는 것을 지적하지 않을 수 없는 이 일기는 4부 구성과는 판이한 수법을 보인다고 하겠다. 말하자면 클라이막스 따로 회운 따로라는 형국으로서 이와 같은 구성은 고소설에서 흔히 대하기 어려운 특이한 형상이 아닐까 한다. 즉 전환된 국면이 없다는 것, 절정과 회운간이 지극히 멀어 그 사이에 여러 사건이 배치되어 있는데도 그 의도가 잡히지 않아 구성상 허전하다는 것이다. 절정은 빛났으나 그 이후 처리가 문제가 된다.

(3) 5부 구성이라고 볼 경우

Freytag의 5부 구성은 발단, 전개·갈등, 절정, 반전·파국, 대단원으로 되어 있다. 본 일기도 5부로 나누어지되 네 번째 반전·파국이라는 대목의 성격이 어울리는 것 같지 않다. 반전 파국이란 그 사건 자체의 진전을 의미하는 것으로 이 진전은 대단원의 원인이 되는 것이지만 본 일기의 결말 곧 인조반정은 본 사건들과는 아무 상관없이 갑자기 나타난 것이다. 어느 대목도 인조반정의 직접 원인이 된 것은 없다고 보겠다. 이제 대군 출궁 후에 전개된 사건을 다시 한번 본다.

- 인목대비의 서궁 유폐는 광해군 측의 가해로 보아야겠다. (8)
- 대비 자해는 가해에 연유된 것으로 저항의식이 짚인다. (9)
- 갑인옥사도 광해군 측의 일방적인 가해이다. (10)
- 여옥의 무복도 일방적인 가해이다. (11)
- 가히의 대비 모해와 오불가는 광해군 측의 가해와 대비의 의식적인 저항으로 보인다. (12)

◦ 정명공주의 역질과 내인 천복 등의 방화는 우연과 일방적인 가해이다. (13)

◦ 궁즉통과 신인의 현몽(顯夢)은 우연과 허구로 보여진다. (14)

이와 같이 대비 측에서는 물리적인 저항은 불가능했던 것이다. 따라서 양측의 대결에서 오는 사건의 진전은 없었으며 그로 인한 반전이나 파국은 생각할 수 없다. 대비 측의 의식적인 저항을(이것이 대비 측에서는 최대의 저항이었지만) 이를 감안한다면 유폐중의 생활은 일방적인 가해에 대한 불승복(不承服)이라고 볼 수 있는데서 반전 파국이라기보다는 엎치락 뒤치락 곧 반측(反側)의 양상이라고 하겠으니 사태의 진전이기보다는 고여 있어서 맴도는 상태라고 보아야 할 것 같다.

이와 같은 이해 밑에서 5부 구성의 형태를 보면 다음과 같이 되겠다.

◦ 발단—(1), (2)

◦ 전개·갈등—(3), (4), (5), (6)

◦ 절정—(7)

◦ 반측—(8), (9), (10), (11), (12), (13)

◦ 대단원—(14), (15)

전항에서 지적된 바 구성상의 허전함이 여기서는 반측의 출현으로 메꿔졌다 하겠으나 여기서 문제되는 것은 반측이라는 대목의 성격, 즉 반전·파국으로는 어울리지 않는다는 것이다. 즉 반전은 보이지 않으며 있다면 물리적이 될 수 없는 정신적인 불승복인 반측 정도가 존재한다고 하겠다.

이제까지 보아온 구성에서 각각 미흡한 면이 있음을 알게 되었다. 즉 3부 구성에서는 완만성의 저해를 지적할 수 있다는 것이고, 4부 구성에서는 절정은 충분히 살아났으나 그 이후가 문제가 된다. 말하자면 전(轉)의 기능이 미흡하여 회운출세(回運出世)라는 국면의 새로운 전개가 없다는 것이다. 말하자면 이 대목은 전(轉)과 더불어 서궁문이 열렸어야 했다. 5부 구성에서는 제4단락이 질적으로 다른 것을 알게 한다. 즉 반전 파국이라는 구성상의 조작성이 미흡하다는 것이다.

결국 서궁 유폐생활 10년간에 일어난 사건 등의 구성상 처리가 어떻게 되느냐로 집약된다 하겠다. 다시 말해서 수미일관된 구성이기는 어렵다는 말이 된다. 단적으로 지적한다면 사건 배치에 있어서 아무리 연대기적 구성이라 해도 그 주제성 부각의 기능이 알뜰하지 못하다는 것이다. 나아가 구성의 의도성마저도 때로는 의심하게 된다는 것이다.

이상과 같은 점 외에 또다시 제기되는 몇 가지를 더 보기로 한다.

가. 발단의 대목이다. 일반적으로 고소설은 출생에 이르기까지의 배경과 가계가 설명되어 나오지만 여기서는 직접 잉태 이야기로 시작된다. 일반적인 구성형에서 벗어난다고 보아야 할 것 같다.

나. 사건마다 거의 시일이 명기되어 나온다. 일기문으로 개작될 수 있을 만큼 구체적이다. 이는 정확을 기하려는 의식의 발로로 보이거니와 이것도 일반적인 고소설의 기술에서는 보기드문 일이라고 하겠다.

다. 이미 널리 알려진 바와 같이 실제로 생존한 인물이 실명으로 등장하고 있다. 전반부를 기술할 때까지 그 주동인물들은 생존하고 있었다고 보여진다. 이것도 고소설에서는 흔치 않은 일이다.

라. 본 작품이 종합적으로 구성된 다음에 집필에 들어간 것이 아니고 그 때 그 때 기록된 것 같다는 것이다. 즉 작자는 권지이(卷之二)를 시작하면서 "…츤년 납월의 듕환이 문상궁드려 니르디……(p.129)"라고 "차년납월(此年臘月)의"라는 표기를 하고 있다. 이는 언제나 간지만 사용한 전후에 없는 현상이다. 이 차년은 앞의 계축년의 계속임을 나타내 앞의 사건을 말하다가 무심결에 튀어나온 것으로 보여진다. 그래서 권지일(卷之一)을 끝내고 권지이(卷之二)로 들어가면서 먼저 언제나와 같이 간지로 밝혀야 할 것을 자연스럽게 현재 상태를 나타낸 것이겠다. 이와 같은 점은 작자가 반정 후 과거를 회상하여 전체적으로 본 일기를 쓴 것이 아니고 그 당시에 썼던 것임을 알게 한다. 다시 말해서 본 일기가 종합적으로 구상이 완료되어서 구성의 차례를 따라서 서술된 것이기보다는 계축년 당시의 기록임을 알게 하는 대목이다. 곧 본 일기는 몇번에 걸쳐서 몰아 썼으리라는 짐작이 가는 것이다.

마. 작자가 2인 이상이라는 점이다. 이미 성립 과정에서 선술한 바와 같이 을묘년을 전후하여 서술태도, 작품의 짜임새, 어조, 표기 등에서 크게 차이가 난다는 그래서 전반부는 광해군 재위시의 서술이고 후반부는 반정 후가

될 것이라는 것은 제가(諸家)의 논증대로라고 생각된다. 이처럼 크게 차이가 난다는 것은 동일인의 작자가 아니라는 것을 의미하는 것이겠다. 이와 같은 현상도 고소설에서는 보기 어려운 일인 것 같다.

　바. 작자가 직접 참여하기도 한다는 것이다. 작자의 심정이 그대로 드러나는 대목 하나를 본다.

　　　　아기시롤 문밧긔 내여 호위ᄒᆞ여 환도 화살 춘 군장이 위립ᄒᆞ야가니 그
　　　제야 울기롤 긋치고 머리를 숙여 자ᄂᆞᆫᄃᆞ시 업혀 가시더라

(p.104)

　여기의 "자ᄂᆞᆫᄃᆞ시"는 현장에서 느낀 실감이며 처절한 심정의 표백이라고 볼 수 있을 것 같다. 이런 점도 고소설에서는 드문 일인 것 같다.

　사. 본 일기가 권지일(卷之一), 권지이(卷之二)로 분권되어 있다는 사실이다. 소설로 볼 때 이와 같은 체제는 별반 의미도 없고 필요치도 않은 것 같다.

　이상에서 소설로서의 구성을 보아 왔다. 3부, 4부, 5부로 나누어 일반적인 안목에서 검토해 보았으나 아귀가 제대로 들어맞는 경우는 없었던 것 같다. 당시에 이와 같은 구성법이 구비되었는지는 의문이지만 구성하는 작자의 의도가 느슨하기도 하고 또 산만해지는 것을 가리우기는 어려울 것 같다. 이어서 지적한 일곱 가지 경우도 소설구성으로서의 미흡함과 전체 체제상의 문제점들을 짚은 것이다. 여기에서도 본 일기를 소설로 보기에는 해명되어야 할 부분이 적지않게 있다는 것을 보여준다고 하겠다.

　그래서 굳이 본 일기를 소설로 보았을 때의 형식을 든다면 3부 구성에 의한 수(首), 복(腹), 미형(尾形)이 가장 가까울 것 같다.

10. 시간의 역류

　이제 작품 속에서 나타나는 이야기의 시간과 사건의 시간을 정리하여 얼마나 시간의 역류현상이 보이는가를 찾아본다. 이야기의 시간을 정리하면 사건의 시

간도 자연스럽게 알려진다는 것은 주지된 사실이다. 서술의 순서를 따르되 연월일 또는 일시(日時) 위주로 다루어 본다. 이를 사건의 일람이라 부르기로 한다.

사건의 일람

卷一

(1) 만력임인년(萬曆壬寅年 宣祖 35년·1602)에 중전이 잉태하다. 유가(柳哥)가 낙태시킬 공작을 한다.

(2) 계묘년(癸卯年 宣祖 36年·1603)에 정명공주 출생, 유가가 대군 출생으로 오문(誤聞)하고 놀랐다가 공주 출생임을 알고 선물을 보낸다.

(3) 병오년(丙午年 宣祖 39年·1606)에 영창대군 출생, 유가는 대군이 출생하므로 전력을 다해 음해(陰害) 공작을 시작한다.

(4) 갑진년(甲辰年 宣祖 37年·1604)에 광해군을 왕세자로 책봉하려 명(明)에 주청(奏請)했으나 친형인 임해군이 있어서 불허된다.

(5) 대왕 불편시(丁未年 10월 宣祖 40年·1607)에 적자(嫡子)가 나므로 봉세자 주청을 하지 않는 영의정 유영경(柳永慶)의 머리를 달라는 정인홍(鄭仁弘), 이이첨(李爾瞻) 등의 상소에 선조가 대노하여 이들을 귀양보내라는 전교를 내리고 만다. 그리고 선조가 승하하니 대비는 경황이 없는 중에도 즉시 국새(國璽) 등을 세자궁으로 보내고 유교(遺敎)를 전하는 등 광해군의 즉위를 돕는다.

(6) 정미년 불편시(丁未年 10월 宣祖 40年·1607)에도 선조가 병중일 때 대비는 광해군 내외를 불러서 시약(侍藥)케 하고 혹 광해군이 성의(聖意)를 어기는 일이 있어도 이를 잘 덮어가다. 그래서 광해군도 감복했다.

(7) 대개 어릴 적부터 광해군을 불민(不敏)하게 여기시다.

(8) 임진왜란(壬辰年 宣祖 25年·1592)에 광해군을 갑자기 세자로 봉한 것이라 미덥지 않아 늘 교훈하시지만 잘 듣지 않을 뿐 아니라 오히려 원망스러워 하였으므로 선조는 마땅치 않게 생각했다.

(9) 병오년(丙午年 宣祖 39年·1606)에 광해군이 대화(大禍)를 일으킨다. 곧 선조의 만류에도 불구하고 후궁을 위협하여 그 조카를 첩으로 삼았으므로

끝내 선조의 마음을 아프게 한다.

(10) 병오년(丙午年 宣祖 39年・1606)부터 영창대군이 태어남을 광해군은 싫
어 하고 없앨 생각을 가진다.

(11) 흥서하오신 날(戊申年 宣祖 41年・1608) 광해군은 적소(謫所)로 채 떠나지
않은 정인홍(鄭仁弘) 등을 궐하(闕下)로 불러서 불차(不次)로 중용한다.

(12) 빙천하오신 이칠일(戊申年 宣祖 41年・1608)만에 친형 임해군을 궐외로
내몰아 강화도에 위리안치(圍籬安置)했다가 죽인다. 이 때 영창대군도 함께
죽이려 했으나 너무 어리다는 반대에 부딪쳐 제외된다.

(13) 대왕 빙천하오신 후 삼칠일(戊申年 宣祖 41年・1608)만에 광해군이 대전
에 문안들었으나 곡을 하지 않을 뿐 아니라 대비의 곡도 말린다. 또한 대왕
의 묘호(廟號) 문제도 신중하게 처리할 것을 대비가 부탁했지만 거절한다.
뿐만 아니라 3년이나 배릉(拜陵)을 원했지만 허락치 아니하고 영창대군의
소리는 듣기도 싫어하며 세조와 단종의 고사(故事)를 들어 언제든지 대군
을 죽이고 세자를 편히 살게 하겠다고 한다.

(14) 빙천하오신 석달(戊申年 宣祖 41年・1608)만에 상중(喪中)의 광해군이 수
라를 못 들자 대비가 육선(肉饍)을 권한다.

(15) 정미년 시월(丁未年 10月 宣祖 40年・1607)부터 광해군이 병중인 선조를
시약(侍藥)할 때 정성이 없었으며 상을 당했을 때도 월 1차 빈전(殯殿)에 들
렀으나 슬픈 기색은 보이지 않았으며 나아가 대비의 곡읍도 못마땅해한다.

(16) 명종조 늙은 내관이 내전과 유가의 도움을 받아 겨우 공사(公事)를 처리
하는 광해군을 비웃다.

(17) 대군란(광해군 5년・1613)에 그 내관을 죽인다.

(18) 상시에 유가가 민망하게도 국사 처리를 가르치고 사이에 종으로 하여금
심부름하게 한다. 그 종이 이를 흉보다가 광해군에게 모질게 매맞는다.

(19) 그 후부터 대비전에서 내수사(內需司) 물건을 입량(入量)하여 쓰던 전례
를 깨고 반드시 광해군에게 고한 후에 쓰게 된다.

(20) 무신 초(戊申年 宣祖 41年, 광해군 원년・1608)에는 대비를 정성을 다해
공경한다. 그래서 대비가 감격하여 세자가 문안 올 때마다 그 보모 상궁에
게까지 선물을 주니 그 상궁이 대비의 상덕(上德)을 칭송하고 아무 것도 주

는 일이 없는 광해군을 모멸한다.

(21) 경술 신해년 사이(庚戌 光海君 2年·1610, 辛亥年 光海君 3年·1611)는 점점 대비에게 불공(不恭)한다.

(22) 무신 초(戊申年 宣祖 41年 광해군 원년·1608)는 대비전 침실 상궁에게까지도 상을 준다.

(23) 신해년(辛亥年 光海君 3年·1611)부터는 대비전 상궁들을 멀리 하고 본체도 아니한다. 그래서 노상궁이 대비전 내인을 우대하시던 선왕의 예를 말하매 나는 내 법대로 하겠다고 말한다.

(24) 신해년(辛亥年 光海君 3年·1611)에 인목대비가 창경궁으로 이사한다.

(25) 이 날 신궐(新闕) 구경하다 연이 기울어 대비가 떨어질 뻔 했으나 내전은 모른 척하고 돌아간다.

(26) 무신(戊申年 宣祖 41年·1608) 빙천에 선조 승하를 서러워 대비가 주야로 곡을 하니 내전이 "대군을 세우려다 못했기 때문"이라고 비방한다.

(27) 신해년(辛亥年 光海君 3年·1611)에 대궐을 이사하시고 또 세자 친영(親迎)을 보려했으나 갑자기 금하여 못 본다.

(28) 무신년(戊申年 宣祖 41年·1608) 선조 승하 후에 여염에서 요언(妖言)이 전파될 것을 염려한다.

(29) 임자년(壬子年 光海君 4年·1612) 김직재(金直哉)의 난이 일어났으나 인목대비에게는 화가 미치지 않는다.

(30) 이적의 난 이후부터 유희량(柳希亮)이 점장이들을 모아 자신들이 뜻을 이룰 수와 인목대비의 액운을 점치게 한다.

(31) 임자년 겨울(壬子年 光海君 4年·1612)에 광해군, 내전, 유자신(柳自新) 아내가 사흘 동안 모의한다.

(32) 계축년 정월 초사흗날(癸丑年 光海君 5年·1613) 인목대비를 향한 저주를 시작하며 털이 하얀 강아지의 배를 타 들여오는 등 4월까지 계속하면서 유영경 부인과 임해군 부인이 그런 저주를 했다고 소문낸다.

(33) 사월(光海君 5年·1613)로서 은(銀)도적 박응서(朴應犀)가 포도청에 잡혀가 죄를 자백한다. 유(柳) 박(朴) 이(李) 삼적(三賊)이 포도대장을 죽인다.

(34) 사월 스무엿새날 계축옥사를 일으킨다. 박응서 등에게 김제남을 무고하

　도록 이이첨 등이 사주한다.

(35) 이후는 어른 아이 할 것 없이 연루된 사람에게 무복을 받으며 모두 죽인다.

(36) 정미년 불편시(丁未年 10月 宣祖 40年·1607)에 유릉(裕陵－의인왕후릉)
　　에서 어느 궁인이 굿을 하다가 잡힌다.(대비전에서 무녀 순창이를 시켜 선
　　조 병중에 유릉에 가서 저주하였다고 박동량(朴東亮)이 고변한 것임.)

(37) 무신년 여름(戊申年 宣祖 41年·1608)에 국무녀(國巫女) 수련개(水連介)를
　　친국하다가 도로 애무하다 하여 놓아준다.

(38) 오월 십팔일에 대비전 침실 상궁 김씨, 대군 보모 상궁, 침실시녀 여옥,
　　보모상궁 환이를 잡아낸다. 억울한 김상궁과 유씨는 자살미수된다.

(39) 박동량은 임진 호종이오(壬辰年 宣祖 25年·1592) 임진왜란 때 거가(車駕)
　　를 모시던 사람이 이이첨 등의 농간에 말려 수십 명의 내인을 잡아내게 하
　　는 초사(招辭)를 낸다.

(40) "임진(壬辰年 宣祖 25年·1592) 호종신은 내 이름 모르는 사람이 없을 것
　　이라"고 잡혀가면서 김상궁은 넋두리한다.

(41) 무신 재궁(戊申年 宣祖 41年·1608) 밑에서 선조를 따라 죽었던들 오늘과
　　같은 광해군의 폭거를 당하지 않았을 것임을 김상궁은 한(恨)한다.

(42) 그 시절 다 지나서 오늘날 나의 임금님의 아들에게 욕을 이렇게 볼 줄
　　알았겠는가고 계속 김상궁은 울부짖는다.

(43) 유월 십삼일(光海君 5年·1613) 박동량의 초사로 내인 13명을 잡아낸다.

(44) 이튿날 감찰 상궁 둘을 잡아낸다.

(45) 유월 이십팔일에 유모 넷을 잡아간다.

(46) 칠월, 명환, 신옥, 표금 등 합쳐 이제까지 30여명을 잡아냈으나 한사람도
　　무복하지 않고 죽으니 이 유릉 사건이 허사가 될 지 몰라 15세 된 내인을
　　꼬여서 무복받는다.

(47) 평일부터 유자신의 집에서 돌봐주던 고성(高成)이란 맹녀(盲女)에게 방정
　　하여 오윤남(吳允男－김제남의 종)에게 무복받으려 했으나 무고하지 않고
　　죽으매 12세 된 그 아들을 위협하여 무복을 받아내 김제남과 그 두 아들이
　　사사에까지 이르게 된다.

(48) 그날 약밥인지 고물인지 잡수시고 즉시 구역질하시고 위급해지신다.

(49) 오월 초오일 차비문(差備門)에서 만병(萬兵)으로 하여금 목탁을 치게 해서 대비전을 놀라게 하다.

(50) 일이 끝난 후에는 응벽에 의해 목릉(穆陵) 저주 사건이 일어나게 되며 갑자생(甲子生) 상궁을 내놓으라고 강요한다. 그래서 대비가 내전을 꾸짖는 글을 보낸다.

(51) 이 후는 갑자생 달란 말 그친 듯 했으나 이이첨의 사위 박자흥(朴自興)이 진상한 베개 속에 뼈, 관조각이 들어 있었는데 이는 갑자생 상궁의 짓이라 하여 또 죽이려 한다.

(52) 이리 한 후 오래지 않아서 대군을 내어달라 계속 보챈다.

(53) 그제야 대비가 이기지 못할 줄 아시고 어린 두 동생이나 살려주면 대군을 내어 보내겠다고 승낙한다.

(54) 그제야 광해군이 대군을 속히 내보내라 그러면 두 동생을 살려주겠다 한다.

(55) 이리 한 후 이튿날 장정(壯丁) 내관, 내인, 감찰상궁, 색장(色掌)하인, 무수리 등 20여명이 사잇문을 열고 대군을 데리러 넘어 온다.

(56) 무신년(戊申年 宣祖 41年 · 1608)에 죽지 않고 살았다가 대군 빼앗기는 욕을 당하게 되었다고 대비는 혼절한다.

(57) 날은 늦어가고 민망해서 대비는 정상궁이 업고, 공주는 류상궁이 업고 대군은 김상궁이 업고 차비문(差備門)으로 향한다.

(58) 병오년(丙午年 宣祖 39年 · 1606)에 선조가 처음으로 대군을 보고 기뻐했을 뿐 무슨 뜻이 있었겠는가라는 대비의 넋두리가 이어지고 대군을 빼앗긴다.

(59) 이리 한 후 한달만(光海君 5年 · 1613)에 대군을 강화도로 옮긴다. 그러면서도 대비전에는 알리지 않는다.

(60) 수일이 지나되 안부도 오지 않고 강화로 옮겼다는 소식도 없다.

(61) 대군이 아니 가신제 업힌 김상궁에게 대군이 발씻기고 목욕시키라고 우시며 오늘이 며칠인가를 묻고 슬피 울더니 그날이 유월 스무하루날이다.

(62) 과연 유월 스무하루날 대군을 데려 내갔다.

(63) 계축 갑인 을묘년(光海君 5年 · 1613, 甲寅年 光海君 6年 · 1614, 乙卯年 光海君 7年 · 1615)에는 매일 한번씩 콩미시를 드시다.

(64) 달포가 지나도 대군을 강화로 옮긴단 말을 아니하여 대비전에서는 기별

을 몰라 더욱 서러워한다.

(65) 또 이해 가을에 문 열라는 성화에 내관을 통하여 전하기를 못 잡은 죄인 박치의(朴致毅)를 잡으면 연다 한다.

(66) 탄일이 다다라 별문안(別問安) 내관을 보냈기에 그편에 노모의 소식이나 알게 문을 열어달라 하니 대답도 없었다.

(67) 이 해 정초 다다랐더니 문안 내관에게 또 이처럼 말했지만 대답을 아니 한다. 궁인들이 죽을 줄 알고 모든 물건을 밖으로 내보냈다가 생활이 어려워지자 대비가 일용품을 주며 구차스럽게 내관들에게 빌지 말도록 권한다.

(68) 네브터(계축년 전) 종으로 들어왔던 중환이와 경춘에게 대비가 임무를 맡긴다.

(69) 임자 유월십팔일(壬子年 光海君 4年 · 1612)이 왕자인 경평군(慶平君) 생일인데 중환과 경춘이가 잔치하는 틈을 타서 관내의 물건을 훔쳐다 가히에게 주고 대비전 일을 알리며 심복 노릇을 잘 한다. 이런 공으로 가히는 옥에 갇힌 중환의 오라비를 살려준다.

(70) 계축년(癸丑年 光海君 5年 · 1613) 변이 나매 중환과 경춘이는 더욱 서러운 체 하야 상궁들이 모두 속았다.

(71) 임자 사월(壬子年 光海君 4年 · 1612)에 내인들이 잔치를 베풀어 저집 상궁들을 청했는바 두엇은 왔으나 가히는 칭병하고 안온다.

(72) 삼경이 지나서 가히가 변장하고 들어와 가만히 엿듣다가 김상궁에게 들켜 손목을 잡혔는데 산 고기가 날뛰듯이 떨고 있었다.

(73) 무신년(戊申年 宣祖 41年 · 1608) 이후 선조가 죽고 임해군 옥사 후 대군에 대한 무고가 심해진다.

(74) 임자년(壬子年 光海君 4年 · 1612) 괘방으로 대군을 몹시 미워한다.

(75) 이후부터는 중환이와 경춘이가 소주방 마루 아래 숨어서 저녁이면 아이 울음 소리와 한숨소리를 내서 사람들이 근접하기를 꺼린다.

(76) 계축년(癸丑年 光海君 5年 · 1613) 동짓달에 중환이가 영창대군의 소식을 듣기 위해 또 서문이 열리기를 바라는 마음에서 대비에게 독경을 권하나 거절당한다.

— 卷一終 —

卷二

(77) 차년 납월(癸丑年 光海君 5年·1613)에 중환이가 소식을 알게 할테니 편지를 써달라고 문상궁을 유혹한다.

(78) 평일적부터 문상궁은 중환이를 어여삐 여기고 그를 통하여 밖의 기별도 알게 되어 영창대군과 대비의 본가 소식을 중환이를 통해 알아 드리고자 하나 대비와 변상궁은 반대한다.

(79) 그후 대비와 변상궁의 반대를 당하고서도 문상궁은 중환이를 통하여 밖과 기별을 주고받는다.

(80) 섣달 그믐날 새로이 내외(內外)사람을 하옥(下獄), 문상궁이 단독으로 써준 편지가 빌미가 되어 옥사가 일어난다.

(81) 갑인 초하룻날(甲寅年 光海君 6年·1614) 추국(推鞫) 시작한다. 문상궁은 중환에게 속고 그의 무고로 많은 사람이 죽게 되니 이것이 바로 갑인옥사이다.

(82) 이전의 조그만 혐의 있는 사람은 중환이가 거짓 다 일러바치니 그 이름이 오르는 사람은 땀이 흐르고 걸음을 내딛지 못한다.

(83) 갑인 이월망후에(甲寅年 光海君 6年·1614) 문상궁 등 많은 내인들을 잡아낸다.

(84) 이십일 후에 공주의 보모상궁 등 많은 내인을 몰아 잡아낸다.

(85) 경술년(庚戌年 光海君 2年·1610) 침실 시녀로 들어왔던 최여옥이 붙들려 가면서 결코 무복하지 않겠다는 말을 자진하여 남기고 갔으나 부모 때문에 무고한다.

(86) 이후에 병으로 출궁한(갑인년 가을) 변상궁을 여옥이 찾아와 울고 자복하며 무고하게 된 경위를 밝히고 죽여도 한하지 않겠다 한다.

(87) 임진년(壬辰年 宣祖 25年·1592)에 난이가 의인왕후의 침실시녀로 들어왔으나 인품이 용하지 못했다.

(88) 무신(戊申年 宣祖 41年·1608) 후에 겨우 난이가 상궁이 된다.

(89) 계축년(癸丑年 光海君 5年·1613)을 만나서는 난이가 양(兩) 아기씨를 향한 남달랐던 정성이 사라지고 불측한 원망을 하며 오히려 자기의 위세를

자랑한다.

(90) 정유년(丁酉年 宣祖 30年·1596) 난에 광해군이 선조를 수가(隨駕)하여 먼저 한강을 건너고도 배 보낼 줄을 몰라 난이는 밤이 되어서야 건너게 되었던 일을 말한다.

(91) 이시를 당하여 중환이와 난이의 세력에 미칠 자가 없었다.

(92) 이해 동짓달 내인, 상궁, 노비를 다 데려가고 대비에게는 새로 아이 두엇만 두어 물이나 떠 드리게 하다가 자진(自盡)하게 하련다는 소문을 난이가 궁안에 퍼뜨린다.

(93) 동짓달 보름날 내인들이 모두 잡혀갈 마음을 먹고 기다린다.

(94) 계축 동절(癸丑年 光海君 5年·1613)이 되어도 난이를 데려가지 않으니 난이는 광해군을 원망한다.

(95) 임진년(壬辰年 宣祖 25年·1592)에 김상궁이 30도 못되어서 상궁한 것을 난이가 시기하며 욕한다.

(96) 갑인년 춘(甲寅年 光海君 6年·1614)에 난이를 데려 내간다.

(97) 상시도 그 전(殿)의 내인은 김제남 상사(喪事) 때 모두 상복을 입었는데 난이만은 입지 않았다.

(98) 갑인 삼월(甲寅年 光海君 6年·1614)에 변상궁에게 사람을 보내 영창대군의 죽음을 알리고 대비께는 천천히 알리도록 명한다.

(99) 이튿날 내관이 영창대군 사망을 전날 알리고서도 또 와서 대비 잘 보살피라고 명한다.

(100) 사월이 되도록 대군 사망을 여쭈지 못하였는데 대비의 꿈에 나타나서 죽음을 짐작하게 되어 감추지 못하고 끝내 대비에게 대군 사망을 변상궁이 알리니 대비는 자결하려 하고 궁인들은 적극 말린다.

(101) 봄이 지나 여름이 가고, 가을이 되었더니 궁인들이 종기를 앓게 되었는데 변상궁이 심했다. 거의 죽게 된 변상궁이 병 때문에 밖으로 나가게 됨에 무리한 신체검사로 변상궁이 욕보다.

(102) 변상궁 나간지 오랜 후에 대비가 변상궁 건강이 좋아졌거든 들여 보내달라고 하였으나 대답이 없었다.

(103) 변시는 구월에 밖으로 병 치료하러 나가고 대신 천복이를 들어보내려

하다.

(104) 시월이십일에 은덕의 조카를 천복의 시양자(侍養子)로 만들어놓고 입궁 시키다.

(105) 여러 날이 지나도 대비가 불러보지 않으니 천복이 성을 내어 대전에게 알리겠다고 협박한다.

(106) 평일 천복이 자신도 익히 모시던 대비이신데 그런 대비 앞에 곱지 않은 모습으로 방자스럽게 얼굴 치켜들고 나앉는다.

(107) 동짓달이 거의 되었더니 천복이 의복없다고 앙탈하니 대비가 옷감과 솜과 신을 준다.

(108) 계축년(癸丑年 光海君 5年・1613)에 나간 두 상궁이 옥중에서 추워 할 것을 생각하여 천복에게도 불 땔 나무까지 준다.

(109) 이튿날 대비가 양전(兩殿)과 세자궁에 개문을 청하는 글을 써 보냈는데 내관이 나와서 천복이 잘못한다고 하여 천복이 근심하며 대소변을 본다.

(110) 이때를 타 정명공주의 역질을 이용하여 천복은 공을 세우려 한다.

(111) 섣달 십칠일 천복이 침실 기슭에 불을 놓았다.

(112) 불 놓을 때 이경이로되 마침 늙은 문상궁이 침실 아랫방에서 자고 있었다.

(113) 이경이 지났고 문상궁이 불붙는 소린가 의아해 한다. 곧 불인줄 알고 소리치며 모두 달려들어 껐으나 천복이는 나타나지 않다가 다 끈 후에야 겨우 얼굴을 내밀다.

(114) 이경에 담을 타고 아해들이 넘어가려다가 발각되자 제 방에서 자는 척 하다.

(115) 을묘년 봄(乙卯年 光海君 7年・1615)이 되어도 변상궁의 생사를 몰라 했다.

(116) 사월 회일의 변상궁을 재입궁시키며 광해비와 가히가 대비를 빨리 처 치할 것을 당부한다.

(117) 갑인 사월(甲寅年 光海君 6年・1614)에 박충신이를 보내어 공주와 대군 이 살던 방을 돌아보다.

(118) 이튿날 다시 와서 그들이 쓰던 물건을 다 실어낸다.

(119) 두어해(丁巳年 光海君 9年・1617) 지나니 쓰레기 악취 가득하고 구더기 가 방안과 밥솥 위로 기어다니니 울고 청하던 상궁의 말을 여러 번 듣고서

야 쳐내간다.

(120) 선조 때 이 궁을 본 별장(別將)들이 가막까치 똥이 회칠한 듯 하고 악취
가득한 현상을 보고 눈물짓고 탄식한다.

(121) 이러하기 두어 해에 한번씩 삼년에 한번씩 몹시 빌어야 쌓인 쓰레기를
쳐준다.

(122) 이튿날 내관이 연고 없이 남자를 데리고 행랑 집 위에 올라다닌다. 이는
전일 병 걸린 내인이 밤에 불켜고 다닌 것을 수상히 여긴 것이다.

(123) 갑인 무오년(甲寅年 光海君 6年·1614, 戊午年 光海君 10年·1618)까지
불놓으로고 부추기다.

(124) 십년이 되어가니 여러가지 일용품이 다 없어져 모자라게 된다.

(125) 해포 가니 안담이 무너져 보기 흉해 뜰에서 땅을 단단히 다져서 고친다.

(126) 해포 버려두어 대들보가 꺾어지고 사람이 치이게 되어 나무를 얻어 괴
어 놓고 내관에게 대전께 고하라 했으나 들은 체도 안한다.

(127) 평일에 있던 대추나무가 벌레가 많아 먹지 못하게 된다.

(128) 무오년(戊午年 光海君 10年·1618)부터 이 대추나무가 되살아 큰 열매가
달린다.

(129) 그해 겨울에 대비만이 아니라 모두가 먹어서 그랬던지 복숭아 나무가
죽었다.

(130) 기미년(己未年 光海君 11年·1619)에 대비가 시녀를 시켜 가꾸던 밤나무
가 죽었다.

(131) 이듬해(庚申年 光海君 12年·1620)에 한가지가 살아난다.

(132) 또 이듬해(辛酉年 光海君 13年·1621)에 한가지가 더 살아난다.

(133) 이듬해(壬戌年 光海君 14年·1622)에 큰 가지가 마저 살아난다.

(134) 무오년 여름(戊午年 光海君 10年·1618)에 불이 붙어 오는데 아무리 소
리쳐도 모른 척 하다가 한참 후에야 대답한다.

(135) 정사년(丁巳年 光海君 9年·1617)부터는 정월 초하루 대비 생신일에도
문안을 안 오고 숙배(肅拜)도 아니 한다.

(136) 신유년 칠월(辛酉年 光海君 13年·1621)에 포수를 시켜서 야경(夜警)하게
하니 마치 만군이 뒤끓는 듯 하다.

(137) 계해년 정월 초삼일(癸亥年 光海君 15年·1623)에 죽은 내인의 종을 다
　　내라고 독촉한다. 대비가 큰 집에 사람이 적어 가막까치와 귀신만이 꾀어
　　들어 무서우니 종들을 내어가지 말기를 청하나 대답이 없다.

(138) 삼월 열하루날 내관을 보내어 병자 있거든 내라고 한다.

(139) 열이튿날 가죽에다 두 마마귀신을 그리고 붉은 빛 작은 주머니에는 죽
　　은 내인들의 이름을 써서 넣고 산 내인들의 이름은 써서 밖에다 매달고 내
　　관 편에 보내어 이 가죽을란 침실 문안에 걸고 작은 주머니란 그곳에 있는
　　내인들의 이름을 보여주고 차게 하라 없애면 안된다고 일르며 간다.

(140) 계해년 삼월 십삼일 경(癸亥年 光海君 15年·1623)에 서궁의 문을 열다.

(141) 신유 임술년(辛酉年 光海君 13年·1621, 壬戌年 光海君 14年·1622)부터
　　는 신인이 와서 도와 내인들의 눈에는 놀라운 일이 많았다.

(142) 계축년(癸丑年 光海君 5年·1613)부터 당한 서러운 일을 다 기록치 못한
　　다.

위에서 보듯이 본 일기에서 취급된 사건을 142개로 파악했으며 대소사건이
일어날 때마다 어떤 모양으로든지 시간이 부기되 있음을 알 수 있다.

이 사건 일람은 본 일기의 대소사건을 가리고 밝혀진 시간을 첨부하여 가능
한 한 정밀히 정리한 것이다. 시간까지 밝혀진 것은 극소수이지만 일자까지 밝
힌 것은 36건, 월까지 밝힌 것은 19건, 계절까지만 언급한 것은 8건, 연도를 밝
히는데 그친 것은 40건, 사건이나 사태 등을 짚어 일시를 간접적으로 나타낸
대칭(代稱)의 경우가 18건이다. 단순 비교이지만 전체 사건 142건 중에서 119건
의 시간을 짚었다. 이것은 사건의 정확성을 기하려는 작자의 기록의식의 발로
로도 보인다. 또한 이 사건일람은 계축일기의 골격으로서 만일에 일일기(日日
記)로 기술했다면 이 일람과 유사하게 됐을 것이다. 이로써 충분히 본 일기의
내용을 파악할 수 있겠기 때문이다.

그리고 15개 군의 시간들이 역류되어 있음도 보여주고 있다. 그래서 사건의
선후가 뒤바뀌어 회억(回憶)의 형상을 이루어낸다. 이를 보기 쉽게 하기 위하여
다음에 간략한 도표를 제시한다.

事件의 一覽表(굵은 表記는 時間의 逆流를 나타냄)

過去		壬辰	丁酉	庚子	申丑	壬寅	癸卯	甲辰	乙巳	丙午	丁未	戌	申	기유
	干支	壬辰	丁酉	庚子	申丑	壬寅	癸卯	甲辰	乙巳	丙午	丁未	戌	申	기유
	王代	宣25··	···30···	33	34	35	36	37	38	39	40	41·····光	海卽位	光1
	西紀	1592	1596	1600	1601	1602	1603	1604	1605	1606	1607	1608	1608	1609
						1								
							2							
										3				
								4						
											5·6			
7														
		8												
										9·10				
												11·12	13·14	
											15			
												18		
												19		
												20		
												22		
												26		
												28		
											36			
												37		
												38		
		39·40												
												41		
42														
												56-57		

事件의 一覧表(굵은 表記는 時間의 逆流를 나타냄)

庚戌	辛亥	壬子	癸丑	甲寅	乙卯	丙辰	丁巳	戊午	己未	庚申	辛酉	壬戌	癸亥	未來予示
光…2	3	4	5	6	7	8	9	10	11	12	13	14	15	
1610	1611	1612	1613	1614	1615	1616	1617	1618	1619	1620	1621	1622	1623	
														16
		17												
														21
	23 · 24													
	25													
	27													
		29												
		30												
		31												
			32 · 33											
			34 · 35											
			43											
			44 - 55											
			58											
			59											
			60											
			61 · 62											
				63										
			64 · 68											

97

73
87
88
90

		69										
			70									
		71 · 72										
		74 · 75										
			76 · 77									
			78 – 80									
				81 – 85								
												86
			89									
				91 – 93								
			94									
				95								
				96								
				97								
				98								
				99·100								
				101-114								
					115 ~116							
				117 – 118								
						119 – 122						
				123			123					
							124					
							125					
							126					
							127~129					
								130				
									131			
										132		
											133	
							134					
						135						
										136		
												137~139
												140
										141	**141**	
			142									142

표에서 본 것처럼 사건이 일어나면 거의 그 정확한 시간이 제시되고 있다. 다시 말해서 시간관념이 철저하다. 대체로 시간의 순서에 따라서 기술되었으나 간혹 시간의 전후가 뒤바뀌어 기술된 것도 적지 않다. 이른바 사건의 시간과 이야기의 시간이 일치하지 않는 것도 있다는 것이다.

이 시간의 전후가 뒤바뀌어 기술된 것이란 곧 시간의 역류현상으로서 대개 회상의 형식을 띤다. 일기는 원래 완결된 그 날을 기록하는 것이므로 이와 같은 시간의 역류현상을 쉽게 보기는 어려운 것이다. 그러나 본 일기에는 일부에 이 역류현상이 나타난다. 이는 일기의 주성격인 일차성(日次性)의 동요를 뜻하는 것 같고 소설 등에서나 흔히 볼 수 있는 창작 수법같이 보인다. 그런데 완결된 하루를 기술하는 것이 일기라 하더라도 근본적으로 일기의 대상은 과거에 있고 즉실적(卽實的)인 감각을 가지고 정리하는 일기의 기술 자체도 엄격히 볼 때 추억 내지 회상의 범주를 벗어나지 못하는 것이다. 체험의 감각이 아직 생생할 때 쓰는 것일 뿐 지나간 그날의 기록인 것이다. 따라서 일기에는 근원적으로 회상의 체질이 있다고 해야겠다. 그 날로 끝난 사실을 되풀이하지 않는 것이 일기의 속성이고 그 바탕에는 회상의 인자가 깔려 있는 것이다. 그러므로 일기에서 시간이 역류되는 추억이나 회상이 나타나 보인다고 해서 별로 놀랄 일은 아니라고 생각된다.

그런데 본 일기는 독자의 감정을 흥분시키는 대목이 적지 않은 말하자면 순수한 기록물로만 보기 어려운 문예물이라 하겠다. 따라서 시간의 역류를 막을 수 없는 대목이 나타나 보이는데 이는 전술한 것처럼 일기의 주성격인 일차성(日次性)의 해방을 뜻하는 것이다. 그러면 이와 같은 해방이 본 일기의 스토리화(化) 내지 전개에 있어 어느 정도의 비중을 지니고 있는가를 '사건 일람'에서 차례로 보기로 한다.

텍스트의 서술인 1에서 3까지는 시간의 흐름을 따라서 기술되어 있다. 그러나 4에서 시간의 역류를 보게 된다. 1, 2, 3이 각기 지니고 있는 과정의 불명성(不明性)을 일시에 풀어주기 위해서였다. 말하자면 대비가 대군을 낳자 유자신(柳自新)이 여러 모로 흉계를 꾸미게 된 원인을 드러내기 위한 서술이다. 스토리화에 필요한 역류다. 다음 6, 7, 8, 9, 10에서 다시 시간의 역류를 본다. 6에는 두가지 연관이 있는 것으로 보인다. 첫째는 5와의 연결로서 대비의 공정한 처리가 더 표징되었다는 것, 둘째는 광해군과 대비 사이가 처음부터 나쁜 관계가 아니라는 것을 나타낸다는 양면성이 보인다. 7, 8, 9는 광해군이 임진왜란 때 세자로 책봉되긴 했지만 선조에게서 신임을 얻지 못했고 그래서 더욱 1, 3, 5와 같은 사건들이 나올 수밖에 없었던 당위성을 보여준다 하겠다. 이 대목은 1, 3, 5와 같은 사건이 7, 8, 9로 이어지는 스토리화에 긴요한 역할을 하고 있다. 10은 광해군 측에서는 있을 법한 일이라 이해가 되는 대목이다. 다음으로 보이는 시간의 역류는 15에서다. 선조에게 광해군은 자식의 도리를 다 못한 인물이었음을 나타낸다. 17은 사전 제시가 된 대목이다. 이는 16과 연결되는 것으로 16은 광해군 즉위 초의 일로 보이고 17은 5년 후인 계축 옥사 때이다. 즉 5년 후의 일을 미리 기록한 것으로서 이 작품이 계축옥사 후에 기술된 것임을 알게도 하는 대목이다. 20, 22는 즉위 초의 광해군의 순수했던 심중을 잘 알리는 과거다. 21은 작품의 진행상 미래에 해당됨으로써 역시 사전 제시가 된다.

26은 대비와 광해군의 사이가 원만치 못했음을, 28은 요언이 퍼질지 모른다는 광해측의 염려를 나타내는 과거다. 61, 62는 대군 출궁하기 전 목욕시키라고 보채시던 과거다. 69부터 74까지는 과거로써, 69부터 72까지는 중환이란 내인이 가히의 심복으로 바뀌는 과정이고, 73부터 74까지는 대군이 모함당하던 과정이다. 86은 사건의 진행으로 보아 사전 제시라고 보여진다. 87부터 90까지는 상궁 난이의 과거사다. 117, 118은 공주와 대군이 쓰던 물건을 다 내갔다는 과거사이다. 134, 135, 136은 대비가 서궁에서 박대당하던 과거사다. 141은 신인(神人)들의 현몽(顯夢)으로서 위로받았다는 회상이다.

시간이 역류된 대목을 다시 사건별로 추려보면 아래와 같이 15개 군이 된다. 즉 4/ 6/ 7, 8, 9/ 10/ 15/ 20, 22/ 26/ 28/ 61, 62/ 69, 70, 71, 72/ 73, 74/(卷之一) 87, 88, 89, 90/ 117, 118/ 134, 135, 136/ 141(卷之二)과 같다.

그런데 앞에서 본 것처럼 스토리화에 공헌한 역류로서는 4 6 7, 8, 9 10 정도로 보이고 나머지는 단순한 역류라고 볼 수 있지 않을까 한다. 또한 사전 제시도 17, 21, 86의 3자가 보이나 역시 스토리화에는 깊숙이 연결된 것으로는 보이지 않는다. 말하자면 4, 6, 7, 8, 9, 10 정도이고 나머지는 스토리화에 있어서 회상이나 강조 또는 단순히 경위를 밝히는 정도로 보여진다.

이와 같은 경우를 이미 「음애일기」·「난중일기」·「청백일기」·「연평일기」

에서 보아왔다. 이제 그 예를 하나 들어보기로 한다.

음애일기는 전부 41개항의 기록이 있다. 그중의 22항의 내용을 간추려본다.

  ◦ 17일에 소능 옛 무덤을 판다.

  ◦ 소능을 폐한 연유

  ① 노산 복위운동과 소능의 연좌(連座) 여부(與否)는 확실치 않은데도 불구
    하고 폐함을 당했다. 이것이 역사의 기록이다.

  ② 광묘(光廟)가 대낮에 가위눌리는 꿈을 꾸고 불길하다 하여 소능을 폐하
    고 무덤을 파서 혼령이 공중을 떠돌게 했다.

  ◦ 50여 년이 지난 오늘에야 종사(宗社)가 나서서 소능을 복위시키니 참으로
    다행한 일이다.

(「음애일기」, p.155, 7행∼p.156, 10행)

그런데 40항, 41항(仝 p.170, 15행∼p.171, 12행)에서 이를 재론(再論) 보완하고
있다. 이는 시간의 역류에 의한 스토리 완성의 하나로 보겠다.

그러면 이제 계축일기의 예를 본다.

  ◦ 정미(丁未)년 10월(선조 40년 1607)부터 광해군이 병중인 선조를 시약(侍藥)
    할 때 정성이 없었으며 상을 당했을 때도 월 1차 빈전(殯殿)에 들렀으나 슬
    픈 기색은 보이지 않았으며 대비의 곡읍(哭泣)도 못마땅해 한다.

(「계축일기」, p.36, 14행∼p.37, 13행)

이 기록 바로 전에 다음과 같은 기술(記述)이 보인다.

  ◦ 빙천하오신 석달(선조 41년 1608)만에 상중의 광해군이 수라를 못들자 대
    비가 육선(肉饍)을 권한다.

(계축일기 p.35, 5행∼7행)

선조가 승하한 기록 다음에 승하전 기록이 나타났으니 이것도 시간의 역류가
되겠다. 이제 음애일기와 계축일기에 나타난 스토리 완성도를 볼 때 전자가 후

자보다 훨씬 내용이 풍부하고 사무치는 정서이다. 이런 경우는 청백일기와 연평일기에서도 볼 수 있다. 그러므로 전술한 바와 같이 15개 군(群)의 시간의 역류현상 중에서 4·6·7, 8, 9, 10의 4개 군을 제외한 11개 군은 일반 일기에서도 흔하게 나타나는 현상과 별로 다를 것이 없다는 말을 할 수도 있다는 것이다.

따라서 본 일기에는 시간의 역류현상으로 스토리 형성이 이룩되지만 그렇게 왕성하다고 보기는 어렵다는 말을 할 수 있을 것 같다. 즉 4개 군 정도에 그친다고 할 때 전체적인 취향을 말하기로 한다면 대부분의 사건이 시간의 흐름 속에서 부침(浮沈)됐다고 볼 수 있는 데서 연대기적으로 사건이 배열되는 결과가 되었다고 하겠다. 142개의 사건 중에서 4·6·7, 8, 9, 10의 4개 군 곧 6개 역류사건의 비중은 역사 자체의 비중도 그렇지만 그리 큰 것이 못될 것이기 때문이다.

11. 일기적(日記的)인 속성(屬性)

위에서 보아 온 것처럼 본 일기는 그 일기로서의 기록체제와 시간성은 변화 내지 해체된 것으로 보이나 사실성의 변질이나 정서상 주류의 전환에까지는 미치지 못한 것으로 보인다. 즉 스토리화로 인해서 일부 사건의 순서가 바뀌고 시간성이 해체되었다 해도 계축일기 전편을 통관(通觀)할 때는 사건의 전개에 따른 전 국면은 바로 전항에서 설명한 것처럼 연대기적으로 다루어진 것으로 볼 수 있을 것 같다.

본 일기에 기술되고 있는 사건의 순서는 거의가 그 사건이 일어났던 차례대로 기술되었다고 보이는 중 중요한 사건마다 그 내용과 목차가 역사적 사실과 동일한 것과 약간 틀리는 것들이 보인다.

〈예1. 내용과 목차가 역사적 사실과 동일한 경우〉

임인년 — 인목왕후 잉태

계묘년 — 정명공주 출생

병오년 — 영창대군 출생

병오년 — 유자신이 복점(卜占)하고 굿판 벌임

갑진년(병오년의 2년 전) ― 광해군봉왕세자주청(光海君奉王世子奏請) 좌절
무신년 ― 광해군이 정사(政事)에 불민함을 늙은 내관이 비웃음. 이를 두었다
　가 계축년에 죽임
계축년 ― 박응서 등의 조령(鳥嶺)에서의 은상(銀商) 살해사건 및 옥사
갑인년 ― 가히, 중환 등의 농간으로 인해 문상궁 등 30여명의 내인이 살해된
　옥사
계해년 ― 인조반정, 서궁의 문이 열림

〈예2. 목차는 틀려도 내용은 역사적 사실과 동일한 경우〉

　기억 본위이기 때문에 일차(日次)나 사실이 혼동되기도 한다. 영창대군이 출궁되던 날이 계축일기에는 6월 21일로 되어 있으나 조선왕조실록에는 6월 23일로 기술되다.

　이런 점으로 보아 가능한 한 사실을 사실대로 적으려던 분위기가 감돈다고 하겠다. 즉 일시, 인물, 장소, 사건 등에서 몇 개의 착오는 있다 해도 거의가 실지와 일치하는 것으로 보아서 일차성과 더불어 즉실성도 유지된 것으로 보인다.

　다음은 당일성(當日性)의 존재 여부이다. 주지된 바와 같이 일기에는 날마다 쓰는 일일기(日日記)가 있고 며칠 또는 몇 달치를 한꺼번에 몰아 쓰는 연일기(連日記)가 있다. 일일기는 정상적인 일기로 볼 수 있으나 연일기는 하나의 변종으로서 특수한 사건을 기술하는 경우가 많다. 일일기는 매일 쓰는 것이므로 거기에는 하루가 정리되어 있어 다시는 고쳐지지 않는 마감하는 성격같은 것을 볼 수가 있다. 이를 가리켜 당일성으로 부른다. 그러나 연일기에는 마감한다고 하는 제약을 벗어나 스토리가 형성되고 국면이 생기며 하나의 사건으로 전개된다. 이를 가리켜 연일성으로 부른다. 앞에서 본 음애일기, 난중일기는 비교적 일일기로 볼 수 있고 청백일기, 연평일기는 사건을 다룬 일일기와 연일기(連日記)의 혼합으로 보여지지만 계축일기는 사건을 다룬 연일성이 우세한 일기로 보인다. 그런데 이 연일기에는 사건의 전개, 곧 연일성도 보이지만 또한 당일성도 보인다. 앞에 제시된 사건 일람표에는 이와 같은 상황이 소상히 나타나 있다. 즉 그날의 일을 그날에 끝낸 기술이 얼마든지 보인다는 것이다. 이제 그 예를 들어보면 다음과 같다. 즉 142개 항 중에서 12, 13, 14, 25, 32, 34, 38, 43, 44,

45, 48, 49, 55, 62, 66, 69, 80, 81, 83, 84, 93, 99, 104, 109, 111, 112, 113, 114, 116, 118, 122, 135, 137, 138, 139, 140의 36개 항(項)에 달한다. 따라서 일차성・즉실성은 본 일기의 중요한 속성이지만 당일성도 무시할 수 없는 위상을 지닌다고 하겠다.

12. 표기

　본 일기는 한글로 기술되어 있다. 여기에는 작자나 독자에게 쓰기 쉽고 이해하기 쉽다는 그 이상의 뜻을 읽을 수 있을 것 같다. 한자란 근원적으로 표의문자이다. 「선(船)」은 어디까지나 사람을 태우고 물위를 달리는 「ship」으로 밖에 대응이 안된다. 그러나 「배」는 선(船)은 물론 이(梨)와 복(腹)이라고 하는 전혀 뜻이 다른 말까지도 환기시키는 표기라고 할 수 있는데서 이는 한글과 현사(懸詞)라고 하는 기교와의 친근성을 생각해 볼 때 자명해지는 것이다. 즉 한글이나 한글문에는 의미상으로는 한자나 한문에 비해서 처음부터 혹종(或種)의 자재(自在)스러움과 애매함과 같은 비한정성(非限定性)이라는 것이 맴돌고 있는 것이다. 참으로 한문은 엄밀하게 사실을 기록하고 서술하는 문체에 잘 어울리는 글인 반면 한글문은 곡선적, 굴절적, 간접적, 포괄적이어서 애초부터 허구를 안 아들일 가능성이 있다고 하겠다. 사실성, 서술성보다는 진실성과 서정성이 짙은 문체가 될 가능성이 높다는 생각이다.

　계축일기는 작자가 정에 여린 여성이면서 또 한글로 기술되었다고 할 때 그 내막에서는 이것이 사실기록체인 일기이면서도 쓰여져 나오는 것은 단순한 사실에서 벗어나기도 하고 또는 부풀려지기도 했으리라는 것은 쉽게 짐작이 가는 것이다.

　이 기사(記事)에는 실제로 오기(誤記)와 허구가 지적된다. 그런데 여기서 주목되는 것은 거의 매번 일차(日次)가 박혀져 나오는 그 알뜰함은 무엇을 뜻하는 것일까 말할 것도 없이 그것은 그 일부(日附)가 포함하고 있는 기술의 사실성의 확인을 독자들에게 촉구하는 것이 틀림없다. 그러나 그 일부(日附)가 포함하고 있는 기술의 어디까지가 사실이고 어디서부터가 허구인지 그 이음새는 반드시 있을 것인데도 구분해내기란 그리 간단치가 않다. 말하자면 한글문이라는 것이 그 이음새가 드러나지 않게 하고 있다는 것이다. 한글체라고 하는 것은 실(實)과 허(虛)가 섞여서 발효되어 그 어느 쪽도 아닌 아리숭한 것을 창출해내는 것으로서 "궁중을 조려 게요 용납게 믄돌고(p.208)", "일년의 모흔거시 산 무우니 갓더라(p.209)"와 같이 강조되었다든지 과장되었다든지 하는 것이 그 좋은 예가 될 것 같다.

계축일기는 한글로 쓰여진 가장 오래된 일기이다. 그런데 위에서와 같은 기능을 지닌 한글체로 마음에 서린 만단의 심회를 풀어냈다고 하는 데서 우리의 일기문은 하나의 특질을 지니고 있는 것 같다. 계축일기의 출발점은 잘 나타나 보이지만 그 종착점은 어떤 것인지 알 수가 없다. 인조반정(仁祖反正)이 갑자기 나타난 것은 이 사건의 마감이지 작자의 마음속에 서린 아픔의 샘이 다한 것은 아니다. 가는 데까지 끌려가야 하는 이 노정의 간난함은 「섧워라」, 「인긍히」, 「블샹ᄒ더라」 등의 애처로움을 일으킨다. 그와 같은 그야말로 한글로밖에 써지지않는 감정표현을 줄기차게 되풀이하는 것이다. 이는 바로 끝이 보이지 않는 가시밭길을 걷는 쓰라림과 아픔 자체를 고스란히 드러내는 것이다. 곧 할퀴고 찢기고 저며진 한의 앙금이며 신음인 것이다. 그래서 계축일기는 말하자면 이와 같은 쓰라림과 아픔의 과정을 조금이라도 형상화하려는 의도가 있었던 것은 아니었을까. 영창대군 사건에만 끝나는 것이 아니라 내일이 없는 암야(暗夜)의 행로에서 마음을 졸이고 애를 태우며 조바심하던 그 처연함을 나타내려던 것은 아니었을까. 이와 같이 억울하고 서럽고 스며든 안쓰러움을 풀어내 구비구비 나타내려 했던 것으로 보인다. 그래서 작자는 그와 같은 큰 틀 속에 들어갈 수 있는 한의 그와 유관하거나 비슷한 사실들을 집어넣는다. 일부인(日附印)이 붙는 한 그것들은 모두 사실의 기록으로서 읽히는 것이기 때문이다. 여기에서 작자는 뿌듯함을 느끼는 동시에 일변으로는 신기하기도 하고 또 흡족하기도 한 것이다. 결국 일기를 한글로 썼다고 하는 것은 계축일기의 작자, 곧 내인(內人)들이 개발한 새로운 문학의 방법이라고도 볼 수 있을 것 같다. 그러한 의미에서 계축일기는 그 위상을 다시 한번 살리지 않을 수 없게 된다. 한글문에 의해서 우리는 비로소 일기가 아닌 본격적인 일기문학의 탄생을 보는 것이라고……

13. 주제

  계축년에 일어났던 옥사를 중심하여 쓰여진 본 일기는 역사적인 사실의 기록으로서 그 사실을 소재로 하여 작자의 창작정신이 가미된 것으로 보여진다. 그래서 사실보다 강조, 과장, 분식(粉飾)되기도 하고 허구화에도 이르른다. 사실(史實)에 충실한 기록이라면 구태여 주제가 무엇인가를 밝힐 필요는 없겠다. 지금까지 살펴온 것처럼 사실만의 엄정성에 기대지 않고 인물이나 사건을 윤색했다고 보일 정도로 진하게 기술하게 된 까닭은 어디에 있는 것일까. 배경, 인물, 사건, 주장, 정서 등이 실제 사실과 거의 일치하여 그 역사성을 부정할 수 없는데도 불구하고 이것이 담박한 기록에 머물지 않고 만감이 교차하는 작품으로까지 승화된 연유는 어디에서 찾아지는 것일까. 영창대군이 태어나면서부터 일기 시작한 권력 다툼, 선조(宣祖)의 급서(急逝)와 광해의 즉위, 임해군의 유배와 사망, 계축옥사, 인목대비의 유폐, 대비의 자해, 가히의 대비모해, 오불가, 궁즉통, 인조반정 등 비극에서 회운(回運)으로 이어지는 구성을 통해서 작자는 무엇을 호소하고 싶었던 것일까. 그가 후대의 독자 특히 그의 가문의 가솔들에게 남기고 싶었던 마음이 어떤 것이었을까. 본 일기에

> 계튝년(癸丑年)브터 셜운 일이며 샹시 니관 보내여 저히며 꾸짓던 일이며, 박더 브도브효지사(不道不孝之事)를 니르 긔록디 못 ᄒ야 만분의 ᄒᆫ 말이나 긔록 ᄒ노라.
>   다 쓰려ᄒ면 남산(南山)의 대를 다 버히다 엇디 다 니르쓰며, 다 니르랴 ᄒ면 션텬디 진ᄒ고 후텬디 니룬들 다 녜아기 삼아 보랴 니인들이 잠간 긔록 ᄒ노라.

(p.227, 4행~7행)

  라고 했듯이 자신들이 당했던 억울함과 또 광해군이 대비를 향해 취했던 박대, 불효부도지사(不孝不道之事), 그리고 몇 번씩이나 죽음의 고비를 넘나든 그러면서도 긍지를 잃지 않았던 대비의 고초를 다 쓰지는 못할지언정 그 일부라도 써서 남겨 두고두고 후손들을 경계하고 교육하고 나아가 귀감이 되기를 바랐던 것은 아니었을까. 지난날의 피눈물 나던 일들을 당했던 그대로를 생생하게 기

억을 더듬고 회상하면서 기술한 목적의식이 손에 잡히는 것 같다. 대비를 모시고 공생하던 내인들이 바로 작자였기에 그 때 벌어진 사실을 진솔하게 파악했다고 보여진다.

유폐생활에서 대비의 처지는 도저히 강자(强者)일 수는 없었다. 설움과 모멸과 아픔과 생명까지도 내어놓아야 할 피해자의 신세였다. 가히라는 한갖 내인(內人)의 손아귀에 쥐어진 약자였다고 하겠다. 따라서 광해군은 부도(不道)를 자행하는 가해자의 자리에 서게 되었다. 이와 같은 사실을 집필자들은 본대로 들은 대로 느낀 대로 기술한 것이겠다. 더욱이 대비와 공생관계에 있는 집필내인들이 대비의 억울함과 아픔을 서슴치 않고 강조함으로써 대비와 광해군의 대립상은 부각되기에 이르른 것으로 보여진다. 대립상을 꾸몄다기보다는 강조의 결과가 아닌가 한다. 따라서 억울한 자신들은 선조(宣祖) 승하(昇遐)가 뜻밖이었던 것처럼 천우신조(天佑神助)라고 밖에 볼 수 없는 뜻밖의 반정거사(反正擧事)로 햇빛을 볼 수 있었고 무지한 광해군은 왕위에서 쫓겨나고야 마는 즉 억울한 약자는 제자리를 찾고 무도한 강자는 징벌된다고 하는 전말이 된 것이다. 이는 권정징사(勸正懲邪)라고 하는 고소설의 전형적인 주제의식과 궤를 같이 하게 된 것으로 보인다. 대비의 신산에 찬 심정이 저류하고 있는 이 작품의 주제를 짚는다면 그의 비극적 생애를 그리면서 핍박을 견뎌내고 마침내 억울함을 풀 수 있었다는 사필귀정(事必歸正)의 사상을 나타내는 것으로 보여진다.

14. 기록의식

본 일기에는 기술을 나타내는 용어로서 "뼈내다", "뼈와서", "뼈보내니", "쓰시눈", "쓰오실", "뎍어겨시니" 등의 구어체와 "긔록ᄒ리오", "긔록디못ᄒ야", "긔록ᄒ노라", "셔계ᄒ라", "볼귀ᄒ여" 등의 문어체 등으로 나누어지는 것 같다. 문어체 중에서도 "긔록"이라는 용어가 4회로 가장 많이 사용된 것 같으나 이 문어체와 구어체가 같은 문절(文節) 안에서 쓰여진 것이 후기에서 보인다.

계튝년(癸丑年)브터 셜운 일이며 샹시 ᄂᆡ관 보내여 저히며 꾸짓던 일이

며, 박터 브도브효지사(不道不孝之事)를 니른 긔록디 못 ᄒ야 만분의 ᄒᆞᆫ 말
이나 긔록 ᄒ노라.
　　다 쓰려ᄒ면 남산(南山)의 대롤 다 버히다 엇디 다 니른쓰며, 다 니른랴
ᄒ면 션텬디 진ᄒ고 후텬디 니룬둘 다 녜아기 삼아 보랴 너인들이 잠간 긔
록 ᄒ노라.

(p.227, 4행~7행)

여기에는 다음과 같은 세가지 양상이 짚인다.

(1) "니른 긔록디 못ᄒ야", "니른쓰며"의 양자(兩者)를 보면 전자(前者)는 "니
른"와 "긔록디"가 떨어져 쓰인데 반해서 후자는 "니른"와 " 쓰며"가 조화되어
복합어를 이루고 있다. 전자는 "니른"와 "긔록디"가 쉽게 동화되지 못하는 어
질(語質)의 차이가 있는 것으로 보이나 "긔록디"가 따로 쓰여짐으로 해서 직접
적으로는 위에 있는 부도불효지사라는 낱말을 돋보이게 강조하는 어감을 지닌
다.

전술한 「표기」항에서 지적한 것처럼 자재(自在)함과 애매함이 감돌기 쉬운
한글 " 쓰며" 대신에 정확하고 엄밀하게 사실을 기술하는데 적합한 한문인 "긔
록"을 사용하므로써 사실성을 더해주고 있다.

(2) 이와 같은 짧은 후기 속에 "긔록"이라는 용어가 4회씩이나 보이는 것이
계축일기라는 기술 자체를 직간접으로 강조하는 것으로 보이지만 여기 "긔록"
이라는 용어 대신에 "일긔"라는 용어를 써도 별로 어색함이 없을 것 같다. 즉
"일긔ᄒ노라"가 되는 것이다. 이 때까지만 해도 "긔록"과 "일긔"는 동의어였다.
노산군(魯山君)일기, 광해군일기는 실록이며 기록인 것이었다.

그러므로 '계축일기'라는 제호는 '계축기록'으로도 전의가 된다. 일기나 기록
은 원래 "기술된 것들", "써진 것들"을 뜻하는 것으로서 "써서 남긴 것들", "써
서 남은 것들"로까지 풀이가 된다 하겠다. 따라서 '계축일기'는 "계축년에 일어
난 옥사를 써서 남긴 것"이라는 뜻을 지니게 되겠다. 그래서 "긔록ᄒ노라"를
"써서 남기노라"로도 읽혀지는 것으로 보인다. 계축년에 일어난 부도불효의 옥
사 등을 써서 남긴 것을 특히 강조한 것이 네 번씩이나 되풀이한 '긔록'의 존재

의의가 아닐까 한다. 써서 남겼으니 후손들의 눈에 띌 것이다. 여기에 전승이라
는 역사의식이 머리를 든다. 당시에는 체험이지만 후에는 교훈이 되는 것이 기
록의 본색인 것 같다.

  (3) 후기 끝줄에 "녜아기 삼아 보랴"라는 구절이 있다. '녜아기'는 '이야기'로
서 "이야기 삼아보랴"가 된다. 여기에는 흥미있는 이야기로만 보아 넘길 것인
가라는 작자의 날카로운 목소리가 함축되어 있는 것 같다. 박대부도불효지사
(薄待不道不孝之事)의 만분의 일이나 겨우 기술한 이 일기를 가벼운 마음으로
이야기책 읽듯이 보라고 후손들에게 권할 수는 없는 것이겠다. 인륜의 파괴, 정
사(正邪)의 혼돈, 흉계에 의한 피의 숙청, 복수의 악순환, 기강의 훼손, 모해와
자해, 거역과 배반 등 공포분위기 속에서 견뎌낸 인목대비의 위리안치(圍籬安
置)는 권력쟁취의 자국이 얼마나 처참한 것인가를 잘 보여준 역사의 현장이며
생의 한 교과서가 되기도 하였다. 이런 것을 지나가는 이야기로만 들어 넘길
수 없는 말하자면 이야기 이상의 어떤 메시지가 들어 있는 것 같다. 억울하게
죽어간 사람들의 원성, 애꿎게 끌려가 죽은 내인들의 아우성이 본 일기에는 가
득하다. 더욱이 이 기록이 작자가 목숨을 걸고 기술했을 것이라는 점을 생각한
다면 이를 읽는 독자들은 특히 그 후손들은 숙연해지지 않을 수 없겠다. 따라서
본 일기는 재미있게 읽을 이야기라기보다는 조상들의 숨결이 느껴지고 기(氣)
가 통하는 유전(遺傳)으로 받아들여야 할 것 같다. 이야기 삼아 볼 수 없는 소중
한 전승물(傳乘物)이 아닐 수 없다.
  네 차례 사용되었다고 하는 "긔록"의 마지막 용례는 다음 인용에서 볼 수 있다.

  지극 무지 흔 하인이라도 어버이 무덤의 흙을 거우랴 흐면 고묘흐고 상
  심(傷心) 흐거늘 지텬지녕을 놀내옵고, 그 둥형흔 피덩이룰 쓰어담아 나쟝
  이며, 군시메여 궁듕의 드려 침뎐 기숡의 노흐니 너인은 노소 업시 하 두려
  마로 아래 숨으며 저희 잡으라 왓는가 넉여 뼈 헤디르는 형상 엇디 얼골
  흐여 긔록흐리오.

(p.83, 10행~13행)

  아모리 상놈이라 해도 부모의 묘토(墓土)를 파려면 고묘(告墓)라는 절차를 밟
아 예를 갖추고도 지극히 마음 아파하는 법인데 그렇지도 않고 다짜고짜로 하

늘에 계신 혼백(魂魄)을 놀라게 했을 뿐더러 그 중형(重刑)한 핏덩이를 끌어담아
서 궁중으로 들여와 침전 옆에 놓아둔 것도 끔찍한 일이지만 그런 것을 보고
내인들은 저희들을 잡으러 온 줄로 잘못 알고 노소없이 마루 아래에 숨기도 하
고 죽을 둥 살 둥 헤매는 모습을 어찌 보란 듯이 기록할 수 있겠는가 라는 것이
그 내용이다. 여기에 "헤디르는"이란 형용사는 앞 뒤 가리지 않고 상스럽게까
지 느껴지는 야한 행동을 나무라는 투로 보이고 "얼골ㅎ여"는 염치도 없이 그
리고 당당하게라는 자신의 심정을 나타내 보이는 표현이다. 이를 보면 본 일기
에는 무엇이든 가리지 않고 기술한 것이 아니고 취사선택했음을 알게 한다. 보
기도 흉하고 부끄럽기도 하고 민망하기까지 한 부실한 것들 그리고 내인들의
치부로도 보일 수 있는 것들은 본 일기에 담을 수 있는 내용이 못된다는 것이
다. 읽어도 창피하지 않은 내용 혐오감 같은 것은 전혀 느낄 수 없는 자랑스럽
고 실한 내용, 기록자도 얼골을 당당하게 내놓을 수 있는 내용이라야 일기에
올릴 수 있다는 생각이다. 실하고 당당하고 자랑스러운 내용이라면 의의가 있
고 길이길이 잊혀지지 않으며 우리의 생활을 떠받들어 풍요롭게 하는 그래서
대를 이어 물려받을 수 있는 고맙고 가치가 있는 것들이 될 것 같다. 이런 것들
이라야 본 일기에 담겨진 기록이 되었을 것이라는 뜻으로 받아들여진다. 여기
의 '긔록'에서는 특히 본 일기에 담겨진 내용의 질을 짚은 것이 되겠는데 역시
앞에서 본 것과 같이 가볍게 읽어 넘길 이야기라기보다는 조상들의 맥박이 통
하고 그 메시지가 체감되는 유물로 다가서는 것이겠다.

　이와 같은 전승의 줄기를 이어가는 역사의식을 직접 다루고 있는 대목을 다
음 예에서 쉽게 대할 수 있다.

　　이제 반드시 샤특(邪慝)ㅎ 일노 잡아 므자 업시 홀 거시니 우히 국뫼 되
　여 겨오샤 두 즈손을 두어 겨오시던 일은 무치이고 가슴 스이예 방정과 역
　모 ㅎ오시다가 발각ㅎ야 죽스오시다 스책(史冊)의 쓰이올 거시니 인간의
　견디기 어렵스온 츄츄(啾啾)섧스온 일이 다시 업스오나 훗일홈이나 아니
　싱각 ㅎ오리시잇가.

(p.106, 1행～4행)

　　낸들 므슴 혬이 업스며, 더러온 일홈을 싯고져 아니랴 마는 하 셜워 애롤
　뼈 투는 듯 간댱이 졸고 심간(心肝)의 블이 붓는둣 ㅎ니 후일 싱각 업고 이

인간을 어셔 여희고져 ᄒᆞ야 손죠 죽고져 ᄒᆞ노라.

(p.106, 8행~10행)

　이 두 예문에서 주목되는 것은 "ᄉᆞ책에 쓰이올 것이니"와 "더러온 일홈을 싯고져 아니랴마ᄂᆞᆫ"이라는 구절이다. 이제 죽으면 "역모하다가 발각되어 자진한 가족"이라고 사책(史冊)에 기록되어 후세에 더럽혀져서 전해질 것이라는 것과 "더럽혀진 일홈을 씻고자 아니할까마는"으로서 사책에 역적 가족으로 오를 것을 염려하여 오명을 쓰지 않아야 하겠다는 의지가 뚜렷이 나타나 보인다.

> 　아기시 볼셔 범의 입의 들믈 면티 못 ᄒᆞ오셔 이제 아모리 간댱(肝腸)을 슬워 ᄒᆞ오셔도 사라오실 줄이 업습고 병드오신 본겻 동싱남내 어린 ᄌᆞ손들 ᄃᆞ리오시고 의지 ᄒᆞᆯ 디 업서 우흘 다시 만나보ᅀᆞᆸ고져 사라 겨오시니이다. 아기시ᄅᆞᆯ 위ᄒᆞ여 옥톄ᄅᆞᆯ ᄇᆞ리오시면 졔 더옥 깃거 ᄆᆞ음 ᄀᆞ장 모딘 일을 ᄒᆞ여 방졍지ᄉᆞᄅᆞᆯ ᄒᆞ다가 나타나 ᄌᆞ진ᄒᆞ오시다 ᄉᆞ긔(史記)예 쓰일 거시요. 악명(惡名)을 싯고, 우히 몬져 업ᄉᆞ오시면 각식 일을 다 ᄒᆞ오시다 니ᄅᆞ올 거시니 셟ᄉᆞ오시믈 ᄎᆞᆷᄉᆞ오샤 져근덧 견디여 보오쇼셔. 죵인들 위연(喟然) 어엿브고 잔잉ᄒᆞ니잇가. 평시예 됴흔 시졀의ᄂᆞᆫ 존귀(尊貴)히 시위ᄒᆞ와 사ᅀᆞᆸ다가 이제ᄂᆞᆫ 닌인이 초야(草野)의 기음미ᄂᆞᆫ 하인만도 못 ᄒᆞ여 히골(骸骨)이 거리거리 구을고 금부 나장의게 뒤믈녀 션왕마노라 근시ᄒᆞ던 사ᄅᆞᆷ이나 의인(懿仁) 가례(嘉禮)적 사ᄅᆞᆷ이 다 듕형으로 죽어시니 불상코 잔잉ᄒᆞ여이다. 출히 싀여뎌 듯디 말고져 ᄒᆞ오나 우흘 싱각습고 사라습ᄂᆞᆫ디 이제 죽ᄉᆞ오시면 우리ᄅᆞᆯ 살나 두리잇가. 새로 옥ᄉᆞ(獄事)ᄅᆞᆯ 일울 거시니 흔 아기시ᄅᆞᆯ 위ᄒᆞ오샤 깃틴 사ᄅᆞᆷ을 다 셜니 죽게 마오쇼셔.

(p.171, 8행~p.172, 6행)

　여기서 짚이는 대목은 "…ᄌᆞ진ᄒᆞ오시다 ᄉᆞ긔에 쓰일거시오 악명을 싯고 우히 몬져 업ᄉᆞ오시면…"이다. "스스로 목숨을 끊었다고 사기(史記)에 오를 거시오 악명(惡名)을 싣게 될거시니 대비께서 먼저 돌아가시게 되면"이라고 풀이가 된다. 이것은 앞의 예와 같은 내용으로서 영창대군이 출궁되었을 때와 그 죽음을 알았을 때 두 경우를 당했을 때의 상황이다.

> 　니외 ᄉᆞ모 담을 다엿자히나 더 놉히고 문마다 텹 박아둔데 박으니 우혼 죽ᄉᆞ오시기ᄅᆞᆯ 날로 기다리오시거니와 부모 ᄌᆞ손 ᄉᆞ이예 홋 일홈이 불상ᄒᆞ

니 셜워 어마님 안티ᄒ시다 말은 벗디 못ᄒ실쇠.

(p.208, 4～6행)

여기서 짚이는 구절은 "훗일홈이 블상ᄒ니"이다. 이는 훗날에 남을 일흠이라는 뜻이니 역시 '긔록'이 전제가 된다. 광해군은 어머니를 죄인으로 몰아 위리안치하였다는 악명을 벗지 못할 것이라는 것이다. 우리 역사에 이런 '긔록'이 남는다는 것을 참으로 부끄럽고 슬픈 일임을 늙은 내인은 울고 있는 것이다.

이 세 경우에서 알려지는 것은 이 '긔록'은 곧 역사의식의 발로라는 것을 단적으로 증명하고 있다는 것이다. 사책에 오른다는 것이 무엇을 뜻하는 것이며 어떠한 영향이 있는 것인지 그리고 자신들의 거취가 사책에 기록된다는 것을 대비도 작자도 잘 알고 있었다는 것이다.

대비가 죽으면 안된다는 이유가 누차 여러 가지로 꼽혀졌다. 이것은 상궁들이 대비의 안타까운 마음을 돌리기 위해서 섬겨낸 것이긴 하지만 친부 김제남과 두 동생의 시신도 제대로 간수되지 못했다는 것, 제주도로 유배된 친모를 돌볼 사람이 없다는 것, 정명공주도 자식인데 누구를 의지하고 살 것인가라는 것, 내인들의 생명을 보전하기 위해서, 억울하게 죽은 사람들의 가족들이 대비만을 쳐다보고 있다는 것 그리고 오명으로 사책에 오른다는 것 등이다. 어느 것 하나 절실하지 않은 것이 없지만 작자가 역점을 두고 강조하였으며 대비 또한 그대로 수용한 것은 이 오명으로 사책에 기록된다는 것이라고 보여진다. 모진 고비를 여러번 넘기면서도 대비가 살아야 했던 것은 스스로 산 증인이 되어 사실을 사실대로 보이고 밝혀서 정도(正道)가 서고 나아가 억울한 오명을 결단코 후대에 남길 수 없다는 것이었으며 또한 결말은 그 뜻 그대로 되어서 오명을 깨끗이 물리친 것이다.

따라서 본 일기는 기록이라는 의식이 역동적으로 작용된 글임을 알게 된다. 나아가 책의 제호에 '일기'라는 용어를 쓴 연유를 이에서 알게 되는 것이다.

15. 소결

(1) 본 일기가 만일에 소설이라는 입장에 서서 그 구성을 볼 때는 수미일관(首尾
一貫)된 구성으로 보기 어렵다. 사건배치에서 유기성 결핍으로 구성력이 약
화되었다. 그런 중에서도 가장 근접된 구성법을 든다면 3부 구성이 되겠다.

(2) 사건일람을 작성하여 본 일기의 전체 사건을 142개로 파악하였으며 사건
마다 어떤 모양으로든지 기일이 명기돼 있다는 것과 시간의 역류로 스토
리의 형성작용이 있음을 알게 되었다.

(3) 시간의 역류현상은 15개군(群)이 있는 바 그 중 스토리 형성에 이바지한
것은 4개군(4·6·7, 8, 9·10) 정도이다. 그러나 142개의 사건전개에서 이
는 전체적인 흐름에 영향을 주는 정도는 못되는 현상으로 보여진다. 따라
서 본 일기는 연대기적으로 사건이 배열된 구성이라는 것이다.

(4) 본 일기에는 일기적인 속성으로서 일차성(日次性)과 즉실성(卽實性) 및 당
일성(當日性)이 짚인다.

(5) 허구성은 사건에서 짚이지만 그 기능은 약하다.

(6) 주제는 사필귀정(事必歸正)으로 정점(頂点)도 보인다.

(7) 본 일기의 구성상(構成相)
  (7)-1 정점(頂點) 따로 회운(回運) 따로의 전개
  (7)-2 도입이 갈등에서 시작
  (7)-3 종합적으로 구성된 다음에 집필된 것이 아니고 그때그때 기술된 것
  (7)-4 권정징사(勸正懲邪)식의 종결
  (7)-5 연대기적인 구성으로서 이는 일차적 구성(일기문의)과 동일한 것이다.

(8) 당시 생존한 인물이 실명(實名)으로 등장한다(전반부를 기술할 때 그 주동
인물들은 살아있었다고 보여진다).

(9) 작자가 때로는 작품중에 등장하여 직접 참여한다.

이로써 일기적(日記的)인 면모가 있고 이야기적인 솜씨도 보인다.

16. 심정(心情)의 흐름

본 일기에는 대비의 심정이 연면(連綿)하게 흐르고 있다. 고비마다 소리가 나
고 물방울도 튀고 방향도 튼다. 사람 사는 곳은 어디서나 마찬가지로 이 구중궁
궐(九重宮闕) 속에서도 영욕(榮辱)의 갈림길은 속세 못지 않게 치열(熾烈)했던 것
같다. 그런 중에서도 그 험한 길을 힘겹게 걸어간 자국을 선명하게 남기고 있는
것이 이 계축일기가 아닌가 한다. 인목대비는 이 가시밭길을 헤쳐가는 동안 명
운(命運)을 바꿔놓았다고 할 수 있는 모진 고비를 네 차례나 맞이한다. 그는 요
조숙녀로 자라나 방년 19세로 선조의 계비(繼妃)가 된다. 자기보다 연상인 세자
와 그 비(妃) 등을 거느린 대가족의 주부로서 일찍이 남매를 두어 선조의 사랑
을 독차지했고 세자들에게는 마음씨 고운 자모(慈母)였다. 여유있는 마음, 돈독
한 자애로 이 대가족을 감싸 안으려고 정성을 다한 것으로 보인다. 그러나 끝내
가시밭길이 되고 말았다. 이제 그 장정(長程)을 보기로 한다.

(1) 이 길은 뜻밖의 선조의 승하(昇遐)로 시작됐다. 세상에 태어나서 처음 당
하는 아픔으로 하늘이 무너진 것 같은 놀라움과 허전함을 맛보아야 했다. 어린
남매를 데린 이 청상(青孀) 앞에 뒤미처 다가서는 것은 슬픔과 외로움과 막막함
과 두려움으로서 그래서 그는 많이 울었다고 한다.

"……우히 익곡 ᄒ오시니……" (p.28)

"우히 빙측의와 곡읍을 그치지 아니 ᄒ오시니……" (p.37)

"웃뎐이 무신빙뎐의 우히 업수오시믈 셜워 곡읍을 듀야 그치디 아니 ᄒ오시

니……" (p.50)

"……繼之以哭聲震闕" (光海君日記 卷20 太白山本)

등이 그것이다.

선조의 묘호문제, 임해군의 출궁 등을 보고 대비는 권력의 핵심에서 이미 제외돼 있음을 실감했을 뿐 아니라 이제까지와는 다른 광해군의 천하임이 확실함을 절감해야 했다. 이어서 다가온 것이 배능(拜陵)과 친제(親祭)의 문제였다. 관례화되다시피 한 배능은 광해군이 마음만 먹는다면 가능하다고 대비는 믿었기에 계속해서 3년간이나 요구했던 것으로 보인다. 다시 말해서 오랜 관습인데도 연유되지만 대비라고 하는 자리가 지니는 이른바 권위를 업고서의 요구였음에도 불구하고 광해군은 관례와 그 권위를 무시하고 법리(法理)상의 처리를 내린 것이었다. 관례도 깨지고 국모의 위신도 보잘 것이 없게 된 것이다. 선조 생존시와는 다른 냉엄한 분위기를 맛보아야 했다. 무시당하는 대비의 권위, 추풍낙엽을 실감케 하는 대비의 앞길에는 이미 깊은 가을이 오고 있었다. 여기서 대비가 가슴속에 이는 찬바람의 정체가 허무(虛無) 이외의 다른 것이 아님을 감득(感得)하기란 그리 어렵지 않았다고 생각된다. 그렇다고 해서 기(氣)마저 꺾인 것은 아니었다. 아직도 방년 28세의 새파란 젊음의 기상은 청청(靑靑)했던 것이다.

(2) 두 번째는 친정(親庭)의 멸문지화(滅門之禍)였다. 자기의 유일한 피붙이요 의지처인 가문의 뿌리가 뽑히는 것이었다. 여기에는 이미 대비의 권위 같은 것은 일찍이 사라졌으며 인정사정 볼 것 없는 막가는 길이었다. 그래도 대비는 빌 수밖에 없는 처지다. 한 가족이라는 혈연관계를 들어 정리(情理)상으로 애소(哀訴)를 거듭했다.

> 살인 도적의 일노 부원군 나수(拏囚) 호오시다 듯ㅈ오시고 뜰히 박셕(薄
> 石) 돌히 마리롤 브드잇ㅈ오시고,
> 「대군으로 이런 홰(禍) 부모 동생의게 미츠니 엇디 츠마 드르리잇가 내
> 머리털을 버혀 표호니 대군을 드려다가 아ㅁ리나 쳐치호고 아바님과 동성
> 을 노호쇼셔.」
> 호시며,
> 「ㅈ식으로 호여 어버의게 홰 밋는 일을 츠마 사라셔 못 볼소이다.」

ᄒᆞ오시니

(p.79, 8행~14행)

　그러나 아무 효험없이 친정은 화를 당한다. 대비는 가족관계로 볼 때는 광해군의 계모에 해당한다. 대비요 계모의 애소도 냉대를 당한 것이다. 박석에 머리를 찧고 머리카락을 자른다는 것은 이미 이성을 잃은 자해행위다. 한(恨)이 맺혀지지 않을 수 없었다. 그 이후로 대비는 기회있을 때면 빠트리지 않고 친부의 사사(賜死) 건(件)을 말하고 있다. 특히 영창대군을 광해군측에서 내놓으라고 할 때마다 그 말막음이라도 하려는 듯이 이 건을 선술(先述)하고 있다. 대군 출궁 후로 7차에 걸쳐 이 사사(賜死) 건이 들추어져 나오는 것을 보면 얼마나 뼈속 깊이까지 그 아픔이 새겨졌는지를 짐작하기가 어렵지 않다.

　"……아바님과 동싱을 업시 ᄒᆞ엿고 안흐로는 근시ᄂᆞ인을 다 내여 죽여시니……" (p.95)

　여기서는 대비의 일그러진 심상(心象)을 보게 된다. 친정이 멸문됐다는 것은 곧 대비도 간접적으로 일격을 당했음을 뜻한다. 홀로 된 여인으로서는 그야말로 독하게 마음을 먹지 않고서는 견디기 어려운 국면이 아니었던가 한다. 대비의 앞에는 지금 모진 엄동설한이 닥치고 있는 것이다. 어질고 유순하기만 했던 여질(麗質)의 인간성은 한(恨)을 머금으며 경직돼 갔다. 모질어지는 심정·외면당하는 정리(情理), 여기서 대비가 마주해야 했던 것은 험악한 현실뿐이었다. 그렇다고 해서 그의 기(氣)마저 꺾여버린 것은 아니다. 정(正)과 사(邪)를 분명히 할 뿐더러 말할 필요가 있을 때면 서슴지 않고 말하는 것이었다.

> 디답 ᄒᆞ오시되,
> 「인간의 사롬 살며 어딘 일을 ᄒᆞ여도 복을 못 어들가 두려ᄒᆞᄂᆞ디 ᄒᆞ믈며 샤특(邪慝)ᄒᆞᆫ 일을 ᄒᆞ야 엇디 복이 올가 미드리오. 이 ᄯᅩᄒᆞᆫ 텬쉬(天數)니 셜우미 태산 ᄀᆞᆺᄒᆞ디 죽디 못 ᄒᆞᄆᆞᆯ 고이히 넉이ᄂᆞ이다. 듀야 안젼(眼前)의 ᄶᅥ나디 아니턴 죵을 잡아내여 가고 힝혀 남앗ᄂᆞᆫ 죵을 ᄆᆞ자 내라 ᄒᆞ니 갑ᄌᆞ싱 듕의 ᄒᆞ나흘 내여든 뭇고 죽여더라 ᄒᆞ니 나는 ᄒᆞᆫ 일이 업ᄉᆞ니 엇디 살기ᄒᆞ여 내리잇가, 녀젼내드리 안자셔 대뎐ᄂᆞᆺ치 하 ᄶᅩᆼ ᄇᆞ르디 마ᄅᆞ쇼셔.」
> ᄒᆞ니, 이 후ᄂᆞᆫ 갑ᄌᆞ싱 달난 말 아니터라.

(p.84, 5행~12행)

머느리가 되는 광해비 곧 내전을 준엄하게 나무라고 있다. 시모로서의 꾸중이다. 이 간난(艱難) 중에서도 대비의 기상은 이렇게 성성했다.

(3) 세 번째는 영창대군의 출궁과 사망이었다. 한번 궁을 나가면 생명의 안위가 염려되는 그런 길을 떠나보내지 않을 수 없었던 어미의 심정은 필설로 다할 수 없는 막다른 골목에 들어선 그대로였다. 떠나보내기까지의 과정도 단순한 것은 아니었으니 처음에는 완강히 거부하다가 이어서 대비 동행(同行)이면 가(可)하다 했고 끝내는 다음과 같은 조건부 동의(同意)를 하게 된 것이다.

> 「대군을 죠히 잇게ᄒᆞ마 여러날 말 브티오시고 니뎐의셔 소기디 말마 극진이 덕어겨시니 내외 셜우믈 어디 어홀ᄒᆞ여 말을 ᄒᆞ리잇가 마는 대군을 션왕 유지(遺子)라 혜샤 텬셩(天生) 제 나홀 안브(安保)ᄒᆞ여 살게 ᄒᆞ마 지지(再再)ᄒᆞ오시니 이 말을 표 사마내여 보내려니와 아바님과 동셩들 죽여시니 셟다 ᄒᆞ여 측냥ᄒᆞ여 니ᄅ리잇가. 이제 둘재 동셩과 어린 동셩이 사랏다 ᄒᆞ니 ᄆᆞᄎᆞᆷ내 이 두 동셩이나 살와 주시면 대군을 내여 보내리이다. 셜니 죽은 듕의 결ᄉᆞ(絶嗣)나 아니 ᄒᆞ게 비ᄂᆞ이다.」ᄒᆞ오시니,
>
> (p.93, 4행~10행)

광해군을 대하는 태도가 완전히 달라진 것을 여기서 보게 된다. 애걸의 경지를 지나서 권위도 체면도 인정도 다 던져버리고 권력 앞에 완전히 무릎을 꿇고 두손 모아 비는 모습이다. "……두 동셩이나 살와주시면 대군을 내여 보내리이다"에서는 낙수(落穗)라도 줍겠다는 대비의 처절한 심정이 잡혀나온다. 대군은 내주지 않을 수 없는 처지였지만 그나마 두 동생만이라도 살려내야겠다는 야몰찬 생각을 가지지 않을 수 없었던 것이다. 이러한 살얼음판 같은 사회란 이미 정상인이라면 제대로는 살 수 있는 곳은 아니었던 것이다. 이와 같은 극한상황을 맞았는데도 구원의 손길은 나타나지 않았다. 고립무원(孤立無援)인 그는 끝내 하늘을 향해 원한을 쏟아냈다.

"하늘아 내 므슴 죄롤 지엇관더 하늘이 이리 셟게 ᄒᆞ시ᄂᆞ가"(p.98, 1행)가 그것이다.

대군을 내주겠다고 승낙을 했지만 말처럼 그렇게 쉽게 되는 것은 아니었다. 내주겠다는 것은 이성이 뒷받침이 된 의지의 표출이었으나 매정하게 내어주지

못하는 것이 감정인 것이다. 이불로 싸서 끌어안고 해가 맡도록 울음을 그칠 수 없었던 것이 바로 모정(母情)이다. 이 감정과 의지 사이에서 인간의 생활은 여물기도 하고 채색도 되는 것이겠다. 그래서 대군은 가족의 배웅을 받으며 피접을 간 것이 아니라 상궁의 등에 업혀 발버둥치며 끌려갔던 것이다. 선조 귀천(歸天) 후 대비는 전실 자식인 광해군을 의지하여 어린 것들 자라는 양(樣) 보며 살고자 했더니 뜻밖에도 친정을 쑥대밭으로 만들고 수십 명의 서궁 내인을 애매하게 끌어내 죽이며 대군마저 피접낸다고 속여 강화도로 옮겨 놓았으니 대비가 받은 배신감이란 말로 다 형용할 수 없는 것이었다.

> 촌긱(寸刻)도 곡읍을 그치디 아니 ᄒ오며, 식음을 나으디 아니 ᄒ오샤 ᄒ
> 갓 닝슈과 어름 쓴 마시 오시고 날마다 어마님 안부와 대군 안부를 문 여러
> 주어든 아라디라 보채오시더
>
> (p.106, 11행~12행)

사무치는 모정이 얼마나 치열한가를 잘 나타내고 있다. 물론 그동안에 쌓인 울분이 합쳐져서 상승(相乘)되는 번뇌이겠지만 본래 지녔던 온화하고 유순했던 성품도 다 졸아버리고 만 듯하다.

애곡(哀哭) · 절식(絶食) · 자경(自勁) · 자결(自決)은 또 시작되고 이와 같은 자학(自虐) 외에 정신적인 자괴(自壞)도 도를 더해가는 듯했다. 친부 사사(賜死)에 겹쳐서 대군을 탈취(奪取) 당한데서 온 충격은 이중한(二重恨)으로 맺혀져 갔다. 여기서 대비가 맛볼 수 있는 것은 오직 나락으로의 추락 곧 절망이었다. 그래서 이제 대비에게 남은 것이란 막다른 골목에 들어선 사람의 심정에서 발산되는 오기(傲氣) 같은 것이었다.

> 대뎐이 오시다 날을 어미라 ᄒ오시며, 내라 국모(國母)라 ᄒ랴 너히 다
> 예라 내 혼자셔 우다가 명이 진ᄒ리라. 권ᄒ는 말이 더옥 듯기 슬타.
>
> (p.168, 13행~14행)

인정도 의리도 혈연도 관습도 어쩌지 못하는 현실 앞에서 한을 머금은 채 모든 것을 잊으려는 것이다. 후일 생각없는 인생, 어서 여의고만 싶은 인생, 손수 죽겠다는 표현에서 모든 것을 단념한 심정이 역력하며 "너히다 예라 내 혼자셔

우다가 명이 진ᄒ리라"에서 산다고 하는 것 자체가 거추장스럽고 인간으로 태어난 것마저 역겨워하는 데서 허물어져가는 그의 인품과 해체되어가는 그의 인간성을 대하는 것 같다. 광해군의 전교(傳敎)에 대한 신경질적인 반응이지만 그야말로 자포자기 상태라 하겠다. 말만 들어도 거부감이 이는 그런 날카로와진 대비의 심정이 나타난다. 정기(正氣)란 이미 삭아버린 상기(傷氣)된 모습이라 하겠다. 대군의 출궁은 계축년 6월이었고 그 사망 소식을 대비가 접한 것은 갑인(甲寅) 4월이었다. 또다시 졸도, 하소연, 넋두리, 자주(自呪)는 그칠 줄 몰랐다.

> 「낸들 므슴 일을 아니 혜리오 마는 동셔도 모ᄅᆞᆫ 아희 슬하(膝下)의셔 즈라는 양이나 보려 ᄒᆞ더니 위력(威力)으로 아사다가 갓는 곳도 니ᄅᆞ디 아니 ᄒᆞ다가 죽여시니 애룰 끗는듯 술흘 베히는듯 ᄒᆞ니 셜우믈 춤디 못 ᄒᆞ며, 어마님이시며 내 일노 셜니 죽은 동ᄉᆡᆼ들을 싱각ᄒᆞ니 이제 죽으면 텬하의 가도 부형(父兄)의게도 반가이 뵈디 못 ᄒᆞ여 붓그러온 넉시 외로이 돌거시니 춤는 일이 만하 죽디 못 ᄒᆞ나 므슴 원슈로 이런 셜운 일을 보거뇨 잡은 죄 업ᄉᆞ니 셜움은 내 바드나 션왕끠 ᄒᆞᄂᆞᆫ배니 혼갓 날을 믜워ᄒᆞᄂᆞᆫ 일이랴. 셩왕이 ᄉᆞ랑티 아니시던 일을 원을 내게 와 프니 이 원을 내드믄 크니와 내 가문(家門)과 어린 대군을 다 죽여시니 엇디 혼갓 셟다 ᄒᆞ리오. 셰셰ᄉᆡᆼ셩애 소리 듯는 짜히도 나디 마라디라. 문 여러 주어든 노모의 안부를 드러디라.」
>
> 문안 니관ᄃᆞ려 ᄒᆞ디 드론 톄도 아니 ᄒᆞ더라.

(p.172, 8행~p.173, 3행)

여기서는 이제까지 좀처럼 드러내지 않던 광해군에 대한 불만과 불효·원한이 봇물처럼 쏟아지고 있다. 공분(公忿)과 사감(私感)이 뒤엉켜서 광해군의 치부(恥部)를 단적으로 헤집어낸다. 인내의 한계를 드러낸 것이다. "……춤는 일이 만하 죽디 못ᄒᆞ나 므슴 원슈로 이런 설운 일을 보거뇨"와 "……내 가문과 어린 대군을 다 죽여시니 엇디 혼갓 셟다 ᄒᆞ리오"에서는 적대감까지 노정(露呈)된다. 좀처럼 표출되지 않던 대비의 내심이다. 선조의 계비로 들어와서 광해군 내외를 포함한 대가족을 자애로 감싸려던 꿈 또한 선조 승하 후에도 광해군을 의지하여 어린 남매 키우는 재미로 살려던 대비로서의 희망도 이제는 산산조각이 나고 만 것이다.

여기서 그가 맛보아야 했던 것은 절망 속에서의 아픔, 그 생살이 찢겨나는 파열의 쓰라림이었다. 그리고 자존의식마저 흔들려 오기만 떠돌 뿐으로 기상 (氣傷)한 모습이 아닐 수 없다.

(4) 네 번째는 지루하고도 음울(陰鬱)한 유폐생활에서다. 이른바 가히를 앞세 워서 대비 자신을 고사(枯死)시키려는 계략과 스스로 맞서야 했다. 마음대로 죽 을 수도 없는 대비로서는 참으로 힘에 겨운 대결이었다. 빼앗길 것은 다 빼앗기 고 맞을 매 다 맞고 난 약자의 갈길은 운명을 따를 수밖에 없었다. 문을 열어 노모(老母)의 안부를 알리라는 메아리없는 외침만 허공을 날 뿐 콩미시 3년을 이은 대비의 서궁생활은 지향없이 흐르는 시간에 맡겨져 있었다.

1) 유폐와 체념

중환·난이·천복의 세 상궁은 대비를 고사(枯死)시키려는 가히의 하수인이 었다. 능글능글한 듕환은 30여 명의 내인을 끌어내 죽인 갑인옥사의 도화선 역 할을 했고 간사한 난이는 대비전 물건을 훔쳐내 가히에게 바쳐 공(功)을 세웠으 며 무지한 천복이는 방화(放火)를 일삼았다. 서궁의 내인이었던 천복이 가히의 심복이 되어 대비를 넘보고 있는 것이다.

가. 천복의 무례

인간미의 상실은 사람으로 하여금 살맛을 잃게 한다. 턴복에게서 우리는 그 런 것을 보는 것 같다.

> 「내 즐겨 와실가 슬흐니 마다ᄒᆞ니 대뎐 너뎐이 네 드러가야 시위롤 잘
> ᄒᆞ리라 아니 드러가면 듕죄롤 주리라 ᄒᆞ오셔늘 왓디 슬히 녁일 줄 알면 올
> 가.」
> 　말이 ᄀᆞ장 히악(害惡)ᄒᆞ니 처음의 뽈믜더라 즉시 드러가 침실 지게 열고
> 바로 드러가 안ᄌᆞ며 엿ᄌᆞ오디,
> 「대뎐 너뎐이 브러 블너다가 네 친히 시위ᄒᆞ디 옥톄(玉體)롤 몬지오며
> 잘 시위ᄒᆞ라 ᄒᆞ오셔놀 가져 왓ᄂᆞ이다.」
> ᄒᆞ니, 우히 하 패심히 녁이오샤 디답 아니 ᄒᆞ오시니 안잣다가 못 ᄒᆞ여 나와
> 모든 하인ᄃᆞ려 닐오디,
> 「온가 믜여 말나, ᄆᆞ옴으로 아니 와시니 모다 슬히 너기디 말나.」

 여늘 디답 더,

「괴로이 드러셔 우흔 미양 곡읍만 오시거든 변샹궁이 드러겨셔 위로 여 모든 아히들을 거느리옵시더니 나가시니 원망미 이 업거든 므스 일 샹궁 오셔든 슬히 여기올고 즐겨 문 연듯 싀훤 여 옵니.」

 디답 더,

「대뎐 니뎐이 보내여 시위라. 시매 와시니 날을 제 디답올 못 리라. 나라 사 여 밥 지어 먹고 옷 지여 주리 업거든 시녀야 지어 닙고 이 업거든 대비 마노라게 엿와 주쇼셔 여 닙고, 죠곰이나 네 말 아니 듯거든 문안 니관여 죠금 셔계라 그롤 일이 이시면 니슈스(內需司)로 잡아 내여 죄 줄 거시니 보경이 고 병(病)니 잇거든 즉시 내여 보내라 시더라.」

 여늘 모든 니인이 실식(失色) 더라.

 흔 니인이 닐오,

「그리면 장 됴거니와 병니 내여 보내며 말미야 우히 오시디 오 으로 내여 보내여디라 고.」

 니 좀좀고 잇더라.

 여러 날이 디나 우히 블너 아니 보오시니 노여 닐오,

「브리며, 아니 브리오시 일을 셔계(書啓)라 오시더니 렷노라 고 이리 셜니 되여 겨시나 대뎐을 저허 오시는가, 내 브 셔계 리다.」

하, 벼거 시위인이 엿오,

「텬복이 드러오미 블힝한 일이옵고, 첫날 드러와 안도 아녀셔 처엄으로 지어 침실의 누고 둔니니 거 우리 둘히 사노라 니 눈 흘긔여 닐오 대뎐이 즉시 소명엿고 뎡시 당초의 스셜(辭說)고 우다여 내여다가 죽이련노라 오시더라 고 드러와 힝지(行止)도 괘심기 층냥 업오나 드러 완디 여러 날이오 흔번 감오시디 아니 오시니 감히이오믈 쳥옵니이다.」

오니,

「제 얼골이 다랍고 힝지(行止)와 언시(言辭) 극히 괘심니 보기 슬커니와 한번 오라 여 제 말을 드러 보리라.」

오시고 블너 보오시니 평일 제도 시위 아녓던 사이오, 곱디 아닌 양 의 취여 들고 바로 안자 감히옵기 어렵고 젓온 일이로 장 됴흔 양 여 툭 취여 들고 번드시 나아 안거 우히 믓오시,

「네 엇디 드러온다.」

「친히 시위라 와옵니이다. 뎐지도 가져와옵니이다.」

「뎐지란 거시 무엇고 뉘 내게 뎐지라 니.」

「쇼인을 드러가 옥톄(玉體)도 잘 간 오며, 요샤(妖邪)의 일 거든 금고, 셔계라 오시더이다.」

「그는 어내 용훈 말이로다. 내 아모리 파려ᄒ다 죵 브리기 조차 늠이 거걸ᄒ랴 싀 어버이롤 며ᄂ리라셔 거걸홀 나라히 잇ᄂ냐. 나는 ᄒ는 일이 업스니 네 드러와 슬펴보라. 부모 동싱이며, 어린 아기 업시 ᄒ고, 이제 무어시 낫바 너허 두어 용납디 못ᄒ게 ᄒ나니. 너히 만일 그 죄칙(罪責) 닙을 제 눌과 어우러 닙으랴 하더뇨. 필부(匹夫)롤 구ᄒ여도 밋디 못 홀 거시니 날을 셟게 ᄒ야 션왕 아돌이라 ᄒ고 일홈 더러 일가 앗겨 ᄒ노라. 니년이 정권을 참예ᄒ니 잘 거걸ᄒ야 저 아니 길을 뜻을 계규ᄒ면 아니 드ᄅ랴 마는 내 편이 드러 안자셔 대뎐을 죤ᄂ도다.」
ᄒ오신대 복이 엿ᄌ오더,

「문을 열고져 ᄒ오더 뎐계(傳啓)롤 못 어더 ᄒ오시ᄂ니 냥뎐의며 셰ᄌ긔 친히 글월ᄒ여 쇼인을 주오시면 니관ᄒ여 뎐ᄒ오면 필연 반겨 드ᄅ시리이다.」

「젼일도 여러번 근측(懇側)히 젹으더 ᄒ쪽 디답이 업스니 비록 셜우나 쏘 빌기는 못 홀 거시니 믈러가라.」
ᄒ오시니 나와 안자셔,

「아모리 된톄ᄒ오셔 어버이로다 비디 아니 ᄒ오신들 대뎐 니뎐이 어버이라 ᄒ오시ᄂ가 아니 혜ᄂ니.」
ᄒ여늘 혹이 디답 ᄒ더,

「션왕 마노라 친영 듕궁이오시고 공쥬 대군을 나하 겨오시거놀 모딘 법을 ᄒ여 아니라 하므로 갈가.」

텬복이 디답 ᄒ더,

「대뎐 어마님 공셩왕후롤 강남가봉ᄒ여 왓고 대군으로 죽여시니 뉘 혜며, 션왕 마노라 제 아바님으로 혜ᄂ가 사라 겨오신 제 셰ᄌ라 ᄒ고 ᄉ랑티 아니시고 ᄀ라치디 아니시며, 이제 왕으로셔 겨셔도 아모 일도 아디 못 ᄒ니 더옥 애돌와 원을 대군의게 풀거든 헬셰 업다.」

(p.179, 5행~p.184, 14행)

절대권력을 믿고 옛 상전에게 대어드는 천복을 대비가 괘씸히 생각하여 호통을 치는 것은 당연하지만 주목되는 것은 그 호통에 이어 그 배경이 된 권력의 주체를 향해서 따지며 꾸짖고 있는 것이다. "내 아모리 파려ᄒ다 죵 브리기 조차 늠이 거걸ᄒ랴 싀어버이롤 며ᄂ리라서 거걸홀 나라히 잇ᄂ냐" 거꾸로 된 형국을 들춰내 그 모순을 지적하고 있다. 천복이를 호통치면서 내전을 나무라고 있는 것이다. 호통 속의 꾸중은 그 비중이 내전에게 더 치우쳐 있는 것 같다. 천복의 무례도 문제지만 내전의 무도(無道)가 더 문제되는 것이겠다. 이 무도란 유폐의 부당성을 설파하고 있는 것이다.

여기서 잠재돼 있던 저항의식이 짚어진다. 순발적(瞬發的)으로 발작(發作)된 무의식(無意識)의 의식상(意識相)이라 하겠으나 상(傷)한 기(氣)가 되살아난 듯 싱그러움마저 느끼게 한다. 체념되지 않는 양상이다.

나. 오불가(五不可)

대비가 서궁생활을 하는 데 있어 가장 어려웠던 점은 폐문(閉門)에 의한 통행의 부자유·행동의 부자유와 노모의 안부였다. 그래서 문을 열어 노모의 안부를 알게 하라고 보챘던 것이다. 이와 같은 취약점을 용케 알고 파고드는 것이 가히의 하수(下手)였다. 전술한 바와 같이 대군과 노모의 안부를 알게 하고 또 문이 열리게 하기 위해서 사자경(獅子經)을 읽으라는 유혹을 중환에게서 받는다.

> 계튝(癸丑) 동지쯸의 듕환이 ᄒ더,
> 「내 오라비 듕죄(重罪)예 드르신제 엇던 듕이 니ᄅ더 사ᄌ경(獅子經)과
> 다라파츅을 닑으면 가도인 일도 프러지고 ᄌ믄 문도 수이 열니고 대쇼익(大
> 小厄)이 버서난다 ᄒ거늘 옥듕(獄中)의셔도 ᄆ양 닑으니 그 덕을 닙은디 이
> 제 사라나셔 노혀시니 이 일과는 다ᄅ나 대군이나 사라나시고 다든 문이나
> 수이 여ᄅ셔도 ᄀ마니 손들고 안잣ᄂ니 졍셩ᄒ고 긔(其)나 ᄒ여 보읍소.」
> ᄒ거늘 드르매 우이 너기더니 긔듕의 김샹궁이 과연히 넉여,
> 「이 경(經)을 닑어디라.」
> ᄒ니 우히 말니오시디,
> 「경이란 거슨 ᄀ장 공슌ᄒ고 졍셩ᄒ야야 덕(德)을 닙ᄂ다 ᄒᄂ디 모든
> 사ᄅ이 산난(散亂)ᄒ고 내 ᄆ양 듀야 곡읍(哭泣)의 줌겨셔 ᄆ옴이 버히ᄂ듯
> 셜워ᄒ거늘 뉘 ᄆ옴의 드려 경을 닑으리, 말나.」
> ᄒ오시니,
> 「뎐곤 맛당ᄒ읍거니와 덕을 닙어 문을 수이 열고 본겻과 아기시 긔별을
> 수이 어더 듯ᄌ오셔도 안자 괴로이 노ᄂ니 닑어디라.」
> 여러번 쳥ᄒ오니,
> 「너희 ᄭ지 ᄒ라.」
> ᄒ오시다.

(p.125, 12행~p.127, 1행)

여기에 "……드르매 우이 너기더니"는 대비가 그럴 듯하게 여긴다는 대목이고 "너희 ᄭ지 ᄒ라"에서는 아주 금(禁)하지 않았음을 알게 한다.

또한 텬복이도 폐문(閉門)을 위해서 글을 써주면 내관을 통해 이를 전해 드리

고 그러면 반가워서 문을 열어줄 것이라는 유혹을 대비에게 하고 있다. 대비는
이와 같은 유혹을 모두 물리치고 있지만 역경에 처한 외로운 여심의 솔깃해지
던 심정을 아주 지워버릴 수는 없다. 기회있을 때마다 불거져 나오는 이 취약한
면을 일거에 정리한 것이 이 오불가(五不可)가 아닌가 한다. 이에 대해서는 이
미 앞에서 설명한 바 있거니와 한가지 한가지를 들어서 불가(不可)의 연유를 밝
히고 있다. 그런데 이 불가를 타인에게 천명(闡明)하는 것이기보다는 자신에게
타이르는 것 같다. 안이해지려는 마음, 게을러지려는 자아를 깨우치는 말 같기
도 하다. 나아가 소신까지도 뚜렷하게 자리잡고 있다. "날을 이리 너허두미 심
샹흔 일이 아녀 반드시 제듕의 말을 닙으랴 흔 일이라" (p.188, 4행~5행)가 그
것으로 '제듕의 말'이란 제가 나중에라도 큰 화(禍)를 입을 것임을 대비는 확신
하고 있는 것이다. 이처럼 타인에게 천명하는 가운데 스스로 자기의 입장을 정
리하는 것은 가히의 하수에 빠지지 않으려는 것으로서 적당히 넘어가려는 게
으른 마음을 꼬집어 깨워 자신을 다잡는 것이라 하겠다. "답답ㅎ고 셜으믄 ㄱ
이 업스나 텬복의게 의지ㅎ야 ㄱ마니 빌기는 죽을디언뎡 못 홀 일이로다"
(p.188, 6행) 이처럼 자기의 심정을 남김없이 드러낸다. 여기에 그의 자존의식은
발로돼 있다. 이제 자기의 위치를 다시 확고히 한 것이고 기(氣)는 회복된 것이
다. 체념 속의 준동(蠢動)으로 보여진다.

다. 하인 복초(下人 服招)

방화는 대비를 괴롭히려는 하나의 방도였다. 대비가 놀라도 좋고 죽어도 좋
다는 것이 그들의 계략이다. 상궁으로부터 무수리에 이르기까지 수시로 서궁에
불을 질렀다. 이는 가히의 사주(使嗾)에 의한 것이었다.

> 이 때를 타 텬복이 섯돌 십칠일 침실 기슭의 ㄱ마니 블을 노흐니.
>
> (p.191, 7행)

이것은 상궁이 방화(放火)한 경우이다.

> 침실 샹궁들은 긔우로 드리시니 알길 하 업더니 수옥이란 아희 침실 기
> 슭의셔 슈직(守直) 자디 ㅎ르는 놈의 뉴(類)의 늣도록 자거늘 슈상히 넉엿
> 더니 겟너인들이 다 담 너머와 죠녀 가며 부억의 블 브튼 기슭의 블을 노흐

니 자는 사롬이 갓가스로 니러 믈 기러다가 블을 쯔디 아뫼 흔 줄 아디 못
ᄒ나 무셔워 노왓닷 말을 내디 못 ᄒ고 아ᄂ니 ᄀ지는 춤고 사더라.

(p.199, 8행~12행)

이것은 광해군 쪽의 내인들이 넘어와서 방화한 경우이다.

「아니 니르니 ᄀ장 괘심ᄒ다. 어버이롤 슈이 보고져 ᄒ거든 대비롤 수이
죽이거나 그리 못 ᄒ거든 블을 노화라. 블 곳 노ᄒ면 너희 다 냥반(兩班)
되고 나가기 쉬오리라. 너희 오니 고기ᄒ고 술 먹여노라.」
ᄒ고 술 고기 주어놀 아니 먹으니,

(p.196, 2행~5행)

이것은 광해군측 내인이 서궁에서 넘어간 아해들을 사주하는 대목이다.

여러번 방화롤 ᄒ여 집 우희 블이 올라 셩홰 급ᄒ거놀 너인이 노쇼업시
혜딜너 멸화ᄒ미 몃번인동 알니오.

(p.214, 11행~12행)

이것은 작자의 말이다.

이로 보아서 방화가 얼마나 심했는지를 짐작케 한다. 이것을 보다 못한 대비
는 끝내 범인색출에 나선다.

너인이 뎡슌의 말과 텬복의 디휘(知委)로 갑인 무오년(甲寅 戊午)ᄀ지 방
화(放火)ᄒ믈 아닐적이 업서 숫셤의도 노ᄒ며 쇼목(小木) 노혼더며, 거젹의
도 ᄲ노ᄒ니 견디디 못 ᄒ여 신시브터 블긔롤 금ᄒ니 미시에 밥을 ᄒ야 먹
고 신시(申時)예 요령을 혼들고 부억 구석마다 온군체면 두로 도라 보믈 흔
경의 두 번식 ᄒ더니 너머 갓던 다엿 하인ᄯ 듕의셔 ᄲᅡ홈이 나 ᄲᅡ화 고흔대
우희 통분이 넉이오셔 각각 뫼여 안치 오시고 흉모(兇謀)롤 믓ᄌ오시니 허
튀도 아니 텨셔 낫낫치 복죠ᄒ더라.
「늬셔 방화(放火) ᄒ기롤 ᄀ르치더니.」
「대뎐 시녀 뎡슌이 ᄀ르치더이다.」
「너희 방화ᄒ여 대비 공쥬롤 타 죽게 ᄒ려 ᄒ면 너희롤 다 빅셩 민들고
큰 샹(賞)ᄒ고 우리게 와 살게 ᄒ마 ᄒ더이다.」
ᄒ더라.

(p.213, 14행~p.214, 10행)

광해군 쪽으로 넘어갔던 5~6명의 하인들 중에서 서로 싸운 끝에 고(告)해 바친 것으로 광해군의 시녀인 덩순이가 시켜서 방화하게 됐다는 것이다. 대비가 통분히 여겨서 복초받은 결과다. 갑인년부터 무오년까지 근 5년간을 방화하지 않은 때가 없다고 했으니 대비를 죽게 하려는 음모가 얼마나 끈질기고 치열했는가를 알 수가 있다. 대비는 방관만 하는 것이 아니라 다잡고 나서서 그 뿌리를 들춰내고 말아 모처럼 어른으로서의 소임을 다한 것이다. 과감하게 모해(謀害)의 증거를 포착해내는 용감한 행동에서 탄탄한 주인의식의 발동을 본다. 증거를 끄집어내는 적극성에서 생동하고 상승하는 기상(氣象)을 느끼게 된다고 하겠다. 체념의 지양(止揚)이다.

위의 체념되지 않는 양상, 체념 속의 준동(蠢動), 체념의 지양 등은 말하자면 체념다운 체념이 불가능했음을 보여주는 것으로서 이는 곧 대비가 체념할 수 있는 생리가 발동되지 않았음을 알게 한다. 강요된 체념이었음이 드러나게 된 것이다.

2) 유폐(幽閉)와 자득(自得)

대비의 서궁생활은 지향없는 암야행로(暗夜行路)였다. 그러나 갈 수도 없거니와 갈 곳도 마땅치 않았다. 오직 소원이 있다면 문이 열려 노모(老母)를 만나는 것이었다. 그는 여러차례 죽음을 택하려 했으나 뜻대로 되지 않았으며 또 얼마나 대비가 죽기를 고대하던 사람들이 이웃에는 즐비했었던가. 주문을 외우고 고사(告祀)를 지내고 참소를 하고 협박을 하고 방화에 이르기까지 대비를 죽이려는 수단은 총동원됐었다. 그러나 그는 죽지 않았다. 체념 속에서 장장 10년의 유폐생활을 음울한 모해(謀害)를 견디며 살아냈다.

> 죽과져 ᄒ여 짜 녀허시니 설운 일노는 볼셔 죽을듯 ᄒ디 내의 명은 하늘
> 히 돌녀시니 인의(人意)로 못 ᄒ리다.
>
> (p.225, 11행~12행)

토혈(吐血)하는 지경에 이르기까지 참아낼 줄 아는 사람에게서나 터득될 수 있는 생의 진언(眞言)이다. 마침내 끈질긴 생명줄이 일궈낸 인명재천(人命在天)

이다. 당당한 이 자존심에 국모의 얼굴은 완연히 드러난다. 산전수전 다 겪은 중년의 여인으로 모습은 바뀌었다. 유폐된 서궁은 오히려 대비를 침잠(沈潛)과 모색의 과정을 지나 체념을 극복하며 발돋움하는 여인으로 숙성케 한 도장(道場)이기도 했던 것이다. 국모(國母)의식의 재생 여기서 대비가 맛볼 수 있었던 것은 마음의 뿌듯함이며 넘치는 자신감이었다. 이제 기(氣)는 제자리를 도로 찾은 것이겠다.

이상에서 대비의 운명을 바꿔놓았다고 생각되는 고비를 네 차례 짚어보았다.

첫째 고비는 선조 승하(昇遐)에서 왔다. 대비라는 명목은 허울에만 머물고 광해군 천하에서 냉엄한 대우를 받아야 했다. 하루 아침에 허무를 맛봐야 했지만 그래도 기상만은 싱싱했다.

두 번째 고비는 친정의 멸문지화에서 왔다. 가족관계를 운위(云謂)할 계제가 되지 않는 형편 곧 대비의 친정은 이미 역적의 가문으로 되어 있었다. 죄인 아닌 죄인이 된 험악한 현실 속에서 무력(無力)을 절감하게 됐고 자괴(自愧)에 이르렀지만 심복(心服)될 수는 없었으며 그래서 기(氣)마저 꺾일 수는 없었다.

세 번째 고비는 영창대군의 출궁과 사망에서 왔다. 대군은 짜여진 계획대로 죽게 된 것이고 대비의 존재도 광해군에게서는 귀찮은 대상이었다. 광해군을 향해 애소(哀訴)를 할 때만 해도 광해군과 대군과는 한 핏줄이라는 데에 한가닥 희망을 걸었었지만 끝내 허사가 되고 말았다. 배신감에 일렁이는 대비의 가슴에는 분노와 자괴가 넘쳐흐르다 못해 호곡(號哭)과 절식(絶食), 혼도(昏倒)가 거듭되고 자포자기는 자해로 이어지며 끝내 적대감을 지니게까지 된다. 여기서 대비가 맞부딪친 것은 생살이 찢기는 아픔 나아가 절망 그 자체였고 기상도 상(傷)하지 않을 수 없었던 것이다.

네 번째 고비는 유폐생활에서 왔다. 가히의 끊임없는 모해는 저항의식, 자존의식, 주인의식의 등장 등 오히려 대비로 하여금 깨어있게 만들어 체념 아닌 체념에 머물게 하였다. 그뿐 아니라 성숙한 여인으로 다시 태어나게 했으니 곧 대비는 인명재천이라는 철리(哲理)를 자득(自得)하게 됐으며 깨어있던 의식은 생기를 되찾게까지 되었다.

본 계축일기에서 작자가 일관하여 조명하고 있는 것은 인목대비의 심정이다. 대비의 결혼생활은 화려하고도 정중하게 곤위(坤位)에 오르는 것과 더불어 시작됐다. 이 꽃다운 왕비는 하루 아침에 대비로 물러앉아야 했고 이어서 서궁으로 격하되기에 이르른다. 끊임없는 생명의 위협을 받으며 하루도 마음 편할 날이 없었던 유폐생활에서 그는 인생을 달관하는 경지에 이르러 말로만 들어오던 인명(人命)은 재천이라는 인생관을 스스로의 체험을 통해 자득하게 되는 동시에 40대의 중년으로서 다시 대비의 자리를 회복한다. 이것이 그가 근 20년 동안에 겪은 변화다. 이때에 대비의 심정은 그야말로 극에서 극을 달렸다고 하겠다. 곤위에 오른 어린 국모의 심정이란 언제나 정성을 다하는 것이었다. 이 정성이 허무로 바뀌고 자괴로 이어지며 끝내는 절망으로 곤두박질치게 된다. 그래도 기(氣)는 진(盡)하지 않아 절망은 체념으로 이어진다. 근 10년에 걸친 모해의 동굴생활을 헤쳐내는 동안에 생에 대한 자신이 생기고 사물을 대하는 태도도 새로워진다.

다시 말해서 저항 중에 터득된 이른바 인명재천이라는 의식을 지니게 되고 이 깨달음은 국모라는 자존의식을 회복한다. 이것이 곧 그의 기(氣)이다.

정성보다 성숙해 보이는 것이 당당함이라는 격(格)인 것 같다. 정성에서 허무로 허무에서 자괴로 이 자괴에서 절망으로 절망에서는 다시 체념으로 그리고 자극(刺戟)을 받은 체념은 끝내 오기로 승화돼 간 것이 본 일기에 나타난 인목대비가 지녀온 심정의 궤적이라고 하겠다. 정성으로 시작하여 오기에 이르렀다는 여기에 대비의 신산(辛酸)하고도 억울했던 심정은 남김없이 내조(內照)된 것으로 보인다. 정으로 상(傷)하고 기로 버텨낸 양상 이것이 바로 계축일기가 문학의 영역에 자리할 수 있는 홍미인 동시에 독자적인 가치라고 하겠다.

17. 항심(恒心)

무수한 역경 속에서도 좀처럼 흔들릴 줄 몰랐던 그의 마음은 어떤 것이었을까. 흔들리는 듯하다가도 끝내 제자리를 지켜 버텨냈던 그의 심정은 무엇이었나. 이와 같은 마음자리는 그의 푸념하는 과정에서 곧잘 나타나는 것 같다. 이제 그 몇 가지 경우를 짚어본다. 중복되는 면도 있지만 이 항심(恒心)을 다시 한번 집약해 본다.

> 디답 ᄒᆞ오시되,
> 「인간의 사름 살며 어던 일을 ᄒᆞ여도 복을 못 어들가 두려ᄒᆞᄂᆞᆫ디 ᄒᆞ믈며
> 샤특(邪慝)ᄒᆞᆫ 일을 ᄒᆞ야 엇디 복이 올가 미드리오. 이 ᄯᅩᄒᆞᆫ 텬쉬(天數)니 셜
> 우미 태산 ᄀᆞᆺᄒᆞᆫ디 죽디 못 ᄒᆞᄆᆞᆯ 고이히 넉이ᄂᆞ이다. 듀야 안젼(眼前)의 ᄯᅥ
> 나디 아니턴 죵을 잡아내여 가고 힝혀 남앗ᄂᆞᆫ 죵을 ᄆᆞ자 내라 ᄒᆞ니 갑ᄌᆞ성
> 듕의 ᄒᆞ나흘 내여든 뭇고 죽여디라 ᄒᆞ니 나ᄂᆞᆫ ᄒᆞᆫ 일이 업ᄉᆞ니 엇디 살기ᄒᆞ
> 여 내리잇가, 녀젼내드리 안자셔 대뎐ᄂᆞᆺ치 하 쏭 ᄇᆞᄅᆞᆯ디 마ᄅᆞ쇼셔.」
> ᄒᆞ니, 이 후ᄂᆞᆫ 갑ᄌᆞ셩 달난 말 아니터라.
>
> (p.84, 5행~12행)

나이 어린 시어머니이지만 부덕한 행동을 하는 연상의 며느리를 꾸짖고 있
다. 결과적으로 왕의 체통을 깎는 일이 된다는 것을 깨우쳐주고 있는 것이다.
내전은 국사에 간여(干與)하지 않는 것이라는 것과 나이값을 하라는 뜻이 은연
중에 풍겨나는 것 같다. 여기에는 왕실(王室)로서의 숭엄한 분위기가 부조(浮彫)
돼 있어 나라 어른으로서의 면모가 약여(躍如)하다.

> 아니 디답디 못 ᄒᆞ오셔 디답 ᄒᆞ오시디,
> 「텬디간의 업ᄉᆞᆫ 대변을 만나 아바님과 뭇 동성을 죽여겨시니 내 ᄌᆞ식의
> 일노 어버이게 큰 브회(不孝) 되엿시니 텬디간의 용납디 못 ᄒᆞᆯ 줄 알디」
>
> (p.87, 10행~12행)

여기에는 불효란 천지간에 용납되지 못하는 것임을 말하고 있다. 이는 당시
사회의 대표적인 윤강(倫綱)이다. 그런데 대비가 이와 같은 불효자가 된 것은
"저지르지 않은 변을 만난" 때문으로서 이렇게 조작된 변 때문에 지금 대전은
부(父) 즉 선왕(先王)과 모(母) 곧 대비(大妃) 자신에게 불효를 저지르고 있다는
것을 간접적으로 지적하고 있는 것이다. 그래서 대전이 앞장서서 사회의 기강
을 짓밟고 있는 것임을 은연중에 내비치고 있다 하겠다. 천지간에 용납될 수
없는 대전이라는 신세인 것이다.

> 아버님 업ᄉᆞ신 일은 간댱이 버히ᄂᆞᆫ듯 ᄒᆞ나 나라 법이 듕ᄒᆞ여 ᄆᆞ옴으로
> 살오디 못 ᄒᆞ나 이 아히ᄂᆞᆫ 션왕의 유지(遺子)니 그러나 싱각 ᄒᆞ미 겨실가
> ᄒᆞ더니 새로이 그런 말을 ᄒᆞ시니 션후 말이 다ᄅᆞᆯ 셜워 ᄒᆞᄂᆞ이다.
>
> (p.88, 8행~10행)

여기서는 대전에게 저항하는 심정이 은연중에 드러나 보인다. 이 대목은 "나는 국법을 중하게 여겨서 친부도 살려 드리지 못했는데 대전은 선왕의 유교(遺敎)를 따른다 하면서 어찌 딴청을 부리시는가"라는 말이 된다. 좀더 직접적으로 말한다면 "나는 사(私)보다 공(公)을 앞세웠는데 대전은 조정을 핑계 삼아 공보다 사를 앞세우는 것이 아니신가"라는 뜻이 되겠다. 말하자면 왕으로서의 체통이 서지 않는다는 것으로서 이처럼 점점 어긋나가는 왕도와 팽개쳐지는 왕실의 숭엄성과 부숴지는 윤상(倫常)을 대비는 못마땅해하고 안타까워하며 서럽기까지 한 것이다.

> 「셜움을 져근덧 견디라. 나는 나라히 되여서 눔의게 잡힌배 되여 흐ᄅ 두 번식 본겻 안부롤 알고 일시롤 쩌나디 아니코 듀야 내 겻히 잇던 대군을 내여주어시니 져근덧 너희도 답답ᄒᆞ믈 견디고 어즈러이 니관ᄃᆞ려 통티 말나 힝혀 알길이 이시면 이리 텰통(鐵桶) ᄀᆞ치 흔번 긔별도 통티 못 ᄒᆞ니 셜워ᄒᆞᄂᆞᆫ 줄ᄂᆞᆫ 모르고 상하의 긔별이나 듯고 죠히 잇ᄂᆞᆫ가 넉여 범의 위엄을 더옥 낼 거시니 조심ᄒᆞ야 살고 틈집ᄒᆞ야 긔별 드러디라 말나.」
>
> 빅번 당보ᄒᆞ오시니,
>
> 「아니 ᄒᆞ리이다.」
>
> ᄒᆞ더라.

(p.115, 9행~p.116, 3행)

자식을 빼앗긴 모정이 오죽할까마는 인질의 신세이면서도 품위를 잃지 않는다. 수하 사람들의 인내를 당부하는 과정에서는 공동목표를 지향하는 일심동체의 유대감 같은 것이 강인하게 풍겨난다. "어지럽게 내관한테 통사정을 하지 말아다오"라는 타이름 속에는 대비와 같이 의연한 태도를 지니라는 매몰참이 드러나 있다.

> 「무식흔 말이로다. 나라히 되여서 내 죵 견 죵을 달니 혜랴. 의인(懿仁) 본겻티 본더 용ᄒᆞ시다 드럿고, 의인이 어디ᄅᆞ시믈 드러시니 항거시 용흔족 죵조차 용타 드럿노라. 비록 하인이나 슌딕ᄒᆞ미 뎨일이니 녜와 이제롤 츌히디 말고 부리라.」
>
> ᄒᆞ오셔놀 침간(寢間)의 블쌛ᄂᆞᆫ 쇼임을 시겻더니

(p.117, 6행~9행)

종을 차별하지 않는 소신이 뚜렷하다. 아량과 신임에서 모든 것을 감싸안는
자신에 찬 주인의식이 보인다.

> 나라히셔 니인들 불너 니르오시더,
> 「젼후 니인이 나라흘 위ᄒ여 원스 ᄒ여시니 그 참혹(慘酷)ᄒ믈 이기디
> 못 ᄒ여라. 저히 머나 갓가오나 친척은 남아실 거시오 간스흔 사름이 이실
> 거시니 타일의 문을 열면 무어술 갑흐리 저히 거술 다 두엇다가 주게 다
> 혜여 티부ᄒ고 좀가 간스ᄒ라.」
>
> (p.157, 11행~p.158, 1행)

죽은 나인들의 물건을 간수하는 것은 하나의 공사(公事)를 처리하는 것으로
볼 수가 있다. "장부에 적고 쇠를 잠가두라"는 분부 속에는 공인으로서의 의식
이 자리잡고 있는 것으로 보인다.

> 모든 니인이 울며 비르더,
> 「병이 듕ᄒ여 구티 못 홀 거시 나가 무어술 가져갈 거시라 더리 심히 뒤
> ᄂ뇨. 죽으라 가는 니인이라 뒤여보고 병ᄒ여 나가ᄂ니라. 의녀ᄒ야 뒤여
> 보고 슈욕(羞辱)이 비경ᄒ니 니인은 샹인(常人)이어니와 우흘 죠곰이나 혜
> 오랴.」
>
> (p.176, 3행~6행)

와병중인 변상궁을 치료차 내어가면서 털끝만치도 대비전의 위신과 상궁의
체면을 생각지 않는 내관 등의 상스럽기까지한 거친 행동에 나인들이 울며 빌
고 있다. 여기에서는 권위의식과 수치심의 잠재(潛在)를 본다.

> 뎐지란 거시 무엇고 뉘 내게 뎐지라 ᄒᄂ니.
>
> (p.183, 3행)

여기에는 어느 누구도 범접할 수 없는 위엄과 자존이 도사리고 있다.

> 그는 어내 용흔 말이로다. 내 아모리 파려ᄒ다 죵 브리기 조차 늠이 거걸
> ᄒ랴 싀 어버이롤 며느리라셔 거걸홀 나라히 잇ᄂ냐.
>
> (p.183, 6행~7행)

위세가 꺾인 시어머니이지만 그렇다고 며느리가 타이르는 법도 있느냐라는 지적으로서 무조건 힘으로 밀어부치는데 대한 윤상적인 저항이다. 항열이 전도된 해괴함이 짙어진다.

> 필부(匹夫)룰 구ᄒ여도 밋디 못 홀 거시니 날을 셟게 ᄒ야 션왕 아둘이라
> ᄒ고 일홈 더러 일가 앗겨 ᄒ노라.
>
> (p.183, 9행~11행)

불효와 무도에 오염될까 꺼리는, 그래서 대비가 지켜야 하는 성역이 여기에는 있다. "선왕의 이름을 더럽히지 말라"라는 소리는 따라서 크게 울려나는 것이다. "나를 서럽게 하고, 선왕을 들먹일 수 있느냐"라는 상정과 공도(公道)에서 나오는 선왕 옹호(擁護)의 소리라고 하겠다.

> 젼일도 여러번 근측(懇側)히 젹으디 ᄒ쪽 디답이 업스니 비록 셜우나 쏘
> 빌기ᄂ 못 홀 거시니 믈러가라.
>
> (p.184, 2행~3행)

답장하지 않는 사람에게 계속해서 써보낼 수 없다는 데서 비록 계모일망정 소외당한 모정과 무시된 위엄이 보인다.

> 우히 이 뜻을 엿즈오니,
> 「세곳의 글월을 뻐 문 여러 달나 비러 보려니와 나라히 되여 어인 쳔인
> 의게 쳥ᄒ기ᄂ 가티 아닌 일이오. 년흐의 ᄆ옴을 먹어 날올 죽과져 좀가
> 녀허시니 쳥 홀배 아니니 두 가티 아니미오. 제 어미롤 봉ᄒ여두고 날을
> 용납디 못 ᄒ게 좀가 너헛ᄂ디 섬서히 쳥ᄒ여 빌미 세 가티 아닌 일이오.
> 늙은 미련흔 니인의 말을 듯고 막듕(莫重)흔 쳥 주미 네 가티 아닌 일이니
> 날을 이리 너허두미 심샹흔 일이 아녀 반ᄃ시 제듕의 말을 닙으랴 흔 일이
> 라 쳥으로 갈 일이 아니니 다숫 가지 가티 아닌 일이라. 답답ᄒ고 셜으믄
> ᄀ이 업스나 텬복의게 의지ᄒ야 ᄀ마니 빌기ᄂ 죽을디언뎡 못 홀 일이로
> 다. 너희 인견우디 ᄒ야 됴히 디답 ᄒ라.」
> ᄒ오시더라.
>
> (p.187, 15행~p.188, 8행)

이것은 개문(開門)을 위해 청탁을 할 수 없다는 내심을 다섯 가지로 정리해 보인 것이다. 이제까지는 좀처럼 나타내지 않았던 속마음이 불거져 나오기도 하였으니 이것이 '오불가(五不可)'이다. 이 오불가의 내용을 다시 풀이해 본다.

가. 가희에게 청하는 것은 체통을 잃는 일이므로

나. 대전이 나를 죽이기로 작정했으니 그에게 청탁할 계제가 되지 않으므로

다. 나를 어미로 생각하지 않는 곧 윤상을 허물었으므로

라. 막중한 일을 너무 가볍게 다루는 것이 아니므로

마. 운수상관(運數相關)이어서 성사(成事)될 성질이 아니므로

즉, 가희에게 청탁을 하는 것은 대비로서의 체통을 잃는 일이라는 것, 죽이기로 작정한 사람에게 청탁이란 당치도 않다는 것, 청탁할 대상이 나를 어미로 생각하지 않는 파륜자(破倫者)라는 것, 막중한 일을 늙은 나인의 말에 따르는 것은 신중치 못하다는 것, 나중에라도 화(禍)를 입을 운수이기에 나를 이렇게 가두어 두는 것이니 청한다고 성사될 성질이 아니라는 것으로 여기에는 사태를 보는 대비 나름대로의 안목이 보인다. 대비로서의 체면·사태의 정황·청탁의 대상·취품(取稟)의 자세·일의 성질 등이 이처럼 객관적으로 살펴진 데에는 그의 가치관·생활의 정서·비판안(批判眼) 등이 크게 작용한 것으로 보인다. 슬기로우나 냉정한 관찰로서 심사숙고를 거듭한 나머지 내려진 불가(不可)라고 생각된다. 여기에는 근본적으로 흔들리지 않는 자세가 있는 바 특히 "갑갑하고 서러움은 끝이 없으나 천복이에게 의지하여 가만히 빌기는 죽을지언정 못할 일이로다"(p.127, 11행)에서는 꺾이지 않는 그의 존엄 곧 뚝심이 자리잡고 있다. 이 흔들리지 않는 자세와 꺾일 줄 모르는 뚝심에서 대비의 심상은 스스로 조명돼 나오는 것 같다. 곧 그의 자강(自彊)과 자중(自重)이다.

그런데 이제까지 앞에서 보아온 바

가. 나라 어른으로서의 약여(躍如)한 면모

나. 효의 강조

다. 어긋나가는 왕도·팽개쳐지는 왕실의 숭엄(崇嚴)·부쉬지는 윤상 등에

대한 상심

라. 품위를 잃지 않는 의연함과 매몰참

마. 넓은 아량과 확고한 소신으로 종을 믿어주는 주인의식

바. 죽은 나인들의 물건을 분명히 간수하게 하는 공인의식

사. 대비전의 체면을 손상시키는 내관들의 행패를 서러워하는 권위의식

아. "누가 함부로 전지(傳旨)란 말을 쓰느냐"라는 불호령 속에 보이는 위엄과
　　자존

자. 위세(威勢)로 밀어붙이는 데 대한 윤상으로의 저항

차. 불효와 무도에 오염될까 꺼리는 대비의 선왕 옹호(擁護)

카. 소외당한 모정과 무시된 위엄

등은 모두가 이 자강자중(自疆自重)의 심상을 뒷받침하고 또 상통(相通)한 표현들이었다고 생각된다. 이와 같은 약여(躍如)한 면모·효의 강조·품위·주인의식·공인의식·위엄과 자존·윤상적인 저항과 선왕옹호 등은 나라의 어른으로서 갖춰져야 할 덕목이라고 하겠으며 더욱이 붕괴되어가는 왕도와 왕실의 위신을 보고 상심해 하는 것은 자강자중(自疆自重)의 심상을 지닌 대비로서는 지극히 당연한 일이라고 하겠다. 이것은 누가 시켜서 되는 것이기보다는 자연적으로 우러나와서 나타나게 된 결과가 아닌가 한다.

　그런데 그는 '나라 어른으로서'라는 용어를 무수히 되풀이하고 있는데서도 그 자처하고 있는 심정이 알려지는 것이지만 "대전이 오시거나 하여 나를 어미라고나 하오시며 날보고 누가 국모라 할까보냐"(p.113, 16행~p.114, 2행)에서는 전교(傳敎)에 대한 신경질적인 반응이지마는 그의 국모로서의 의식이 만만치 않음을 보여준다. 그는 어쩔 수 없이 대군과 친정 때문에 또는 무섭기도 하지만 때로는 하나의 방편으로 광해군에게 빌기도 하고 비위도 맞춰왔지만 마음 속 깊이 저류(低流)하고 있었던 그의 내심은 나라 어른으로서의 위상 곧 국모로서의 존엄성을 잃지 않는 것이 아니었을까. 그 신산(辛酸)하고 황당한 긴 세월을 한결 같은 마음으로 꿰뚫어 나오게 한 데는 이와 같은 국모로서의 자존이 자리잡고 있었기 때문으로 보이며 이는 또한 선왕의 이름을 더럽힐까 심히 꺼린 대목과도 통한다고 하겠다. 따라서 이 대환(大患) 중에서 지켜진 그의 항

심은 국모로서의 자존심을 깨끗히 유지하는 것이었다고 하겠다.

18. 성격

본 일기의 성격을 밝히기 위하여 15항 소결(小結)의 내용을 살피기로 한다. 이 내용에서는 다음과 같은 세 가지 측면이 짚인다.

(1) 꾸며내려는 측면, 예를 들면
   ① 시간이 역류하여 스토리 형성
   ② 클라이막스의 존재
   이와 같은 측면들은 의도적인 조작 등에 잘 나타나는 솜씨로 이를 이야기성(性)으로 부를 수 있겠다.
(2) 사실대로 쓰려는 측면, 예를 들면
   ① 대소(大小)사건의 기일이 거의 명기돼 나오는 것
   ② 종합적으로 구성된 후에 집필된 것이 아니고 그때그때 기술된 것 등이다.
   이와 같은 측면들은 사실로서의 기술이 엄연(儼然)함을 나타낸 것으로서 이를 실록성(實錄性)으로 부를 수 있겠다.
(3) 읽어가려는 측면
   ① 구성 등 이야기성이 가미(加味)되어 있는 것
   ② 시간의 역류로 인해 국면의 전환이 있어도 줄거리에는 영향을 미치지 않은 것 등이다. 이는 차서(次序)적인 구성을 말하는 것으로서 시간의 흐름 속에 사건이 배치된다고 하는 동일한 사상(事象)을 일기문에서는 일차적(日次的)이라 하고 소설에서는 연대기적(年代記的)이라고 부른 진행상(進行相)이다.
   이와 같은 현상들은 본 일기가 상기한 세 가지 측면을 내포하고 있음을 보여주는 것이다.
   그러면 이제 이와 같은 측면의 현상들을 망라하여 본 일기의 실상(實相)을 부각시켜 보기로 한다.

1) 일기의 실상

(1) 이야기적인 현상

① 허구(대단히 미약하지만)
② 시간의 역류(스토리 형성에 이바지한)
③ 권정징사 식의 종결
④ 절정의 존재
⑤ 주제
⑥ 사건(작자의 의도에 종속됐으나 체험범위를 중심으로 한 취택(取擇))
⑦ 형상화(솜씨가 미흡한)
⑧ 분위기(산만하지만)

(2) 실록적(實錄的)인 현상

① 대소사건에 명기된 시간성(정확성을 기함)
② 1인 이상의 작자군(作者群)(일기 집필을 의미)
③ 생존인물의 실명 등장
④ 작자의 작중 등장(작자와 작중 화자의 일치)
⑤ 일기와 똑같은 기록(10항의 (3))
⑥ 작중 사건과 일시(日時)가 실지(實地)와 거의 일치(소재의 건재로 기록
성의 충실을 의미)—곧 즉실성(卽實性)
⑦ 교훈적인 실용성(집필 목적에서)
⑧ 몇 번에 나누어 기술됐으리라는 점
⑨ 상이(相異)한 문체

(3) 진행적인 현상

① 일차적(연대기적) 구성
② 꾸밈과 전개 그리고 사실과 마무리의 어설픈 봉합

　이와 같이 정리하고 볼 때 거기에 나타나는 세 가지 현상은 다음과 같은 것
으로 보여진다.

2) 의미

(1) 이야기적인 현상이 의미하는 것

주제의 부각은 궁중을 배경삼아 인물과 사건의 상호작용에서 이루어졌다. 이를 위해서 허구·스토리 형성·권징징사식의 종결·절정·형상화·분위기 조성 등의 솜씨가 발휘되었다. 곧 조형(造型)하려던 의도가 엿보인다고 하겠다. 따라서 여기서는 이야기하려는 기능적인 면이 두드러져 나타난다. 말하자면 기법의 등장을 보는 것이다. 그러나 구체적인 배경묘사는 거의 보이지 않는다.

(2) 실록적인 현상이 의미하는 것

실록은 허구를 외면하려는 데서 이루어졌다. 그러기 위해서 정확성·소재성·실용성·실명(實名)·작자군(作者群)·작자의 작중등장까지 나타났다. 곧 즉실(卽實)하려던 취향이 드러난다고 하겠다. 따라서 여기서는 실록(實錄)하려는 실체적인 면이 두드러진다. 말하자면 사실의 엄연함이 돋보이고 소재의 건전성이 짙이는 것이다.

(3) 진행적인 현상이 의미하는 것

여기에서는 구성이 문제가 된다. 한마디로 말해서 이가 맞지 않아 엉거주춤한 구성이다. 그러면 그와 같은 까닭은 어디 있는가.

(1)의 이야기적인 현상에는 시간의 역류가 있고 또 사건이 있다. 여기에는 이야기를 꾸미고 펴져나가는 국면의 전환이 있고 제한적이긴 하지만 장(場)이 성립되는 이른바 전개가 있다. 반면에 (2)의 실록적인 현상에는 즉실(卽實)한 면과 하루를 마감하는 이른바 당일성(當日性)이 보인다. 이 전개와 마무리, 꾸밈과 즉실이라는 상반된 성격이 병존(竝存)하고 있는 것이다. 이러한 상반성은 인과성을 별로 따지지 않는 (3)의 연대기적인 곧 일차적(日次的)인 구성이 포괄하고 있는 데서 그 짜임새는 헐거워지는 것으로 보여진다. 말하자면 구성의 이완(弛緩)은 이 상반성(相反性)에 있다는 말이다. 그런데 여기에 주목되는 사실이 있다. 즉 이처럼 허술한 구성임에도 불구하고 본 일기는 하나의 문학작품으로서 애독되고 있다는 사실이다. 더욱이 여성의 솜씨에 의해서 궁궐 안의 생지옥상을

드러내고 있는 것이다. 여기서 우리는 이 상반성을 다음과 같이 해석할 수 있을 것 같다. 꾸며서 전개되는 것은 이야기성(性)의 기능적인 면이고 사실대로 마무리한다는 것은 실록성의 건전한 소재면이라고 보이는 바 이와 같은 소재의 건전상은 그 기능의 발휘가 충실치 못한데 기인되는 것이 아닌가 하는 것이다. 실록적인 실체가 그대로 노정(露呈)될 만큼 이야기를 꾸미는 기술이 구비구비 먹혀들지 못하고 소화해 내지 못한 그러한 단계라고 할 수 있겠다는 것이다. 우리는 앞의 5항 서술양상 말미에서 형상화의 충족을 보았다. 그러나 분위기는 산만하며 미약한 허구성도 대할 수 있었다. 이와 같은 상황에서 두드러지는 것은 기능의 미숙과 더불어 사실을 사실대로 말하려는 작자의 일관적인 집필자세인 것 같다. 그런데 사실을 사실대로 말한다는 것은 꾸미는 것과는 거리가 먼 진솔함과 일맥상통하는 데가 있어 보인다. 기록이라는 면에서는 물론 서술이라는 면에서도 이와 같은 일관적인 집필자세에는 그 진솔미가 기능할 수 있었겠다는 것이다. 즉 상서에서의 사실적(寫實的)인 서술·서묘에서의 곡진(曲盡)한 서술 등에서 보여주는 그런 투명한 묘사는 바로 그와 같은 표지가 아닌가 하는 것이다. 기록에서의 사실성(事實性)이 서술에서는 진솔성으로 나타나는 것 같다.

기록과 서술에 있어서의 진솔함은 본 일기를 휘감은 향기이며 아름다움이 된 것 같다. 사실대로 써낸 생경(生硬)함이 오히려 솜씨를 부린데 대한 반작용으로 한층 더 싱싱해 보이는 것이 아닌가 한다.

이것으로 보아 본 일기의 문학적 기능은 구성에서보다 서술이 한 몫을 단단히 하고 있는 것 같다. 구성력보다는 서술력이 돋보인다. 서술유형이 다양한 것은 아니지만 진솔하고 순정하고 소담(素淡)한 것이 하나의 매력으로 떠오른다고 하겠다. 꾸며서 전개된 이야기보다 실지(實地)대로 마무리된 사실이 더 득세함으로써 봉합(縫合)의 이가 맞지 않아 구성은 엉성했으며 그 진행은 자주 머뭇거렸던 것이다.

이렇게 되고 볼 때에 본 일기의 성격은 미약한 이야기성과 소박해서 강한 서술력이 뒷받침이 된 실록성의 이중성(二重性)이라고 할 수 있겠다.

19. 문학적 위상(位相)

미약한 이야기성과 소박해서 강한 서술력이 뒷받침이 된 실록성이 본 일기
를 지탱하는 양축이며 나아가 실체가 그대로 등장할 만큼 이야기하는 기법이
겉돌고 있음을 성격항(項)에서 보여주었다. 그러면 이와 같은 작품은 그 문학적
위상이 어떻게 될 것인가.

이제까지 다루어진 이야기의 기법이란 소설을 염두에 둔 것이고 실록은 사
실(史實)의 일록(日錄)을 지칭한 것이라고 하겠으니 결국 소설창작의 수법과 일
록된 사실의 관계를 보아온 것이다. 여기서는 소설창작의 수법이 보이니 소설
이 아니냐는 견해와 사실의 솔직한 기록이니 수필문이 아닌가라는 주장이 나
올 수 있다. 그러나 이와 같은 논쟁은 이미 있어온 지 오래된다. 여기서는 본
일기를 문학작품이게 한 중요한 요소들을 망라하여 본 일기의 위상을 밝혀보
고자 한다. 이미 위에서 자세하게 언급됐지만 여기서 다시 한번 짚어본다.

① 허구 … 사실(史實)을 날짜까지 박아가며 다루었기 때문에 크게 문제될 것
   은 없겠다. 있다 해도 강조·과장 정도로 보인다. 말하자면 허구성은 미약
   하다.

② 구성 … 3부 구성이기보다는 연대기적인 구성에 가까우며 부실하다. 따라
   서 통일성이 느슨하다.

③ 주제 … 사필귀정이라는 개념이 잡힌다.

④ 인물 … 주인공들의 개성이 짙이지만 보편적인 인간상이다.

⑤ 배경 … 거의 간과된 느낌이 짙다. 궁중이라 해도 묘출(描出)된 궁중상(宮
   中相)은 짙이지 않으며 간접적인 사회상(社會相) 또는 자연 묘사 등에도 무
   관심이었다.

⑥ 사건 … 142개로 정리해 보았으나 상상의 세계보다는 사실의 세계에 머무
   른 것 같다. 그래서 주로 체험을 근거로 한 전개로 보인다. 그러나 필연성
   이 약한 전개이다.

⑦ 서술 … 약서·상서·서묘가 교차된 서술이나 상서와 서묘가 눈부시다.
   강한 필력과 정확성·구체성이 뒷받침이 된 사실적인 묘사는 곧 형상화의

경지이다. 체험에서 우러나온 서묘의 생동감은 그대로 서정(抒情)의 옷자락이다. 서술대상의 다변화는 서술의 폭을 넓혔고 생경(生硬)으로까지 느껴지는 진솔성은 선명한 인상을 돋구었다. 이리해서 문학의 기류는 형성된 듯하다.

⑧ 소재 … 건전한 위상을 유지한다.

⑨ 정서 … 정서의 도출은 비교적 순조로웠으나 사실대로 기술하느라 절제된 느낌이 없지 않아 만족스럽지는 못하다.

이상은 주로 소설의 입장에서 살펴본 것이다. 구격(具格)을 갖추고 기량(技倆)을 발휘하였다.

⑩ 시간성 … 대소사건에 명기된 연월일 등은 일기에는 필수적인 요건이지만 소설에는 흔하지 않다.

⑪ 작자군(作者群) … 사일기(私日記)는 물론 공일기(公日記)라 할지라도 집필은 책임있는 사람이 맡는 것이지만 유고(有故)시에는 바뀌지 않을 수 없는 것이다. 더욱이 서궁에서와 같은 처지에서는 내인의 생명이 파리 목숨 같아 몇 명이든지 붓을 갈아쥐게 되는 것이겠다. 그러나 소설창작이라 하면 상상하기 힘든 일이다.

⑫ 도입상(導入相) … 본 작품의 도입이 갈등에서 비롯됐으나 이는 일기에서는 얼마든지 가능한 일이지만 소설에서는 특히 고소설(古小說)에서는 흔치 않다.

⑬ 실명(實名) 표기 … 생존인물의 실명의 표기는 일기에서는 체험한 사실이므로 하나도 이상할 것이 없다. 당연한 일이지만 소설에서는 흔한 일은 아닌 것 같다.

⑭ 작중 화자(話者)로 등장 … 작자와 작중 화자의 일치는 자조성(自照性)이 짙은 문학임을 나타내는 현상이다. 이 작중화자는 상징화되지 않은 '나'의 입장인 것이다.

⑮ 당일성(當日性) … 일기문이 지니는 당연한 생리이지만 소설에서는 빈번하게 나타나지 않는다.

⑯ 즉실성(卽實性) … 당일성과 더불어 일기문의 대표적인 성격이지만 상상의
   나래를 펴는 소설에서는 생경(生硬)으로 취급된다.

⑰ 실용성 … 이는 일기문의 한 측면이므로 교훈 등을 하나의 목적으로서 염
   두에 두고 집필하지만 소설에서는 부수적으로 얻어지는 효과일 수밖에 없
   겠다.

⑱ 단속적(斷續的) 집필(執筆) … 몇번에 나누어 쓰여진 것으로 보이는 것은
   종합적으로 구상되어 순차적(順次的)으로 기술된 것이 아닌 것 같다는 것
   이다. 이와 같은 집필 태도는 일기문에서는 아무 부담이 없어도 소설에서
   는 단숨에 내려쓰는 것이 아니어도 적잖은 부담이 될 것이다.

⑲ 상이(相異)한 문체 … 이는 1인 집필이 아님을 나타낸다.

⑳ 일기라는 제호를 선택한 것은 이야기성보다는 기록성을 고집한 것이다.

이상은 주로 일기의 입장에서 살펴본 것이다. 시간의 명기·실명의 등장·작
자와 작중 화자의 일치·당일성·즉실성·실용성 등은 생동하는 실체를 표방
한다. 이는 곧 구성의 부실·조형의 미숙을 의미한다.

이제까지 소설과 일기의 두 입장에서 본 일기의 양면성을 살펴보았으며 이
양면성이 지니는 생리를 짚어보았다. 그러므로 인해서 알려지는 것은 다음과
같다.

즉 소설이기에는 생경성(生硬性)이 너무 강하고 형성된 스토리의 전개도 토
막나기 일쑤여서 산만하고 또 짜임새가 헐거운 느낌이어서 이야기성은 위축(萎
縮)되었다. 한편 일기로 보기에는 이야기성이 부담이 되지만 철저한 기록정신
에서 보아 집필태도는 일기적인 취향으로 볼 수 있겠다. 곧 사실을 훼손하지
않는다는 일념에서 붓을 든 것이었다. 그래서 작자인 내인들은 냉철했어야 했
고 간혹 분노가 일고 저주가 튀어나와도 흥분에 휘말릴 수는 없었던 것이겠다.
여기에는 주제가 있고 미약하나마 허구도 있고 개성이 짙이는 인물이 있으나
궁중이라는 배경은 희미하다. 사실(史實)과 거의 비슷한 사건들이 헐겁게 짜여
져 이른바 이야기성이 발휘됐으나 소재성은 건전하고 서술은 담백하다. 이렇게
산만하고 이완된 구성체를 다음과 같이 정리해 본다. 즉 시간적인 흐름 속에
억울하게 당한 사실을 이야기하는 솜씨를 부려서 일기로 꾸며내어 사필귀정이

라는 생각을 지니게 한 글이라 하겠으나 이야기하듯이 꾸민 글에 말하듯이 써
낸 글이 섞여 들어서 흥미가 반감(半減)되었다. 이야기라 하기에는 구격(具格)이
달라진 느낌이 짙게 풍긴다고 하겠다.

　그러면 이제 종합적인 안목에서 다시 한번 정리해 본다.

　이 작품이 이야기의 허구성에 크게 개의치 않은 것 같이 그 기능은 활발치가
않다. 그렇지만 그 이야기성을 받아들이고 있는 점은 주목되는 바다. 간결한 기
술적(記述的)인 태도로 매일의 사건을 처리해간 것도 있지만 면밀하게 사건을
서술하여 장면을 구상적(具象的)으로 묘사하려는 의도를 나타내기도 하여 일기
라고 불리워지기는 하지만 이야기에 접근한 것이다. 즉 자기의 체험을 그날그
날 완결하는 심정으로 기록하는 일방 자기는 또하나의 화자가 되어 주인공의
이야기를 지속적으로 서술하고 묘사하려던 것이다. 또한 전체를 관류(貫流)하
는 주인공들의 성격·심정의 흐름·약하지만 행동의 통일성이 있으므로 해서
소설을 닮은 느낌이다.

　이야기의 수법을 받아들이면서도 허구성이 약하게 끝난 반면 자기 감회·자
의식이 작동되고 있어 어느 정도 전기성(傳奇性)에서는 일탈되었다. 또한 자기
가 체험한 역사적 사실을 다루는 것이기 때문에 일반적인 이야기가 소설에 내
포되는 구상(構想)의 흥미와는 다른 박진성(迫眞性)·평담성(平淡性)·친근성 등
을 맛보게 했다. 이는 보편적인 문학원리에서 본다면 리얼리즘의 가치로서 로
맨티즘이나 아이디얼리즘에 대항할 수 있는 것이다. 물론 여기서 작자는 자기
만의 비밀을 드러내고 얼마나 자신에게 충실한 고백을 할 수 있었는지는 의문
이지만 처음부터 일기를 픽션화하려는 자세를 나타내고 있다고는 보여지지 않
는다.

　다음으로 이 작자는 너무 문식(文飾)이나 기교 등의 흥미는 없었던 것 같다.
따라서 다소간 무미건조한 느낌을 주기도 한다. 아무튼 과도한 미적(美的) 기술
(技術)에 고심한 흔적은 찾기 어렵고 어느 정도 솔직성을 가지고 서정의 방법을
취했으며 그리고 그것을 이야기적인 지속의 형태로까지 거리낌없이 추진해 나
갔다. 나아가 자연 묘사의 미도 거의 찾아볼 수가 없다. 거기에 일종의 진한 서
술적 양식에 가까운 것이 나타났다고 하겠다.

　다음으로 이 작자는 자기 체험에 기대어 내인으로서의 불안·공포·노심초

사 등을 추구하고는 있으나 조형하는 역량의 부족·객관적으로 인간을 관찰한다고 하는 여유가 없어서 빈약한 작품이 되어버렸다. "사실은 소설보다 기(奇)하다"라는 말이 있으나 우연과 기사이문(奇事異聞)에 가까운 일단을 보였다는 것만으로는 예술적인 박력이 부족하며 역시 일기적 성격의 특징인 사실성에 잡혀서 소재와 승부한다고 하는 결과에 그친 감이 짙다.

다음으로 교훈적·실용적인 목적은 예술의 정관성(靜觀性)이나 구상성(具象性)과는 생태상 어우러지기 어려운 것이므로 예술적 의욕에 따르는 표현의 선택이나 정신적 박력 등을 고루 얻어내지 못한 것 같다. 거기에 일기의 또하나의 성격인 사실성에 잡혀서라기보다는 철저한 전승(傳承)에 집착되고 있는 것으로 보여진다. 따라서 이와 같은 성향은 창작이 아닌 엄연한 기록으로서 또 한 면을 차지하게 된 것으로 생각된다.

이와 같이 다양한 성향 중에서도 주목되는 것은 '9. 구성 항'에서 언급된 것처럼 등장인물과 사건의 전개가 작자의 체험을 중심 삼아서 선택됐다는 것이다. 소재가 건재하고 즉실성이 뚜렷하다는 것은 앞에서 누누히 지적되었다. 이와 같은 사실성이라는 조건 때문에 통일된 주제와 일관된 구상 하에서도 그것은 작자가 경험한 범위 안에서 채택되고 그것이 재현되고 또 재구성된 것으로 보여진다는 것이다. 소설작자가 구성하는 주제나 구상의 구성과는 근본적으로 달라진 것이겠다. 소설의 경우는 어떤 제약도 없이 상상의 나래를 펴서 창작에 몰입하지만 본 일기는 과장이나 분석·강조가 존재한다 해도 체험한 사실을 근거로 한 창작인 것으로 보여진다. 말하자면 본 일기에는 등장하는 인물이나 전개되는 사건 등이 모두 작자의 체험범위 안에서 취택됐다는 곧 하나의 제약이 있다는 것이다.

이상과 같은 점 때문에 종래의 관념으로 볼 때는 실로 예술같지 않은 양식이 수립되게 된 것이다. 종래의 예술관에서 볼 때 그야말로 저돌(猪突)·치졸(稚拙)·미숙(未熟)의 양상이라고 보겠고, 소재를 예술의 경지에까지 끌어올리는 양식이 거의 마련돼 있지 않다는 것이라고 할 수 있을 것이다. 그래서 작자는 완전하고도 철저한 예술적 의지를 가지고 있지 않았던 것이 아닌가 라는 생각을 하게 한다.

그런데 여기서 유의해야 할 것은 계축일기가 소설로서 미흡하다 해서 곧 문예물의 반열에 설 수 없느냐 하는 것이다. 단순한 기록인 일기로 치부해 버릴 수 있는가 하는 것이다. 그러나 이미 공인돼 있는 것처럼 계축일기는 문예작품으로서의 위상은 확실한 것이고 남은 문제는 그 양식여하인 것 같다.

그러면 이제 잠시 관점을 달리 해서 이야기성 곧 기법인 허구성이나 묘사성과 일기와의 관계를 살피기로 한다. 이 양자는 실지로 일기적 성격은 아니고 오히려 대치(對峙)되고 상반되는 별개의 어떤 문학성이요 기법일 것이다. 종래의 한문(漢文)일기가 궁중의 행사를 중심으로 한 소위 외면적·비망록적 경향의 것이었던 예를 들 것까지도 없이 일기 본래의 성격은 있는 그대로의 사실을 있는 그대로 충실하게 기록하는 데 있다고 하면 허구성·묘사성 등은 일기의 가장 일기답지 않은 전혀 별개의 이질(異質) 분야에 속하는 성격이어야 한다. 그런데 이러한 성격이 궁중의 슬픈 이야기를 지탱하고 있는 문학성의 하나라고 한다면 계축일기는 종래의 한문일기 곧 비망록적 경향의 영역을 넘어서서 한국적인 한글일기를 기도(企圖)하면서 기능화된 것이라 할 수 있지 않을까 한다. 그리고 문예성의 견지에서 보면 이 일기는 이야기적인 요소와 융합하면서 일종의 독특한 문예를 창출한 것이 된다.

다시 말해서 이 계축일기가 문학작품으로서 인정받고 있음을 볼 때 우리의 일기는 한문식의 일차(日次)의 형식과 실록이라는 내용과를 전통적으로 유지하면서 그 표현이나 창작기법을 이야기에서 도입함으로 해서 새로운 문학 즉 일기문학으로서 출생하게 된 것으로 보인다는 것이다. 그러므로 계축일기의 기사는 형식적으로는 서사적이기보다는 정취(情趣)적이고 기록적이기보다는 술회(述懷)적이고 객관적이기보다는 주관적이라고 말할 수 있겠다. 내용적으로는 수미(首尾)가 상응됐다고 보기는 어렵지만 향수자(享受者)의 예상에서 또 매일 기사(每日記事)의 약하기는 하지만 유기적 맥락에서 오는 사건의 스토리화 등 구성적인 면모도 드러난다. 또한 인정의 후박(厚朴)에 대한 감개·허무의 절감·고사(故事)에의 추억·생의 애착과 포기(抛棄) 등등의 표출에로도 지면을 할애하고 있다. 이런 것은 모두 일기본래의 것이라기보다는 오히려 기록으로서의 일기 자체를 넘어서는 문학의식에 의해서 시도된 이야기적인 표현수법이라고 볼 수밖에 없다. 이것은 그런 문학의식이 한문일기에 대한 한글일기의 존재

양식을 사실상(事實上)에서 보여준 것이라 하겠다. 이런 것은 이야기적 요소를 구성분자의 하나로 보면서 서술된 것이라고 할 수 있겠다.

그러나 근본적으로 일기를 픽션화하려는 자세가 돼있지 않았다는 것·체험한 사실을 근거로 한 창작이라는 것·문식(文飾)이나 기교 등 미적 기술에 고심하지 않았다는 것·그리고 사실성과 실용성에 잡힌 것 등으로 해서 예술 같지 않은 양식을 보게 된 것이다. 그래서 이 예술같지 않은 양식인 계축일기는 기록성을 동반한 문학작품으로 자리잡게 된 것이다. 말하자면 종래의 예술관으로 볼 때는 예술 같지 않은 양식이지만 현실적으로 이는 훌륭한 문학작품인 것이다. 그러므로 종래의 예술관으로는 풀어지지 않는 이 작품을 새로운 안목에서 풀어야 할 것 같다. 즉 일기적인 요소와 소설이 지니는 이야기적인 요소가 융합되어 새로운 문예를 창시했다는 것이다. 구체적으로 말하면 일차의 형식과 체험상의 실록이라는 내용과를 그대로 지니면서 그 표현과 창작기법을 이야기에서 도입해서 일기문학을 출생시켰다는 결과가 되는 것이다. 그러므로 「계축일기」의 특징은 일차적인 사실이 이야기적인 기법에 의해서 표현되었다는 것이겠다. 곧 기록성과 문예성을 공유한 일기문학의 출현인 것이다. 즉 일기적인 실체와 소설적인 기능의 융화에서 궁금(宮禁)내의 골육상쟁사(骨肉相爭事)를 애절(哀切)함으로 승화시킨 것이라고 할 수 있을 것 같다. 이로써 이야기체의 일기문학의 출현을 보게 된 것이다.

20. 결

본 일기는 다음과 같이 정리될 수 있겠다.

① 작자는 1인 이상의 내인(內人)들이다.
② 분병조(分兵曹) 단위의 공일기(반정후 내인들의 눈에 띄었을 것으로 보이는)와 서궁 내에서 은밀히 기술된 사일기가 있었을 것이다. 이 사일기에 공일기를 참조한 것이 「계축일기」가 아닐까 한다.
③ 본 일기의 전반은 반정 전에 후반은 반정 후에 기술됐을 것이다.

④ 허구성 … 취약하다.

　㉠ 인물 … 보편적인 인간상으로서 과장이나 분식(粉飾)은 돼 있어도 허구에까지는 이르지 않은 것으로 보인다.

　㉡ 사건 … 허구가 있으나 사실(史實)의 왜곡이나 호도(糊途)에까지 이른 것으로는 보이지 않는다.

⑤ 구성 … 차서(次序)적이다. 이는 고대소설의 구성인 시간의 흐름속에 사건을 배치하는 것과 비슷한 것이다. 그래서 이 일차적인 구성이란 일기와 고소설(古小說)의 공통적인 구성법이 된다.

　또한 본 일기에는 시간의 역류가 15군(群)이 있는 바 그중에서 4개군 즉 4항·6항·7항 8항 9항 10항 등이 스토리 형성에 직접적인 역할을 했다고 보이지만 나머지 11개군은 간접적이거나 그 기능이 약하다고 하겠다. 다시 말해서 앞의 음애·난중·청백·연평일기 등에서 본 것과 같은 회상(回想) 정도로 보여 이는 단순한 역류라고 할 수 있을 것 같다. 따라서 본 일기의 초반 도입부에서는 시간의 역류가 제 기능을 발휘한 것으로 보이나 그 이후는 약화됐다는 말이다. 그렇다고 해도 이 역류가 사실(史實)의 줄거리를 변경하거나 사실 자체를 부정한 것으로는 보이지 않는다.

⑥ 주제는 사필귀정

⑦ 사건마다 일시가 거의 명기(明記)되다.

⑧ 생존자가 실명으로 등장한다.

⑨ 작자가 작중 화자가 되기도 한다.

⑩ 실록성(내용과 형식)과 이야기성(표현과 기법)의 합일

⑪ 중요 소재는 체험한 사실에서 취택하다.

⑫ 대비의 항심(恒心)은 국모(國母)의식으로 보여진다.

⑬ 이야기체의 일기문이 처음으로 나타난다.

이로써 「계축일기」는 이야기체의 일기문학의 자리를 창시(創始)했다고 보여진다.

Ⅵ. 東溟日記

1. 해설

「동명일기」는 기행을 내용으로 한 일기다. 1박 2일간의 일정으로 함흥(咸興)에서 50리 거리에 있는 동명(東溟)까지의 왕환록(往還錄)이다. 신묘(辛卯)년(英祖 47년) 즉 1771년 8월 21일에 동명에 갔으나 날씨가 흐려 영(迎)일(日)·월(月)이 불가능했고 재차 임진(壬辰)년(영조 48년) 즉 1772년 9월 17일에야 뜻을 이룬다. 왕복(往復) 중의 견문도 상세하지만 귀경대(龜景臺) 상에서 파악한 해맞이·달맞이의 경관(景觀)은 여성의 섬세함과 풍부한 색채감이 어우러져 치솟아 퍼지는 빛의 역동성(力動性)을 실감케 한다. 구체성(具體性)과 감각성(感覺性)이 두드러지게 묘사된 그 문장력이 자랑스럽다. 마음의 여유가 문장표현을 부드럽게 하였거니와 솔직(率直)담박(淡朴)한 심정토로에서 한줄기 문향(文香)이 피어난다. 귀환(歸還)하여 3일만에 집필된 것이므로 행려(行旅) 중에 짚인 직감(直感)을 간간이 대하게도 되어 생동감을 더해준다. 작자는 함흥 판관(判官)으로 가있던 신대손(申大孫)의 부인인 의녕남씨(宜寧南氏)로 그의 나이 43세 때 쓴 것으로 보인다. 괄괄한 성격의 소유자로 보이지만 매사에 용의주도함이 나타나고 또한 끊임없이 자정(自淨)하는 노력형이기도 하여 여성다움과 사대부가의 후손다운 교양을 두루 갖춘 당시의 문화여성이었다고 하겠다. 저작년대는 1772년 9월 17일에 가서 18일에 돌아와 21일에 기록하였다.

텍스트는 新丘文化社 刊, 姜漢永 校註 『의유당일기(意幽堂日記)』 내의 「동명일기(東溟日記)」로 한다.

2. 동기

처음에는 단순히 명승지에 대한 동경(憧憬)이었다고 보이지만 시간이 흐름에 따라서 쌓이는 스트레스를 견디기 어려웠던 것으로 보인다.

1) 간접적 동기

함흥지방으로 월임(越任)해 온 남편을 따라와서 소문으로 듣게 된 명승지로서 기생들과 주변사람들의 선전이 작용한 것으로 보인다.

> 기축년(己丑年) 팔월에 낙(洛)을 떠나 구월 초승에 함흥(咸興)으로 오니, 다 이르기를 일월출(日月出)이 보암직다 하되, 상거(相距)가 오십 리라 하니, 마음에 중란(中亂)하되 기생들이 못내 칭찬하여 거룩함을 일컬으니, 내 마음이 들썩여 원님께 청(請)한대, 사군(使君)이 하시되 「여자의 출입(出入)이 어찌 경(輕)히 하리요.」하여 뇌거불허(牢拒不許)하니 하릴없어 그쳤더니,
>
> (p.20, 1행~8행)

작자 자신도 그러한 선전에 상응하기 쉬운 성품의 소유자로 보여 자주 마음이 흔들리고 있다. 원님에게 청한 지 두 번만에 동명에 갔으나 날씨가 좋지 않아서 일·월출을 제대로 보지 못하고 돌아와 만족할 수가 없었다.

2) 직접적 동기

심우(心憂)가 폭발(爆發)한 것으로 보인다. 가정사정으로 인해서 우울해진 심회(心懷)를 풀어보려고 한 것 같다. 심우(心憂)의 원인을 보면

(1) 형부(正祖妃의 父)가 죽은 일
(2) 그로 인해 아들 종이를 보냈으나 한달이 지나도록 돌아오지 않고 있는 일
(3) 친정 동생의 영락(零落)
(4) 고향을 떠난 지 4년이나 되는 일

이미 죽은 사람은 할 수 없지만 산 사람이라도 만나고 싶고 고향생각도 간절하여 이런 모든 일이 한데로 몰려 "지통(至痛)이 몸을 누르고" 해서 원님에게 다시 청하게 됐으며 허락이 나 재차 동명으로 원님과 동행하게 된 것이다.

3. 노정(路程)과 거리(距離)

여기서는 단기간에 왕복할 수 있는 빠한 길이다.

함흥 – 동명 – 귀경대(龜景臺) – 운전(雲田) – 격구정(擊毬亭) – 함흥 (1차)

함흥 – 까치섬 – 귀경대 – 본궁(本宮) – 함흥 (2차)

함흥에서 50리 거리를 두 번 왕복했으며 끝내 귀경대에서 일월출(日月出)을 다 보고 소원성취하였고 심우도 가신 것으로 보인다.

4. 기상(氣象)

날씨는 항상 여행자와는 불가분의 관계에 있다. 여행 전체를 좌우하기도 하고 경관(景觀)과 보행(步行)에도 영향을 준다. 여기서도 날씨는 상당한 비중을 가지고 작자를 중심한 일행들의 마음을 억누르고 있다. 목적이 영일월(迎日月)에 있었기 때문에 청담(晴曇)이 크게 작용함은 물론이나 그밖에도 바람과 추위, 안개, 먼지 등도 적잖은 영향력을 가지고 있었다. 다음에 그때 기후가 얼마나 그들의 영일월(迎日月)을 좌우했는가를 그 동태를 통해 보기로 한다.

> 십육일 밤을 당(當)하여 기생과 비복(婢僕)이 다 잠을 아니 자고 뜰에 내려 사면(四面)을 관망(觀望)하여, 혹 하늘이 흐릴까 애를 쓰니, 나 역시 민망(憫憫)하여 한가지로 하늘을 우러러보니, 망일(望日)의 월식(月蝕) 끝이라 혹 흑색(黑色) 구름이 층층(層層)하고 진애(塵埃) 기운이 사면을 둘렀으니, 모든 비복(婢僕)과 기생이 발을 굴러 혀 차 거의 미칠 듯 애를 쓰니, 내 또한 초조하여 겨우 새워 칠일 미명(未明)에 바삐 일어나 하늘을 보니, 오히려 천색(天色)이 쾌(快)치 아냐 동편의 붉은 기운이 일광(日光)을 가리오니, 흉중(胸中)이 요요(搖搖)하여 하늘을 무수히 보니, 날이 늦으면 홍운(紅雲)이 걷고 햇기운이 나니, 상하(上下) 즐겨 밥을 재촉하여 먹고 길을 떠나니.
>
> (p.25, 12행~p.26, 8행)

비복(婢僕)들이 "흑색 구름이 층층하고 진애 기운이 사면을" 두른 것을 보고 "발을 굴러 혀차 거의 미칠 듯 애를 쓰고" 있다. '나'도 "흉중이 요요하여 하늘을 무수히 보고" 있다. 그러나 "날이 늦으며 홍운이 걷고 햇기운이 나니 상하 즐겨 밥을 재촉하여 먹고 길을 떠나고" 있다. 날이 궂으면 작년에 낭패했던 일도 있고 해서 떠나기 어려운 것이다. 햇기운이 나는 것을 보고는 모두가 즐거워하며 분위기까지 밝게 바뀌며 밥을 재촉하여 먹을 만큼 이번 여행에서는 기후가 절대적인 역할을 하고 있다. 신경질적이라고 보일 정도로 날씨에 대한 반응은 즉각적이다. 추위 때문에 고생을 했지만 구름이 걷혔기 때문에 해맞이가 가능했고 자연의 엄연한 조화도 목격했으며 인간적으로도 원님에 대한 체면이 서게 됐고 개인적으로도 원(願)을 풀었던 것이다.

5. 내용과 구성

본 기행은 아름다운 경치를 보고 즐기며 광활(廣闊)한 자연의 품에 안겨 잠시나마 속진(俗塵)을 떨어보자는 것이 본령(本領)이기 때문에 경치를 감상 음미함이 주내용이 되겠다. 여기에서는 7개의 경관이 주축이 된 것으로 보인다. 후리질 구경 격구정(擊毬亭)에서의 조망, 재발경(再發景), 선유경(船遊景), 귀경대(龜景臺)상에서의 달맞이·해맞이경 및 본궁(本宮) 관람경(觀覽景) 등이다. 이와 같은 7개의 경관을 잡은 간략한 묘사가 있고 이어 경이와 감탄이 뒤따른다. 이러한 감상은 경(景)마다 새로울 수가 있어 이를 임장감(臨場感)으로서 파악한다. 그리고 이 감상 속에 간간이 자의식의 발로가 짙혀 나온다. 이는 농담(濃淡)의 차(差)는 있어 보이나 천편일률적인 출현이 아니기 때문에 의도적인 것으로는 보이지 않는다. 이렇게 출몰하는 자의식을 자조성(自照性)으로서 따로 파악한다. 경(景)에 따라 새로워지기도 하는 임장감은 직감적(直感的)이고 순발적(瞬發的)인 데가 있어 감정의 선도(鮮度)가 싱그러우며 자조성에서는 자기에게로 내향(內向)하는 시선을 잡을 수 있다. 그러면 내용을 분석해 보기로 한다.

내용분석

출발…신묘년(1771) 8월 21일
귀경대상에서의 영일월(迎日月)이 시원치 않음.
후리질 구경…장관을 보고 자위…상팔자임을 자각

　　격구정 경관…정자주변의 승경(勝景)
　　　　　　　　풍악과 기무(妓舞), 촌녀분노(村女忿怒)
　　본궁·일월출 못본 것을 자탄　　　　　　　　　　　　　　　<이상 1차>

　　재발경…생의…임진년(1772) 9월 17일 재출발
　　　　　　　출발전야의 조바심
　　　　　　　재출발상
　　　　　　　자족감
　　상가(商街)를 돌아보며 향수(鄕愁)도 느낌
　　까치섬에의 길이 험준함
　　중식(中食)의 별미…친지생각
　　선유경…배를 꾸며 온식구가 올라탐
　　　　　　파도를 타니 상쾌하고 두려운 줄 모름
　　　　　　군복한 기생의 그림자 하늘과 바다에 거꾸로 박히는 듯 풍류소
　　　　　리 물속에 사무쳐 들리는 듯
　　　　　　쇠(衰)한 햇그림자 해심에 비치니 일만필 백깁을 물위에 편 듯
　　귀경대의 형상과 명칭
　　달맞이경…조망이 시원하고 풍랑소리 우렁참
　　　　　　　해구(海狗)출현, 창(唱)을 들음, 기생들의 다정(多情)
　　　　　　　월출경
　　　　　　　성은(聖恩)에 감사　자애심
　　기생들의 말을 듣고 서운함이 생김
　　해맞이경…해맞이 전야(前夜)의 조바심
　　　　　　　너무 서둘러 와서 추위에 떨다
　　　　　　　동트는 모습
　　　　　　　기생들의 호들갑
　　　　　　　일출의 장관(壯觀)
　　　　　　　촌녀(村女)들에게 시혜(施惠)
　　　　　　　중보감(重寶感)
　　본궁관람…외양(外樣)－내부(內部)－전정(前庭)－후정(後庭)－동정(東庭)
　　自省　　　　　　　　　　　　　　　　　　　　　　　　　<이상 2차>

　　신묘년에 행한 1차 시도에서는 실패했기 때문에 다음해인 임진년에 다시 행
한다. 따라서 2차 왕복의 기록이 보이나 후자에 비중이 주어져 있다. 그중에서
도 다시 출발하는 모습과 달·해맞이 광경이 돋보인다.
　　1차에서는 해방감을 맛보았으나 2차에서는 자연의 기이함·오묘함을 체험하

고 나아가 자연과 하나가 되는 도취의 경지에까지 이르른다. 심우(心憂)를 풀기 위한 여행이었으나 그 정도를 넘어 생의 보람을 느낀다. 동명에서의 영일월(迎日月)이라는 단순한 내용이나 작자의 정서적 발현이 지극히 투명하고 싱그럽다. 구경하고 돌아가서 감홍이 가시기 전에 본대로 느낀대로 집필한 것으로 보아 즉실성(卽實性)과 즉시성(卽時性) 곧 당일성(當日性)이 그대로 짚어진다. 그의 감흥은 항(項)을 달리해서 보기로 한다.

구성은 사단(事端)에 따라 노정(路程)이 잡히고 경관에 따라 서술됐으므로 자연스런 진행으로 보이며 구성을 위한 구성이나 의도적인 조사(措辭)는 없어 보인다. 1차 시도가 2차 성공을 위해 전제된 실패도 아니고 해맞이의 장관을 돋보이기 위해서 달맞이의 표현이 축약(縮約)된 것도 아니다. 물론 해맞이에 더많은 지면이 할애되고 관심이 표명됐지만 이는 관찰자의 주관에 속한 문제로 보이며 재발경(再發景)에서도 볼 수 있는 것처럼 그 당시의 심정이 크게 좌우하고 있다 하겠으며 나아가 사실을 그대로 기술한 것이므로 허구란 있을 수 없다. 잠시 자연 속에 들어 심우(心憂)를 풀어낸 경과를 서술한 글이지 무엇을 강조한다든지 어떤 사태를 고발하는 것도 아니기 때문에 꾸미고 분식(粉飾)할 필요가 없는 것이며 그러므로 인해서 오히려 그 순수성은 훼손(毁損)된다 하겠다. 실제 인물이 몸소 행한 체험기(體驗記)이므로 실패를 거듭하며 조바심하던 해맞이를 하게 되어 소원성취가 된 본 기행문의 주제는 해맞이의 기쁨과 놀라움으로 볼 수밖에 없겠다. 따라서 형태도 자연스런 연속체가 되겠다.

그러면 이제 체험한 순서대로 차곡차곡 기술한 예를 보기로 한다.

그 붉은 위로 홀홀 움직여 도는데, 처음 났던 붉은 기운이 백지 반 장 너비만큼 반듯이 비치며, 밤 같던 기운이 해 되어 차차 커가며, 큰 쟁반 만하여 불긋불긋 번듯번듯 뛰놀며, 적색(赤色)이 온 바다에 끼치며, 먼저 붉은 기운이 차차 가시며, 해 흔들며 뛰놀기 더욱 자로 하며, 항 같고 독 같은 것이 좌우로 뛰놀며, 황홀히 번득여 양목(兩目)이 어질하며, 붉은 기운이 명랑하여, 첫 홍색(紅色)을 헤앗고 천중(天中)에 쟁반 같은 것이 수레바퀴 같아서 물속으로서 치밀어 받치듯이 올라붙으며, 항독 같은 기운이 스러지고, 처음 붉어 겉을 비추던 것은 모여 소 혀처로 드리워 물속에 풍덩 빠지는 듯싶더라. 일색(日色)이 조요(照耀)하며 물결의 붉은 기운이 차차 가시며 일광이 청랑(清朗)하니, 만고천하(萬古天下)에 그런 장관(壯觀)은 대두(對頭)

할 데 없을 듯하더라.

(p.35, 19행~p.36, 12행)

이것은 영일경(迎日景)이다. 이 대목은 내용의 전개로 보아 여섯 단락으로 나누어 볼 수 있다.

1단 … 해돋이의 조짐이 보인다.(p.33, 19행~p.34, 8행)
2단 … 붉은 기운이 물 위에 퍼지고 하늘에 닿아 해돋기 직전의 양상이 벌어진다.(p.34, 9행~12행)
3단 … 해가 속히 나오지 않으므로 조급증이 다시 나타난다. 해가 구름 속에 들었다는 기생들의 호들갑에 실망하여 가마 안으로 들었다가 봉의 어미의 악쓰는 소리로 다시 나온다. 해돋이 묘사는 접어둔 꼴이다.(p.34, 13행~p.35, 9행)
4단 … 회오리밤 같은 해의 모습이 보이기 시작한다.(p.35, 10행~18행)
5단 … 해가 점점 커지면서 수레바퀴 모양으로 돌고 돌아서 천중(天中)에 올라붙는다.(p.35, 19행~p.36, 9행)
6단 … 해돋이를 본 소감이다. 만끽(滿喫)한 해맞이의 기쁨을 만고천하의 장관으로 표현한다.(p.36, 9행~12행)

이 여섯 단락은 1, 2단·4, 5단이 점층적인 관계로 보이지만 4, 5단은 해돋이의 장면으로서 절정감(絶頂感)이 풍기는 대목이다. 이를 하나로 묶어서 감정의 고조를 꾀할 수 있는 것을 나누어 서술하였다. 그러므로 인해서 해맞이의 절정감이 사그러들었다. 전체 구성으로 보아서 3단을 빼고 1단·2단·4, 5단·6단의 4부 구성으로 묶으면 보다 더 박력있는 묘사가 되었을 것인데 3단이 들어감으로써 그런 탄력은 사라지고 있다. 이 두 가지 상황을 보면 묘사의 절정감에 얽매인 것 같지도 않고 의도적으로 구성을 조작한 것으로는 보여지지 않는다. 3단의 존재는 해돋이를 기다리는 중간에 무료(無聊)함을 달래기 위한 하나의 삽입도 아닌 자연히 벌어진 사태라고 하겠다. 따라서 벌어진 상황 그대로를 적어내린 것이라고 밖에 볼 수 없다. 이로 보아 진행은 체험한 대로 기술됐다고 볼 수 있을 것 같다.

6. 서술양상

여기서도 서술법은 기록과 묘사로 짚이나 묘사가 왕성해 보인다. 묘사는 앞에서와 같이 약서·상서·묘사로 나누일 것이나 약서는 생략한다. 상서의 대상으로는 어구(漁具)와 어로상(漁撈相)·의장(儀仗)과 시장(市場)·조바심·본궁의 거송(巨松) 등으로 잡고 서묘의 대상으로는 선유경(船遊景)·영월경(迎月景)·영일경(迎日景) 등으로 잡는다.

1) 상서(詳敍)

기행(紀行)이어서인지 심정의 굴곡이 보인다.

(1) 어구(漁具)와 어로상(漁撈相)

1차 시도에서 해맞이를 못하고 돌아오다가 후리질하는 것을 구경하고 있다. 그런데 바닷가의 가마 안에 앉아서 구경한 것이지만 그의 눈은 어구(漁具)를 살피었고 후리의 제작에도 미쳤으며 잡은 고기까지도 확인하고 있다. 그리고 후리질의 현장감을 놓치지 않는다.

> 조반(朝飯) 먹고 돌아올새, 바닷가에 쌍교(雙轎)를 교부(轎夫)에 메어 세우고, 전모(氈帽) 쓴 종과 군복(軍服)한 기생을 말 태워 좌우로 갈라 세우고 사공(沙工)을 시켜 후리질을 시키니, 후리 모양이 수십 척(尺) 장목(長木)을 마주 이어 너비 한 간배만한 그물을 노로 얽어 장목(長木)에 치고, 그물폿은 백토(白土)로 구워 탕기(湯器)만큼 한 것으로 달아 동아줄로 끈을 하여, 해심(海心)에 후리를 넣어 해변(海邊)에서 사공 수십 명이 서서 아우성을 치고 당기어 내니, 물소리 광풍(狂風)이 이는 듯하고 옥 같은 물굽이 노(怒)하여 뛰는 것이 하늘에 닿았으니, 그 소리 산악(山岳)이 움직이는 듯하더라. 일월출(日月出)을 변변히 못 보고 이런 장관(壯觀)을 한줄 위로(慰勞)하더라. 후리를 꺼내어 연어(鰱漁) 가자미 속(屬)이 그물에 달리어 나왔더라.
>
> (p.21, 15행~p.22, 12행)

이와 같이 자세한 서술을 하게 된 의도는 무엇이었을까? 그것은 해맞이를 하지 못한 허전한 마음을 달래기 위해서 열심히 보았고 고맙게 생각하였다고 할 수 있겠다. 그래서 그날의 여행이 헛되지 않았음을 다짐하려던 것이었다고 하겠으니 자신도 '일월출을 변변히 못보고 이런 장관을 한줄 위로하더라'라고 실토하고 있다. 불여의(不如意)했던 영일(迎日), 그래서 마련된 이 후리질에 마음이 끌렸던 것이다. 이와 같이 낯선 일을 구경함으로써 신선함과 장쾌 등 여행의 진미를 맛보았음은 물론 서술 자체의 폭을 넓혀 흥미를 한층 돋구는 기능을 담당했다고 하겠다.

(2) 의장(儀仗)과 시장(市場)

이는 2차로 출발할 때 역점을 두어서 다루어진 대목이다. 원님의 행차인지라 아무리 간소한 의장이라도 군인·기생과 악대가 앞서고 급창(及唱)·비복·감관 등이 뒤따르게 되며 자못 성황을 이룬다. 이에 곁들여 시장으로 들러서 좌우 저자의 모양을 한양의 시장과 비교하며 살피고 있다.

> 하늘을 무수히 보니, 날이 늦으며 홍운(紅雲)이 걷고 햇기운이 나니, 상하(上下) 즐겨 밥을 재촉하여 먹고 길을 떠나니, 앞에 군복(軍服)한 기생 두 쌍과 아이 기생 하나가 비룡(飛龍) 같은 말을 타고 섰으니, 전립(戰笠) 위의 상모(象毛)와 공작모(孔雀毛), 햇빛에 조요(照耀)하고 상마(上馬)한 모양이 나는 듯한데, 군악(軍樂)을 교전(轎前)에서 늘어지게 주(奏)하니, 미세(微細)한 규중여자(閨中女子)로 거년(去年)에 비록 낭패(狼狽)하였으나 거년(去年) 호사(豪奢)를 금년차일(今年此日)에 다시 하니, 어느 것이 사군(使君)의 은혜(恩惠) 아니리요.
>
> (p.26, 7행~p.27, 1행)

여기에는 작자의 호사하는 모습이 그려져 있다. 군복을 입은 기생들이 비룡(飛龍) 같은 말에 올라서 쌍쌍이 벌어있고 군악대는 길이라도 가르려는 듯 앞장서 연주를 한다. 기생들이 쓴 전립(戰笠)은 눈이 부시도록 번쩍이어 말탄 모습이 날아갈 듯이 경쾌해 보이고 울려나는 연주는 장엄하기까지 하다. 그래서 작자는 '……거년(去年) 호사를 금년(今年) 차일(此日)에 다시 하니……'라고 말하고 있다. 이어서 남편의 은혜임을 짚는다.

> 짐짓 서문(西門)으로 나서 남문(南門) 밖을 돌아가며 쌍교마(雙轎馬)를 천천히 놓아 좌우 저자를 살피니, 거리 여섯 저자 장안낙중(長安洛中)으로 다

름이 없고, 의전(衣廛)·백목전(白木廛)·채마전(茶麻廛) 각색 전(廛)이 반감희(半減喜)하여 고향 생각과 친척 그리움이 배(倍)하더라. 포전(布廛)·백목전(白木廛)이 더욱 장(壯)하여, 필필(疋疋)이 건 것이 몇 천 동을 내어 건 줄 모를러라. 각색 옷이며 비단 금침(衾枕)을 다 내어 걸었으니, 일색(日色)에 바애더라.

(p.27, 2행~11행)

저자의 번화함이 드러나 보인다. 규모가 클 뿐 아니라 물건이 다양하고 풍성하다. 지난 해와는 달리 이번에는 '짐짓 서문(西門)으로 나서 남문 밖을 돌아가며 쌍교마(雙轎馬)를 천천히 놓아 좌우 저자를 살피'고 있다. 그리고 '장안낙중(長安洛中)으로 다름이 없고'라고 자랑을 한다. 일부러 노정(路程)을 시장으로 잡아 그 번성함을 맛보고 한양의 시장과 다름이 없다고 짚어낸 이면에는 이러한 대처(大處)를 다스리는 남편의 그늘에서 호사하고 있다는 의식이 작동하고 있는 것이 아닌가 한다. 2차로 출발하는 마당에서 이 의장과 시장을 주축으로 다루었다는 것은 활기찬 시발상(始發相)을 보여주고 있지만 결과적으로는 남편의 원님으로서의 위엄이 드러난다. 이와 같은 위엄의 그늘에서 사랑받고 호사하는 자긍의 심정에서 이 양자(兩者)는 다루어졌으며 나아가 여행 또는 나들이의 기분을 한껏 돋구는 역할을 했다고 보이는 것이다.

(3) 조바심

'인생이 기하오? 사람이 한번 돌아가매 다시 오는 일이 없고……' 이는 작자가 동명행의 허락을 남편에게서 받아낼 때 들이대던 말이다. 이만한 일에 인간의 생사를 들먹인 것으로 보아 대담하고도 통이 커 보인다. 뿐만 아니라 두 번씩이나 같은 일을 되풀이 요구한다는 것은 여장부라는 이미지를 풍긴다고도 볼 수 있겠다. 그런데 이와 같은 인상과는 전혀 상반되는 여리면서도 미욱할 정도로 철부지 행세를 간간이 보여준다. 즉 날씨에 대한 조바심 등이 그것이다.

십칠일 식후 떠나려 하니, 십육일 밤을 당(當)하여 기생과 비복(婢僕)이 다 잠을 아니 자고 뜰에 내려 사면(四面)을 관망(觀望)하여, 혹 하늘이 흐릴까 애를 쓰니, 나 역시 민망(憫憫)하여 한가지로 하늘을 우러러보니, 망일(望日)의 월식(月蝕) 끝이라 혹 흑색(黑色) 구름이 층층(層層)하고 진애(塵埃) 기운이 사면을 둘렀으니, 모든 비복(婢僕)과 기생이 발을 굴러 혀 차 거의 미

칠 듯 애를 쓰니, 내 또한 초조하여 겨우 새워 칠일 미명(未明)에 바삐 일어
나 하늘을 보니, 오히려 천색(天色)이 쾌(快)치 아냐 동편의 붉은 기운이 일
광(日光)을 가리오니, 흉중(胸中)이 요요(搖搖)하여 하늘을 무수히 보니,

(p.25, 11행~p.26, 6행)

떠나기 전날 저녁부터 다음날 새벽에 이르기까지 안타까움·민망함·초
조·거의 미칠 지경에 이를 정도로 속을 끓이고 있다. 어려운 허락을 받아낸
모처럼의 일이라 그리고 지난 해의 되풀이가 될까 조바심하는 것이다. 그런데
여기서는 기생과 비복이 앞장서서 홍분하고 있으니 말하자면 주종(主從)이 한
가지로 들떠있는 것이다.

행여 일출(日出)을 못 볼까 노심초사(勞心焦思)하여 새도록 자지 못하고
가끔 영재를 불러 사공(沙工)더러 물으라 하니, 내일은 일출(日出)을 쾌(快)
히 보시리라 한다 하되, 마음에 미쁘지 아니하여 초조하더니, 먼 데 닭이
울며 연하여 자초니, 기생과 비복을 혼동(混動)하여 어서 일어나라 하니, 밖
에 급창(及唱)이 와 관청(官廳) 감관(監官)이 다 아직 너무 일쩍하니 못 떠나
시리라 한다 하되, 곧이 아니 듣고 발발이 재촉하여 떡국을 쑤었으되 아니
먹고 바삐 귀경대에 오르니, 달빛이 사면에 조요(照耀)하니 바다가 어젯밤
도곤 희기 더하고 광풍(狂風)이 대작(大作)하여 사람의 뼈를 사뭇고 물결
치는 소리 산악(山岳)이 움직이며 별빛이 말곳말곳하여 동편에 차례로 있
어 새기는 멀었고, 자는 아이를 급히 깨워 왔기 추워 날치며, 기생과 비복
(婢僕)이 다 이를 두드려 떠니, 사군(使君)이 소리하여 혼동(混動) 왈(曰)「상
(常)없이 일찌기 와 아이와 실내(室內) 다 큰 병이 나게 하였다.」하고 소리
하여 걱정하니, 내 마음이 불안하여 한 소리를 못하고, 감히 추워하는 눈피
를 못하고 죽은 듯이 앉았으되, 날이 샐 가망이 없으니 연(連)하여 영재를
불러, 동이 트느냐? 물으니, 아직 멀기로 연하여 대답하고, 물치는 소리 천
지 진동하여 한풍(寒風) 끼치기 더욱 심하고, 좌우 시인(侍人)이 고개를 기
울여 입을 가슴에 박고 추워하더니,

(p.25, 11행~p.26, 6행)

이어서 조바심하는 양상이 보인다. 노심초사·새도록 자지 못하고·초조해
하고·사공의 말도 미덥지 않고·급창(及唱) 감관(監官)의 말도 아니 듣고 끓인
떡국도 아니 먹고…… 등이다. 그래서 끝내 모두 깨어 일으켜 가지고 귀경대에
오른다. 그런데 이 귀경대상에서 벌어진 사태는 마침내 자화상을 일궈낸다. 즉

아이들을 추워 날치게 하고 기생과 비복들이 추워 떨며 이를 마주 두드리게 하고, 시인(侍人)들이 고개를 숙여 입을 가슴에 박게 하고 있다. 그런데 이와 같이 설쳐댄 장본인은 감히 춥다는 눈치도 못보이고 죽은 듯이 꼼짝 못하고 앉아있는 모습을 보여준다. 기생도 비복도 뱃사공도 모두가 아니라 하는데 홀로 독불장군 모양 고집을 부리고 어거지를 썼던 것이다. 앞의 예문에서는 모두가 날씨에 신경을 쓰며 지난해처럼 될까봐서의 조바심이 보인다. 그런데 이 해맞이의 경우는 그 도를 지나치는 것 같다. 조바심을 넘어 안달하는 지경에까지 이르른 느낌을 준다. 자기 나름대로 남편 앞에서 잘해 보려고 서둘러댄 것이 이런 결과를 가져온 것이다. 그런데 설쳐대다가 이제는 꼼짝도 못하는 말뚝의 신세가 된 자아(自我)를 한걸음 물러서서 자신의 손으로 그려 객관화하고 있다. '……내 마음이 불안하여 한소리를 못하고 감히 추워하는 눈피를 못하고 죽은 듯이 앉았스되……'가 그것이다. 안하무인격으로 모든 사람 특히 관원(官員)까지도 몰아대던 안방호랑이 여장부가 남편의 걱정 한 마디에 죽은 듯이 굳어있는 모습은 그야말로 만화의 한 장면 같다. 한치 앞도 내다보지 못하고 천방지축으로 치닫던 억센 기세는 바로 눈 앞에서 꺾여 숨을 죽이고 있는 것이다. 이 대목은 미욱함이 경우에 몰려 맥없이 고개를 떨군 자신을 잠시 이성을 되찾아 살펴보고 있는 양상이다. 이와 같이 스스로 그려낸 자아, 이 자화상에는 열심히 한다고 했으나 잘되지 않은 미숙함이 배어있어 보는 사람에게는 하나의 어리광으로까지 비쳐진다. 이 미숙한 주체(主體)가 바로 자신인데서 그의 자화(自畵)는 곧 자신을 희화(戱畵)한 것이 된다. 그러므로 이 희화에는 작자의 허점(虛點)이 다 드러나보인다. 잘하려고 했는데 그렇게 되지 못했다는 속내가 다 드러난다. 이것이 그의 조바심이었던 것이다. 남편의 큰 그늘 밑에서의 철부지 같은 행동, 이는 남편을 절대적으로 믿고서의 몸가짐이요 군림(君臨)이었다고 하겠다. 이와 같은 미욱한 치기(稚氣)는 말하자면 호사스런 생활자랑의 반영이요 복에 겨운 모습이 되겠다. 그래서 그는 서술의 고비마다 남편과 성주(聖主)의 은혜를 들먹이고 있다. 조바심으로 비쳐진 응석받이의 심정에서 이 대목은 상술(詳述)되었고 그러므로 인해서 자조성(自照性)은 짙게 풍겨날 수 있었다고 하겠다.

(4) 본궁(本宮)의 거송(巨松)

이것은 본궁 뒷뜰에서 본 소나무이다. 야외에서의 들뜬 분위기와는 상반되는
차분한 마음이 돋보인 관찰이다. 노송(老松)은 앞뜰에도 있었다. 반송(盤松) 등
모두 태조(太祖)가 친히 심어 수백년이 지난 것들이 싱싱하게 자라고 있었다.
이것들을 다 보고 뒤뜰에 와 이 노송에 눈이 머문 것이다.

> 뒤로 돌아 들어가니 큰 소나무 마주 섰는데, 몸은 남자의 아름으로 두
> 아름은 되고, 가지마다 용(龍)이 틀어진 듯 틀려 얽혔는데, 높이는 다섯 길
> 은 하고, 가지 쇠(衰)하고 잎이 누르러 퍽 떨어지더라. 옛날은 나무 몸에 구
> 피로 쌌더라 하되 녹고, 봇을 싸고 구리 띠를 하여 띠었더라. 곧고 큰 낡으
> 로 사면으로 들어 받쳤더라.

(p.25, 11행~p.26, 6행)

몸체는 두 아름 · 가지마다 용틀임하였음 · 높이는 다섯길 · 그런데 가지는
시들고 잎이 누렇게 변하여 떨어지다. 몸통을 구피로 쌌다가 벗나무껍질로 다
시 싸고 버팀목을 하였다. 이것이 그가 관찰한 노송의 모습이다.

그래서 앞뜰의 싱싱한 노송에서는 기이함을 느꼈지만 이 거송에서는 측은한
마음이 이는 것 같다. 두 아름이나 되는 둘레 · 다섯길이나 되는 키 · 용틀임한
가지들 얼마나 우람해 보이는가. 그 기개가 하늘을 찌르는 듯하다. 그러나 이제
는 나이들고 세월이 많이 흘러 구피로 싼 것은 다 녹아버려 다시 벗나무껍질로
싸고 구피띠를 띠고 사방으로 받침목을 한 신세가 된 것이다. 다른 소나무들과
는 다르게 용틀임까지 한 출중한 소나무였지만 이제는 세월을 따라 삭아가고
있는 것이다. 여기서 그는 새삼 창업주인 태조의 그림자를 본 것은 아니었을까.
이미 전각(殿閣) 안에서 태조의 삭은 빗갓과 싱싱한 장식을 보았고 화살의 빛은
바랬어도 상한 데는 없었고 동개는 그대로이지만 요대 · 호수 · 활시위하던 실
이 다 삭은 것을 보아왔다. 그리고 무서움을 느끼고 있다. 그의 체취가 풍기는
듯하여 두렵기까지 하지만 그러나 태조는 가고 없으며 그 유물(遺物)은 삭아가
고 있는 것이다. 마찬가지로 이 거송도 몸통은 아직 있으나 속은 비고 겉은 싸
매어진 채 겨우 잔명(殘命)을 이어가고 있는 것이다. 천하를 호령하던 태조도
그 유물만 남겨놓았고 용틀임하고 뻗어나던 거송도 이제 사그라들고 있는 것

이다. 여기서 그는 생명의 끝자락에 다시금 유념(留念)하게 된 것은 아닐까. 이
대목에서는 일언반구의 소감도 없이 있는 그대로를 차분하게 서술함으로써 측
은지심을 넘어 '한번 돌아가매 다시 오는 일이 없는' 인생길을 되씹어보는 듯
하다. 사라져가는 생명에 아픔을 느껴 붓을 들었고 인생의 피안(彼岸)을 묵시(默
示)하여 글에 무게를 실어주었다.

이제까지 상술된 대목 네 군데를 짚어보았다. 거기에는 무료(無聊)한 중에 받
은 위로가 있고 경쾌한 나들이 심정이 보였으며 복에 겨워 부리는 어리광도 나타
나고 생명의 덧없음도 맛보는 듯하다. 위로받음·경쾌함·어리광 부림·덧없는
생의 음미 등은 적잖은 심정의 굴곡을 이 상서(詳敍)는 다루었다고 하겠다.

2) 서묘(敍描)

여기서는 별세계(別世界)에 노니는 작자의 모습을 보여준다.

(1) 선유경(船遊景)

바람이 잔잔하고 날씨도 활짝 개어서 뱃놀이에는 안성마춤이다. 선바위까지
돌아오는 이 뱃길에서 풍류를 잡히고 기생들의 부축을 받으며 한껏 놀아본다.

> 날이 오히려 이르고 천기화명(天氣和明)하며 풍일(風日)이 고요하니, 배
> 를 꾸며 바다에 사군(使君)이 오르시고 숙시와 성이를 데리고 내 오르니,
> 풍류(風流)를 딴 배에 실어 우리 오른 배 머리에 달고 일시에 주(奏)하니,
> 해수(海水)는 푸르고 푸르러 가이 없고, 군복(軍服)한 기생의 그림자는 하늘
> 과 바다에 거꾸로 박힌 듯, 풍류 소리는 하늘과 바닷속에 사무쳐 들레는
> 듯, 날이 석양이니 쇠(衰)한 햇 그림자가 해심(海心)에 비치니, 일만 필(疋)
> 백깁을 물 위에 편 듯 도니, 마음이 빗기 흔득여 상쾌하니, 만리창파(萬里滄
> 波)에 일엽편주(一葉扁舟)로 망망대해(茫茫大海)의 위태로움을 다 잊을러라.
> 기생 보배는 가치섬 봉(峰) 위에 구경 갔다가 내려오니, 벌써 배를 띄워
> 대해(大海)에 중류(中流)하니 오르지 못하고 해변에 서서 손을 쓰니, 또한
> 기관(奇觀)이러라. 거년(去年) 격구정(擊毬亭)에서 선바위를 보고 기이(奇異)
> 하여 돌아왔더니, 금일(今日) 선유(船遊)가 선바위 밑에 이르니 신기하더라.
>
> (p.28, 16행~p.29, 14행)

출발한 당일의 첫놀이다. 볼거리는 많다. 푸르른 해수(海水), 하늘과 바다에 거꾸로 박힌 듯이 보이는 군복한 기생들의 그림자, 흰 비단을 물위에 펴놓은 듯한 햇그림자, 배를 놓치고 해변에서 손 흔드는 기생 보배, 그리고 선바위 등등이고 들을 거리로는 풍류(風流)소리가 있다. 그런 중에서도 푸른 물속으로 쏟아지는 것처럼 보이는 하늘과 기생들의 모습 이것은 겹쳐진 그림자 거꾸로 박히는 복합영상을 보고 있는 것이다. 그리고 하늘에도 치솟고 바다 속에까지도 울려들이는 듯한 풍악소리 이것은 바닷물을 흔들어 울려 들게 하는 들썩이는 소리를 듣고 있는 것이다. 그리고 해심(海心)으로 눈이 부시도록 비쳐 퍼지는 석양 이것은 바다 한복판에 덮인 햇그림자를 보고 있는 것이다. 이처럼 그는 수면뿐만 아니라 물속에까지 거꾸로 박히는 영상과 울려 들썩이는 소리를 말하자면 입체적으로도 느끼고 있는 것으로 보여진다. 그의 흥은 하늘에까지 꽉 찰 정도로 부풀어올랐고 바닷속을 들썩일 만큼 진한 것이다. 그래서 작자의 마음을 흔들어 무아의 경지에 들게 한다. 말하자면 시각적인 현란과 청각적인 장중함은 작자의 심정을 상쾌함으로 채워놓는다. 이와 같은 서술은 해방감을 만끽한 심정의 묘사라고 할 수 있다. 이는 이미 만경창파의 두려움을 잊게 하는 별천지인 것 같다 하겠으니 뱃놀이에 깊이 빠져든 모습이다. 장쾌함을 들어내고 해방감을 맛본 심정을 묘사하려 했으며 이제 관유(觀遊)의 흥미를 보이기 시작했다고 하겠다.

(2) 영월경(迎月景)

간결한 묘사이다. 청각과 촉각이 같이 어울려 조용한 달맞이를 하고 있다.

> 물 치는 소리 장(壯)하매, 청풍(淸風)이 슬슬이 일어나며, 다행히 사면연운(四面煙雲)이 잠깐 걷고, 물 밑이 일시에 통량하며, 게 드린 도홍(桃紅)빛 같은 것이 얼레빗 잔등 같은 것이 약간 비치더니 차차 내미는데, 둥근 빛 붉은 폐백반(幣帛盤) 만한 것이 길게 홍쳐 올라붙으며, 차차 붉은 기운이 없고 온 바다가 일시에 희어지니, 바다 푸른 빛이 희고 희어 은(銀) 같고 맑고 좋아 옥(玉) 같으니, 창파(滄波) 만 리에 달 비치는 장관을 어찌 능히 볼지리요마는,

(p.31, 12행~p.32, 5행)

먼저 물밑이 훤해지고 붉은 빛의 얼레빗 잔등 같은 것이 보이다가 차츰 내어
밀어 폐백반 같은 것이 올라붙으며 붉은 빛은 사라지고 푸른 바다를 은빛으로
만든다. 이것이 묘사의 전부이다. 여기서의 묘사수단으로는 우선 힘이 짚인다.
'물밑이 일시에 통랑하며', '차차 내어미는데', '길게 홍쳐 올라붙으며', '바다가
일시에 희어지니' 등 동태(動態)의 파악이다. 다음은 얼레빗잔등·폐백반 같은
형상과 사면(四面)·물밑·넓은 바다(창파만리로 표현된) 등의 공간이다. 형상
으로는 두드러진 기능은 보이지 않으나 공간은 전항에서 본대로 입체적이다.
다음은 빛깔이다. '도홍(桃紅)빛', '붉은 폐백반', '붉은 기운', '일시에 희어지니',
'바다 푸른 빛이 희고 희어 은(銀) 같고 맑고 좋아 옥(玉) 같으니' 등으로 붉은
빛이 우세하나 사그라든다. 그런데 끝의 대목에서는 사물과 빛깔의 복합적인
변이(變移)가 보여 묘사의 마루턱을 이룬 느낌이다. 즉 '바다-은-옥', '푸른-
희고 희어-맑고 좋아'의 양자(兩者)가 그것이다. 이 변이는 축소집약적(縮小集
約的)이고 정화내향적(淨化內向的)이다. 이 집약내향적(集約內向的)이라 함은 바
다와 같은 거대한 자연을 품안에 드는 노리개로 안아들였고 푸른(색채)을 '맑고
좋아'로 정감화(情感化)하고 있다는 것이다. 그래서 가슴 안으로 품어들이고 있
다. 역동적인 바다를 마음속에 차분히 맞아들인 것이다. 곧 동태(動態)의 정화
(靜化)라고 하겠으니 축약 내화(內化)의 성향에서 온 것이겠다. 이는 화려·흥분
이 아니라 담담(淡淡)이요, 요란·번잡이 아니라 단아(端雅)하고 소박한 자세를
지닌다고 하겠으니 곧 정관(靜觀)적인 달맞이다. 말하자면 여기의 묘사는 주
로 힘과 빛·사물에 의지했으나 역동적이지 못하다.

이처럼 간소하나 알뜰한 묘사는 전항(前項)과는 달리 소담(素淡)한 경지를 드
러내려 하였고 그래서 정밀(靜謐)한 분위기를 맛보게 됐다고 하겠다.

(3) 영일경(迎日景)

이 해맞이는 본 기행의 핵심부분이고 이번 나들이의 주목적이기도 하다. 이
해맞이경은 6개 단락으로 나누어 서술되어 있으며 묘사가 구상적(具象的)이어
서 6경(景)으로 볼 수 있겠다. 묘사의 요소는 기운과 빛깔과 형상의 3자(者)와
그 조응(照應)으로 보여진다. 말하자면 동적인 파악이라고 하겠다. 이 대목은 앞
의 구성(構成) 항에서 대강 골자(骨子)를 짚은 바 있다.

마이 이윽한 후 동편의 성수(星宿)가 드물며 월색(月色)이 차차 열어디며 홍색(紅色)이 분명하니, 소리하여 시원함을 부르고 가마 밖에 나서니, 좌우 비복과 기생들이 옹위(擁衛)하여 보기를 졸이더니, 이윽고 날이 밝으며 붉은 기운이 동편 길게 뻗쳤으니, 진홍대단(眞紅大緞) 여러 필(疋)을 물 위에 펼친 듯, 만경창파(萬頃蒼波)가 일시에 붉어 하늘에 자옥하고, 노(怒)하는 물결 소리 더욱 장(壯)하며, 홍전(紅氈) 같은 물빛이 황홀하여 수색(水色)이 조요(照耀)하니, 차마 끔찍하더라.

붉은 빛이 더욱 붉으니 마주 선 사람의 낯과 옷이 다 붉더라. 물이 굽이 쳐 치치니, 밤에 물 치는 굽이는 옥같이 희더니, 지금 물굽이는 붉기 홍옥(紅玉) 같아서 하늘에 닿았으니, 장관(壯觀)을 이를 것이 없더라.

붉은 기운이 퍼져 하늘과 물이 다 조요(照耀)하되 해 아니 나니, 기생들이 손을 두드려 소리하여 애닲아 가로되, 「이제는 해 다 돋아 저 속에 들었으니, 저 붉은 기운이 다 푸르러 구름이 되리라.」 혼공(渾恐)하니, 낙막(落寞)하여 돌아가려 하니, 사군(使君)과 숙시셔 「그렇지 아냐, 이제 보리라.」 하시되, 이랑이·차섬이 냉소(冷笑)하여 이르되, 「소인 등(小人 等)이 이번뿐 아냐 자로 보았사오니, 어찌 모르리이까? 마누하님 큰 병환 나실 것이니, 어서 가압사이다.」하거늘, 가마 속에 들어 앉으니, 봉의 어미 악써 가로되, 「하인들이 다 하되, 이제 해 니라라 하는데, 어찌 가시리요? 기생 아이들은 철모르고 지레 이렁구는다.」 이랑이 박장(拍掌) 왈, 그것들은 바히 모르고 한 말이니, 곧이 듣지 말라 하거늘, 「돌아 사공더라 물으라.」하니, 사공셔 오늘 일출(日出)이 유명하리란다 하거늘, 내 도로 나 서니, 차섬이 보배는 내 가마에 드는 상(相) 보고 먼저 가고, 계집종 셋이 먼저 갔더라.

홍색(紅色)이 거룩하여 붉은 기운이 하늘을 뛰놀더니, 이랑이 소리를 높이 하여 나를 불러, 저기 물 밑을 보라 외거늘 급히 눈을 들어 보니, 물 밑 홍운(紅雲)을 헤앗고 큰 실오리 같은 줄이 붉기 더욱 기이하며, 기운(氣運)이 진홍(眞紅) 같은 것이 차차 나 손바닥 너비 같은 것이 그믐 밤에 보는 숯불빛 같더라. 차차 나오더니, 그 위로 작은 회오리밤 같은 것이 붉기 호박(琥珀) 구슬 같고, 맑고 통랑(通朗)하기는 호박도곤 더 곱더라.

그 붉은 위로 홀홀 움직여 도는데, 처음 났던 붉은 기운이 백지 반 장 너비만큼 반듯이 비치며, 밤 같던 기운이 해 되어 차차 커 가며, 큰 쟁반만 하여 불긋불긋 번듯번듯 뛰놀며, 적색(赤色)이 온 바다에 끼치며, 먼저 붉은 기운이 차차 가시며, 해 흔들며 뛰놀기 더욱 자로 하며, 항 같고 독 같은 것이 좌우로 뛰놀며, 황홀히 번득여 양목(兩目)이 어질하며, 붉은 기운이 명랑하여, 첫 홍색(紅色)을 헤앗고 천중(天中)에 쟁반 같은 것이 수레바퀴 같아서 물속으로서 치밀어 받치듯이 올라붙으며, 항독 같은 기운이 스러지고, 처음 붉어 겉을 비추던 것은 모여 소 혀처로 드리워 물속에 풍덩 빠지는 듯 싶더라. 일색(日色)이 조요(照耀)하며 물결의 붉은 기운이 차차 가시

며 일광이 청랑(淸朗)하니, 만고천하(萬古天下)에 그런 장관(壯觀)은 대두
(對頭)할 데 없을 듯하더라.
　짐작에, 처음 백지(白紙) 반 장만큼 붉은 기운은 그 속에서 해 장차 나려
하고 우리어 그리 붉고, 그 회오리밤 같은 것은 짐짓 일색을 빨아내니 우린
기운이 차차 가시며, 독 같고 항 같은 것은 일색이 모질이 고운 고로, 보는
사람의 안력(眼力)이 황홀하여 도무지 헛기운인 듯 싶더라.

(p.33, 19행~p.36, 18행)

　<제1경(景)> … 해돋이의 조짐이 보인다. 드물어지는 성수(星宿)·엷어지는
월색(月色)·홍색(紅色)의 드러남 등에서 어둠의 창공이 밝아옴을 알게 되며 맨
먼저 파악된 형상은 동편으로 길게 뻗은 붉은 기운이다. 태양의 모습은 아직
보이지 않으나 기운으로 느끼고 있다. 그러므로 동쪽으로 길게 뻗어보인 형상
은 구체적인 형태가 아니라 형상으로 느끼게 한 기운이었던 것으로 보여진다.
기운을 빛깔로 표현한 것은 하나의 구체화로도 볼 수 있겠다. 이렇게 기운을
육감화(肉感化)하고 있는 데서 작자의 예민한 촉감력(觸感力)이 돋보인다. 바로
앞에서 스러져가는 월색(月色)도 놓치지 않고 있다. '엷어지는 월색'이라는 표
현이란 바로 동태(動態)의 파악으로서 현실감을 두드러지게 한다. 이 붉은 기운
이 바다와 하늘을 한꺼번에 물들이고 파도소리도 요란하다. 그리고 이 붉은 기
운은 진홍(眞紅)대단(大緞)·홍전(紅氈) 같은 진한 빛깔로 변하면서 수면(水面)과
수색(水色)을 가른다. '홍전 같은 물빛이 황홀하여 수색이 조요(照耀)하니'는 같
은 뜻의 말을 되풀이한 것으로 하나의 강조라고 보여진다. 붉은 기운이 진하게
변하면서 시야를 꽉 채우고 마치 붉은 융단을 깐 것처럼 앞으로 다가선 양상이
다. 그래서 너무 눈이 부셔서 '끔찍하더라'는 극한적인 소리를 내고 있다.(p.33,
19행~p.34, 8행)

　<제2경> … 앞에서 보여준 현실감이 한층 더 파고드는 양상이다. '붉은 빛이
더욱 붉더니' 그리고 '……옥같이 희더니'가 '……홍옥 같아서'로 나타나는 것이
그것이다. 그리고 '……마주선 사람의 낯과 옷이 다 붉더라'에서는 이제까지 햇
빛에 드러난 대상은 하늘·물 등으로 상당한 거리를 두고 볼 수 있는 자연이었
다고 할 수 있겠는데 이제는 그런 거리감은 사라지고 구경꾼인 자체도 그 빛 안
에서 하나가 된 양상이다. 그만큼 절실해진 것이겠다. 또한 2경은 간략하게 다루

어졌지만 힘과 빛깔과 형상이 모두 동원된 묘사라고 하겠다. ‘물이 굽이쳐 치치니’, ‘하늘에 닿았으니’에서는 힘을, ‘옥같이 희더니’와 ‘홍옥 같아서’에서는 빛깔을, ‘물굽이’에서는 형상을 볼 수가 있기 때문이다. 그래서 맺는 말이 ‘장관을 이를 것이 없더라’이다. 말문을 더 열 수가 없겠다는 것이겠다. (p.34, 9행∼12행)

　　<제3경> … 해돋이 묘사는 일단 접어둔다. 해의 모습이 보이지 않기 때문이다. 이를 두고 기생들과 많은 사람들과 입씨름이 벌어진다. 기생들은 선험(先驗)을 근거로 자신만만하게 해가 구름 속에 들었음을 장담한다. 이로 인해서 작자는 이제까지의 흥은 모두 깨지고 삭막한 기분이 되어 가마 안으로 들어앉는다. 그러나 사군(使君)과 숙시는 6감(感)으로 이를 부정하고 봉의 어미는 모든 하인들의 말을 듣고 악을 쓰며 아니라고 외어댄다. 여기에 헷갈리는 작자는 또다시 사공들에게 물어보게 한다. 사공의 오늘 해돋이는 유명하리라는 말에 다시금 가마 밖으로 나선다. 여기서 기생들의 호들갑에 너무 쉽게 쏠려버리는 조급증의 발작 곧 작자의 어리광을 다시 한번 대하게 된다.(p.34, 13행∼p.35, 9행)

　　<제4경> … 해의 첫모습이 나타나기까지 승일(昇日)의 과정을 입체적으로 파악한다. ‘하늘을 뛰놀더니’, ‘물밑 홍운(紅雲)’, ‘손바닥 너비 같은 것’ 등에서 공중과 수하(水下)와 수면(水面)에 그의 시선이 미쳐있음을 알 수 있다. 빛깔은 ‘붉은’, ‘진홍’, ‘숯불빛’, ‘호박구슬’ 등으로 더욱 진해지고 끝내 투명해진다. 농숙화(濃熟化)의 과정이다. 해는 기운으로 파악된다. 그리고 큰 실오리 같은 것이 나타나고 이어서 손바닥 너비 같은 것이 보이다가 그 위로 작은 회오리밤 같은 것이 나타난다. 붉은 기운이 비로소 형상으로 짚인 것이다. ‘뛰놀더니’, ‘헤앗고’ 등은 사람의 동작을 묘사하듯한 정감화(情感化)된 묘사이다. 붉은 기운 곧 해는 이미 작자에게는 무생물이 아닌 것이다.

　　이와 같이 애정어린 눈으로 점점 진해지는 빛깔과 붉은 기운이 회오리밤으로 변해가는 양상을 입체적으로 파악하고 있다. 색채의 농화(濃化)와 기운의 형태화(形態化)의 과정을 본 것이 그의 해맞이의 선경(先景)이었다고 하겠다. 그리고 붉은 호박구슬보다 더 아름다움을 느끼게 하는 것은 ‘맑고 통랑함’이라는 데서 겉의 빛깔과 더불어 안이 투명한데서 미감(美感)이 더해지는 것 같다. 작자의 감각

은 표피에 머물지 않고 속과 안으로 파고 드는 것으로 보여진다. 안팎이 아울러 곱고 맑고 투명해야 아름다움을 진하게 맛보는 것 같다. 그리고 '홍색이 거룩하여'라고 먼저 말문을 열고 있다. 이것은 놀랍고 기이하다는 표현으로는 충족되지 않는 오묘(奧妙)함이 함축된 표현이라고 하겠다. 그래서 작자는 지금 그 거룩한 심정을 표현하지 않을 수 없었으며 그럼으로 인해서 해돋이의 진경(眞境)이 벌어져 서술의 깊이를 더해가는 것으로 보여진다.(p.35, 10행~18행)

　　<제5경> … 여기서는 해의 움직임의 묘사가 두드러진다. 그 동상(動相)을 보기로 한다.
　① 홀홀 움직여 도는데 … 회오리밤 같은 기운(해)이 가볍게 도는 모습이다. 제자리에서 도는 것이다.
　② 불긋불긋 번듯번듯 뛰놀며 … 큰 쟁반만하게 커진 해가 거침없이 뛰는 모습이다. 제자리에서 뛰노는 것이다.
　③ 흔들며 뛰놀기 더욱 자로하며 … 흔드는 것이 가미되어 더욱 빠르게 뛰는 모습이다. 제자리에서 흔들고 뛰고 그리고 빠르게 종횡으로 진동하는 양상이다.
　④ 좌우로 뛰놀며 … 상하좌우로 뛰어 그 뛰는 반경이 넓어졌음을 보여준다. 제자리를 벗어나서 뛰노는 모습이다.
　⑤ 물속으로서 치밀어 받치듯이 올라붙으며 … 해의 이수(離水)하는 찰라를 보여준다.
　⑥ 풍덩 빠지는 듯 싶더라 … 해의 이수(離水)와 더불어 벌어진 붉은 기운의 형상이다.
　　이를 보면 ①~④까지는 해의 이수하는 몸부림의 묘사이고 ⑤는 이수하는 순간을 파악한 것이고 ⑥은 해를 감쌌던 붉은 기운의 제자리를 찾는 이수의 마무리 양상이다.
　　먼저 이수하는 몸부림에서는 해의 부피와 동태의 변화 묘사가 보인다. 부피는 회오리밤 → 큰쟁반 → 수레바퀴 등으로 커졌다고 하겠다. 여기의 수레바퀴는 움직이는 물건으로서의 비유이지만 또한 그만큼 커져 보였다는 시각적인 인지(認知)도 겸했다고 하겠다. 다음 동태는 제자리에서 경쾌하게 돌아가는 모습에서 뛰노는 모습으로 다시 종횡으로 진동하는 양상이 되고 끝내 제자리를 벗어나서 뛰놀다가 이수(離水)로 이어진다. 이 대목은 이륙(離陸) 직전의 비행기의 뜸들임 같기도 하고 어미품을 벗어나 이제 막 먹이사냥에 나서는 어린 새의 날갯짓 같이도 보여 지극히 대견해하는 워밍업으로서의 묘사이다. 해의 부피의 증대는 단순한데 비해서 동상(動相)의 묘사는 부사구(副詞句)의 수식(修飾)으로 채워져 있어서 보다 활기차고 밝아보인다.

다음은 이수하는 순간의 묘사이다. 여기서 주목되는 것은 '수레바퀴 같아서'인 것 같다. 이는 작동하는 물체이니 해를 작동하는 물체로 본 것이다. 물속에서 솟구쳐 올라 천중(天中)으로 올라붙는 변화의 기틀을 이 한마디로 함축 표현하였다. 점점 커지던 부피·점점 밝아지던 빛깔·점점 거칠어지던 동작 모두가 이 수레바퀴라는 조화(造化)를 타는 것이다. 뿐만 아니라 그렇게 부풀려진 흥분도 이 수레바퀴에 오르게 된다. 이런 표현의 조화야말로 모든 감각을 집속하는 기능을 지닌 것 같다. 그래서 숨을 죽이게 된다. 이어서 자연의 조화를 그린 것이 '치밀어 받치듯이 올라붙으며'이다. 여기서는 이 이수의 순간을 대조적인 양면(兩面)으로 파악하고 있다. '치밀어 받치는'에서는 해가 피동체(被動體)가 되어있고 '올라붙으는'에서는 해가 자동체로 되어있다. 여기에는 시간적인 거리는 없어 보인다. 그러므로 이 피동(被動)과 자동(自動)의 감각적인 거리를 되돌려 밀착시키는 기능은 '듯이'가 담당하고 있는 것으로 보여진다. 이 '듯이'는 '푸르는 듯 누르나니', '가시는 듯 도셔 오쇼소'의 '듯'의 위상과 비슷하지 않은가 한다. 다만 '듯이'와 '듯'의 자수(字數) 차이가 짚이는 바 '듯이'는 산문이기 때문에 풀어 쓴 것이라고 하겠고 '듯'은 노래의 본성(本性)에 충실했다고 하겠다. 이와 같이 이해하고 볼 때에 '치밀어 받치듯이 올라붙으며'의 반어적(反語的)인 묘사는 일체감을 돋구어 보다 더 현실성을 드러냈을 뿐 아니라 이는 곧 노래하는 심정과도 통하는 것으로서 그만 못지 않은 정서적 강조를 이룬 것으로 볼 수 있지 않을까 한다. 다시 말해서 자연의 조화를 숨을 죽여가며 노래하듯 직감(直感)을 토해낸 것이다.

다음은 '풍덩 빠지는 듯'의 대목이다. 이 장면은 해가 올라붙음과 동시에 벌어진다. 올라붙으며 떨어져 내린 것이다. 해가 올라붙음으로 인해서 남겨진 것은 매우 아름다운 항아리 같고 독 같은 밝고 진한 기운이고 그 곁에는 처음에 비춰던 곱지도 않고 그리 밝지도 않은 붉은 기운이 있는 것이다. 이것은 잔광(殘光)으로 가장 덜 밝은 기운으로서 이 장면에서는 속히 걷혀야 하는 어두움에 해당된다. 이런 것이 차례로 스러져가는 것이다. 해를 안에서 감싸고 있던 것으로 보여지는 항·독 같은 매우 밝고 고운 기운이 먼저 자취를 감추고 다음으로 겉을 싸고 있던 덜 붉은 기운은 아래로 곧 수면 위로 몰리면서 소의 혀모양 축 늘어지는 듯이 사라져간다. 그런데 이 사라지는 대목을 풍덩 빠지는 형상으로 그려놓았다. 스러지는 것도 아니고 떨어지는 것도 아닌 소리나게 빠진다는 것은 역시 어떤 의지적(意志的)인 행동으로 파악한 것이 아닌가 한다. 맡은 바 소임을 다했노라는 해의 끝자락을 하나의 생명체로서 마감친 것이라고 하겠다. 말하자면 구각(舊殼)을 벗어던진 해의 시원섭섭한 심정의 발로가 아닐까 한다. 여기까지가 해맞이의 후경(後景)이 된다.

이수하는 몸부림은 요란하고 번잡하여 흥분의 도가니에 든 느낌이다. 이수의 순간 묘사는 간결하지만 숨결이 잦아드는 것 같고 마무리 장면은 미련을 떨쳐버린 듯 산뜻한 느낌이다. 이것이 동상(動相)의 전부인 것 같다. 그런데 이 동상이 풍기는 이미지는 흡사 하나의 밤송이이다. '첫 홍색', '처음 붉어 겉을 비추던 것'은 '처음 났던 붉은 기운'으로서 해의 가장 외면(外面)에 해당되는 부분이며 마지막에 소의 혀 모양으로 물속에 풍덩 빠지게 된다. 밤송이로 말하면 가시 달린 외피(外皮)이겠다. 다음은 '항 같고 독 같은 것', '항·독 같은 것'은 밤송이 속에 들어있는 밤알의 위상 같다. 이 밤알은 진갈색으로 단단하며 회오리밤이기 때문에 동그랗다. 밤송이를 까다보면 알이 두 개 든 것이 보통이고 세 개나 한 개 들은 것은 드물다. 세 개가 든 것은 맛이 묽은 편이나 한 개가 든 회오리밤은 두 개가 합쳐진 것인 만큼 모양도 둥글어지고 맛도 좋으며 단단하여 손이 먼저 간다. 홀홀 돈다는 표현에 그런 감정이 내포돼 있다. 그래서 항아리를 연상하게 되었고 좀더 커져서 독에까지 이르른 것으로 보여진다. 이는 해를 직접 감싸고 있던 매우 고운 빛깔을 지닌 것이었다. 다음이 단단한 껍질을 벗기고 부드러운 내피(內皮)까지 벗기고 보면 잘 숙성되어 안정감을 주는 호박빛깔을 만나게 된다. 드러낸 생살의 물기가 먼저 구미(口味)를 돋구는 속살이다. 이것이 회오리밤으로서 작자는 이를 호박구슬 같이 붉다는 묘사를 하고 있다. 항아리 같고 독 같은 것 속에서 나온 것이 호박구슬빛 같은 해였던 것이다. 이처럼 밤송이 안에 밤알이 있고 그 안에 밤의 속살이 있듯이 해를 항아리 같고 독 같은 고운 빛을 내는 기운이 감쌌고 또 그 겉에는 붉은 기운이 감돌고 있었던 것이다. 이와 같이 세겹 구조를 지닌 밤송이의 이미지가 짙인다.(p.35, 19행~p.36, 9행)

<제6경> … 해의 동상(動相)을 본 다음에 나온 소감이다. 햇빛은 눈이 부시도록 빛나고 물위의 붉은 빛도 차차 가시며 날이 맑게 개이고 보니 더 볼 것이 없는 해맞이의 기쁨을 만끽한 것이다. 물속에서 창공으로 솟구치는 수레바퀴 같은 자연의 조화를 귀경대 위에서 원없이 본 것이니 만고천하에 그런 장관을 또 볼 수 없을 것 같다는 감탄이 나오고 있다.(p.36, 9행~12행)

작자는 치밀어 받치듯이 올라붙는 자연의 오묘함에 이끌리어 이를 묘사하였고 이 묘사로 인해서 서술의 절정을 장식했다고 할 수 있겠다. 그는 해를 기운으로 처음 파악했으나 끝내 이를 '작은 회오리밤'으로 형상화하기에 이르른다. 묘사의 역량이 돋보인다고 할 수 있을 것 같다.

이제까지 선유경·영월경·영일경으로 나누어 서묘의 양상을 보아왔다. 선유경에서는 '바닷속'에서 '해심(海心)'으로 나아가 '풍일(風日)'에 이르는 등 입체적인 묘사를 통하여 별세계에 노니는 심정을 보여주었고 영월경에서는 동태(動態)를 정화(靜化)시키는 축약·내화(內化)의 솜씨의 발휘로 정밀(靜謐)을 맛보게 되었으며 영일경에서는 이수의 몸부림과 찰라와 마무리 과정을 통하여 자연의 오묘함을 맛보며 기운으로 파악된 해를 작은 회오리밤으로 형상화한다.

다시 말해서 선유(船遊)에서는 흥(興)의 미만상(彌滿相)을 들어냈고 영월(迎月)에서는 자연의 정감화(情感化)를 이룩했고 영일(迎日)에서는 오묘한 조화에 매료된 직감(直感)의 토로(吐露)를 보여주었다고 하겠다. 이와 같은 미만상·정감화·직감의 토로 등은 서묘의 폭을 넓히고 다양화했다고 볼 수 있겠다. 상서에서는 적잖은 심정의 굴곡을 다루었고 서묘에서는 표현의 생동감을 더함으로써 서술의 활기를 가져왔다고 하겠다.

7. 임장감(臨場感)

전술(前述)한 바와 같이 본 기행문에서는 작자의 마음을 사로잡는 대표적인 경관이 일곱 차례 나타난다. 여기에는 그의 정감이 순정(純正)하게 펼쳐져 있으며 자의식도 보게 된다. 이 현장감의 흐름을 짚어보는 데서 이 여행의 질을 가늠할 수 있을 것으로 생각되어 다음에 그 구체상(具體相)을 보기로 한다.

1) 후리질 구경

여러 해 동안 누적된 근심과 걱정을 잠시나마 잊으려 힘든 여행길에 겨우 나섰지만 날씨가 흐려서 뜻을 이루지 못하고 환아(還衙)하던 중 운전포(雲田浦)에 이르러 후리질을 보게 된다. 소침(銷沈)했던 의기(意氣)가 살아나고 막혔던 마음이 스르르 풀린다. 그가 본 후리질의 모양은 다음과 같다.

> 사공(沙工)을 시켜 후리질을 시키니, 후리 모양이 수십 척(尺) 장목(長木)을 마주 이어 너비 한 간배만한 그물을 노로 얽어 장목(長木)에 치고, 그물 폿은 백토(白土)로 구워 탕기(湯器)만큼 한 것으로 달아 동아줄로 끈을 하여, 해심(海心)에 후리를 넣어 해변(海邊)에서 사공 수십 명이 서서 아우성을 치고 당기어 내니, 물소리 광풍(狂風)이 이는 듯하고 옥 같은 물굽이 노(怒)하여 뛰는 것이 하늘에 닿았으니, 그 소리 산악(山岳)이 움직이는 듯하더라. 일월출(日月出)을 변변히 못 보고 이런 장관(壯觀)을 한 줄 위로(慰勞)하더라.

(p.22, 1행~11행)

그물의 구조와 부속품의 형상과 원료(原料)까지도 살피고, 그 작동상(作動相)과 규모도 자세하게 짚어낸다. 쾌청한 하늘을 이고 수십명 사공(沙工)이 참여하는 집단 어로(漁撈)의 함성소리를 눈 앞에서 보고 들으며 뼈속까지 스며드는 시원함, 쾌감을 느낀다. 광풍노도(狂風怒濤)에 산악도 흔들리는 것 같은 장쾌함을 맛본다. 양반가문의 규중 부녀로서는 잡혀있던 굴레에서 놓여난 느낌이 아닐 수 없겠다. 못다한 달맞이 해맞이의 아쉬움을 이것으로써 다소나마 위로로 삼는다.

2) 격구정(擊毬亭)

정자(亭子)의 앞뒤가 끝없이 탁트인 경관에 막혔던 가슴이 시원하게 뚫린다. 운전포(雲田浦)의 후리질을 볼 때에는 인간들의 집단동작에 장쾌함을 느꼈지만 여기서는 자연이 베풀어주는 웅장함에 새로움을 맛본다. 앞의 넓은 벌판을 보고는 '안계(眼界) 기이(奇異)하여'라 하고 뒤의 푸른 바다를 보고는 '안목(眼目)이 쾌창(快暢)하고 심신(心神)이 상연(爽然)한데'라 하였으며 해중(海中)에 우뚝 솟은 바위를 보고는 '거동(擧動)이 기이하더라'고 한다. 광활한 벌판과 망망(茫茫)한 대해를 바라다 볼 때 좁은 부녀자의 가슴이지만 깨끗하고 시원하게 씻기워져 나가는 상쾌(爽快)함을 맛보게 된다. 틀에 박힌 일상생활과 지통(至痛)한 심우(心憂)를 다 깨고 벗어나는 느낌이다.

그러나 이러한 경관들이 영일·월을 못한 아쉬움을 완전히 대신하지는 못한다. 다소간의 위안은 될지언정 본래 목적을 이루지 못한 무거운 마음은 그대로 남는다. 그래서 스스로 가엾다는 탄성이 흘러나온다. 그런데 돌아오는 교중(轎中)에서 곰곰이 생각해 본 결과 오늘의 이 서글픔은 순전히 날씨 때문이지 자기 생활이 부실해서 온 것은 아니었음을 알게 된다. 이렇게 원님과 함께 비복들을 거느리고 구경다닐 수 있는 자기 처지를 생각할 때 결코 헛된 생활에서 허우적거리고 있다는 그런 상황이 아님을 깨닫는다. 말하자면 운이 나빠서 영일·월이 제대로 안된데서 맛본 아쉬움이요 서글픔이었다. 날씨 때문에 본래의 목적을 달성하지 못한 아쉬움 속에 후리질에서 느낀 장쾌나 격구정에서 느낀 상연(爽然)함, 기이함 등이 오히려 자랑스러워지는 것이다. 단순히 운이 나빠서 맞이하게 된 서글픔과 후련함이야말로 하나의 의식전환이라고 할 수 있으니 곧 자탄(自嘆)에서 자위(自慰)로 다시 자위에서 자긍(自肯)으로의 자리바꿈이 되겠다.

3) 재발경(再發景)

원님의 행차를 동일한 목적을 위해서 두 번씩이나 되풀이하게 하는 것은 쉬운 일이 아니었다. 일년 내내 조르다가 끝내 그의 우울은 격하여 터져나오고 만다. 이 과정에는 '인생이 기하(幾何)오?'라는 인생해석도 머리를 든다. 지통(至痛)한 심정을 알아줄 사람은 원님밖에 없었으니 노심초사하며 그야말로 애원

(哀願)을 거듭한 나머지 원님도 같이 동행하게 되는 허락을 얻어낸 것이다. 그러나 출발전야가 되니 마음이 놓이질 않는다. 행차가 무사(無事)할까 사고가 없을까 등등 그중에서도 날씨가 가장 마음에 걸린다. 달맞이, 해맞이가 또 실패하지 말아야 자기의 소원은 물론 원님에게 졸라댄 보람이 있고 면목이 서는 것이었다. 그리고 원님의 행차에는 격식이 필요했다. 간략한 나들이라 해도 의전(儀典)은 갖추어지는 것이다. 쌍교마(雙轎馬)를 중심으로 호위(護衛)와 시종(侍從) 등 즉 감관(監官)·별차(別差)·급창(及唱) 또는 좌우(左右)시인(侍人)·관기(官妓)·악대(樂隊)·비복(婢僕)·인부(人夫) 등이 따랐다. 군악의 연주 아래 행차는 천천히 중심가를 지나서 까치섬으로 향한다. 이와 같은 당당한 행차의 안주인이 된 작자는 그런 상황을 살피고 곧 원님의 은혜를 고마워하며 자신의 위치를 헤아려 본다. 우리는 여기서 애원으로 시작하여 남몰래 애태우고 조바심하던 과정을 거쳐 이제는 화사(華奢)한 행차 속에서 짐짓 심우(心憂)를 걷어내며 자족감에 젖는 소박한 여심(女心)을 대한다. 이만하면 풀어지는 심환(心患)인데 너무 어렵게만 살 것이 아니라는 심사가 배어난다고 하겠다.

4) 선유경(船遊景)

원님의 부인으로서 이보다 더한 호사를 생각할 수 있을까? 원님 가족이 탄 배와 풍류를 실은 배·기생들이 탄 배들의 해그림자 드리운 백파(白波) 위에서 노닐고 있다. 바다에 몸을 맡기고 풍류 소리에 흥겨워 물결치는 대로 이들은 창파(滄波)의 리듬을 타고 있다. 속사(俗事)를 잊고 바다에 놀아 완전히 망망대해와 일체가 된 듯 두려움 없이 심취된 모습을 다음에 본다.

> 해수(海水)는 푸르고 푸르러 가이 없고, 군복(軍服)한 기생의 그림자는 하늘과 바다에 거꾸로 박힌 듯, 풍류 소리는 하늘과 바닷속에 사무쳐 들레는 듯, 날이 석양이니 쇠(衰)한 햇그림자가 해심(海心)에 비치니, 일만 필(疋) 백깁을 물 위에 편 듯 도니, 마음이 빗기 흔득여 상쾌하니, 만리창파(萬里滄波)에 일엽편주(一葉片舟)로 망망대해(茫茫大海)의 위태로움을 다 잊을러라.
> 기생 보배는 가치섬 봉(峰) 위에 구경 갔다가 내려오니, 벌써 배를 띄워 대해(大海)에 중류(中流)하니 오르지 못하고 해변에 서서 손을 쓰니, 또한

기관(奇觀)이러라. 거년(去年) 격구정(擊毬亭)에서 선바위를 보고 기이(奇異)
하여 돌아왔더니, 금일(今日) 선유(船遊)가 선바위 밑에 이르니 신기하더라.
　해 거의 져 가니 행여 월출(月出) 보기 늦을까 바삐 배를 대어 하처에 돌
아와 저녁을 바삐 먹고 일색(日色)이 다 진(盡)치 아녀 귀경대(龜景臺)에 오
르니, 오 리(里)는 하더라.

(p.29, 1행~8행)

　보이는 것은 모두 아름다우며 겪는 것은 모두 즐거워서 깊은 생각에 빠져들
여지가 없다. 풍일(風日)이 고요한 날에 잔잔한 바다 위에서 인간과 바다가 하
나가 되어 해심(海心)에서 공중에까지 그의 흥을 채우며 너울거리는 물결에 몸
과 마음을 맡겨놓았다고 하겠다. 몰아(沒我)의 경지에 든 모습이다.

5) 달맞이 경(景)

　귀경대(龜景臺) 위에서 내다본 바다는 헤아리기 어려울 만큼 넓고 크며 울리
는 파도 소리는 산악을 진동시킬 정도로 억세고 세차게 느껴진다. 해구(海狗)가
달리는 것을 보고 신기함을 느끼고 기생들의 창을 듣고는 익숙하게 듣던 곡이
지만 집에서 듣던 것보다는 색다르게 다가선다. 보다 더 신기하게 느끼는 것으
로 보아 달맞이하려고 나온 가벼운 마음과 그런 일행의 분위기를 잘 타는 예민
한 성격의 일면이 나타나는 것 같다. 그리고 달돋이의 구체상(具體相)을 즉 빛
깔과 형상과 크기와 달이 올라붙는 양상까지도 놓치지 않고 다음과 같이 파악
한다.

　게 드린 도홍(桃紅)빛 같은 것이 얼레빗 잔등 같은 것이 약간 비치더니
차차 내미는데, 둥근 빛 붉은 폐백반(幣帛盤) 만한 것이 길게 훙쳐 올라붙
으며, 차차 붉은 기운이 없고 온 바다가 일시에 희어지니, 바다 푸른 빛이
희고 희어 은(銀) 같고 맑고 좋아 옥(玉) 같으니, 창파(滄波) 만 리에 달 비치
는 장관을 어찌 능히 볼지리요마는, 사군(使君)이 세록지신(世祿之臣)으로
천은(天恩)이 망극하여 연(連)하여 외방(外方)에 작재(作宰)하여 나랏것을
쫀히 먹고, 나는 또한 사군의 덕으로 이런 장관(壯觀)을 하니, 도무지 어느
것이 성주(聖主)의 은혜 아닌 것이 있으리요.

(p.31, 15행~p.32, 5행)

붉은 기운이 은옥(銀玉)빛으로 변하여 어둡던 밤바다가 순간적으로 백파 넘실거리는 은세계(銀世界)로 화(化)함을 놓치지 않는다. 그래서 '창파만리에 달 비치는 장관'이 곧 그의 가슴을 채운다. 이로써 보아 그는 자연의 조화에서는 '웅장'을, 해구나 기생들의 묘기에서는 '신기(新奇)'를 느끼는 것 같다. 이와 같은 장관에 감격한 심정은 곧 사군(使君)의 은혜에 연속되고 이어서 자기의 위상(位相)을 헤아린다. 성은(聖恩)에의 감읍(感泣)은 곧 자애(自愛)의 일면이기도 하다.

6) 해맞이 경(景)

행여 일출(日出)을 못 볼까 노심초사(勞心焦思)하여 새도록 자지 못하고 가끔 영재를 불러 사공(沙工)더러 물으라 하니, 내일은 일출(日出)을 쾌(快)히 보시리라 한다 하되, 마음에 미쁘지 아니하여 초조하더니, 먼 데 닭이 울며 연하여 자초니, 기생과 비복을 혼동(混動)하여 어서 일어나라 하니, 밖에 급창(及唱)이 와 관청(官廳) 감관(監官)이 다 아직 너무 일찍하니 못 떠나시리라 한다 하되, 곧이 아니 듣고 발발이 재촉하여 떡국을 쑤었으되 아니 먹고 바삐 귀경대에 오르니, 달빛이 사면에 조요(照耀)하니 바다가 어젯밤도곤 희기 더하고 광풍(狂風)이 대작(大作)하여 사람의 뼈를 사뭊고 물결 치는 소리 산악(山岳)이 움직이며 별빛이 말곳말곳하여 동편에 차례로 있어 새기는 멀었고, 자는 아이를 급히 깨워 왔기 추워 날치며, 기생과 비복(婢僕)이 다 이를 두드려 떠니, 사군(使君)이 소리하여 혼동(混動) 왈(曰)「상(常)없이 일찌기 와 아이와 실내(室內) 다 큰 병이 나게 하였다.」하고 소리하여 걱정하니, 내 마음이 불안하여 한 소리를 못하고, 감히 추워하는 눈피를 못하고 죽은 듯이 앉았으되, 날이 샐 가망이 없으니.

(p.32, 16행~p.33, 14행)

너무 서둘러와서 온 식구가 추위에 떠는 그때 상황이 그려진 것이라 하겠는데 결과적으로는 그의 성격의 일단이 드러나고 있다. 즉 '새도록 자지 못하고', '마음에 미쁘지 않아 초조해 하고', '곧이 아니 듣고 발발이 재촉하고' 등에서 성급함과 고집이 센 면모가 보이고 덤비면서 곧잘 과오를 저지르고는 사위(四圍)의 눈총에 꼼짝도 못하는 다혈질적인 데가 있어 보인다. 그런데 이와 같은 성격의 단면들을 찍어서 내놓은 것은 그가 혹시 일출을 못볼까봐 노심초사하는 그 마음의 부각이 더 우선되는 것 같다. 성격보다도 의지가 앞서서 지난 해의 낭패를 되풀이하지 않기를 바라며 작동(作動)하는 것 같다. 이는 그가 해맞이 하는 자세와 행동에서도 볼 수가 있다. 가령 동틀 무렵에 그의 거동을 보기로 한다.

'월색이 차차 옅어지며 홍색이 분명하니 소리하여 시원함을 부르고 가마밖에 나서니'에서 '소리하여 시원함을 부르고'는 솟구쳐 오르는 기쁨의 나타남이고 '가마밖에 나서니'는 그에 따르는 행동의 표출이다. 그의 성격으로 보아 이 소리와 행동은 어느 것이 먼저라고 할 수 없을 만큼 동시발동이 아닐까 생각된다. 해돋이에 빨려 들어가듯 그는 소리 지르며 가마를 빠져나간 것으로 보인다. 얼마나 기다리고 고대하던 해돋이인가, 그래서 추위도 아랑곳하지 않고 가마밖으로 나서는 그의 의지가 돋보인다. 또한 그는 해돋이의 순간을 끝내 포착(捕捉)하고 있다. 그렇게도 원하던 해맞이를 바다와 하늘과의 경계에서 맞대면하였다. 붉은 기운 속에서 밤톨만한 형상이 내어비치다가 쟁반 만하게 되고 이것이 수레바퀴처럼 물속에서 천중(天中)으로 치밀어받치듯이 올라붙는 동태를 환상 같은 분위기 속에서 실상(實像)으로 파악하고 있다. 이와 같이 끝을 내고야 마는 그 의지에서 그의 강한 집념 같은 것을 보게 된다. 이와 같은 의지와 성격을 바탕으로 해서 그의 해맞이는 구체화된다.

우선 해가 돋는 직전의 상황을 형상이 아닌 기운으로 파악하여 다음과 같이 '하늘에 자욱하다'고 보았다.

> 이윽고 날이 밝으며 붉은 기운이 동편 길게 뻗쳤으니, 진홍대단(眞紅大緞) 여러 필(疋)을 물 위에 펼친 듯, 만경창파(萬頃蒼波)가 일시에 붉어 하늘에 자욱하고,
>
> (p.34, 3행~5행)

그리고는 반짝거리는 물빛을 보고난 감회는 '끔찍하더라'이다. 말하자면 기(氣)와 색(色)으로 밤이 열리는 상황을 짚어내고 있다. 이 붉은 기운이 해가 되기까지는 빛깔도 변하고 형태도 바뀐다.

> 큰 실오리 같은 줄이 붉기 더욱 기이하며, 기운(氣運)이 진홍(眞紅) 같은 것이 차차 나 손바닥 너비 같은 것이 그믐 밤에 보는 숯불빛 같더라. 차차 나오더니, 그 위로 작은 회오리밤 같은 것이 붉기 호박(琥珀) 구슬 같고, 맑고 통랑(通郎)하기는 호박도곤 더 곱더라.

> 그 붉은 위로 훌훌 움직여 도는데, 처음 났던 붉은 기운이 백지 반 장
> 너비만큼 반듯이 비치며, 밤 같던 기운이 해 되어 차차 커 가며,
>
> (p.35, 13행~21행)

'손바닥 너비 같은', '진홍 기운'이 나타나더니 그 위로 호박(琥珀)구슬 같이 붉고 '맑고 통랑(通朗)'하기가 호박(琥珀)보다 더 고흔 '회오리밤' 같은 기운이 보이고 있다. 이 '밤 같던 기운이 해 되어'서 '차차 커가며 큰 쟁반만하게' 된다. 해도 기운이기 때문에 흔들리고 뛰논다고 보았으며 해돋이의 순간을 다음과 같이 파악한다.

> 해 흔들며 뛰놀기 더욱 자로 하며, 항 같고 독 같은 것이 좌우로 뛰놀며,
> 황홀히 번득여 양목(兩目)이 어질하며, 붉은 기운이 명랑하여, 첫 홍색(紅
> 色)을 헤앗고 천중(天中)에 쟁반 같은 것이 수레바퀴 같아서 물속으로서 치
> 밀어 받치듯이 올라붙으며, 항독 같은 기운이 스러지고, 처음 붉어 겉을 비
> 추던 것은 모여 소 혀처로 드리워 물속에 풍덩 빠지는 듯 싶더라.
>
> (p.36, 2행~9행)

즉 홍색을 헤치고 천중(天中)으로 '쟁반 같은 것이' 수레바퀴처럼 물속에서 '치밀어 받치듯이 올라붙고' 있다. 여기서는 놀라운 힘을 느끼고 역동감에 젖는다. 환상적으로 보였던 대목은 그 눈부신 황홀도(恍惚度)를 나타내는 것이겠다. 그리고 '만고천하의 장관'이라고 감탄한다. 그래서 이번에야말로 아쉬움없는 누구나 다 만족할 수 있는 해맞이를 하고 있다. 해묵은 소원을 풀었음은 물론 원님에게도 면목이 서게 됐던 것이다.

이러한 구경을 곰곰 생각해 볼 때 귀중한 체험이 아닐 수 없으며 가슴 뿌듯한 충일감(充溢感)을 가지게 된다. 해돋이의 실상을 자기 나름대로 구비구비 짚어보고서 얻어진 자신과 당당함이 그를 자중하게 하는 것으로 보인다.

7) 본궁관람(本宮觀覽)

우선 본궁이 넓고 시원해 보이고 팔작(八作) 위에 앉힌 인물상(人物像)과 동물상(動物像) 등속을 보고 정성들인 솜씨가 볼 만하여 감탄한다. 궁내에 들어가니 집은 조촐하고 아담하며 툇마루에 놓인 태조대왕의 갓은 다 삭았으나 장식 등

은 그대로이고 화살과 동개는 빛만 바랬고 요대(腰帶)·호수(虎鬚) 활시위의 실들은 모두 삭아서 묻어날까 두려웠다. 전문(殿門) 안에 네 분 조상을 모신 감실(龕室) 앞에서는 저절로 머리가 수그러지고 두려움마저 느껴진다. 앞뜰에 반송(盤松)과 노송(老松)은 수백년이 지난 지금도 싱싱한 것을 보면 기이한 감(感)이 들었다. 뒷뜰의 노송은 '남자의 아름으로 두 아름은 되고', '높이는 다섯 길은 하고', '가지마다 용이 틀어진 듯 틀려 얽혔는데' 지금은 잎이 누래 떨어지고 구피(狗皮)로 싸고 받침목을 사면으로 댄 것으로 보아 참으로 오래 된 큰 나무였다. 동쪽 뜰에서는 아담한 우물과 거창한 밤나무를 보고 제기(祭器) 놓인 곳을 지나 방앗간을 본다. 먼저 본궁에 들어서면서 받은 첫 인상은 정성어린 솜씨가 주는 따스함이다. 툇마루에 진열된 태조의 일용품에서는 아직도 그 체온이 남아있는 듯 두려웠고 감실(龕室) 앞에서는 근엄하기 그지없었다. 앞뜰에 싱싱한 소나무들에서는 태조의 숨결이 들리는 듯하고 뒷뜰의 노송 등에서는 오랜 풍상을 겪으면서 새겨진 사심(史心)을 간직하고 서있는 장승(長丞)처럼 보였다. 이 따스함과 두려움과 근엄과 기이함 및 나이테 등은 바로 역사가 풍기는 향기요 언어(言語) 교훈(敎訓)인 동시에 감히 범하기 어려운 기(氣)·위엄(威嚴) 같은 것을 풍기고 있는 것으로 보인다. 이로써 구경은 일단 끝이 나게 된다.

짧은 기간이었지만 여러 가지 고비를 넘기면서 경관이 전개되고 임장감도 흐른다.

<후리질 구경>에서는 막혔던 심우가 풀리고 그 장관에 넋을 잃지만 채우지 못한 아쉬움을 지우지 못한다.

<격구정>에서는 시계(視界)가 트여 심신이 상쾌하고 무악(舞樂)의 신기함을 맛보지만 역시 채우지 못한 아쉬움을 씻어내지는 못한다. 그러나 교중(轎中)에서 어설픈 자위(自慰)와 자탄(自嘆) 속에서 긍지를 느낀다.

<재발경>에서는 어렵게나마 자기의 뜻대로 풀려져 나가는데서 오는 충일감(充溢感)을 느낀다.

<선유(船遊)>에서는 바다와 하나가 된 재미를 만끽한다.

<달맞이>에서는 웅장과 신기함을 맛본다.

<해맞이>에서는 바다에서 천중(天中)으로 치밀어 받치듯이 올라붙는 쟁반

같은 해를 보고 환상에 가까운 장관에 경탄을 금치 못한다.

　<본궁>에서는 연륜에서 풍기는 숭엄미를 대한다.

　<1차 시도> 때는 장쾌함·웅장함도 모두 서글픔 속에서 마무리된다.

　<2차>에서는 가슴 뿌듯함과 흥겨움, 웅장과 신기함, 경탄과 경건(敬虔)함이 이어져 내린다. 피부에 와닿는 현실감각에서 출발하여 자연과 교유(交遊)하고 나아가 속세를 떠난 자연현상에 넋을 잃고 매료되었다가 끝내는 그 현묘(玄妙)함에 놀라고 정신적인 세계에로 발을 들여놓는다. 즉 뿌듯함에서 흥겨움으로, 흥겨움에서 반함으로, 반함에서 놀라움으로, 놀라움에서 엄숙함으로 흐르고 있다. 임장감(臨場感)이란 장소를 이동함에 따라서 각양(各樣)으로 전개되는 상황에서 받는 느낌이므로 원래 개별적인 감정이지만 이를 서로 묶어놓을 때 하나의 흐름이 생기며 하나의 동체(動體)를 이루게 된다. 이 감정의 흐름이 곧 기행문 전반을 꿰뚫는 주된 감정으로 임장감의 연결에서 오는 연동감(連動感)이 되는 것이다.

　본궁에 오기 전까지의 그 분주했던 행보는 그야말로 자연 속에서 벌어진 놀이요 자연과의 비벼댐이었지만 본궁 안에서의 차분한 관찰은 바로 조상들의 발자국을 체감하는 것이며 그들의 숨결과 내 숨결을 다시 한번 고르는 일이었다. 곧 발산되는 정감과 스며드는 정서를 여기서 대하게 된다. 이 연동감(連動感)에서 독자들은 변신(變身)하는 문향(文香)을 대하게 되는 것이겠다.

8. 심정의 흐름

　본 기행문에서는 간간이 그의 내향성(內向性)이 드러나는 대목을 대할 수 있다. 다혈질적인 성격으로 다분이 외향적으로 보이는 그에게 있어서는 아름다운 덕(德)이 될 수도 있다. 불쑥 터져나오는 감정을 익숙하게 처리하기도 하고 희비가 심하게 교차하는 정황 속에서도 스스로의 위상을 헤아려서 자족(自足)함을 찾아내기도 한다. 정서의 내향화는 많은 인내를 필요로 하는 것이지만 장기간 쌓이고 침전(沈澱)된 정서는 앙금으로 앉게 되고 끝내는 삭아버린다. 이런 정서의 발효(醱酵)작용을 일단은 생각하는 것으로 보고 사념화(思念化)하는 것

으로 안다. 그래서 모색으로 이어지고 사색의 길로 들어서게 되며 그 연장선상
에 가치관·인생관 등이 나타나게도 되겠다. 앞에서 지적한 것처럼 작자의 인
생관의 일단을 우리는 이미 보아왔다.

"인생이 기하(幾何)오? 사람이 한번 돌아가매 다시 오는 일이 없고 심우와 지
통을 쌓아 매양 울울(鬱鬱)하니 한번 놀아 심울(心鬱)을 푸는 것이 만금(萬金)에
닿여 바꾸지 못하리니"(p.25, 1행~5행)가 그것이다. 괴로움을 안고서 살아갈 필
요가 없는 것이 바로 인생살이임을 확신하며 심우를 푸는 가치까지도 직설적
으로 곁들이고 있다. 여기에서는 그의 내적 인간이 드러나는 내향성을 보게 된
다. 이처럼 내조(內照)된 자아가 드러나게 되는 자조성을 정리함으로써 보다 진
실하고 소박하며 포장 안된 인간을 대하게 될 것이다.

> 보기를 다하고 가마를 두루혀 돌아올새, 교중(轎中)에서 생각하니 여자
> 의 몸으로 만리창파(萬里滄波)를 보고 바닷고기 잡는 상(相)을 보니, 세상이
> 헛되지 아님을 자기(自期)하여
>
> (p.22, 13행~16행)

> 인(因)하여 돌아나올새, 본궁(本宮)을 지나니 보고 싶으되 별차(別差)가
> 허락지 아니하기 못 보고 돌아오니, 일껏 별러 가서 일월출(日月出)을 못
> 보고 무미막심(無味莫甚)히 다녀와 그 가엾기를 어찌 다 이르리요.
>
> (p.24, 4행~8행)

일차 시도에서는 영일·월이 실패함에 따라 자위와 자탄으로 마감했으나 그
속에는 그 반동으로서 충실한 생활을 누리고 있음을 '자기(自期)'한다. 이와 같
은 자각(自覺)은 감정을 누르고 찬찬히 지나온 생활을 살펴보는데서 얻어지는
것이겠다. 정서의 내향화는 이렇게 깨닫게 하고 생각하게 하는 것으로 의식의
전환까지도 가져올 수가 있다. 이와 같은 자각은 2차에서는 기능을 제대로 발
휘하여 충실한 생활의 열매를 걷게 하였으니 모든 경관을 음미(吟味)·감상(鑑
賞)하는 저력의 역할을 담당했다고도 하겠다. 자각에서 얻어진 자신감은 1차에
서의 초라함을 극복하고 알차고도 명랑한 여행으로 이끌었다고 하겠다.

> 앞에 군복(軍服)한 기생 두 쌍과 아이 기생 하나가 비룡(飛龍) 같은 말을
> 타고 섰으니, 전립(戰笠) 위의 상모(象毛)와 공작모(孔雀毛), 햇빛에 조요(照

耀)하고 상마(上馬)한 모양이 나는 듯한데, 군악(軍樂)을 교전(轎前)에서 늘
어지게 주(奏)하니, 미세(微細)한 규중여자(閨中女子)로 거년(去年)에 비록
낭패(狼狽)하였으나 거년(去年) 호사(豪奢)를 금년차일(今年此日)에 다시 하
니, 어느 것이 사군(使君)의 은혜(恩惠) 아니리요.

(p.26, 8행~p.27, 1행)

　내향하는 시각이 뚜렷하며 살피고 매만져가는 양상이 구체적이라 하겠다.
‘미세한 규중 여자로’는 바로 자기의 신세를 파악한 것이고 ‘거년(去年)호사(豪
奢)를 금년 차일(此日)에 다시 하니’는 자기의 위상을 헤아리는 것이며 ‘어느 것
이 사군(使君)의 은혜 아니리오’는 사은의 지순(至純)한 표현이다. 신세와 위상
파악이 정확하고 내심의 발로(發露)도 깨끗하다. 자기를 나타내는 말도 후리질
구경했을 때보다 많이 달라지고 있다. 즉 ‘여자의 몸으로’가 ‘미세한 규중 여자’
로 되어 한껏 부드러워지고 겸허해진 것으로 보여 갖춰진 팔자를 즐기며 느긋
한 심정에 젖어있는 것으로 보인다. ‘군악을 교전(轎前)에서 늘어지게 주(奏)하
니’에는 그의 흡족하여 늘어진 심정도 공명(共鳴)하고 있는 것 같다.

　　마음이 빗기 흔득여 상쾌하니, 만리창파(萬里滄波)에 일엽편주(一葉片舟)
　로 망망대해(茫茫大海)의 위태로움을 다 잊을러라.

(p.29, 6행~8행)

　자연에 심취된 모습을 보여주는 대목이다. ‘마음이 빗기흔득여 상쾌하니’는
속세에서 이륙하는 심상을 보이는 것이고 ‘위태로움을 다 잊을러라’는 마음을
완전히 비운 상태라 하겠다. 만경창파를 푸른 잔디 삼아 리듬을 타고 풍류를
잡히며 가족과 더불어 바다에 놀아 잠시나마 나를 잊어가는 것은 탐승(探勝) 완
상(玩賞)의 극치요 가경(佳境)으로 점입(漸入)하는 계제(階梯)라 하겠다. 잡념을
다 씻어내고 ‘나’마저 잊어가는 초연의 경지를 맛본다고 하겠다.

　　창파(滄波) 만 리에 달 비치는 장관을 어찌 능히 볼지리요마는, 사군(使
　君)이 세록지신(世祿之臣)으로 천은(天恩)이 망극하여 연(連)하여 외방(外方)
　에 작재(作宰)하여 나랏것을 쯘히 먹고, 나는 또한 사군의 덕으로 이런 장
　관(壯觀)을 하니, 도무지 어느 것이 성주(聖主)의 은혜 아닌 것이 있으리요.

(p.32, 4행~10행)

　여기서도 내향하는 시선은 유별나다. 우리가 풍족한 생활을 꾸려갈 수 있는 것도 또 내가 가정의 주부로서 좋은 구경을 마음껏 할 수 있는 것도 사군(使君)의 덕(德)이며 성군(聖君)의 은혜가 아닌 것이 없다는 것을 다시 한번 확인한다. 자신이 사군의 끊임없는 덕을 입고 성군의 한량없는 은혜를 받고 있는 사랑스러운 존재라는 것을 생각할 때 더욱 자신에 대한 애착이 더해가는 것이다. 크고도 넓은 은혜 속에서 가까이 베풀어지는 덕은 자신만이 누려야 할 영화(榮華)인 것이다. 그래서 여기서는 그러한 '나'의 존재를 강조하고 있는 것 같다. 본 기행문에서는 '나'라는 용어가 흔하게 씌워지지 않았는데도 불구하고 이 대목에서는 '나는'이라는 조사(措辭)가 구두(句頭)를 장식한다. '나의 위치가 두드러지고 자기의 격을 충실화(充實化)하고도 있다. 자존(自尊)이 아닌 자애(自愛)는 그만이 간직하고 싶은 자신감일 것이다.

　　　하처로 돌아오니, 쯘덥기 중보(重寶)를 얻은 듯하더라.

(p.37, 6행~7행)

　중보감(重寶感)에 젖은 진지(眞摯)한 모습이다. 짧막한 표현이지만 그의 마음은 완전히 정리돼 있다. 해맞이는 이번 여행의 핵심을 이루는 중요한 행사다. 이를 원만하게 다 치러냈다는 것은 천시(天時)까지 가세한 행운이며 동원된 인력과 마필(馬匹)에게까지도 고마움을 느끼기에 충분한 일이었다. 지난 해에 낭패한 한(恨)도 풀고 날씨 때문에 잠 못 이루고 조바심하던 것도 이제는 보람으로 바뀌어지는 순간이다. 그간의 여행에서 배운 것도 많고 얻은 것도 많으며 특히 해맞이 달맞이에서는 자연의 조화가 얼마나 힘차고도 오묘한 것인가를 실감하였다. 해맞이란 춤추는 태양에 빨려드는 것이었다. 이런 체험은 귀중한 보패(寶貝)를 한아름 안은 것과 같은 기분이다. 비록 아녀자이지만 고대하던 끝에 목격한 해돋이에서 그 실팍함에 눈뜨고 그 웅혼(雄渾)함에 놀라면서 어느 틈엔가 속으로부터 그득히 차오르는 미더움과 사랑스러움을 간직하게 된다. 스스로 보패를 안은 것 같은 중량감이 더욱 든든하게 한다. 여기에 함부로 놀릴 수 없는 자중(自重)함이 자리를 잡는다. 충실한 일상생활을 한 사람에게서는 누구나 느껴지는 당당하고도 소중한 보패다.

> 인생(人生)이 갖추 괴로와 위로 두 녘 모두 아니 계시고, 알뜰한 참경(慘
> 景)을 갖추 보고, 동생이 영락(零落)하여 회포(懷抱)가 갖추 괴롭고 지통(至
> 痛)이 몸을 누르니, 세상에 호흥(好興)이 전혀 없더니, 성주(聖主)의 은덕이
> 망극하와 이런 대지(大地)에 와 호의이호식(好衣而好食)을 하고, 동명귀경
> 대(東溟龜景臺)와 운전(雲田) 바다와 격구정(擊毬亭)을 갖추 보고, 필경(畢
> 竟)에 본궁(本宮)을 보옵고 창업태평(創業太平) 성군(聖君)의 옥택(玉宅)을
> 사백 년 후에 이 무지(無知)한 여자로서 구경하니, 어찌 자연(自然)하리요.
> 구월 십칠일 가서 십팔일 돌아와, 이십일일 기록하노라.
>
> (p.39, 12행〜p.40, 6행)

이것은 본궁까지 갖춰 본 소감인 동시에 전문(全文)의 마무리라고 보여진다. 이제까지의 생활을 돌이켜보건대 괴롭고 지통(至痛)하며 즐거움을 모르고 살아왔다고 하겠는데 이제는 이런 대처(大處)에 와서 호의호식(好衣好食)하며 뜻대로 구경도 실컷 할 수 있고 또 본궁까지도 자세히 구경하게 된 것은 우연히 그렇게 됐으리라고는 생각되지 않는다. 거기에는 무슨 까닭이 있을 것이다. 나같이 미세한 여자까지도 이렇게 복을 누리게 된 것을 곰곰 생각해 보면 말하자면 가까이는 사군(使君)의 덕이라 할 수 있지만 그 연원(淵源)을 더듬는다면 아득한 400여년 전에 창업하시어 태평세월을 이어오게 하신 태조대왕의 공로가 아니겠는가. 그렇게밖에 생각을 달리 할 수 없다는 것이다. 그는 이렇게 성주(聖主)의 원심(遠深)한 뜻을 보고 있는 것이다. 이는 곧 생활주변을 살피던 안목이 그 생활의 뿌리에까지 이르고 있다 하겠다. 여기에는 희미하게나마 그의 역사의식이 짙인다. '어찌 자연(自然)하리요'라는 표현에서 우연을 용납치 않고 인과(因果)를 더듬는 그의 예지(叡智)를 본다. 폭넓은 성찰을 대하게 된 것이다.

이쯤해서 두 번째 영일·영월의 시도가 끝난다. 1차 시도에 비할 때 명랑 쾌활하며 자신만만한 자아를 드러낸다. 그러면 이제 다시 한번 2차 시도에서 나타나는 내면상의 편모(片貌)를 보기로 한다.

두 번째로 함흥을 출발하는 원님의 행차 속에서 또다시 되풀이되는 호사를 겨워하면서 늘어진 상팔자에 느긋해진 자아의 모습을 잡는다.

까치섬 아래서 벌어진 뱃놀이에서는 속세와는 초연한 자아를 보여준다. 귀경대상(上)에서 달맞이하고 나서 짙인 자아는 자애로움이었고 해맞이 후에 드러난 자아에서는 자중함이 물씬거린다.

본궁을 보고 나서는 성찰하는 자아로 마무리된다. 느긋해 하는 자아에서 초연한 자아로 탈속(脫俗)의 가경(佳境)에 노닐었고 드디어 자애로움을 얻고 자중(自重)함을 지키며 가벼우나마 자성(自省)하는 자아를 본다. 원만하나마 자아를 대하는 시각이 내면화의 경향을 띤다고 하겠다. 아름답고 장한 경관을 보고 마음을 풀고 시원해 하고 즐거워하며 감탄을 거듭할 뿐 아니라 잠시나마 조상을 생각하는 여유도 보여준다.

이상으로 전체를 통관(通觀)할 때 나타나는 내면상은 처음에는 의기소침의 면모였지만 나중에는 흥겨움으로 시작하여 느긋함과 자신을 애지중지하는 자긍(自肯)으로 이어지고 자성으로 마무리됐다고 하겠다. 정감으로 시작하여 자긍의 길을 지나 사념(思念)의 언덕을 바라보게 된 자아를 보여준다. 음미감상의 눈길이 자아성찰에까지 이르는 드물게 보는 내향성을 작자는 덕으로서 지니고 있었던 것으로 보인다.

9. 향수

가벼운 향수가 세 차례 되풀이된다. 원님으로 함흥에 와있는 객지생활이기 때문에 늘 고향생각에 젖어 있었다고 하겠으나 이와 같은 나들이 길에서 향수가 자주 들먹여진다는 것은 쌓이고 쌓인 불편한 심정이 가시지 않고 있음을 말해주는 것 같다. 그래서 어떤 계기가 되면 그것이 불쑥 얼굴을 내미는 것으로 보여진다.

> 임진(壬辰) 상척(喪戚)을 당하여 종이를 서울 보내어 이미 달이 넘고, 고향을 떠나 사 년이 되니, 죽은 이는 이의(已矣)거니와 생면(生面)이 그립고, 종이조차 보내어 심우(心憂)를 도우니, 회포(懷抱)가 자못 괴로운지라.
>
> (p.24, 10행~15행)

고향이 그립다는 직접적인 언급은 아니지만 상척(喪戚)을 당한 일·종이가 한양에서 돌아오지 않고 있는 일·그리고 생면(生面)이 그리운 일들이 계기가 되어서 우회적으로 표현이 되었다.

> 짐짓 서문(西門)으로 나서 남문(南門) 밖을 돌아가며 쌍교마(雙轎馬)를 천
> 천히 놓아 좌우 저자를 살피니, 거리 여섯 저자 장안낙중(長安洛中)으로 다
> 름이 없고, 의전(衣廛)·백목전(白木廛)·채마전(茱麻廛) 각색 전(廛)이 반
> 감희(半減喜)하여 고향 생각과 친척 그리움이 배(倍)하더라. 포전(布廛)·백
> 목전(白木廛)이 더욱 장(壯)하여, 필필(疋疋)이 건 것이 몇 천 동을 내어 건
> 줄 모를러라. 각색 옷이며 비단 금침(衾枕)을 다 내어 걸었으니, 일색(日色)
> 에 바애더라.
>
> (p.27, 2행~11행)

좌우로 벌여있는 시장이 한양의 시장과 다름없음을 보고 강한 향수에 젖는
다. 포목과 금침이 몇 천 통인지 모를 만큼 많이 전시되었고 그것들이 햇빛에
번뜩이는 양상을 보고는 장쾌함을 느끼며 고향인 한양의 저자거리와 거기 살
고 있는 친척들이 연상된 것이다.

> 점심을 하여 들이는데 생복회를 놓았으니 그 밑에서 건진 것이라 맛이
> 별(別)하되 구치(驅馳)하여 가니, 잘 먹지 못하니, 낙중(洛中) 친척으로 더불
> 어 맛을 나누지 못하니 지한(至恨) 이러라.
>
> (p.28, 11행~15행)

여기서는 별미음식을 대하고는 또 향수에 젖는다. 마치 어린 자식을 떼어놓
고 온 어미의 심정이다. 단순한 인사치레가 아닌 직감적인 반응으로 보여진다.
그는 지금 화려한 원님행차 속의 안주인으로 앉아서 시장을 지나면서는 '고향
생각과 친척 그리움이 배(倍)하더라'고 유난히 강조하였고 어민이 직접 잡아서
만든 음식을 대하고는 '낙중(洛中) 친척으로 더불어 맛을 나누지 못하니 지한
(至恨)이더라'고 아쉬워하고 있다. 남이 다 누리지 못하는 호사 속에서도 사람
을 만나고 싶어서, 번화한 시장을 보면서, 그리고 별미를 대하고서 등의 계기로
고향이 그리워진다는 것은 여성의 섬세한 감각의 탓도 있지만 그 뿌리에는 언
제나 고향으로 향하는 마음이 잇대어져 있음을 나타내는 동시에 함흥에서의
나그네 생활 즉 가우(假寓)라는 비정착성(非定着性)에서 오는 불안과 긴장 때문
이 아닐까 한다. 그 위에 동명행이라고 하는 이번의 나들이가 강력한 촉매역할
을 하고 있는 것으로 보여진다. 언젠가는 떠나야 한다는 잠재의식이 있는 한
안정감은 생기기 어렵고 항심(恒心)은 잡히지 않는다. 따라서 자칫하면 정든 고

향으로 마음이 쏠리게 되고 하찮은 것이 계기가 되어서 향수에 젖게 된다. 다시 말해서 이와 같은 향수는 낙중을 떠나있다고 하는 생각 곧 나그네의식의 작동에서 오는 것이다. 그는 다음과 같이 말하고 있다. 즉 "인생은 기하(幾何)오, 사람이 한번 돌아가매 다시 오는 일이 업고……(p. 25, 1행~2행)"라고 부지불식간에 터뜨린 것이다. 이것은 마치 '나그네'라는 말을 풀이라도 한 것 같다. 이는 '인생은 수유(須臾)'라고 하는 인생관에 뿌리를 둔 것이기도 하다. 이와 같은 그의 인생풀이는 곧 만인이 걷는 인생행로의 접점에 서있다. 그런데 함흥에서의 가우(假寓)생활의 어려움 그리고 동명행의 어려움의 이중고(二重苦)와 인생살이의 어려움이 어렵사리 대비가 됐다 하겠으나 이 이중고는 그리 심각한 것 같지는 않으며 그중에서도 동명행은 더욱 그렇다고 하겠다.

10. 표·불표지상(漂·不漂之相)

　이 글은 인생을 천착하는 글이라기보다는 얽히고 설킨 주변사로 번민하는 심정이 더 짙게 나타나는 글이라고 하겠다. 사도세자의 사건을 위시해서 문중(門中)에 생긴 상척 그리고 가까이는 형부(兄夫)의 타계(他界) 등 많은 아픔을 안고 있었다. 이와 같은 아픔을 벗어나기 위해 동명의 해돋이를 보고 싶어했던 것이다. 그것도 두 번씩이나 결행해야 할 만큼 절실했던 것이다. 이것을 보면 그의 아픔은 구경을 위한 단순한 빌미가 아니었던 것 같다. 남편의 허락을 받아내기 위해 청한 말은 다음과 같다.

　'① 인생이 기하오? 사람이 한번 돌아가매 다시 오는 일이 없고 ② 심우와 지통을 쌓아 매양 울울하니 ③ 한번 놀아 심울을 푸는 것이 만금에 닿여 바꾸지 못하리니 ④ 덕분에 가지라'

　간단하지만 여기에는 그의 인생해석과 지금의 아픈 심정과 그 해결방도 그리고 몸부림이 나와 있다. 설명의 편의상 이 글을 4분(分)해 놓고 볼 때 다음과 같은 결론을 얻는다.

　① '사람이 살면 얼마나 살겠소? 한번 가면 그만인데'라는 풀이에는 인생은

짧다는 것이 그의 견해이다. 그리고 '다시 오는 일이 없고'라는 그 엄연함에 몹시 아쉬운 마음이 담겨있는 것이다. 즉 짧아서 아쉬운 것이 인생이라는 것으로서 정을 부치고 무궁토록 살 수 없다는 마음이 은연하게 자리잡고 있는 것 같다. 여기에서 간접적이나마 인생은 나그네 같은 신세라는 뜻이 읽혀진다 하겠다.

② '근심과 걱정이 쌓여 편한 날이 없으니'는 지금의 심정이다. 동시에 넓게 보면 고해(苦海)라는 인생 자체를 지적한 것이기도 하다. 자신의 생활과 주변의 일들이 거친 인간세(人間世)와 같다는 것이다. 그러나 초점은 인생문제이기보다는 생활주변에 맞춰져 있는 것 같다. 쌓이는 스트레스를 견디기 어려웠던 것이다.

③ '한번 바람 쐴 기회를 만들어 근심 걱정을 푸는 것이 만금과도 바꿀 수 없을 것이니'에는 그의 가치관이 보인다. 즉 근심걱정을 푸는 것은 물질과는 차원이 다른 문제라는 것이다. 물건처럼 거래할 성질이 아니라는 것으로 물질로서 해결되지 않는다는 심정이다. 그리고 자주 구경을 다니겠다는 것이 아니고 '한번' 마음먹고 바람을 쐬겠다, 그래서 스트레스를 풀겠다는 것이다. 그리고 스트레스를 풀어서 평상의 마음으로 돌아오겠다는 것이겠다. 말하자면 가정생활에서 지니는 평온한 상태로 자리잡고 싶다는 것으로 보여진다. 곧 안정을 바라는 마음이다. 그런데 주목되는 것은 지통(至痛)을 풀기 위해서 놀아보겠다는 심정 곧 아픔을 풀기 위해서 놀이가 수단이 돼 있는 것이다. '한번 놀아'의 '놀아'에는 모든 굴레에서 벗어나 해방감을 만끽하며 자유로워지겠다는 마음자리가 보인다. 이것은 곧 표박(漂泊)의 심정이다. 그러나 안정을 바라는데는 이 떠돌이 심정이 깃들기 어려운 것이다. 이는 곧 떠돌이 심정을 통해서 떠돌이답지 않은 심정, 말하자면 정착하는 마음을 얻으려는 것이라고 할 수 있을 것 같다. 다시 말한다면 영원한 떠돌이일 수는 없다는 것이겠다. 이로 보아 그는 인생문제를 깊이 고민했다기보다는 생활주변에서 압박해 들어오는 지통을 피하고자 한 가정주부로서의 고민이었던 것이다.

④ '덕분에 가고 싶으니 허락해 달라'는 말에는 다소간에 응석이 들어있다. 응석의 대상은 물론 남편이지만 두 번씩이나 청하는 데에는 염치도 생각해야 했다. 그래서 남편과 임금님에 대한 감사한 마음을 잊지 않고 기록하고 있다. 이 두 분의 '덕분'이 크다는 것으로서 이는 사대부가(士大夫家)의 글솜씨이다.

이상에서 그의 청하는 글을 보았다. 이 짧막한 글에서 그가 보여준 것은 인생은 나그네 신세라는 것·고해(苦海)라는 말처럼 스트레스 속에 살고 있다는 것·이 스트레스를 풀기 위해 한번 놀아 제자리를 찾고 싶다는 것·염치없이 두 번씩 가려고 하니 허락해 달라는 것 등이다. 여기서 얻어지는 결론은 다음과 같다고 하겠다. 나그네신세라고 하는 데에는 표박(漂泊)의 심정이 깃들어 있다고 보이지만 한번 놀아 안정을 찾겠다는 데에는 정착의 심정이 자리잡고 있다고 하겠다. 나그네신세이면서도 나그네가 아닌 심정으로 사는 것이 인생인 것 같다. 이와 같은 표·부표의 원리를 동명일기는 보여준다고 하겠다.

11. 행적(行跡)

50리 길을 가서 하룻밤을 묵으며 구경하고 돌아오는 이른바 나들이이기 때문에 심정은 비교적 단촐하고 행동반경도 짧아서 장기간에 걸쳐서 원거리 여행하는 경우와는 사뭇 다르다고 하겠다. 소박하기 그지없는 심신의 양상을 보기로 한다.

나들이

구름에 가려 달을 못보고 해돋이는 보는 듯 마는 듯하고 운전에 이르른다. 수십 명의 사공이 아우성을 치며 해심(海心)에 넣은 그물을 힘차게 당겨내는 후리질을 구경한다. 이어서 격구정에 오르니 정자는 약간 퇴락했으나 앞으로는 들판이 뒤로는 바다로 사방이 탁 트여있어 심신이 상쾌하다. 그리고 바다 가운데 우뚝 솟은 선바위 아래서 울려나오는 풍류소리에 맞춰서 춤을 추는 기생들의 모습이 또한 볼 만하다. 그러나 아쉬움은 남는다. 끝내 일월출 못본 것이 걸려서 다시 나선다. 거리의 여섯 저자는 장안 낙중과 다름이 없으나 까치산은 백악산(白岳山)과 비슷하게 높지만 대소(大小)나 산색(山色)은 백악만 못하다. 뱃놀이로 한낮이 기운다. 풍류소리와 낯선 풍광에 넋을 잃었으며 석양이 빗길 때까지 일엽편주(一葉片舟)로 망망대해의 위태로움을 다 잊을 만큼 즐겼으며 선바위까지 돌아들며 지난 해 못다 구경한 한(恨)을 말끔히 푼다. 귀경대에 올라

끝없이 펼쳐진 바다와 산악이 울리는 듯한 파도소리에 장(壯)함을 맛보고 침침한 기운이 도는 가운데 뭍위로 달리는 해구(海狗)를 보고 신기함을 느끼며 때마침 청풍이 슬슬 일어 잔뜩 끼었던 연운(煙雲)이 걷히며 갑자기 창파만리에 은빛을 깔며 나타난 달을 보고 장쾌함에 젖는다. 일출관광에서는 거창한 자연이 부리는 오묘한 조화에 놀라고 인지(人智)로 헤아릴 수 없는 기운의 운행에 환상을 본 듯 황홀하기만 하다. 본궁을 두루 구경하고는 옷깃을 여미며 숙연한 마음을 지니게 된다. 1차 동명행에서는 아쉬움 속에 운전(雲田)의 후리질과 태조가 놀던 격구정을 둘러보았다. 2차에서는 원을 푼다. 장안 낙중만 못지 않은 저자거리·백악산에 비겨보는 까치산 등 그의 마음은 가볍다. 시간 가는 줄도 모르고 위태함도 잊게 하고 지난해에 맺힌 한도 풀게 한 뱃놀이·장(壯)함과 신기함과 장엄함에 눌려 끝내 사군과 성주의 은혜까지 깨닫게 한 달맞이·경탄과 황홀에 빠지게 한 해맞이·태조의 위엄에 압도당하게 한 본궁 이것이 이번 나들이에서 보여준 그의 행적이다. 즉 아쉬움을 말끔히 씻게 한 두 번째 관광은 함흥과 동명 사이를 왕복하면서는 자긍을 느끼고 뱃놀이에서는 지난 해의 못다한 한을 풀고 달맞이에서는 신기함과 장엄함에 움츠려들고 해맞이에서는 넋을 잃고 본궁에서는 옷깃을 여미는 것으로 채워졌던 것이다. 심우도 풀고 구경도 한 알찬 나들이였다고 하겠다.

12. 성격

전술한 바와 같이 본 일기는 기행일기라고 하겠으니 그 양면성을 지닌다고 하겠다. 그 두 가지 측면에서 이를 살펴보기로 한다.

1) 일기성(日記性)

이미 내용분석에서 지적한 바 있다.

(1) 당일성

본 일기 말미에 다음과 같은 기술이 보인다. 즉 '구월십칠일 가서 십팔일 돌아와 이십일일 기록하노라'이다. 돌아온 지 사흘만에 기술하고 있다. 18일 구경한 것은 그날에, 19일 구경한 것은 그 당일에 기술한 것은 아니지만 체험한 기억이 아직 또렷하고 그 느낌이 생생하며 여행의 체온이 아직도 따뜻하게 남아 있을 때의 기술이라고 하겠다. 작자 자신도 이 여행했던 사실을 한동안 잊고 묻어두었다가 기술한 것이 아니고 돌아오자 곧 붓을 든 것으로 보인다. 여기에는 그 심정을 살리려고 노력했다는 흔적이 보인다고도 할 수 있겠다. 이만하면, 보고 듣고 느낀 것을 서둘러서 마감했다고 볼 수 있지 않을까 한다. 흘리지 않고 빠뜨리지 않고 담아내려는 노력이 가미됐다고 볼 때 즉시성 곧 당일성을 짚게 된다.

(2) 즉실성

어떤 사건의 전개가 있는 것이 아니고 단순히 동명에의 왕복이므로 복선이나 왜곡 등은 없으며 상상의 날개를 펴는 것도 아니다. 따라서 견문 그대로의 기술이며 느낀 대로 생각된 대로의 표출이다. 흐르는 감정이 혹시 강조되는 경우는 있다해도 고의(故意)가 아니어서 맑고 싱싱하며 사실이 뒷받침돼 있다. 오히려 이러한 진솔함이 본 일기의 매력인 것 같다.

> 정자는 그리 좋은 줄 모르되 안계(眼界) 기이(奇異)하여 앞은 탄탄(坦坦)훤훤한 벌이요 뒤는 푸른 바다가 둘렀으니, 안목(眼目)이 쾌창(快暢)하고 심신(心神)이 상연(爽然)한데, 바다 한가운데 큰 병풍 같은 바위 올연(兀然)히 섰으니 거동(擧動)이 기이(奇異)하더라. 이르기를 「선바위」라 하더라.
>
> (p.23, 5행~10행)

정자의 배경에서 시원함과 상쾌함을 느끼고 선바위에서는 힘찬 기상(氣象)을 느낄 뿐 군더더기가 없다.

> 궁전에 들어가니, 집이 그리 높지 아니하되 너르고, 단청채색(丹靑彩色)이 영롱하여 햇빛에 조요하더라. 전(殿) 툇마루 앞에 태조대왕(太祖大王) 빗갓은 다 삭아 겨우 보를 의지하고, 은으로 일월옥로(日月玉鷺) 입식(笠飾)이 다 빛이 새로와 있고 화살은 빛이 절어도 다른 데 상하지 아니하고, 동개도 새로운 자가 있되, 요대(腰帶), 호수(虎鬚), 활시위 하던 실이 다 삭았으니,

손 닿으면 묻어날 듯 무섭더라.

　전문(殿門)을 여니, 감실(龕室) 네 위(位)에 도홍수화주(桃紅水禾紬)에 초록 허리를 달아 장(帳)을 하여 위(位)마다 쳤으니, 마음에 으리으리하고 무섭더라.

(p.37, 14행～p.38, 7행)

　궁전 내부에 전시된 것을 낱낱이 보며 숙연해지며 옷깃을 여미는 마음이 일며 그 위엄에 압도된다. 유물 하나하나가 엄숙히 말하는 듯하다. 사실이 주는 엄연함이다.

　이와 같이 사실대로 기술하는 취향은 '후리질', '원님의 행차', '본궁의 건물(建物)과 전각(殿閣)내의 전시물(展示物)' 등에서 두드러져 민속자료로서의 가치도 충분히 지니게 될 것 같다.

(3) 1인칭 문체

　본 일기의 반 가량이 정감의 발현이라고 보겠다. 이런 대목에 주관이 두드러져 보이고 '나'의 출현도 빈번하다. 1인칭 문체는 이미 자조성 항에서도 보았거니와 다시 한번 그 예를 들어본다.

　자는 아이를 급히 깨워 왔기 추워 날치며, 기생과 비복(婢僕)이 다 이를 두드려 떠니, 사군(使君)이 소리하여 혼동(混動) 왈(曰) 「상(常)없이 일찌기 와 아이와 실내(室內) 다 큰 병이 나게 하였다.」하고 소리하여 걱정하니, 내 마음이 불안하여 한 소리를 못하고, 감히 추워하는 눈피를 못하고 죽은 듯이 앉았으되,

(p.33, 8행～14행)

　너무 서둘러 와서 모두가 추위에 떨게 되었고 인하여 남편의 꾸중을 듣는다. 꼼짝도 못하고 송구해 하는 모습이다.

　가마 속에 들어앉으니, 봉의 어미 악써 가로되, 「하인들이 다 하되, 이제 해 니라라 하는데, 어찌 가시리요? 기생 아이들은 철모르고 지레 이렁구는다.」 이랑이 박장(拍掌) 왈, 그것들은 바히 모르고 한 말이니, 곧이 듣지 말라 하거늘, 「돌아 사공더라 물으라.」하니, 사공셔 오늘 일출(日出)이 유명하리란다 하거늘, 내 도로 나서니, 차섬이 보배는 내 가마에 드는 상(相) 보고

먼저 가고, 계집종 셋이 먼저 갔더라.

(p.35, 1행~9행)

해뜨기 직전에 조바심하는 모습이 잘 나타나 있다. 가마로 들락거리는 모습이 마치 어린아이의 작약(雀躍)하는 것 같아 보인다.

> 장관(壯觀)을 쫀더이 하고 오려 할새, 촌녀(村女)들이 작별운집(作別雲集)하여 와서 보며, 손을 비비어 무엇 달라 하니, 돈냥인지 주어 나누어 먹으라 하다.

(p.37, 2행~5행)

여기에는 '나'라는 표현은 보이지 않으나 흐뭇하고 후련한 심정이 넉넉하게 배어난다. 마음의 여유가 시혜(施惠)로까지 이어진다.

이 '나'는 간간이 섞여드는 객관적 묘사 때문에 더욱 두드러져 보이기도 한다. 이와 같이 당일성·즉실성·1인칭 문체는 일기적인 측면에서 본 성격이 되겠다.

2) 기행성(紀行性)

본 일기는 2일간의 기술이기 때문에 일기성은 그리 두드러지지는 않는다. 그 대신 기행성은 왕성한 것으로 보여진다.

(1) 노차성(路次性)

시간과 공간은 불가분의 관계에 있다. 그래서 서로가 그림자처럼 따라붙는 것이 시(時)·공(空)의 생리라고 할 수 있다. 그래서 일기의 구성이 시간의 흐름 속에 사건을 배치하는 일차적인 구성이었는데도 불구하고 지역은 의례껏 그 곁에 나타나 보인다. 그런데 여기서는 일차성(日次性)이 보이는데도 그 비중이 약해 보이고 보다 더 구체성을 띠고 나타나는 것이 노정(路程)이다. 출발하는 과정에서 지향하는 목표가 곧 목적지가 오르게 마련이다. 그 일부가 보이기도 하고 전체가 드러나기도 한다. 그래서 노정에 따라서 움직이고 이어져 나간다.

신묘년(辛卯年)에 마음이 다시 들썩여 하 간절히 청하니 허락하고, 겸하
여 사군(使君)이 동행(同行)하여, 팔월 이십일일 동명(東溟)서 나는 중노손
(中路孫) 한명우의 집에 가 자고, 게서 달 보는 귀경대(龜景臺)가 시오리라
하기 그리 가려 할새,

(p.20, 9행~13행)

  일시와 노정(路程)과 거리·날씨까지 기술돼 있다. 이것은 1차 출발 때 기술
이다.

  날이 늦으며 홍운(紅雲)이 걷고 햇기운이 나니, 상하(上下) 즐겨 밥을 재
촉하여 먹고 길을 떠나니, 앞에 군복(軍服)한 기생 두 쌍과 아이 기생 하나
가 비룡(飛龍) 같은 말을 타고 섰으니,

(p.26, 6행~9행)

  짐짓 서문(西門)으로 나서 남문(南門) 밖을 돌아가며 쌍교마(雙轎馬)를 천
천히 놓아 좌우 저자를 살피니, 거리 여섯 저자 장안낙중(長安洛中)으로 다
름이 없고, 의전(衣廛)·백목전(白木廛)·채마전(菜麻廛) 각색 전(廛)이 반
감희(半減喜)하여 고향 생각과 친척 그리움이 배(倍)하더라. 포전(布廛)·백
목전(白木廛)이 더욱 장(壯)하여, 필필(疋疋)이 건 것이 몇 천 동을 내어 건
줄 모를러라. 각색 옷이며 비단 금침(衾枕)을 다 내어 걸었으니, 일색(日色)
에 바애더라.
  처음 갔던 한명우의 집으로 아니 가고 가치섬이란 데 숙소(宿所)하려 하
니, 읍내(邑內)서 삼십 리는 가니, 운전창(雲田艙)부터 바다가 뵈더니, 다시
가치섬이 표묘(縹渺)히 높았으니, 한 편은 가이 없은 창해(滄海)요 한 편은
첩첩(疊疊)한 뫼인데,

(p.27, 2행~p.16행)

  여기서는 일시보다는 지역 중심으로 움직여가는 것을 보여준다. 9월 17일 2
차 출발의 양상이지만 공간적인 이동이 구체성을 띠고 생동(生動)하고 있다. 말
하자면 노정을 따라 이 기술은 전개되고 있는 것으로 일기가 일차적인 구성이
라면 본 일기는 노차적(路次的)인 구성이라고 할 수 있겠다. 단 2일간이기 때문
에 시간적인 흐름에 따르고 있다고도 볼 수 있어 일차적 구성임을 부정하는 것
은 아니나 노정을 따라 전개되는 내용임을 감안할 때 노차성이 우세하다고 보
아야 할 것 같다. 일차(日次)에서 오는 구성은 그 기능이 약하고 노차(路次)에서

오는 기능은 활발하다고 보여지기 때문이다.

(2) 임장성(臨場性)

여행의 특징은 일단 정주지(定住地)에는 거주하는 집이 있고 곁에는 가족이 있고 늘 만나는 이웃과 친지 그리고 날마다 나가는 직장이 있는 등 정해지다시피한 일상생활이 있다. 따라서 정신적으로도 안정된 생활을 하게 된다. 마음의 여유까지도 느끼게 하는 정착생활의 장점이다. 그런데 정주지를 떠나게 되면 이와 같은 생활의 편의나 안정감이 사라지고 마음의 여유도 흔들리기 쉽다. 공간적인 이동은 모든 것을 하루 아침에 바꿔놓는다. 대하는 것마다 낯선 것이고 행하는 것마다 익숙하지 않으며 정서적으로도 불안감이 앞선다. 이것이 나그네 생활의 특징이다. 여기에서 나그네 의식은 싹트게 되고 향수와도 이어지게 된다. 나그네 의식과 향수에 대해서는 5, 6항에서 언급하였다. 이와 같이 공간적으로 이동하면서 사람을 만나 대화도 하고 정도 나누고 새로운 경관을 보고 거기에 잠시 마음을 빼앗기기도 하고 대자연의 웅혼(雄渾)함이나 오묘함에 순간적이나마 자아성찰의 계기를 이루었다면 이는 그야말로 동중정(動中靜)의 경지에 든 것이라고 보여지는 것이다. 이러한 일이 거듭되는 동안에 낯선 것은 어느 사이에 새로움으로 느껴지고 익숙치 않은 것은 흥미로 불안한 마음은 차츰 느긋함으로 바뀌게 된다. 이와 같이 대상(對象)이 이역감(異域感) 속에 만나는 다양한 사물이기 때문에 같은 감정이라도 임장감이고 그 기질은 대체로 신선함·흥미·느긋함 등이 가닥을 잡는다. 감상(鑑賞)의 자세로 옮아가는 것이다. 정주(定住)생활에서는 좀처럼 느껴지지 않는 비일상적인 생활감이 된다고 하겠다. 이 임장감의 예는 7항에 나와있다.

(3) 탐승성(探勝性)

이는 문명발달의 한 소인(素因)으로 볼 수 있는 것이다. 그러나 여기서는 그 범위를 좁혀서 한 개인이 가보지 못한 지역이나 경물(景物)에 대한 궁금증이나 그리움을 위시하여 호기심 나아가 모험심 등을 지칭하는 것이다. 더욱이 오랜 동안 사람의 입에 오르내리는 명승고적이라면 더더욱 마음이 끌리고 조바심이 일게도 되고 모험을 무릅쓰게 된다. 에베레스트봉에 처음 오른 사람은 '거기 있기에 올랐다'고 했다는데, 이는 존재가 곧 도전으로 느껴졌던 것이겠다. 호기심이 절실해지면 모험을 전제한 도전으로 변하는 것 같다. 순수한 동기였던 것이다. 본 일기에서는 도전에까지 이른 것은 아니지만 1항 「동기」에서 다룬 것처럼 명승지에 대한 작은 모험이 동반된 호기심의 발로였다고 하겠다. 동명행의 결심을 하게 된 꼬투리를 이루고 있다.

이상에서 기행성으로서 노차적인 구성이 우선 보인다. 나아가 정주지(定住地)를 떠나는데서 오는 나그네의식 그리고 향수(鄕愁)로 이어진다. 또한 임장감(臨場感)·미지(未知)의 세계에 대한 호기심과 모험심도 크게 작용을 한다. 즉 노차성(路次性)·나그네의식·향수·임장성·탐승성 등으로 요약된다고 하겠다. 이처럼 일기성과 기행성의 복합으로서 보다 다양한 면모를 갖추는 것으로 보여진다.

이제까지 본일기(本日記)의 성격을 일기성(日記性)과 기행성(紀行性)으로 대별하여 살펴보았으나 작품성으로 볼 때 짧은 기간이었지만 다양한 심정의 발로, 나아가 자화상(自畫像)까지 표출되는 것으로 보아서 자조적인 기능(機能)이 가장 활발했던 것으로 보여진다. 또한 그런 체험을 이와 같은 아담한 기록으로 남겼다는 것이 주목된다. 곧 자조성과 기록성이 돋보인다 하겠다.

13. 결

그러면 이제 「동명일기」가 지니는 두드러진 면을 정리해야 할 것 같다.

첫째는 표현의 자유로움과 순(順)한 흐름이다. 작위적인 데가 없으며 분식(粉飾)하려들지 않고 말을 아끼고 가려 쓰는 쪽이라고 생각된다. 노정에 따라서 견문(見聞)된 대로를 역량껏 기술하고 있다. 무엇엔가 초점을 맞춰서 호소하는 것도 강조하는 것도 아니며 어디에도 집착하지 않는 평순(平順)한 글이다. 이념화(理念化)의 경향이 아니라 기분에 따라서 조성되는 분위기가 짙은 글로 보인다. 그러면서도 간이요(簡而要)의 표현(表現) 요체(要諦)를 간직한다. 간소한 표현이지만 짚을 것은 빠뜨리지 않는다. 풍부한 어휘를 자유자재로 구사하면서도 군더더기가 붙지 않는다. 낙민루(樂民樓), 북산루(北山樓) 등의 기행과 춘일소흥(春

日消興)이라는 수필에서 그리고 역문(譯文)인 영명사득월루상량문(永明寺得月樓上樑文)에서도 그러한 역량이 비쳐지고 있거니와 여성으로서의 섬세한 솜씨로 그 자유분방한 의기(意氣)를 소화해내는 두량(斗量)에서도 그만의 예술혼의 작동을 보는 것 같다. 이러한 과정에서 표화(表化)돼 나오는 것이 그의 산문적인 태도라고 하겠다. 사물을 파악하는 데서나 또는 내심을 발현시키는 데서나 개괄적인 데서 세부에 이르기까지 잘 나타나지 않는 구석받이에도 그의 눈길은 머무르고 또한 의미를 찾아낸다. 객관적인 입지에 확고히 서서 구체적으로 낱낱이 파악하는데 산문성은 살아난다. 용어에 있어서도 한글이라야만 직성이 풀리는 그 구상적(具象的)인 표현욕(表現慾)에서 그의 집필자세는 산문시대인임을 잘 드러낸다.

두 번째로는 문장의 내용으로 보아서 명승지와 고적을 탐승(探勝)한 기록임에는 틀림이 없으나 그 이면(裏面)으로는 심우해소기(心憂解消記)라고도 부를 수 있는 심상(心象)들이 깔려있음을 부정하기 어렵다. 이는 동기(動機)에서 이미 밝히고 있기도 하지만 살펴건대 그의 심우(心憂)란 일상적인 한결같은 정착생활에서 낀 때 같은 것이라고 보여진다. 이와 같은 때를 씻어내기 위해서 신선하고도 흥미로운 비일상성의 변화있는 생활을 원했던 것이다. 규중생활의 단조로움과 경직(硬直)에서 무시(無時)로 다가드는 온갖 우수사례와 그 지통(至痛)에서 벗어나고 놓여나고 싶었기 때문에 그는 앞이 탁 트인 벌판, 광활한 바다만 대해도 탄성을 발하고 있다. "안목(眼目)이 쾌창하고 심신이 상연(爽然)한데"(p.23, 7행~8행)가 그 한 예로서 틀에 박힌 생활에서 오랜만에 벗어난 해방감 같은 것을 느끼는 것으로 보인다. 나아가 '끔찍하더라', '장관(壯觀)이더라', '기이(奇異)하더라' 등등은 실경(實景)을 직접 대하면서 심우는 씻어지는 그야말로 진경(眞境)에 노닐면서 나타나는 탄성(嘆聲)이라고 하겠다. 기약없이 발해지는 이러한 감탄에서 서서히 정화되고 있는 심성을 보게 된다. 정착생활에서는 느껴볼 수 없었던 해방감과 심성의 정화는 규중부녀이기 때문에 더욱 절실했던 것이겠다. 이 심우해소야말로 본 작품을 덮고 있는 아릿한 분위기라고 생각된다.

세 번째로는 경쾌미(輕快味)가 돋보인다고 하겠다. 말하자면 심각성이 잘 잡히지 않는다는 것으로서 이는 그의 생태와 성향에 연관되는 것으로 보아야 할 것 같다. 전술(前述)한 바와 같이 동명행의 허락을 얻어내는 과정에서 그는 "인

생은 기하오? 사람이 한번 돌아가매 다시 오는 일이 없고"(p.25, 1행~2행)라는
사생관(死生觀)의 일단을 짚어낸 일이 있다. 그러나 그 이상의 논리적인 전개는
보이지 않고 "덕분에 가지라"(p.25, 5행)로 정화(情化)하고 만다. 귀경대 상에서
의 해맞이에 있어서도 난생 처음 그 장엄함에 놀라기까지 한다. 인지(人智)밖의
조화에 대한 언급이나 그 천기(天機)를 당연히 끄집어낼 만도 한데 그런 기색은
보이지 않고 상황묘사와 '장관(壯觀)'이라는 감탄에 머무르고 있다. 본궁 관람
에서도 조상의 숨결을 느끼고 그 위엄에 늘 접하여 역사의식까지 촉발됐으면
그 상(像)으로의 의식화가 기대되지만 오로지 공덕찬양에 그치고 있다. 자조성
에 있어서도 동일한 양상을 보게 된다. 즉 정서에서 시작하여 자긍의 길을 지나
사념(思念)의 언덕을 바라보게 됐으나 한걸음 더 나아간 체계 세워진 이념화 같
은 것은 보이지 않는다. 오직 자성(自省)에 머물러 사은(謝恩)으로 마무리된다.
즉 사생관(死生觀)이나 자연의 조화나 역사의식과 이념 등과 같은 소위 생(生)의
골편(骨片)들을 가볍게 스쳤을 뿐이지 그 골격을 끄집어내서 제대로 천착하고
있지는 않다. 이처럼 그는 심각하게 파고드는 것이 아니고 마음의 문을 열고는
정화(情化)하고 만다. 심각해지지도 않는 성품에 이념화할 계제도 아니었던 것
으로 보여진다. 오로지 풍아(風雅)의 심정이 단적으로 나타나 보일 뿐이다. 이상
에서 볼 때 「동명일기」는 고대하던 명승(名勝)과 고적(古蹟)을 보고나서 유창한
필치로 쌓이고 쌓였던 심우를 경쾌하게 해소(解消)해 나간 단아한 기행문이라
고 하겠다.

제6장 特性

I.

  이제까지 6편의 일기를 보아왔다. 『실록(實錄)』에 들어있는 「노산군일기(魯山君日記)」·「연산군일기(燕山君日記)」·「광해군일기(光海君日記)」 등을 공일기(公日記)라고 본다면 이 6편의 일기는 정도의 차이는 있다 해도 ‘나’가 등장하고 감정의 표현이 이어지는 데서 사일기(私日記)라고 보아서 좋을 것 같다.

  「음애일기(陰崖日記)」의 작자는 사대부이다. 이 일기를 쓰게 된 동기나 목적을 확언한 바는 없으나 개인의 소감 위주이기보다는 조정의 중대사나 사회의 동향 등을 적어 후손으로 하여금 시국의 추이(趨移)를 파악하게 한 가승(家乘)으로 보인다. 말하자면 보존과 전승이라는 실용적인 목적도 있다고 하겠다. 이와 같은 내용은 당시로서는 조정에서 벼슬살이하는 사람의 일상적인 생활기라고 보아서 좋을 것 같다. 후반에 자성(自省)하는 노래가 보인다. 그의 항심(恒心)은 의롭게 사는 것이었으나 이제 퇴조하고 보매 불의에 편승하고 살아왔음을 알게 되어 자조(自嘲)하는 경지에 든 것이다. 자신도 변·불변의 원리에서 헤어나지 못했음을 보여준다고 하겠다. 그리고 전체적인 표현으로는 서정성이 돋보이고 체제는 1회성 표상(表象)을 기본으로 하는 단첩체(斷疊體)라고 할 수 있을 것 같다.

  「난중일기(亂中日記)」의 작자는 무인(武人)이다. 공무(公務)에 종사하면서 쓴 일기이기 때문에 의무감을 지니고 쓴 것 같으며 이런 면에서는 공일기(公日記)의 성격이 우세하지만 사적인 언급도 보인다. 7년에 걸친 특수상황기이므로 거기에는 전장(戰場) 나름대로의 일상성이 짚인다. 그런대로의 생활이 있었다는 것이다. 여기에는 이순신(李舜臣)의 무인(武人)으로서의 공인상(公人像)과 생활인으로서의 사인상(私人像)의 양면상이 보이는 것처럼 서술에 있어서도 하루의 일과를 마치 사무를 처리하듯이 거의 기계적이라 할 만큼 객관적으로 마무리하는 일면이 있는가 하면 이순신의 진솔한 인간성으로 인해 조성되는 찐득한 분위기를 잡은 또다른 면이 보인다. 말하자면 사실로서의 기록성과 인간미를 담아내는 자조성(自照性)이 아우르는 일기인 것 같다. 그런 중에서도 두드러지는 것은 상황변화에 따라 마음의 동요가 일지만 변함이 없는 것은 임금에 대한 충성이었다. 이와 같이 다양한 내용도 1회성 표상을 기본으로 하는 단첩체(斷疊體)를 형성하고 있다.

「청백일기(靑白日記)」의 작자는 사대부(士大夫)이다. 폐비사(廢妃事)에 초점을 맞춘 것으로 보아 역시 그런 사실을 보존·전승시키려는 실용적인 목적이 있어 보인다. 인목대비를 폐출(廢黜)하는 사건을 다룬 것이므로 사건일기라 하겠고 여기에는 자신이 등장하는 생활상이 다루어졌으며 그의 조바심하는 심정은 짐작되고도 남는다. 실용성이 짙은 글이므로 기록성이 우세하며 스토리화의 의도가 없으므로 시간의 역류현상도 단순한 회상에 그친다. 역시 체제는 1회성 표상을 기본으로 하는 단첩체(斷疊體)이다.

「연평일기(延平日記)」는 작자 및 모든 서술 요소가 청백일기와 같으나 오로지 다루어진 내용과 보다 객관적이라는 시점만이 다르다. 즉 인조반정사를 여러 기록을 보고 가려서 쓴 글이다. 그래서 청백일기는 저(著)이나 연평일기는 찬(撰)이다.

「계축일기(癸丑日記)」의 작자는 내인(內人)으로 보존·전승을 염두에 두고 쓴 실용성이 깃든 글이다. 전(前) 4자(者)가 모두 한문으로 표기된 데 비해서 본 일기는 한글로 기술되었다. 영창대군의 폐출에 초점을 맞춘 애절한 묘사와 이어서 생사간을 넘나드는 대비의 음울한 유폐상(幽閉相)은 문자 그대로 처절(凄絕)을 극(極)한다고 하겠다. 여기에 그 아픔이 담긴 문필이 솟구쳐나게 된 것이겠다. 그래서 본 일기에는 엄연한 사실로서의 기록성이 있는가 하면 인간미 표출로서의 압도적인 자조성(自照性)을 대하게 된다. 따라서 특수한 상황에서의 일상성을 지닌 사건일기라고 하겠다. 아울러 전 4자와는 달리 스토리화가 진행된 이야기이므로 단첩체(斷疊體)의 형태는 해체되어 내용이 서로 연결된 완만한 서사적인 연속체(連續體)가 되었다고 하겠다. 그런데 연속체라 하더라도 전편(全篇)에 걸쳐 완전무결한 연속체로 보기는 어렵다. 선술(先述)한 바도 있듯이 후반에 이르르면 인과성이 분명치 않은 사태가 벌어지기도 하여 당일성에서 오는 단속(斷續)의 기미가 깨끗이 가신 것으로는 보이지 않는다. 이 연속체는 여건만 갖추어지면 언제라도 단첩체로 회귀(回歸)할 수 있는 말하자면 단속성이 함유된 연속체라고 보아야 할 것 같다.

「동명일기(東溟日記)」는 기행일기로서 기행성(紀行性)에 비해 일기성(日記性)은 약하다. 따라서 유기성(遊紀性)이 짙으며 실용성은 두드러지지 않는다. 작자도 표기도 전자(前者)와 마찬가지로 여성이며 또 한글이다. 심우(心憂)를 풀기 위한 1박2일간의 관광을 겸한 나들이이므로 대체로 경쾌한 분위기 속에서 표현도 싱그럽다. 시원시원한 성격이 그대로 문장에 반영돼 나와 심각성(深刻性)이나 침잠성(沈潛性)과는 거리가 멀어보인다. 한마디로 들썩이는 취향이 짙어보인다.

그러면 이제까지 논술한 내용을 요약하여 표로 만들어 본다.

요약표

명칭	동기 및 목적	작자	내용	구성	형태	종류	표기	서술 양상	작품성	적요
음애	보전과 전승	士大夫	廷中生活과 悔悟	日次的	斷疊相	생활일기 (日常性)	漢文	略敍 詳敍 敍描 吟咏	自照性과 記錄性	시간의 逆流 약간
난중	仝上	武人	海戰과 안간 힘	仝上	仝上	사건일기 (특수한 일상성)	仝上	略敍 詳敍 敍描 寸描 吟咏	기록성과 자조성	當日性의 왕성
청백	仝上	士大夫	廢妃事	仝上	仝上	사건일기 (일상성)	仝上	略敍	기록성의 우세	시간의 역류 약간
연평	仝上	仝上	反正事	仝上	仝上	仝上	仝上	仝上	仝上	仝上
계축	仝上	內人들	영창대군 출궁과 인목대비의 幽閉	準日次的	連續相 (斷疊의 氣味를 띤)	사건일기 (특수한 일상성)	한글	略敍 詳敍 敍描	이야기성과 실록성	시간의 역류 빈번
동명	探勝	女性	東溟에서의 迎日月	路次的	連續相	紀行日記 (非日常性)	仝上	略敍 詳敍 敍描	자조성과 기록성	시간의 역류 약간
비고	후손을 위한 교훈	다양함			근본적으로는 1회성 表象임			略敍는 취급하지 않았으나 記錄으로서 존재	자조성은 ego의 문학이 지니는 성찰적인 기능	시간의 역류는 거의가 단순한 回想으로 존재

이제 이 6편의 일기의 제상(諸相)을 관견(管見)한다.

1. 동기 및 목적

대부분의 후손을 위한 교훈을 목적으로 해서 집필했다는 공통성을 본다. 그래서 이를 보전하고 전승되기를 바랐던 것 같다. 물론 내용에는 집필자의 심정을 토로한 것도 있으나 이것 역시 후손들이 알아주기를 바라는 마음에서 나온 것이었으니 말하자면 후손들의 명심사(銘心事)가 되겠다. 그러나 기행일기에 이르르면 관광의 요소가 가미된다.

2. 작자

크게 나누면 사대부와 여성들이 된다. 주목되는 것은 여성들의 필력이다. 소설에 가까운 이만한 작품을 번갈아가며 써냈다는 것은 계축일기에 나오는 고사(故事)·인용 등을 들지 않더라도 그 표출의 윤기(潤氣)와 어휘의 폭에서 그들의 독서량이 충분히 짐작된다. 나아가 일상성의 문필생활 없이는 이와 같은 문장력은 발휘되기 어려울 것으로 생각된다. 역시 당대의 문화인들이라고 보아야겠다.

3. 내용

연평일기는 간접체험으로 보여지지만 나머지 5편은 대체로 직접 체험의 기록이다. 작자가 작중 화자이고 '나'라는 호칭도 빈번히 나타난다. 여기에는 어김없이 작자의 심정이 농담(濃淡)의 차이는 있으나 솔직하게 드러나 독자의 심금을 흔든다. 그리고 계축일기의 경우 아무리 창작이라 해도 체험범위를 넘어서지 않으므로 해서 한층 그 진실성은 돋보인다고 하겠다. 여기서는 거의가 공적인 내용을 다루었으나 한결같이 작자의 심정은 어둡고 서러우며 처절하기까지 하다. 공통점은 불의에 대한 저항이 두드러진다고 하겠다. 그러나 기행일기에서는 근심 걱정을 푸는 과정이 자못 낭만적이기까지 하다.

4. 형태

일기는 견문과 체험을 당일로 마무리한다는 서술 형태가 된다. 따라서 정리된 내용을 하루 단위로 끊어야 하는 당일성(當日性)을 지니게 되니 이런 서술은 1회성 표상이라는 형상이 된다. 그런데 일기의 본령은 오랜 기간을 이어간다는데 있다 하겠으니 하루하루가 이어지고 또 건너뛰면서 이어지는 연일성(連日性)을 지니게 되고 형상은 1회성 표상 곧 단상(斷相)의 연속이 된다. 이 연속상(連續相)은 독립된 내용과 다양한 형상의 연첩(連疊)이기 때문에 이와 같은 형상을 가리켜 단첩상(斷疊相)으로 부른다. 그러나 스토리화될 때는 내외 공히 연속의 형태는 무너져 단첩상은 사라지게 되고 인과성·시간의 역류 등으로 짜여진 사건 또는 사태가 하나의 장으로 나타나게 된다. 곧 1회성 표상이 아닌 단순한 연속상을 이룬다. 그러나 이런 것은 극히 드문 일이다.

5. 종류

특수한 상황이라고 할 수 있는 사건을 다룬 일기가 압도적으로 많다. 일상성이 짙이는 보편적인 생활일기 곧 「음애일기」가 있고 특수한 생활상을 가볍게 스치고 지나가는 그래서 일상성이 엷어보이는 사건일기 곧 「청백」·「연평」의 양일기가 있다. 이것은 특정사실에 초점을 맞춘 것으로 지극히 집약적인 서술이라 하겠으나 같은 사건일기로 볼 수 있는 「계축일기」에는 생활상이 짙게 짚인다. 장기간에 걸친 형극(荊棘)의 생활이었지만 시달리면서 살았다고 할 수 있어 그런대로의 일상성을 지닌 일기라고 하겠다. 이 일기는 「난중일기」와 더불어 적과의 대결 속에서 기술된 것이라고 볼 수 있는데서 특수한 상황이 아닐 수 없다고 하겠다. 「동명일기」는 정주지(定住地)를 떠난 비일상성(非日常性)의 글이라고 하겠다.

6. 표기

같은 조선조 특히 광해조를 전후한 기간이 주(主)인데도 두 가지 문자가 통용되고 있다. 「계축」·「동명일기」는 한글이고 나머지 4편은 한문으로 쓰여졌으니 당시 사회에서의 일반적인 통용문자는 한문이었고 한글은 여성들이 애용한 것으로 보인다. 그런데 「홍길동전」이 나와 있는 것으로 보아 한글은 당시 사대부 층에서도 상당히 이해돼 있었던 것 같다. 의사소통뿐만 아니라 심중을 토로하는데도 이 양(兩)문자는 부족함이 없었던 것으로 보여진다. 양문자가 자유자재로 구사되던 시대임을 실감케 한다.

7. 작품성

전체적인 안목에서 볼 때 기록성이 공통적인 현상으로 나타난다. 「계축일기」는 좀 약하기는 하지만 사실을 사실대로 기록하였기 때문이다. 말하자면 역사적인 사실이 작자의 의도에 종속되지 않았을 뿐 아니라 사건의 진행이 서술의 진행과도 크게 다르지 않은 결과에서 오는 것으로서 이는 집필동기나 목적에 부응하는 것이다. 그런데 「음애」·「난중」·「계축」·「동명」의 네 일기에서는 정도의 차이는 있다 해도 짙은 자조성을 대하게 된다. 이것은 작자들의 인간성이 순수할 뿐 아니라 남다르게 농축되어 나타난 때문이 아닌가 한다. 주관적인 시점에서 기술된 일기이므로 어느 정도 작자의 상(像)은 그 윤곽이 드러난다.

「음애일기」는 말미에 한 수(首)의 시(詩)를 붙여놓았다. 이는 전생애를 결산한 심정이 표출된 것으로서 일기의 붓을 놓았다가 13년만에 다시 붓을 들지 않을 수 없었던 회한의 노래이다. 이자(李耔)는 물욕과는 거리가 먼 학과 같은 선비의 인상을 준다. 의롭게 살아야 한다는 생의 달관자인 듯하다.

「난중일기」의 서술에는 장문(長文)은 거의 볼 수가 없다. 그러나 시간성을 초월하고 나면 싸움터의 상황이 한눈에 들어오고 작자의 심정이 손에 잡히며 어느 틈엔가 그의 곁으로 다가가게 된다. 이는 고민과 심사숙고 및 심려로 뭉쳐진 그의 정(情)이 표기되는 어구(語句) 하나하나에 쏟아져 든 때문이라고 생각된다.

그래서 이순신은 나라를 위해서는 충(忠)의 화신(化身)이었고 가정에 있어서는 인자한 가부장(家父長)이었다.

「계축일기」에서는 대비와 그를 모신 내인들의 한(恨)이 날마다 맺혀드는 것을 보여준다. 억울하게 죽고 시달린 심정을 풀 길은 이 일기밖에 없었다고 하겠다. 공포에 질리면 숨을 몰아쉬듯 이 내인들의 원망도 몰아 쏟는다. 더욱이 본 일기가 간간히 곡진(曲盡)한 서정(抒情)에 든 것은 작자가 정이 많은 여성이라는 점·대비와 공동운명체인 피해자라는 점·자유자재로 심정을 토로할 수 있는 한글문자를 사용했다는 점·정의감·그리고 풍부하고도 역동적인 문장력 등의 뒷받침이 되어있었기 때문이 아닌가 한다. 그래서 내인들은 가히 대비의 분신(分身)으로 보여지며 정에 약하나 불의(不義)에 굴하지 않는 기(氣)로 사는 모습을 떠올리게 한다. 무복(誣服)하지 않고 죽어간 내인들의 여무진 상(像)이 짚인다.

「동명일기」는 함흥에서 나그네 생활을 하면서 하룻밤 탐승(探勝)의 길에 나섰던 기록이다. 짧은 시간에 비해 그만하면 구경거리는 다양했다고 하겠고 그런 소재의 소화도 개성적이라고 말할 수 있겠다. 여성이기 때문에 감정의 무늬가 섬세한 면도 있고 때로는 치기(稚氣)까지도 발산되지만 경관(景觀)의 파악에 있어서는 정면에서 혼(魂)을 쏟아넣어 그 안에 들어가 동화(同化)되기도 하는가 하면 가슴을 열어 깊숙히 품어 정화(情化)하기도 한다. 간결하나 선이 굵으며 언제나 전원적(全圓的)인 시점에 선다. 그래서 그의 상(像)은 활달한 여인이다.

회한의 노래로 마감한 「음애일기」, 작자의 심정이 손에 잡히며 어느 틈엔가 그의 곁으로 다가서게 되는 「난중일기」, 억울하게 죽고 시달린 심정을 풀어낸 「계축일기」, 경관 속에 동화되기도 하고 가슴속으로 품어 정화하기도 한 「동명일기」, 이 4자(者)는 이와 같은 양상으로 작품으로서의 향기를 지닌다고 하겠으니 그러므로 인해서 자조성은 이들 작품에 깔린 바탕이라고 하겠다. 따라서 정도의 차이는 있으나 문예성과 기록성은 이들 작품에 공존한다 하겠으나, 「청백」·「연평」 양(兩)일기에는 기록성이 훨씬 우세한다.

8. 서술 양상

작품의 서술을 보면 약서(略敍)와 상서(詳敍)가 공통적인 현상으로 나타난다. 「청백」·「연평」의 양 일기는 약서로만 처리된다. 이는 이 6편의 기록이 일단은 일기임을 말하는 표징이라고 하겠다. 꼼꼼하게 그리고 사실대로 기술했다는 뜻이 되기 때문이다. 서묘(敍描)는 「음애」·「난중」·「계축」·「동명」 등 네 일기에 보이는 바 이는 현장에서 직접 체험하고 집필한 것이다. 그래서 그 당시의 심정을 살렸다는 것이겠다.

「음애」·「난중」 양 일기의 서묘에는 노래가 한 수씩 포함된다. 「음애일기」에 보이는 노래는 당일을 마무리한 노래이기보다는 전생애를 성찰하고 자아를 응시(凝視)한 전부를 그날의 심정으로 묶은 노래이다. 그래서 그 정서의 발로는 찐득하다. 「난중일기」에 보이는 노래는 지극히 소담(素淡)하다. 앞에 진술이 있은 다음의 노래이므로 산문과의 어울림이 자연스럽다. 이들은 그와 같은 당일(當日)을 노래로 마무리하고 있어 노래로 일기를 표출한 폭이 된다. 곧 노래체 일기이겠다. 이와 같은 서묘(敍描)에는 문예성이 짙이고 상서(詳敍)에는 작자의 인간성이 사실화되어 다가선다. 촌묘(寸描)에는 진솔이 채색되지만, 약서(略敍)에서는 사실만이 잡힌다. 음영(吟詠)과 아울러 이 4자의 교직(交織)이 이들 일기의 서술상(敍述相)이다.

Ⅱ.

이 6편의 일기는 편수는 적으나 우리 일기의 면모는 거의 갖추었다고 볼 수 있겠다. 집필동기와 목적에 있어서는 후손을 위한 교훈도 있고 탐승(探勝)도 있다. 작자 면에서는 사대부를 위주로 무인(武人)과 여성까지 망라되어 계층간 거리가 좁혀졌다고 보여진다. 내용은 궁중사를 중심으로 사대부의 일상생활과 전쟁 관광까지 다루고 있다. 일상사와 특정사를 다 다룬 폭이다. 형태는 1회성 표상으로 하는 단첩상을 보여준다.

종류도 사건일기를 위주로 생활일기, 전쟁일기, 기행일기 등 다양하다. 표기는 한문이 주(主)이나 한글의 위상도 만만치 않다. 한주국종(漢主國從)의 단계를 벗어나려는 것 같다. 서술은 약서와 상서가 우세하나 촌묘(寸描)가 두드러지는 작품도 등장하고 있다. 작품의 성격은 서정성의 점철(點綴)과 기록성을 공유하면서 드물게 창작성의 등장도 있었다. 그래서 소설에 가까운 일기를 써낸 것이다.

이상에서 보아 우리 선인(先人)들이 남긴 일기문은 다음과 같은 것이라고 할 수 있을 것 같다. 즉 후손을 경계할 목적에서 날마다 마음에 와 닿고 걸리는 일들을 솔직하게 한문이나 한글로 기술하기도 하고 또 나라나 사회의 중대사를 적으며 의와 불의를 밝히기도 하고 때로는 망외(望外)의 간곡한 심정을 담아낸 것이라고 보겠다. 말하자면 일상생활사(일상성)를 필요에 의해서(실용성) 적은 글이겠다. 그러면 일기(日記)만의 성격은 어떤 것일까? (기행일기의 경우 일기적인 측면만을 다룬다.)

먼저 보아야 할 것은 당일성이다. 일기란 그날의 사실을 기록하는데 있어 다 듬어가면서 천천히 기술하는 것이 아니라 견문의 기억이 명료(明瞭)할 때 그 체험의 촉감이 아직 신선할 동안에 이상적으로는 겪은 그날에 기록한다고 하는 시간의 제약을 띠게 된다. 개중에는 상당한 시일이 흐른 다음에 과거를 돌이켜보면서 쓴 것이 없지도 않으나 이런 것은 문학작품이면 몰라도 회상록(回想錄)에로의 향방이며 본래의 일기로서는 그 성능(性能)을 다한 것으로 보기는 어려울 것 같다.

이처럼 견문과 체험의 신선도를 중시하는 일방으로 또한 하루를 정리한다는 마무리 의식을 짚을 수 있다. 실지로 내일이 어떨지 모르는 생활 즉 미래지향이 불확실할 수밖에 없는 사회에서의 생존이란 어떻게 보면 요행에 가까운 피곤한 삶이라는 느낌을 갖지 않을 수 없게도 된다. 그래서 정신은 산만하며 몸은 정처없이 분주하고 일은 가닥이 잡히지도 않아 하루를 사는데도 지루할 수밖에 없는 것이다. 이와는 대조적으로 24시간을 자로 잰 듯이 쪼개며 살아가는 사람 즉 마음의 여유를 가지고 흘리는 것 없이 알뜰하게 채워가는 사람의 행보 같은 것을 볼 수도 있다. 그래서 몸과 마음은 건전하고 규칙적인 생활에 익숙해져 있어 언제나 새로운 아이디어로 일을 처리해 나간다.

이처럼 인간이 영위하는 생이란 다양한 것이지만 하루의 해가 서산을 넘고 잠자리에 들 때면 지루한 하루였든 충실한 하루였든 그날을 정리하고 성찰하고 마무리하는 글을 쓰게 된다. 심하면 생을 마감하는 기분에서 아니면 다음 날을 기다리는 기대감에서 일단은 몸과 마음을 풀며 하루를 닫는다. 이러한 마감성을 그 당일성은 내포하고 있는 것이다. 이 마감성(磨勘性)에는 사자(死者)의 관 뚜껑을 닫는 것과 같은 다시는 물를 수도 없고 변할 수도 없는 부동성(不動性) 그 엄연함이 자리잡고 있음은 말할 것도 없겠다. 그래서 이와 같은 성향을 일부인(日附印)이라는 말로도 대신하는 것으로 보여진다.

일기에는 이와 같이 하루 곧 그날로 마감해야 한다는 시간적인 제약이 있다고 하겠으니 말하자면 당일성 같은 것이다.

다음으로는 진실성이 뒷받침되는 즉실성(卽實性)이 중시된다는 것이다. 즉 실기(實記)라는 말에서도 나타나듯이 대상이 되는 사실을 그대로 충실히 기록한다는 것이다. 사실을 그대로 적는 데는 심하게는 목숨을 건 진지함이 필요한 때도 있었음을 우리는 역사에서 익히 보아왔다. 만약에 기술자가 자기의 생각대로 왜곡이나 허구를 가한다면 일기로서의 의의는 사라지고 뜻밖의 영향을 끼치게도 됐던 것이다. 사실을 기록하는데는 무엇보다도 정확해야 한다. 이것은 허위나 왜곡이 끼어들 수 없다는 일단의 강조이며 여기에 구체성이 뒤따름은 자연스런 순차이다. 따라서 연월일의 명기(明記)는 그날의 기술이 정확함을 나타내는 다짐이기도 하다. 이와 같은 상황은 말하자면 일기는 견문과 체험의 글이기 때문에 그날에 체험한 사실을 소재로 하여 하나의 창작을 이룬다 해도 체험한 사실의 줄거리는 변경되지 않을 것이라는 것이다. 일기문학에는 스스로 체험범위 안에서의 서술이라는 제약을 안고 있다는 것으로서 이는 제한적인 시점에서 사건을 서술한다는 것이 되겠다. 그리고 사실은 소재로서의 엄연한 사실성을 지닌다고 하겠다.

다음은 당일성이라는 시간의 제약에 따르는 서술형의 도출이다. 아무리 장기간의 일기문이라 해도 그날의 체험을 안고 끊어져야 한다. 하루를 단위로 해서 토막쳐지는 서술형이 된다. 사람은 동일한 체험을 되풀이하지 않는다. 따라서 하루하루는 각이(各異)한 체험들로 채워진다. 이는 내용적으로 연결이 돼 있지 않음을 뜻하는 것이다. 그래서 1회성의 표현이 된다. 따라서 그 체제나 형상도 각기 다를 수밖에 없다. 내용이 다르고 형상도 다른 단 하나밖에 없는 일기상 (日記相)을 단상이라고 부른다면 일기문은 단상의 되놓임이 될 것이다. 비록 1 회성의 표현이지만 거기에는 진지하고도 신선한 생의 나상(裸像)이 들어있고 비록 단상이지만 여과된 하루의 면모가 뚜렷하다. 말하자면 그날로 마감된 하 루의 표상이 함축돼 있다. 이것은 곧 함축된 하루가 고스란히 단장(斷章) 속에 들어있는 꼴이다. 말하자면 각각 독립된 내용과 다양한 모습이 단상(斷相)을 이 루고 있는 것이다. 그런데 일기는 장구히 이어나가는 생리를 지닌다. 이는 단상 의 이어짐을 이룰 것이나 내용의 전개가 아니기 때문에 연속이기보다는 연첩 (連疊)이 될 것이다. 끊어지면서 이어진 꼴 곧 단상의 연첩이 짚인다. 그래서 일 기의 기본체제를 단상으로 짚는다면 일기문의 체제는 1회성 표상을 기본으로 한 단첩상(斷疊相)이라 하겠다.

다음은 일차성(日次性)이라고 하는 일기의 생성(生成)이다. 그날에 일어난 사 실을 그날에 기술한다는 말은 일시(日時)의 흐름에 따라 그날들이 축적되어 가 는 기록임을 은연중에 나타내 보인다. 장기간에 걸쳐 일일(日日)의 실사를 기술 하는 데서 일기의 무게가 더해가는 것은 익히 알려진 대로이다. 이처럼 시일이 경과함에 따라서 차례로 기술돼 가는 것이 정상적인 일기의 모습이라고 한다 면 이와 같은 일기의 보편적인 성격을 짚어서 일차성(日次性)이라 부를 수 있겠 다. 그런데 이 일차성이라는 용어에는 일기문의 구성이 상징되어 있다고 하겠 다. 왜냐하면 일차(日次)라는 표현은 간단(間斷)없는 시간의 추이(推移)를 짚어내 고 있기 때문이다. 이 흐르는 시간 위에 견문과 체험을 실어놓으면 일기문은 성립되는 것이며 이것이 곧 일기문의 구성이다. 따로 구의(構意)를 작동시키지 않아도 흐르는 시간을 놓치지 않고 충실히 그에 발맞춰 생각과 느낌을 적어나 가면 되는 일종의 안성맞춤격인 구조가 갖춰져 있는 것이다. 이와 같은 일기문 의 형성에서 이른바 구성의 일차성(日次性)을 대하게 된다.

다음은 이 4자 이외에 감상(鑑賞)이라는 측면에서 일기문의 매력을 들고자 한 다. 이것도 기술(旣述)한 4편의 일기문을 통하여 파악해 본다.

일기는 하루를 정리한 문장이기 때문에 고스란히 그 사람의 발자국이 남는 다. 사고(思考)의 굴곡과 행동의 진폭이 구체적으로 표출되는 이른바 생활의 궤 적이다. 사람은 누구나 임종을 지나서 관 뚜껑을 닫게 되면 다시는 그의 생활이

고쳐질 수 없듯이 정리된 하루의 일기문은 바꿔 써지지 않는 이른바 일부인(日附印)이 찍힌 글이 되므로 늠연(凜然)함조차 느껴지게 된다. 이런 글의 흥미는 단편적으로는 속살이 드러나는 은밀한 면에서도 찾을 수 있을 것이나 전체적으로는 생애를 통해서 나타나는 변(變)·불변(不變)의 상(相)과 만나는데 있을 것 같다. 사람은 누구나 일편단심이랄까 내면에는 하나의 항심(恒心)을 지니고 살아가지만 그러나 살아가다 보면 내면의 항심과는 다르게 생활하게 되는 경우가 적지 않은 것이다. 내면에 있는 항심대로 살아갈 수 있다면 더 바랄 것이 없겠지만 그렇게 되기는 쉽지 않은 것으로 보여 안쪽은 고정되어 변하지 않으면서 바깥쪽은 움직여 변화에 적응해가지 않을 수 없게 된다. 그럴 때에 그의 생활은 대소간에 풍파(風波)와 직면해 있는 것이라고 할 수 있지 않을까 한다. 이와 같은 파란(波瀾)을 극복해가는 과정은 보기에 따라서는 그야말로 하나의 서사시(敍事詩)일 뿐 아니라 감격이며 교훈과도 연결될 수 있겠고 생활의 활력소로도 받아들여질 수 있을 것 같다. 이처럼 변·불변의 상(相)을 감득(感得)할 수 있는 일기 곧 인간의 진실을 말하는 일기는 영원히 살아있는 문장이라고 보아 좋을 것 같다. 그런데 이와 같은 변·불변의 상은 몇 일간의 일기문에서는 찾아지기 어렵겠다. 이런 것은 생활의 한 단면이 나타나는 수필과 다를 것이 없다 하겠고 적어도 인간상(人間像)의 변·불변의 상(相)을 가늠하려면 장기간에 걸친 일상의 행적에서라야 가감없이 노정(露呈)되는 성질의 것으로 보여진다. 즉 일기문의 맛은 연속성에 있다. 행위나 사고·의식이나 정서 등의 변화는 장구히 연속되는 그 선상에서만 관찰할 수가 있기 때문이다. 일기의 흥미는 바로 그 변모되는 인생행로의 접점에서 맛볼 수 있다. 따라서 5일간의 일기나 1주의 일기에서는 제 모습을 드러내지 못한다 하겠으니 이와 같은 점이 일기문이 갖는 하나의 독자성이라고 할 수 있지 않을까 한다.

이자(李耔)는 날마다 생활의 구비구비에서 짚이는 정(情)과 기(氣)를 보여준다. 혼조(昏朝)에서 봉직하다가 조정의 처사가 무도(無道)함을 보고 한심스러워 낙향한다. 인조반정으로 부름을 받아 다시 귀조(歸朝)했으나 몰염치한 일은 계속되어 남의 공에 편승하거나 부하의 공을 자기 공으로 삼는 등 불의를 보고 마땅치 않게 여긴다. 그래서 이를 두고두고 책망하다 이제 물러서고 보니 자신도 남의 공에 편승한 것 같아 부끄러워한다. 변하지 않는 마음을 가지고 모든 것이

변하는 속에서 살아낸 모습이다. 이것이 음애일기에 보이는 변(變)·불변지상(不變之相)이다.

「난중일기」에서도 변하는 마음과 변하지 않는 마음이 짚이는 바 여기에는 7년간의 해전생활(海戰生活)이 훤하게 드러나 보인다. 변하는 마음이란 조정을 향한 것이었으니 그 무능·부패·인재등용의 부조리를 짚은 불만과 비판과 불신이었고 변하지 않는 마음이란 임금을 향한 것이었으니 상관인 체찰사가 우회적이나마 상감의 용렬함을 지적하는 데 동조하지 않고 묵묵부답이었고 막내 아들 면(葂)과 더불어 전사한 그의 충(忠)이 보여주는 대로이다. 그래서 그의 입에서는 '어찌하랴', '굽어살피지 못하시니', '때를 만나지 못했으니'라는 한탄이 자주 흘러나왔다. 즉 충(忠)을 바탕으로 '애앓이'와 '분노'와 '한탄'을 거듭한 것, 이것이 이순신의 변(變)·불변지상(不變之相)이다.

인목대비의 항심(恒心)과 변심(變心)에는 그의 소신이 보이고 생활도 보인다. 자그마치 20여 년간의 심정의 변화와 심상(心象)이 조명돼 나온다. 일기인지라 그 변하는 양상이 날마다 생활을 바탕으로 하여 상세하게 인과관계까지 밝혀져서 드러난다. 급할 때는 속도를 내어 간략하고도 곡절있게 급하지 않을 때는 구비구비 누벼가는 모습을 보여준다. 또한 변하지 않는 마음도 그 어려운 고비를 어떻게 넘기는지 그 과정도 생생하게 나타난다. 영창대군이 출궁될 때·콩미시 3년의 생활·오불가(五不可)를 외칠 때의 심상(心象) 등이 그 좋은 예가 될 것이나 의식을 바탕으로 허무·자괴·절망·체념·오기로 번갈아 넘나든 것이 그것이라고 하겠다.

1차 때의 아쉬움을 씻게 한 2차의 구경은 근심 걱정을 말끔히 털어낸 나들이였다. 즉 동명을 왕복하면서는 자긍심(自矜心)을 느끼고 뱃놀이에서는 자연과 하나가 돼 보았고 달맞이에서는 신기함과 장엄함에 넋을 잃었으며 해맞이에서는 오묘한 조화에 할 말을 잊는다.

이상에서 본 이와 같은 현장감은 작자의 진솔 겸허한 마음의 발로였고 또 전투에 직접 참여하였기에 가능한 것이었고 나아가 공생관계였기에 이루어질 수 있었고 그날에 즉시 기록하였기에 가슴 속으로 파고드는 것이겠다. 아마도 일기만큼 심정의 동태를 섬세하게 파악하여 독자의 마음에 차근차근 새겨나가는 글은 드물 것이다. 그런데 여타의 청백·연평 두 일기에서는 이와 같은 일이

불가능한 것 같다. 청백일기는 폐비사(廢妃事)에 집중돼 있고 여타 서술은 개괄
돼 있다. 연평일기는 의거사(義擧事)에 집중돼 있어 그 서술기간이 짧고 또 양
일기에는 생활이 단편적이다. 그래서 심정의 동태가 단편적일 수밖에 없으며
음애·난중·계축일기 등에 비한다면 또한 기록의 범주를 벗어나지 못한다고
도 말할 수 있을 것 같다.

　일기문의 매력은 이러한 점에서 찾을 수 있지 않을까 한다. 하나의 사태나
한 사람의 생의 궤적에서 그 변하고 또 변하지 않는 여러 모습을 찬찬히 볼 수
있다는 것은 흥미로운 것이다. 면면히 이어지는 생활의 맥락에서 그 나름대로
의 일거수 일투족이 손에 잡히고 숨가쁘게 넘어가고 또는 굴곡지어지는 심정
의 완연함이 살펴진다는 것은 일기문만의 영역이리라. 여기에는 승낙도 있고
거부도 있고 희망도 있고 절망도 있으며 미(美)도 추(醜)도 보이는 생의 축약도
(縮約圖)이기도 하다. 나아가 그 연장선상에서 그의 인생을 조망하게 되는 것이
고 변하는 면과 변하지 않는 면을 지니고 사는 것이 인생임을 터득하게도 되는
것이다. 그래서 주변과 환경이 변함에 따라 그에 순응하기도 하고 그런 가운데
서도 이에 대응하여 변하지 않는 생활을 하는 변(變)·불변지상(不變之相)은 인
생을 흥미롭고 풍요하게 하고 나아가 의의있게 하는 하나의 원리라고도 할 수
있을 것 같다. 이것은 곧 감상면에서의 궤적성(軌跡性)이다.

　이상과 같이 궤적성(軌跡性)까지 포함하여 6편의 일기가 보여준 일기문의 성
향(性向)을 묶으면 다음과 같다고 할 수 있을 것 같다. 즉

1. 하루를 마감하는 글이므로 당일성이라는 시간의 제약이 따른다는 것
2. 사실을 기록한다는 즉실성으로 창작성이 가미된다 해도 체험한 범위 안에
　　서 소재를 취택한다는 것, 따라서 소재의 건전성을 보여준다.
3. 1회성 표상을 기본으로 하는 단첩상이라는 형태의 관성(慣性)
4. 차서성(次序性 : 일차적 또는 연대기적)적인 구성
5. 자조성의 왕성한 발현
6. 1인칭 문체
7. 궤적성의 음미(吟味)

제7장 결 론

이상에서 6편의 일기를 중심으로 고구(考究)된 결과는 기록성의 공유가 짙이나 또한 다기(多岐)한 양상을 띤다. 「청백」·「연평」의 양 일기에서는 문예성의 결핍이 보이고 「음애」·「난중」 양 일기는 기록성의 글이지만 문예성이 빼어나고 나아가 노래체·소품체의 일기문을 보여준다. 「계축일기」는 가장 문예성이 짙으며 특히 실록성과 이야기성(性)의 공매(共媒)로 이야기체의 일기문을 내어놓는다. 「동명일기」는 기록성과 문예성이 알맞게 조화를 이룬 기행체 일기문이다.

1. 음애일기

전체 41개항에서 적잖은 소품(小品)과 한편의 노래를 보게 됐다. 노래는 창작시(創作詩)로서 작자의 역량이 드러나거니와 대부분 소품은 회오(悔悟)·비판·탄식·찬양의 내용으로서 본 일기를 채색하는 일기문이다. 이런 일기문은 기록에 그치지 않고 생을 관조하고 있는데서 소품으로 볼 수 있었다. 따라서 일기문학의 서술이 노래체·소품체로 표현되고 있음도 알게 되었다.

2. 난중일기

전체 1616항에서 한편의 노래와 네 편의 소품을 보게 되었다. 노래는 창작시로서 작자의 역량을 볼 수 있거니와 소품은 일일기(日日記)가 두 편이고 2일씩 합친 것이 두 편이다. 일일기 중 한편은 우수영(右水營) 앞바다의 전투상의 기술로서 당사자의 물리적·정신적인 조명(照明)이기 때문에 숙연한 분위기가 조성돼 나오는 하나의 소품이다. 또 한편은 말자(末子)인 면(葂)의 전사통지를 받고 애절해 하는 작자의 심정이 서술돼 있다. 부성애가 절절히 넘쳐나는 한 편의 소품이다. 나머지 두 편은 모두 근모기(覲母記)로서 아들을 사랑하고 든든해 하는 어머니의 그리움과 도덕률을 넘어 찐득한 핏줄이 당겨 어머니의 품을 파고드는 아들의 목마름이 부딪히는 마당이다. 이와 같은 진정(眞情)의 발로는 한편의 고즈넉한 소품이 아닐 수 없다. 여기서도 노래체·소품체가 등장한다. 나아가 촌묘(寸描)가 적잖게 점철되어서 작자의 인간성이 짚이고 서정적인 분위기를 돋구어내었다.

또한 사실의 기술에서 정서적 체험을 볼 수 있었다. 기록에서 도출되는 정서가 그것으로 정서의 도출과정은 촉발(觸發)과 저회(低廻)·숙성(熟成) 그리고 유로(流露)와 승화(昇化)의 네 단계로 짚였다.

3. 청백일기와 연평일기

충분히 의도된 기술로서 이귀(李貴)에게서는 창조적인 리더십이 이이첨(李爾瞻)에게서는 파괴적인 리더십이 두드러져 보인다.

4. 계축일기

이야기체의 일기문학이라고 하겠다.
① 작자가 1인 이상의 내인(內人)이다.
② 허구성은 취약(脆弱)하고 일차적인 구성이다.
③ 실록성(實錄性)과 이야기성(性)의 합일
④ 이야기체의 일기문 등장

5. 동명일기

기행성이 우세한 일기문이다. 일기적 성격으로는 당일성(當日性)과 즉실성(卽實性) 및 일인칭 문체가 짚이고 공통점으로는 자조성(自照性)과 연속상(連續相)이라는 형태이다.

이와 같이 가장 기록적인 「청백」·「연평일기」에서 「음애」·「난중일기」를 거쳐 「계축」·「동명일기」에 이르는 과정에서 노래체·소품체·이야기체·기행체 등의 다양(多樣)한 서술체를 지니는 일기문학을 접하게 된 것이다.

6. 일기문학의 특성

다음의 다섯가지로 정리된다.
① 당일성이라는 시간의 제약
② 체험범위 안에서의 서술이라고 하는 즉실성(卽實性) 곧 소재취택(素材取擇)의 취향
③ 1회성 표상을 기본으로 하는 단첩상(斷疊相)이라는 체제의 관성(慣性)
④ 차서성(次序性)의 구성
⑤ 궤적성(軌跡性)의 음미

이와 같은 특성을 근거로 해서 일기문학의 본령을 짚고 그 영역도 살필 수 있을 것 같다.

위에서 본 6편의 일기는 선조조(宣祖朝)로부터 영조조에 걸쳐 기술된 것으로 보여진다. 조선 후반기에 다양한 일기를 우리는 향유했다. 「청백」, 「연평」과 같은 기록 위주의 일기, 기록 위주의 일기지만 작자의 인간성이 음영화된 「난중」의 위상, 그리고 가장 정상화되어 보편성을 띤 것으로 보여지는 일기 「음애」, 그래서 「난중」, 「음애」의 양자(兩者)는 기록에서 묘사에까지 형상화의 폭을 넓혀 보였다. 나아가 여성문학의 영역에 감히 도전한 일기 「계축」, 문장력을 과시

한 「동명」의 등장을 보았다. 광해조 이후 시가(詩歌)와 소설(홍길동전)의 뒤를 이어 국문(國文) 일기가 문학으로서의 자리매김을 해냈으며 꾸준히 뒤를 이어 발전됐다는 사실이다. 이와 같은 사실은 무르익은 산문정신의 발로라고 하겠으니 그만큼 우리 문학의 영역이 확장되고 풍토가 다양해지는 것은 물론이거니와 특히 여성문학의 새로운 개척을 이루어낸 것이다. 한자권을 넘어서는 한글 일기문학의 출현은 우리 생활문화의 폭을 그만큼 넓혀 놓은 것이겠다.

이로써 일기문의 독특한 생리가 있음을 보아왔다. 일기의 기본자세·소재·구성·체제·감상 등에 이르기까지 그 나름의 영역이 분명해졌다. 그러므로 해서 일기문은 문학적인 기능을 감당할 수 있는 것이고 또 감당하고 있다고 생각된다. 그동안 막연히 쓰여지던 명칭인 일기문에서 문학으로서의 일기 곧 일기문학의 위상이 밝혀진 것으로 보여진다. 소설문학이 아니고 나아가 소설문학의 곁가지는 더욱 아니며 수필문학 같으나 그도 아닌 문학, 날마다 인생의 향기를 단장(斷章)에 담아내며 하루하루를 삭이고 느긋하게 관조하는 문학, 그래서 인간이 펼치는 만화경에 도취되기도 하고 숙연해지기도 하는 궤적을 음미하는 문학이다. 이와 같은 문학이 고대(古代) 산문(散文) 속에는 무수히 산재해 있다. 이를 시급히 건져내야 함은 물론이거니와 또한 이런 문학을 창작, 생산하여 정서생활의 풍요화, 나아가 문학의 영역을 한층 확장시켜야 한다고 생각된다. 그리고 일기문학의 위상이 이처럼 확실해짐에 따라 자연히 '일기'라는 용어는 실용성 위주의 기록이라는 것을 뜻하게 되지 않을까 한다. 일기와 일기문학의 차이는 그래서 문예성의 유무에 있는 것으로 보여진다.

다시 말해서 기록적인 표현에서 정서적인 체험을 도출하되 작자가 작중 화자(話者)이든 제 3자이든 사실이 작자의 의도에 종속되면서 즉실성이 유지되는 것이 일기문학의 본령일 것이다. 일기문학은 정주(定住) 생활에서 오는 일상성을 음미하는 것이므로 그 생활의 궤적이 곧 흥미의 초점이 되는 일상성의 문학이라고 부를 수 있을 것이다.

參 考 文 獻

1. *British Diarists*, Aurthur Ponsonby, M. P. London :
Ernest benn limited Bouverie House fleet ST. E. C. 1975.
English Diaries.
A Review of English Diaries from the sixteenth to the twentieth Century with on introduction on the Diary, Aurthur Ponsonby, M. P.
London : Methuen & Co. LTD.
New York : George H. Doron Company 1923.

2. *Private Chronicles*, Robert A. Fothegill
A Study of English Diaries, London :
Oxford University Press New York Toronto 1974.

3. *The New Diary*, Tristine Rainer
How to use a Journal for self-guidance and expanded creativity
Preface, Anais Nin,
J. P. Tarcher Inc. Los Angeles
Distributed by Houton Mifflin co. Boston
Copyright © 1978 by Tristine Rainer

4. 「日記文學概說」玉井幸助 著,
昭和 20年 6月 25日, 目黑書房 刊

5. 「日記文學の研究」玉井幸助 著,
昭和 40年 10月 10日, 塙書房 刊

6. 「新序」廣常 世 著,
1988, 明德出版社 刊

찾아보기

【 ㅊ 】

근세일기문의 성격연구

인쇄일 초판 1쇄　2001년 02월 19일
　　　　　2쇄　2015년 03월 11일
발행일 초판 1쇄　2001년 02월 26일
　　　　　2쇄　2015년 03월 26일

지은이 윤 원 호
발행인 정 찬 용
발행처 **국학자료원**
등록일 1987.12.21, 제17-270호

서울시 강동구 성내동 447-11 현영빌딩 2층
Tel : 442-4623~4 Fax : 442-4625
www. kookhak.co.kr
E- mail : kookhak2001@hanmail.net
ISBN 978-89-8206-559-0
가 격 30,000원

★저자와의 협의 하에 인지는 생략합니다.